PRÜFUNGSBUCH

Industriekaufleute

Zwischen- und Abschlussprüfung

Jürgen Böker

Wilfried Flammann

Klaus Richter

Siegfried Rothe

Dr. Dirk Scharf

1. Auflage, 2010
Druck 1, Herstellungsjahr 2009

© Bildungshaus Schulbuchverlage
Westermann Schroedel Diesterweg
Schöningh Winklers GmbH
Postfach 33 20, 38023 Braunschweig
Telefon: 01805 996696*   Fax: 0531 708-664
service@winklers.de
www.winklers.de
Lektorat: Cornelia Osterbrauck, München
Redaktion: Norbert Knur
Druck: westermann druck GmbH, Braunschweig
ISBN 978-3-8045-**9714**-3

* 14 ct/min aus dem deutschen Festnetz, abweichende Preise aus
  den Mobilfunknetzen (Stand 2009)

Auf verschiedenen Seiten dieses Buches befinden sich Verweise (Links) auf Internetadressen.

Wie lernt man mit diesem Buch?

Effektive Prüfungsvorbereitung – egal, ob auf die Zwischen- oder Abschlussprüfung – bedeutet, in möglichst kurzer Zeit die notwendige Fachkompetenz zu erlangen und zu festigen. Entscheidend dafür ist die von Ihnen angewandte **Lernstrategie.** Wie lernt man eigentlich am effektivsten? Nun, entscheidend ist, dass Sie sich nicht nur auf einem Weg das notwendige Wissen aneignen – zum Beispiel nur Definitionen auswendig lernen. Aus diesem Grund haben wir Autoren uns dafür entschieden, Ihnen vier **Lernwege** zu eröffnen:

1. Sie eignen sich das notwendige Fachwissen über die von uns formulierten **Fragen** an. Mit diesen Fragen und den von uns erarbeiteten **Antworten** (die Sie im Zuge Ihrer Arbeit zunächst natürlich bitte abdecken) erschließen Sie die notwendigen Fachinhalte auf verständliche Art und Weise. Auf eine schülergerechte Ausdrucksweise wurde dabei geachtet.

2. Viele **Visualisierungen** im Text, z. B. Übersichten und Grafiken, erleichtern den Lernprozess. Bilder prägen sich beim Lernenden häufig besser als Wörter oder Sätze ein. Deswegen haben wir auch der ansprechenden Gestaltung dieses Prüfungsbuches große Aufmerksamkeit geschenkt.
   Farbige Hervorhebungen, unterschiedliche Schriftarten und -größen unterstützen Sie effektiv beim Lernen.

3. Eine Vielzahl von **fallorientierten Aufgabenstellungen** eröffnet Ihnen einen weiteren wichtigen Lernweg: Sie müssen Ihr erlerntes Fachwissen auf konkrete Fälle anwenden können. Dadurch werden Anwendungswissen und Methodenkompetenz gefördert. Auch in einem großen Teil der Abschlussprüfung werden Sie mit diesem Typ von Aufgabenstellungen konfrontiert.

4. Sogenannte **Multiple-Choice-Aufgaben** bieten Ihnen einen **vierten Lernweg** zur Aneignung des Fachwissens. Dieser spezielle Aufgabentyp fordert Sie insbesondere bei der Abwägung der Aufgabenlösungen. Auch in der Zwischen- und Abschlussprüfung werden Sie diesem Aufgabentyp begegnen.

Nutzen Sie bei der Aneignung des Fachwissens unbedingt **alle vier Lernwege,** dadurch wird der Lernvorgang optimal gestaltet. Weitere wichtige Tipps zur Prüfungsvorbereitung können Sie dem Kapitel 1.7.3 **Lern- und Arbeitechniken** entnehmen.

Wir haben im Buch zusätzliche **Hinweise** und **Piktogramme** genutzt, um Sie bei der Prüfungsvorbereitung zu unterstützen:

- In den **Überschriften** finden Sie häufig Hinweise auf das **Handbuch für Industriekaufleute** (Winklers, Bestellnummer 3526), in dem Sie weitere Erläuterungen und vor allem zusätzliche Visualisierungen (z. B. Tafelbilder, Grafiken, Statistiken) angeboten bekommen, um sich das Fachwissen noch eingehender aneignen zu können.

Dieses Prüfungsbuch bietet Ihnen weit über 1 700 Fragen und Antworten sowie mehr als 200 Aufgabenstellungen für Ihre optimale Prüfungsvorbereitung!

Nutzen Sie bei der Aneignung des Fachwissens unbedingt *alle vier Lernwege,* dadurch wird der Lernvorgang optimal gestaltet.

Vorwort

Einen Einstiegstest finden Sie unter www.pruefung bestanden.de!

- Fragen, die speziell auf die **Zwischenprüfung** vorbereiten, sind mit der Abkürzung **ZP** versehen.

- Die **Fragen** und **Aufgaben** wurden **durchnummeriert,** damit Sie die Wissensbereiche **mit einem Haken versehen** können, die Sie bereits beherrschen. Die verbleibenden Fragestellungen sollten Sie dann nochmals bearbeiten, um die letzten Wissenslücken zu schließen.

- An dieser Stelle wollen wir auch auf einen ganz speziellen Service des Verlages im Internet hinweisen: den **Einstiegstest zur Prüfung.**

  Rufen Sie dazu einfach www.pruefungbestanden.de auf, gehen Sie dann zur Rubrik Prüfungsaufgaben und schon können Sie nach dem Download schnell und unkompliziert Ihr Wissen testen.

- Auch notwendige **Ergänzungen** und **Aktualisierungen** (z. B. aufgrund von Gesetzesänderungen) findet der Benutzer/die Benutzerin dieses Prüfungsbuches über die Internetadresse www.winklers.de und dort unter dem Button „Service rund ums Buch".

Wir wünschen Ihnen viel Erfolg bei der Arbeit mit diesem Buch!

Autoren und Redaktion

97144

1 Geschäftsprozesse

Inhalt

97146

2 Kaufmännische Steuerung und Kontrolle

Inhalt

97148

Inhalt

3 Wirtschafts- und Sozialkunde

971410

Inhalt

4   Fallorientierte Aufgaben und Multiple-Choice-Aufgaben

971412

Inhalt

971414

Inhalt

971416

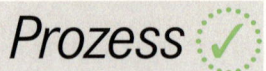

1   Geschäftsprozesse

1.1   Marktorientierte Geschäftsprozesse eines Industriebetriebes erfassen – Lernfeld 2

1.1.1   Marktorientierung eines Industrieunternehmens
Handbuch: LF 2

ZP

1 *Was bedeutet die Aussage „Ein Unternehmen wird vom Markt aus geführt"?*

Im Zeichen von **Käufermärkten** (vgl. Kapitel 1.5.1) und der zunehmenden **Globalisierung** haben sich die unternehmerischen **Planungs-** und **Entscheidungsprozesse** an den **Marktbedingungen** auszurichten. Dabei bestimmen die im **Absatzmarkt** vorherrschenden Bedingungen (z. B. Kundenwünsche, konjunkturelle Daten) nicht nur die im Industrieunternehmen bestehenden Produktionsprozesse, sondern meist auch die Aktivitäten im Beschaffungsmarkt. So diktieren die Kundenpräferenzen, z. B. ökologische Anforderungen, auch die unternehmerischen Entscheidungen auf der Einkaufsseite, z. B. bei der Beschaffung von Roh-, Hilfs- und Betriebsstoffen.

ZP

2 *Welche Vorteile weisen marktorientierte Unternehmen auf?*

Marktorientierte Unternehmen richten ihr gesamtes Führungsverhalten konsequent am Markt aus. Dieses Führungsverhalten ist ein **ganzheitliches Steuerungsinstrument** auf der Top-Managementebene.
Die **Vorteile** von **marktorientierten Unternehmen** sind:
- Eingehende Informationen werden schnellstmöglich im Unternehmen ausgewertet, der regelmäßige Abgleich der Produktentwicklungen mit den Anforderungen des Marktes führt zu einer **hohen** ⇩ **Innovationskraft** des Unternehmens.
- Die hohe Innovationskraft führt über die Entwicklung innovativer Produkte zu einer **hohen Kundenzufriedenheit.**

- Hohe Kundenzufriedenheit schlägt sich im ⇩ **Umsatz-** und **Gewinnwachstum** nieder.
- Umsatz- und Gewinnwachstum führen bei börsennotierten Unternehmen in der Regel zu einer **verbesserten** ⇩ **Wertstellung** an der **Börse.**
- Eine verbesserte Börsennotierung stärkt die **Möglichkeit der Kapitalerhöhung,** das **Ranking** des Unternehmens bei der ⇩ **Kreditaufnahme** wird **positiv** beeinflusst.
- Marktorientierung führt über ein transparentes Informationsmanagement zu einer **hohen Mitarbeiterzufriedenheit.**

ZP

3 *Wie wirkt sich die Globalisierung auf die unternehmerischen Planungs- und Entscheidungsprozesse aus?*

Industrieunternehmen agieren heutzutage i. d. R. **international,** das heißt, sie müssen die **Bedingungen** der **globalisierten Märkte** beachten. Es reicht nicht mehr aus, sich an nationalen Standards des Produktionsstandortes und der Nachbarländer auszurichten. Die Kunden kaufen „rund um den Globus ein" und vergleichen ständig Leistungen und Preise der international aufgestellten Mitbewerber. Die Industrieunternehmen haben darauf reagiert, indem sie zum einen **global einkaufen** und zum anderen verschiedene **Produktionsstandorte** sogar auf **unterschiedlichen Kontinenten** auswählen. Im Bereich der **Investition** und **Finanzierung** werden die Vorteile internationaler Kapitalströme (z. B. Zins- und Steuersatzunterschiede) ausgenutzt.

Aktuelle Informationen sind neben den klassischen Produktionsfaktoren für moderne Industrieunternehmen überlebenswichtig geworden, da die **internationalen Märkte** einem **raschen Wandel** unterworfen sind. Dies hat sich durch die jüngste Finanz- und Wirtschaftskrise noch verstärkt. Die Unternehmen müssen blitzartig auf **Marktver-änderungen** reagieren können, ob auf dem **Warenmarkt** mit veränderten Kundenan-forderungen oder auf den **Kapital-** und **Arbeitsmärkten.** Nur die Unternehmen, die die aktuellen Informationen sofort betrieblich umsetzen, werden Wettbewerbsvorteile gegenüber den Mitbewerbern nutzen können.

- Die **Zusammenarbeit** mit **Abneh-mern** und **Zulieferern** wird intensi-viert, um Kundenwünsche sofort in Produktentwicklungs- und Fertigungs-prozesse einbringen zu können.
- Einige Unternehmen nutzen nicht nur die Dienstleistungen herkömmlicher Marktforschungsunternehmen (vgl. Kapitel 1.5.2), sondern setzen auf den unterschiedlichen Absatzmärkten sogar **Trendscouts** ein, um zukünftige Kundentrends (sogenannte Lifestyle- oder Megatrends) als Erste in ihre Beschaffungs-, Produktions- und Ab-satzprozesse integrieren zu können.

- Auf den Arbeitsmärkten werden **Head-hunter** eingesetzt, die benötigtes Fachpersonal von anderen Unterneh-men abwerben können.

Die Unternehmensphilosophie wird auch als „Weltanschauung" eines Unternehmens bezeichnet, die die **grundlegenden Wertvorstellungen** und **Ziele eines Unterneh-mens** festlegt. Detailliert werden diese Wertvrostellungen und Ziele in Form von Unternehmensgrundsätzen im **Unternehmensleitbild** schriftlich fixiert. Eine ganz spezifische Unternehmensethik kann zum Beispiel dazu führen, dass ein Unternehmen sich spezielle soziale oder ökologische Ziele setzt. Damit schafft sich ein Unterneh-men eine unverwechselbare **Unternehmensidentität im Markt** und kann sich somit positiv von den Mitbewerbern absetzen.

ZP
Warum spricht **4** man davon, dass für Industrieunter-nehmen heutzutage *Informationen* meist *wichtiger* als Waren, Kapital oder Perso-nal geworden sind?

ZP
Welche *Maß-nahmen* ergreifen **5** Industrieunter-nehmen, um *Markt-informationen* rasch *erhalten* zu können?

ZP
Was versteht **6** man unter einer *Unternehmens-philosophie?*

ZP

7 Welche Rolle spielt die sogenannte *Corporate Identity* bei der Festlegung der Unternehmensphilosophie?

Das Auftreten des Unternehmens im Markt – unabhängig davon, ob auf Kunden- oder Lieferantenseite – muss einer übergeordneten **Corporate-Identity-Strategie** auf der Basis einer vorher bestimmten Unternehmensphilosophie entsprechen. Die folgende Abbildung zeigt die einzelnen Bestandteile der Corporate Identity[1]:

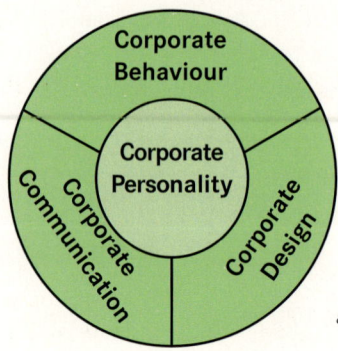

aus: Birkgit, Stadler, Funck: Corporate Identity, verlag moderne industrie GmbH, Landsberg, S. 19

Im Zentrum der strategischen Überlegungen steht die **Corporate Personality,** das historisch gewachsene Selbstverständnis des Unternehmens. Als **Instrumente** der **Corporate Identity** dienen die drei folgenden Bereiche[2]:

- **Corporate Communication** (Unternehmenskommunikation): Alle vom Unternehmen eingesetzten Instrumente der Kommunikationspolitik werden so aufeinander abgestimmt, dass das Unternehmen von außen als ein einheitlich wirkendes Ganzes wahrgenommen wird.

- **Corporate Design** (Unternehmenserscheinungsbild): Die optische Erscheinung des Unternehmens im Markt wird durch aufeinander abgestimmte optische Elemente, z. B. Nutzung eines Firmenlogos, ausgewählte Farben und Schriftzeichen, wiedererkennungsfähig gestaltet.

- **Corporate Behaviour** (Unternehmensverhalten): Die Mitarbeiter des Unternehmens sollen einheitliche Verhaltensweisen gegenüber externen Kunden praktizieren, ein „Wir-Gefühl" sollte im Rahmen dieses Abstimmungsprozesses entstehen.

[1]*vgl.:* Theis, Hans-Joachim: Handbuch Handelsmarketing. Erfolgreiche Strategien und Instrumente im Handelsmarketing. Band 1. Deutscher Fachverlag, Frankfurt am Main 2007, S. 635 ff.
[2]*vgl.:* Theis, Hans-Joachim: Handbuch Handelsmarketing. Erfolgreiche Strategien und Instrumente im Handelsmarketing. Band 1. Deutscher Fachverlag, Frankfurt am Main 2007, S. 633 ff.

ZP

8 Erläutern Sie den Begriff der *Unternehmensstrategie.*

Mithilfe von **Unternehmensstrategien,** d. h. langfristigen Planungen, positioniert sich das Unternehmen im Markt. Dazu gehören:

- Festlegung der **Geschäftsfelder,** in denen das Unternehmen tätig sein soll;

- Aufstellung von **obersten Unternehmenszielen;**

- Bestimmung **unternehmenspolitischer Instrumente** (z. B. im Absatzbereich die Festlegung der Preispolitik) zur Beeinflussung der Marktgegebenheiten.

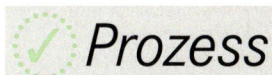 *Prozess*

ZP 9

Inwieweit kann es im Rahmen der *Unternehmensstrategie* zu *Zielkonflikten* kommen?

Gerade in wirtschaftlich schwierigen Zeiten können sehr schnell **Zielkonflikte** entstehen, da eventuell auf die Verfolgung vorher festgelegter sozialer oder ökologischer Ziele verzichtet wird, um Kosten kurzfristig zu senken. Dies kann zu langfristigen Problemen mit den Kunden führen, da mit diesen Maßnahmen die **Unternehmensidentität** aus Kundensicht **nachhaltig gestört** wird.

1.1.2 Geschäftsprozesse und organisatorische Strukturen

1.1.2.1 Geschäftsprozesse   *Handbuch: LF 2*

ZP 10

Was versteht man unter einem *Geschäftsprozess*?

„Ein **Geschäftsprozess** besteht aus einer **zusammenhängenden abgeschlossenen Folge von Tätigkeiten,** die zur Erfüllung einer betrieblichen Aufgabe notwendig sind. Die Tätigkeiten werden von Aufgabenträgern in organisatorischen Einheiten unter Nutzung der benötigten Produktionsfaktoren geleistet. Unterstützt wird die Abwicklung der Geschäftsprozesse durch das Computergestützte Informationssystem **(CIS)** des Unternehmens.“

Beispiele von Geschäftsprozessen:
- Erstellung von Angeboten
- Beschaffung von Fremdleistungen
- Abwicklung des Zahlungsverkehrs

aus: Staud, Josef: Geschäftsprozessanalyse mit ereignisgesteuerten Prozessketten. Grundlagen des Business Reengineering für SAP R/3 und andere Betriebswirtschaftliche Standardsoftware. Berlin, Heidelberg, New York 1999, S. 6

ZP 11

Warum hat sich das *„Denken in Geschäftsprozessen"* in Industrieunternehmen *durchgesetzt?*

- Das „Denken in Geschäftsprozessen" stellt die **Kundenorientierung,** die **Kundenzufriedenheit,** in den Mittelpunkt betrieblichen Handelns. Kunden können sowohl externe Nachfrager (Kunden im eigentlichen Sinne) als auch interne Nachfrager (z. B. Abteilungen des eigenen Industrieunternehmens) sein.

- Die Kundenorientierung unterstützt die Ausgestaltung eines **marktorientierten Unternehmens** (vgl. Kapitel 1.1.1). Man erhofft sich durch das Denken in Geschäftsprozessen das **schnelle Reagieren** auf Marktveränderungen.

- Schnelle Reaktion auf Marktveränderungen und ein kundenorientiertes Denken und Handeln im Industrieunternehmen sollen zu einer **Qualitätssteigerung** bei den **Produkten** und **Dienstleistungen** des Unternehmens führen.

- Letztendlich wird **betriebswirtschaftlich erwartet,** dass durch das Denken und Handeln in Geschäftsprozessen **Rationalisierungspotenziale** im Unternehmen aufgespürt werden. Die **Kosten** pro Geschäftsprozess lassen sich durch den Einsatz entsprechender Software (z. B. SAP R/3) genauestens kontrollieren, notwendige Änderungen im Arbeitsablauf sind deswegen schnell ausfindig zu machen.

- Das Denken in Geschäftsprozessen soll den Mitarbeitern des Unternehmens innerbetriebliche **Ablauf-** und **Entscheidungsprozesse transparenter** machen, man erwartet sich dadurch auch eine **höhere Motivation der Mitarbeiter.**

Prozess ✓

Geschäftsprozesse

ZP 12

Welche *Arten* von *Geschäftsprozessen* werden im Allgemeinen *unterschieden*?

- **Nach der Kundenart** unterscheidet man **Haupt-** und **Serviceprozesse:**
  - *Hauptprozesse* stellen eine Folge von zusammenhängenden Tätigkeiten dar, die an *externe Kunden* geleistet werden;
  - *Serviceprozesse* stellen eine Folge von zusammenhängenden Tätigkeiten dar, die an *interne Kunden* geleistet werden – sie unterstützen also die Hauptprozesse.
- **Nach der Bedeutung für den Betrieb** unterscheidet man **Kern-** und **Supportprozesse:**
  - *Kernprozesse* stellen Geschäftsprozesse dar, mit denen die *Hauptleistung* eines Unternehmens, d. h. die eigentliche Wertschöpfung (= Betriebsertrag – Vorleistungen), *erbracht wird.*
  - *Supportprozesse* sind Geschäftsprozesse, die die Kernprozesse unterstützen, z. B. die Beschaffung des Personals.
- **Nach dem Umfang des Prozesses** unterscheidet man zwischen **Prozesskette** und **Subprozess:**
  - Eine *Prozesskette* stellt eine Abfolge von zusammenhängenden Prozessen dar.
  - Ein *Subprozess* ist als Teil- oder Unterprozess eines Geschäftsprozesses anzusehen.

ZP 13

Was versteht man unter einer *Prozessanalyse*, wie wird sie *durchgeführt*?

Bei der **Prozessanalyse** werden alle bestehenden **Geschäftsprozesse analysiert** und **hinterfragt.** Soweit notwendig, schließt sich daran die Geschäftsprozessmodellierung an. Die **Prozessanalyse** wird in **zwei Schritten** durchgeführt:

1. Schritt: Istaufnahme der bestehenden Organisation
Dazu werden Organisations- und Arbeitsunterlagen ausgewertet und gegebenenfalls Mitarbeiterinterviews durchgeführt.

2. Schritt: Istanalyse der Prozesse
Als **Methoden** werden dazu z. B. genutzt:
- Benchmarking
- Workflowanalyse
- Referenzanalyse
- Schwachstellenanalyse
- Checklistentechnik
- Vorgangskettenanalyse

ZP 14

Was versteht man unter *Benchmarking* als Methode der Prozessanalyse?

Beim **Benchmarking** werden z. B. **Geschäftsprozesse im eigenen Unternehmen mit denen von Spitzenunternehmen** derselben Branche **verglichen.** Dadurch sollen **Verbesserungsmöglichkeiten** für die Gestaltung von Geschäftsprozessen **erkundet** werden.

ZP 15

In welche *Arbeitsschritte* gliedert sich das *Benchmarking*?

1. Schritt: Festlegung der zu untersuchenden **Merkmale,** z. B. Zeitbedarf, Personaleinsatz, Kostenumfang

2. Schritt: Bildung von Relativzahlen, z. B. Bearbeitungszeit je Kundenauftrag, Gesamtkosten je Auftragsbearbeitung

3. Schritt: Vergleich der eigenen Relativzahlen mit denen von Spitzenunternehmen

An das eigentliche Benchmarking schließen sich Schritte zur Verbesserung von Unternehmensprozessen an.

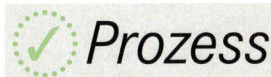

Diese Methode **analysiert häufig auftretende Fehler** im Workflow (im Prozessablauf). Dabei wird genau hinterfragt, warum bestimmte Geschäftsprozesse gerade auf die bisher durchgeführte Art und Weise realisiert werden. **Ziel** ist die **Erarbeitung von Verbesserungsmöglichkeiten.**

ZP
Erläutern Sie kurz die *Workflowanalyse.*   16

Bei dieser Methode werden Möglichkeiten der Verbesserung eines Geschäftsprozesses dadurch erkundet, dass der **bestehende Prozess mit einem auf einer Software basierenden Prozessmodell verglichen** wird. Entsprechende bekannte Tools sind z. B.: R/3-Analyser der SAP AG und das ARIS-Toolset der IDS Prof. Scheer AG.

ZP
Was versteht man unter der *Referenzanalyse?*   17

Bei dieser Methode werden Möglichkeiten der Verbesserung eines Geschäftsprozesses dadurch erkundet, dass von den **vorliegenden Prozessmängeln** im eigenen Unternehmen **auf die Schwachstellen des Geschäftsprozesses geschlossen wird.** Dabei wird in **drei Schritten** vorgegangen:

ZP
Erklären Sie die Methode der *Schwachstellenanalyse.*   18

1. **Schritt: Feststellung der Prozessmängel**
   Zum Beispiel wird die zu lange Bearbeitungszeit eines Kundenauftrages beanstandet.
2. **Schritt: Quantifizierung der Mängel**
   Zum Beispiel wird festgestellt, dass überlange Bearbeitungszeiten bei Kundenaufträgen der am häufigsten festgestellte Mangel bei der Analyse von Geschäftsprozessen ist.
3. **Schritt: Ermittlung der Mängelursachen**
   Als Ursache könnten z. B. die fehlenden Vertretungsmöglichkeiten von Sachbearbeitern in Krankheitsfällen ermittelt werden.

Dabei werden Möglichkeiten zur Verbesserung eines Geschäftsprozesses dadurch erkundet, dass **Fragen einer** zuvor **erstellten Checkliste beantwortet** werden. Durch dieses Vorgehen sollen häufig auftretende Schwachstellen sichtbar gemacht werden.

ZP
Wie wird bei der *Checklistenanalyse* vorgegangen?   19

Bei dieser Methode werden Möglichkeiten zur Verbesserung eines Geschäftsprozesses dadurch erkundet, dass auf der Basis einer Istanalyse ein sogenanntes **Vorgangskettendiagramm (VKD)** erstellt und **auf Schwachstellen analysiert** wird. Dabei werden alle Elemente des im VKD abgebildeten Prozesses in ihrer Anordnung und Verknüpfung **hinterfragt.**

ZP
Was versteht man unter einer *Vorgangskettenanalyse?*   20

Sichten stellen **Ausprägungen** oder **Gesichtspunkte** von **Geschäftsprozessen** dar. Durch die Nutzung von Sichten bei der Analyse und Gestaltung von Geschäftsprozessen wird die **Komplexität von Prozessen reduziert.** So können für die einzelnen Gesichtspunkte (Sichten) jeweils **Experten genutzt** werden, um diese Prozesselemente zu optimieren.

ZP
Was versteht man im Rahmen der Analyse und Gestaltung von Geschäftsprozessen unter sogenannten Sichten?   21

Prozess ✓

Geschäftsprozesse

Das **ARIS-Konzept (A**rchitektu**r i**ntegrierter Informations**s**ysteme) benutzt folgende **Sichten:**

● **Organisationssicht:** Die **Elemente der Aufbauorganisation** (vgl. Kapitel 1.1.2.2), wie z. B. Abteilungen, Stabs- und Linienstellen sowie deren Beziehungen zueinander, werden in der Organisationssicht dargestellt.

Beispiel: Ausschnitt aus einem Organigramm

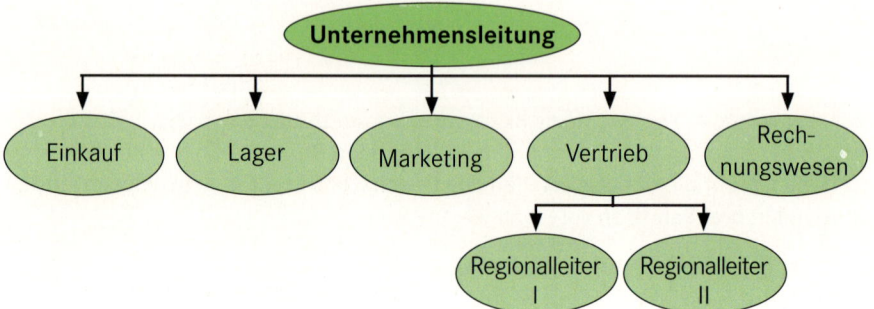

● **Funktionssicht:** Die Funksicht beschreibt **Tätigkeiten (Funktionen)** und deren Zusammenhänge. Hierfür werden vor allem sogenannte **Funktionshierarchiebäume** verwendet.

Beispiel: Ausschnitt aus einem Funktionshierarchiebaum

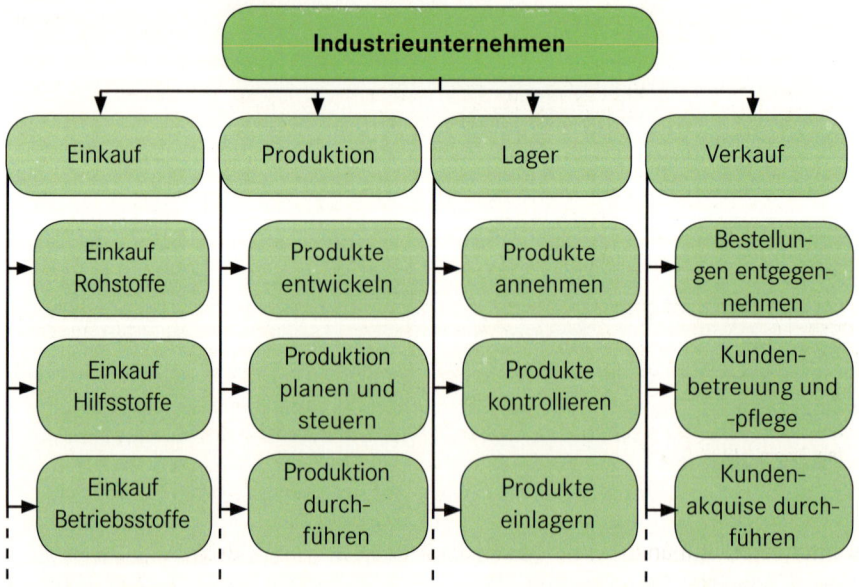

● **Datensicht:** Diese Sicht beschreibt **Zustände** und **Ereignisse** des jeweiligen Prozessausschnittes. Die Beschreibung erfolgt z. B. anhand von **Entity-Relationship-Modellen.**

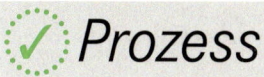

Beispiel: Ausschnitt aus einem Entity-Relationship-Modell

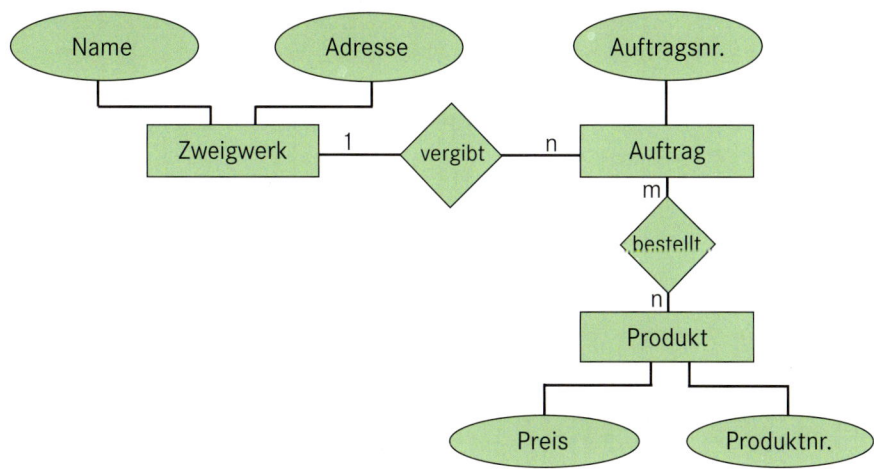

- **Steuerungssicht:** Diese Sicht stellt die **Verbindung zwischen Organisations-, Funktions-** und **Datensicht** her. Sogenannte **ereignisgesteuerte Prozessketten (EPK)** dienen zur grafischen Darstellung der Steuerungssicht (vgl. Abbildung im Kapitel 4.1.4.1).

Sinnbilder der EPK-Technik:

Ereignis		Eingetretensein eines Zustandes, der eine Folge auslöst	UND-Operator		Verknüpfungsoperator UND
Funktion		Verarbeitungsaktivität, die eine Transformation vom Eingangszustand in den Zielzustand bewirkt	ODER-Operator		Verknüpfungsoperator ODER
Objekt		Informations- oder Material- oder Ressourcenobjekt, also die Abbildung eines Gegenstandes der realen Welt	EXKLUSIV-ODER-Operator	xor	Verknüpfungsoperator EXKLUSIV-ODER
			Kontrollfluss		Ausweis der zeitlich-logischen Abhängigkeiten von Ereignissen und Funktionen
Organisationseinheit		Aufbauorganisatorische Stelle oder Gremium	Informations- und Materialfluss		Fluss von Informationen oder Materialien
Prozesswegweiser		Navigationshilfe, zur Darstellung der Verbindung von einem bzw. zu einem anderen Prozess	Organisationseinheitenzuordnung		Zuordnung von Organisationseinheiten oder Ressourcen zu Funktionen

aus: Steinbuch, Pitter A. (Hrsg.), Prozessorganisation – Business Reengineering – Beispiel R/3, Ludwigshafen (Rhein), 1997, S. 117

Darunter versteht man die meist **grafische Darstellung von Geschäftsprozessen.** Dieses „Modellieren" **dokumentiert** zum einen Geschäftsprozesse, zum anderen wird damit die Grundlage für eine **Geschäftsprozessoptimierung,** also eine Verbesserung bestehender Prozesse, geschaffen. Die berühmteste Art der Geschäftsmodellierung ist das **ARIS-Tool** von Prof. Scheer.

ZP **23**
Welche *grafischen Elemente* benutzt die *EPK-Technik?*

ZP **24**
Was versteht man unter der *Geschäftsprozessmodellierung?*

Geschäftsprozesse

25 Erläutern Sie kurz das *Supply Chain Management (SCM).*

Bei SCM handelt es sich um ein **Managementkonzept,** das die **Optimierung der gesamten Wertschöpfungskette** zwischen den Lieferanten, Logistikdienstleistern und dem betreffenden Industrieunternehmen durch Abstimmung des Geld-, Informations- und Materialflusses u. U. bis hin zum Kunden zum Inhalt hat. Standardsoftware von entsprechenden Softwareunternehmen wird zu diesem Zweck angeboten.

26 Welche *Ziele* sollen mit dem *Einsatz von SCM-Software* erreicht werden?

- **Kostensenkung** im Beschaffungs-, Produktions- und Distributionsbereich durch schnelle Verfügbarkeit relevanter Entscheidungsdaten, Verringerung von Lagerbeständen und Beschleunigung von Durchlaufzeiten
- **Zeitersparnis** durch Optimierung von Entscheidungsprozessen. Zum Beispiel kann das Unternehmen flexibler auf sich verändernde Rahmenbedingungen reagieren.

- Verbesserung der **Kundenorientierung** durch genauere Prognose von Entwicklungen entlang der gesamten Wertschöpfungskette. Zum Beispiel können Kundenwünsche umgehend an Lieferanten und Logistikdienstleister weitergeleitet werden.
- **Optimierung** von unternehmensübergreifenden **Planungs-** und **Steuerungsprozessen** durch enge Kooperation mit Geschäftspartnern.

27 Was versteht man unter dem *Product-Lifecycle-Management (PLM)?*

PLM stellt ein langfristiges **Managementkonzept** zur Begleitung eines Produktes von seiner Planungsphase bis zur Marktaustrittsphase dar. Zur Umsetzung dieses strategischen Unternehmenskonzeptes werden **ERP-Software** (siehe Kapitel 1.7.1.2) und Elemente von **SCM** und **CRM** (siehe Kapitel 1.5.3) genutzt.

1.1.2.2 Betriebliche Organisationsformen und Entscheidungswege
Handbuch: LF 2

28 Welche unterschiedlichen Bedeutungen beinhaltet der Begriff der *Organisation?*

Der **Begriff der Organisation** beinhaltet:
- Organisation als Oberbegriff für **Institutionen**
- Im soziologischen Sinn werden Systeme gekennzeichnet, in denen **Menschen und Sachmittel zu einem bestimmten Zweck** zusammenwirken.
- Organisation als **Tätigkeit**
  Formulieren von Vorschriften und Regelungen zum zielwirksamen Gestalten der Arbeitsprozesse in der Unternehmung und Festlegung der **Beziehungen der Mitarbeiter untereinander.**

- Organisation als **Zustand**
  Das Gestaltungsergebnis stellt die Gesamtheit der aufgestellten **Regelungen und Vorschriften** dar. Es wird eine künstliche Ordnung geschaffen, die für einen gewissen Zeitraum den innerbetrieblichen Ordnungsrahmen für die Verwirklichung der Unternehmensziele schafft. Der Bereich der betrieblichen Organisation wird in die **Aufbau-** und die **Ablauforganisation** aufgeteilt.

29 Unterscheiden Sie *Aufbau-* und *Ablauforganisation* und nennen Sie Beispiele.

Aufbauorganisation	Ablauforganisation
○ bildet den Betrieb in Bereitschaft ab ○ verknüpft die organisatorischen Grundelemente (Stelle, Instanz, Abteilung) und stellt ihre Beziehungen zueinander dar	○ bildet den Betrieb in Aktion ab ○ ordnet Handlungsvorgänge und Arbeitsprozesse

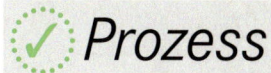 *Prozess*

Aufbauorganisation	Ablauforganisation
○ gliedert die Unternehmung nach bestimmten Kriterien in aufgabenteilige und funktionsfähige Teileinheiten ○ regelt die Kompetenz- und Weisungsverhältnisse	○ befasst sich mit den Arbeits- und Bewegungsabläufen innerhalb der Aufbauorganisation ○ gliedert die einzelnen Prozesse in sachlogischer, mengenmäßiger, zeitlicher und räumlicher Hinsicht
Beispiele: ○ Organigramme des Unternehmensaufbaus ○ Stellenbeschreibungen ○ Beschreibungen von Führungstechniken ○ Festlegung von Informations- und Instanzenwegen	*Beispiele:* ○ ereignisgesteuerte Prozessketten (EPK) ○ Flussdiagramme ○ Balkendiagramme ○ Netzpläne ○ Kommunikationsübersichten

Regelungen sind **Vorschriften und Anweisungen,** die das Betriebsgeschehen **festlegen und ordnen,** wobei organisatorische Strukturen entstehen. Eine Organisation wird durch Regelungen, die mündlich getroffen oder schriftlich festgelegt sind, sichtbar.

ZP 30
Was versteht man unter *Regelungen?*

- **Generelle Regelungen** beziehen sich auf betriebliche Vorgänge (z. B. Bearbeiten von Bestellungen), die sich in **gleichbleibender Weise** wiederholen.
  - ○ Die *Vorteile* liegen in der *Gleichartigkeit* der Arbeitsausführung, der *Transparenz* des Betriebsgeschehens und in der *schnellen Einarbeitung* neuer Mitarbeiter.
  - ○ Als *Nachteil* kann sich der *reduzierte oder nicht vorhandene Entscheidungsspielraum* auf die Motivation der Mitarbeiter und auf die *Flexibilität der Organisation* auswirken.

- **Dispositive Regelungen** oder **fallweise Regelungen** organisieren Vorgänge, die **in ähnlicher Weise** auftreten, die jedoch aufgrund wechselnder Verhältnisse von Fall zu Fall neu überdacht und entschieden werden müssen (z. B. Tourenplanung für Auslieferungsfahrzeuge).
  - ○ Der große *Vorteil* dieser Regelungen liegt in der *flexiblen Anpassung* der Unternehmen an veränderte Bedingungen.
  - ○ Als *Nachteil* kann die Gefahr von *Fehlentscheidungen* bei zu großem Ermessensspielraum gesehen werden.

ZP 31
Unterscheiden Sie zwischen *generellen* und *dispositiven Regelungen* und nennen Sie jeweils *Vor- und Nachteile.*

- Nach **innen** gerichtete Anforderungen:
  - ○ *Führungseffizienz* für schnelle, kostengünstige Planung, Steuerung und Kontrolle
  - ○ *Geschäftsprozesseffizienz* für spezialisierte, schnelle und qualitätsgemäße Erfüllung der einzelnen Geschäftsprozesse
  - ○ *Ressourceneffizienz* zur möglichst optimalen und nachhaltigen Ausschöpfung der finanziellen und materiellen Gegebenheiten (z.B. Rohstoffe, Maschinen)
  - ○ *Mitarbeitereffizienz* für motivierte und qualifizierte Führungskräfte und andere Mitarbeiter

- Nach **außen** gerichtete Anforderungen:
  - ○ *Flexibilität* für die Sicherstellung der betrieblichen Aktionsfähigkeit und für eine schnelle Reaktionsfähigkeit (z.B. bei Konjunktur- oder Nachfrageänderungen)
  - ○ Konsequente *Kundenorientierung* für die Markt- und Wettbewerbsausrichtung, um z. B. Kundennähe und Globalisierung zu verknüpfen
  - ○ *Innovationsfähigkeit* zur Entwicklung kundengerechter, marktfähiger Produkte
  - ○ *Kooperationsfähigkeit* zur Bildung unternehmensübergreifender Netzwerke und Wertschöpfungsketten

ZP 32
Welche Anforderungen sind an eine *wirkungsvolle Betriebsorganisation* zu stellen?

971427

Prozess ✓

ZP
33 Unterscheiden Sie *Aufgabenanalyse* und *Aufgaben-synthese* und stellen Sie dies grafisch dar.

- Unter **Aufgabenanalyse** versteht man das **Zerlegen** der betrieblichen Gesamtaufgabe einer Unternehmung **in verteilungsfähige Teilaufgaben.** Der Grad der Aufteilung hängt beispielsweise von den verfolgten Zwecken, dem Grad der Arbeitsteilung oder der Betriebsgröße ab und kann sich auf einzelne Arbeitsgänge (z. B. Lackieren eines Werkstückes) oder auf einzelne Handgriffe (z. B. Festziehen von Radmuttern) beziehen.

- Die **Aufgabensynthese** fasst sachlogisch die Teilaufgaben aus der Aufgabenanalyse zu **Aufgabenkomplexen** zusammen, die Personen oder Sachmitteln (z. B. automatisch arbeitende Maschinen) zugeordnet werden. Damit können **Stellen und Abteilungen** einer Unternehmung bestimmt und Beziehungen zwischen Stellen bzw. Abteilungen dargestellt werden.

Die **Aufbauorganisation eines Betriebes:**

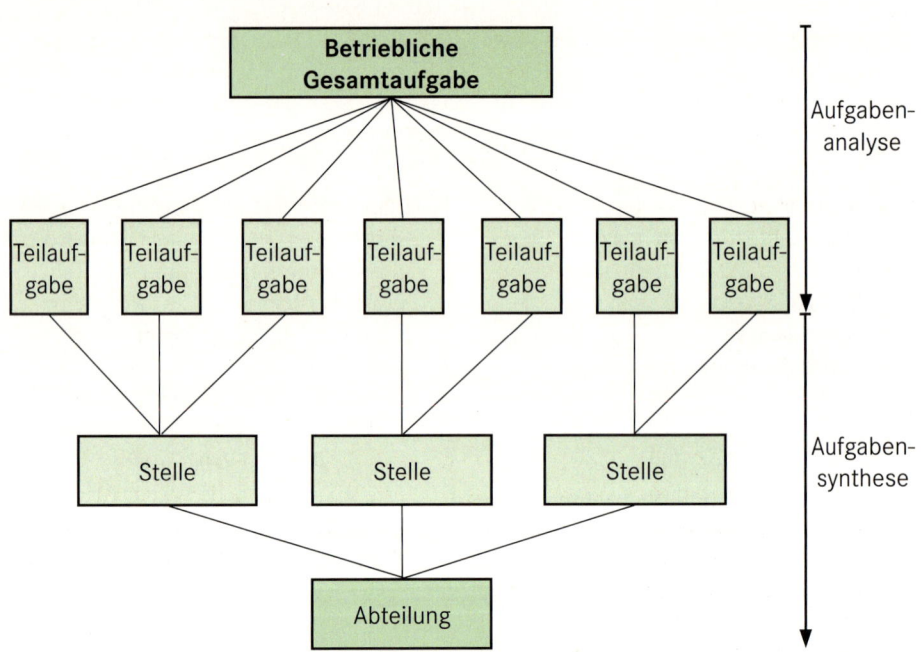

ZP
34 Grenzen Sie die *Stelle* von der *Abteilung* ab.

- Eine **Stelle** ist die **kleinste organisatorische Einheit** eines Unternehmens. Sie entsteht durch die Bündelung von Teilaufgaben zum **Aufgabenbereich einer Person.** Dabei sind Zahl, Art und Umfang der Teilaufgaben, die einer Stelle zugeordnet werden sollen, auf das **durchschnittliche Leistungsvermögen des Stelleninhabers** abzustimmen.

- Eine **Abteilung** (Stellengruppe) entsteht, wenn mehrere Stellen nach bestimmten Gliederungskriterien unter einer **einheitlichen Leitung** organisatorisch zusammengefasst werden. Die Abteilung stellt einen Aufgabenkomplex dar, deren Leitung einer Person übertragen wird. Die Größe von Abteilungen variiert in Abhängigkeit von der Aufgabenzuordnung.

971428

- **[1, 2] Leitende Stellen (Instanzen)** haben Führungsbefugnisse und können den ihnen untergeordneten Mitarbeitern Anweisungen geben (z. B. Gruppenleiter im Einkauf). Instanzen können wiederum einer übergeordneten Stelle mit Anweisungsbefugnis untergeordnet werden. Beispielsweise sind alle Gruppenleiter des Einkaufs dem Abteilungsleiter Einkauf unterstellt.

- **[3] Ausführende** Stellen haben **keine Leitungsbefugnisse.** Ihnen sind keine Mitarbeiter untergeordnet (z. B. Sachbearbeiter im Einkauf).

- **[4] Stabsstellen** sind den Instanzen zur Unterstützung zugeordnet. Sie haben keine Leitungs- und Entscheidungsbefugnisse, bereiten aber Entscheidungen der Instanzen durch **Beratung** und **Information** vor und können im Auftrag einer Instanz Kontrollaufträge durchführen. Ihnen sind keine Mitarbeiter unterstellt.

ZP 35
Ordnen Sie den Ziffern des unten abgebildeten Organigramms die entsprechende Stellenart zu und unterscheiden Sie die unterschiedlichen *Stellenarten.*

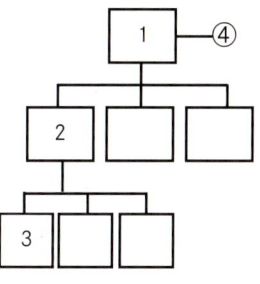

- Sekretariat
- Organisation
- Recht
- Revision
- Controlling
- Public Relations

- Planung
- Steuern
- Datenverarbeitung
- Patentwesen
- Unternehmensbeteiligungen

ZP 36
Geben Sie *Beispiele* für *Bereiche,* die von *Stabsstellen* bzw. *Stabsabteilungen* wahrgenommen werden.

- Bei der Stellenbildung nach dem **Verrichtungsprinzip** (Funktionsprinzip) werden **gleichartige Tätigkeiten** (an **unterschiedlichen Objekten**) zu **einer Stelle** zusammengefasst. So wird z. B. der Einkauf für alle Rohstoffe in einer Stelle gebündelt.

- Bei der Stellenbildung nach dem **Objektprinzip** werden einer Stelle die **(unterschiedlichen) Tätigkeiten** für **ein Objekt** zugeordnet. So werden z. B. für den Rohstoff Holz alle Tätigkeiten (z. B. Angebotseinholung, Bestellung, Terminüberwachung) von einer Stelle ausgeführt.

ZP 37
Stellen können nach verschiedenen Kriterien gebildet werden. Unterscheiden Sie die *Stellenbildung* nach dem *Verrichtungs-* und nach dem *Objektprinzip.*

Eine Stellenbeschreibung ist **personenunabhängig** zu gestalten und enthält **alle wichtigen Regelungen,** die die jeweilige Stelle **kennzeichnen.**

Inhalte:
- Stellenbezeichnung
- Eingliederung in die Betriebshierarchie
- Stellenvertretung
- Ziele der Stelle
- Aufgaben und Kompetenzen
- persönliche Anforderungen

ZP 38
Was versteht man unter einer *Stellenbeschreibung?* Nennen Sie mögliche Inhalte.

39 ZP

Unterscheiden Sie *Stellengesuch* und *Stellenangebot*.

- **Stellengesuche** werden **von einem Stellenbewerber** veröffentlicht (z. B. in einer Zeitung, im Internet) und sollen interessierte Unternehmen ansprechen.

- **Stellenangebote** (auch Stellenannoncen) werden **von einem Unternehmen** veröffentlicht und sollen potenzielle Bewerber zu einer Kontaktaufnahme veranlassen.

40 ZP

Nennen Sie *Vorteile* einer *Stellenbeschreibung* aus der Sicht der Stelleninhaber, der Vorgesetzten und der Unternehmung.

- Der **Stelleninhaber** ...
  - ○ hat Klarheit über Zuständigkeiten und Kompetenzen,
  - ○ kann seinen Weiterbildungsbedarf abschätzen,
  - ○ kann seine Aufstiegsmöglichkeiten erkennen,
  - ○ hat eine Grundlage zur Selbsteinschätzung.

- Der **Vorgesetzte** ...
  - ○ kann Aufgaben klar zuordnen,
  - ○ hat eine Grundlage zur Überprüfung und Bewertung,
  - ○ kann den Fortbildungsbedarf bündeln,
  - ○ hat Unterstützung bei der Personaleinsatzplanung.

- Die **Unternehmung** ...
  - ○ hat eine Grundlage für die Personalauswahl,
  - ○ kann Mehrfachbearbeitungen und Arbeitsressourcen erkennen,
  - ○ kann die Entlohnungsstruktur objektivieren,
  - ○ hat Transparenz der Unternehmensstruktur.

41 ZP

Ordnen Sie den Ziffern in der folgenden Abbildung die Begriffe *Instanzentiefe, Instanzenbreite* und *Leitungsspanne* zu und erläutern Sie diese.

- ① Unter **Instanzentiefe** wird die Anzahl der übereinander angeordneten Stellenebenen verstanden. In der Abbildung beträgt die Instanzentiefe 3.

- ② Die **Instanzenbreite** gibt die Anzahl der Instanzen auf einer Ebene an. In der Abbildung ist die Instanzenbreite der zweiten Stellenebene 3.

- ③ Die Anzahl der einer Instanz direkt unterstellten Mitarbeiter wird als **Leitungsspanne** bezeichnet. In der

Abbildung beträgt die Leitungsspanne des Mitarbeiters A auf der zweiten Instanzenebene 5.

- Instanzenbreite, Instanzentiefe und Leitungsspanne sind von den jeweiligen Bedingungen des betreffenden Unternehmens abhängig.

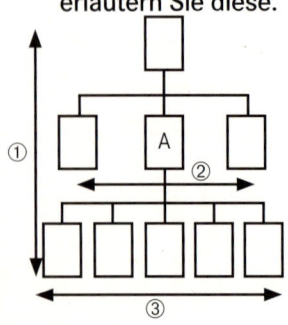

42 ZP

Was versteht man unter *Betriebshierarchie?*

Die **Betriebshierarchie** gibt Auskunft über die **Struktur der betrieblichen Leitungsebenen,** anhand derer die betriebliche Rangordnung der Stellen ersichtlich ist.

Je **umfangreicher die Anordnungsbefugnis** einer Stelle ist, desto **höher** ist sie **in der Betriebshierarchie** eingeordnet.

Man versteht darunter die **Befugnis** einer Person, aufgrund ihrer fachlichen Zuständigkeit **Maßnahmen zur Erfüllung ihrer Aufgaben** zu ergreifen, für die sie die Verantwortung übernimmt.

ZP
Was bedeutet *Kompetenz?* 43

- Delegation bedeutet die **Übertragung von Aufgaben, Kompetenzen** und **Verantwortung** von ranghöheren Stellen auf rangniedere.

- Der **Vorgesetzte** hat die **Folgen der Delegation** innerhalb seiner Führungsverantwortung **zu tragen.**
- Nicht alle Aufgaben sind delegierbar (z. B. schwierige Entscheidungen, Beurteilung von Mitarbeitern).

ZP
Was versteht man unter *Delegation?* 44

- Bei der **Zentralisation** werden **gleichartige Teilaufgaben einer Stelle** (Abteilung) **zugeordnet.**

- Bei der **Dezentralisation** werden **gleichartige Teilaufgaben auf mehrere Stellen** (Abteilungen) verteilt.

ZP
Unterscheiden Sie *Zentralisation* **und** *Dezentralisation* **bei der** *Stellen-* **bzw.** *Abteilungsbildung.* 45

- **Oberste Leitungsebene** (Topmanagement), auf der die **Unternehmensleitung** (z. B. Vorstand, Geschäftsleitung) **Grundsatzentscheidungen** verabschiedet.
- **Mittlere Leitungsebene** (Middle-Management), auf der die Grundsatzentscheidungen in den **Funktionsbereichen** der Unternehmung (Abteilungen, Ressorts) durch die **Bereichsleiter** (z. B. Abteilungsleiter, Ressortleiter) umgesetzt werden.

- **Untere Leitungsebene** (Lower-Management), bei der auf der Ebene der **Gruppenleitung** (z. B. Meister, Büroleiter) der **Arbeitsablauf** zu koordinieren ist.

ZP
Welche *Leitungsebenen (Hierarchieebenen)* **kann man in einer Unternehmung unterscheiden?** 46

Ein **Organigramm** ist die **grafische Darstellung** der **Organisationsstruktur** einer Unternehmung, aus der die Rangfolge einzelner Stellen und ihre Zusammenfassung zu Abteilungen und Bereichen ersichtlich sind. *Beispiel:* funktionorientierte Aufbauorganisation

ZP
Was versteht man unter einem *Organigramm?* 47

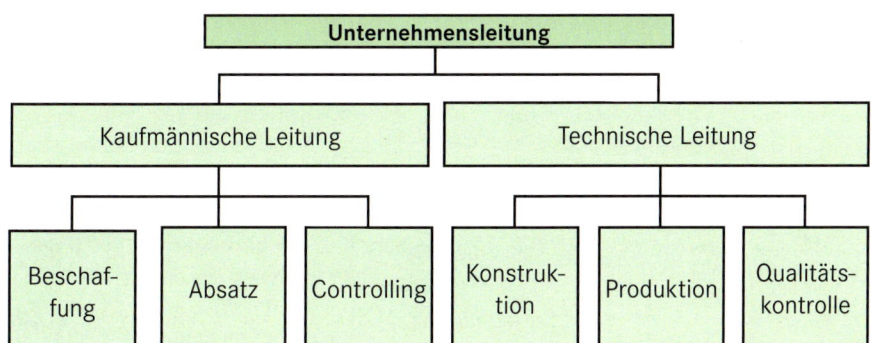

Betriebliche Organisationsformen

ZP
48

Was ist ein *Leitungssystem?*

Ein **Leitungssystem** (auch: Weisungssystem, Kompetenzsystem, Zuständigkeitssystem) gibt Auskunft über die **Anordnungsbeziehungen** zwischen ranghöheren und rangniederen Stellen.

Man erkennt für eine Unternehmung, **wer wem Anweisungen geben** darf.

Wichtige Weisungssysteme sind das **Einlinien-, Mehrlinien-, Stabliniensystem** sowie das **Matrix-** und **Spartensystem.** Da sich die Weisungssysteme an den unternehmensindividuellen Bedingungen und Aufgabenstellungen orientieren, sind in der Praxis Mischformen und unterschiedliche Ausprägungen zu beobachten.

ZP
49

Skizzieren Sie das *Einliniensystem* und nennen Sie mögliche *Vor-* und *Nachteile.*

- Das Einliniensystem ist dadurch gekennzeichnet, dass **einer untergeordneten Stelle genau eine übergeordnete Stelle zugeordnet** ist.

- Der Weisungs,- Informations- und Kontrollfluss erfolgt über **genau** eine Linie (Dienst- oder Instanzenweg), womit das **Prinzip der Einheit der Auftragserteilung** umgesetzt wird.
- **Gleichrangige Stellen** treten nur über die **gemeinsam übergeordnete Stelle in Verbindung.**

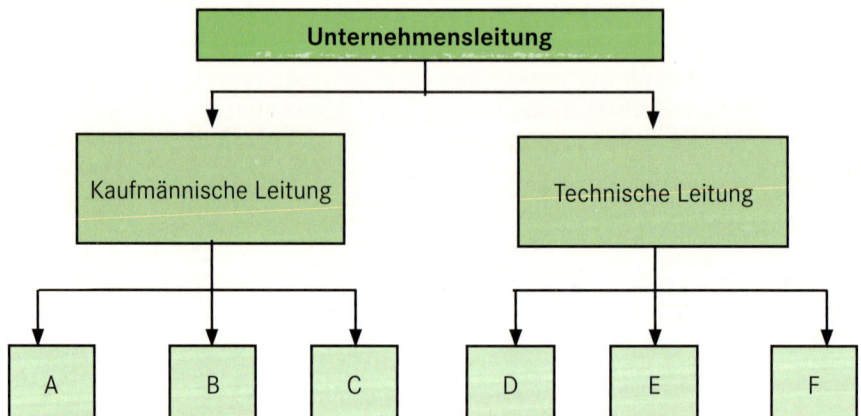

- **Vorteile** z. B.:
  - eindeutige Instanzenwege
  - abgegrenzte Kompetenzbereiche
  - klare Verantwortlichkeiten
  - übersichtliche Betreuung und Kontrolle der Mitarbeiter
  - eindeutiger Informationsfluss durch Einhaltung des Instanzenweges

- **Nachteile** z. B.:
  - lange Weisungswege bei großen Unternehmen
  - Überlastung von Führungskräften durch Routine- und Koordinationsaufgaben
  - Gefahr der Bürokratisierung, da der Dienstweg einzuhalten ist
  - ggf. lange Entscheidungswege für kurzfristig zu treffende Entscheidungen
  - ggf. Informationsfilterung entlang des Instanzenweges („stille Post")
  - Zusammenarbeit und Teamwork müssen organisatorisch gesondert umgesetzt werden.

Prozess

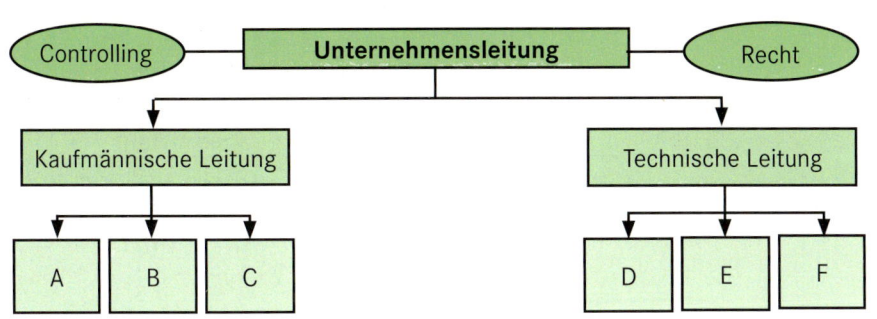

Durch das **Stabliniensystem.** Das Einliniensystem wird im Wesentlichen beibehalten. Die **Instanzen** werden durch **Zuordnung von Stabsstellen** (oder Stabsabteilungen), die grundsätzlich kein Weisungsrecht gegenüber anderen Stellen besitzen, entlastet.

- **Vorteile** z. B.:
  - ○ siehe Einliniensystem
  - ○ Entlastung der Instanzen von Routineaufgaben
  - ○ Verbreiterung der Entscheidungsbasis

- **Nachteile** z. B.:
  - ○ siehe Einliniensystem
  - ○ mögliche Demotivation von Stabsstellen aufgrund fehlender Entscheidungsbefugnisse
  - ○ ggf. informelle Macht von Stabsstellen durch Informationsvorsprung gegenüber Instanzen
  - ○ Entscheidungsvorbereitung und Entscheidung sind getrennt

ZP
50 Durch welches Weisungssystem kann der *Nachteil der Überlastung der Instanzen wie beim Einliniensystem* organisatorisch überwunden werden?

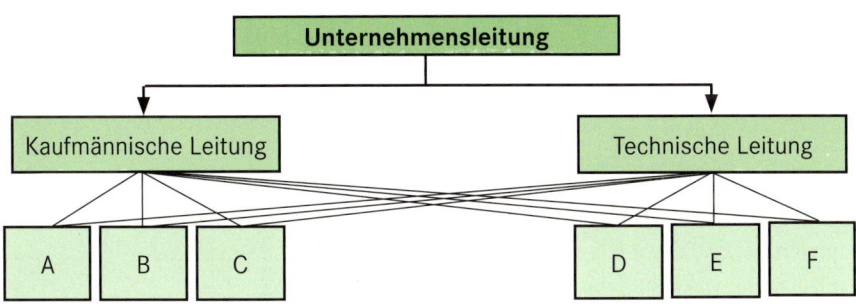

- Durch das **Mehrliniensystem** (Funktionssystem, Funktionsmeistersystem), bei dem **eine untergeordnete Stelle mehreren übergeordneten Stellen zugeordnet** ist.

- Damit wird das Prinzip der Einheit der Auftragserteilung beim Einliniensystem vom **Prinzip des kürzesten Entscheidungsweges** abgelöst.

- **Vorteile** z. B.:
  - ○ kurze Entscheidungswege
  - ○ Spezialisierung der Instanzen
  - ○ Mitarbeiterbeurteilung durch mehrere Vorgesetzte
  - ○ flexible Erweiterung der Organisationsstruktur

- **Nachteile** z. B.:
  - ○ Schwierigkeiten bei der Abgrenzung von Zuständigkeiten und Kompetenzen
  - ○ unklare Verantwortlichkeiten der Instanzen
  - ○ Unübersichtlichkeit der Organisation
  - ○ schwierige Kontrolle der Arbeitsdurchführung
  - ○ Verunsicherung der Mitarbeiter durch Mehrfachunterstellung

ZP
51 Durch welches Weisungssystem kann der *Nachteil des* unter Umständen *langen Entscheidungsweges beim Einliniensystem* organisatorisch überwunden werden?

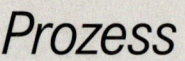

Prozess ✓

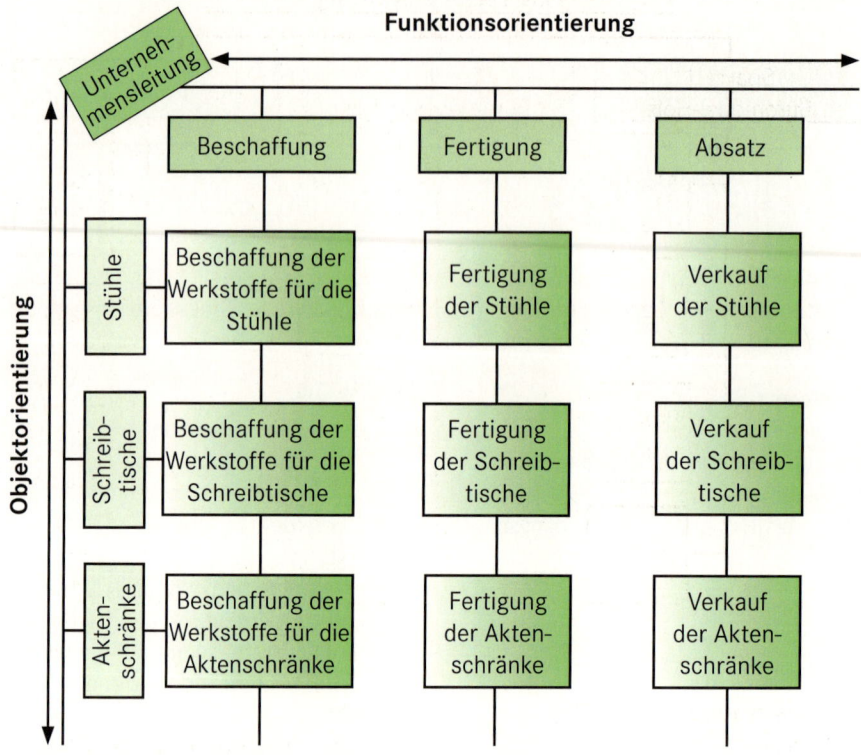

ZP

52 Welches Weisungssystem ist rechts abgebildet? Nennen Sie mögliche *Vor-* und *Nachteile.*

- Es handelt sich um das **Matrixsystem**, bei dem **jede untergeordnete Stelle zwei übergeordneten Stellen** zugeordnet ist.

- Die Matrixorganisation setzt die Grundidee um, dass **zwei Fachabteilungen** mit unterschiedlichen Denkansätzen eine **Lösung der gleichen Aufgabe** finden sollen.

- Dabei werden auf der oberen Hierarchieebene **zwei Gliederungsprinzipien** eingesetzt, sodass jede Aufgabe von zwei Entscheidungslinien betroffen ist. Die Unternehmung wird nach **Funktionen und Objekten** gegliedert.

- **Vorteile:**
  - Intensivierung von Teamarbeit
  - Berücksichtigung unterschiedlicher Denkansätze
  - ggf. erhöhte Motivation durch Beteiligung an der Entscheidungsfindung
  - direkte Kommunikationswege
  - Entlastung der Unternehmensleitung durch Delegation der Entscheidungsfindung

- **Nachteile:**
  - Kompetenzüberschneidungen
  - unklare Instanzenwege
  - Konfliktpotenzial bei Zwang zur Einigung
  - unter Umständen erhöhte Kommunikations- und Koordinationskosten
  - Irritation der Mitarbeiter durch Mehrfachunterstellung
  - Kompromissentscheidungen können den Blick für die optimale Lösung versperren.

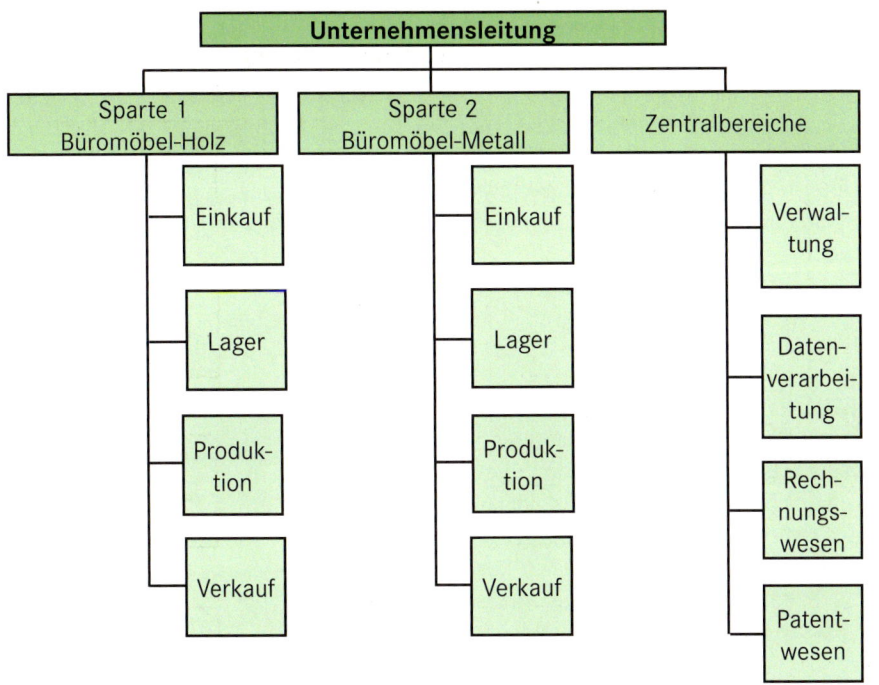

- Als **Spartenorganisation** (Divisional-organisation) bezeichnet man Organisationsstrukturen, bei denen die **zweite Hierarchiebene nach Objekten** (z. B. Produkte, Regionen, Kunden) gegliedert ist.

- Die **verschiedenen Tätigkeiten** (hier z. B. Einkauf, Verkauf) für ein Objekt werden zu **einer Sparte** (Division) zusammengefasst. Die einzelnen Sparten arbeiten **wirtschaftlich weitgehend selbstständig** und sind **der Unternehmensleitung direkt unterstellt.**

- Die Abteilungen, die für alle **Sparten Leistungen erbringen,** werden als **Zentralabteilungen** geführt. Sie können auch Koordinationsaufgaben übernehmen, damit die Erreichung der Unternehmensziele gefördert wird.

- **Vorteile** z. B.:
  - klare Instanzenwege und Zuständigkeiten
  - Entlastung der Unternehmensleitung von Koordinations- und Routineaufgaben
  - Fehlbesetzte Stellen betreffen nicht das ganze Unternehmensgefüge.
  - Transparenz der Unternehmensleitung
- **Nachteile** z. B.:
  - Spartenziele können sich von den Unternehmenszielen entfernen.
  - Kompetenzprobleme zwischen Zentralabteilungen und Sparten
  - Mehrfacharbeit bei ähnlichen Problemen und Aufgaben
  - Führungskräfte für die einzelnen Sparten führen zu höherem Führungskräftebedarf
  - Probleme bei der Zuordnung der Unternehmensressourcen

Eine Organisationsstruktur, bei der **eine Organisationseinheit** (z. B. eine Sparte bei der Spartenorganisation) als **eigenständiger Bereich** hinsichtlich Kostengestaltung, Investitionsentscheidungen und Gewinnverantwortung („Unternehmen im Unternehmen") operiert, wird als **Profit-Center** bezeichnet.

ZP

Was versteht man unter einem *Spartensystem (Spartenorganisation)?* 53

ZP

Was ist ein *Profit-Center?* 54

55 ZP

Unterscheiden Sie *formale* und *informale Organisation.*

- Unter **formaler Organisation** werden die **bewusst geplanten und festgelegten** instanziellen **Einordnungen der Stellen** in einer Unternehmung verstanden. Damit sind Informations- und Leitungsbeziehungen sowie Über- und Unterordnungen der verschiedenen Stellen einer Unternehmung festgelegt.

- **Informale (informelle) Organisation** bezeichnet ein Netz von **nicht offiziell festgelegten Beziehungen zwischen Mitarbeitern** eines Unternehmens, die aufgrund unterschiedlicher Ursachen (z. B. gegenseitige Sympathie, Altersgleichheit, gleiche private Interessen, Mitgliedschaft im gleichen Sportverein, Verwandtschaft) entstehen und die formale Organisation auch beeinflussen können.

56 ZP

Welche *Ziele* verfolgt die *Ablauforganisation?*

Das Erstellen der betrieblichen Leistung kann als Abfolge von Teilprozessen (Arbeitsprozessen) aufgefasst werden, die bestmöglich zu gestalten und aufeinander abzustimmen sind. Um die angestrebte betriebliche Leistung mit minimalen Kosten (s. ökonomisches Prinzip) zu erbringen, lassen sich zwei Hauptziele ableiten:

- **Minimierung der Durchlaufzeiten** und
- **Maximierung der Kapazitätsauslastung.**

57 ZP

Unterscheiden Sie die *Arten der Ablauforganisation.*

- Die **funktionsorientierte Ablauforganisation** legt fest, **welche Arbeitschritte in welcher Reihenfolge** auszuführen sind.

- Bei der **zeitorientierten Ablauforganisation** wird die **Zeitdauer** der einzelnen Arbeitsschritte im Kontext einer **optimalen Abstimmung zeitlich aufeinander folgender Arbeiten** unter Berücksichtigung der betrieblichen Ressourcen festgelegt.

- Die **raumorientierte Ablauforganisation** folgt dem Prinzip der kürzesten Wege und bestimmt **die Bearbeitungsstellen** im Hinblick auf die **Minimierung der jeweiligen Transport- und Bewegungsvorgänge.**

 *Prozess*

ZP 58

Welche *grundsätzlichen Arbeitsschritte* sind aus organisatorischer Sicht bei *Reorganisation betrieblicher Arbeitsabläufe* zu berücksichtigen?

```
┌─────────────────────┐
│  aktuellen Zustand  │
│      aufnehmen      │
│   (Ist-Aufnahme)    │
└─────────────────────┘
          │
          ▼
┌─────────────────────┐
│    Ist-Zustand      │
│    analysieren      │
└─────────────────────┘
          │
          ▼
┌─────────────────────┐
│   Verbesserungs-    │
│     vorschlag       │
│  (Soll-Vorschlag)   │
│    erarbeiten       │
└─────────────────────┘
          │
          ▼
┌─────────────────────┐
│   Soll-Vorschlag    │
│     umsetzen        │
└─────────────────────┘
          │
          ▼
┌─────────────────────┐
│    umgesetzten      │
│   Soll-Vorschlag    │
│ hinsichtlich Optimalität │
│    untersuchen      │
└─────────────────────┘
```

1.2 Leistungserstellungsprozesse planen, steuern und kontrollieren – Lernfeld 5

1.2.1 Produkte und Dienstleistungen

1.2.1.1 Art, Beschaffenheit und Güte von Produkten und Dienstleistungen   *Handbuch: LF 5*

ZP 59

Was versteht man unter *Produktion?*

Die **Produktion** bezeichnet einen **Wertschöpfungsprozess** zur Erstellung von Sachgütern und Dienstleistungen. Dieser Kernprozess erfolgt im Rahmen eines Transformationsprozesses, der die Sachgüter und Dienstleistungen (Produktions- oder Inputfaktoren) durch Kombination in andere Sachgüter und Dienstleistungen (Outputfaktoren) transformiert.

ZP

60 Welche *Ziele* werden mit der Produktion verbunden?

Im Bereich der Produktion können **verschiedenartige** Ziele verfolgt werden, die z. T. auch miteinander **konkurrieren.** Mögliche Ziele der Produktion:

- **monetäre Ziele** (z. B. Gewinnmaximierung, Minimierung der Kosten)
- **innovative Ziele** (z. B. Produktneuentwicklung, Produktverbesserungen)
- **Qualitätsziele** (z. B. Null-Fehler-Produktion, Sicherung bzw. Erhöhung der Qualitätsstandards)
- **Flexibilitätsziele** (z. B. Erfüllung von Kundenwünschen, Anpassungen an die Umwelt)

- **Umweltziele** (z. B. Abfallvermeidung, umweltverträgliche Produkte)
- **zeitliche Ziele** (z. B. Termineinhaltung, höchste Kapazitätsauslastung)
- **soziale Ziele** (z. B. Schaffung ergonomischer Arbeitsplätze, Vermeidung monotoner Arbeitsabläufe, Einrichtung von Betriebskindergärten)

ZP

61 Was wird unter *Produktionsfaktoren* verstanden?

Produktionsfaktoren (Inputfaktoren) sind Sachgüter und Dienstleistungen, die im Rahmen des Leistungsprozesses **zur Herstellung anderer Sachgüter und Dienstleistungen** kombiniert werden.

ZP

62 Grenzen Sie die *Elementarfaktoren* vom *dispositiven Faktor* ab.

- Die **Elementarfaktoren** haben innerhalb des Produktionsprozesses einen direkten Bezug zum Produktionsobjekt (ausführende Tätigkeiten, Betriebsmittel und Werkstoffe).

- Der **dispositive Faktor** kombiniert die Elementarfaktoren im Hinblick auf die Erreichung der Unternehmensziele.

ZP

63 Geben Sie *Beispiele* für *ausführende Tätigkeiten.*

- Beschaffung: Angebotsvergleiche durchführen, Pflege der Lieferantenstammdaten, Terminüberwachung
- Fertigung: Bohren, Fräsen, Montage von Teilen

- Personal: Entgeltabrechnungen durchführen, Personalbeschaffungsmaßnahmen vorbereiten, Bewerbungsunterlagen prüfen

ZP

64 Was sind *Betriebsmittel?*

Betriebsmittel sind Produktionsmittel, die während des Produktionsprozesses zur Leistungserstellung zum Einsatz kommen (z. B. Gebäude, Anlagen, Geräte, Maschinen).

ZP

65 Was sind *Werkstoffe* und wie können sie *unterteilt* werden?

Werkstoffe sind Produktionsmittel, die innerhalb des Produktionsprozesses verarbeitet werden. Einteilung in:

- **Rohstoffe** als Hauptbestandteile des Endproduktes (z. B. Holz für die Tischproduktion)
- **Hilfsstoffe** als Nebenbestandteile des Endproduktes, die in kleineren Mengen und geringerem Wert in das Endprodukt eingehen (z. B. Schrauben für die Stuhlproduktion)

- **Betriebsstoffe,** die nicht Bestandteile des Endprodukts sind, aber bei der Herstellung ge- und verbraucht werden (z. B. Strom zur Tischproduktion)

971438

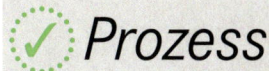 **Prozess**

- **Planung** von z. B. Unternehmenszielen, Geschäftsprozessen, Unternehmensstrukturen
- **Leitung** der Unternehmung z. B. durch Einleitung von Maßnahmen zur Erreichung der Unternehmensziele, Festlegung des Produktionsprogramms, Schaffung von Unternehmensstrukturen

- **Kontrolle** z. B. der Erreichung der Unternehmensziele, der Effektivität von geschaffenen Unternehmensstrukturen

ZP 66

Welche *Tätigkeiten* umfasst der *dispositive Faktor?*

- **Potenzialfaktoren** (Betriebsmittel, Arbeitskraft) können im Laufe des Produktionsprozesses mehrfach genutzt werden.

- **Repetierfaktoren** (Werkstoffe) werden in der Produktion einmalig genutzt.

ZP 67

Wie unterscheiden sich *Potenzialfaktoren* von *Repetierfaktoren?*

- Die **Produktivität** des Produktionsprozesses wird z. B. durch Ausschuss oder Verschwendung **verringert.**

- Die **Kapitalbindung erhöht** sich z. B. durch lange Lagerzeiten oder Fehlinvestitionen.

ZP 68

Welche Auswirkungen hat die *fehlerhafte Nutzung* von *Potenzial* und *Repetierfaktoren* für die Produktivität und die Kapitalbindung einer Unternehmung?

Das Produktionsprogramm bestimmt die **Art, Menge** und **Zeit** der Produkte, die in einem Industriebetrieb hergestellt werden sollen.

ZP 69

Was ist unter einem *Produktionsprogramm* zu verstehen?

- **Immaterielle Güter** bezeichnen Dienstleistungen (z. B. Prüfung, Beratung).
- **Materielle Güter** stellen Sachgüter dar, die entweder als Haupt- bzw. Nebenprodukte selbstständig absetzbar oder als Abfallprodukte zu entsorgen sind.

- **Systemgüter** sind Mischformen aus immateriellen und materiellen Gütern (z. B.: zusammen mit der Maschine wird noch die Dienstleistung „Abstimmung der Maschine auf die betrieblichen Gegebenheiten" verkauft).

ZP 70

Welche *Arten von Gütern* (Produkten) lassen sich unterscheiden?

- Mittels der **kurzfristigen Produktionsprogrammplanung** sollen die zur Verfügung stehenden Kapazitäten optimal genutzt werden.
- Die **mittelfristige Produktionsprogrammplanung** bildet die Grundlage für die Materialbeschaffung und wird nach

der längsten Beschaffungsdauer für eine Materialart festgelegt.
- Im Rahmen der **langfristigen Produktionsprogrammplanung** werden unterschiedliche strategische Entscheidungen getroffen (z. B. über Produktfelder, Fertigungsverfahren).

ZP 71

Welche *Ziele* werden mit der kurz-, mittel- und langfristigen Produktionsprogrammplanung verfolgt?

Leistungserstellungsprozesse

ZP

72 Durch welche Faktoren kann das *Produktionsprogramm beeinflusst* werden?

Die Faktoren können sich gegenseitig beeinflussen und bei kurz- oder langfristiger Planung unterschiedliche Bedeutungen haben. Mögliche Bestimmungsfaktoren der Produktionsprogrammplanung:

- **eigenes Produktionspotenzial** (z. B. Betriebsmittel, Personal)
- **Produktionsfaktoren** (z. B. Menge, Qualität)
- **Marktsituation** (z. B. Wettbewerbsstruktur, Kundenwünsche)
- **allgemeine Wirtschaftsentwicklung** (z. B. Konjunktur, Kriege)

- **Unternehmensziele** (z. B. Steigerung des Gewinns, Erfüllung von Kundenwünschen)
- **Finanzierungsmöglichkeiten** (z. B. Eigenfinanzierung, Fremdfinanzierung)
- **eigene Produktionsforschungsergebnisse**
- **gesetzliche Rahmenbedingungen** (z. B. Emissionsschutz, Abfallentsorgung)

ZP

73 Was versteht man unter *Programmbreite* im Produktionsprozess?

- Die Breite eines Produktionsprogramms bezieht sich auf die **Anzahl der unterschiedlichen Produkte** eines Herstellers, differenziert nach unterschiedlichen Kriterien wie Qualität oder Anwendungsbereich.

- Die **geringste Programmbreite** liegt vor, wenn nur ein Produkt in einer Ausführung produziert wird (z. B. Herstellung von Strom).

ZP

74 Was sind die *Vor- und Nachteile* eines breiten Produktionsprogramms?

- **Vorteile** (Beispiele):
  - Berücksichtigung unterschiedlicher Kundenzielgruppen
  - Nutzung von Synergieeffekten
  - Auslastung der Kapazitäten

- **Nachteile** (Beispiele):
  - Kräfte des Unternehmens werden nicht auf Kernkompetenzen konzentriert
  - erhöhte Rüstkosten durch Kleinserien
  - hoher Organisationsaufwand

ZP

75 Was versteht man unter *Programmtiefe* und welche *Auswirkungen* kann ein tiefes Produktionsprogramm haben?

- Aus der **Sicht der Produktion** wird unter Programmtiefe (Fertigungstiefe) die **Anzahl der Fertigungsstufen** verstanden, die ein Produkt durchläuft.

- Ein sehr tiefes Programm kann aufgrund der hohen Eigenproduktion die Abhängigkeiten zu Lieferanten vermindern und die Sicherung von Qualitätsstandards erleichtern. Allerdings erhöhen sich Planungs-, Lager- oder Produktionsaufwand.

- Aus der **Sicht des Absatzes** (Marketing) wird unter Programmtiefe (Sortimentstiefe) die Anzahl der Varianten eines Produktes verstanden.

ZP

76 Worin unterscheidet sich das *Produktprogramm* vom *Produktionsprogramm?*

- Das **Produktprogramm** enthält die Gesamtheit aller Produktarten, die eine Unternehmung herstellt.

- Das **Produktionsprogramm** umfasst zusätzlich zum Produktprogramm Mengen- und Zeitangaben.

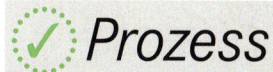

Prozess

- Das **Absatzprogramm** legt die **Art, Menge** und **Zeit** von Produkten fest, die in einer bestimmten Periode auf dem Markt abgesetzt werden sollen.

- Das **Produktionsprogramm** legt hingegen **Art, Menge** und **Zeit** der herzustellenden Produkte fest.

- **Identität** zwischen Produktions- und Absatzprogramm ist dann gegeben, wenn Produkte abgesetzt werden, die auch hergestellt wurden.

- **Unterschiede** existieren, wenn Produkte produziert und nicht abgesetzt werden (z. B. Eigenleistungen, Prototypen, Nullserien) bzw. Produkte abgesetzt werden, die aber nicht produziert wurden (Handelswaren).

ZP 77
Welche Gemeinsamkeiten und Unterschiede bestehen zwischen dem *Absatzprogramm* und dem *Produktionsprogramm?*

1.2.1.2 Entwicklung und Gestaltung von Produkten und Dienstleistungen   *Handbuch: LF 5*

- **Erfindung** neuer Produkte bzw. **Veränderung** alter Produkte (gegebenenfalls mit neuen Produktionsverfahren oder -abläufen)

- Erstellung neuer **Produkt- und Leistungskonzepte**

ZP 78
Was wird unter *Innovationen* im Bereich der Produktentwicklung verstanden?

- Mittels der **Forschung** sollen **grundsätzliche Probleme** gelöst werden. Man unterscheidet **Grundlagenforschung** zur Wissensvermehrung z. B. an Universitäten und **angewandte Forschung** zur kommerziellen Verwertung z. B. durch unternehmenseigene Forschungs- und Entwicklungsabteilungen.

- Die **Entwicklung** bezieht sich auf die Ergebnisse der Forschung und wertet sie im Hinblick auf die Produktplanung und -konkretisierung **zweckgerichtet** aus.

ZP 79
Definieren Sie *Forschung* und *Entwicklung.*

- Forschung und Entwicklung sind die Basis für die Herstellung **neuer Produkte.**

- Forschung und Entwicklung können das **Unternehmensimage** erhöhen.

ZP 80
Welche *Bedeutung* können Forschung und Entwicklung für eine Unternehmung haben?

- **Vorteile:**
  - ○ größere Selbstständigkeit
  - ○ Konzentration auf unternehmensrelevante Schwerpunkte
  - ○ Produkt- und Produktionsvorteile gegenüber Mitbewerbern

- **Nachteile:**
  - ○ gegebenenfalls ineffektive Auslastung der Forschungs- und Entwicklungskapazitäten
  - ○ „Betriebsblindheit" durch fehlende Berücksichtigung neuer Erkenntnisse

ZP 81
Nennen Sie mögliche *Vor- und Nachteile* einer *betriebsinternen* Forschungs- und Entwicklungsabteilung.

82 ZP
Welche *Phasen des Produktentstehungsprozesses* können unterschieden werden?

- **Konzeptionsphase** (z. B. mit Markt- und Wettbewerbsanalysen, groben Terminplanungen und Kostenschätzungen)
- **Produktplanungsphase** (z. B. mit Konkretisierung der Produktfunktionen und technischen Planungen)
- **Konstruktionsphase** (z. B. mit Detailzeichnungen und Prototypen)

- **Fertigungsvorbereitungsphase** (z. B. mit Materialplanungen, Testen neuer Werkzeuge, Entwicklung von Prozesssteuerungssoftware)
- **Produktionsphase** (z. B. mit Pilotserien und Serienanlauf)

83 ZP
Was versteht man unter *Lasten- und Pflichtenheft?*

- Das **Lastenheft** beinhaltet als Ergebnis der Konzeptionsphase die Produktanforderungen der Kunden mit den entsprechenden Chancen und Risiken.

- Das **Pflichtenheft** als Ergebnis der Produktplanung umfasst das Lastenheft und die genauen Produktfunktionen, Leistungsmerkmale und Kostenlimits.

84 ZP
Welche *Vorteile* bietet das *Simultaneous Engineering* im Vergleich zum sequentiellen Produktentwicklungsprozess?

Beim **Simultaneous Engineering** werden im Gegensatz zur sequenziellen Entwicklung die Entwicklungsarbeiten parallel vollzogen.

Vorteile des Simultaneous Engineering (Beispiele):
- Einbindung der relevanten Unternehmensbereiche und Zulieferer
- schneller Wissenstransfer durch Teamarbeit
- Früherkennung von Problemen
- schnellere Entwicklungszeit

85 ZP
Welche *Produkteigenschaften* sieht ein Käufer als wichtig an?

Das Produkt muss den Anforderungen des Käufers weitestgehend entsprechen.

Bedeutsame **Produkteigenschaften** für Käufer sind z. B.:
- hohe Zuverlässigkeit
- gutes Preis-/Leistungsverhältnis
- spezifischer Nutzen bzw. Zusatznutzen des Produktes
- lange Lebensdauer
- Image
- Ästhetik

86 ZP
Beschreiben Sie kurz die Fehlerbaumanalyse, die Möglichkeits- und Einflussanalyse und das Quality Function Development als *wichtige Methoden* des *Qualitätsmanagements,* die im Rahmen der Produktgestaltung zum Einsatz kommen können.

- Die **Fehlerbaumanalyse** ist eine grafische Analyse mittels genormter Bildzeichen, die bei Auftreten eines Fehlers eine Zerlegung der einzelnen Komponenten und Subsysteme vornimmt und die daraus entstehenden Konsequenzen auf ihre Eintrittswahrscheinlichkeit überprüft.
- Zur Vorbeugung von Fehlern wird die standardisierte **Fehler-Möglichkeits- und Einflussanalyse** (FMEA) eingesetzt, die Fehlfunktionen von jedem einzelnen Bauteil als Gefahrenquellen ansieht und die möglichen Folgen ermittelt und bewertet.

- Mittels des **Quality Function Developments (QFD)** werden die relevanten Produktanforderungen der Kunden gewichtet und mit den technischen Möglichkeiten in Tabellen- und Matrizenform dargestellt, sodass ein Konkurrenzvergleich stattfinden kann und Fehler erkennbar werden.

971442

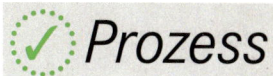
✓ *Prozess*

1.2.1.3   Produktlebenszyklus

Handbuch: LF 5

- Der Produktlebenszyklus stellt den **Weg eines Produktes** vom Markteintritt bis zum -austritt dar.

- **Umsatz- und Gewinnentwicklung** werden im **Zeitablauf** dargestellt und in unterschiedliche Phasen eingeteilt.

- Aus der **Phasenanalyse** können betriebliche und zukünftige Entscheidungen abgeleitet werden.

ZP 87
Was kann man anhand des *Produktlebenszyklus* erkennen?

- **Phase I: Einführung**
  - ○ Markteinführung des Produktes
  - ○ steigender Umsatz bei positiver Kundenresonanz
  - ○ Unterdeckung von Entwicklungs- und Werbekosten
  - ○ (im Normalfall) geringer Auslastungsgrad der Produktion
- **Phase II: Wachstum**
  - ○ erstmalige Gewinnerzielung
  - ○ erhöhte Aufmerksamkeit der Mitbewerber
  - ○ steigender Auslastungsgrad der Produktion

- **Phase III: Reife**
  - ○ Gewinnmaximum
  - ○ Anstieg der Anzahl der Mitbewerber
  - ○ hoher Marktanteil
  - ○ vollständige Produktionsauslastung
- **Phase IV: Sättigung**
  - ○ Gewinnrückgang
  - ○ Umsatzrückgang
  - ○ Rückgang der Produktionsauslastung
- **Phase V: Degeneration**
  - ○ Verlust der Marktanteile
  - ○ wenig bis kein Umsatz

ZP 88
Beschreiben Sie die unterschiedlichen *Phasen des Produktlebenszyklus.*

- keine einheitliche Phaseneinteilung in der Fachliteratur
- exakte Abgrenzung der einzelnen Phasen schwer möglich
- schwierige Prognostizierung der Dauer der einzelnen Phasen

- Beeinflussung von Umsatz- und Gewinnentwicklung durch betriebliche Entscheidungen und außerbetriebliche Gegebenheiten
- Unterstellte Gesetzmäßigkeiten stimmen häufig mit der tatsächlichen Umsatzentwicklung nicht überein.

ZP 89
Beurteilen Sie *kritisch* das Konzept des Produktlebenszyklus.

1.2.1.4   Produkt- und Dienstleistungsbeschreibung

Handbuch: LF 5

Unter Standardisierung wird die Vereinheitlichung von Produkten, Einzelteilen und Produktionsverfahren verstanden.

ZP 90
Was versteht man im Bereich der Produktion unter *Standardisierung?*

- Unter **Normung** versteht man die Festlegung von **Einzelteilen,** indem man sich auf einheitliche Abmessungen, Formen, Materialien usw. einigt.

- **Typung** ist die Vereinheitlichung **ganzer Produkte** z. B. nach Art und Ausführung.

ZP 91
Differenzieren Sie zwischen *Normung* und *Typung.*

Produkt- und Dienstleistungsbeschreibung

ZP

92 Welche *Vorteile* hat die *Standardisierung* für eine Unternehmung?

Die Reduzierung der Teilevielfalt führt zum Beispiel zu folgenden Vorteilen:

- Senkung der Beschaffungskosten durch größere Mengen
- Vereinfachung von Konstruktion und Entwicklung
- vielseitige Verwendbarkeit von Teilen und Modulen
- Verbesserung von Qualität und Service durch Spezialisierung
- Vereinfachung der Lagerung und Ersatzteilbeschaffung
- Automatisierung der Produktionsprozesse
- Fixkostendegression durch Massenproduktion

ZP

93 Zeigen Sie *Nachteile* der *Standardisierung* für eine Unternehmung auf.

Zum Beispiel:
- Es entstehen Abhängigkeiten von vertraglichen Vereinbarungen (Kfz-Zulieferer muss Standards des Kfz-Herstellers einhalten).
- Spezifische Kundenwünsche sind schwer erfüllbar und mit zusätzlichen Kosten verbunden.
- Erhöhte Abhängigkeiten entstehen, wenn die genormten Teile nicht selbst erstellt werden.
- Bei Nachfrageverschiebungen ist eine schnelle Umstellung der Produktion schwer möglich.

ZP

94 Unterscheiden Sie *Normen* nach ihrem *Geltungsbereich.*

- **internationale Normen** für länderübergreifende Gültigkeit, die z. B. von der International Organization for Standardization – **ISO** – entwickelt werden und durch Übernahme durch die jeweiligen nationalen Normenausschüsse nationale Gültigkeit erlangen
- **europäische Normen (EN)** mit europäischem Geltungsbereich, die von den drei europäischen Komitees für Standardisierung (Europäisches Komitee für Normung [CEN], Europäisches Komitee für elektrotechnische Normung [CENELEC] oder Europäisches Institut für Telekommunikationsnormen [ETSI]) eingeführt werden

- **nationale Normen** für die einzelnen Länder; das Deutsche Institut für Normung e. V. – **DIN** – ist die nationale Normungsorganisation für die Bundesrepublik Deutschland.
- **Verbandsnormen** mit Bezug auf die jeweiligen Verbände und Vereine (z. B. Verein Deutscher Ingenieure e. V.)
- **Werksnormen** mit Gültigkeit für bestimmte Unternehmen

ZP

95 Was versteht man unter dem *Baukastensystem?*

- Ein **Baustein** entsteht durch Zusammenfassung genormter Einzelteile (Bauelemente).
- Durch die unterschiedliche Kombination verschiedener Bausteine entstehen verschiedene Erzeugnisse.

ZP

96 Was ist eine *Teilefamilie?*

Formähnliche und fertigungstechnisch verwandte Teile werden zu einzelnen Gruppen (Familien) zusammengefasst und können mit den gleichen Maschinen und den gleichen Werkzeugen bearbeitet werden.

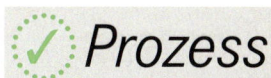 *Prozess*

1.2.2 Kunden- und Lieferanteneinflüsse auf die betriebliche Leistungserstellung

1.2.2.1 Abhängigkeit der Leistungserstellung vom Absatzmarkt
Handbuch: LF 5

- **Auftragsfertigung**
- **Lagerfertigung**
- **Programmfertigung**

> **ZP** 97
> Welche *Fertigungsarten* lassen sich unterscheiden?

Im Rahmen einer **Auftragsfertigung** erfolgt die Produktion von Erzeugnissen erst, wenn ein **entsprechender Kundenauftrag** vorliegt (z. B. bei Gütern der Massenproduktion).

Die Grundlage der **Lagerfertigung** bilden die **Absatzprognosen,** aufgrund derer das Unternehmen Produkte herstellt, die bis zum Eingang eines Kundenauftrags gelagert werden (z. B. beim Schiffbau).

> **ZP** 98
> Wie unterscheidet sich die *Auftragsfertigung* von der *Lagerfertigung?*

Bei dieser Fertigungsart werden die Kunden mit den Produkten des Lagers beliefert. Dabei ist zu beachten, dass

- zu hohe Lagerbestände hohe Lagerkosten verursachen und
- zu niedrige Lagerbestände zu Lieferverzögerungen führen würden.

> **ZP** 99
> Warum ist eine genaue *Bestandsüberwachung* bei der *Lagerfertigung* nötig?

Die Programmfertigung (z. B. in der Automobilindustrie) ist eine **Mischform von Auftrags- und Lagerfertigung,** die unterschiedlich stark ausgeprägt sein kann. Grundsätzlich werden bestimmte Standardteile schon vorproduziert und gelagert und erst bei einem konkreten Auftrag mit den jeweiligen gewünschten anderen Teilen kombiniert.

> **ZP** 100
> Was ist die *Programmfertigung?*

1.2.2.2 Zusammenarbeit mit Lieferanten *Handbuch: LF 5*

Grundsätzlich ist von Unternehmen zu entscheiden, ob eine Leistung in Eigenregie oder von anderen Unternehmen zu erstellen ist. Entscheidungsparameter sind z. B. Kosten, Qualifikation des Personals, Organisationsaufwand, Unabhängigkeit von Lieferanten.

> **ZP** 101
> Unterscheiden Sie *Insourcing* und *Outsourcing.*

- **Outsourcing** liegt vor, wenn Leistungen, die bisher vom eigenen Unternehmen hergestellt wurden, von anderen Unternehmen bezogen werden.

- Beim **Insourcing** werden bisher fremd erstellte Leistungen im eigenen Unternehmen gefertigt.

ZP

102 Grenzen Sie *Fremdbezug* und *Outsourcing* voneinander ab.

- **Gemeinsamkeiten:** Leistungen werden von anderen Unternehmen bezogen.

- **Unterschiede:** Beim Outsourcing ist:
  - die Leistung vorher von der Unternehmung selbst erstellt worden
  - eine vorher integrierte Leistung mit ihrem Management dauerhaft ausgelagert
  - der ausgelagerte Bereich über eine Schnittstelle mit der eigenen Unternehmung verbunden

ZP

103 Was sind mögliche *Vor- und Nachteile* des Outsourcings?

- Die **Vorteile** des Outsourcings sind z. B.:
  - Kostensenkung
  - Kapazitätsabbau
  - Konzentration auf die Kernkompetenzen der Unternehmung
  - Verringerung der eigenen Geschäftsrisiken durch Verlagerung auf die Outsourcing-Unternehmen

- Die **Nachteile** sind z. B.:
  - Outsourcingpotenziale werden oft nicht ausreichend genutzt.
  - unzureichende Reduktion der Fixkosten im outsourcenden Unternehmen (wenn frei werdendes Anlagevermögen nicht verkauft werden kann oder Mitarbeiter nicht entlassen werden können)
  - Unabhängigkeitsverlust
  - erhöhte Datensicherungsmaßnahmen, um einen Informationsabfluss an Dritte zu verhindern
  - Das Zurückholen der ausgelagerten Leistungen (Backsourcing) ist schwierig und nur mit einem erhöhten Kostenaufwand möglich.

ZP

104 Nennen Sie *Beispiele für Outsourcing*.

- Das Rechnungswesen wird extern geführt.
- Die ausstehenden Forderungen werden extern eingezogen.
- Spezielles Personal wird ausgegliedert.

- Callcenter übernehmen den telefonischen Kundendienst.
- Produktionsverlagerung in Länder mit geringeren Stückkosten

1.2.3 Prozesse der Leistungserstellung im Ausbildungsbetrieb

1.2.3.1 Stellung und Organisation der Leistungserstellung
Handbuch: LF 5

ZP

105 Wie unterscheiden sich *Arbeitsteilung* und *Arbeitszerlegung*?

- Unter der **Arbeitsteilung** wird die Aufteilung der Güterproduktion auf verschiedene Wirtschaftseinheiten verstanden (z. B. Produzenten, Produktionsstätten).

- Die **Arbeitszerlegung** beschreibt die Aufteilung von Produktionsprozessen in mehrere verschiedene Teilverrichtungen, die innerhalb einer Produktionsstätte von jeweils spezialisierten Arbeitern ausgeführt werden.

971446

- **Vorteile** z. B.:
  - Produktivitätssteigerung
  - Einsatz ungelernter Mitarbeiter
  - Kostensenkung
  - Zeitgewinnung

- **Nachteile** z. B.:
  - monotone Arbeit
  - fehlende Motivation
  - Unterforderung der Mitarbeiter

ZP
Wo liegen die *Vor- und Nach-teile* bei der Arbeits-zerlegung?
106

Durch die Humanisierung der Arbeit soll eine **möglichst dem Menschen angepasste Arbeitswelt** erreicht werden. Humanisierung der Arbeit umfasst alle **Maßnahmen,** die:

- dem **Gesundheitsschutz** am Arbeits-platz dienen (z. B. Lärmschutz, bessere Beleuchtung)
- die **Arbeitsorganisation** verbessern (z. B. gleitende Arbeitszeit)

- die **Arbeitszufriedenheit** erhöhen (z. B. Anpassung von Arbeitsinhalten an die betreffenden Arbeitnehmer)
- das **Betriebsklima** positiv gestalten (z. B. Transparenz von Entscheidungen)
- erhöhte **Mitbestimmungsrechte** be-inhalten.

ZP
Was versteht man unter *Huma-nisierung der Arbeit?*
107

- Die Arbeitnehmer **tauschen** innerhalb eines Produktionsabschnittes syste-matisch **ihre Arbeitsplätze.**

- Der Arbeitsplatzwechsel vollzieht sich i. d. R. auf der **gleichen Qualifikations-stufe.**
- Eine Vollzeit-Arbeitsstelle wird mit mindestens **zwei Personen** besetzt.

ZP
Was ist *Job-Rotation* (Arbeits-platzwechsel)?
108

- **Vorteile:**
  - Förderung des Führungskräftenach-wuchses durch Erweiterung der Kenntnisse
  - abwechslungsreiche Tätigkeit ver-ringert die Monotonie der Arbeit
  - Die Ausbildung zu Generalisten erhöht die Flexibilität der Arbeit-nehmer und erleichtert die interne Stellenbesetzung.
  - gegebenenfalls Berücksichtigung neuer Ideen in den Arbeitsbereichen

- **Nachteile:**
  - Durch Einarbeitungs- und Gewöh-nungszeiten kann die Arbeitspro-duktivität geringer sein.
  - Durch die Rotation kann eine Identi-fizierung mit der Aufgabe erschwert werden.

ZP
Nennen Sie mögliche *Vor- und Nachteile* der Job-Ro-tation.
109

- Beim **Job-Enlargement** wird der Ar-beitsbereich eines Arbeitnehmers um **Arbeiten der gleichen Qualifikations-ebene** erweitert. Zum Beispiel werden nacheinander auszuführende Arbeiten einer Person zugewiesen.

- Im Gegensatz zum Job-Enlargement wird beim **Job-Enrichment** der Ar-beitsbereich eines Mitarbeiters durch **qualitativ höherwertige Arbeiten** erweitert. Zum Beispiel werden einer Person neben der bisherigen Tätigkeit noch Planungs-, Überwachungs- oder Koordinationsaufgaben zugewiesen. Dadurch wird das **Anforderungsniveau** der Stelle erhöht.

ZP
Unterscheiden Sie *Job-Enlar-gement* (Arbeits-erweiterung) und *Job-Enrichment* (Ar-beitsbereicherung).
110

Leistungserstellung

ZP

111 Welche möglichen *Vor- und Nachteile* können mit der *Einführung des Job-Enrichments* verbunden sein?

● **Vorteile:**
  ○ Steigerung der Arbeitsmotivation durch Übertragung höherwertiger Aufgaben
  ○ Erhöhung der Verantwortung durch Erweiterung des Handlungsspielraums
  ○ Verringerung der Arbeitsmonotonie

● **Nachteile:**
  ○ längere Einarbeitungszeiten
  ○ gegebenenfalls Überforderung durch komplexere Aufgabenübertragung
  ○ höhere Qualifizierung führt zu höheren Entgeltforderungen

---

ZP

112 Was versteht man unter *teilautonomen Arbeitsgruppen?*

Einer Arbeitsgruppe wird ein **mehrstufiger Arbeitsprozess** zugewiesen, der in eigener Verantwortung innerhalb einer gegebenen Zeit zu erfüllen ist.

Neben der Ausführungsverantwortung werden der Gruppe **auch Planungs-, Regelungs- und Kontrollfunktionen übertragen,** sodass diese Organisationsform der Arbeit Arbeitsplatzwechsel, Arbeitserweiterung und Arbeitsanreicherung beinhalten kann.

ZP

113 Nennen Sie mögliche *Vor- und Nachteile* von teilautonomen Arbeitsgruppen.

● **Vorteile:**
  ○ größere Flexibilität durch vielseitige Einsatzbereiche der Mitarbeiter
  ○ Entlastung der Unternehmensorganisation von Kontrollarbeiten
  ○ Förderung von Sozial- und Methodenkompetenz durch Teamarbeit
  ○ Förderung des Führungskräftenachwuchses

● **Nachteile:**
  ○ unter Umständen erhöhtes Konfliktpotenzial durch Auflösung hierarchischer Strukturen
  ○ Demotivation, wenn die Aufgaben ungerecht verteilt sind

1.2.3.2 Verfahren der Leistungserstellung   *Handbuch: LF 5*

ZP

114 Was versteht man unter dem Begriff *Produktionsverfahren (Fertigungsverfahren)?*

Die Durchführung von Produktionsprozessen (Fertigungsprozessen) vollzieht sich in Produktionssystemen, bei denen Arbeitsplätze und Betriebsmittel sinnvoll kombiniert werden. Die **Struktur der Produktionssysteme** wird als Produktionsverfahren bezeichnet.

Produktionsverfahren werden nach unterschiedlichen **Kriterien** eingeteilt, wobei jedoch Überschneidungen festzustellen sind.

ZP

115 *Teilen Sie die Produktionsverfahren 1. nach dem Grad der Beteiligung menschlicher Arbeitskraft, 2. nach Anordnung der Produktionsmittel* und *3. nach der Wiederholung der Leistungsprozesse ein.*

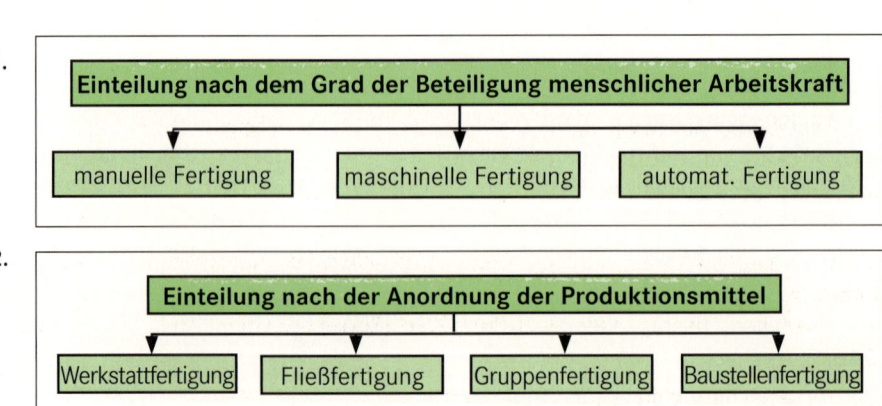

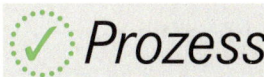 *Prozess*

3.

Einteilung nach der Wiederholung der Leistungsprozesse (Fertigungstypen)

Einzelfertigung	Serienfertigung	Sortenfertigung	Massenfertigung

manuelle Fertigung	• Bei der Leistungserstellung werden **keine Maschinen** eingesetzt. Die Arbeiten werden mit einfachen Werkzeugen (z. B. Hammer) ausgeführt. • Diese Form der Leistungserstellung ist noch bei **Handwerksbetrieben** (z. B. Heizungsinstallation) anzutreffen, im industriellen Bereich allenfalls bei Reparaturbetrieben.
maschinelle Fertigung	• Im Produktionsprozess werden **fremdbetriebene Maschinen** eingesetzt. • Die **Steuerung** der Maschinen erfolgt durch den **Menschen.**
automatische Fertigung	• Die Produktion erfolgt durch **computergesteuerte** Maschinen. • Man unterscheidet **vollautomatische Fertigung** mit Überwachung durch den Menschen und **halbautomatische Fertigung** mit manueller Bestückung oder Entnahme durch den Menschen.

1. Einzelfertigung
2. Serienfertigung
3. Sortenfertigung
4. Massenfertigung

Bei der Einzelfertigung handelt es sich um die Produktion von **Einzelstücken** (z. B. Spezialmaschinen, Hochbau).

Die Konstruktion bzw. Produktion erfolgt i. d. R. **auftragsorientiert.**

Mittels der Serienfertigung werden **unterschiedliche Produkte,** deren Herstellung ähnlich verläuft (z. B. in der Automobilindustrie), in **begrenzter Stückzahl** hergestellt. Die Erzeugnisse werden in einer **Serie** (festgelegte Produktionsanzahl) gefertigt, wobei Kleinserien (z. B. Sportwagen) und Großserien (z. B. Mittelklassewagen) zu unterscheiden sind.

Sortenfertigung liegt vor, wenn Produkte mit **gleichen Ausgangsmaterialien, aber unterschiedlicher Ausprägung** (z. B. Schokoladenherstellung) gefertigt werden. Die verschiedenen Ausprägungen einer Produktart **(Sorte)** beziehen sich auf Form, Farbe, Qualität usw.

Die **Sortenfertigung ähnelt der Serienfertigung,** wenn die Unterschiede zwischen den einzelnen Sorten aufgrund gleicher Ausgangsstoffe oder Fertigungsverfahren gering sind.

ZP 116
Beschreiben Sie die Produktionsverfahren nach dem *Grad der Beteiligung menschlicher Arbeitskraft.*

ZP 117
Welche Fertigungsarten erfolgen *im Rahmen von wiederholten Leistungsprozessen?*

ZP 118
Was wird unter der *Einzelfertigung* verstanden?

ZP 119
Definieren Sie den Begriff *Serienfertigung.*

ZP 120
Was bedeutet *Sortenfertigung?*

121 **ZP**
Welche *Sonderformen* lassen sich bei der *Serien- bzw. Sortenfertigung* unterscheiden?

● **Partiefertigung:**
  ○ Die Verschiedenartigkeit der Produkte ist durch **Unterschiede des Rohmaterials** bedingt (z. B. Zigarrenherstellung).
  ○ Eine einheitliche Menge von Rohmaterial wird als **Partie** bezeichnet.

● **Chargenfertigung:**
  ○ Die Verschiedenartigkeit der Produkte ist durch **verschiedene Ausgangsbedingungen** und **nicht vollkommen beherrschbare Produktionsprozesse** begründet (z. B. Bier, Stahl).
  ○ Eine **Charge** ist die Füllmenge eines Behälters für einen Produktionsvorgang.

122 **ZP**
Was wird unter *Massenfertigung* verstanden?

Als **Massenfertigung** wird die Herstellung gleicher Produkte in einer hohen Anzahl über einen längeren Zeitraum bezeichnet.

123 **ZP**
Ordnen Sie die Begriffe Baustellen-, Werkstatt-, Gruppen- und Fließfertigung der unteren sowie den auf der nächsten Seite stehenden Abbildungen a) bis d) zu. Beschreiben Sie die einzelnen Fertigungsorganisationen und nennen Sie jeweils Vor- und Nachteile.

a)

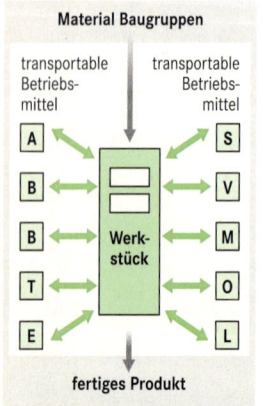

Fertigungsorganisation	Zuordnung	Beschreibung Vorteile Nachteile

Baustellenfertigung	a)	● Bei der Baustellenfertigung werden die Bearbeitungsmaschinen und die Arbeitsplätze zum Arbeitsgegenstand, der aufgrund seiner Eigenheiten wie Größe und Gewicht ortsgebunden ist, transportiert.
		● Anwendung: Haus-, Anlagen-, Schiffsbau
		● Organisation nach dem ortsgebundenen Objekt
		● Vorteile:
		  ○ örtliche Konzentration der Betriebsmittel
		  ○ Flexibilität bei der Beachtung von Kundenwünschen
		● Nachteile:
		  ○ erhöhter Aufwand bei der Planung der Produktion und bei der Abstimmung des Material- und Betriebsmittelflusses
		  ○ ungleichmäßige Auslastung der Betriebsmittel
		  ○ hohe Kapitalbindung durch i. d. R. lange Produktionszeiten

Werkstattfertigung	c)	● Gleiche Maschinen für die Be- und Verarbeitung bzw. Herstellung der Produkte sind an einem Ort (Werkstatt) zusammengefasst (Verrichtungsprinzip). Die Fertigung vollzieht sich in einer Werkstatt oder in mehreren Werkstätten (Werkstättenfertigung). Die Werkstücke werden in der Bearbeitungsreihenfolge zu den einzelnen Maschinen transportiert.
		● Anwendung: Maschinenbau, Textilindustrie
		● Organisation nach dem Verrichtungsprinzip
		● Vorteile:
		  ○ relativ geringe Kapitalbindung durch die Maschinen
		  ○ hohe Flexibilität durch die vergleichsweise hohe Qualifikation der Mitarbeiter
		● Nachteile:
		  ○ längere Durchlaufzeiten durch längere innerbetriebliche Transportwege
		  ○ Zwischenlagerung der Produkte
		  ○ vergleichsweise schwierige Kapazitätsplanung durch ungleichmäßige Auslastung der einzelnen Maschinen

Fertigungsorganisation	Zuordnung	Beschreibung Vorteile Nachteile
Gruppenfertigung	b)	● Innerhalb der Fließfertigung werden die zur Herstellung ähnlicher Produkte benötigten Arbeitsplätze und Betriebsmittel organisatorisch zu Fertigungsinseln zusammengefasst, sodass die Baugruppen oder Produkte an einem Ort hergestellt werden. ● Anwendung: Maschinenbau, Fahrzeugbau ● Organisation bei der räumlichen Zusammenfassung nach dem Verrichtungsprinzip und innerhalb der Fertigungsinseln nach dem Flussbetrieb ● Vorteile: 　○ höhere Motivation der Mitarbeiter durch weitgehende Selbststeuerung bei der Fertigung 　○ erweitertes Einsatzspektrum der Mitarbeiter 　○ erhöhte Qualität der Produkte wg. erhöhter Ergebnisverantwortung ● Nachteile: 　○ Reibungsverluste, wenn die Mitarbeiter nicht teamfähig sind 　○ erhöhte Durchlaufzeiten, wenn die Tätigkeiten innerhalb der Fertigungsinsel nicht optimiert sind 　○ verringerte Produktionsgeschwindigkeit im Vergleich zur Fließfertigung
Fließfertigung	d)	● Die Werkstücke werden mittels Fördereinrichtungen in einer gleichen Reihenfolge zu den Bearbeitungsstationen gebracht, wobei die Arbeitsplätze entsprechend der Reihenfolge des Arbeitsablaufes zur Herstellung eines Produktes angeordnet sind. ● Anwendung: Lebensmittel, Elektrobauteile ● Organisation nach dem Prozessprinzip (technisch erforderliche Bearbeitungsreihenfolge) ● Vorteile: 　○ Fixkostendegression durch hohe Stückzahlen 　○ kurze Durchlaufzeiten der Produkte 　○ geringe innerbetriebliche Transportkosten 　○ Professionalisierung der Arbeit durch gleiche Tätigkeiten ● Nachteile: 　○ u. U. einseitige Belastung der Mitarbeiter durch gleiche Tätigkeiten 　○ geringere Flexibilität bei Betriebsstörungen 　○ hohe Fixkosten, z. B. durch Spezialmaschinen 　○ aufgrund der Spezialmaschinen geringe Anpassungsmöglichkeiten bei Nachfrageveränderungen

b)

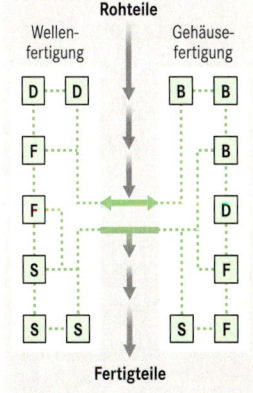

c)

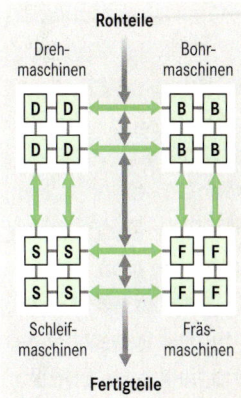

d)

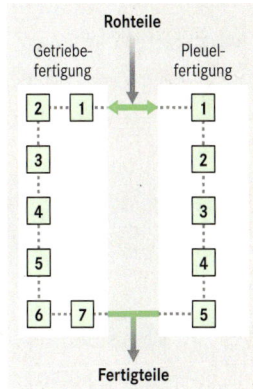

nach: Disterer, Georg, u. a.: Taschenbuch der Wirtschaftsinformatik, 2., neu bearbeitete Auflage, München, Wien 2003, S. 113–115

124 ZP

Beschreiben Sie Gemeinsamkeiten und Unterschiede der *Reihenfertigung* und der *Fließbandfertigung.*

- Beiden Fertigungsverfahren ist **gemeinsam,** dass die Anordnung der Arbeitsplätze durch die **Bearbeitungsreihenfolge** gegeben ist (Fließfertigung).
- **Reihenfertigung** liegt vor, wenn der Transport der Werkstücke zu den einzelnen Bearbeitungsstationen ohne zeitliche Bindung an einen Fertigungstakt erfolgt.

- Bei der **Fließbandfertigung** sind die einzelnen Bearbeitungsstationen taktgebunden vernetzt. Die Werkstücke werden mittels eines Fließbandes innerhalb festgelegter Arbeitstakte zu den einzelnen Fertigungsstationen gebracht, wobei die Mitarbeiter keinen Einfluss auf die Arbeitsgeschwindigkeit haben.

125 ZP

Was versteht man unter der *Taktzeit?*

Die Taktzeit umfasst die Zeitspanne vom Beginn eines Arbeitsganges bis zum Beginn des folgenden Arbeitsganges.

126 ZP

Unterscheiden Sie *Fließbandfertigung* und *Transferstraße.*

Im Vergleich zur Fließbandfertigung sind bei der Transferstraße sowohl die **Bearbeitungsstationen als auch die Transportsysteme** zwischen den Bearbeitungsstationen **weitgehend automatisiert** (z. B. Papierherstellung).

127 ZP

Die *Fertigung nach dem Wanderprinzip* ist ein Sonderfall der Baustellenfertigung. Was versteht man darunter?

Während beim Hausbau der Ort der Leistungserstellung (Baustelle) unverändert bleibt, folgen beim Straßenbau oder Pipelinebau die Arbeitsplätze dem Arbeitsgegenstand, sodass die **Baustelle „wandert".**

128 ZP

Was versteht man unter einer *optimalen Losgröße?*

- Bei der Serien- und Sortenfertigung ergibt sich die Frage, inwieweit z. B. **Kundenaufträge zu bündeln** sind, um eine optimale Fertigungslosgröße zu erhalten.
- Als **Losgröße** wird die Fertigungsmenge bezeichnet, die ohne Unterbrechung durch die Herstellung eines anderen Produktes gefertigt wird.

- Die **optimale Losgröße** ist – unter dem Gesichtspunkt der Reduzierung der Produktionskosten – die Fertigungsmenge, bei der die Summe aus Rüstkosten und Lagerkosten ein Minimum ergibt.

129 ZP

Was sind *Rüstkosten?*

Rüstkosten entstehen beim Wechsel der Produktart als **Umrüstkosten** (z. B. Wechsel von Werkzeugen, Programmierung von Maschinen, Reinigung) und als **Anlaufkosten** (z. B. in Form erhöhter Ausschusskosten).

Umrüstkosten und Anlaufkosten werden unter der Voraussetzung, dass die Anlaufphase vor Beginn der jeweiligen Produktion beendet ist, zu einem Kostenblock **Rüstkosten** zusammengefasst.

Die Rüstkosten können als **auflagenfixe Kosten** bezeichnet werden, da sie bei jeder Produktionsumstellung anfallen.

Optimale Losgröße

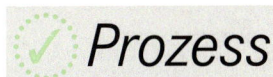

Mit der Lagerung von Produkten entstehen **Lagerungskosten** für die Räumlichkeiten (z. B. Abschreibungen), für die Behandlung des Lagerungsgutes (z. B. Kühlung von Produkten) und sonstige Kosten (z. B. Kosten für Qualitätseinbußen). Diese Kosten sind von der Einlagerungsmenge bzw. vom Einlagerungswert abhängig.

Zusätzlich fallen **Zinskosten** für das durch die Lagerung gebundene Kapital an. Diese Kosten sind abhängig vom Einlagerungswert und dem angenommenen Zinssatz.

Lagerkosten = Lagerungskosten + Zinskosten

- Je **größer die zu produzierende Menge** (Losgröße) ist, desto **geringer sind die Rüstkosten** (bei gegebenem Jahresbedarf) und desto **stärker steigen die jeweiligen Lagerkosten.**

- Je **kleiner die Losgröße** ist, desto **höher sind die Rüstkosten** (bei gegebenem Jahresbedarf) und desto **geringer fallen die Lagerkosten aus.**

$$\text{optimale Losgröße} = \sqrt{\frac{200 \cdot \text{Jahresbedarf} \cdot \text{Loswechselkosten pro Umstellung}}{\text{Herstellungskosten je Stück} \cdot \text{Lagerkostensatz}}}$$

$$\text{optimale Losgröße} = \sqrt{\frac{200 \cdot 4000 \cdot 400}{200 \cdot 10}}$$

$$\text{optimale Losgröße} = \underline{\underline{400}}$$

Bei einer Losgröße von 400 Stück erreicht die Summe aus Lagerkosten und Rüstkosten (unter den gegebenen Bedingungen) ihr Minimum.

Zum Beispiel:
- feststehender Jahresbedarf
- konstante Lagerkosten
- gleichmäßiger Lagerabgang
- Lagerkosten verhalten sich proportional zur Losgröße
- beliebiger Produktionsbeginn der einzelnen Lose
- konstante Losgröße

- gleichbleibende Rüstkosten für jedes Los
- keine Fehlmengen
- unbegrenzte Lagerfähigkeit des Produktes
- konstante Produktbeschaffenheit
- Produktions- und Lagerauffüllgeschwindigkeit haben keine Auswirkungen

---

ZP | 130
Was sind *Lagerkosten?*

ZP | 131
Zeigen Sie im Produktionsbereich die gegenläufige *Tendenz* zwischen *Rüst- und Lagerkosten* auf.

ZP | 132
Ermitteln Sie mathematisch die *optimale Losgröße* für den Schreibtisch S-66 der OfficeCom AG unter Berücksichtigung der nachfolgenden Gegebenheiten:
- Jahresbedarf an Tischen: 4 000 Stück
- Loswechselkosten je Umstellung: 400,00 €
- Herstellungskosten pro Tisch: 200,00 €
- Lagerkostenzinssatz: 10 % p. a.

ZP | 133
Durch welche *einschränkenden Bedingungen* wird die Allgemeingültigkeit der mathematischen Berechnung der optimalen Losgröße eingeschränkt?

1.2.4.1   Produktivität   *Handbuch: LF 5*

ZP

134

Was ist unter *Produktivität* **zu verstehen?**

Die Produktivität drückt das mengenmäßige Verhältnis von Outputmengen (Ausbringungsmengen) zu Inputmengen (Einsatzmengen) aus:

$$\textbf{Produktivität} = \frac{\text{Output (Stück, m, kg usw.)}}{\text{Input (Arbeitszeit, Betriebsmittel usw.)}}$$

Bei der Produktivität werden i. d. R. unterschiedliche Ausprägungen betrachtet. Diese Teilproduktivitäten beziehen sich meist auf das Output-Input-Verhältnis einzelner Produktionsfaktoren wie z. B. Arbeitsproduktivität und Kapitalproduktivität und stellen deswegen häufig genutzte betriebswirtschaftliche Kennziffern dar.

ZP

135

Grenzen Sie die *Arbeitsproduktivität* **von der** *Kapitalproduktivität* **ab.**

- Die **Arbeitsproduktivität** gibt das Verhältnis der Outputmenge zu den geleisteten Arbeitsstunden an.

- Die **Kapitalproduktivität** gibt das Verhältnis der Outputmenge zum Kapitaleinsatz an.

ZP

136

Wie kann die *Produktivität* **erhöht** **werden?**

- Erhöhung der Outputmenge bei gleichbleibender oder verringerter Inputmenge

- Verringerung der Inputmenge bei gleich bleibender oder steigender Outputmenge

ZP

137

Berechnen Sie die *Arbeits- und Kapitalproduktivität* **für den Monat April. Im April werden in der OfficeCom AG 800 Schreibtische (ST) des Modells S-65 in 200 Arbeitsstunden mit einem bewerteten Betriebsmitteleinsatz von 100.000,00 € hergestellt.**

April:

$$\text{Arbeitsproduktivität} = \frac{800 \text{ ST}}{200 \text{ Stunden}} = 4 \text{ ST}/\text{Arbeitsstunde}$$

$$\text{Kapitalproduktivität} = \frac{800 \text{ ST}}{100.000,00 \text{ €}} = 0,008 \text{ ST pro } 1,00 \text{ €}$$

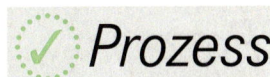

Prozess

ZP 138

Berechnen Sie die *Arbeits- und Kapitalproduktivität* für den Monat Mai nach Kauf einer Maschine (120.000,00 €; in 160 Arbeitsstunden 1 200 Schreibtische). Vergleichen Sie die Ergebnisse mit der vorherigen Aufgabe.

Mai:

$$\text{Arbeitsproduktivität} = \frac{1\,200\ \text{ST}}{160\ \text{Stunden}} = 7,5\ \text{ST/Arbeitsstunde}$$

$$\text{Kapitalproduktivität} = \frac{1\,200\ \text{ST}}{120.000,00\ \text{€}} = 0,01\ \text{ST pro } 1,00\ \text{€}$$

Von April zum Mai haben sich in der OfficeCom AG sowohl die Arbeits- als auch die Kapitalproduktivität erhöht.

1.2.4.2 Wirtschaftlichkeit

Handbuch: LF 5

ZP 139

Was ist unter *Wirtschaftlichkeit* zu verstehen?

Mit der Wirtschaftlichkeit wird das **preisliche Verhältnis** der Outputmenge zur Inputmenge ausgedrückt:

$$\text{Wirtschaftlichkeit} = \frac{\text{Ertrag}}{\text{Aufwand}} \quad \text{oder} \quad \text{Wirtschaftlichkeit} = \frac{\text{Leistung}}{\text{Kosten}}$$

ZP 140

Wie kann die *Wirtschaftlichkeit erhöht* werden?

- Erhöhung des Ertrags bei gleichbleibendem oder vermindertem Aufwand
- Verringerung des Aufwands bei gleichbleibendem oder steigendem Ertrag

ZP 141

Berechnen Sie die Wirtschaftlichkeit der Office-Com AG für die Monate Mai (mit Verkaufserlösen von 40.000,00 € bei einem Aufwand von 20.000,00 €) und Juni (Verkaufserlöse: 60.000,00 €; Aufwand: 15.000,00 €).

Mai

$$\text{Wirtschaftlichkeit} = \frac{40.000,00\ \text{€}}{20.000,00\ \text{€}} = 2 \text{ oder } 200\ \%$$

Juni:

$$\text{Wirtschaftlichkeit} = \frac{60.000,00\ \text{€}}{15.000,00\ \text{€}} = 4 \text{ oder } 400\ \%$$

Die Wirtschaftlichkeit kann auch prozentual ausgedrückt werden: Im Mai beträgt sie 200 %, im Juni 400 %.

1.2.4.3 Kapazitäten

Handbuch: LF 5

ZP 142

Was ist *Kapazität?*

Die **Kapazität** beschreibt das gesamte Leistungsvermögen eines Unternehmens oder einer Maschine innerhalb eines festgelegten Zeitraums.

Prozess ✓

Kapazitäten

143 **ZP**
Unterscheiden Sie *quantitative* und *qualitative Kapazität.*

Während sich die quantitative Kapazität auf die **Ausbringungsmenge** bezieht, beschreibt die qualitative Kapazität die **Art und Güte der Leistung.**

144 **ZP**
Ordnen und erläutern Sie die folgenden Kapazitätsbegriffe nach ihrer Leistung von 1 (= größter Umfang) bis 3:

Maximalkapazität

Technische Kapazität

Mindestkapazität

1	Die **technische Kapazität** gibt das oberste Leistungsvermögen ohne Beachtung von Beschränkungen an. Zum Beispiel kann die Maschine M-300B 2000 Werkstücke bei Vollauslastung und Höchstgeschwindigkeit ohne Pausenintervalle produzieren.
2	Die **Maximalkapazität** bezeichnet die Leistung unter Berücksichtigung aller Beschränkungen. Zum Beispiel kann die Maschine M-300B unter Beachtung von Wartungsintervallen, Rüstzeiten, Nichteinsatzzeiten usw. 1 800 Werkstücke fertigen.
3	**Mindestkapazitäten** dürfen aus technischen Gründen nicht unterschritten werden. Zum Beispiel benötigt die Maschine M-300B zum Betrieb eine Mindestdrehzahl, bei der 200 Werkstücke gefertigt werden können.

145 **ZP**
Was wird unter der *optimalen Kapazität* verstanden?

Die **optimale Kapazität** (wirtschaftliche Kapazität, Betriebsoptimum) bezeichnet die Leistung mit den niedrigsten Stückkosten pro Leistungseinheit und liegt zwischen 75 – 90 % der Maximalkapazität.

Sie wird erreicht durch **Ausnutzung optimaler Bedingungen** wie optimale Geschwindigkeit oder optimale Beanspruchung.

146 **ZP**
Was ist der *Kapazitätsausnutzungsgrad* (Beschäftigungsgrad)?

Der Kapazitätsausnutzungsgrad stellt das **Verhältnis** der Ausbringungsmenge (Ist-Produktion) zur maximalen Kapazität in Prozent dar.

Er gibt den Auslastungsgrad z. B. einer Unternehmung oder einer Maschine an.

147 **ZP**
Berechnen Sie den Beschäftigungsgrad der Maschine M-300B für den Monat August bei einer Ausbringungsmenge von 900 Werkstücken und einer Maximalkapazität von 1 800 Werkstücken.

$$\text{Beschäftigungsgrad i. v. H.} = \frac{\text{Produktionsmenge}}{\text{Kapazität*}} \cdot 100 = \frac{900 \text{ Stücke}}{1\,800 \text{ Stücke}} \cdot 100 = 50\,\%$$

* In der Regel ist die Maximalkapazität gemeint.

56

971456

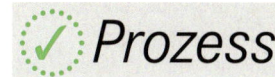

- Die **Kapazitätsplanung** ist für die Steuerung der Produktionsaufträge zuständig, um die vorhandenen Ressourcen optimal zu nutzen. Dabei werden die Starttermine der jeweiligen Arbeitsaufträge an die bereitstehenden Kapazitäten (z. B. Maschinen, Personal) angeglichen.

- **Ziele** der Kapazitätsplanung sind z. B.:
  - ○ optimale Durchlaufzeiten
  - ○ gleichmäßige und hohe Kapazitätsauslastung
  - ○ geringere Produktionskosten

ZP 148
Was ist die *Aufgabe der Kapazitätsplanung* und welche *Ziele* werden mit ihr verfolgt?

- Die durchschnittliche Kapazität ist die Leistungsmenge, die in einem festgelegten Zeitraum **im Mittel** erreicht wird.

- Die Normalkapazität bezeichnet die Menge, die im **Standardfall** erreicht wird.

ZP 149
Unterscheiden Sie die *durchschnittliche Kapazität* von der *Normalkapazität*.

1.2.5   Planung und Vorbereitung der Leistungserstellung

1.2.5.1   Produktionsplanung und -steuerung   *Handbuch: LF 5*

PPS (weitere Begriffe: Arbeitsvorbereitung, Produktionsvorbereitung) umfasst die mengen- und termingerechte **Planung, Veranlassung und Kontrolle** des **Produktionsablaufs.**

Aufgrund der **komplexen und umfangreichen Aufgaben** von der Auftragserfassung über die Produktion und den Versand bis zum Zahlungsausgleich wird die PPS **rechnergestützt** (PPS-Systeme) durchgeführt.

Durch eine einheitliche Datenbasis, die durch die Betriebsdatenerfassung aktualisiert wird, ist eine **Auftragsverfolgung** möglich, sodass die **Bearbeitungszustände** der jeweiligen **Aufträge jederzeit abgerufen** werden und gegebenenfalls **Korrekturmaßnahmen** ergriffen werden können.

ZP 150
Was versteht man unter *PPS (Produktionsplanung und -steuerung)?*

- zeitnaher Informationsfluss
- weniger Kapitalbindung
- geringere Durchlaufzeiten
- höhere Flexibilität

- optimale Kapazitätsauslastung
- weniger Fertigungskosten
- höhere Qualitätsgarantie
- Termineinhaltung

ZP 151
Welche möglichen *Ziele* sind mit der PPS verbunden?

- Kernbereiche:
  - ○ Produktionsplanung
  - ○ Mengenplanung
  - ○ Termin- und Kapazitätsplanung
  - ○ Auftragsfreigabe
  - ○ Auftragsüberwachung

- zusätzlich z. B.:
  - ○ kundenbezogene Produktentwicklung
  - ○ Steuerung der Materialflüsse
  - ○ Versandplanung

ZP 152
Welche *Bereiche* umfasst die PPS?

153 ZP

Wie unterscheidet sich im Rahmen der PPS das *Push-Prinzip* vom *Pull-Prinzip*?

- **Push-Prinzip**
  - ○ Ein PPS-System übernimm**t** *zentral* für alle Produktionsabteilungen die Produktionssteuerung.
  - ○ Der produktionsauslösende Faktor ist der *Bedarf,* da die Produktionsvorgänge auf der Grundlage von zukunftsbezogenen Bedarfsanalysen durch die Bereitstellung der Materialien *angestoßen* (to push = stoßen, schubsen, drücken) werden.

- **Pull-Prinzip**
  - ○ Die Produktionssteuerung wird *dezentralisiert* auf die einzelnen Produktionsabteilungen verlagert.
  - ○ Der produktionsauslösende Faktor ist der *Verbrauch* in der nachgelagerten Fertigungsstufe (siehe z. B. Kanban), der die Produktion der vorgelagerten Stufe *anzieht* (to pull = ziehen).

154 ZP

Welche Aufgaben erfüllt die *Produktionsprogrammplanung?*

Aufgrund konkreter Kundenaufträge oder entsprechender Absatzprognosen werden unter Berücksichtigung vorhandener Ressourcen:

- **Kundenaufträge** verwaltet,
- der **Primärbedarf** (Erzeugnismenge) festgelegt,
- eine **grobe Terminplanung** für die Fertigung vorgenommen,

- **Liefertermine** abgeschätzt und
- **Vorlaufzeiten** für spezielle Kundenwünsche eingeplant.

155 ZP

Unterscheiden Sie *Primär-* und *Sekundärbedarf.*

- Unter Primärbedarf versteht man die zu **produzierenden Erzeugnismengen.**

- Der Sekundärbedarf ist die **Summe der Materialarten und -mengen,** die man zur **Produktion des Primärbedarfs** benötigt. Der Sekundärbedarf umfasst die benötigten **Rohstoffe, Teile und Baugruppen.**

156 ZP

Welche möglichen *Aufgaben* hat die *Mengenplanung?*

Aufgaben (zum Beispiel):
- Errechnung des Sekundärbedarfs aus dem Primärbedarf
- Planung der Beschaffungsmengen
- Bestandsführung

- Festlegung der Beschaffungszeitpunkte
- Planung der Auftragsgrößen (Losgrößen)

157 ZP

Erläutern Sie den Zusammenhang von *Sekundärbedarf* und *Netto-Sekundärbedarf.*

- Aus dem Primärbedarf werden durch Auswertung von Stücklisten oder Rezepturen die Materialarten und -mengen errechnet **(Sekundärbedarf).**
- Durch Addition von Sicherheitszuschlägen und Ersatzteilmengen für etwaigen Ausschuss erhält man den **Brutto-Sekundärbedarf.**

- Durch Subtraktion des verfügbaren Lagerbestandes vom Brutto-Sekundärbedarf erhält man den **Netto-Sekundärbedarf** (Nettobedarf).

158 ZP

Was versteht man unter einer *Stückliste?*

Stücklisten sind (tabellarische) Verzeichnisse, in denen **alle Materialangaben** enthalten sind, die für ein **Endprodukt** benötigt werden.

971458

ZP
Differenzieren
Sie zwischen *Mengenübersichtsliste*, *Strukturstückliste* und *Baukastenstückliste*.

159

Die **Mengenübersichtsstückliste** (Mengenstückliste) beinhaltet alle Teile eines Erzeugnisses.

Der **Strukturaufbau** ist **nicht** ersichtlich.

MENGENÜBERSICHTSSTÜCKLISTE   Seite 1
Teil: Elektromotor, Teile-Nr.: E10

Teile-Nr.	Teilebezeichnung	Maßeinheit	Menge	...
901	Gehäuse (komplett)	St.	1	
891	Gehäuse m. Ständerblechpaket	St.	1	
880	Lagerdeckel (Alu)	St.	2	
870	Gehäuseblock (Alu)	St.	1	
860	Lagerdeckel m. Durchbruch	St.	2	
830	Welle komplett	St.	1	
790	Ständerblechpaket kompl.	St.	1	
780	Läuferblechlamelle	St.	34	
770	Läuferblechpaket kompl.	St.	1	
750	Fußplatte 30 x 40 cm	St.	1	
740	Ständerwicklung	St.	1	
700	Ständerblechlamelle	St.	34	
510	Klemmenkastendeckel	St.	1	
500	Kugellager	St.	2	
490	Klemmbrett 3-polig	St.	1	
470	Mutter M 4	St.	1	
460	Festkupplung Ø 14 mm	St.	1	
450	Kondensator 16 µF	St.	1	
440	Sechskantschraube M 4 x 200	St.	4	
420	Sechskantschraube M 4 x 10	St.	2	
410	Sechskantschraube M 8 x 30	St.	4	
400	Niete 4 x 150 mm	St.	6	
140	Blechtafel St 37	St.	1	
130	Aluminiumbarren	kg	1,3	
120	Kupferdraht Ø 0,5 mm	m	38	
110	Elektroblechrolle 200 mm	m	1,36	
101	Rundstahl 37 x 30 mm	St.	250	

Die **Strukturstückliste** beinhaltet alle Einzelteile und Baugruppen eines Erzeugnisses.

Der **Strukturaufbau** ist als **Über- bzw. Unterordnung** (Aufführen und Einrücken der Stufennummern) ersichtlich.

STRUKTURSTÜCKLISTE   Seite 1
Teil: Elektromotor, Teile-Nr.: E10

Stufe	Teile-Nr.	Teilebezeichnung	Maßeinheit	Menge	...
1	901	Gehäuse (komplett)	St.	1	
.2	891	Gehäuse m. Ständerbl.-paket	St.	1	
..3	870	Gehäuseblock (Alu)	St.	1	
...4	130	Aluminiumbarren	kg	0,5	
..3	790	Ständerblechpaket komplett	St.	1	
...4	700	Ständerblechlamelle	St.	34	
....5	110	Elektroblechrolle 200 mm	m	0,02	
...4	400	Niete 4 x 150 mm	St.	6	
.2	740	Ständerwicklung	St.	1	
..3	120	Kupferdraht Ø 0,5 mm	m	38	
1	830	Welle komplett	St.	1	
.2	770	Läuferblechpaket komplett	St.	1	
..3	780	Läuferblechlamelle	St.	34	
...4	110	Elektroblechrolle 200 mm	m	0,02	
..3	130	Aluminiumbarren	kg	0,2	
.2	500	Kugellager	St.	2	
.2	101	Rundstahl 37 x 30 mm	St.	250	
1	860	Lagerdeckel m. Durchbruch	St.	2	
.2	880	Lagerdeckel (Alu)	St.	1	
..3	130	Aluminiumbarren	kg	0,3	
1	750	Fußplatte 30 x 40 cm	St.	1	
.2	140	Blechtafel St 37	St.	1	
1	510	Klemmenkastendeckel	St.	1	
1	490	Klemmbrett 3-polig	St.	1	
1	470	Mutter M 4	St.	1	
1	460	Festkupplung Ø 14 mm	St.	1	
1	450	Kondensator 16 µF	St.	1	
1	440	Sechskantschraube M 4 x 200	St.	4	
1	420	Sechskantschraube M 4 x 10	St.	2	
1	410	Sechskantschraube M 8 x 30	St.	4	

Fortsetzung folgende Seite

Produktionsplanung

Die **Baukastenstückliste** zeigt die Baugruppen, wobei einem Teil die direkt zugeordneten **Teile der nächst tieferen Stufe** zugeordnet sind.

Die **Summe aller Baukastenstücklisten** stellt das gesamte **Produkt** dar.

BAUKASTENSTÜCKLISTE			Seite 1
Teil: Elektromotor, Teile-Nr.: E10			
Teile-Nr. Teilebezeichnung	Maßeinheit	Menge	...
901 Gehäuse (komplett)	St.	1	
860 Lagerdeckel m. Durchbruch	St.	2	
830 Welle komplett	St.	1	
750 Fußplatte 30 x 40 cm	St.	1	
510 Klemmenkastendeckel	St.	1	
490 Klemmenbrett 3-polig	St.	1	
470 Mutter M 4	St.	1	
460 Festkupplung Ø 14 mm	St.	1	
450 Kondensator 16 µF	St.	1	
440 Sechskantschraube M 4 x 200	St.	4	
420 Sechskantschraube M 4 x 10	St.	2	
410 Sechskantschraube M 8 x 30	St.	4	

aus: Karl Kurbel, Produktionsplanung und -steuerung, 5., durchgesehene und aktualisierte Auflage, Oldenbourg, München 2003, S. 69 und 70

---

160 ZP
Grenzen Sie den *Arbeitsplan* von der *Stückliste* ab.

Während die Stückliste alle Materialien für das Endprodukt enthält, beschreiben Arbeitspläne die **zeitliche Reihenfolge der einzelnen Arbeiten** mit den **jeweiligen Materialien und Betriebsmitteln**.

---

161 ZP
Welche betriebswirtschaftliche Bedeutung können *Arbeitspläne* haben?

Zum Beispiel:

- **Transparenz und Kontrolle** des Produktionsprozesses
- Grundlage für **Prozessoptimierungen**
- **Abrechnungsbasis** in der Kostenrechnung
- **Arbeitsvorlage** in der Fertigung
- **Steuerungselement** der Terminplanung

---

162 ZP
Was versteht man unter *Terminplanung?*

- **zeitliche Zuordnung** der betrieblichen Ressourcen zu den einzelnen Aufträgen
- **Feststellung der Bearbeitungszeit** für jeden Arbeitsgang

---

163 ZP
Welche Bedeutung hat die *Terminplanung?*

- Die **Einhaltung der Liefertermine** erhöht das Ansehen der Unternehmung und vermeidet Vertragsstrafen.
- Die **Reduzierung der Durchlaufzeiten** führt durch eine Verkürzung der Lagerzeiten (z. B. für Materialien) zur Verringerung der Lagerkosten und durch schnellere Bereitstellung und Verkauf der Erzeugnisse zu einem schnellen Rückfluss von Finanzierungsmitteln.

971460

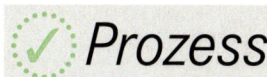 *Prozess*

- **Auftragsdurchlaufzeit** = Zeitraum vom Eingang bis zur Fertigstellung des Auftrages
  = Bearbeitungszeit
  + Rüstzeit
  + Transportzeit
  + Prüfzeit
  + Liegezeit (Wartezeit)

- **arbeitsgangbezogene Durchlaufzeit** = Zeitraum zwischen Beginn eines Arbeitsvorganges und dem Beginn des darauffolgenden Arbeitsvorganges

Nachdem die entsprechenden Verfügbarkeitsüberprüfungen der benötigten Ressourcen erfolgt sind, wird der Fertigungsauftrag durch die Auftragsfreigabe **von der Planung in die Ausführung überführt,** indem der Auftrag eine Kennzeichnung erhält und die auftragsabhängigen Unterlagen zur Sicherung des Produktionsablaufs (Werkstattpapiere) erstellt werden.

Die Feinplanung ordnet jedem Auftrag einen Starttermin, eine genaue Bearbeitungsreihenfolge, die Dauer der einzelnen Bearbeitungsschritte und damit den Endtermin zu. Dabei wird die für einen längeren Zeitraum geltende Grobplanung an die kurzfristig auftretenden Marktveränderungen angepasst.

- Die **progressive Terminbestimmung (Vorwärtsterminierung)** legt den **frühestmöglichen Endtermin** eines Auftrages fest, indem zu einem Starttermin die Zeiten aller geplanten Arbeitsgänge – unter Berücksichtigung von parallel auszuführenden Arbeiten – addiert werden. Dieses Verfahren findet seine Anwendung, wenn **keine feste Lieferzeit** vorgegeben ist.

- Bei der **retrograden Terminbestimmung (Rückwärtsterminierung)** werden von einem **gesetzten Liefertermin** die Zeiten aller Arbeitsgänge – unter Berücksichtigung von parallel auszuführenden Arbeiten – subtrahiert, sodass man den **spätestmöglichen Starttermin** für den jeweiligen Auftrag errechnet.

ZP
Unterscheiden 164
Sie *Auftragsdurchlaufzeit* und *arbeitsgangbezogene Auftragszeit.*

ZP
Was versteht 165
man unter *Auftragsfreigabe?*

ZP
Welchen 166
Stellenwert hat die *Feinplanung* in der Produktionsplanung?

ZP
Unterscheiden 167
Sie die *progressive* von der *retrograden Terminbestimmung.*

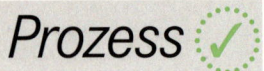
Produktionsplanung

168

ZP

Bei der Terminplanung und -überwachung werden verschiedene Techniken angewendet. Unterscheiden Sie die *Listentechnik* vom *Balkendiagramm*.

- Die **Listentechnik** (Listenverfahren) kommt bei **einfachen, linearen Abläufen** zum Einsatz. Die Bearbeitungszeiten der einzelnen Arbeitsschritte werden addiert und fortlaufend erfasst.

Terminkarte	Auftrag: Scholz KG, Neumühlen		
Arbeitsgang	**Bezeichnung**	**Soll-Termin**	**Ist-Termin**
010	Austanzen der Teile	90–93	
020	Entgraten	93–94	
030	Lackieren	94–98	

- Beim **Balkendiagramm** werden die **Zeiten der einzelnen Arbeitsschritte als Balken** innerhalb eines vorgegebenen Bezugzeitraumes dargestellt.

		...	25	26	27	28	29	30	31	...
...										
050	Zuschneiden der Teile		▓	▓						
051	Lackieren				▓					
052	Trocknen					▓	▓	▓		
.	.									

169

ZP

Was ist ein *Netzplan*?

- Unter einem **Netzplan** versteht man die **grafische oder tabellarische Darstellung von Abläufen und Abhängigkeiten.**

- Grundlage der Netzplantechnik ist nach DIN 69900 der **Vorgang,** der eine **abgegrenzte Arbeitseinheit** (z. B. Lackieren) umfasst und dem eine **bestimmte Dauer** zugeordnet werden kann, sodass ein Vorgang zu einem bestimmten Zeitpunkt begonnen werden kann und zu einem bestimmten Zeitpunkt beendet ist.

- Es gibt unterschiedliche Verfahren zur Umsetzung der Netzplantechnik, die sich vornehmlich in der grafischen Darstellung unterscheiden. Ihnen ist jedoch gemein, dass die grafische Darstellung wie ein **Netz aussieht.**

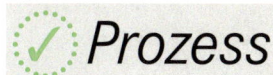
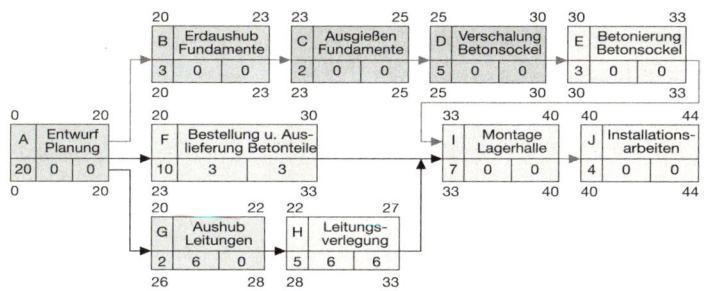

nach: EUROPA-Lehrmittel, Betriebswirtschaftslehre der Unternehmung, 12. Aufl., Haan-Gruiten 1991, S.152

- Die **Gesamtpufferzeit** ist die Zeitspanne, um die sich nichtkritische Vorgänge verzögern dürfen, **ohne das Ende der Gesamtaufgabe zu gefährden.**

- Die **freie Pufferzeit** ist die Zeit, um die sich ein Vorgang verzögern darf, **ohne den frühestmöglichen Zeitpunkt** des nachfolgenden Vorganges **zu bedrohen.**

ZP
Unterscheiden Sie bei der Netzplantechnik *Gesamtpufferzeit* und *freie Pufferzeit.* | 170

- Kritische Vorgänge sind Vorgänge (Tätigkeiten), die sowohl hinsichtlich ihres **Anfangs- und Endzeitpunktes als auch bezüglich ihrer Dauer festgelegt** sind.

- Kritische Vorgänge haben **keine Zeitreserve.**

- **Verzögerungen** bei diesen Vorgängen **führen direkt zu Verzögerungen** bei der Gesamtaufgabe.

ZP
Was versteht man unter *kritischen Vorgängen?* | 171

- Der kritische Weg ist die Verkettung **aller kritischen Vorgänge.**

- Der kritische Weg ist der **zeitlich längste Weg** der Gesamtaufgabe.

- Jede **Verzögerung auf diesem Weg führt direkt zu einer Verzögerung der Gesamtaufgabe.** Deshalb sind die Aktivitäten entlang des kritischen Weges besonders zu beobachten, um bei Abweichungen von der Planung **frühzeitig Gegenmaßnahmen** ergreifen zu können.

ZP
Welche Bedeutung hat bei der *Netzplantechnik* der *kritische Weg?* | 172

ZP

173 Was versteht man unter *CIM* (computer integrated manufacturing)?

- Unter CIM versteht man **ein Konzept zur computergestützen Fertigung.**

- **Alle Unternehmensbereiche** sind mit einem einheitlichen Computersystem vernetzt und an ein **zentrales Datenbanksystem** angeschlossen. Die **relevanten Daten werden einmal erfasst** und allen Bereichen zur Verfügung gestellt.

- Die betriebswirtschaftliche Seite wird durch **PPS-Systeme** und die technische Seite durch **CA-Systeme** repräsentiert.

- So werden **alle betrieblichen Prozesse** vom Kundenauftrag bis zur Auslieferung und Überprüfung der Zahlungseingänge durch ein einheitliches Computersystem **integriert** (Planung, Steuerung und Überwachung).

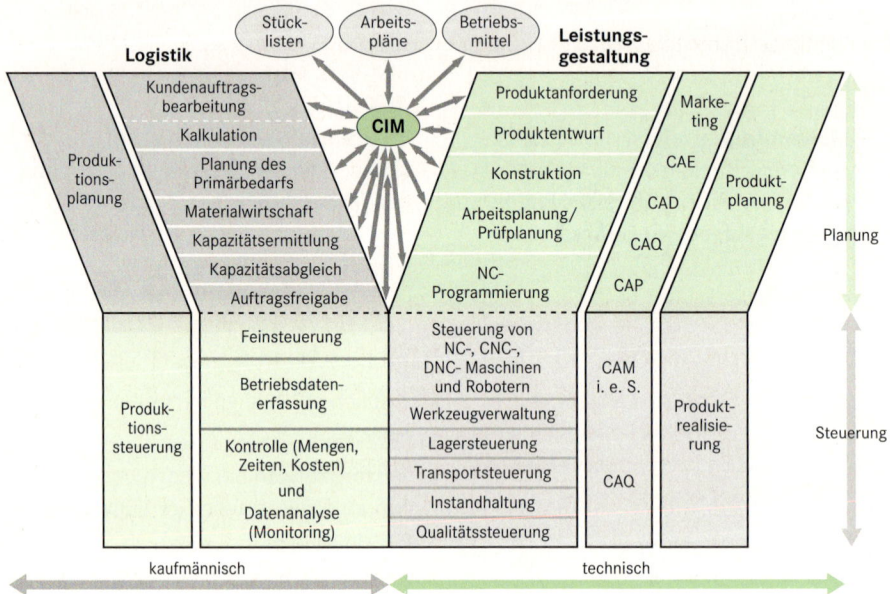

nach: Georg Disterer u.a., Taschenbuch der Wirtschaftsinformatik, 2., neu bearbeitete Auflage, München, Wien, 2003, S. 621

ZP

174 *Unterscheiden Sie: CAD, CAE, CAM, CAP, CAQ, NC, CNC, und DNC.*

	Bezeichnung	**Inhalt**
CAD	Computer Aided Design	computergestützte Konstruktion und Zeichnungserstellung
CAE	Computer Aided Engineering	computergestütztes Ingenieurwesen in Entwicklung und Fertigung
CAM	Computer Aided Manufacturing	computergestützte Fertigungsdurchführung
CAP	Computer Aided Planing	computergestützte Arbeits- und Montageplanung
CAQ	Computer Aided Quality Assurance	computergestützte Qualitätssicherung
NC	Numeric Control	numerische Steuerung von Maschinen (i. d. R. nur eine Bearbeitungsfunktion)

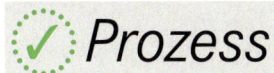 **Prozess**

	Bezeichnung	Inhalt
CNC	Computerized Numeric Control	computergesteuerte Maschinen (mehrere Bearbeitungsfunktionen)
DNC	Direct Numeric Control	zentrale Steuerung von NC- und CNC-Maschinen

vgl: Pitter Steinbuch, Klaus Olfert, Fertigungswirtschaft, 6., aktualisierte Auflage, Ludwigshafen 1995, S. 43 f.

Zum Beispiel:
- einheitliche Datenerfassung und schnelle Verfügbarkeit der Daten
- schnelle Bereitstellung von Produktionsunterlagen
- Berücksichtigung von Kundenwünschen durch flexible Konstruktion und Produktion
- gleichzeitiges Beachten von betriebswirtschaftlichen und technischen Aspekten
- Kostensenkungen in allen betrieblichen Bereichen

ZP
Welche *Ziele* werden mit *CIM* verfolgt? 175

Unter **BDE** versteht man die zeitnahe Erfassung aller **Daten, die beim betrieblichen Wertschöpfungsprozess anfallen** (z. B. Auftragsnummer, Starttermin, Mengen, Maschinenbelegungsplan, Wartungsintervalle, Personalfehlzeiten, Störungen).

ZP
Was ist die *Betriebsdatenerfassung (BDE)?* 176

- **Stammdaten** werden bei gleichen Arbeitsabläufen immer wieder benötigt und sind über einen **längeren Zeitraum konstant** (z. B. Wartungsintervalle, Rüstzeiten, Identifikationsnummern, Konstruktionsdaten, technische Daten des Materials).
- **Bewegungsdaten** beziehen sich nur auf den jeweiligen Arbeitsvorgang und **verändern sich laufend** (z. B. Auftragsnummer, Maschinenbelegungsplan, Personalfehlzeiten).

ZP
Unterscheiden Sie bei der Betriebsdatenerfassung *Stamm-* und *Bewegungsdaten.* 177

- Der **Just-in-time-Produktion** liegt der Idealfall der **lagerlosen Produktion** zugrunde, was eine **verkaufssynchrone Produktion** und eine **bedarfssynchrone Materialbereitstellung** voraussetzt.
- Die Synchronität im Beschaffungs-, Produktions- und Absatzbereich **setzt unter anderem voraus,** dass:
  - ◦ keine Stockungen beim Materialfluss auftreten,
  - ◦ Qualitäts-, Mengen- und Terminvorgaben von den Zulieferern eingehalten werden,
  - ◦ Verkaufsmengen exakt vorhersagbar sind,
  - ◦ die Produktion störungsfrei verläuft und
  - ◦ schnelle Reaktionen möglich sind.
- Die Just-in-time-Produktion kann bei **Serien- und Massenproduktion** eingesetzt werden, wenn langfristige Auftragsbindungen existieren.

ZP
Was versteht man unter der *Just-in-time-Produktion?* 178

179   **ZP**

Beschreiben Sie das *Kanban-Prinzip*.

Kanban (japanisch: Karte) ist ein betriebliches Verfahren zur **Unterstützung der Produktionsplanung und Produktionssteuerung.** Es wird im Rahmen der Just-in-time-Produktion angewendet.

Unter Kanban versteht man **alle Informationsträger, die Fertigungsaktivitäten auslösen** (z. B. Karte, Tafel, Zettel, markierte Bereiche).

Die Fertigungssteuerung basiert auf dem **Hol-Prinzip** (Pull-Prinzip), bei dem die nachgelagerte Produktionsstufe (etwa durch das Erreichen eines definierten Mindestbestandes) von der vorgelagerten Produktionsstufe bedarfsgerecht die entsprechenden Materialien fordert und dort einen entsprechenden Produktionsauftrag auslöst.

Das Kanban-Prinzip kann man mit dem Supermarktprinzip vergleichen, bei dem die durch den Verkauf entstehende Regallücke sofort aufgefüllt wird.

180   **ZP**

Was ist *Lean Production* im *Produktionsbereich?*

Lean Production kann man mit **„schlanke Produktion"** übersetzen und beinhaltet, dass **jede Art von Verschwendung zu vermeiden** ist.

Lean Production versucht, die traditionelle Trennung von ausführender und dispositiver Arbeit zu überwinden, indem angestrebt wird, die Arbeit in Form von **Gruppenarbeit** zu organisieren und die Arbeiten über die reine Produktionstätigkeit hinaus mit Aufgaben z. B. der Qualitätssicherung, Arbeitsplanung oder Instandhaltung zu kombinieren.

Die Forderung des Lean Productions kann auf die gesamte Unternehmung übertragen und in einem umfassenden Managementsystem mit Kunden, Lieferanten und Mitarbeitern zusammengefasst werden **(Lean Management).**

181   **ZP**

Nennen Sie Beispiele, die zu *Verschwendungen* im Sinne des *Lean Productions* führen können.

- ungenaue Planung
- fehlerhafte Produktion
- keine abgestimmten Produktionskapazitäten
- unmotivierte Mitarbeiter

- nicht ausgelastete Produktionsfaktoren
- unnötig lange innerbetriebliche Transportwege
- unsystematische Problemlösungen

1.2.5.2   Produktionscontrolling   *Handbuch: LF 5*

182   **ZP**

Definieren Sie den Begriff des *Produktionscontrollings.*

Unter Produktionscontrolling kann der – in der Regel auf der Betriebsdatenerfassung (BDE) basierende – **ständige Prozess der Steuerung und Überwachung der Produktion** verstanden werden.

- Die **Produktionsplanung** (und Produktionssteuerung) erarbeitet **Sollvorgaben,** die als Planwerte (Sollwerte) in den Produktionsprozess eingehen. Diese Planwerte sind aufgrund nicht vorhersehbarer Störungen nicht immer einzuhalten.

- Die **Produktionsüberwachung** (Fertigungsüberwachung) erfolgt durch die zeitnahe Bereitstellung aktueller Daten und den Vergleich dieser **Istwerte** mit den Sollwerten, sodass **geeignete Maßnahmen frühzeitig** ergriffen werden können.

- Dieser **Soll-Ist-Vergleich** geschieht im Rahmen des Produktionscontrollings mit entsprechenden Betriebsdatenerfassungssystemen (z. B. direkte Störungsmeldung durch eine Maschine) oder konventionell, z. B. mit Laufkarten.

ZP 183
Erläutern Sie innerhalb des Produktionscontrolling-Prozesses den *Zusammenhang* zwischen *Produktionsplanung* und *Produktionsüberwachung.*

- Durch die **informationstechnische Vernetzung** von Produktionsprogrammplanung, Produktionsprozessplanung und -steuerung sowie die Produktionsprozessüberwachung wird eine **effiziente und marktangepasste Produktion** angestrebt.

- Als **Teil eines gesamtbetrieblichen Controlling-Systems** werden dem Produktionsmanagement **geeignete Informationen zur Verfügung gestellt,** um
  - eine wirtschaftliche Produktion zu erreichen,
  - die erforderlichen Betriebsmittel bereitzustellen,
  - einen störungsfreien Arbeits- und Materialfluss zu gewährleisten,
  - Auswirkungen von produktionswirtschaftlichen Entscheidungen im Hinblick auf z. B. die Anlagenausstattung und -auslastung oder auf den Produktionsprozess zu prognostizieren,
  - eine Abstimmung mit anderen Controlling-Bereichen (z. B. im Finanz- oder Investitionssektor) herbeizuführen,
  - durch eine zeitnahe Erfassung des Auftragsfortschrittes den Produktionsprozess zu überwachen,
  - Grenzwerte festzulegen, um gegebenenfalls Gegensteuerungsmaßnahmen zu ergreifen.

- Das Produktionscontrolling stellt die erforderlichen Informationen im Rahmen eines betriebsinternen Berichtswesens (Reporting) z. B. durch **Auswertungen leistungsfähiger Kennzahlensysteme** oder in Form von **Kennzahlen,** die sich auf die relevanten Bereiche (z. B. Kapazitätsauslastung, optimale Losgrößen, unzureichende Qualitäten, Störungshäufigkeiten und -ursachen) und Aggregationsstufen (z. B. Arbeitsplatz, Werkstatt, Unternehmen, Konzern) beziehen, zur Verfügung.

- Durch das Produktionscontrolling werden die **Produktionsprozesse transparenter,** sodass die Entscheidungen im Produktionsbereich ursächlich erfasst und deren Auswirkungen deutlich abgebildet werden können.

ZP 184
Beschreiben Sie die *Bedeutung* des *Produktionscontrollings.*

ZP

185 Nennen Sie mögliche *Ziele* des *Produktionscontrollings.*

- Standardisierung von Erzeugnissen
- rechtzeitige Beschaffungs- und Auslieferungszeiten
- termingerechte Fertigung
- optimale Fertigungslosgrößen
- Optimierung der Fertigungsabläufe
- Ausschussminimierung
- Einhaltung der Qualitätsvorgaben
- Senkung von Zins- und Lagerkosten
- angemessene Wartungsintervalle
- Ausnutzen das Rationalisierungspotenzials
- hohe Kapazitätsauslastung
- hohe Kundenzufriedenheit

ZP

186 Was sind *Kennzahlen?*

- Kennzahlen kann man als **Zahlen** definieren, die durch **Verdichtung** quantitativ erfassbare **Sachverhalte** abbilden sollen.
- Sie werden verwendet, um möglichst **schnell und prägnant** über ökonomische Angelegenheiten, über die schon relevante Einzelinformationen vorliegen, zu **berichten.**

- Man kann **absolute** (z. B. Deckungsbeitrag in € pro Mengeneinheit) und **relative** Kennzahlen (z. B. Liquidität 1. Grades) unterscheiden.

ZP

187 Was sind *Kennzahlensysteme?*

Von einem Kennzahlensystem spricht man, wenn **mindestens zwei Kennzahlen verknüpft** werden.

Durch die Verknüpfung von Kennzahlen soll der **Aussagewert erhöht** werden.

ZP

188 Welche *Funktionen* können *Kennzahlen* haben?

zum Beispiel:

- **Operationalisierungsfunktion**
  Kennzahlen werden gebildet, um möglichst eindeutig ein Ziel zu beschreiben und messbar zu machen.
- **Vorgabefunktion**
  Kennzahlen werden verwendet, um Zielwerte zu fixieren, die erreicht werden sollen oder bei deren Erreichen unternehmerische Entscheidungen ausgelöst werden.

- **Steuerungsfunktion**
  Kennzahlen werden erzeugt, um Prozesse vereinfacht darzustellen und entsprechende Entscheidungen zu treffen.
- **Kontrollfunktion**
  Kennzahlen werden genutzt, um Soll-Ist-Vergleiche und daran anknüpfende Abweichungsanalysen zu erleichtern.

ZP

189 Welche *Kontrollbereiche* kann das *Produktionscontrolling* umfassen?

Produktionscontrolling				
Mengenkontrolle	Terminkontrolle	Kostenkontrolle	Auslastungskontrolle	Qualitätskontrolle

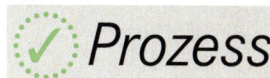 *Prozess*

1.2.5.3 Qualitätskontrolle

Handbuch: LF 5

- Ursprünglich (aus dem Lateinischen qualis = wie beschaffen) bezeichnet Qualität die **Güte, die Beschaffenheit oder den Wert eines Objektes.**

- Betriebswirtschaftlich kann man **Qualität** als Summe von Merkmalen einer **Einheit** bezüglich festgelegter und voraussetzbarer Eignungen und Erfordernisse definieren. Eine Einheit kann als eine Tätigkeit, ein Prozess, eine Organisation, eine Person oder eine entsprechende Kombination angesehen werden.

- Im Bereich der Produktion kann man darunter die **Eigenschaften einer Ware oder Dienstleistung** verstehen.

- **Traditionell** war der Qualitätsbegriff vornehmlich auf die **Erfüllung von Kundenanforderungen** bezogen. Die **heutige Sichtweise** stellt das **Unternehmen in den Mittelpunkt,** sodass im Rahmen des Total-Quality-Managements (TQM) neben Kundenanforderungen auch die Anforderungen von Mitarbeitern, Kapitalgebern und der Öffentlichkeit zu berücksichtigen sind.

ZP
Was versteht man unter dem Begriff *Qualität?* 190

- Qualitätsmerkmale sind **kennzeichnende Eigenschaften** einer Ware, eines Prozesses usw.

- Die Eigenschaften können nach **unterschiedlichsten Kriterien** eingeteilt werden, z. B. sensorische Merkmale (wie Geruch, Geschmack, Fühlen ...), funktionale Merkmale (wie Höchstgeschwindigkeit, Benzinverbrauch, Nutzungsdauer ...), zeitbezogene Merkmale (wie Lieferbereitschaft, Zuverlässigkeit ...).

- **Verschiedene Anspruchsgruppen** stellen unterschiedliche Anforderungen, die in unterschiedlicher Art und Weise erfüllt werden. Je **höher der Erfüllungsgrad,** desto **besser die Qualität.**

ZP
Was sind *Qualitätsmerkmale?* 191

- **Stetige Veränderungen** (z. B. globalisierter Wettbewerb, gesellschaftliche Wertesysteme, technologische Entwicklungen) zwingen **Unternehmen zu Anpassungen** (z. B. bei Kostenstrukturen oder Innovationen).

- **Erweiterte Informations- und Verfügbarkeitsmöglichkeiten** (z. B. durch das Internet) führen zu einer **kritischen Erwartungshaltung** der Kunden, die ihre Wünsche und Anforderungen auf einem entsprechenden Qualitätsniveau erfüllen möchten.

- Qualität kann als **Integrationsfaktor** des Kunden auf eine Unternehmung aufgefasst werden, die dem Kunden die Möglichkeit der Erfüllung seiner Wünsche gibt. Somit kann Qualität als ein **Unterscheidungsmerkmal** angesehen werden, das einen Wettbewerbsvorteil darstellt. Entsprechend hoch sind deshalb die Anforderungen an die Qualitätsfähigkeit und an den Nachweis der Qualitätsfähigkeit einer Unternehmung.

ZP
Beschreiben Sie *Qualität als Wettbewerbsvorteil* für eine Unternehmung. 192

Als Fehler bezeichnet man die **Nichterfüllung eines Qualitätsmerkmals.**

ZP
Was ist ein *Fehler?* 193

Produktionscontrolling

ZP 194
Welche *Fehlerklassen* werden (nach DIN 40080) unterschieden? Geben Sie jeweils ein Beispiel.

- **Kritische Fehler** sind Fehler, die die **Gebrauchsfunktion verhindern** oder aus denen **unsichere oder gefährliche Situationen** entstehen, z. B. bei einer Küchenmaschine, deren stromführender Bereich nicht isoliert ist.

- Als **Hauptfehler** bezeichnet man die Fehler, die die Gebrauchsfunktion erheblich einschränken, z. B. wenn bei einer Küchenmaschine bestimmte Drehzahlen nicht erreicht werden.

- **Nebenfehler** schränken die **Gebrauchsfunktion nur wenig** ein, wie z. B. Oberflächenkratzer einer Küchenmaschine.

ZP 195
Unterscheiden Sie *Qualitätsicherung* und *Qualitätskontrolle.*

- **Qualitätssicherung** kann man als **Summe aller Maßnahmen zur Erreichung und Sicherung eines festgelegten Qualitätsgrades** definieren.

- **Qualitätskontrolle** bezieht sich auf die **Überprüfung der festgelegten Qualitätsmerkmale** (Sollwerte) mit den erreichten Werten (Istwerte).

- Eine moderne Qualitätssicherung einer Unternehmung bezieht sich auf den **gesamten Bereich eines Objektes,** beginnend mit der Entwicklung und endend mit der Ausmusterung am Ende der Nutzungsdauer.

ZP 196
Unterscheiden Sie *Eingangs-, Zwischen-* und *Endkontrollen.*

Eingangskontrolle	Überprüfung von Waren und Werkstoffen bei der **Anlieferung**
Zwischenkontrolle	Prüfung einzelner Komponenten **während des Fertigungsprozesses**
Endkontrolle	Prüfung des **fertigen Produktes** auf Gebrauchs- und Verkaufsfähigkeit

ZP 197
Welchen Aussagewert hat die *„Zehnerregel"* im Bereich der Qualitätskontrolle?

Nach der Zehnerregel erhöhen sich die die Fehlerkosten **auf jeder Stufe der Produktentstehungskette um das Zehnfache.**

Je **früher** ein Fehler entdeckt wird, desto **weniger Kosten** muss die Unternehmung tragen.

ZP 198
Unterscheiden Sie die anfallenden *Qualitätskosten.*

- **Fehlerverhütungskosten** (z. B. für Machbarkeitsstudien, Qualitätsplanung, Schulungen der Mitarbeiter, Zertifizierungen)

- **Prüfkosten** (z. B. für Laboruntersuchungen, Bereitstellung der Prüfmittel, Durchführung der Prüfung, Dokumentation)

- **Fehlerkosten** (z. B. für Nacharbeiten, Ausschuss, Aussortierung fehlerhafter Produkte, Fehlersuche)

971470

Vollprüfung und Stichprobenkontrolle

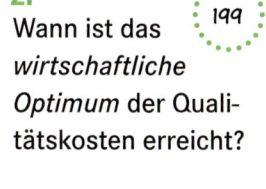
Bei klassischer Betrachtungsweise spricht man vom **wirtschaftlichen Optimum** bei den Qualitätskosten, wenn die **Summe aller Qualitätskosten ein Minimum** erreicht.

Dabei wird ein **gegenläufiges Verhalten** von Prüfungs- und Fehlerverhütungskosten (die mit zunehmendem Qualitätserfüllungsgrad steigen) und Fehlerkosten (die mit zunehmendem Qualitätserfüllungsgrad sinken) angenommen.

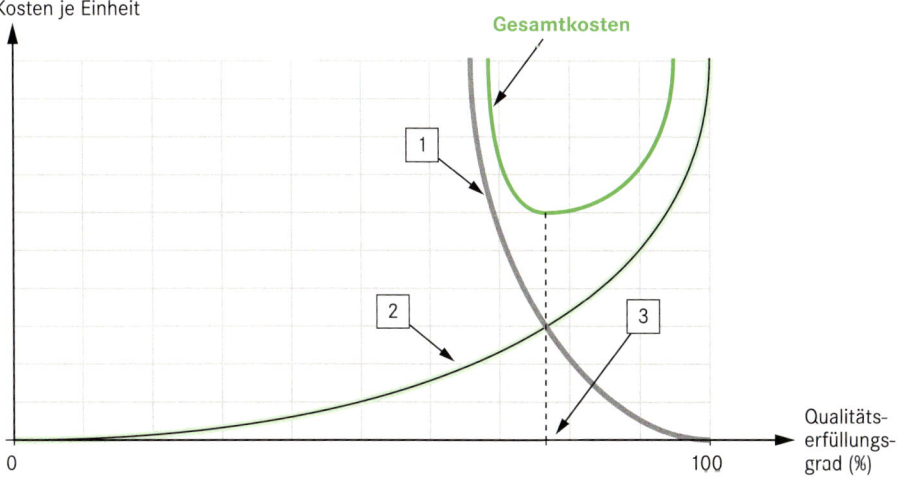

ZP 199

Wann ist das *wirtschaftliche Optimum* der Qualitätskosten erreicht?

ZP 200

In der nachfolgenden Abbildung ist die klassische Betrachtungsweise (s. vorhergehende Frage) der Qualitätskosten dargestellt.

Ordnen Sie die Begriffe
1 Fehlerkosten,
2 Prüfungs- und Fehlerverhütungskosten und
3 kostenoptimaler Qualitätserfüllungsgrad
zu.

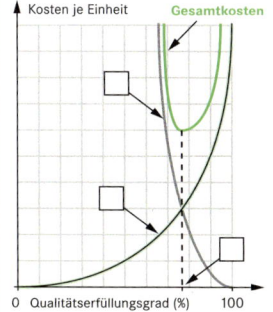

ZP 201

Unterscheiden Sie *Vollprüfung* und *Stichprobenkontrolle*.

- Die **Vollprüfung** ist eine **100%-Kontrolle** und bezieht sich auf **alle Teile.** Aufgrund ihres Umfangs ist diese Prüfungsdurchführung eine **sichere,** aber auch eine **zeit- und kostenintensive** Prüfungsmethode, deren Einsatz überwiegend die **Funktionsprüfung** beinhaltet und in Sicherheitsbereichen (z. B. Flugzeugtechnik) auch mehrmals vorgenommen wird.

- Die **Stichprobenkontrolle** umfasst nur **einen Teil der Objekte,** wobei der Fehleranteil der Stichprobe mittels der Wahrscheinlichkeitsrechnung auf die Gesamtheit übertragen wird. Anwendungsgebiete sind die Überprüfung von **Großserien oder Massenfertigungen** und **zerstörende Überprüfungen** (z. B. Belastbarkeitstests von Metallen, Geschmacksprüfungen bei Lebensmitteln).

202 ZP

Was versteht man unter dem Begriff *Qualitätsmanagement?*

Alle **Tätigkeiten und strukturellen Umsetzungen,** die der Planung, Leitung und Lenkung einer Organisation zur Qualitätsfestlegung, Qualitätserfassung, Dokumentation und Qualitätsverbesserung dienen, kann man als Qualitätsmanagement definieren.

Qualitätsmanagement hat dabei sowohl **strategische** als auch **operative Komponenten,** da zum einen qualitative Aspekte bei der Formulierung von Unternehmenszielen durch die Unternehmensleitung Berücksichtigung finden und zum anderen auf jeder Hierarchiestufe die Umsetzung der Qualitätsanforderungen gefordert wird.

203 ZP

Was sind *Qualitätsmanagementsysteme?*

- Qualitätsmanagementsysteme dienen der **Sicherung der Qualitätsfähigkeit** einer Unternehmung und beziehen als **organisatorisches Konzept** alle Bereiche eines Unternehmens ein.

- Qualitätsmanagementsysteme sind **unterschiedlich aufgebaut,** da sie unternehmensindividuell **unterschiedlichen Zielsetzungen** folgen.

- Allgemein bestehen Qualitätssysteme aus einer **Aufbauorganisation** mit eindeutigen Verantwortlichkeiten und einer vorgegebenen **Ablauforganisation** mit klaren Ablaufprozessen und -verfahren, denen jeweils **eindeutige Ressourcen** zugeordnet sind, um die Ziele des Qualitätsmanagements zu verwirklichen.

- Immer häufiger lassen sich die Unternehmen ihre Qualitätsmanagementsysteme zertifizieren (z. B. nach **DIN EN ISO 9000:2000).**

204 ZP

Was beinhaltet die *DIN EN ISO 9000:2000?*

- Die DIN EN ISO 9000:2000 ist ein **Leitfaden,** um ein Qualitätsmanagementsystem (QS) **darzustellen und nachzuweisen.**

- Die DIN EN ISO 9000:2000 besteht aus **vier Hauptnormen:**
  - ISO 9000 für Grundlagen und Begriffe
  - ISO 9001 für Anforderungen an QS
  - ISO 9004 für einen Leitfaden zur Leistungsverbesserung
  - ISO 19011 für das Auditieren

- Der Begriff DIN ISO 9000:2000 setzt sich aus folgenden **Teilen** zusammen:
  - DIN: Deutsches Institut für Normung
  - EN: Europäische Norm
  - ISO: Internationale Organisation für Normung
  - 9000: Nummer der Norm
  - 2000: Veröffentlichungsjahr der Norm

205 ZP

Welche *Vorteile* sind mit der Einführung von *Qualitätsmanagementsystemen* verbunden?

zum Beispiel:
- Erfüllung von Kundenforderungen
- Einhaltung von Gesetzen und Vorschriften
- Optimierung von Produktionsprozessen
- Steigerung der Mitarbeitermotivation und -qualifikation
- Aufspüren von Kostensenkungspotenzialen

- Fehlerreduktion
- Förderung abteilungsübergreifenden Denkens
- Erhöhung der Konkurrenzfähigkeit
- Reduzierung von Produkthaftungsrisiken
- Steigerung der Transparenz

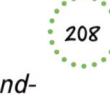 *Prozess*

- **Vorteile** z. B.:
  - allgemein bekannte und anerkannte Qualitätsgrundlagen
  - Wettbewerbsvorteile, wenn zertifizierte Unternehmen von ihren Zulieferern entsprechende Standards fordern
  - Transparenz und Objektivierung von Organisationsstrukturen sowie von Ablauf und Kommunikationsprozessen
  - Imageverbesserung

- **Nachteile** z. B.:
  - Kostenhöhe der Zertifizierung
  - In der Regel sind Zertifizierungen zeitlich begrenzt.
  - Gefahr zunehmender Bürokratisierung
  - faktischer Zwang, wenn ein Unternehmen nur von zertifizierten Unternehmen beliefert werden möchte

ZP 206
Welche *Vor- und Nachteile* hat eine *Zertifizierung?*

- **Kundenorientierung**
  Organisationen sollten die gegenwärtigen und künftigen Kundenbedürfnisse erfüllen und gegebenenfalls übertreffen.

- **Führung**
  Führungspersonen sollten einheitliche Ziele setzen und klare Organisationsstrukturen schaffen, damit die Mitarbeiter die Organisationsziele umsetzen können.

- **Einbeziehung der Personen**
  Durch die umfassende Einbeziehung der Mitarbeiter, die auf allen Ebenen einer Organisation ein prägender Faktor sind, sollen ihre Fähigkeiten zum Vorteil der Organisation genutzt werden.

- **Prozessorientierung**
  Tätigkeiten und dazugehörige Ressourcen sollten als Prozess geleitet und gelenkt werden, um ein gewünschtes Ergebnis effizienter zu erreichen.

- **Systemorientiertes Management**
  Prozesse, die miteinander in Wechselwirkungen stehen, sollten als Systeme erkannt und gesteuert werden.

- **Ständige Verbesserung**
  Alle Leistungen einer Organisation sollten kontinuierlich verbessert werden.

- **Sachliche Entscheidungsfindung**
  Durch die Analyse von Daten und Informationen sollen Erfolg versprechende Entscheidungen getroffen werden.

- **Lieferantenbeziehungen zum gegenseitigen Nutzen**
  Die aus den wechselseitigen Abhängigkeiten von Organisationen und ihren Lieferanten resultierenden Beziehungen sollten zur Erhöhung der Wertschöpfung aller Beteiligten genutzt werden.

ZP 207
Welche *Grundsätze* werden gemäß DIN EN ISO 9001 an ein *Qualitätsmanagement* gestellt?

- Im Qualitätshandbuch ist das **Qualifikationsmanagement einer Organisation** festgelegt.
- Es enthält die **relevanten Informationen** wie Qualitätszielsetzungen, Qualitätsplanungen sowie Arbeits- und Verfahrensanweisungen zur Dokumentation und Aktualisierung.

- Das Qualitätshandbuch ist ein **öffentliches Dokument,** das allen Interessierten zur Verfügung gestellt werden kann.

ZP 208
Was ist ein *Qualitätshandbuch?*

Produktionscontrolling

209 ZP
Was sind *Qualitätszirkel?*

Qualitätszirkel haben sich aus dem betrieblichen Vorschlagswesen entwickelt und sind
- organisierte Kleingruppen von Mitarbeitern,
- die eine gemeinsame Erfahrungsgrundlage haben,
- der gleichen Hierarchieebene angehören,
- die sich freiwillig treffen,
- die Qualitätsprobleme diskutieren,
- Lösungsvorschläge erarbeiten und
- an deren Umsetzung beteiligt sind.

210 ZP
Was versteht man unter *Total Quality Management (TQM)?*

TQM ist ein **umfassendes** und **integratives** Managementkonzept, das
- alle Mitarbeiter einer Organisation einbezieht,
- die Qualität in den Mittelpunkt stellt,
- einen langfristigen Geschäftserfolg durch die Zufriedenstellung der Kunden anstrebt und
- den Nutzen für die Mitglieder der Organisation und die Gesellschaft erzielen will.

211 ZP
Was sind *Arbeitsbegleitpapiere?*

Arbeitsbegleitpapiere sind **Unterlagen,** die das Produkt während des **Herstellungsprozesses begleiten.**

212 ZP
Welche *Funktionen* können *Arbeitsbegleitpapiere* haben?

- **Arbeitsbegleitpapiere** geben über die jeweiligen Arbeitsschritte, die an dem Produkt vorgenommen wurden, **Auskunft.**
- Durch **Auswertung** der Arbeitsbegleitpapiere im Zuge des Produktionscontrollings ist zum Beispiel erkennbar,
  - ob *Fehler* gemacht wurden,
  - wie lange ein Arbeitsschritt *tatsächlich gedauert* hat,
  - wer für die Arbeitsschritte *verantwortlich* ist,
  - welche Materialien *verwendet* wurden oder
  - welche *Zeit* vom ersten bis zum letzten Produktionsschritt benötigt wurde.
- Arbeitsbegleitpapiere gibt es in jedem **nicht vollautomatisierten Herstellungsprozess** als **Belege** und sie kommen in der Regel als EDV-Belege zum Einsatz.
- Die Informationen der Arbeitsbegleitpapiere werden auch in **vollautomatischen Prozessen** benötigt. Sie können z. B. durch einen **individuellen Strichcode,** der am Produkt angebracht wird, online abgerufen werden.

213 ZP
Geben Sie *Beispiele* für *Arbeitsbegleitpapiere,* die Sie kurz erläutern.

Belege	Inhalte (Beispiele)
Laufkarte (Fertigungsbegleitkarte)	• begleitet das Erzeugnis bei jedem Arbeitsschritt • enthält die jeweiligen Arbeitsstationen und die dazugehörenden Arbeitsgänge • gibt die Reihenfolge des Durchlaufs an • enthält den Termin der Fertigstellung

971474

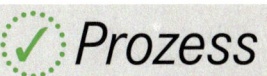

Belege	Inhalte (Beispiele)
Materialentnahmeschein	• dokumentiert die Ausgabe der Werkstoffe • enthält die zu belastende Kostenstelle
Werkzeugentnahmekarte	• dokumentiert die Aus- und Rückgabe von Werkzeugen • enthält Benutzungshinweise
Rückmeldeschein	• dient der Verfolgung des Auftragsfortschritts • signalisiert das Ende eines Arbeitsgangs
Lagerzugangsschein	• geht mit dem fertigen Teil in das Lager • dokumentiert den Abschluss aller Arbeitsgänge
Lohnkarte	• enthält die relevanten Stammdaten der betreffenden Arbeitskraft • dokumentiert die ausgeführten Arbeiten • beinhaltet den jeweiligen Fertigungsgegenstand • beinhaltet die gefertigte Stückzahl

1.2.6 Instandhaltung *Handbuch: LF 11*

- Datenverarbeitung
- innerbetriebliche Kommunikation
- Sicherheitsdienste

- innerbetriebliches Transportwesen
- Arbeitssicherheit

ZP 214
Geben Sie *Beispiele* dafür,
wie die *betriebliche Infrastruktur* zur *Prozessunterstützung* beiträgt.

Unter Instandhaltung kann man (nach DIN 31051) alle **Maßnahmen** verstehen, die der **Bewahrung** und **Wiederherstellung** eines definierten **Sollzustandes** sowie zur **Feststellung** und **Beurteilung** des **Istzustandes** von technischen Einheiten dienen.

ZP 215
Was versteht man unter *Instandhaltung?*

	Instandhaltung		
Bereiche	**Wartung**	**Inspektion**	**Instandsetzung**
Definition	Bewahrung des Sollzustandes	Vergleich von Ist- und Sollzustand	Wiederherstellung des Sollzustandes
Tätigkeiten	• Pflege • Reinigung • Schmieren	• Aufnahme • Dokumentation	• Reparatur • Austausch von Teilen

ZP 216
Nennen und erläutern Sie die *Bereiche der Instandhaltung.*

ZP

217 Welche *Probleme* können für eine Unternehmung bei *nicht sachgerechter Instandhaltung* auftreten?

zum Beispiel:
- Qualitätsverschlechterungen
- Ausfall von Anlagen
- Terminverzögerungen
- erhöhte Unfallgefahr
- Verringerung der Kapazitätsauslastung

ZP

218 Nennen Sie beispielhaft Daten, die zur Beurteilung herangezogen werden können, um zu entscheiden, ob *neue Anlagen beschafft* werden müssen oder die *alten weiterhin instand gehalten* werden sollen.

zum Beispiel:
- Zuverlässigkeit
- Zustand der Anlage
- Kosten der Instandhaltung
- Anschaffungskosten einer neuen Anlage

1.2.7   Umweltschutz

1.2.7.1   Mögliche Umweltbelastungen durch den Ausbildungsbetrieb und gesetzliche Regelungen zum Umweltschutz
Handbuch: LF 5

ZP

219 Welche *gesetzlichen Vorschriften* vermeiden Umweltbelastungen durch den Betrieb?

- Grundgesetz Artikel 20 u. a.: „Erhaltung einer lebenswerten Umwelt"
- Bundesimmissionsschutzgesetz
- Chemikaliengesetz
- Wasserhaushaltsgesetz
- Kreislaufwirtschafts- und Abfallgesetz
- Gefahrstoffverordnung
- Verpackungsverordnung

ZP

220 Welches *Ziel* hat das *Bundesimmissionsschutzgesetz?*

Menschen, Tiere, Pflanzen, der Boden, das Wasser, die Atmosphäre, aber auch Kulturgüter, insbesondere denkmalgeschützte Gebäude, sind vor gefährlichen **Umwelteinwirkungen** bereits durch vorbeugende (präventive) Maßnahmen zu schützen.

ZP

221 Welche *Konsequenzen* drohen bei dem *Verstoß gegen das Bundesimmissionsschutzgesetz?*

Bei Nichteinhaltung von Immissionsschutzauflagen kann bei der **Errichtung** eine **Genehmigungspflicht** für eine Betriebseröffnung versagt oder bei **Verstößen** während des Betriebes eine **Betriebsstilllegung** ausgesprochen werden.

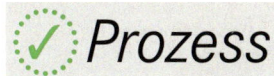 *Prozess*

- Bei **Emissionen** ist der Ausgangspunkt die betriebene **Anlage.** Durch sie können sich in Form von Luftverunreinigungen, Geräuschen, Strahlen, Wärme usw. Veränderungen der Atmosphäre ergeben.

  Beispiel: Schadstoffausstoß von Rußpartikeln durch ein dieselbetriebenes Kraftfahrzeug

- Bei **Immissionen** handelt es sich um **Einwirkungen** auf den Menschen, die Umwelt oder die Atmosphäre, die sich durch Emissionen ergeben und schädigende **Auswirkungen** haben. *Beispiel:* Auswirkungen des Zigarettenrauches und die überproportional höhere Lungenkrebsrate bei aktiven Rauchern gegenüber Passivrauchern

ZP 222

Welcher Unterschied besteht zwischen *Emissionen* und *Immissionen?*

- **Anmeldung** und **Durchführung** einer **Materialprüfung** bei der Bundesanstalt für Arbeitsschutz- und Arbeitsmedizin, bevor ein Industriebetrieb einen **neuen Gefahrstoff** in den Verkehr, also auf den Markt, bringen kann.

- **Feststellung** eines möglichen **Gefährdungspotenzials** zum Schutz von Mensch und Umwelt. **Grenzwertüberschreitungen** können entweder zu einer **Zulassung** und **Genehmigung** mit bestimmten **Auflagen** oder zu einem **Herstellungsverbot** bei zu großen Gefahren führen.

ZP 223

Welche *Genehmigungsvoraussetzungen* sieht das *Chemikaliengesetz* (Gesetz zum Schutz vor gefährlichen Stoffen) zum Umweltschutz vor?

- **Vermeldung** von **Wasserverunreinigung** durch wassergefährdende Stoffe während des **Produktionsprozesses**

  Beispiel: vorgeschriebene Auflage für die Errichtung einer Filteranlage bei Lackierarbeiten in der Automobilindustrie, bevor Reststoffe in den Schmutzwasserkanal eingeleitet werden dürfen

- **Vermeidung** von **Wasserverunreinigung** durch wassergefährdende Stoffe während der **Lagerung** und des **Transportes**

  Beispiele: vorgeschriebene Auflagen für die Errichtung besonderer Lagerschutzräume und besonderer Transportschutzbehälter

ZP 224

Welche wesentlichen *Zielsetzungen* sieht das *Wasserhaushaltsschutzgesetz* vor?

- Förderung der **Kreislaufwirtschaft,** d.h. **Zurückführung** der nicht mehr benötigten Güter und Stoffe in die **Produktion** (Recycling)
- Absicherung einer **umweltverträglichen Abfallbeseitigung** zur **Schonung** der natürlichen **Ressourcen**
- Die **Abfallvermeidung** hat **Vorrang** vor einer **Abfallverwertung.**

- Nicht vermeidbare und nicht verwertbare Abfälle sind bei der **Abfallbeseitigung umweltverträglich** zu entsorgen (z.B. in einer besonderen Müllverbrennungsanlage mit Schutzfiltern und einer Wärmerückgewinnung werden die Abfälle beseitigt).

ZP 225

Welche *Ziele* sieht das *Kreislaufwirtschafts- und Abfallgesetz* (KrW-/AbfG) für einen Industriebetrieb vor und welche Konsequenzen ergeben sich daraus?

Die Verpackungsverordnung (VerpV) sieht in § 1 folgende **Ziele** zur Entsorgung von Verpackungsabfällen vor:

- **Auswirkungen** von Verpackungsabfällen auf die Umwelt sind zu vermeiden oder zu **verringern.**

- **Vermeidung** von Verpackungsabfällen ist **wichtiger** als deren Wiederverwendung, Verwertung und Beseitigung.

ZP 226

Welche grundsätzlichen *Ziele* sieht die *Verpackungsverordnung* für einen Industriebetrieb vor?

227 **ZP**

Welche *Ziele* sieht die *Gefahrstoff-verordnung* für einen Industriebetrieb beim Umgang mit *Gefahrstoffen* vor?

● Die Gefahrstoffverordnung regelt das **Inverkehrbringen** von gefährlichen **Stoffen** und die **Erstellung** von **Erzeugnissen** mit diesen.

● **Beschäftigtenschutz** und **Schutz** anderer **Personen** vor Gefährdungen ihrer **Gesundheit** durch Gefahrstoffe

(vgl. hierzu 3.2.10.5 Arbeitsschutz- und Unfallverhütungsvorschriften)

228 **ZP**

Welche *Aufgabe* hat eine *Betriebs-anweisung?*

Betriebsanweisungen sind zum Zweck des **richtigen Umgangs** mit gefährlichen Stoffen zum Umweltschutz während des gesamten Produktionsprozesses durch den Betrieb für alle Mitarbeiter anzufertigen und ihnen auszuhändigen.

229 **ZP**

Welche Sicherheitsmaß-nahmen müssen nach der Gefahr-stoffverordnung in den einzelnen vier Schutzstufen[1] für einen Industrie-betrieb beachtet werden?

[1] vgl. hierzu ausführlich Quelle: www.umweltschutz-bw.de/?lvl=1681, eingesehen am 24.09.09

● **Schutzstufe 1:**
  ○ eindeutige *Kennzeichnung* der Gefahrstoffe
  ○ sichere *Aufbewahrung* und *Entsorgung* der Gefahrstoffe
  ○ *Prüfung* und *Dokumentation* der Wirksamkeit der technischen *Schutzmaßnahmen* in jedem *dritten* Jahr

● **Schutzstufe 2:**
  ○ Dokumentation der *Gefährdungs-beurteilung*
  ○ Führen eines *Gefahrstoffverzeich-nisses*
  ○ Erstellen von *Betriebsanwei-sungen*
  ○ arbeitsmedizinische *Beratung*

● **Schutzstufe 3:**
  Zusätzlich zu den Maßnahmen, die für die Schutzstufen 1 und 2 vorgesehen sind, müssen darüber hinaus bei **sehr giftigen** Stoffen u. a. **geschlossene** Systeme eingesetzt und **Grenzwerte** durch **Messungen** überwacht werden. Außerdem ist eine **sichere Lagerung** mit entsprechenden baulichen Voraussetzungen durchzuführen und es können **Zugangsbeschränkungen** ausgesprochen werden.

● **Schutzstufe 4:**
  In der höchsten Schutzstufe 4 sind nach der Gefahrstoffliste die **höchsten Sicherheitsstandards** einzuhalten. **Schutzkleidung** und **Atemschutzge-räte** sind z. B. bei Abbruch-, Sanie-rungs- oder Instandhaltungsarbeiten einzusetzen.

971478

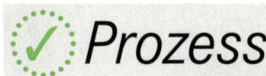

Gefahrensymbol	Schutzstufen (1–4)	betriebliche Anwendungsbeispiele (schülerabhängige Antworten mit unten stehenden Merkmalen)
I	(3)	(giftige Stoffe) (sehr giftige Stoffe) z. B. offener Umgang mit Otto-Kraftstoff (benzolhaltig)
II	(2)	(reizende Stoffe)[1] (ätzende Stoffe) (gesundheitaschädliche Stoffe) (sensibilisierende Stoffe) z. B. Einsatz von cyanid-haltigen Mitteln (Vergoldung)
III	(4)	(krebserzeugende Stoffe) (erbgutverändernde Stoffe) (fortpflanzungsgefährdende Stoffe) z. B. häufige Fußbodenreinigung mit chlorhaltigen Mitteln
IV	(1)	(Stoffe, die in geringen[2] Mengen und kurzfristig gehandhabt werden) (toxische Stoffe) z. B. gelegentliche Scheibenreinigung mit Glasreiniger

[1] „Ist die geringe Gefährdung zu verneinen, so sind zusätzliche Schutzmaßnahmen zu treffen. Alleinarbeit ist in dieser Schutzstufe i. d. R. nicht gestattet. Weiterhin sind Gefahrstoffverzeichnis, Betriebsanweisungen nach Gefahrstoffrecht und arbeitsmedizinische Beratung erforderlich."

[2] „Unter geringen Mengen versteht man in der Regel Größenordnungen im Milligramm- oder Grammbereich, beispielsweise den Gebrauch von gesundheitsschädlicher Korrekturflüssigkeit im Büro oder die gelegentliche Verwendung von 500 ml eines Wasserlackes für Ausbesserungsarbeiten."

Quelle: www.umweltschutz-bw.de/?lvl=1681, eingesehen am 24.09.09

ZP *230*
Im Rahmen der Beschaffungs- und Logistikkette müssen Mitarbeiter Grundkenntnisse beim Umgang mit gefährlichen Stoffen haben.

Ordnen Sie in einem 1. Schritt die nachfolgenden vier Gefahrensymbole den Schutzstufen (1–4) mit ihrem Gefährdungsgrad zu.

In einem 2. Schritt nennen Sie bitte jeweils zwei betriebliche Anwendungsbeispiele.

Gefahrensymbol:

I: II:

 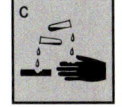

T C

III: IV:

 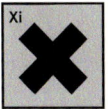

T + Xi, Xn

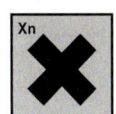

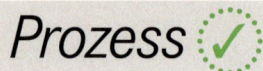

1.2.7.2 Möglichkeiten der wirtschaftlichen und umwelt-schonenden Energie- und Materialverwendung

Handbuch: LF 5

ZP
231

Was versteht man unter einem *produktionsinteg-rierten Umwelt-schutz?*

Im Rahmen der Diskussion der gesellschaftlichen Verantwortung zum Umweltschutz haben in der heutigen Zeit auch Industriebetriebe ihren **nachhaltigen Klimaschutzbei-trag** zu leisten.

Durch eine bessere Nutzung des **Ressourceneinsatzes** und eine höhere **Energieeffizi-enz,** z. B. die Reduktion von CO_2-Emissionen während des **gesamten Produktionspro-zesses,** sollen staatliche Umweltschutzauflagen eingehalten werden.

ZP
232

Was versteht man unter einem *Umweltmanagement-system* in einem Industriebetrieb und welche Konse-quenzen ergeben sich daraus?

Große Industriebetriebe können eine „… Bewältigung des Klimawandels … nur mittels **wissensbasierter Vernetzung** von Prozessen und Produkten zielführend …,"[1] erreichen.

Zu diesem Zweck wird mithilfe von **zertifizierten Umweltmanagement-Systemen,** u. a. nach DIN EN ISO 14.001, versucht, ein zentrales Lenkungselement aller Funktionsbe-reiche der Unternehmenssteuerung zu schaffen und dieses weiter auszubauen.

Eine zentrale Rolle spielen in diesem Zusammenhang zur weiteren Konkretisierung von Umweltschutzzielen in Industriebetrieben **Umweltkennzahlen** und **Nachhaltigkeitsbe-richte.**

[1] *vgl.* SALZGITTER AG (Hrsg.): Geschäftsbericht der Salzgitter AG 2007, S. 87 f.

ZP
233

Welche *Ge-sichtspunkte* sollte ein *Umwelt-managementsystem* enthalten? Nennen Sie jeweils zwei Bei-spiele hierzu.

Umweltmanagementsysteme in großen Industrieunternehmen enthalten zum Nachweis der Nachhaltigkeit[1] ihres Umweltbeitrages Zahlenangaben zu folgenden Gesichtspunkten:

- **Energiemanagement** und Klimaschutz
  - Gesamtenergieverbrauch ein-schließlich Strombezug
  - Unternehmensweite CO_2-Emissi-onen aus eigenen Verbrennungsan-lagen
- **Schadstoffemissionen** in die Luft
  - Luftschadstoffe durch säureinduzie-rende Substanzen (SO_2), Lösemit-tel, Ozon abbauende Substanzen
- **Rohstoff- und Materialeinsatz**
  - Materialverbrauch von Rohstoffen
  - Verbrauch von Hilfs- und Betriebs-stoffen und vor- und halbprodu-zierten Gütern und Teilen
- **Abfallmanagement**
  - Gesamtabfall zur Beseitigung und Verwertung
  - Abfallarten bzw. Behandlungs-formen bei gefährlichen und nicht gefährlichen Abfällen

- **Wassermanagement**
  - Wasserverbrauch und Abwasser-menge
  - Belastung der Gewässer durch Schwermetalle wie z. B. Quecksilber
- **Logistik und Verkehr**
  - quantitative Angaben über Zu- und Auslieferung des vom Unternehmen unmittelbar verursachten Verkehrs
  - Anzahl von Mitarbeiterreisen
- **Produktions- und Transportunfälle, Freisetzung von Chemikalien, Kraft-stoffen, Ölen**
  - Anzahl der Schadensereignisse
  - Unfallhäufigkeit auf der Straße, Schiene usw.
- **Naturschutz und Artenvielfalt**
  - Aktivitäten in Naturräumen durch die Geschäftstätigkeit
  - Auswirkungen auf die Ökosysteme

[1] *vgl.* hierzu ausführlich: Institut für ökologische Wirtschaftsforschung (IÖW) und future e. V. (Hrsg.): Nachhaltig-keitsberichterstattung in Deutschland. Ergebnisse und Trends im Ranking, Berlin/Münster 2007, S. 116 ff.

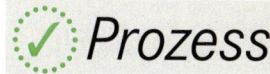 **Prozess**

Im Bereich des Energiemanagements z. B. die **Energiekennzahl:**

prozentualer Anteil des Energieträgers $= \dfrac{\text{Verbrauch des Energieträgers}}{\text{Gesamtenergieverbrauch}} \cdot 100$

Im Bereich der Schadstoffemissionen z. B. die **Abluftkennzahl:**

Schadstoff-Quote X $= \dfrac{\text{ausgestoßene Schadstoffmenge}}{\text{Anzahl der Produkteinheiten}}$

Im Bereich des Rohstoff- und Materialeinsatzes z. B. die **Materialkennzahl:**

prozentualer Anteil des Betriebsstoffes Y $= \dfrac{\text{Betriebsstoffeinsatz Y}}{\text{Gesamtbetriebsstoffeinsatz}} \cdot 100$

Im Bereich des Abfallmanagements z. B. die **Abfallkennzahl:**

prozentualer Abfallanteil Z $= \dfrac{\text{Abfallmenge Z}}{\text{Gesamtabfallmenge}} \cdot 100$

Im Bereich des Wassermanagements z. B. die **Wasser- und Abwasserkennzahl:**

Wassereinsatz- oder Abwasserquote $= \dfrac{\text{Wassermenge oder Abwassermenge}}{\text{Anzahl der Produkteinheiten}}$

- Mithilfe von **Umweltkennzahlen** sollen bereits durch eine vorausschauende **Beschaffungspolitik,** u. a. durch recycelte kostengünstigere **Grundstoffe,** unter Berücksichtigung ressourcenschonender **Produktionsprozesse,** z. B. durch erneuerbare Energien, **Kostensenkungspotenziale** erzielt werden.

- Durch den Einkauf umweltschonender Roh-, Hilfs- und Betriebsstoffe sinken die **Umweltrisiken** und damit auch die Höhe von **Versicherungsprämien.** Diese Situation führt für die Gesellschaft und die Unternehmen zu **Win-Win-Situationen.**

- Einhaltung von Umweltschutzauflagen am Arbeitsplatz durch Dokumentation und deren Überprüfung
- Einsparung von Energie- und Rohstoffkosten durch Mitarbeiterschulungen und betriebliche Unterweisungen
- Vermeidung von Abfällen, geringere Deponiekosten

- Expertenschulungen und Workshops für Gefahrstofflagerungen und -transporte
- Einrichtung eines ökologischen Vorschlagwesens, um „die Beschäftigten zu motivieren …, … Umsetzungsmaßnahmen … einzuleiten …"[1]

[1] *vgl.* Bundesinstitut für Berufsbildung (BIBB). AQU -Umsetzung. Nachhaltige Kompetenzentwicklung im Betrieb. Bonn 2006. www.bibb.de, Seite: 2, eingesehen am 31.01.2009

- Ein energiesparender **Fuhrpark** und eine verbesserte Optimierung der Tourenplanung führen zur **Vermeidung** von **Leerfahrten** und letztlich zur **Einsparung** von **Transportkosten.**

- Zum Beispiel führt die Einrichtung einer „…. übergeordneten **Steuerung** … der kompletten Haustechnik mit Licht, Wärme, Lüftung und Brandschutzeinrichtungen…"[1] in Verbindung mit der Inbetriebnahme einer **Solar-** und/oder einer **Photovoltaikanlage** zur **Senkung** des **Stromverbrauchs.**

[1] *vgl.* Blanco GmbH + Co KG. Nachhaltigkeitsbericht 2007. www.blanco.de, Seite: 13, eingesehen am 31.01.2009

ZP 234
Nennen Sie mindestens vier wichtige *Umweltkennzahlen,* die im Rahmen eines Umweltmangementsystems in einem Industriebetrieb angewendet werden.

ZP 235
Welche Folgen ergeben sich aus dem *umweltbewussten Einkauf* von Roh- Hilfs- und Betriebsstoffen und der Anwendung *umweltschonender Produktionsverfahren?*

ZP 236
Mit welchen Maßnahmen kann *umweltbewusstes Verhalten* am Arbeitsplatz positiv beeinflusst werden?

ZP 237
Welche *Investitionsentscheidungen* führen zu *energiesparenden* Betriebs- und Transportmitteln?

ZP

238 Welche *Folgen* ergeben sich für den Produktionsprozess, wenn bei dem Einsatz der Produktionsfaktoren *ökologische Gesichtspunkte* berücksichtigt werden?

- **geringerer Lärm- und Schadstoffausstoß** und **niedrigerer Energieverbrauch** (günstigere Ökobilanz)
- Möglichkeit einer **sparsameren Verwendung**

- Verlängerung der Nutzungsdauer maschineller Anlagen durch regelmäßige **Wartungen**

1.2.7.3 Abfälle vermeiden; umweltschonende Entsorgung von Stoffen und Materialien *Handbuch: LF 5*

ZP

239 Welche *betrieblichen Handlungen* sind im Rahmen eines *betrieblichen Abfallkonzepts* vorgesehen?

- Im Unterschied zum privaten Haushalt kann ein Industriebetrieb im Rahmen der **Selbstverwertungspflicht** seine **Abfälle** (nicht verwertbare Reststoffe) in Eigen- oder Fremdregie **beseitigen.** Er kann sachkundige und zuverlässige **Dritte** nach dem Kreislaufwirtschafts- und Abfallgesetz (KrW-/AbfG) mit der Abfallbeseitigung beauftragen.

- Anfertigung von **Sicherheitsprotokollen,** in denen eine vorschriftsmäßige **Abfallbeseitigung dokumentiert** wird

ZP

240 Wie können
- *Abfallvermeidung,*
- *Abfallverwertung* und
- *Abfallbeseitigung* in einem Unternehmen umgesetzt werden?

- **Abfallvermeidung** z. B. durch **Kreislaufführung** der eingesetzten Roh-, Hilfs- oder Betriebsstoffe während des betrieblichen Produktionsprozesses und -verfahrens (Folge: **Wegfall** von **Entsorgungs- und Verwertungskosten**)

- **Abfallverwertung** durch **Recycling** (stoffliche Verwertung) oder durch **energetische Verwertung**, z. B. als Ersatzbrennstoff zur Energiegewinnung (Folge: **Ressourcenschonung** und **Schadstoffreduzierung**)
- **Abfallbeseitigung** durch **Müllverbrennung, Deponierung** in Zwischenlagern oder **Endlagerung** von nicht verwertbaren Reststoffen (Folge: geringere **Kosten-** und **Umweltbelastung**)

ZP

241 Welche unterschiedlichen *Verpackungsformen* gibt es nach der Verpackungsverordnung (VerpV) und welche *Rücknahmepflichten* sieht sie vor?

- **Verpackungsformen:**
  - Verkaufsverpackungen
  - Umverpackungen
  - Transportverpackungen
  - Mehrwegverpackungen

- **Rücknahmeverpflichtungen** bei:
  - Verkaufsverpackungen durch den Vertreiber
  - Umverpackungen durch den Vertreiber
  - Transportverpackungen durch den Hersteller und Vertreiber

  Rücknahmeverpflichtungen für Hersteller und Vertreiber entfallen, wenn sie sich an einem Rücknahmesystem, wie z. B. dem Dualen System, beteiligen

971482

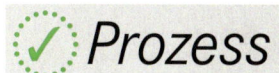 **Prozess**

- Das „Duale System" übernimmt die Rücknahme **gebrauchter Verpackungen,** wobei zwischen **Bring- und Holsystemen** bei der Verpackungsabfallerfassung unterschieden wird.

- Hersteller und Handel tragen zunächst durch ein **Entgelt** die **Rücknahmekosten** der mit einem „Grünen Punkt" gekennzeichneten Verpackungen, wobei dann später eine **Gutschrift** erfolgt.

ZP
Welche Rolle spielt das *„Duale System"* im Zusammenhang mit der *Verpackungsverordnung* (Rücknahmepflicht)? `242`

1.3 Beschaffungsprozesse planen, steuern und kontrollieren – Lernfeld 6

1.3.1 Bedarfsermittlung und Disposition   *Handbuch: LF 6*

- Als **Beschaffung im weiteren Sinne** können alle Tätigkeiten des Unternehmens bezeichnet werden, die dazu dienen, die Mittel zu erhalten, die zur Leistungserstellung notwendig sind. Dies können neben Betriebsmitteln alle zu beschaffenden Materialien, Dienstleistungen, das Personal und das notwendige Kapital sein.

- Bei der **Beschaffung im engeren Sinne** betrachtet man dagegen nur die zu beschaffenden Roh-, Hilfs- und Betriebsstoffe, die notwendigen Teile und ergänzende Dienstleistungen.

ZP
Was versteht man unter dem Begriff *Beschaffung?* `243`

- Als **Teilprozesse des Beschaffungsprozesses** gelten:
  - *Bedarfsermittlung*
  - *Lieferantenauswahl*
  - *Bestellabwicklung (Disposition)*
  - *Bestandsplanung und -führung*

- Der **Beschaffungsprozess** kann nicht losgelöst von anderen unternehmensbezogenen Teilprozessen, wie z. B. dem Produktions- oder Absatzprozess, betrachtet werden. Die **Prozessbetrachtung** geht prinzipiell davon aus, dass alle unternehmensbezogenen Teilprozesse letztendlich von den **Kundenanforderungen** oder -wünschen **abhängig** sind.

ZP
Was versteht man unter dem *Beschaffungsprozess?* `244`

- **Ermittlung** der benötigten **Mengen an Einkaufsgütern** (Roh-, Hilfs- und Betriebsstoffen)

- **Abgleich** mit den **Daten** aus der **Bestandsplanung** und **-führung**

- enge **Kooperation** mit der **Produktions-** und **Marketingabteilung**

ZP
Was beinhaltet die *Bedarfsermittlung?* `245`

- gezielte Suche und **Auswahl** von **neuen Lieferanten**

- **Bewerten** von Lieferanten

- **Erarbeiten von Zielvorgaben,** z. B. für Verhandlungen über Preise und Konditionen

ZP
Was umfasst die *Lieferantenauswahl?* `246`

247 ZP
Welche Aufgaben hat die *Bestellabwicklung (Disposition)?*

- **Einholen** und **Vergleichen** von **Angeboten**
- **Erarbeiten** von **Bestellvorschlägen**
- **Auslösen** von **Bestellungen**
- **Erfassen** und **Überwachen** von **Wareneingängen**
- **Überprüfen** der **Eingangsrechnungen**

248 ZP
Welche Aufgaben erfüllt die *Bestandsplanung und -führung?*

- mengen- und wertmäßige **Planung** und **Überprüfung** von **Warenbeständen**
- **Erfassung** der **Warenbewegungen**
- **Verhinderung** des Auftretens von **Fehlmengen**
- enge **Zusammenarbeit** mit der **Bedarfsermittlung**

249 ZP
Welche Fragen hat die Beschaffungsplanung zu beantworten?

- **Was** soll bestellt werden? → Materialplanung
- **Wie viel** soll bestellt werden? → Mengenplanung
- **Wann** soll bestellt werden? → Zeitplanung
- **Wie hoch** darf der maximal akzeptierbare Einkaufspreis sein? → Preisplanung
- **Wo** soll bestellt werden? → Bezugsquellenplanung

250 ZP
Unterscheiden Sie *zentralen* und *dezentralen Einkauf.*

- Vom zentralen Einkauf wird gesprochen, wenn eine Stelle alle zu beschaffenden Güter und Dienstleistungen beschafft.
- Beim dezentralen Einkauf können unterschiedliche Unternehmensteile (z. B. Abteilungen) den Einkauf getrennt vornehmen oder der Einkauf wird jeweils für bestimmte Produktgruppen gebündelt.

251 ZP
Nennen Sie Vor- und Nachteile des *zentralen Einkaufs.*

- **Vorteile:**
  - günstigere Einkaufskonditionen z.B. durch Ausnutzung von Mengenrabatten
  - Nutzung der Fachkompetenz des ausgewählten Fachpersonals
  - einheitliche Terminplanung und -überwachung
  - bessere Übersicht über das notwendige Finanzvolumen
- **Nachteile:**
  - Bürokratisierung des Einkaufs (Aufblähung eines kostenintensiven Verwaltungsapparates)
  - Vernachlässigung von regionalen Besonderheiten

252 ZP
Was versteht man unter *äußerer* und *innerer Beschaffungsorganisation?*

- Bei der **äußeren Beschaffungsorganisation** wird zwischen dem **zentralen** und dem **dezentralen Einkauf** unterschieden (siehe oben).
- Bei der **inneren Beschaffungsorganisation** geht es um die Aufgabenverteilung innerhalb der Beschaffungsabteilung, die entweder nach dem **Objekt-** oder dem **Funktionsprinzip** erfolgen kann.

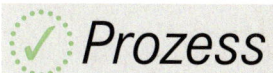 *Prozess*

○ Wird die Beschaffungsorganisation auf **Objekte,** z. B. auf bestimmte Materialien, ausgerichtet, ist ein Mitarbeiter für alle Teilprozesse des Beschaffungsprozesses zuständig.

○ Wird die Beschaffungsorganisation dagegen auf **Funktionen** (oder Verrichtungen) ausgerichtet, ist ein Mitarbeiter jeweils nur für eine bestimmte **Beschaffungstätigkeit,** z. B. den Teilprozess Lieferantenauswahl, zuständig – aber für alle Materialien.

ZP 253

Welche *ökologischen Gesichtspunkte* können bei der *Beschaffungspolitik* eines Unternehmens unterschieden werden?

Ökologische Gesichtspunkte der Beschaffungspolitik eines Unternehmens	**Beispiel**
Reduzierung des Verpackungsaufwandes bei einzukaufenden Produkten	• recyclingfähiges Verpackungsmaterial • Mehrwegverpackungen
Reduzierung des Transportaufwandes bei einzukaufenden Produkten	• Verringerung der Entfernung zum Lieferanten • Einkauf von Großmengen
Beachtung von Kundenwünschen im Hinblick auf umweltfreundliche Produktionsweise und ökologische Materialien	• Vermeidung/Verringerung von Schadstoffemissionen bei der Herstellung der Produkte • Herstellung recyclingfähiger Produkte
Beachtung staatlicher Auflagen bei Beschaffungstätigkeiten	• Klärung von Entsorgungsfragen bei Einkaufsverhandlungen • Einhaltung gesetzlicher Bestimmungen

vgl.: Margit Bentin u.a., Handlungsorientierte Materialien in Wirtschaft und Verwaltung. Beschaffungsprozess. Lehrerband. 2. Auflage. Bildungshaus Schulbuchverlage Westermann Schroedel Diesterweg Schöningh Winklers GmbH, Darmstadt 2005, S. 122

• Bei der **verbrauchsorientierten Bedarfsermittlung** orientiert man sich an den Verbrauchsmengen der Vergangenheit. Da dieses Verfahren absatzorientierte Schwankungen in der Zukunft nicht berücksichtigen kann, wird es vornehmlich für die Bedarfsberechnung von Hilfs- und Betriebsstoffen und z. T. auch Werkzeugen genutzt.

• Bei der **auftragsorientierten (programmgesteuerten) Bedarfsermittlung** geht man von der Absatzplanung aus, also von geplanten oder bereits realisierten Kundenaufträgen.

ZP 254

Welche beiden *Arten der Bedarfsermittlung* werden prinzipiell unterschieden?

ZP

255 Definieren Sie die Begriffe *Primär-, Sekundär-* und *Tertiärbedarf* sowie *Brutto-* und *Nettobedarf* im Rahmen der Bedarfsermittlung.

- **Primärbedarf:** Bedarf an Fertigerzeugnissen und Handelswaren aufgrund der Absatzplanung bzw. aufgrund der Produktionspläne

- **Sekundärbedarf:** Bedarf an Rohstoffen, Bauteilen und Baugruppen, der zur Herstellung des Primärbedarfs notwendig ist. Grundlage der Berechnung sind in der Regel Stücklisten.

- **Tertiärbedarf:** Bedarf an Hilfs- und Betriebsstoffen und notwendigen Werkzeugen zur Herstellung

- **Bruttobedarf:** Bedarf an Verbrauchsmengen des Primär-, Sekundär- und Tertiärbedarfs ohne Berücksichtigung von Lagerbeständen

- **Nettobedarf:** Bruttobedarf – disponierbarer Lagerbestand

ZP

256 *Berechnen* Sie aufgrund der folgenden Angaben den *Nettobedarf:* Effektiver Lagerbestand: 150 Stück, Sicherheitsbestand: 20 Stück, Bestellbestand (ausstehende Lieferungen): 10 Stück, Bruttobedarf: 200 Stück.

	effektiver Lagerbestand:	150 Stück
–	Sicherheitsbestand:	20 Stück
=	verfügbarer Bestand:	130 Stück
+	Bestellbestand:	10 Stück
=	disponierbarer Lagerbestand:	140 Stück

	Bruttobedarf:	200 Stück
–	disponierbarer Lagerbestand:	140 Stück
=	Nettobedarf:	60 Stück

ZP

257 Welche Rolle spielt der Gedanke „Eigenfertigung oder Fremdbezug – make or buy?" bei der Beschaffungsplanung?

- Unternehmen überlegen prinzipiell, ob sie Güter und Dienstleistungen **selbst erstellen** oder **von anderen** Unternehmen **beziehen** sollen. Entscheidet man sich dafür, bisher im eigenen Unternehmen erstellte Leistungen von anderen erstellen zu lassen, spricht man von **Outsourcing.** Umgekehrt bedeutet die Erstellung bisher fremder Leistungen in eigener Regie **Insourcing.**

- Bei der Abwägung **Eigenfertigung oder Fremdbezug** spielen folgende **Einflussgrößen** eine bedeutende Rolle:
  - *Höhe der Kosten*
  - *Grad der Sicherheit* (Unabhängigkeit vom Lieferanten)
  - *Maß der betrieblichen Einflussnahme* auf die Endleistung (z. B. hinsichtlich der Produktqualität)
  - *ökologische Aspekte* (z. B. hinsichtlich der Entsorgung)
  - *organisatorischer Aufwand*
  - *Qualifikation des Personals*
  - *Kapazitätsauslastung*

971486

Lager- und Bestellkosten

 **Prozess**

ZP 258
Was versteht man unter der *kritischen Menge* im Rahmen der Überlegung „Eigenfertigung oder Fremdbezug?"

ZP 259
Was versteht man unter der *optimalen Bestellmenge?*

Die **kritische Menge** ist die Menge, bei der die **Kosten** von Eigenfertigung und Fremdbezug **gleich hoch** sind und bei der **langfristig** über die Beschaffungsalternative entschieden werden muss.

Bei der Planung der Bestellmengen muss die Einkaufsabteilung eines Unternehmens die entstehenden Kosten grundsätzlich möglichst gering halten. Die **optimale Bestellmenge** ist die Menge, bei der die **Summe aus Lager- und Bestellkosten am geringsten** ist.

Ermittlung der optimalen Bestellmenge

mögliche Anzahl der Bestellungen bei unserem Lieferanten pro Jahr	Bestellmenge Paletten	Lager- kosten (€)	Bestellkosten (€)	Gesamt- kosten (€)
1	400	2.000,00	40,00	2.040,00
2	200	1.000,00	80,00	1.080,00
4	100	500,00	160,00	660,00
8	**50**	**250,00**	**320,00**	**570,00**
10	40	200,00	400,00	600,00
16	25	125,00	640,00	765,00

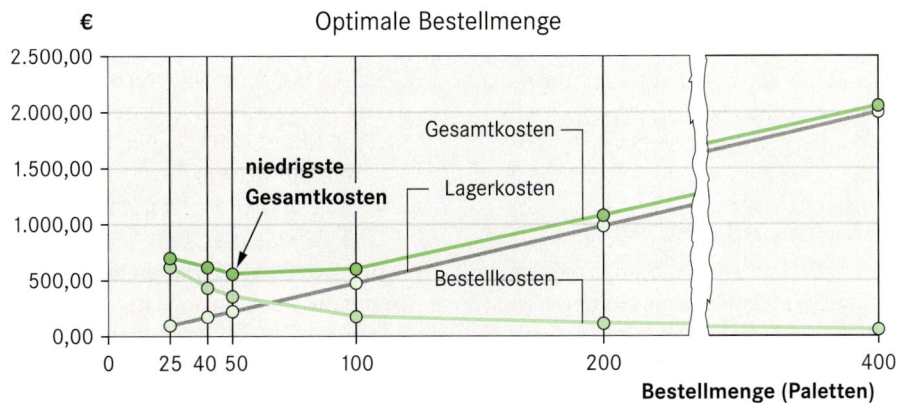

Die Lager- und Bestellkosten entwickeln sich in Abhängigkeit von der Bestellmenge gegenläufig.
Dieser **Zielkonflikt** erklärt sich aus folgendem Sachverhalt:

- Die Beschaffung größerer Mengen in größeren Zeitabständen verursacht relativ **hohe Lagerkosten,** aber **geringe Bestellkosten.**

- Die Beschaffung kleinerer Mengen in kleineren Zeitabständen verursacht relativ **hohe Bestellkosten,** aber **geringe Lagerkosten.**

ZP 260
Inwiefern besteht zwischen *Lager-* und *Bestellkosten* ein *Zielkonflikt?*

261 ZP
Was versteht man unter der *ABC-Analyse* im Rahmen der Beschaffung?

Die **ABC-Analyse** ist ein Verfahren zur **wirtschaftlichen Bewertung** der zu beschaffenden und zu lagernden Güter und **dient** damit **der Wirtschaftlichkeitskontrolle.** Die benötigten Güter werden entsprechend des Verbrauchs nach ihrem Wert- bzw. Mengenanteil am gesamten Einkaufs- bzw. Warenvolumen des Unternehmens in **A-, B- und C-Güter** unterteilt:

- **A-Güter** haben einen hohen Wertanteil, jedoch nur einen geringen Mengenanteil am Gesamtvolumen.

- **C-Güter** haben nur einen geringen Wertanteil, jedoch einen hohen Mengenanteil am Gesamtvolumen.

- **B-Güter** haben einen mittleren Wert- und Mengenanteil am Gesamtvolumen.

Insbesondere bei der Beschaffung von hochwertigen A-Gütern ist auf niedrige Einkaufspreise und entsprechende Einkaufskonditionen wie z. B. Fracht zu achten.

262 ZP
Welchem *Zweck* dient die *Wertanalyse?*

Mithilfe der Wertanalyse sollen einerseits die **notwendigen Funktionen eines zu beschaffenden Produktes erfasst** werden, zum anderen sollen die **Beschaffungskosten des Produktes minimiert** werden. Jeder einzelnen Funktion kann ein bestimmter Kundennutzen zugeordnet werden, es muss geprüft werden, ob die entsprechenden (kostenverursachenden) Funktionen sinnvoll sind. Eventuell kann auf einige Produktfunktionen verzichtet werden und somit der Einkaufspreis reduziert werden.

Als Methode zur Durchführung der Wertanalyse wird häufig das Projektmanagement (siehe Kapitel 3.4) angewandt.

263 ZP
Beschreiben Sie jeweils kurz das *Bestellpunkt-* und das *Bestellrhythmusverfahren.*

- **Bestellpunktverfahren:** Die Bestellung erfolgt bei der Erreichung eines bestimmten Lagerbestandes, dem **Meldebestand.**
Meldebestand = Mindestbestand + (Tagesverbrauch · Lieferzeit)
Dieses Verfahren ist insbesondere bei absatzbedingten Verbrauchsschwankungen sinnvoll.

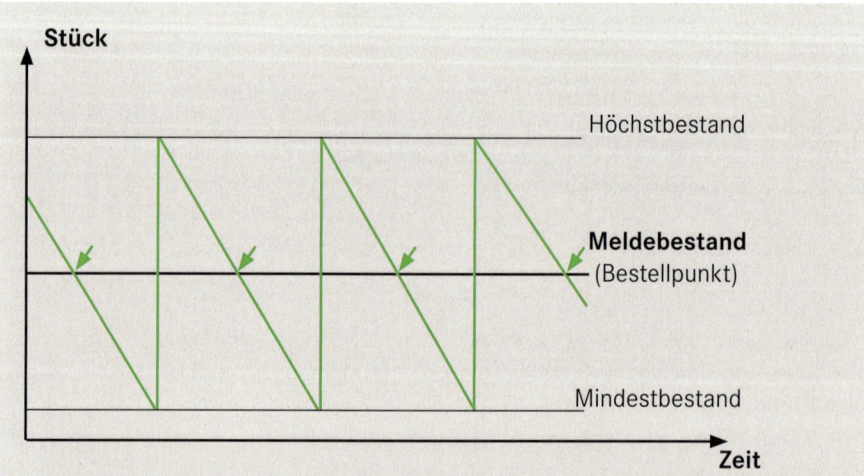

- **Bestellrhythmusverfahren:** Die Bestellung erfolgt jeweils nach Ablauf einer bestimmten **Zeitspanne,** man spricht von einem **periodischen Rhythmus.** Dieses Verfahren eignet sich vor allem bei einem konstanten Verbrauch der entsprechenden Güter.

971488

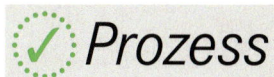 **Prozess**

1.3.2 Bestelldurchführung · *Handbuch: LF 6*

Allgemein besteht das **Ziel von Beschaffungsmarketing** darin, bestehende Beschaffungsmärkte bzw. Bezugsquellen zu pflegen und neue Beschaffungsmärkte bzw. Bezugsquellen unter Berücksichtigung der Unternehmensziele und der Unternehmensphilosophie zu erschließen.

Im Einzelnen hat Beschaffungsmarketing für das Unternehmen **das Ziel,**

- die **Beschaffungskosten** zu **senken,**
- die **Beschaffungsqualität** zu **erhöhen,**
- das **Beschaffungsrisiko** zu **senken,**
- die **Beschaffungsflexibilität/-autono-**
- mie des Unternehmens zu **erhöhen.**
- **unternehmensspezifische Beschaffungsziele** (z. B. ökologische oder soziale Ziele) zu **verfolgen.**

vgl.: Udo Koppelmann, Beschaffungsmarketing. Vierte, neu bearbeitete Auflage, 2004, Springer-Verlag, Berlin, Heidelberg, S. 112

ZP 264
Nennen Sie das Ziel des *Beschaffungsmarketings.*

Entscheidungen im Beschaffungsbereich dürfen sich nicht allein auf zufällige Informationen über mögliche Lieferanten und ihre Produkte stützen, vielmehr ist eine **systematische Auswertung** von **Informationen** des potenziellen **Beschaffungsmarktes** unumgänglich. Wird dies unterlassen, besteht die Gefahr, dass die Mitbewerber günstiger einkaufen und geeignetere Produkte anbieten können.

ZP 265
Begründen Sie die Notwendigkeit der *Beschaffungsmarktforschung.*

- **interne Bezugsquellen:**
  - Lieferantendateien
  - Artikeldateien
  - Berichte von Reisenden/Handelsvertretern
- **externe Bezugsquellen:**
  - Fachzeitschriften und -messen
  - Vertreterbesuche von Zulieferern
  - Kataloge/Prospekte/Webseiten von Firmen

ZP 266
Nennen Sie jeweils drei Beispiele für *unternehmensinterne* und *unternehmensexterne Bezugsquellen.*

Eine Informationsbeschaffung mithilfe des Internets ist **schneller, aktueller, relativ preiswert** und im Rahmen der Bezugsquellenermittlung bei einer guten Internetrecherche auch **umfassender.**

ZP 267
Welche Vorteile hat die Informationsbeschaffung per *Internet?*

- Eine telefonische Anfrage geht **schneller** und ist **einfacher,** außerdem ist sie aktueller.
- **Rückfragen** sind möglich und es können eventuelle Missverständnisse sofort ausgeräumt werden.

ZP 268
Welche Vorteile der Informationsbeschaffung hat eine *telefonische Anfrage?*

Bestelldurchführung

---

269 ZP Welche *rechtliche Bedeutung* hat eine Anfrage beim Abschluss eines Kaufvertrages?

Eine **Anfrage** hat für den Abschluss eines Kaufvertrages **keine rechtliche Bedeutung,** da sie keine Willenserklärung wie z. B. ein verbindliches Angebot, eine Bestellung bzw. eine Bestellungsannahme (Auftragsbestätigung) darstellt, sondern der Informationsbeschaffung dient.

270 ZP Welche *betriebswirtschaftliche Bedeutung* hat eine Anfrage bei der Bezugsquellenermittlung?

Die Anfrage dient der Informationsbeschaffung in Form der speziellen oder allgemeinen Anfrage und kann Teil der Geschäftsanbahnung sein.

271 ZP Welcher Unterschied besteht zwischen einer *allgemeinen* und einer *speziellen Anfrage?*

Bei einer allgemeinen Anfrage erkundigt sich das Industrieunternehmen **allgemein** nach dem Produktangebot, den zugehörigen Preisen und den Liefer- und Zahlungsbedingungen des Lieferers. Bei dieser Anfrageform wird im Gegensatz zur speziellen Anfrage **nicht** nach einem **bestimmten Produkt,** z. B. einem Rohstoff, gefragt.

272 ZP Welche *Inhalte* sollte eine *spezielle Anfrage* enthalten?

- Grund der Anfrage
- gewünschte Ware
- erforderliche Menge
- Preise, Lieferungs- und Zahlungsbedingungen
- gewünschter Liefertermin

273 ZP *Wodurch* kommt ein *Kaufvertrag zustande?*

Ein **Kaufvertrag** kommt durch mindestens **zwei übereinstimmende Willenserklärungen** zustande. Man unterscheidet dabei zwischen **Antrag** und **Annahme.** Die erste Willenserklärung, der Antrag, kann sowohl vom Käufer als auch vom Verkäufer ausgehen.

274 ZP Worin unterscheiden sich *Verpflichtungs-* und *Erfüllungsgeschäft* beim Kaufvertrag?

- Das **Verpflichtungsgeschäft** umfasst die Pflichten der Vertragspartner.
  - Die *Pflichten des Verkäufers* sind:
    1. Übergabe der Ware an den Käufer zur rechten Zeit, am richtigen Ort und in der richtigen Art und Weise (z. B. mangelfrei)
    2. Eigentumsübertragung der Ware an den Käufer
  - Die *Pflichten des Käufers* sind:
    1. Abnahme der Ware
    2. Bezahlung der Ware
- Das **Erfüllungsgeschäft** ist erst abgeschlossen, wenn Käufer und Verkäufer ihre Vertragspflichten vollkommen erfüllt haben.

Bindung an ein Angebot

- Artikelbeschreibung (Art, Güte, Beschaffenheit der Ware)
- Preis der Ware
- evtl. eingeräumte Rabatte, Verpackungs- und Beförderungskosten
- Lieferzeit und Zahlungsbedingungen
- Erfüllungsort und Gerichtsstand

ZP 275
Welche *Inhalte* sollte grundsätzlich ein *Angebot* enthalten?

Ein Angebot ist grundsätzlich **verbindlich.** Der Verkäufer ist zur Einhaltung der Zusagen verpflichtet, es sei denn, das Angebot enthält sogenannte Freizeichnungsklauseln.

ZP 276
Welche *rechtliche Bedeutung* hat ein Angebot?

Der Verkäufer kann entweder sein Angebot zeitlich befristen, z. B. bis „zum 30. Juni 20..", oder durch sogenannte Freizeichnungsklauseln, wie z. B. „Preis freibleibend", „solange der Vorrat reicht", „unverbindlich", „ohne Obligo", einschränken.

ZP 277
Welche Möglichkeit einer *eingeschränkten Bindung* hat der Verkäufer bei einem Angebot?

- Ein **Angebot** ist an eine **bestimmte natürliche oder juristische Person** gerichtet; die Angaben sind grundsätzlich **verbindlich.**
- Eine **Anpreisung** ist an die **Allgemeinheit** gerichtet, wie z. B. Schaufensterauslagen; diese Angaben sind **unverbindlich** und sollen den Käufer zur Abgabe einer verbindlichen Willenserklärung veranlassen.

ZP 278
Erläutern Sie den Unterschied zwischen einem *Angebot* und einer *Anpreisung.*

Damit der Anbietende nicht mehr an sein Angebot gebunden ist, muss der **Widerruf spätestens mit dem Eintreffen des Angebotes** beim Empfänger erfolgen.

ZP 279
Welche *rechtliche Wirkung* hat der *Widerruf* eines Angebotes?

- **Unter Anwesenden** ist der Anbietende nur so lange an sein Angebot gebunden, wie der persönliche Kontakt (z. B. ein Telefonat) dauert.
- **Unter Abwesenden** (z. B. bei einem Angebot per Brief) ist der Anbietende so lange gebunden, wie unter **normalen Umständen** eine Antwort erwartet werden kann. Dem Kunden wird eine angemessene **Bearbeitungszeit** (z. B. ein Tag) und eine entsprechende **Beförderungszeit** (z. B. zwei Tage bei einem Inlandsbrief) zugebilligt.

ZP 280
Wie lange ist der Anbietende an sein *Angebot* gebunden?

281 ZP
Welcher Unterschied besteht zwischen *quantitativen* und *qualitativen Entscheidungskriterien* beim Angebotsvergleich und welche Bedeutung haben sie?

- Durch **quantitative Entscheidungskriterien,** wie z. B. Preise, Liefererrabatte und Bezugskosten, wird mithilfe der **Bezugspreiskalkulation** ein möglichst günstiger Einstands- oder Bezugspreis (BP) ermittelt.

- Die **qualitativen Entscheidungskriterien,** wie z. B. die Warenqualität, das Reklamationsverhalten oder die Zuverlässigkeit des Lieferers, können mithilfe einer sogenannten **Entscheidungswerttabelle** bzw. einer **Nutzwertanalyse** zueinander ins Verhältnis gesetzt und gewichtet werden. Das Ergebnis dieser Analyse kann dazu führen, dass nicht der Lieferer mit dem günstigsten Bezugspreis ausgewählt wird, sondern ein anderer, weil die **qualitativen** Gesichtspunkte, z. B. die Warenqualität, von größerer Bedeutung sind.

282 ZP
Welche Aufgabe und Bedeutung für den Verkäufer haben der *Mengen-* und *Treuerabatt* und der *Bonus?*

- Beim **Mengenrabatt** wird dem Käufer bei Abnahme **größerer Warenmengen** ein höherer Rabattsatz eingeräumt, d. h., er erhält sogenannte Staffelpreise. Der Verkäufer kann durch gezielten Einsatz dieser Rabattart hohe Warenbestände durch schnellere **Umschlagshäufigkeit** abbauen.

- Dem Käufer werden beim **Treuerabatt** wegen langjähriger Geschäftsbeziehungen (Stammkunde) höhere Preisnachlässe eingeräumt. Es soll eine möglichst dauerhafte **Kundenbindung** erreicht werden.

- Beim **Bonus** wird dem Käufer in der Regel **nachträglich,** meistens nach Abschluss des Geschäftsjahres, ein höherer Bonussatz eingeräumt, wenn er eine bestimmte Umsatzhöhe erreicht hat. Der Verkäufer veranlasst unter Umständen den Käufer zu höheren Abnahmemengen und fördert letztlich auch eine dauerhafte **Kundenbindung.**

283 ZP
Welche *gesetzliche Regelung* gilt beim *Versendungskauf* für die Bezahlung der Beförderungskosten?

Bei der gesetzlichen Regelung für die Bezahlung der Beförderungskosten gilt der Grundsatz „Warenschulden sind Holschulden", d. h., der **Verkäufer** trägt die Kosten **bis** zur **Versandstation** und der **Käufer** die **Transportkosten** (Fracht und Verladekosten). Die Beförderungsbedingungen hierfür lauten: **„unfrei"** oder **„ab hier".**

284 ZP
Welche *vertraglichen Regelungen* für die Höhe der Beförderungskosten sind für den Käufer günstiger bzw. ungünstiger als die *gesetzliche Regelung?*

- Die **günstigste Regelung für den Käufer** ist die Lieferung **„frei Haus".** Der **Verkäufer** übernimmt hier **alle** Beförderungskosten bis zu den Geschäftsräumen des Käufers.

- Die **ungünstigste Regelung für den Käufer** ist die Lieferung **„ab Werk",** da der **Käufer alle** Beförderungskosten bis zu seinen Geschäftsräumen zu tragen hat.

971492

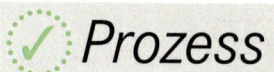

Der Käufer hat **grundsätzlich** die Kosten für die **Schutz- und Versandverpackung** zu tragen.

Mit vertraglichen Regelungen wie „Verpackung leihweise" können **günstigere** Regelungen für den Käufer getroffen werden, da sie zurückgegeben werden kann.

ZP **285**
Welche *gesetzlichen Regelungen* gelten für die Übernahme der *Verpackungskosten* beim Versendungskauf?

Für die Bezahlung der bestellten und angenommenen Ware gilt der Grundsatz: „Geldschulden sind Schickschulden". Die Bezahlung wird

- **unverzüglich** bei Lieferung der Ware fällig,

- der Käufer hat die **Überweisungskosten** und

- das **Überweisungsrisiko** für den Zahlungseingang zu tragen.

ZP **286**
Welche *gesetzliche Regelung* gilt für die *Bezahlung* einer bestellten Ware?

- Zahlung **bei Lieferung:** Die Zahlung erfolgt ohne Abzug bei Lieferung, z. B. „sofort netto Kasse", „Barzahlung" oder „Anzahlung".

- Zahlung **vor Lieferung:** bei Sonderanfertigungen oder bei Neukunden nur gegen „Vorauszahlung"

- Zahlung **nach Lieferung:** Dem Käufer wird hier analog zum Zielkauf ein **Zahlungsziel** eingeräumt, sodass er innerhalb einer bestimmten Frist die Eingangsrechnung zu bezahlen hat. *Beispiel:* „Zahlbar innerhalb 30 Tagen."

ZP **287**
Welche *vertraglichen Regelungen* können zwischen Verkäufer und Käufer bezüglich der Bezahlung der Ware vereinbart werden und welche Bedeutung haben sie?

Ein Unternehmen wird auch bei einem Liquiditätsengpass Skonto in Anspruch nehmen, wenn die Effektivzinsersparnis (z. B. 36 %) bei Skontoausnutzung den eventuell in Anspruch zu nehmenden Überziehungskreditzinssatz (z. B. 12 %) bei der Bank überschreitet: (36 % minus 12 % = 24 % Zinsersparnis).

ZP **288**
Wann wird ein Unternehmen beim Rechnungsausgleich auch bei einem *Liquiditätsengpass* den eingeräumten Zahlungszeitraum unter *Skontoausnutzung* in Anspruch nehmen?

- Bei einem **Terminkauf** ist eine Ware zu einem bestimmten Termin oder innerhalb einer **bestimmten Frist** zu liefern. *Beispiel:* „Lieferung innerhalb 60 Tagen."

- Bei einem **Fixkauf** hat die Warenlieferung an oder bis zu einem **genau festgelegten Zeitpunkt** zu erfolgen. *Beispiel:* „Lieferung fest zum 30. Juni." Eine nachträgliche Lieferung hätte für den Käufer keinen Sinn mehr.

ZP **289**
Welcher Unterschied besteht zwischen einem *Termin-* und einem *Fixkauf?*

Bestelldurchführung

ZP

290 Welcher Unterschied besteht bei der zusammengesetzten Bezugspreiskalkulation zwischen *Mengen-* und *Wertspesen?*

Bei der zusammengesetzten Bezugspreiskalkulation sind die **Bezugskosten** der Gesamtlieferung **anteilsmäßig** für die einzelnen Waren genau zu ermitteln. Dabei werden die Bezugskosten nach Mengen- und Wertspesen unterschieden.

- Die **Mengenspesen** werden nach der **Menge** (z. B. Stück oder m²) bzw. nach dem Gewicht verteilt.

  Beispiel: Fracht und Rollgeld

- Die **Wertspesen** werden nach dem **Warenwert** verteilt.

  Beispiel: Transportversicherungsprämie

ZP

291 Berechnen Sie aufgrund der folgenden Daten für ein Industrieunternehmen die Bezugspreise je kg für die beiden in einer Warensendung gelieferten Artikel:

Ware A mit 700 kg (brutto) zu einem Listenpreis von 60,00 € je kg und Ware B mit 420 kg (brutto) zu 80,00 € je kg; Tara der Ware A: 60 kg, Tara der Ware B: 20 kg. Die Frachtkosten betragen 186,00 €, das Rollgeld 42,00 €, die Provision für Absatzmittler 958,00 € und die Transportversicherung 98,00 €.

Berechnung des Gesamtwertes:

Ware	Bruttoge-wicht in kg	Tara in kg	Nettoge-wicht in kg	Listen-preis/kg	Gesamt-preis
A	700	60	640	60,00 €	38.400 €
B	420	20	400	80,00 €	32.000 €
Summe	1120	80	1040		70.400 €

Berechnung der Gewichts- und Wertspesen:

Mengenspesen (hier: Gewichtsspesen		Wertspesen	
Fracht	186,00 €	Provision	958,00 €
Rollgeld	42,00 €	Versicherung	98,00 €
Summe	228,00 €		1.056,00 €

Verteilung der Mengenspesen:

Ware	kg	Teile	Mengenspesen
A	700	10	142,50 €
B	420	6	85,50 €
Summe	1120	16	228,00 €
		1	14,25 €

Verteilung der Wertspesen:

Ware	Euro	Teile	Wertspesen
A	38.400,00 €	24	576,00 €
B	32.000,00 €	20	480,00 €
Summe	70.400,00 €	44	1.056,00 €
		1	24,00 €

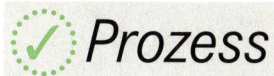 *Prozess*

Berechnung der Bezugspreise:

Ware	Listenpreis	Mengen-spesen	Wert-spesen	Gesamtbe-zugspreis	Bezugs-preis/kg (netto)
A	38.400,00 €	142,50 €	576,00 €	39.118,50 €	61,12 €
B	32.000,00 €	85,50 €	480,00 €	32.565,50 €	81,41 €
Summe	70.400,00 €	228,00 €	1.056,00 €	71.684,00 €	

- Der **Zahlungszeitpunkt** kann durch Vereinbarung eines möglichst **langen** Zahlungszieles beim Rechnungsausgleich beeinflusst werden.

  Beispiel: Zahlungsziel 90 Tage

- Die **Beschaffungskosten** lassen sich durch möglichst hohe Rabatte (z. B. Mengenrabatt) **vorher** bzw. durch eine Bonusgewährung **nachträglich** senken.

ZP 292
Welche Möglichkeiten zur Erhöhung seiner Gesamtliquidität hat der Käufer beim Rechnungsausgleich, um den *Zahlungszeitpunkt* bzw. die *Beschaffungskosten* zu reduzieren?

Bei einer Bestellung handelt es sich rechtlich gesehen um eine **Willenserklärung,** die gegenüber dem Verkäufer **verbindlich** ist.

ZP 293
Welche *rechtliche Bedeutung* hat eine *Bestellung?*

- Erfolgt eine Bestellung **ohne vorausgegangenes Angebot,** muss sie ganz konkrete Angaben über die Preishöhe, den gewünschten Liefertermin usw. haben. Diese Willenserklärung ist nur für den Auftraggeber/die Auftraggeberin **verbindlich.** Der Kaufvertrag kommt nur durch eine Warenlieferung oder durch eine Auftragsbestätigung zustande.

- Erfolgt **aufgrund eines Angebotes** anschließend eine Bestellung und stimmen diese beiden Willenserklärungen **überein,** kommt ein **Kaufvertrag zustande.**

ZP 294
Worin besteht der Unterschied zwischen einer Bestellung *ohne ein vorausgegangenes* Angebot und einer Bestellung *aufgrund eines vorausgegangenen Angebotes?*

ZP

295 Muss stets eine *Auftragsbestätigung* durch den Verkäufer erfolgen, damit ein Kaufvertrag rechtsgültig ist?

- Eine Auftragsbestätigung ist rechtlich notwendig zur Entstehung eines rechtsverbindlichen Kaufvertrages, wenn der Kunde **ohne vorliegendes Angebot** eine Bestellung vornimmt. Erst dann liegen **zwei übereinstimmende Willenserklärungen** vor.

- Ist ein Kaufvertrag durch **zwei übereinstimmende** Willenserklärungen zustande gekommen, ist eine zusätzliche Auftragsbestätigung **aus rechtlichen Gründen** nicht erforderlich. Die Auftragsbestätigung hat organisatorische Vorteile für Käufer und Verkäufer (Erhöhung der Sicherheit durch zusätzliche Kontrolle). Erfolgte z. B. die Bestellung telefonisch aufgrund eines Angebotes, hat die schriftliche Auftragsbestätigung **Beweiskraft**. Außerdem enthält die Auftragsbestätigung häufig **weitere nützliche Daten** für den Kunden, z. B. den taggenauen Liefertermin (im Kaufvertrag ist meist nur eine bestimmte Lieferwoche vereinbart).

ZP

296 Welche Inhalte weist die *Bezugskalkulation* auf?

Bezugskalkulation	Beispiel
Listeneinkaufspreis	1.000,00 €
− Lieferantenrabatt 10 %	100,00 €
= Zieleinkaufspreis	900,00 €
− Lieferantenskonto 3 %	27,00 €
= Bareinkaufspreis	873,00 €
+ Verpackungskosten	12,00 €
+ Transportkosten	25,00 €
= Einstandspreis	910,00 €

ZP

297 Welche *Kaufvertragsarten* werden im Hinblick auf *Art, Güte und Beschaffenheit* der Ware unterschieden?

- **Kauf auf Probe:** Es besteht ein **Rückgaberecht** der Sache innerhalb einer vereinbarten Frist (z. B. Rückgabe innerhalb einer Woche).

- **Kauf nach Probe:** Die **Qualität** der kostenlosen Probe ist auch für die **Folgemengen** verbindlich.

- **Kauf zur Probe:** Es wird zunächst zu Testzwecken eine **kleine Menge** gekauft.

- **Gattungskauf: Vertretbare Ware,** nur der Gattung nach bestimmbare Ware, die sich nach Maß, Zahl oder Gewicht bestimmen lässt, ist Kaufgegenstand.

- **Stückkauf:** Es wird eine **nicht vertretbare Ware** gekauft, die nur einmalig vorhanden ist, z. B. ein Gemälde.

- **Spezifikationskauf:** Bei Vertragsabschluss werden nur Art und Menge der Ware bestimmt, die **nähere Bestimmung** der Ware (z. B. die Farbe) erfolgt innerhalb einer **vereinbarten Frist.**

- **Ramschkauf:** Die gesamte Warenmenge wird zu einem **Pauschalpreis** (z. B. bei einer Geschäftsaufgabe) gekauft.

971496

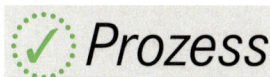

- **Kauf auf Anzahlung:** Der Käufer leistet vor der Warenlieferung eine Anzahlung.
- **Kauf auf Vorauszahlung:** Der Käufer bezahlt die Ware vor der Lieferung (z. B. bei einer Sonderanfertigung).
- **Barkauf:** Der Käufer bezahlt die Ware bei der Übergabe.

- **Zielkauf:** Der Käufer bezahlt nach der Lieferung zu einem vereinbarten Zahlungsziel (z. B. nach vier Wochen).
- **Ratenkauf:** Der Käufer zahlt in mehreren Raten.

ZP 298
Welche *Kaufvertragsarten* werden im Hinblick auf den *Zeitpunkt der Bezahlung* der Ware unterschieden?

- **Verbrauchsgüterkauf:** Ein Endverbraucher kauft die Ware von einem Unternehmen.
- **Bürgerlicher Kauf:** Beide Vertragspartner sind Privatpersonen.

- **Einseitiger Handelskauf:** Ein Vertragspartner ist Kaufmann laut HGB, der andere Privatperson.
- **Zweiseitiger Handelskauf:** Beide Vertragspartner sind Kaufleute laut HGB.

ZP 299
Welche *Kaufvertragsarten* werden im Hinblick auf die *rechtliche Stellung der Vertragspartner* unterschieden?

- **Sofortkauf:** Die Ware wird gegen sofortige Bezahlung gekauft (Zug-um-Zug-Geschäft).
- **Terminkauf:** Die gekaufte Ware wird innerhalb eines festgelegten Zeitraumes oder bis zu einem festgelegten Zeitpunkt geliefert.

- **Fixkauf:** Die gekaufte Ware wird zu einem genau festgelegten Lieferzeitpunkt geliefert, der Liefertermin ist wesentlicher Vertragsbestandteil, d. h., nach Ablauf des Liefertermins hat die Lieferung keinen Sinn mehr für den Käufer.
- **Kauf auf Abruf:** Die gekaufte Ware wird zu einem vom Käufer zu bestimmenden Zeitpunkt oder in Verbindung mit einem Teillieferungskauf zu mehreren zu bestimmenden Zeitpunkten geliefert.

ZP 300
Welche *Kaufvertragsarten* werden im Hinblick auf die *Lieferzeit* unterschieden?

- **Handkauf:** Die Ware wird im Geschäftssitz des Verkäufers gegen Bezahlung dem Käufer übergeben.
- **Platzkauf:** Die Ware wird an den Geschäftssitz des Käufers gesendet; Käufer und Verkäufer haben den Geschäftssitz am selben Ort.

- **Versendungskauf:** Die Ware wird zum Käufer versendet, Käufer und Verkäufer haben den Geschäftssitz an verschiedenen Orten.

ZP 301
Welche *Kaufvertragsarten* werden im Hinblick auf den *Ort der Warenübergabe* unterschieden?

Sie sind **vorformulierte Vertragsbedingungen** und bedeuten für den Verkäufer Zeit- und Kostenersparnis. Sie werden nur dann Teil des Vertrages, wenn der Verkäufer ausdrücklich auf sie hinweist.

ZP 302
Welche Bedeutung haben die *Allgemeinen Geschäftsbedingungen (AGB)*?

303 **ZP**
Welchen Zweck verfolgen die einschlägigen *Schutzbestimmungen* des BGB zu den AGB?

- Begrenzung des Vertragsrisikos
- Schutz des Endverbrauchers
- Erhöhung der Rechtssicherheit

304 **ZP**
Was versteht man bei den AGB unter dem *„Vorrang der Individualabrede"*?

Widersprechen einzelne Teile der AGB den einzeln ausgehandelten Bedingungen, gilt der „Vorrang der Individualabrede", d. h., dass **einzeln ausgehandelte Vertragsabreden** stets **Vorrang** vor den AGB haben.

305 **ZP**
Welche rechtliche Wirkung haben sogenannte *„Überraschungsklauseln"* bei den AGB?

Werden **völlig ungewöhnliche Vertragsklauseln** als AGB benutzt (sogenannte Überraschungsklauseln), so werden sie rechtlich gesehen nicht Vertragsbestandteil, sind also **unwirksam.**

306 **ZP**
Welche besonderen Bestimmungen gelten laut BGB für *Endverbraucher* bei den AGB? Nennen Sie die wichtigsten Bestimmungen.

- Endverbraucher müssen **ausdrücklich auf die AGB hingewiesen** werden.
- **Nachträgliche kurzfristige Preiserhöhungen** für bestellte, aber noch nicht ausgelieferte Waren sind **innerhalb vier Monaten** nach Vertragsabschluss verboten und somit **unwirksam.**
- Eine **Verkürzung der gesetzlichen Gewährleistungsfrist** im Rahmen der Mängelhaftung ist **verboten.**

- Das **Setzen einer unangemessen langen Lieferfrist** ist **untersagt.**
- Ein **Ausschluss von Kundenrechten** bei **Leistungsstörungen** (z. B. bei Reklamationsrechten) ist **unwirksam.**

307 **ZP**
Welche Rolle hat die *Vertragsüberwachung* im beschaffenden Unternehmen?

- Eine Kernaufgabe ist die **Überwachung der Liefertermine (Terminkontrolle).** Hält der Lieferant den vertraglichen Liefertermin nicht ein, muss sofort Kontakt mit ihm aufgenommen werden, unter Umständen müssen Rechte aus dem Lieferungsverzug geltend gemacht werden.
- Eine weitere wichtige Aufgabe ist die **Überwachung** der **Qualität** der gelieferten Ware (vgl. „Tätigkeiten beim Wareneingang", siehe Aufgabe Nr. 317).

- Die **Rechungsprüfung** kontrolliert zum einen die **rechnerischen Daten** (z. B. vereinbarter Einkaufspreis, Rabatt), zum anderen wird die Rechung sachlich überprüft (stimmen Art, Güte und Menge der Ware beim Vergleich von Lieferschein, Rechnung und Bestellung überein?).

„Rechte und Pflichten aus Vertragsstörungen" siehe Kapitel 3 Wirtschafts- und Sozialkunde, Abschnitt 3.2.7: Nichterfüllung von Rechtsgeschäften

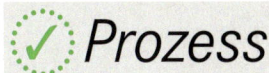 *Prozess*

1.3.3 Vorratshaltung und Beständeverwaltung
Handbuch: LF 6

Die **Beschaffungslogistik** befasst sich mit der **Planung, Steuerung** und **Kontrolle** von **Material-** und **Informationsflüssen** zwischen dem Unternehmen und seinen Lieferanten und den sogenannten Logistikdienstleistern (z. B. Transportunternehmen). Als Teil der gesamten Logistik von Unternehmen muss die Beschaffungslogistik im Rahmen des Beschaffungsprozesses **Güter** und **Informationen**

- in der **richtigen Menge,**
- in der **notwendigen Qualität,**
- am **richtigen Ort,**
- zum **richtigen Zeitpunkt,**
- zu **möglichst geringen Kosten** beschaffen.

ZP 308
Was versteht man unter der *Beschaffungslogistik?*

Überbrückung von ...

Zeitproblemen
- zwischen der Beschaffung des Lagergutes und dessen Weiterverkauf (Handelsbetrieb)
- zwischen der Beschaffung des Lagergutes und dessen Verwendung bei der Produktion (Industriebetrieb)

Raumproblemen
- zur Herstellung der Lieferfähigkeit vor Ort (Handelsbetrieb)
- zur Aufrechterhaltung der Produktionsfähigkeit vor Ort (Industriebetrieb)

Mengenproblemen
- zur Herstellung der Lieferfähigkeit in ausreichenden Mengen
- zur Schaffung eines Spielraumes bei erhöhter Nachfrage

Preisproblemen
- zur Nutzung von Mengenrabatten
- zur Inanspruchnahme von Sonderangeboten
- zur Vorbeugung gegen vorhersehbare Preiserhöhungen

ZP 309
Welche *Überbrückungsfunktionen* übt die *Lagerhaltung* im Einzelnen aus?

- **Einerseits** hat der Industriebetrieb das **ertragswirtschaftliche Ziel,** durch die Lagerhaltung eine möglichst hohe **Liefer-** bzw. **Produktionsbereitschaft** zu gewährleisten, um die Kundenwünsche letztendlich erfüllen zu können.

- **Andererseits** hat der Industriebetrieb das **kostenwirtschaftliche Ziel,** die **Kapitalbindung im Lager** möglichst gering zu halten, also durch geringe Lagerbestände die Kapital-, Zins- und Lagerkosten zu minimieren.

Der Einsatz moderner Logistiksoftware hilft, diesen klassischen Zielkonflikt weitestgehend zu „lösen", um betriebswirtschaftlich sinnvolle Entscheidungen zu treffen.

ZP 310
Vor welchem *Zielkonflikt* steht prinzipiell jede *Lagerhaltung?*

311
Beschreiben Sie jeweils die *Sach-* und *Formalziele* der *Lagerhaltung.*

Ziele der Lagerhaltung

Sachziele	Formalziele
Bereitstellung von Werkstoffen (Waren)	Minimierung der ...

Sachziele:
- in der gewünschten Art und Qualität
- in der erforderlichen Menge
- am richtigen Lager- bzw. Einsatzort
- zum erforderlichen Zeitpunkt
- zum günstigsten Preis

Formalziele – Minimierung der ...:
- Lagerkosten (z. B. durch Senkung der Miet-, Energie- und Personalkosten)
- innerbetrieblichen Transportkosten
- Kapitalbindung (durch Auswertung von Lagerkennziffern)
- Lagerrisiken (z. B. durch Lagergutkontrolle und Nutzung entsprechender Lagereinrichtung)

312
Beschreiben Sie die *Funktionen* der einzelnen *Lagerarten* im Bereich *Beschaffung, Produktion* und *Absatz.*

- Das **Beschaffungslager** für Roh-, Hilfs- und Betriebstoffe, Fremdbauteile und Handelswaren **sichert** die fortlaufende **Produktion, überbrückt saisonale Schwankungen** und hilft, **Preisschwankungen** auf dem Beschaffungsmarkt **auszugleichen.**

- Beim **Produktionslager** wird zwischen dem **Zwischen-, Hand-** und **Halbfabrikatelager** unterschieden:

  - Das *Zwischenlager* bildet einen Puffer zur Abstimmung der einzelnen Fertigungsstufen.
  - Das *Handlager* als Lager für Kleinmaterialien sichert die kontinuierliche Fertigung und verringert Wegezeiten und -kosten.
  - Das *Halbfabrikatelager* dient entweder als Zwischenlager für unfertige Erzeugnisse oder als Prozesslager (z. B. für das Trocknen von Farbe).

- Beim **Absatzlager** wird zwischen dem **Fertigfabrikatelager** und dem **Versandlager** differenziert.

  - Das *Fertigfabrikatelager* sichert grundsätzlich die Absatzbereitschaft und dient der Lagerung von Fertigerzeugnissen, die nicht unmittelbar für den Versand vorgesehen sind.
  - Das *Versandlager* dient der kurzfristigen Lagerung der versandfertigen Produkte.

313
Was versteht man unter einem *Konsignationslager?*

Beim **Konsignationslager** unterhält ein Zulieferer ein Lager beim Industrieunternehmen, das auf **Kosten des Zulieferers betrieben** wird. Das Industrieunternehmen wird erst bei Entnahme von Waren aus dem Konsignationslager mit Kosten belastet.

- Dieses Konzept hat das Ziel, dem abnehmenden Industrieunternehmen die **Lagerkosten gänzlich zu ersparen.** Der Zulieferer hat die zur Produktion notwendigen Güter in der notwendigen Menge **genau zum Zeitpunkt des Produktionsbeginns anzuliefern.**

- **Problematisch** für den Abnehmer kann die enorme **Störanfälligkeit des Produktionsablaufs** durch dieses Konzept sein (z. B. bei Streik, Verkehrsstaus).

ZP Welche *Auswirkungen* hat das *Just-in-time-Konzept* auf die Lagerhaltung des Industrieunternehmens? (314)

Den betriebswirtschaftlichen Vorteilen beim abnehmenden Industrieunternehmen stehen die volkswirtschaftlichen Nachteile durch **hohe ökologische Folgekosten** für die Gemeinschaft gegenüber, die vor allem durch die hohe Anzahl von Transportkosten (z. B. per Lkw) verursacht werden.

ZP Welche *gesellschaftliche Kritik* wird am Just-in-time-Konzept geübt? (315)

ZP Welche *Aufgaben* nimmt die *Lagerverwaltung* im Einzelnen wahr? (316)

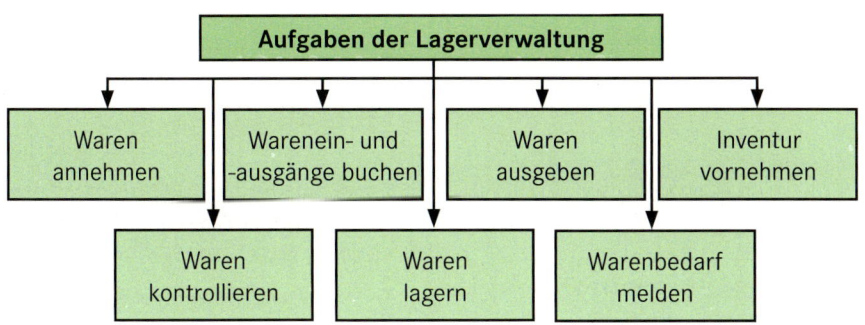

- Die Begleitpapiere und die Verpackung sind **sofort** in Anwesenheit des Zustellers zu überprüfen (z. B. Adresse, Anzahl der Pakete).

- stichprobenartige Überprüfung der gelieferten Ware

- **unverzügliche** Mitteilung bei Sachmängeln an den Verkäufer („unverzüglich": vgl. § 121 BGB: ohne schuldhaftes Zögern)

- Fortschreibung der Lagerdatei

ZP Welche notwendigen *Tätigkeiten* sind bei der *Warenannahme* durchzuführen? (317)

- **Verderb** oder **Schwund** der Ware
- **Diebstahl**
- Vernichtung von Lagerbeständen durch **Feuer-** oder **Wasserschäden**
- Wertverlust der Warenbestände durch **Veränderungen im Beschaffungsmarkt** (z. B. Preisverfall von Rohstoffen)

- Wertverlust der Warenbestände durch **Veränderungen im Absatzmarkt** (z. B. Wandel von Konsumgewohnheiten)

ZP Beschreiben Sie die wichtigsten *Lagerrisiken.* (318)

ZP

319 Durch welche *Maßnahmen* können die *Lagerrisiken minimiert* werden?

- sachgemäße **Lagerung** und **Pflege** der Ware
- permanente **Lagerkontrolle** unter Einsatz zeitgemäßer Technik und geschulten Lagerpersonals
- effektive **Lagerbuchhaltung** durch Einsatz moderner Lagersoftware
- Einsatz geeigneter **Lagertransportmittel**
- Abschluss von **Versicherungsverträgen** (z. B. Schutz vor Feuer- oder Wasserschäden)

ZP

320 Welches *Ziel* verfolgt das *Lagercontrolling?*

Ziel des **Lagercontrollings** ist die Planung und Durchführung von Verfahren, um die **Kosten** im Lagerbereich **möglichst gering** zu halten und letztendlich die **Effektivität** des investierten Kapitals zu **kontrollieren**. Der Einsatz einer Vielzahl von Lagerkennziffern (z. B. Umschlagshäufigkeit) soll diesen Planungs- und Prüfprozess ermöglichen.

ZP

321 Welche *Lagerbestandsgrößen* werden prinzipiell unterschieden?

- **Mindestbestand (eiserner Bestand):** Er gibt die Vorratsmenge an, die nur bei außerordentlichen Lieferschwierigkeiten (z. B. Streik, Naturkatastrophen) in Anspruch genommen werden darf. Dazu muss der zu überbrückende Zeitraum geschätzt und als Rechengröße festgelegt werden.

- **Höchstbestand:** Er gibt die Warenmenge an, die höchstens eingelagert werden kann (z. B. abhängig von Lagerkapazität, Verderb).

- **Meldebestand:** Er gibt die Warenmenge an, bei der die Lagerverwaltung der Einkaufsabteilung mitteilt, dass Ware nachbestellt werden muss:

  Meldebestand = (durchschnittlicher Tagesabsatz · Lieferzeit) + Mindestbestand

- **Durchschnittlicher Lagerbestand:** Er gibt die Warenmenge an, die durchschnittlich in einem festgelegten Zeitraum (z. B. in einem Jahr) vorhanden ist.

$$\frac{\text{Anfangsbestand} + \text{Endbestand}}{2} \quad \text{(allgemeine Formel)}$$

$$\frac{\text{Anfangsbestand} + 12 \text{ Monatsendbestände}}{13} \quad \text{(durchschnittlicher monatlicher Lagerbestand)}$$

$$\frac{\text{Anfangsbestand} + 52 \text{ Wochenendbestände}}{53} \quad \text{(durchschnittlicher wöchentlicher Lagerbestand)}$$

Die **Umschlagshäufigkeit** oder **-geschwindigkeit** gibt an, wie häufig der durchschnittliche Lagerbestand in einem festgelegten Zeitraum (z. B. in einem Jahr) umgeschlagen wurde.

$$\text{Umschlagshäufigkeit} = \frac{\text{Wareneinsatz pro Jahr}}{\text{Wert des durchschnittlichen Lagerbestandes}}$$

Beispiel: Eine Umschlagshäufigkeit von 10 bedeutet, dass der durchschnittliche Lagerbestand zehnmal im Jahr umgeschlagen, also verkauft wurde.

Aus der Umschlagshäufigkeit kann man die durchschnittliche Lagerdauer berechnen:

$$\text{durchschnittliche Lagerdauer} = \frac{360}{\text{Umschlagshäufigkeit}}$$

- spezielle betriebliche **Maßnahmen, um** den durchschnittlichen **Lagerbestand zu verringern** – zum Beispiel durch das Aushandeln von täglicher Belieferung durch die Zulieferer

- **absatzsteigernde Maßnahmen** (z. B. Ausdehnung von Werbemaßnahmen), die eine Erhöhung des Wareneinsatzes zur Folge haben

Eine Erhöhung der Umschlagshäufigkeit führt zur **Verringerung des „toten Kapitals"** (z. B. gebundenes Kapital im Lager) und **erhöht** somit den **Gewinn.** Dies drückt sich auch in einer **Steigerung der Wirtschaftlichkeit** und der **Rentabilität** aus.

Der **Lagerzinssatz** ist notwendig, um die Lagerzinskosten für das im Lager investierte Kapital berechnen zu können. Für die Berechnung des Lagerzinssatzes wird ein **banküblicher Jahreszinssatz** in die Formel eingesetzt:

$$\text{Lagerzinssatz} = \frac{\text{Jahreszinssatz} \cdot \text{durchschnittl. Lagerdauer}}{360}$$

oder:

$$= \frac{\text{Jahreszinssatz}}{\text{Umschlagshäufigkeit}}$$

$$\text{Lagerzinskosten} = \frac{\text{Lagerzinssatz} \cdot \text{durchschnittlicher Lagerbestand} \cdot \text{Einstandspreis}}{100}$$

ZP 322
Was gibt die *Lagerkennziffer „Umschlagshäufigkeit"* an?

ZP 323
Mit welchen *Maßnahmen* kann die *Umschlagshäufigkeit erhöht* werden? Nennen Sie einige Beispiele.

ZP 324
Warum wird jedes Unternehmen bemüht sein, die *Umschlagshäufigkeit* zu *erhöhen?*

ZP 325
Welchem Zweck dient der *Lagerzinssatz?*

ZP 326
Mit welcher *Formel* lassen sich die *Lagerzinskosten* berechnen?

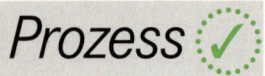

327 **ZP**

Was sagt die *Lagerreichweite* aus?

Sie gibt an, wie lange der Lagerbestand unter Zugrundelegung eines durchschnittlichen Lagerverbrauchs ausreicht:

$$\text{Lagerreichweite} = \frac{\text{Lagerbestand}}{\text{durchschnittlicher Verbrauch pro Tag}}$$

Je höher der durchschnittliche Verbrauch pro Tag ist, umso geringer ist die Lagerreichweite.

328 **ZP**

Nennen Sie *zwei Beispiele* für *Kapazitätskennziffern,* die einen Teilbereich des Lagercontrollings darstellen.

- **Transportmittelnutzungsgrad** (von Lagertransportmitteln) in v. H.:

$$\frac{\textbf{Transportmenge pro Monat} \text{ (z. B. in Stück)} \cdot 100}{\textbf{Transportkapazität pro Monat} \text{ (z. B. in Stück)}}$$

- **Flächennutzungsgrad** in v. H.:

$$\frac{\textbf{genutzte Lagerfläche} \text{ in m}^2 \cdot 100}{\textbf{gesamte Lagerfläche} \text{ in m}^2}$$

329 **ZP**

Nennen Sie *Beispiele* für *Kennziffern* des *Beschaffungscontrollings.*

- **Kontrolle der Beschaffungsabwicklungskosten:**

$$\text{Kosten einer Bestellung} = \frac{\text{monatliche Kosten der Abteilung Einkauf}}{\text{monatliche Anzahl der Bestellungen}}$$

$$\text{Bestellwert pro 1,00 € Kosten} = \frac{\text{Gesamtbestellwert eines Monats}}{\text{monatliche Kosten der Abteilung Einkauf}}$$

$$\text{durchschnittlicher Bestellwert} = \frac{\text{Gesamtbestellwert pro Monat}}{\text{Anzahl der Bestellungen pro Monat}}$$

- **Leistungskontrolle der Lieferanten:**

$$\text{Reklamationsquote} = \frac{\text{Zahl der Reklamationen}}{\text{Gesamtzahl der Lieferungen des Lieferanten i}}$$

$$\text{Verzugsquote} = \frac{\text{Zahl der verspäteten Lieferungen des Lieferanten i}}{\text{Gesamtzahl der Lieferungen des Lieferanten i}}$$

- **Höhe des Einkaufsvolumens:**

$$\text{Einkaufsvolumen} = \text{Menge der bestellten Güter} \cdot \text{Einstandspreis}$$

(Inventurarten und -verfahren siehe Kapitel 2.1.5)

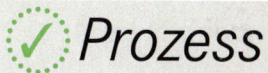 *Prozess*

1.3.4 Zahlungsmöglichkeiten

Handbuch: LF 6

- **Banknoten und Münzen** sind gesetzliche Zahlungsmittel. Für gesetzliche Zahlungsmittel besteht Annahmezwang. Banknoten müssen unbegrenzt von jedermann in Zahlung genommen werden. Bei Münzen gilt eine eingeschränkte Annahmepflicht (mit Ausnahme der ausgebenden Behörde, des Bundesministeriums der Finanzen). Ansonsten ist niemand verpflichtet, bei einer einzelnen Zahlung mehr als fünfzig Münzen anzunehmen.

- **Geldersatzmittel** (Geldsurrogate) sind Hilfszahlungsmittel. Dazu gehören Scheck, Wechsel und Buchgeld. Für Geldersatzmittel besteht keine Annahmepflicht.

330 Worin besteht der Unterschied zwischen *gesetzlichen Zahlungsmitteln* und *Geldersatzmitteln?*

1.3.4.1 Barzahlung

Handbuch: LF 6

Eine Barzahlung erfolgt durch **Einigung und Übergabe** von Bargeld. Keiner der Vertragspartner benötigt ein Konto. Barzahlungen kommen überwiegend beim Kauf von Waren des täglichen Lebens und entsprechenden Dienstleistungen vor. Sie sind sehr arbeitsaufwendig und wegen der Aufbewahrung und des Transports mit Risiken verbunden.

331 Was versteht man unter *Barzahlung?*

- **Direkte Zahlung:**
  Der Schuldner händigt dem Gläubiger Banknoten oder Münzen aus.

- **Postalische Bargeldübermittlung:**
  - Postbank-Service in Zusammenarbeit mit dem Vertragspartner „Western Union", bei dem innerhalb weniger Minuten weltweit Bargeld über den „Western Union Bargeldtransfer" angewiesen oder empfangen werden kann;
  - Ausfüllen eines Sendeformulars der **„Western Union"** und Einreichung zusammen mit dem Transferbetrag und dem Entgelt in einer Filiale der Deutschen Post oder der Postbank;
  - weder Absender noch Empfänger brauchen dazu ein Konto.

332 Welche *Formen der Barzahlung* gibt es?

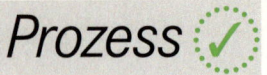
1.3.4.2   Halbbare Zahlung   *Handbuch: LF 6*

333

Erklären Sie eine *halbbare Zahlung*.

Bei der **halbbaren Zahlung** benutzt nur einer der beiden Vertragspartner Bargeld, der andere nutzt sein Konto für die Zahlung.

334

Welche *Formen der halbbaren Zahlung* kennen Sie?

Formen der **halbbaren Zahlung** sind:
- Zahlschein
- Zahlungsanweisung
- Nachnahme
- Barscheck

335

Erklären Sie den *Zahlschein*.

Die Zahlung mit Zahlschein ermöglicht die **Zahlung auf das Konto des Zahlungsempfängers,** wenn der Zahlungspflichtige über kein Konto verfügt. Der **Schuldner** füllt den Zahlschein in der Bank aus und **zahlt** den Betrag zuzüglich Gebühren **bar ein.** Der Zahlungsempfänger bekommt den Betrag auf seinem Konto gutgeschrieben.

336

Was ist eine *Zahlungsanweisung?*

Mit einer Zahlungsanweisung kann der Inhaber eines Postbankkontos den Zahlungsbetrag von seinem Konto abbuchen und dem **Zahlungsempfänger** am Postschalter **bar auszahlen lassen.**

337

Erklären Sie die *Nachnahme*.

Bei der Zahlung per Nachnahme wird der **Zahlungsbetrag** bei der Zustellung von Briefen oder Waren durch die Deutsche Post AG oder durch Paketdienste (z. B. Hermes, DHL) **direkt** vom Zahlungspflichtigen **an den Zusteller** entrichtet. Die Sendung wird nur ausgehändigt, wenn der Empfänger sofort den Rechnungsbetrag und die Nachnahmegebühr bezahlt. Der Zusteller überweist den Rechnungsbetrag auf das Konto des Zahlungsempfängers.

338

Erklären Sie den *Barscheck*.

Die Zahlung mit einem Barscheck erfordert ein Konto des Zahlungspflichtigen und Scheckvordrucke eines Kreditinstituts. Der Zahlungspflichtige füllt einen Scheckvordruck als Barscheck aus und übergibt ihn dem Zahlungsempfänger. Dieser kann den Barscheck beim Kreditinstitut des Zahlungspflichtigen vorlegen und sich den Betrag bar auszahlen lassen. Das Konto des Zahlungspflichtigen wird mit dem Betrag belastet. Der Barscheck ist ein **Inhaberpapier.** Er kann von jedem Überbringer bar eingelöst werden und gilt daher als relativ unsicher.

1.3.4.3   Bargeldlose Zahlung   *Handbuch: LF 6*

339

Was versteht man unter einer *bargeldlosen Zahlung?*

Die bargeldlose Zahlung erfordert, dass sowohl der Zahlungspflichtige als auch der Zahlungsempfänger Konten nutzen. Der Zahlungsbetrag wird vom Konto des Zahlungspflichtigen auf das Konto des Zahlungsempfängers umgebucht **(Buch-/Giralgeld).**

Formen der **bargeldlosen Zahlung** sind:

- Verrechnungsscheck
- Überweisung
- Wechsel

340 Welche *Formen der bargeld-losen Zahlung* sind zu unterscheiden?

Der Scheck ist eine **schriftliche Anweisung** des Kontoinhabers (Scheckaussteller) an sein Kreditinstitut (Bezogener), gegen Vorlage des Schecks einen bestimmten Geldbetrag zulasten seines Kontos zu zahlen.

341 Was versteht man unter einem *Scheck?*

Die **gesetzlichen Bestandteile** des **Schecks** sind:

- die Bezeichnung „Scheck" im Text der Urkunde;
- die unbedingte Anweisung, eine bestimmte Geldsumme zu zahlen (bei Abweichungen zwischen dem Betrag in Buchstaben und in Ziffern gilt die in Buchstaben eingetragene Summe);
- der Name des Kreditinstituts, das die Zahlung leisten soll (Bezogener);
- die Angabe des Zahlungsortes;
- die Angabe des Datums und des Ortes der Ausstellung;
- die Unterschrift des Ausstellers.

342 Welches sind die *gesetzlichen Bestandteile* des *Schecks?*

Beim Verrechnungsscheck darf die **Einlösung** (anders als beim Barscheck) **nur als Gutschrift** des Scheckbetrages auf einem Konto des Zahlungsempfängers erfolgen und gilt daher als sehr sicher. Bei Bedarf kann der Kontoinhaber als Empfänger ermittelt werden.

Zur Verwendung als Verrechnungsscheck wird der Scheckvordruck durch den Vermerk „Nur zur Verrechnung" oder durch zwei Schrägstriche kenntlich gemacht. Eine nachträgliche Streichung des Vermerks gilt als nicht erfolgt.

343 Erklären Sie einen *Verrechnungsscheck.*

Nach den strengen Formvorschriften ist der Scheck ein **Orderpapier,** d. h., er muss den Namen des Empfängers enthalten. Durch den Zusatz „oder Überbringer" (Überbringerklausel) wird er zum Inhaberscheck: Der Name des Scheckempfängers ist ohne Bedeutung, die Urkunde kann **formlos weitergegeben** werden. Jeder Scheckinhaber kann den Scheckbetrag in bar oder als Kontogutschrift fordern.

344 Erklären Sie einen *Inhaberscheck.*

Durch den Zusatz „oder Überbringer" (Überbringerklausel) wird der Scheck zum **Inhaberscheck.** Deshalb sind die Banken nicht verpflichtet, die Identität des Scheckvorlegers zu prüfen. Für die Auszahlung eines Scheckbetrages an einen Unberechtigten können sie nicht haftbar gemacht werden.

345 Was bedeutet die *Überbringerklausel?*

Der Orderscheck (Namensscheck) enthält eine bestimmte, namentlich bezeichnete Person als Zahlungsempfänger. Der Scheck kann nur durch einen **schriftlichen Übertragungsvermerk** auf der Rückseite der Urkunde **(Indossament)** weitergegeben werden. Er wird vor allem im Auslandszahlungsverkehr und auf ausdrücklichen Wunsch des Kunden verwendet. Rein äußerlich ist der Scheckvordruck durch einen roten Randstreifen mit dem Aufdruck „Oderscheck" zu erkennen.

346 Erklären Sie einen *Orderscheck.*

Zahlungsmöglichkeiten

347 Wann ist ein *Scheck zahlbar?*

Die Forderung aus dem Scheck kann nur durch Vorlage der Urkunde geltend gemacht werden, sie ist **bei Sicht** fällig. Das gilt auch für vordatierte Schecks, bei denen als Ausstellungsdatum ein späteres Datum eingesetzt wird: Banken erkennen das nicht an.

348 Welche *Vorlegungsfristen* sind zu unterscheiden?

Die Vorlegungsfrist beginnt mit dem auf dem Scheck angegebenen Ausstellungstag. Sie beträgt:

- **8 Tage** für im Inland ausgestellte Schecks;
- **20 Tage** für Schecks aus dem europäischen Ausland und aus an das Mittelmeer angrenzenden Ländern;
- **70 Tage** für Schecks aus allen übrigen Ländern.

Endet die Vorlegungsfrist an einem Samstag, Sonntag oder Feiertag, ist der nächste Werktag der letzte Vorlegungstag.
Nach Ablauf der Vorlegungsfrist ist das Kreditinstitut berechtigt, den Scheck einzulösen, aber es ist nicht dazu verpflichtet.

349 Welche *Folgen* ergeben sich aus der *Nichteinlösung eines Schecks?*

- Für den **Inhaber:** Er kann aufgrund des rechtzeitig vorgelegten und nicht eingelösten Schecks („Nicht-Bezahlt-Vermerk") Rückgriff gegen den Aussteller (und ggf. gegen Indossanten) nehmen. Er kann die Schecksumme, Zinsen, entstandene Auslagen und eine gesetzlich begrenzte Provision verlangen.
- Für den **Aussteller:** Die Nichteinlösung eines Schecks wegen mangelnder Kontodeckung führt zu einer Schädigung seiner Bonität. Das Kreditinstitut wird eine Negativmeldung an eine Kreditschutzorganisation der Wirtschaft (z. B. Creditreform e. V.) vornehmen und im Wiederholungsfall die Kontoverbindung kündigen.

350 Was ist beim *Verlust* eines *Schecks* zu tun?

Das bezogene Kreditinstitut ist umgehend zu benachrichtigen, außerdem ist im Fall eines Diebstahls eine Anzeige bei der Polizei zu erstatten. Das Kreditinstitut sperrt den Scheck, d. h., er wird nicht eingelöst, wenn er vorgelegt wird.

351 Erklären Sie den Vorgang einer *Überweisung.*

Eine Überweisung ist der Auftrag eines Zahlungspflichtigen an sein Kreditinstitut, von seinem Konto eine bestimmte Geldsumme abzubuchen und dem Konto des Zahlungsempfängers gutzuschreiben. Der Auftrag kann

- schriftlich auf einem Überweisungsformular,
- durch Eingabe der Überweisungsdaten an einem SB-Terminal des Kreditinstituts,
- fernmündlich durch Telefonbanking oder
- als Homebanking per Computer erfolgen.

352 Welche *Sonderformen* der *Überweisung* sind zu unterscheiden?

Man unterscheidet bei den **Sonderformen der Überweisung:**
- Dauerauftrag,
- Sammelüberweisung und
- Lastschriftverfahren.

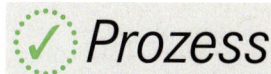

✓ *Prozess*

Der Dauerauftrag (Dauerüberweisung) ist die Anweisung des Kontoinhabers an sein Kreditinstitut, bis auf Widerruf

- zu bestimmten Terminen
- einen jeweils gleichen Geldbetrag (z. B. Vereinsbeitrag)

- auf das Konto des Zahlungsempfängers
zu überweisen.

> **353** Erklären Sie einen *Dauerauftrag.*

Der Zahlungspflichtige reicht seinem Kreditinstitut einen elektronischen Datenträger (z. B. USB-Stick) ein, auf dem die Überweisungsdatensätze gespeichert sind (z. B. Lohn- und Gehaltszahlungen). Das Kreditinstitut führt **aufgrund eines Auftrages** viele Überweisungen an verschiedene Zahlungsempfänger aus.

> **354** Erklären Sie eine *Sammelüberweisung.*

Es werden zwei **Verfahren** unterschieden:

- **Einzugsermächtigung:**
  - ○ Der Zahlungspflichtige erteilt dem Zahlungsempfänger eine Ermächtigung, fällige Forderungen von seinem Konto einzuziehen.
  - ○ Dieses Verfahren eignet sich besonders für laufend wiederkehrende Zahlungsverpflichtungen mit unterschiedlichen Überweisungsbeträgen.
  - ○ Einer erfolgten Kontobelastung kann der Zahlungspflichtige **binnen sechs Wochen widersprechen.** Die Kontobelastung wird storniert.
  - ○ Dieses Einzugsverfahren wird im Massenlastschriftverkehr mit kleineren und mittleren Geldbeträgen verwendet (z. B. Einzug von monatlichen Telefonrechnungen).

- **Abbuchungsauftrag:**
  - ○ Der Zahlungspflichtige erteilt seinem Kreditinstitut (Zahlstelle) den Auftrag, fällige Forderungen bestimmter Unternehmen von seinem Konto abzubuchen.
  - ○ Bei einem Abbuchungsverfahren muss die Zahlstelle vor jeder Kontobelastung prüfen, ob ein Abbuchungsauftrag (noch) besteht.
  - ○ Einem erfolgten **Abbuchungsauftrag** kann der Zahlungspflichtige **nicht widersprechen.**
  - ○ Dieses Verfahren wird für den Einzug von (größeren) Forderungsbeträgen beim zweiseitigen Handelskauf (z. B. eine Brauerei beliefert laufend Gaststätten) verwendet.

> **355** Erklären Sie das *Lastschriftverfahren.*

1.3.4.4 Elektronische Zahlungssysteme   *Handbuch: LF 6*

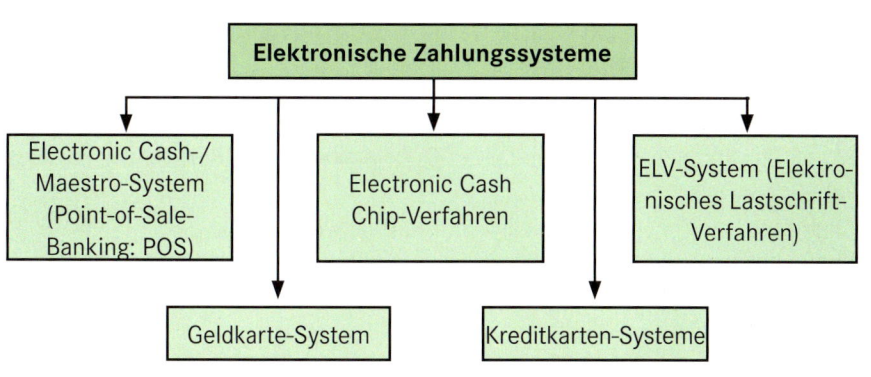

> **356** Welche *elektronischen Zahlungssysteme* sind zu unterscheiden?

357 Was versteht man unter *Onlinebanking?*

Unter **Onlinebanking** versteht man:
- Onlinezugriff des Bankkunden auf sein Konto mittels PC;
- Voraussetzung dafür ist seine persönliche **PIN** (**P**ersonal **I**dentification **N**umber) und zusätzlich eine **TAN** (**T**ransaktions**n**ummer) bzw. **iTAN** (indizierte = nummerierte Transaktionsnummer) bei Veränderung des Kontostandes (z. B. Erteilung eines Überweisungsauftrages, Änderung eines bestehenden Dauerauftrages);
- Zusendung der TANs bzw. iTANs durch das kontoführende Kreditinstitut;
- einmalige Verwendung der TANs/ ITans;
- Wirkung einer elektronischen Unterschrift.

358 Was versteht man unter *SEPA?*

SEPA bedeutet:
- **Standardisierung** des bargeldlosen Zahlungsverkehrs im Europa-Währungsraum mittels **SEPA** (**S**ingle **E**uropean **P**ayment **A**rea), sodass künftig nationale und grenzüberschreitende Transfers einheitlich und kostensparender abgewickelt werden können.
- SEPA-Umsetzung soll bis zum Jahre 2010 abgeschlossen sein.

359 Erklären Sie das *Electronic Cash-/Maestro-System.*

Electronic Cash-/Maestro-System:
- Zahlung mit einer Bank- oder Maestro-Card (oder einer Kundenkarte einer deutschen Bank) mit PIN und Zahlungsgarantie
- maximale Verfügung 200,00 € pro Tag
- Legitimation durch die persönliche Geheimzahl des Kunden
- Aufbau einer Online-Verbindung
- Überprüfung der Gültigkeit der Card, der PIN, der Sperrdatei und der Kontodeckung beim bezogenen Kreditinstitut
- positive Rückmeldung an das Händlerterminal „Zahlung erfolgt": **der Zahlungseingang ist dem Händler sicher;** oder negative Rückmeldung, wenn die Card gesperrt oder der Verfügungsrahmen überschritten ist oder mangels Kontodeckung **die Zahlung nicht erfolgen kann**
- Bank-Cards mit dem Maestro-Logo werden für grenzüberschreitende Zahlungen verwendet

360 Erklären Sie das *Electronic Cash Chip-Verfahren.*

Electronic Cash Chip-Verfahren:
- neue Alternative zum Electronic Cash-Verfahren (auch „Electronic Cash offline" genannt) mit Zahlungsgarantie
- Zahlung mit Bank- oder Maestro-Card und Chip
- maximale Verfügung abhängig vom bankseitig eingeräumten Limit
- ermöglicht Transaktionen zwischen Bank-Card und Händlerterminal ohne Verbindung zum Rechner des Kreditinstituts
- Ladung eines seitens der Bank vordefinieren Limits (z. B. 500,00 € pro Woche) in den Chip

✓ *Prozess*

- Abbuchung der Einkäufe, solange das Limit auf der Card ausreicht und die letzte Verbindung zur Bank nicht zu lange her ist (z. B. weniger als eine Woche): Abgleich zwischen Bank-Card und Händlerterminal

- bei Überschreitung des geldlichen oder zeitlichen Limits Zahlungsabwicklung als normales Electronic-Cash-Verfahren unter Einschaltung des Bankrechners

- bei positiver Autorisierung Wiederauffüllung der Bank-Card

- Vorteile dieser Version:
  - die **EC-Cash-Zahlungsgarantie**
  - entfallende oder verringerte Kommunikationskosten des Händlers

ELV-System:

- Zahlung mit Bank- oder Maestro-Card und Unterschrift ohne Zahlungsgarantie

- Verfügung unbegrenzt möglich

- Einlesen der Kartendaten (Kontonummer und Bankleitzahl)

- manuelle Eingabe des Zahlungsbetrages zum Ausdruck eines Zahlungsbelegs

- Legitimationsprüfung durch den Zahlungsempfänger mittels Unterschriftenvergleich

- Abbuchung des Lastschriftbetrages vom Girokonto des Zahlungspflichtigen

- Einsparung der Kommunikationskosten für den Händler

- Zahlungsrisiko durch Widerspruchsrecht des Zahlungspflichtigen (z. B. infolge Verwendung einer gesperrten Bank- oder Maestro-Card) oder wegen fehlender Kontodeckung

Erklären Sie das *ELV-System*. 361

Geldkarte-System:

- Zahlung mit einem auf der Bank- oder Maestro-Card aufgeladenen Chip mit Zahlungsgarantie

- maximale Verfügung 200,00 € pro Tag

- Aufladung durch den Karteninhaber bis zu 200,00 €

- Belastung des Kundenkontos mit der Aufladesumme

- Gutschrift dieser Summe auf einem internen Verrechnungskonto (Kartensammelkonto) bei der Bank des Karteninhabers

- Bezahlung am Händlerterminal ohne PIN bzw. Unterschrift

- Eignung zur bargeldlosen Bezahlung kleiner Geldbeträge (z. B. Parkgebühren, Briefmarken)

- Verlustrisiko für den Karteninhaber infolge der Bargeldfunktion.

Erklären Sie das *Geldkarte-System*. 362

363 Erklären Sie die *Kreditkarten-Systeme.*

Kreditkarten-Systeme:

- Zahlung erfolgt mittels Kreditkarte mit Zahlungsgarantie

- Ausgabe durch Kreditkartengesellschaften (z. B. Eurocard, American Express) in Zusammenarbeit mit Banken sowie Nichtbanken an Kunden mit einwandfreier Bonität

- Leistungsumfang abhängig von den Jahresgebühren (ca. 50,00–500,00 €), z. B. Reisekomfort-Versicherung, Verkehrsmittel-Unfallversicherung, Auslandsreise-Krankenversicherung, Kfz-Schutzbrief, Mietwagenhaftpflicht- und -vollkaskoversicherung

- Verwendung zur weltweiten bargeldlosen Bezahlung und Bargeldbeschaffung aus einem monatlichen Verfügungsrahmen (ca. 2–3 Gehaltseingänge)

- Inanspruchnahme eines vielfach kostenlosen kurzfristigen Kredits, da die Kreditkartengesellschaft monatliche Abrechnungen für den Karteninhaber erstellt und die Gesamtsumme von seinem Girokonto einzieht

- bei Verlust oder Diebstahl der Kreditkarte unverzügliche Schadensmeldung an eine Hotline zwecks Kartensperrung;

- nach erfolgter Meldung Schadensbegrenzung auf 50,00 € bei missbräuchlicher Verwendung der Kreditkarte

1.4 Personalwirtschaftliche Aufgaben wahrnehmen – Lernfeld 7

364 Was versteht man unter *Personalwirtschaft?*

Im Hinblick auf die unternehmerische Zielsetzung sorgt die **Personalwirtschaft** für eine bestmögliche Versorgung mit geeigneten Mitarbeitern. Darüber hinaus leistet sie für diese Mitarbeiter Fürsorge, indem sie diese betreut, verwaltet, führt und entlohnt.

365 **ZP**
Nennen Sie *wichtige Ziele* der Personalwirtschaft.

Ziele der Personalwirtschaft sind:

- **wirtschaftliche Ziele,** z. B.:
  - Beschaffung, Bereitstellung und Erhaltung der benötigten Arbeitskräfte unter Berücksichtigung des mengen- und qualitätsmäßigen Bedarfs sowie der zeitlich und räumlich notwendigen Verfügbarkeit
  - Abbau von Arbeitskräften bei fehlendem Bedarf
  - Motivation der Arbeitskräfte zur Steigerung der Arbeitsleistung

- **soziale Ziele,** z. B.:
  - leistungsgerechte Entlohnung
  - Arbeitsplatzsicherung
  - Gesundheits- und Altersvorsorge
  - humane Gestaltung der Arbeitsbedingungen
  - Arbeitsschutz
  - Personalentwicklung

Aufgaben der Personalwirtschaft:
- Personalbedarfsplanung
- Personalbeschaffung und -einsatz
- Personalführung und -entwicklung
- PersonalverwaltunPersonalbeurteilung

- Entgeltabrechnung
- Personalfreisetzung
- Personalcontrolling

Welche *Aufgaben* hat die *Personalwirtschaft?* **366**

1.4.1 Personalbestands- und Personalbedarfsanalyse
Handbuch: LF 7

Die **Personalbestandsanalyse** umfasst den augenblicklichen Bestand des Unternehmens an Mitarbeiterinnen und Mitarbeitern, gegliedert nach Anzahl, Qualifikation und Einsatzbereichen im Unternehmen. Die Analyse zeigt auch Tendenzen der Personalentwicklung auf.

Erklären Sie die *Personalbestandsanalyse.* **367**

Den **Personalbestand können beeinflussen:**

- **betriebsinterne Faktoren,** z. B.:
  - Erschließung neuer Absatzmärkte
  - Übernahme von Auszubildenden
  - Erweiterung der Produktionspalette
  - Verlagerung von Betriebsteilen ins Ausland
  - Verkürzung der Arbeitszeit
  - Ausscheiden von Mitarbeitern (z. B. Kündigung)
  - Umstellung auf rationellere Fertigungsmethoden

- **betriebsexterne Faktoren,** z. B.:
  - konjunkturelle Schwankungen
  - Verschärfung des Wettbewerbs (z. B. neue Konkurrenten)
  - staatliche Eingriffe in den Markt (z. B. Streichung von Subventionen)
  - globale Finanz- und Wirtschaftskrise

Welche *Faktoren* können den *Personalbestand* beeinflussen? **368**

Ist-Bestand der Mitarbeiteranzahl zu Beginn des Jahres
- geschätzte Personalabgänge
+ geplante Personalzugänge
- Ersatzbedarf für ausscheidende Mitarbeiter
- Neubedarf an zusätzlichen Mitarbeitern

= Nettopersonalbedarf am Ende des Jahres		
Sollbestand (Bruttobedarf)		500
- Istbestand	−	490
= Zwischensumme	=	10
+ geplante/geschätzte Personalabgänge	+	15
- geplante/geschätzte Personalzugänge	−	18
= Netto-Personalbedarf	=	7

Ermitteln Sie den *Personalbedarf* aufgrund der folgenden Zahlenangaben: *Sollbestand: 500, Istbestand: 490, geplante/geschätzte Personalabgänge: 15, geplante/geschätzte Personalzugänge: 18* **369**

370 Unterscheiden Sie zwischen *Personalersatz-* und *Personalneubedarf* anhand eines Beispiels.

- **Ersatzbedarf:** Eine z. B. wegen Kündigung freigewordene Stelle muss neu besetzt werden.

- **Neubedarf:** Personalbedarf, der z. B. durch Jobsharing entsteht

| 1.4.2 | Personalbeschaffung und -auswahl | *Handbuch: LF 7* |

371 Welche *Aufgabe* hat die *Personalbeschaffung?*

Die **Personalbeschaffung** soll den in der Personalbedarfsplanung ermittelten Nettopersonalbedarf decken. Dabei ist kurzfristiger und langfristiger Personalbedarf zu unterscheiden.

372 Welche *Personalbeschaffungsmaßnahmen* sind zur *kurz- bzw. langfristigen Personalbedarfsdeckung* zu unterscheiden?

mögliche Personalbeschaffungsmaßnahmen:

kurzfristiger Personalbedarf
- ○ *intern*
  - Überstunden
  - Urlaubsvertretung
- ○ *extern*
  - Zeitarbeitsverträge
  - Personalleasing

- **langfristiger Personalbedarf**
  - ○ *intern*
    - interne Stellenausschreibung
    - Versetzung
    - Beförderung
    - Aus- und Weiterbildung
    - Übernahme von Auszubildenden
  - ○ *extern*
    - Personalwerbung
    - Bewerbungsverfahren
    - Personalauswahl
    - Personaleinstellung

373 Was versteht man unter *Personalleasing?*

Personalleasing ist eine Möglichkeit, einen kurzfristig aufgetretenen Personalbedarf zu decken. In einem Dreiecksverhältnis schließen ein **Arbeitnehmer** (Leasing-Arbeitnehmer) und ein **Arbeitsverleiher** (Leasing-Arbeitgeber) einen Arbeitsvertrag ab. Der **Arbeitsentleiher** schließt mit dem Arbeitsverleiher einen Arbeitnehmerüberlassungsvertrag ab und erwirbt damit den Anspruch auf Arbeitsleistung und ein Weisungsrecht gegenüber dem Arbeitnehmer. Der Arbeitsverleiher bekommt ein vereinbartes Entgelt. Zwischen dem Arbeitnehmer und dem Entleiher besteht kein Vertragsverhältnis.

374 Bringen Sie die nebenstehenden Schritte des Personalbeschaffungsprozesses in die *richtige Reihenfolge,* indem Sie die Ziffern (1–6)

Einladung zum Vorstellungsgespräch	( )
Personalwerbemaßnahmen	( )
Auswertung der eingehenden Bewerbungsunterlagen	( )
Durchführung der Vorstellungsgespräche	( )
Einstellung des ausgewählten Bewerbers	( )
Einstellungstest	( )

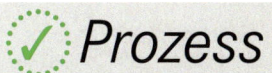

Richtige Reihenfolge:

Einladung zum Vorstellungsgespräch	(3)
Personalwerbemaßnahmen	(1)
Auswertung der eingehenden Bewerbungsunterlagen	(2)
Durchführung der Vorstellungsgespräche	(4)
Einstellung des ausgewählten Bewerbers	(6)
Einstellungstest	(5)

hinter den entsprechenden Schritt in die Klammer schreiben.

externe Personalbeschaffung:

- **Vorteile,** z. B.:
  - ◌ Neue Ideen und Erfahrungen aus anderen Unternehmen fließen in den betrieblichen Prozess ein.
  - ◌ Neue Mitarbeiter können Leistungssteigerungen bewirken.

- **Nachteile,** z. B.:
  - ◌ Personalsuche ist kosten- und zeitintensiv.
  - ◌ Neue Mitarbeiter müssen eingearbeitet werden.
  - ◌ mögliche Demotivation des vorhandenen Personals infolge fehlender Beförderungschancen

375 Welche *Vor- und Nachteile* hat die *externe Personalbeschaffung?*

interne Personalbeschaffung:

- **Vorteile,** z. B.:
  - ◌ Kosten der Neueinstellung entfallen
  - ◌ Arbeitsplatz kann zügig besetzt werden.
  - ◌ Mitarbeiter können sich aufgrund ihrer Betriebskenntnisse relativ schnell einarbeiten.
  - ◌ Mitarbeiter werden durch die innerbetrieblichen Aufstiegschancen motiviert.

- **Nachteile,** z. B.:
  - ◌ Betriebsklima könnte infolge von Neid leiden.
  - ◌ Die Auswahl ist relativ begrenzt.
  - ◌ Eine u.U. vorliegende „Betriebsblindheit" wird fortgeführt.
  - ◌ Der Wunsch nach Mitarbeitern mit neuen Ideen und Kenntnissen wird eventuell nicht erfüllt.

376 Welche *Vor- und Nachteile* hat die *interne Personalbeschaffung?*

Sie will aus einer Vielzahl von Bewerbern auf eine ausgeschriebene Stelle den am besten geeigneten Bewerber finden. Dabei sind die Anforderungen einer bestimmten Arbeitsaufgabe, die z. B. in einer Stellenbeschreibung festgelegt sind, den Kenntnissen, Fähigkeiten und Fertigkeiten einzelner Bewerber gegenüberzustellen und zu bewerten. Bei der Auswahl sind die **fachliche Kompetenz** und die **soziale Kompetenz** (z. B. Teamfähigkeit) zu berücksichtigen.

377 Welches *Ziel* verfolgt die *Personalauswahl?*

Wichtige Bewerbungsunterlagen sind:

- Bewerbungsschreiben
- Lebenslauf
- Schul- und Arbeitszeugnisse
- Referenzen
- Eignungstests, Zertifikate
- Vorstellungsgesprächsunterlagen
- Schriftgutachten
- ärztliche Untersuchungsergebnisse

378 Nennen Sie *wichtige Bewerbungsunterlagen.*

379 Welches sind die wichtigsten *Instrumente der Personalauswahl?*

Instrumente der Personalauswahl:

- Vorstellungsgespräch
- Eignungstest
  - ○ Persönlichkeitstest
  - ○ Fähigkeitstest
- Gruppengespräch
- Assessment-Center

380 Was versteht man unter einem *Assessment-Center?*

Bei dem Assessment-Center handelt es sich um eine besonders anspruchsvolle Form des Gruppengesprächs. Die Bewerber müssen praxisorientierte Fälle bearbeiten und Problemsituationen lösen. Dabei möchten die Tester zugleich etwas über die **Soft Skills** (sogenannte weiche Faktoren) der Bewerber erfahren, die über die fachliche Qualifikation hinausgehen und die Persönlichkeit prägen, z. B. lassen sie sich verunsichern oder provozieren, verfügen sie über eine positive Ausstrahlung?

| 1.4.3 | Personaleinstellung | *Handbuch: LF 7* |

381 Was beinhaltet die *Personaleinstellung?*

Die **Personaleinstellung** beinhaltet den Abschluss eines Arbeitsvertrages als wichtige Grundlage für ein Arbeitsverhältnis.

382 Welche *rechtlichen Bestimmungen* sind beim Abschluss eines *Arbeitsvertrages* zu beachten?

rechtliche Bestimmungen bei Vertragsabschluss:

- Arbeitsgesetze (z. B. Arbeitszeitordnung)
- Tarifverträge zwischen Arbeitgeberverbänden und Gewerkschaften
- Betriebsvereinbarungen zwischen Betriebsräten und Arbeitgebern
- Rechtsprechung der Arbeitsgerichte

383 Welche *gesetzlichen Vorschriften* sind für den *Arbeitsvertrag* zu beachten?

Der Arbeitsvertrag unterliegt zum **Zeitpunkt des Abschlusses keinen gesetzlichen Formvorschriften.** Wegen der Beweissicherung ist die Schriftform empfehlenswert.

Der Arbeitgeber ist nach dem Nachweisgesetz (NachwG) verpflichtet, die wesentlichen Bedingungen des Arbeitsvertrages **spätestens nach einem Monat schriftlich** niederzuschreiben und dem Arbeitnehmer zu übergeben. Diese Niederschrift muss enthalten:

- Namen und Anschriften der Vertragspartner
- Beginn (bei befristeten Arbeitsverträgen auch Ende) des Arbeitsverhältnisses
- Arbeitsort
- Höhe des Entgelts
- Arbeitszeit
- Urlaubsanspruch
- Kündigungsfristen
- Tätigkeitsbeschreibung
- Hinweise auf die dem Vertragsverhältnis zugrunde liegenden Tarifverträge sowie Betriebsvereinbarungen

384 Welche *Einrichtungen* sind über eine *Einstellung* zu *informieren?*

Über eine Einstellung sind zu informieren:

- die betreffende **Krankenkasse** binnen 14 Tagen
- die entsprechende **Berufsgenossenschaft** als Trägerin der gesetzlichen Unfallversicherung

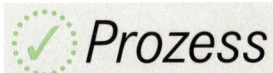 *Prozess*

1.4.4 Personaleinsatz – Vollmachten   *Handbuch: LF 7*

Die Mitarbeiter werden ihrer Qualifikation entsprechend zur Bewältigung der zu leistenden Arbeiten im Unternehmen eingesetzt.

Was bedeutet
Personaleinsatz? **385**

Pflichten des Mitarbeiters:
- Dienstleistungspflicht
- Verschwiegenheitspflicht
- Wettbewerbsverbot
- Treuepflicht (gesetzlich bzw. vertraglich)
- Haftpflicht

Welche *Pflichten* geht ein *Mitarbeiter* mit dem Abschluss eines Arbeitsvertrages ein? **386**

Man unterscheidet:
- **gesetzliches Wettbewerbsverbot:**
  Der Mitarbeiter darf während eines bestehenden Arbeitsverhältnisses ohne Einwilligung des Arbeitgebers weder selbst ein Handelsgewerbe betreiben noch in dessen Handelszweig für eigene oder fremde Rechnung Geschäfte betreiben (§ 60 HGB).

- **vertragliches Wettbewerbsverbot:**
  Nach Auflösung des Dienstverhältnisses darf ein Arbeitnehmer als Konkurrent zu seinem ehemaligen Arbeitgeber auftreten. Soll die gewerbliche Tätigkeit weiterhin beschränkt bleiben, bedarf es eines schriftlichen Vertrages und für die Dauer des Verbots einer Entschädigung an den ehemaligen Mitarbeiter.

Erklären Sie das *Wettbewerbsverbot.* **387**

Rechte des Mitarbeiters:
- Vergütung
- Fürsorge
- Urlaub
- Zeugnis (einfach bzw. qualifiziert)

Welche *Rechte* kann ein *Mitarbeiter* nach Abschluss eines Arbeitsvertrages beanspruchen? **388**

Ziele der Personaleinsatzplanung:
- Personalkostenminimierung
- hohe Arbeitsproduktivität
- Humanisierung der Arbeitsbedingungen

Welche *Ziele* verfolgt die *Personaleinsatzplanung?* **389**

Aufgaben der Personaleinsatzplanung:
- **kurzfristige Aufgaben:**
  - qualitative Zuordnung
  - quantitative Zuordnung (z. B. Schichtpläne)

- **langfristige Aufgaben:**
  - qualitativ
    - Anpassung Fähigkeiten Mitarbeiter
    - Anpassung Arbeitsplätze und -bedingungen
  - quantitativ
    - Personalbeschaffung
    - Personalfreisetzung

Welche *Aufgaben* hat die *Personaleinsatzplanung?* **390**

Vollmachten

391 — Nennen Sie *Vollmachten* zur Arbeitsbewältigung im Unternehmen.

Vollmachten:
- Prokura
- Handlungsvollmacht

392 — Wozu ermächtigt die *Prokura?*

Die **Prokura** ermächtigt zu allen Arten von gerichtlichen und außergerichtlichen Geschäften und Rechtshandlungen, die der Betrieb **(irgend)eines Handelsgewerbes** mit sich bringt (§ 49 HGB).

393 — Unterscheiden Sie verschiedene *Arten der Prokura.*

Arten der Prokura:
- **Einzelprokura:**
  Ausübung der Vollmacht ohne Mitwirkung einer anderen Person
- **Gesamtprokura:**
  Ausübung der Vollmacht nur im Zusammenwirken mit einer anderen vertretungsberechtigten Person
- **Filialprokura:**
  Einschränkung der Vertretungsvollmacht auf den Betrieb einer Niederlassung

394 — Welche *Handlungen* darf ein *Prokurist nicht vornehmen?*

Dem **Prokuristen ist** z. B. **untersagt:**
- Bilanzen und Steuererklärungen zu unterschreiben
- Prokura zu erteilen und zu entziehen
- neue Gesellschafter aufzunehmen
- die Unternehmung zu verkaufen
- das Insolvenzverfahren zu beantragen

Um Grundstücke zu belasten oder zu verkaufen, bedarf er einer besonderen Vollmacht.

395 — Worauf erstreckt sich die *Handlungsvollmacht?*

- **Allgemeine Handlungsvollmacht:**
  auf Dauer erteilte Vollmacht, die zur Erledigung **aller** gewöhnlichen Rechtsgeschäfte in dem betreffenden Handelsgewerbe befugt
- **Artvollmacht:**
  auf Dauer erteilte Vollmacht, die zur Erledigung einer **bestimmten Art von wiederkehrenden Geschäften** befugt, z. B. zum Einkaufen

- **Spezialvollmacht:**
  Vollmacht, die zur **Erledigung eines einzelnen Rechtsgeschäfts** ermächtigt, z. B. zum Kauf eines Kopierers Diese Vollmacht wird auch als **Einzelvollmacht** bezeichnet.

396 — Wie *unterschreiben Prokuristen* und *Handlungsbevollmächtigte?*

Prokuristen mit dem Zusatz **ppa.** (per procura), Handlungsbevollmächtigte mit dem Zusatz **i. V.** (in Vollmacht) **oder i. A.** (im Auftrag)

 *Prozess*

1.4.5   Personalführung und -entwicklung   *Handbuch: LF 7*

Unter **Personalführung** versteht man:
- die **planmäßige Leitung der Mitarbeiter** in einem Betrieb

- den Versuch, **auf das Verhalten** von Einzelpersonen oder Personengruppen **Einfluss zu nehmen** mit dem Ziel, das Leistungsverhalten der Mitarbeiter positiv zu beeinflussen

397 Was versteht man unter *Personalführung?*

- **direkte Personalführung:**
  Die Vorgesetzten stehen in unmittelbarem Kontakt zu den Mitarbeitern.
  Motivation:
  - Ermutigung
  - Vertrauen
  - Toleranz
  - Verständnis
  - Anerkennung

- **indirekte Personalführung:**
  Die Vorgesetzten schaffen Rahmenbedingungen, die das Leistungsverhalten der Mitarbeiter fördern.
  Motivation:
  - Führungsstil
  - Unternehmensleitbild
  - Humanisierung
  - Arbeitszeitmodelle

398 Unterscheiden Sie *direkte* und *indirekte Personalführung.*

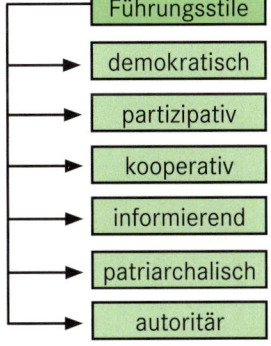

ZP
399 Unterscheiden Sie *Führungsstile* im Hinblick auf die abnehmende Willensbildung der Mitarbeiter.

- **autoritärer Führungsstil:**
  - zentralisierte Machtstellung der Vorgesetzten
  - selten Anerkennung
  - starke Ausführungskontrolle
  - straffe Führung

- **kooperativer Führungsstil:**
  - gemeinsames Erarbeiten von Zielen und Aufgaben
  - geteilte Verantwortung bei der Erfolgskontrolle
  - systematische Kommunikation, Problemlösungen im Team
  - Anerkennung guter Leistungen, positives Feedback

ZP
400 Stellen Sie den *autoritären* und den *kooperativen Führungsstil* dar.

401 ZP — Wann ist der *autoritäre,* wann der *kooperative Führungsstil* geeignet?

- **autoritärer Führungsstil bei:**
  - Routinetätigkeiten
  - schnellen Entscheidungen
  - klar abgegrenzten Aufgaben

- **kooperativer Führungsstil, wenn:**
  - Aufgaben gestellt sind, die zur Problemlösung Forschung, Entwicklung, Planung und Durchführung erfordern
  - Verantwortung delegiert wird, um Vorgesetzte zu entlasten
  - Mitarbeiter ihre Kenntnisse und Fähigkeiten frei entfalten sollen

402 ZP — Welche *Management-by-Methoden* (Führungsgrundsätze) sind zu unterscheiden?

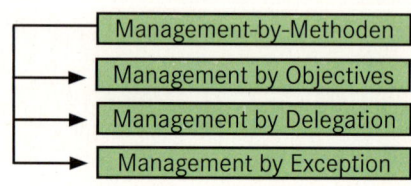

403 ZP — Erklären Sie *Management by Objectives.*

Führung durch **kooperative Zielfindung;** Ziele sind keine festgelegten Daten, sondern sie werden durch innerbetriebliche Prozesse und insbesondere den Markt beeinflusst und müssen daher fortgeschrieben werden.

404 — Erklären Sie *Management by Delegation.*

Führung durch klare Aufgaben- und Kompetenzverteilung sowie **Übertragung von Handlungsverantwortung** auf die Mitarbeiter

405 — Erklären Sie *Management by Exception.*

Führung durch den Vorgesetzten nur **in Ausnahmesituationen:** Mitarbeiter entscheiden selbstständig innerhalb eines vorgegebenen Ermessensspielraumes.

406 — Welche *Entscheidungssysteme* werden in der oberen Leitungsebene unterschieden?

- **Direktorialprinzip:**
  Entscheidung durch eine Person

- **Kollegialprinzip:**
  Entscheidung durch mehrere Personen

407 ZP — Zeigen Sie *Vor- und Nachteile des Direktorialprinzips* auf.

- **Vorteile:**
  - Einheitlichkeit der Willensbildung
  - schnelle Entscheidung
  - straffe Unternehmensführung

- **Nachteile:**
  - Risiko von Fehlentscheidungen
  - Machtkonzentration
  - starke Belastung des Einzelnen
  - Probleme bei Vertretung, z. B. Krankheit

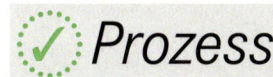 *Prozess*

Arten:

- **Primatkollegialität**
  (primus inter pares): Der Vorsitzende entscheidet bei Stimmengleichheit.

- **Abstimmungskollegialität:**
  Entscheidungen werden mit einfacher oder qualifizierter Mehrheit getroffen.

- **Vetokollegialität:**
  Entscheidungen können nur einstimmig getroffen werden. Durch das Veto (Widerspruch) eines Mitglieds kommt der Beschluss nicht zustande.

ZP
Welche *Arten des Kollegialprinzips* werden unterschieden?
408

- **Vorteil:**
  Minderung der Gefahr von Fehlentscheidungen durch breite Informationsgrundlage und mehr Sachverstand

- **Nachteile:**
  - langsamerer Entscheidungsprozess
  - Verfolgung von Eigeninteressen der Führungsmitglieder
  - Hintertreiben von Beschlüssen durch die Mitglieder, die gegengestimmt haben

ZP
Nennen Sie *Vor- und Nachteile* des *Kollegialprinzips.*
409

Bestimmungsfaktoren der Arbeitsleistung von Mitarbeitern:

- **subjektive Bestimmungsfaktoren:**
  - angeborene Fähigkeiten und Fertigkeiten
  - erworbene Kenntnisse, Fähigkeiten und Fertigkeiten
  - Leistungswille
  - physischer und psychischer Gesundheitszustand

- **soziale Bestimmungsgründe:**
  - als gerecht empfundene Belohnung
  - Anerkennung bei Vorgesetzten und Kollegen
  - gutes Verhältnis zu Vorgesetzten und Kollegen
  - Mitspracherecht
  - Aufstiegschancen

- **objektive Bestimmungsfaktoren:**
  - humane Arbeitsplatzgestaltung
  - ergonomische Arbeitsmittel
  - Betriebsklima
  - Führungsstil
  - Arbeitszeit/Erholungszeit

Nennen Sie *Bestimmungsfaktoren* der *Arbeitsleistung* von Mitarbeitern.
410

- **summarische Beurteilung:**
  Der Gesamteindruck der Mitarbeiterin/des Mitarbeiters ist entscheidend für die Beurteilung der Leistungsfähigkeit und Persönlichkeit.

- **analytische Beurteilung:**
  Bei diesem Verfahren werden verschiedene Kriterien (z. B. Fachkenntnisse, Arbeitsqualität) festgelegt, nach denen der Mitarbeiter beurteilt wird.

Unterscheiden Sie zwischen *summarischer* und *analytischer Personalbeurteilung.*
411

Beurteilungskriterien der analytischen Personalbeurteilung:

- Fachkenntnisse, z. B langjährige Berufserfahrung
- Arbeitsleistung, z. B. Arbeitsschnelligkeit

- Teamfähigkeit, z. B. bei Gruppenarbeit
- Verhalten, z. B. gegenüber Vorgesetzten
- Belastbarkeit, z. B. bei Mehrarbeit

Nennen Sie *Beurteilungskriterien* der *analytischen Personalbeurteilung.*
412

Personalentwicklung

413 Was versteht man unter *Personalentwicklung*?

Die **Personalentwicklung** umfasst alle Maßnahmen, die die individuelle Entwicklung der Mitarbeiter fördern und ihnen unter Berücksichtigung ihrer persönlichen Wünsche und Interessen die Qualifikationen vermitteln, die zur optimalen Erfüllung ihrer Aufgaben nötig sind.

414 Welche *Ziele* verfolgt die *Personalentwicklung*?

Die **Personalentwicklung** verfolgt folgende Ziele:

- **aus Sicht des Unternehmens:**
  - flexibel agierende und reagierende Mitarbeiter
  - wachsende Fähigkeit der Mitarbeiter, die immer komplexer werdenden Aufgaben in der betrieblichen Praxis zu erfüllen
  - Schaffung einer Unternehmenskultur (Corporate Identity)

- **aus Sicht der Mitarbeiter:**
  - Zufriedenheit am Arbeitsplatz
  - Aufgabenstellungen, die die individuellen Einsatzwünsche berücksichtigen
  - Möglichkeit zu Fort- und Weiterbildungen entsprechend eigener Vorstellungen

415 Welche *Möglichkeiten* der *Personalentwicklung* gibt es?

- **berufsvorbereitend,** z. B. Berufsausbildung, betriebliches Praktikum
- **berufsbegleitend,** z. B. Aufstiegsfortbildung, (Job-Enlargement, Job-Enrichment), Ergänzungsfortbildung (Weiterbildung)

- **berufsverändernd,** z. B. Umschulung, Rehabilitation

416 Was *beinhaltet* die *Personalentwicklung*?

personalpolitische Maßnahmen, die ...

- **das Wissen des Mitarbeiters verbessern, z. B.:**
  - tätigkeitsungebundenes Wissen (z. B. den PC beherrschen)
  - tätigkeitsspezifisches Wissen (z. B. eine Entgeltabrechnung durchführen)
- **das Können des Mitarbeiters erweitern, z. B.:**
  - geistiges Können (z. B. mithilfe der Tastatur Formeln für die notwendige Excel-Tabelle erstellen)
  - manuelles Können (z. B. Daten für die Entgeltabrechnung mithilfe der Tastatur eingeben)

- **die Einstellung (das Verhalten) des Mitarbeiters beeinflussen, z. B.:**
  - Arbeitsverhalten (z. B. termingerechte Erstellung der Entgeltabrechnung)
  - Sozialverhalten (z. B. Teamfähigkeit)

417 Erklären Sie die *Methoden der Personalentwicklung*.

Methoden der Personalentwicklung:
- **On-the-Job** (am Arbeitsplatz):
  - systematische Vermittlung von Fertigkeiten für die Ausführung einzelner Arbeitsschritte

  - Anleitung und Beratung durch die vorgesetzten Stellen
  - Mitarbeiter erhalten die Möglichkeit, durch ständige Arbeitsplatzwechsel (Job-Rotation) neue Aufgabengebiete kennenzulernen.

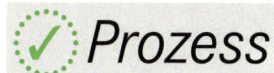 **Prozess**

- **Off-the-Job** (außerhalb des Arbeitsplatzes):
  - Erarbeitung des Lehrstoffes in kleinen Lernsequenzen
  - Fort- und Weiterbildungsmaßnahmen unter Einsatz der Fallmethode, des Rollenspiels und des Planspiels

- Einsatz gruppendynamischer Methoden, wie z. B. Einsatz von Assessment-Center: Konstruktive Kritik in Form von Rückkoppelungsgesprächen und anschließenden Gutachten bieten den Teilnehmern Gelegenheit, ein realistisches Selbstbild zu entwickeln.

1.4.6 Personalentlohnung – Lohnnebenkosten
Handbuch: LF 7

1. **Fachkenntnisse** (Vorbildung, Berufserfahrung)
2. **Geschicklichkeit** (Handfertigkeit)
3. **Anstrengung** (körperliche Beanspruchung, geistige Beanspruchung)
4. **Verantwortung** (für Werkstücke und Betriebsmittel, Arbeitsgüte, Gesundheit der Mitarbeiter)
5. **Umgebungseinflüsse** (z. B. Temperatur, Schmutz, Lärm, Unfallgefahr)

Die **Arbeitsbewertung** bewertet, losgelöst vom Leistungsvermögen der Mitarbeiter, die verschiedenen Arbeiten innerhalb des Unternehmens und legt deren Wert in Lohn- und Gehaltsgruppen fest.

- **summarische Arbeitsbewertungsverfahren:**
  - Rangfolgeverfahren
  - Lohngruppenverfahren

- **analytische Arbeitsbewertungsverfahren:**
  - Rangreihenverfahren
  - Stufenwertzahlverfahren

Das **Rangfolgeverfahren** ist ein **summarisches Verfahren.**

- Jeder Arbeitsplatz eines Betriebes wird mit allen anderen Arbeitsplätzen verglichen, ohne dass die einzelnen Anforderungsarten gemäß Genfer Schema und deren Ausprägungen berücksichtigt werden.

- Dabei wird festgestellt, ob die Tätigkeit des Arbeitsplatzes schwieriger, gleich schwierig oder leichter ist als die jeweiligen Tätigkeiten der anderen Arbeitsplätze.

- Aus dieser vergleichenden Beurteilung ergibt sich eine Rangfolge der Arbeitsplätze: Die leichteste Arbeit erhält den Rang 1, die schwierigste Tätigkeit die höchste Rangziffer.

---

418 Welche fünf Anforderungsarten bestimmen die *Schwierigkeit einer Arbeit?*

419 Worin besteht die *Aufgabe* der *Arbeitsbewertung?*

420 Welche *Arbeitsbewertungsverfahren* werden unterschieden?

421 Beschreiben Sie das *Rangfolgeverfahren.*

422 Welchen *Vorteil* und welche *Nachteile* hat die Anwendung des *Rangfolgeverfahrens?*

- **Vorteil:**
  - geringer Aufwand

- **Nachteile:**
  - nur für Betriebe mit geringer Mitarbeiterzahl geeignet
  - Die Ermittlung der Rangfolge und die Festlegung von Lohngruppen und Lohnabständen zwischen den Lohngruppen unterliegen starken subjektiven Einflüssen durch den Bewerter.

---

423 Beschreiben Sie das *Lohngruppenverfahren.*

Das **Lohngruppenverfahren** ist ein **summarisches Verfahren.**

- Es werden sechs bis zwölf Lohngruppen gebildet, deren Abstufung dem Schwierigkeitsgrad der Tätigkeiten entsprechen soll.

- In jeder Lohngruppe werden Tätigkeiten zusammengefasst, die von der erforderlichen Ausbildung bzw. dem Können her vergleichbar sind. Entsprechend werden die Lohngruppen allgemein beschrieben, wie z. B. **Lohngruppe 6: „Ausführung von Arbeiten und Anweisungen, die eine abgeschlossene dreijährige Berufsausbildung erfordern."**
- Häufig werden noch Richtbeispiele zugeordnet, z. B. für Lohngruppe 6: Schlosser, Dreher, Schreiner.

---

424 Beschreiben Sie das *Rangreihenverfahren.*

Das **Rangreihenverfahren** ist ein **analytisches Verfahren.**

- Zunächst werden alle Arbeitsplätze des Betriebes im Hinblick auf die gestellten Anforderungen, z. B. gemäß Genfer Schema, analysiert.
- Dann werden alle Arbeitsplätze bezüglich jeder einzelnen Anforderungsart miteinander verglichen; dabei wird festgestellt, wie hoch die Beanspruchung eines einzelnen Arbeitnehmers an seinem Arbeitsplatz durch eine bestimmte Anforderungsart (z. B. körperliche Belastung) im Vergleich zu allen anderen Arbeitsplätzen ist. Dieser Vergleich wird für jede Anforderungsart vorgenommen.

- Auf der Grundlage dieser Vergleiche werden für jede Anforderungsart an jedem Arbeitsplatz Rangziffern vergeben. So erhält z. B. der Arbeitsplatz mit der höchsten körperlichen Beanspruchung die höchste Rangziffer, der mit der geringsten körperlichen Beanspruchung die niedrigste Rangziffer.
- Schließlich erhält noch jede Anforderungsart eine Gewichtungsziffer, die die unterschiedliche Bedeutung der Anforderungsarten ausdrückt.
- Die Rangziffer jeder Anforderungsart wird mit der Gewichtungsziffer jeder Anforderungsart multipliziert. Die Summe der so gewichteten Ränge ergibt den Wert des Arbeitsplatzes und bildet die Grundlage für die Lohnbemessung.

---

425 Stellen Sie die Grundzüge des *Stufenwertzahlverfahrens* dar.

Das **Stufenwertzahlverfahren** ist ein **analytisches Verfahren.**

- Gegenüber dem Rangreihenverfahren werden die einzelnen Anforderungsarten in mehrere Intensitätsgrade abgestuft, die

ihrerseits mit Stufenwertzahlen versehen werden – je höher z. B. die Staubbelastung ist, desto höher ist die Stufenwertzahl.

9714124

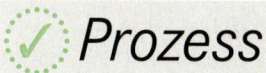

Prozess

- Zusätzlich wird noch die Dauer der Belastung des Arbeitnehmers durch die jeweilige Anforderungsart, z. B. die Dauer der Staubbelastung pro Arbeits-tag, bei der Bewertung des Arbeits-platzes mithilfe von Stundenfaktoren berücksichtigt.

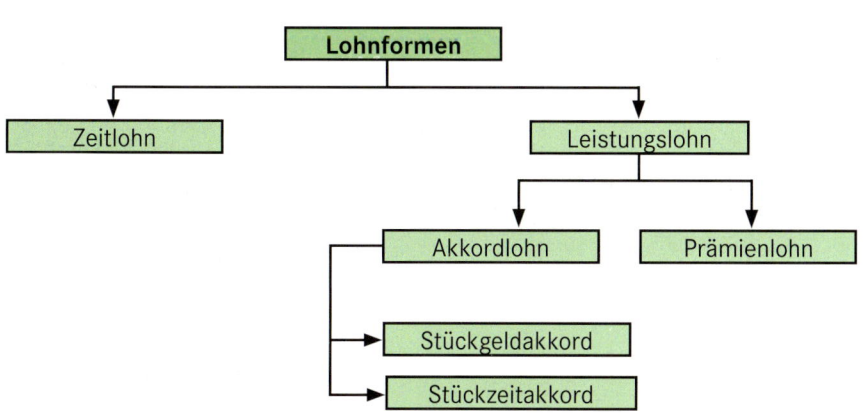

426 Wie kann man die *Lohnformen* unterteilen?

- **Zeitlohn:**
  Berechnung nach der Dauer der Arbeitszeit, kein direkter Bezug zur tatsächlich geleisteten Arbeit (z. B. Stundenlohn von Arbeitnehmern)

- **Leistungslohn:**
  Ermittlung nach der tatsächlich produzierten Stückzahl, Zahlung eines tariflichen Mindestlohnes gemäß Tarifvertrag, wenn das Arbeitssoll nicht erreicht wird

427 Unterscheiden Sie zwischen *Zeit-* und *Leistungslohn.*

Der **Prämienlohn** besteht aus einem Grundentgelt (meist Stundenlohn) und einer leistungsbezogenen Prämie (Sondervergütung), z. B. für eine Mehrleistung oder einen Verbesserungsvorschlag.

428 Aus welchen *Komponenten* besteht der *Prämienlohn?*

Der **Akkordlohn** ist ein Leistungslohn für Tätigkeiten, bei denen das geleistete Arbeitsergebnis messbar ist und einem einzelnen Arbeitnehmer (Einzelakkord) oder einer Gruppe von Arbeitnehmern (Gruppenakkord) vergütet wird.

Der Akkordlohn besteht aus einem tariflich oder vertraglich vereinbarten Lohn und einem Akkordzuschlag. Die Summe daraus ergibt den Verdienst pro Stunde bei Normalleistung des Akkordarbeiters (Akkordrichtsatz).

429 Was bedeutet *Akkordlohn?*

Beispiel:

	tariflicher Lohn	10,00 €
+	20 % Akkordzuschlag	2,00 €
	Akkordrichtsatz	12,00 €

Der tariflich vereinbarte Mindestlohn wird bei verminderter Arbeitsleistung (z. B. nach einer Erkrankung) bezahlt.
Man unterscheidet Stückgeldakkord und Stückzeitakkord.

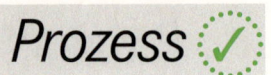
Stückgeld-, Stückzeitakkord

430 **Was versteht man unter Stückgeldakkord?**

Der Arbeitnehmer wird bei der Berechnung des **Stückgeldakkords** nach der Anzahl der von ihm gefertigten Stücke pro Zeiteinheit bezahlt. Der Akkordrichtsatz als Grundlohn wird in einen Akkordsatz je Stück umgeformt.

Beispiel:
Als Normalleistung schafft ein Glasbläser 8 Stück pro Stunde. Er arbeitet 38 Stunden pro Woche. Der Akkordrichtsatz beträgt 12,00 €.

$$\text{Stückgeldakkord} = \frac{\text{Akkordrichtsatz}}{\text{Normalleistung/Std.}} = \frac{12}{8} = 1,50$$

Der Arbeitnehmer bekommt als Wochenverdienst z. B. bei:

	Stück-akkordsatz	Stückzahl pro Stunde	Wochen-arbeitszeit	Wochen-verdienst
	(€/St.)	• (St./Std.)	• (Std./Wo.)	= (€/Wo.)
Normal-leistung	1,50	8	38	456,00
Mehr-leistung	1,50	11	38	627,00
verminderter Arbeits-leistung	1,50	6	38	380,00*

*Da der Arbeitnehmer bei verminderter Arbeitsleistung nur auf einen Stundenlohn von 9,00 € (Wochenverdienst 342,00 €) kommen würde, bekommt er hier den tariflich vereinbarten Mindestlohn von 380,00 €.

431 **Was versteht man unter Stückzeitakkord?**

Dem Arbeitnehmer wird für die Fertigung eines Stückes eine Zeit vorgegeben (Vorgabezeit), die aufgrund der Normalleistung der Mitarbeiter errechnet wird.
Beispiel:

$$\textbf{Zeitakkordsatz} = \frac{60 \text{ Minuten}}{\text{Normalleistung je Stunde}} = \frac{60}{8} = 7,5$$

$$\textbf{Minutenfaktor} = \frac{\text{Akkordrichtsatz}}{60 \text{ Minuten}} = \frac{12}{60} = 0,20$$

Der Arbeitnehmer bekommt als Wochenverdienst z. B. bei:

	Stückzahl pro Stunde	Wochen-arbeitszeit	Zeitakkord-satz (€)	Minuten-faktor	Wochen-verdienst
	(St./Std.)	• (Std./Wo.)	• (Min./St.)	• (€/Min.)	= (€/Wo.)
verminderter Arbeits-leistung	6	38	7,5	0,20	380,00*
Normal-leistung	8	38	7,5	0,20	456,00
Mehr-leistung	11	38	7,5	0,20	627,00

* siehe oben Erläuterung zu Stückgeldakkord

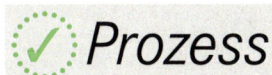 *Prozess*

Vom Ergebnis her besteht kein Unterschied: Es zeigt sich, dass beide Verfahren zu denselben Ergebnissen führen.

Aber der Stückzeitakkord bietet bei Veränderungen des Tariflohns den Vorteil, dass die Vorgabezeiten konstant bleiben und man nur mit einem neuen Minutenfaktor rechnen muss.

Dagegen sind beim Stückgeldakkord alle Stücklohnsätze neu festzulegen.

432 Welcher Unterschied besteht zwischen *Stückgeldakkord* und *Stückzeitakkord?*

Voraussetzung für die **Bezahlung im Akkordlohn:**

- Der Arbeitsablauf muss exakt vorgegeben sein und sich ständig wiederholen.
- Die Tätigkeit muss relativ einfach sein.

- Die Arbeitsleistung muss mengenmäßig messbar und auf eine Person oder eine Arbeitsgruppe zurechenbar sein.
- Der Arbeitnehmer muss das Arbeitstempo individuell bestimmen können.

433 Welche *Voraussetzungen* müssen vorliegen, damit *im Akkord* gearbeitet werden kann?

- **Vorteile:**
  - Leistungsanreiz für die Arbeitnehmer, da die Entlohnung nach der erbrachten Leistung erfolgt
  - unternehmerisches Risiko für verminderte Arbeitsleistungen entfällt, es sei denn, der festgelegte Mindestlohn wird nicht erreicht

- **Nachteile:**
  - Gefahr der Überanstrengung der Mitarbeiter
  - Gefahr von Ausschussproduktion
  - starke Beanspruchung der Betriebsmittel führt zu erhöhtem Verschleiß
  - mögliche Entstehung von sozialen Spannungen durch Vorgabezeiten und Gruppendruck bei Gruppenakkordentlohnung

434 Welche *Vor- und Nachteile* hat der *Akkordlohn?*

- Der **Nominallohn** ist der Verdienst, der einem Arbeitnehmer ausgezahlt wird. Die Kaufkraft hängt von der Entwicklung der Güterpreise ab.

- Der **Reallohn** ergibt sich aus der Kaufkraft des Geldes und zeigt auf, welche Gütermenge mit einem bestimmten Nominalbetrag gekauft werden kann.
- Reallohn: Nominallohn – Preissteigerungsrate

435 Grenzen Sie *Nominal-* und *Reallohn* ab.

Lohnnebenkosten sind alle Aufwendungen, die der Arbeitgeber aufgrund von bestehenden Arbeitsverträgen zusätzlich zu den Löhnen und Gehältern bezahlen muss:

- **gesetzliche Lohnnebenkosten,** z. B. Sozialversicherungsbeiträge der Arbeitgeber, Entgeltfortzahlung bei Krankheit und während der Mutterschutzzeit, bezahlte Feiertage
- **tariflich und betrieblich vereinbarte Lohnnebenkosten,** z. B. betriebliche Altersversorgung, Vermögensbildung, Sonderzahlungen (Weihnachtsgeld, 13. Monatsgehalt, Urlaubsgeld)

- **freiwillige betriebliche Lohnnebenkosten,** z. B. Kantinenzuschüsse, Leistungen für besondere persönliche Anlässe (langjährige Betriebszugehörigkeit)

436 Was versteht man unter *Lohnnebenkosten?*

Lohnabrechnung

437 **Welche *Rechtsvorschriften* sind bei der *Arbeitsentlohnung* zu beachten?**

Rechtsvorschriften hinsichtlich der Arbeitsentlohnung:

- Einzelarbeitsvertrag*
- Betriebsvereinbarung
- Lohn- und Gehaltstarifvertrag

*Der Einzelarbeitsvertrag darf keine ungünstigeren Regelungen enthalten, als diese in Betriebsvereinbarungen bzw. in Lohn- und Gehaltstarifverträgen vorgesehen sind.

438 **Wie errechnet man das *Nettoentgelt* und den *Auszahlungsbetrag*?**

Bruttoentgelt (z. B.)	2.346,50 €
+ vermögenswirksame Leistungen des Arbeitgebers	39,00 €
= lohnsteuer- und sozialversicherungspflichtiges Entgelt	2.385,50 €
− Lohn- und Kirchensteuer sowie Solidaritätszuschlag	153,33 €
− Arbeitnehmeranteil zur Sozialversicherung	490,43 €
= Nettoentgelt	1.741,74 €
− vermögenswirksame Sparleistung	78,00 €
= Auszahlungsbetrag	1.663,74 €

439 **Worauf* ist bei der Ermittlung des Nettoentgelts und des Auszahlungsbetrages zu *achten*?**

- Ermittlung der Lohnsteuer gemäß der auf der Lohnsteuerkarte vermerkten Steuerklasse
- Beachtung der Steuerfreibeträge auf der Lohnsteuerkarte
- Berücksichtigung der Beitragsbemessungs- und Versicherungspflichtgrenzen zur Ermittlung der Sozialversicherungsbeiträge

- Abführung der einbehaltenen Lohn- und Kirchensteuer sowie des Solidaritätszuschlags an die zuständigen Finanzbehörden
- Abführung der Sozialversicherungsbeiträge an die entsprechenden Krankenkassen
- Abführung der vermögenswirksamen Sparleistungen (z. B. an Bausparkassen) und der sonstigen Abzüge (z. B. Entgeltpfändungen)

440 **Was versteht man unter *Erfolgsbeteiligung*?**

Die Unternehmer erhalten einen Gewinnanteil vor allem als Entgelt für die eigene Arbeit im Unternehmen (Unternehmerlohn), als Verzinsung ihrer Kapitaleinlage und als Risikoprämie. An dem noch übrig bleibenden **Restgewinn** sollen nicht nur die Unternehmer, sondern auch die Arbeitnehmer aufgrund einer Betriebsvereinbarung beteiligt werden.

441 **Welche *Ziele* werden mit der Einführung der *Erfolgsbeteiligung* verfolgt?**

Mit der **Einführung der Erfolgsbeteiligung** können verbunden sein:

- erhöhter Leistungsanreiz für die Arbeitnehmer
- Verringerung der Fluktuation, insbesondere wenn mit zunehmender Dauer der Betriebszugehörigkeit der Gewinnanteil steigt
- gerechtere Entlohnung

- Beteiligung der Arbeitnehmer am Produktivvermögen im Fall der Kapitalbeteiligung
- Leistungssteigerung aufgrund sich verbessernder Beziehungen der Arbeitnehmer untereinander und zur Unternehmensführung (Corporate Identity)

 *Prozess*

Formen der Erfolgsbeteiligung:

- **Individualbeteiligung:** Die einzelnen Arbeitnehmer werden am Gewinn beteiligt. Man unterscheidet je nach Verwendung dieser individuellen Gewinnanteile:
  - ○ *Barbeteiligung:* Der Gewinn wird bar ausgezahlt, das Unternehmen verliert Liquidität.
  - ○ *Kapitalbeteiligung:* Der Gewinn wird nicht bar ausgeschüttet, sondern bleibt im Unternehmen:
    - – *als Eigenkapital:* Der Arbeitnehmer wird Miteigentümer des Unternehmens in Höhe seiner Gewinnanteile, z. B. durch die Ausgabe von Belegschaftsaktien.
    - – *als Fremdkapital:* Der Arbeitnehmer wird Gläubiger des Unternehmens und stellt dem Betrieb seine Gewinnanteile z. B. als gewinnabhängige oder festverzinsliche Obligationen zur Verfügung.
- **Kollektivbeteiligung:** Der Gewinnanteil der Arbeitnehmer wird in Einrichtungen investiert, die der ganzen Belegschaft zugutekommen, z. B. Vorsorgefonds, Erholungsheime.

> **442** Welche *Formen* der *Erfolgsbeteiligung* sind zu unterscheiden?

1.4.7 Personalfreisetzung – Kündigungsschutz
Handbuch: LF 7

Personalfreisetzung bedeutet die Notwendigkeit, Arbeitskräfte entlassen zu müssen.

> **443** Was bedeutet *Personalfreisetzung?*

Für den **Abbau personeller Überkapazitäten** können sprechen:

- Automatisierung
- Verlagerung von Betriebsstätten ins Ausland
- Absatzeinbrüche durch eine schlechte Konjunkturlage
- saisonale Beschäftigungsschwankungen

> **444** Welche Gründe könnten zum *Abbau personeller Überkapazitäten* führen?

Arbeitsverhältnisse können **beendet werden durch:**

- Kündigung
- Aufhebungsvertrag (Einvernehmen zwischen Arbeitnehmer und Arbeitgeber)
- Vertragsablauf (Vereinbarung der Dauer des Arbeitsverhältnisses bei Vertragsabschluss)
- Erreichen des Rentenalters

> **445** Wie können *Arbeitsverhältnisse beendet* werden?

Merkmale einer **rechtswirksamen Kündigung:**

- eine einseitige empfangsbedürftige Willenserklärung
- Anhörung des Betriebsrates
- schriftliche Abfassung

> **446** Welche *Merkmale* muss eine *rechtswirksame Kündigung* des Arbeitsverhältnisses aufweisen?

447 Welche *Kündigungsarten* werden unterschieden?

Kündigungsarten:

- **gesetzliche Kündigung:**
  Arbeitern und Angestellten kann mit einer Frist von vier Wochen zum 15. eines Monats oder zum Monatsende gekündigt werden.

- **vertragliche Kündigung:**
  Die Kündigungsfrist kann bei vorübergehend eingestellten Aushilfen weniger als vier Wochen betragen; sie darf die gesetzliche Kündigungsfrist nicht überschreiten und für den Arbeitgeber nicht kürzer sein als für den Arbeitnehmer.

- **außerordentliche (fristlose) Kündigung:**
  Bei Vorliegen eines wichtigen Grundes kann das Arbeitsverhältnis ohne Beachtung einer Kündigungsfrist aufgehoben werden, z. B. bei Diebstahl, Beleidigung, Körperverletzung.

---

448 Wie kann sich ein Arbeitnehmer rechtlich gegen eine *ordentliche* (fristgerechte) *Kündigung* seitens des Arbeitgebers wehren?

Er erhebt **innerhalb von drei Wochen** eine **Kündigungsschutzklage** beim zuständigen Arbeitsgericht.

---

449 Innerhalb welcher *Frist* kann der Betriebsrat einer ordentlichen Kündigung widersprechen?

Der Betriebsrat kann **innerhalb einer Woche** Widerspruch erheben.

---

450 Welche *Rechtsfolgen* können sich nach einer Kündigungsschutzklage für den Kläger ergeben?

Rechtsfolgen aus einer **Kündigungsschutzklage:**

- Die Kündigung ist rechtswirksam.

- Die Kündigung ist unwirksam (z. B., wenn sie sozial ungerechtfertigt ist).

---

451 Welche *Möglichkeiten* ergeben sich bei einer erfolgreichen Kündigungsschutzklage für den Arbeitnehmer?

Folge einer **erfolgreichen Kündigungsschutzklage:**

- Fortsetzung des Arbeitsverhältnisses

- Auflösung des Arbeitsverhältnisses (gegebenenfalls mit Abfindung)

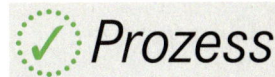

örtliche Zuständigkeit:

das Arbeitsgericht, in dessen Bezirk der Beklagte seine Leistung (Entgeltzahlung oder Arbeitsleistung) aus dem Arbeitsvertrag zu erbringen hat

ZP
Welches Ar-beitsgericht ist für arbeitsrechtliche Konflikte zuständig?

452

Das Arbeitsgericht ist zuständig **(sachliche Zuständigkeit)** bei Streitfällen:

- zwischen Arbeitgeber und Arbeitnehmer
- zwischen Arbeitgeber und Gewerkschaften

- die das Betriebsverfassungsgesetz regelt (z. B. Mitentscheidung über die Arbeitszeit)
- die das Mitbestimmungsgesetz regelt (z. B. Bestimmung des Arbeitsdirektors)

ZP
Welche arbeits-gerichtlichen Konflikte werden vor einem Arbeitsgericht verhandelt?

453

arbeitsrechtliche Instanzen:

1. Instanz: Arbeitsgericht, es besteht kein Anwaltszwang.

2. Instanz: Landesarbeitsgericht, es besteht Anwaltszwang (es entscheidet z. B. aufgrund eines Berufungsverfahrens über ein Urteil eines Arbeitsgerichts).

3. Instanz: Bundesarbeitsgericht, Sitz in Erfurt, es besteht Anwaltszwang (es entscheidet z. B. im Beschwerderechtsverfahren über einen Beschluss eines Arbeitsgerichts).

ZP
Welche ar-beitsrechtlichen Instanzen sind zu unterscheiden?

454

Arbeitspapiere bei Kündigung:
- **Lohnsteuerkarte**
- **Urlaubsbescheinigung** als Nachweis für den im laufenden Jahr gewährten Urlaub

- **Zeugnis:**
  - *einfaches Zeugnis:* enthält nur Angaben über die Art der Beschäftigung und die Dauer des Arbeitsverhältnisses
  - *qualifiziertes Zeugnis:* enthält zusätzlich Angaben über die Leistungen und das Verhalten des Arbeitnehmers und muss auf Verlangen des Arbeitnehmers ausgestellt werden

Welche Arbeitspapiere muss der Arbeitgeber dem Arbeitnehmer bei Beendigung des Arbeitsverhältnisses *aushändigen?*

455

Ein **Sozialplan** ist ein Verfahren zur Vermeidung sozialer Ungerechtigkeiten bei Entlassungen:

- Der Arbeitgeber muss bei sogenannten Massenentlassungen **(30 oder mehr Kündigungen** innerhalb 30 Tagen) vorher die Bundesagentur für Arbeit über die Entlassungspläne unterrichten.

- Der Betriebsrat ist detailliert zu informieren.
- Es ist mit ihm zu beraten, wie weitere Entlassungen vermieden oder deren Folgen gelindert werden können, z. B. durch Aufhebungsverträge.

Was versteht man unter einem *Sozialplan?*

456

Kündigungsschutz

---

457 ZP

Erklären Sie den *allgemeinen Kündigungsschutz.*

Alle Arbeitnehmer in Betrieben mit in der Regel mehr als 10 vollzeitig beschäftigten Mitarbeitern und mit einer Beschäftigungsdauer von mindestens 6 Monaten in demselben Betrieb genießen einen allgemeinen Schutz vor einer sozial ungerechtfertigten Kündigung.

Eine Kündigung ist sozial ungerechtfertigt, wenn sie nicht durch Gründe, die in der Person oder dem Verhalten des Arbeitnehmers liegen, oder durch dringende betriebliche Erfordernisse, die einer Weiterbeschäftigung des Arbeitnehmers in diesem Betrieb entgegenstehen, bedingt ist und der Betriebsrat nicht befragt wurde (§ 1 KSchG).

---

458 ZP

Welche Arbeitnehmer genießen einen *besonderen Kündigungsschutz?*

- **Betriebsratsmitglieder sowie Jugend- und Auszubildendenvertreter** während der Amtszeit und ein Jahr danach
- **werdende Mütter** bzw. **Mütter**
  - während der Schwangerschaft (Arbeitgeber muss Kenntnis davon haben bzw. zwei Wochen nach einer Kündigung Kenntnis davon erlangen, z. B. durch ein ärztliches Attest)
  - während einer Frist von vier Monaten nach der Entbindung
  - während der Elternzeit (maximal drei Jahre)
- **Auszubildende** während der Ausbildung nach der Probezeit
- **Wehr- und Zivildienstleistende** während des Grundwehr- bzw. Zivildienstes und während der Wehrübungen
- **Schwerbehinderte** (mindestens 50 % Erwerbsminderung): Die Kündigungsfrist beträgt mindestens vier Wochen. Die Kündigung ist nur mit behördlicher Genehmigung möglich.

---

459 ZP

Welches *Ziel* verfolgt das *Arbeitsschutzgesetz?*

Das **Arbeitsschutzgesetz** verpflichtet die Arbeitgeber, Leben und Gesundheit der Arbeitnehmer vor Gefährdungen zu schützen. Dazu gehören Maßnahmen zur Verhütung von Arbeitsunfällen und die Vermeidung von Gesundheitsrisiken am Arbeitsplatz.

Die Überwachung der Einhaltung der Bestimmungen obliegt den Gewerbeaufsichtsämtern und innerbetrieblich den Sicherheitsbeauftragten. Die von den Berufsgenossenschaften erlassenen Unfallverhütungsvorschriften sind im Betrieb den Arbeitnehmern bekannt zu geben.

---

460 ZP

Nennen Sie weitere wichtige gesetzliche Maßnahmen zum *Schutz der Arbeitnehmer.*

Schutzmaßnahmen:

- **Frauen- und Mutterschutz:** Frauen genießen aufgrund ihrer körperlichen Konstitution und Stellung in der Familie einen besonderen Schutz im Arbeitsleben (vgl. MuSchG).

- **Arbeitszeitschutz:** Die tägliche Arbeitszeit darf in der Regel acht Stunden nicht überschreiten (ArbZG).

- **Schwerbehindertenrecht:** Schwerbehinderte erhalten fünf Tage mehr bezahlten Urlaub im Jahr. Alle Betriebe mit mindestens 20 Arbeitsplätzen müssen wenigstens fünf Prozent Schwerbehinderte beschäftigen, andernfalls müssen sie eine monatliche Ausgleichsabgabe an die Fürsorgestelle zahlen (vgl. SGB IX).

- **Beschäftigungsschutz:** Die Wahrung der Würde von Frauen und Männern am Arbeitsplatz durch Arbeitgeber und Vorgesetzte ist zu gewährleisten (BSchG).

- **Arbeitssicherheit:** Der Arbeitgeber muss Betriebsärzte und kompetente Arbeitskräfte für die Arbeitssicherheit (Sicherheitsbeauftragte) stellen (ASiG).

- **Gestaltung von Arbeitsstätten:** Der Arbeitgeber muss grundlegende Pflichten

 **Prozess**

bei der Einrichtung und dem Betrieb von Arbeitsräumen und Arbeitsstätten beachten. Zum Schutz der Arbeitnehmer werden besondere Anforderungen an die Sicherheit und den Gesundheitsschutz in den Betriebsstätten gestellt (ArbStättV). Die Gewerbeaufsichtsämter überwachen die Einhaltung der Vorschriften.

- **Gestaltung von Bildschirmarbeitsplätzen:** Es gilt die Verordnung über Sicherheit und Gesundheitsschutz bei der Arbeit an Bildschirmgeräten (BildscharbV). Danach müssen Arbeitsplätze ergonomische und sicherheitsrelevante Mindestanforderungen erfüllen. Für jeden Bildschirmarbeitsplatz muss der Arbeitgeber eine Arbeitsplatzanalyse durchführen und dokumentieren, um mögliche Gefährdungen und Belastungen frühzeitig zu erkennen. Dazu gehören neben der ergonomisch richtigen Einrichtung des Arbeitsplatzes einschließlich Hardware und Software auch die Arbeitsumgebung und der gesamte Arbeitsablauf.

1.4.8   Personalcontrolling   *Handbuch: LF 7*

Das Personalcontrolling dient der Überprüfung der **Effektivität** und der **Effizienz** personalwirtschaftlicher Maßnahmen. Effektivität ist die Eignung eines Mittels zur Erreichung eines bestimmten Ziels. Effizienz ermittelt das Verhältnis zwischen dem Ergebnis und dem getätigten Aufwand zur Erreichung des Ergebnisses. Effektivität und Effizienz sind miteinander verbunden und bedingen sich gegenseitig.

461 Welche *Aufgabe* hat das *Personalcontrolling?*

- **Personalstruktur**
  - Altersstruktur
  - Frauenanteil
  - Durchschnittsalter der Belegschaft
- **Personalbeschaffung**
  - Fluktuationsrate
  - Anzahl Versetzungswünsche
- **Personaleinsatz**
  - durchschnittliche wöchentliche Arbeitszeit
  - Überstundenquote
- **Personalerhaltung und Leistungsstimulation**
  - Fehlquote
  - Krankheitsquote

- **Personalentwicklung**
  - jährliche Weiter-/Fortbildung pro Mitarbeiter
- **betriebliches Vorschlagswesen**
  - Bearbeitungszeit pro Verbesserungsvorschlag
  - Annahmequote
- **Personalfreisetzung**
  - Sozialplankosten pro Mitarbeiter
- **Personalkostenplanung und -kontrolle**
  - Personalkosten je Mitarbeiter

462 Nennen Sie *wichtige Personalkennzahlen.*

463 Ermitteln Sie aus dem vorliegenden Zahlenmaterial für die 10. Kalenderwoche: a) die durchschnittliche wöchentliche Arbeitszeit, b) die Überstundenquote, c) die Fehlquote und d) die Krankheitsquote.

Die International AG führt für jede Sparte und für jeden Mitarbeiter Aufzeichnungen über Fehlzeiten. Diese übernimmt die Personalverwaltung jede Woche, gibt sie in das Personalinformationssystem ein und erhält die Auswertung. Für die Sparte Tiefbau Inland sieht das Ergebnis für die 10. Kalenderwoche 20.. wie folgt aus: Anzahl der Beschäftigten 8 736, tarifliche Arbeitszeit (Soll) 327 600 Stunden, effektive wöchentliche Arbeitszeit (Ist) 319 148 Stunden, Mehrarbeit 4.802 Stunden, Arbeitszeit insgesamt 323.950 Stunden, Fehlzeiten insgesamt 9 225 Stunden. Davon entfallen auf Urlaub 2 672 Stunden, Krankheit 6 252 Stunden, Fortbildung 291 Stunden, Sonstiges 0 Stunden.

a) die **durchschnittliche wöchentliche Arbeitszeit:**

$$x = \frac{\text{Arbeitszeit insgesamt}}{\text{Anzahl der Beschäftigten}} = \frac{323\,950}{8\,736} = 37{,}08$$

Die durchschnittliche wöchentliche Arbeitszeit beträgt 37,08 Stunden.

b) die **Überstundenquote:**

$$x = \frac{\text{geleistete Mehrarbeit} \cdot 100}{\text{tarifliche wöchentliche Arbeitszeit}} = \frac{4\,802 \cdot 100}{327\,600} = 1{,}47$$

Die Überstundenquote beträgt 1,47 %.

c) die **Fehlquote:**

$$x = \frac{\text{Fehlzeiten insgesamt} \cdot 100}{\text{tarifliche wöchentliche Arbeitszeit}} = \frac{9\,225 \cdot 100}{327\,600} = 2{,}82$$

Die Fehlquote beträgt 2,82 %.

d) die **Krankheitsquote:**

$$x = \frac{\text{Krankheitsstunden} \cdot 100}{\text{tarifliche wöchentliche Arbeitszeit}} = \frac{6\,252 \cdot 100}{327\,600} = 1{,}91$$

Die Krankheitsquote beträgt 1,91 %.

Hauptaufgaben der Personalverwaltung:

- Führung von Personalakten
- Entgeltberechnungen
- Sammlung und Auswertung von Personaldaten

464 Welche *Hauptaufgaben* hat die *Personalverwaltung?*

Moderne Personalverwaltungen arbeiten mit Computerunterstützung. Im Rahmen sogenannter Personalinformationssysteme **(PIS)** werden Personaldaten erfasst, gespeichert, gepflegt und ausgewertet. Sie liefern alle wichtigen Informationen für das Personalmanagement zur Erfüllung seiner Führungs- und Verwaltungsaufgaben und die grundlegenden Daten für die Entgeltabrechnung. Dabei ist die vertrauliche Behandlung dieser sensiblen Daten gemäß den Regelungen des Datenschutzes zu beachten.

465 Was versteht man unter einem *Personalinformationssystem?*

- **Personalleistung**, z. B.:
  - Arbeitsproduktivität
  - Umsatz je Mitarbeiter
- **Personalkosten,** z. B.:
  - Summe des Bruttoentgelts
  - Summe der Überstundenentgelte
  - Arbeitgeberanteil zur Sozialversicherung
  - Leistungszulagen
  - Urlaubsgeld

- **Personalstruktur**
  - Alter
  - Geschlecht
  - Staatsangehörigkeit
  - Status (z. B. Angestellte)
  - Schulbildung (z. B. Realschulabschluss)
  - Berufsbildung (z. B. gelernt)
- **Mitarbeiter**
  - Unfallzahlen
  - Fehlzeiten
  - Versetzungen
  - Urlaubstage
  - Einstellungen
  - Kündigungen

466 Worüber führen Unternehmen *Personalstatistiken?*

Jeder Arbeitgeber muss über die Mitarbeiter eine **Personalakte** führen. Dazu gehören alle Daten der Beschäftigten, die in unmittelbarem Zusammenhang mit dem Arbeitsverhältnis stehen. Die in der Akte enthaltenen Unterlagen bzw. Informationen sind vor unbefugten Zugriffen **zu schützen, vertraulich zu behandeln** und **sicher aufzubewahren.** Nur mit der Verwaltung von Personalunterlagen Beauftragte dürfen Zugang zu diesen haben. Auskünfte aus Personalakten dürfen nur mit Einwilligung der Beschäftigten gegeben werden. Die Arbeitnehmer haben ein **Recht auf Einsicht** in die vollständigen Personalakten. Zu den Personalaktendaten gehören auch Daten, die in Dateien (z. B. in einem Personalinformationssystem) informationstechnisch gespeichert sind.

467 Wozu dient die *Personalakte?*

Den **Umgang mit personenbezogenen Daten** aus Arbeitsverhältnissen regeln das **Bundesdatenschutzgesetz** (BDSG) und die Datenschutzgesetze der Bundesländer sowie tarifvertragliche Vereinbarungen.

468 Wodurch ist der Umgang mit *personenbezogenen Daten* geregelt?

Personalunterlagen

---

469 Welche *Unterlagen* werden in der *Hauptakte* geführt?

Eine Reihe von Personalunterlagen muss aufgrund gesetzlicher und/oder tarifvertraglicher Regelungen aufbewahrt werden. Diese Unterlagen werden in der sogenannten **Hauptakte** (Personalgrundakte) geführt.

Sie enthält u. a. folgende Unterlagen:

- **Deckblatt,** z. B.:
  persönliche Daten des Mitarbeiters, wie:
  - Anschrift
  - Familienstand
  - Bankverbindung
- **Bewerbungsunterlagen,** z. B.:
  - Bewerbungsschreiben
  - Lebenslauf
  - Lichtbild
  - Personalfragebogen
- **Arbeitsvertrag**

- **Werdegang des Mitarbeiters während des Beschäftigungszeitraumes,** z. B.:
  - Beurteilungen
  - Versetzungen
  - Ehrungen
  - Zwischenzeugnisse
  - Entgeltänderungen
  - Verbesserungsvorschläge
  - Abmahnungen
- **Kündigungsunterlagen:**
  - Kündigungsschreiben
  - Zeugnis
- **Hinweise auf Nebenakten**

---

470 Welche *Unterlagen* werden in der *Nebenakte* geführt?

Um einen störungsfreien Ablauf der Personalverwaltung zu gewährleisten und jederzeit Zugriff auf Informationen über ein Beschäftigungsverhältnis zu haben, werden zusätzliche **Nebenakten** geführt. Diese enthalten vor allem:

- Entgeltabrechnungen
- Zeiterfassungskarten
- Urlaubsdaten

- Arbeitsunfähigkeitsbescheinigungen
- Reisekostenabrechnungen
- Fehlzeiten

ZP

471 Was schreibt das *Bundesdatenschutzgesetz* vor?

Der Einzelne soll davor geschützt werden, dass sein Persönlichkeitsrecht durch den Umgang mit seinen personenbezogenen Daten verletzt wird. Das Gesetz gilt für die **Erhebung, Verarbeitung** und **Nutzung personenbezogener Daten** in öffentlichen Stellen des Bundes und der Länder und für nichtöffentliche Stellen, z. B. Unternehmen, wenn sie die Daten in oder aus Dateien geschäftsmäßig oder für berufliche oder gewerbliche Zwecke verarbeiten oder nutzen.

ZP

472 Nennen Sie *Beispiele* für *schutzwürdige Daten.*

schutzwürdige Daten:
- Krankheitsdaten
- strafbare Handlungen
- Ordnungswidrigkeiten

- Religionszugehörigkeit
- Höhe des Entgelts
- Zeugnisdaten

ZP

473 Nennen Sie *Beispiele* für *nichtschutzwürdige (freie) Daten* nach dem *Bundesdatenschutzgesetz.*

nichtschutzwürdige Daten:
- Name
- Berufsbezeichnung
- Titel

9714136

Recht auf:

- Benachrichtigung über gespeicherte Daten bei erstmaliger Speicherung
- Auskunft über gespeicherte Daten, es sei denn der Betroffene hat davon schon Kenntnis erhalten

- Berichtigung bei Speicherung unrichtiger Daten
- Löschung von Daten, z. B. bei unzulässiger Speicherung
- Sperrung von Daten, z. B. wenn die Richtigkeit oder Unrichtigkeit nicht feststellbar ist

ZP
Welche *Rechte* **474**
haben die *Betroffenen* beim Datenschutz?

1.5 Absatzprozesse planen, steuern und kontrollieren – Lernfeld 10

1.5.1 Grundlagen des Marketings   *Handbuch: LF 10*

- Der traditionelle Begriff **„Absatz"** bezieht sich eher auf einen **Verkäufermarkt,** d. h., die Marktmacht der Verkäufer (Anbieter) ist größer als die der Käufer (Nachfrager). In dieser Marktsituation stellt der **Absatz** eine **betriebswirtschaftliche Funktion des Unternehmens** dar, wie z. B. auch die Beschaffung, Finanzierung oder Produktion. Die Produkte und Dienstleistungen sollen in einem gegebenen Kundensegment zu einem möglichst hohen Preis zum Kunden gelangen, um das Unternehmensziel der Gewinnmaximierung zu erreichen.

- Der Begriff **„Marketing"** wurde in der Marktsituation des **Käufermarkts** geprägt – d. h., die Marktmacht der Käufer (Nachfrager) ist größer als die der Verkäufer (Anbieter). Resultierend aus dieser Marktsituation ist Marketing als eine **Konzeption der Unternehmensführung** anzusehen, bei der sich alle Aktivitäten des Unternehmens an den **Kundenwünschen** und damit an den Marktbedingungen ausrichten sollen.

Worin unterscheiden sich die Begriffe *Absatz* und *Marketing?* **475**

- Zunächst muss die **Marktsituation analysiert** werden – es wird **Marktbeobachtung** bzw. **Marktforschung** betrieben, um die Kundenwünsche bestimmen zu können.

- Die Unternehmensleitung bestimmt auf Grundlage der Marktanalyse die **Marketing-Kernstrategie.** Die entsprechenden **Zielmärkte** werden definiert, in denen das Unternehmen mit den ausgewählten Produkten und Dienstleistungen gezielt agieren möchte.

- Die Marketingabteilung legt die Ausgestaltung der **absatzpolitischen Instrumente** fest: Produkt-, Preis-, Kommunikations- und Distributionspolitik werden im Sinne eines effektiveren **Marketingmixes** optimal kombiniert.

- Das **Marketing-Controlling** wertet alle Marktaktivitäten aus und löst eine Rückkoppelung aller Marketingentscheidungen aus, eventuell werden Marketingstrategie und -organisation verändert, um den Kundenwünschen noch besser entsprechen zu können.

Welche Grundzüge weist ein *Marketing-Management-Konzept* eines Unternehmens auf? **476**

1.5.2   Markterkundung und Marktforschung   *Handbuch: LF 10*

477   Was versteht man im Rahmen der quantitativen Marktanalyse unter *Marktanteil, Marktvolumen* und *Marktpotenzial?*

- Der **Marktanteil** ist der erzielte Umsatz (wertmäßig) oder Absatz (mengenmäßig) eines Unternehmens, ausgedrückt als Prozentsatz des Marktvolumens.

- Das **Marktvolumen** ist der erzielte Umsatz oder Absatz aller betreffenden Unternehmen in einem Zielmarkt.

- Das **Marktpotenzial** beschreibt die mögliche Aufnahmefähigkeit eines Marktes für ein Produkt.

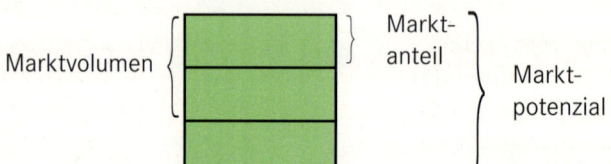

478   Bei der Marktuntersuchung werden *Markterkundung* und *Marktforschung* unterschieden – worin unterscheiden sich beide Begriffe?

- Bei der **Markterkundung** handelt es sich grundsätzlich um eine betriebsinterne, unsystematische Informationssammlung durch Einzelbeobachtungen und Gespräche, z. B. Auswerten von Reiseberichten und Marktberichten, Auswerten interner Absatzstatistiken, Gespräche mit Kunden usw.

- Bei der **Marktforschung** handelt es sich um das systematische Beschaffen und Verarbeiten von Informationen mithilfe wissenschaftlicher Methoden. Bei der Marktforschung werden unternehmensintern (Buchhaltung, Verkaufsberichte, Reklamationen usw.) und/oder unternehmensextern (Statistiken, Fachzeitschriften, Messebesuche usw.) Daten beschafft.

vgl.: Margit Bentin u.a., Handlungsorientierte Materialien in Wirtschaft und Verwaltung. Absatz/Marketing. 4. Auflage. Bildungshaus Schulbuchverlage Westermann Schroedel Diesterweg Schöningh Winklers GmbH, Braunschweig 2009, S. 19

479   Welche *Gründe* machen es erforderlich, *Marktuntersuchung* zu betreiben?

Ständige internationale und nationale **Marktveränderungen,** hervorgerufen z. B. durch den **Wertewandel in der Gesellschaft** oder durch die unterschiedliche **ökonomische Entwicklung** einzelner Regionen, machen eine Marktuntersuchung für die agierenden Unternehmen unverzichtbar. Unterbleiben die Beobachtung und Untersuchung von Marktveränderungen, besteht die Gefahr, dass einzelne Unternehmen vom Markt verschwinden und sich Mitbewerber durchsetzen.

480   Grenzen Sie die Begriffe *Marktanalyse, Marktbeobachtung* und *Marktprognose* voneinander ab.

- Die **Marktanalyse** ist eine **zeitpunktbezogene** Analyse des Marktes des Unternehmens.

- Die **Marktbeobachtung** erfolgt dagegen **zeitraumbezogen.** Sowohl Marktbeobachtung als auch Marktanalyse gehören zur Marktforschung.

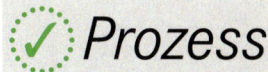 *Prozess*

Sowohl bei der Marktanalyse als auch bei der Marktbeobachtung werden **Konkurrenzforschung** (z. B. Beobachtung der aktuellen Produktveränderungen und Marktanteile der Mitbewerber) und **Bedarfs-** und **Absatzforschung** (z. B. Analyse des Marktsättigungsgrades und der vorherrschenden Kaufmotive) betrieben.

- Bei der **Marktprognose** handelt es sich um eine **Vorhersage** zur Marktentwicklung auf der Grundlage gesammelter Daten der Markterkundung bzw. -forschung. Die Marktprognose unterstützt die Entscheidung über absatzpolitische Aktivitäten des Unternehmens.

- Die **Primärforschung** erhebt **neue Daten** im Rahmen der **Feldforschung (Field-Research).** Zum Beispiel wird das aktuelle Kundenverhalten analysiert.

- Die **Sekundärforschung** wertet im Rahmen der **Schreibtischforschung (Desk-Research)** vorhandenes Datenmaterial aus betriebsinternen und -externen Quellen aus.

481 Welche beiden *Methoden der Marktforschung* werden prinzipiell unterschieden?

- **Beispiele für betriebsinterne Quellen:**
  - Reiseberichte der Außendienstmitarbeiter
  - Absatz- und Umsatzstatistiken
  - Kundendateien
  - Daten des Rechnungswesens

- **Beispiele für betriebsexterne Quellen:**
  - Daten von Mitbewerbern (z. B. im Internet)
  - Veröffentlichungen der Industrie- und Handelskammern
  - Publikationen staatlicher Institutionen (z. B. Ministerien, statistisches Bundesamt)
  - Veröffentlichungen der Bundesbank und der EZB
  - Daten von Marktforschungsinstituten und Branchenverbänden

482 Nennen Sie jeweils *Beispiele* für *betriebsinterne* und *-externe Quellen* der Sekundärforschung.

- Bei der sogenannten **Vollerhebung** werden **alle** Angehörigen einer Zielgruppe **untersucht**. Wegen der hohen Kosten ist dies nur bei einer zahlenmäßig überschaubaren Zielgruppe sinnvoll.

- Bei einer **Teilerhebung** werden die Angehörigen einer Zielgruppe nur **stichprobenhaft**, dies möglichst **repräsentativ**, untersucht.

483 Welche *Auswahlverfahren* der *Primärforschung* werden grundsätzlich unterschieden?

- Bei der Methode der **Zufallsauswahl** (auch Randomverfahren genannt) werden aus einer Zielgruppe „zufällig" Personen ausgewählt, zum Beispiel jeder hundertste Bürger aus einem Adressverzeichnis einer Stadt.

- Bei dem **Quotenverfahren** werden nach vorher genau festgelegten Merkmalen, z. B. Alter, Geschlecht, Einkommen, beliebige Personen nach bestimmten prozentualen Anteilen (Quoten) ausgewählt.

484 Bei der *Teilerhebung* wird insbesondere von einer *Zufallsauswahl* und dem *Quotenverfahren* gesprochen. Was ist damit jeweils gemeint?

485 Beschreiben Sie jeweils kurz die wichtigsten *Erhebungsmethoden der Primärforschung.*

- **Befragung:** schriftliche, mündliche oder fernmündliche Datenerhebung zur Erstellung eines Meinungsbildes zu einem bestimmten Produkt bzw. einer bestimmten Produktgruppe

- **Interview:** Erhebung zu einer grundsätzlichen Meinung, die für ein bestimmtes Konsumverhalten ausschlaggebend sein kann, um wirkliche Kaufmotive offenzulegen.

- **Paneltechnik:** regelmäßige Befragung einer bestimmten Personengruppe über einen längeren Zeitraum anhand von speziellen Fragebögen (z. B. regelmäßige Aufzeichnung des Konsumverhaltens eines 4-Personen-Haushaltes)

- **Test:** Meinungserhebung in einer Zielgruppe für ein bestimmtes Produkt anhand von neutral verpackten Warenproben

- **Experiment:** spezielle Form der Beobachtung oder Erfragung von Reaktionen auf unterschiedliche Produktmerkmale (z. B.: Gestaltung, Qualität und Preise)

- **Beobachtung:** Erhebung von Sachverhalten und Verhaltensweisen ohne Befragung

aus: Margit Bentin u.a., Handlungsorientierte Materialien in Wirtschaft und Verwaltung. Absatz/Marketing. 4., aktualisierte Auflage, Bildungshaus Schulbuchverlage Westermann Schroedel Diesterweg Schöningh Winklers GmbH, Braunschweig 2009, S. 24

486 Welche *Zielsetzung* besitzt die *Clusteranalyse?*

Die **Clusteranalyse** stellt eine Möglichkeit dar, durch die Primärerhebung gewonnene große Datenmengen mithilfe **mathematisch-statistischer Verfahren** auszuwerten.

Zielsetzung der **Clusteranalyse** ist es, große Datenmengen von Befragten nach bestimmten Merkmalen zu **aussagefähigen Größen (Gruppen)** zusammenzufassen. Aus einer Konsumentenbefragung könnte es sich z. B. ergeben, die Konsumentengruppen „umweltbewusster Konsument", „fortschrittsbewusster Konsument" und „traditionell eingestellter Konsument" als Kundentypen zu bilden, um sie zukünftig marketingpolitisch gezielt anzusprechen.

vgl.: Margit Bentin, u. a., Handlungsorientierte Materialien in Wirtschaft und Verwaltung. Absatz/Marketing. 4., aktualisierte Auflage, Bildungshaus Schulbuchverlage Westermann Schroedel Diesterweg Schöningh Winklers GmbH, Braunschweig 2009, S. 26

487 Was versteht man unter der *Marktsegmentierung,* welches *Ziel* hat sie?

Die Auswertung der Clusteranalyse dient dazu, den Markt in **Teilmärkte (Marktsegmente)** mit relativ **homogenen Kundengruppen** aufzuteilen. Die Clusteranalyse ist demnach ein Instrument der Marktsegmentierung.

Die Segmentierung des Marktes in Teilmärkte führt dazu, dass die entstandenen Kundengruppen jeweils gezielt mit einer **individuellen Marketingkonzeption** bearbeitet werden können. Letztendlich muss aber der Einsatz dieser individuellen Konzeptionen gegenüber den entstandenen Kosten einen **Mehrerlös** für das Unternehmen erbringen.

488 Welche *Voraussetzungen* hat die *Bildung von Marktsegmenten?*

- Die **Marktsegmente** müssen eine **zeitliche Stabilität** aufweisen. Die Kundengruppen müssen zeitlich so lange bestehen, dass geeignete Marketingkonzeptionen eingesetzt werden können.

- Die Bearbeitung der Marktsegmente muss **wirtschaftlich** sein. Sind die Kundengruppen zu klein, ist eine kundenspezifische Marketingkonzeption für das Großhandelsunternehmen nicht rentabel.

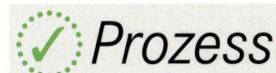 *Prozess*

- Die Verhaltensweisen der Kundengruppen in den Marktsegmenten müssen zuverlässig und objektiv **messbar** sein.
- Die gebildeten Marktsegmente müssen mithilfe der jeweils gewählten Marketingkonzeption für das Unternehmen **zugänglich** sein.

- Die ermittelten Verhaltensweisen der Kundengruppen müssen für den Einsatz einer segmentspezifischen Marketingkonzeption **relevant,** also von Bedeutung sein.

vgl.: Tobias Walter, Segmentspezifische Vertriebsstrategien im Großhandel. Analyse nachfrageorientierter Vertriebsinstrumente im Produktionsverbindungshandel. Swiridoff Verlag, Künzelsau 2003, S. 112 f.

1.5.3 Kundenbindung und Kundenmanagement
Handbuch: LF 10

Darunter versteht man die **Gewinnung** oder **Bewerbung** von Kunden. Die **Gewinnung neuer Kunden** läuft in der Regel in den folgenden Schritten ab:

1. **Kontaktphase:** Vorstellen des Unternehmens und des Leistungsangebotes
2. **Evaluationsphase:** Überprüfung, ob Kontaktaufnahme erfolgreich war, mit dem Ziel, eine positive Einstellung zum potenziellen Käufer aufzubauen
3. **Kaufphase:** Verhandlungen zwischen Nachfrager und Anbieter, gegebenenfalls Vertragsabschluss
4. **Nutzungsphase:** Kundenzufriedenheit mit Ziel der Kundenbindung

489 Was versteht man unter *Kundenakquise?*

- Die **Kundenbindung** hat das **Ziel,** aus Erstkunden **Stammkunden** zu machen und sie als solche zu behalten. Dadurch wird dem Unternehmen ein langfristiger Erfolg ermöglicht und so die Marktstellung gesichert und ausgebaut.

Damit es zu einer erfolgreichen Kundenbindung kommt, ist das Erreichen von **Kundenzufriedenheit** Voraussetzung. Diese wird nur realisiert, wenn die **Kundenwünsche** erkannt und erfüllt werden.

490 *Warum* wird der *Kundenbindung* im Marketing ein so *hoher Stellenwert* eingeräumt?

- **Phase I: Definition des Zielkunden**
  Die für das Unternehmen wichtigsten Marktsegmente (Teilmärkte) werden bestimmt, innerhalb der Marktsegmente werden die Kunden ausgewählt, die den höchsten langfristigen Erfolg für das Unternehmen versprechen.
- **Phase II: Wünsche des Zielkunden befriedigen**
  Die genauen Kundenwünsche müssen erkannt werden und mit entsprechenden Leistungsangeboten (Gütern und Dienstleistungen) individuell befriedigt werden.

- **Phase III: Bindung zum Zielkunden aufbauen**
  Das Kundenmanagement erfordert umfassende **Marktinformationssysteme,** mit denen die Kundendaten gesammelt und ausgewertet werden müssen. Die individuellen Kundenpräferenzen müssen erhoben werden, man spricht von sogenannten **Kundenprofildaten.** Werden die Kundenwünsche auf Dauer befriedigt, können **langfristige Kundenbeziehungen** hergestellt werden, aus Erstkunden werden Stammkunden – die Maßnahmen zur **Kundenbindung** waren erfolgreich.

491 In welchen *Phasen* läuft *Kundenmanagement* ab?

Programmpolitik

492 Was versteht man unter dem *Customer-Relationship-Management (CRM)?*

CRM stellt eine **Managementphilosophie** dar, die eine vollständige Ausrichtung des Unternehmens auf vorhandene und potenzielle **Kundenbeziehungen** zum Inhalt hat. Das Unternehmen hat sich also eher am Kunden und seinen Wünschen als am Produkt auszurichten. CRM-Systeme koordinieren und optimieren marketingpolitische Entscheidungen in einem Anwendungssystem, das neben der Kunden- und Artikelstammdatenverwaltung z. B. noch die Komponenten Versandwegverfolgung und Beschwerdemanagement beinhaltet.

| 1.5.4 | Absatzpolitisches Instrument Produkt-/Programmpolitik | *Handbuch: LF 10* |

493 Welche *absatzpolitischen Instrumente* werden in *Industrieunternehmen* unterschieden?

Absatzpolitische Instrumente

- Produkt-/Programmpolitik
- Preis- und Konditionenpolitik
- Kommunikationspolitik
- Distributionspolitik

494 Mit welchen *Maßnahmen* kann die *Produkt- und Sortimentspolitik* im Einzelnen *gestaltet* werden?

Produkt-/ Programmpolitik

Produkt-gestaltung	produkt-begleitende Servicepolitik	prozess-orientierte Produktpolitik	Programmpolitik

Produktgestaltung
- **Qualität** (Langlebigkeit, Umweltverträglichkeit)
- **Aufmachung** (Form, Größe Farbe)
- **Verpackung** (werbewirksam, transportgerecht)
- **Markierung** (Name, Schriftzug)

produktbegleitende Servicepolitik
- **Kundendienst**
- **Garantieleistung**
- **Verkäuferschulung**

prozessorientierte Produktpolitik
- **Innovation** (Einführung neuer Produkte)
- **Variation** (Änderung von Produkteigenschaften)
- **Elimination** (Herausnahme von Produkten aus dem Programm)

Programmpolitik
- **Maßnahmen**
  - Programmerweiterung
  - Programmbereinigung
  - Programmveränderung
- **Struktur**
  - Prog.-breite (Anzahl der Produktlinien)
  - Prog.-tiefe (Variantenanzahl in einer Produktlinie)

vgl.: Margit Bentin u. a., Handlungsorientierte Materialien in Wirtschaft und Verwaltung. Absatz/Marketing. Lehrerband übereinstimmend ab 4. Auflage des Schülerarbeitsheftes. Bildungshaus Schulbuchverlage Westermann Schroedel Diesterweg Schöningh Winklers GmbH, Braunschweig 2009, S. 124

Produktdifferenzierung und -diversifikation

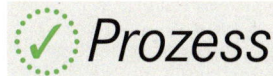

- Bei der sogenannten **Herstellermarke** wird das Produkt durch den Hersteller markiert, man spricht von einem **Zeichen,** zum Beispiel ein Wort oder ein Bild. Nach dem **Markengesetz** können Marken rechtlich durch Eintragung beim **Deutschen Patent- und Markenamt** bzw. beim **Europäischen Markenamt** geschützt werden.

- Marken schützen den „guten Namen" des Produktes und führen zu einer **Abgrenzung** von ähnlichen Produkten der **Mitbewerber.**

- Ein **Markenartikel** soll dem Kunden eine **gleichbleibende** oder **verbesserte Qualität** garantieren.

495 Im Rahmen der *Produktgestaltung* wird versucht, dem Produkt das Image einer *Markenware* zu verleihen. Was macht einen *Markenartikel* aus?

- **Pre-Sales-Leistungen:** Sie werden vom Hersteller vor dem Vertragsabschluss erbracht, z. B. Versenden von Programmkatalogen.

- **During-Sales-Leistungen:** Sie werden vom Hersteller verkaufsbegleitend erbracht, z. B. Beratungsleistungen.

- **After-Sales-Leistungen:** Sie werden vom Hersteller nach dem Vertragsabschluss erbracht, z. B. Lieferung von Ersatzteilen.

496 Beschreiben Sie die Service- bzw. Kundendienstleistungen *Pre-Sales-Leistungen, During-Sales-Leistungen* und *After-Sales-Leistungen.*

- **Rechtlich** gesehen hat der Kunde einen Anspruch auf **Gewährleistung,** die sich aus den Bestimmungen des BGB bei Sach- und Rechtsmängeln ergibt (vgl. Kapitel 3.2.7.2).

- **Vertraglich** kann das Industrieunternehmen eine **Herstellergarantie** außerhalb der Bestimmungen der Gewährleistung bieten, z. B. eine dreijährige Garantie.

- Die sogenannte **Kulanz** stellt eine **freiwillige Leistung** des Unternehmens gegenüber Kunden dar, ohne dass rechtliche oder vertragliche Bestimmungen gelten (Beispiel: Umtausch von Produkten bei Nichtgefallen).

497 Welche Möglichkeiten gibt es im Bereich *Garantieleistunge*n für ein Industrieunternehmen, absatzpolitisch zu agieren?

- Bei der **Produktdifferenzierung** werden **programmnahe Produkte** in das Programm **aufgenommen.**

  Beispiel: Neben den bisher hergestellten Spiegelreflexkameras werden Digitalkameras in das Programm aufgenommen.

- Bei der **Produktdiversifikation** werden **programmferne Produkte** in das Programm **aufgenommen.**

  Beispiel: Es werden neue Produktlinien aufgenommen, neben Fotoapparaten werden Ferngläser hergestellt.

498 Im Rahmen der *Produktinnovation* werden *Produktdifferenzierung* und *Produktdiversifikation* unterschieden. Erläutern Sie beide Fachbegriffe.

Prozess ✓

499 Beschreiben Sie die *horizontale, vertikale* und *laterale Produktdiversifikation.*

- **horizontale Diversifikation:** Angebot von weiteren Produkten der gleichen Wirtschaftsstufe

  Beispiel: Kamerahersteller produziert auch PCs

- **vertikale Diversifikation:** Angebot von weiteren Produkten vor- oder nachgelagerter Produktionsstufen

  Beispiel: Kamerahersteller kauft Lieferant von Elektronikbauteilen auf

- **laterale Diversifikation:** Angebot von weiteren Produkten ohne jeden Zusammenhang mit bisherigem Produktionsprogramm

  Beispiel: Kamerahersteller kauft Möbelproduzenten auf

500 Ist eine *Produktelimination* immer *sinnvoll,* wenn der Verkauf dieses Produktes keinen Gewinn erwirtschaftet?

- Die **Herausnahme** eines Produktes aus dem Programm wird **häufig sinnvoll** sein, wenn mit dessen Verkauf kein Gewinn erwirtschaftet werden kann.

  Allerdings kann diese Entscheidung auch falsch sein, wenn es **Verbundbeziehungen** zwischen diesem Verlustbringer und anderen **Gewinnbringern** im Produktionsprogramm gibt. Der Gewinnbringer subventioniert dann den Verlustbringer. Würde man nur den Gewinnbringer verkaufen, würden viele Kunden zum Mitbewerber wechseln, da sie auch das andere Produkt weiterhin kaufen möchten.

- Ein Produkt kann auch nur **kurzfristig** zum **Verlustbringer** werden, langfristig aber wieder zum Gewinnbringer werden. Dies ergibt sich z. B. durch **kurzfristige Preisschwankungen** im **Beschaffungsmarkt,** die aufgrund der Wettbewerbssituation nicht sofort an die Abnehmer weitergegeben werden können.

- Fragen, die sich mit diesen programmpolitischen Entscheidungen ergeben, können von den Ergebnissen der **Deckungsbeitragsrechnung** (siehe Kapitel 2.3.5) beantwortet werden.

501 Welche *Phasen* werden im Allgemeinen im *Produktlebenszyklus* unterschieden? Nennen Sie für jede Phase exemplarische *produktpolitische Entscheidungen.*

- **Einführungsphase:** Produktinnovation, Produktdifferenzierung
- **Wachstumsphase:** Produktdifferenzierung, Produktpflege
- **Reifephase:** Produktdifferenzierung

- **Sättigungsphase:** Produktvariation, gegebenenfalls Elimination
- **Degenerationsphase:** Produktvariation, Elimination

502 Was versteht man beim Produktlebenszyklus unter dem *Relaunching?*

Am Ende der Sättigungsphase oder in der Degenerationsphase wird der Hersteller versuchen, ein **modifiziertes Produkt anzubieten.** Damit erhofft er sich, dass ein **neuer Produktlebenszyklus** entsteht.

- Die **Portfolio-Analyse** (portfolio – engl. = Mappe, hier im übertragenen Sinn eine Mappe mit den Produkten eines Unternehmens) ist ein weit verbreitetes **Instrument strategischer Unternehmens- und Marketingplanung,** mit der **Chancen** und **Risiken der Produkte** im Absatzmarkt sichtbar gemacht werden.

- In der **Portfolio-Matrix** mit den Achsenbezeichnungen „Marktwachstum" und „Marktanteil" werden in **vier Feldern** die **Produkte** eines Unternehmens eingeteilt in:

  ○ *Fragezeichen/Hoffnungen* („Question marks")
  ○ *Sterne* („Stars")
  ○ *Arme Hunde* („Poor dogs")
  ○ *Milchkühe* („Cash cows")

- Das Unternehmen muss sich bemühen, **stets genügend Nachwuchs an Produkten,** d.h. „Hoffnungen" („Question marks"), aufzuweisen, um sich am Markt auch mittel- und langfristig zu behaupten.

503

Im Rahmen der *Produktpolitik* wird häufig die *Portfolio-Analyse* angewandt. Was ist darunter zu verstehen?

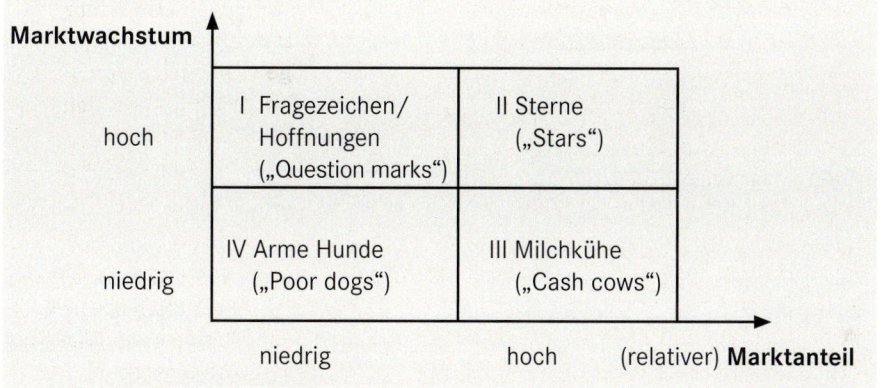

- Die **Fragezeichen/Hoffnungen** („Question marks") sind die **Nachwuchsprodukte** des Unternehmens. Sie weisen (noch) einen kleinen Markanteil, aber hohes Wachstumspotenzial auf.

- Die **Sterne** („Stars") sind die **Zukunftsprodukte** des Unternehmens. Sie besitzen einen großen Marktanteil und man erwartet einen weiter wachsenden Absatz.

- Die **Armen Hunde** („Poor dogs") sind die **Ergänzungsprodukte** des Unternehmens. Sie weisen einen kleinen Marktanteil mit niedrigen Wachstumsraten auf.

- Die **Milchkühe** („Cash cows") sind die **Basisprodukte** des Unternehmens. Sie weisen einen großen Marktanteil auf, allerdings stagniert schon das Marktwachstum.

504

Beschreiben Sie die einzelnen *Produkte* der *Portfolio-Matrix.*

Preis- und Konditionenpolitik

1.5.5   Absatzpolitisches Instrument Preis- und Konditionenpolitik   *Handbuch: LF 10*

505 Welche *Ent-scheidungs-bereiche* umfasst im Einzelnen die *Preis- und Kondi-tionenpolitik (Kon-trahierungspolitik)* eines Industrieunter-nehmens?

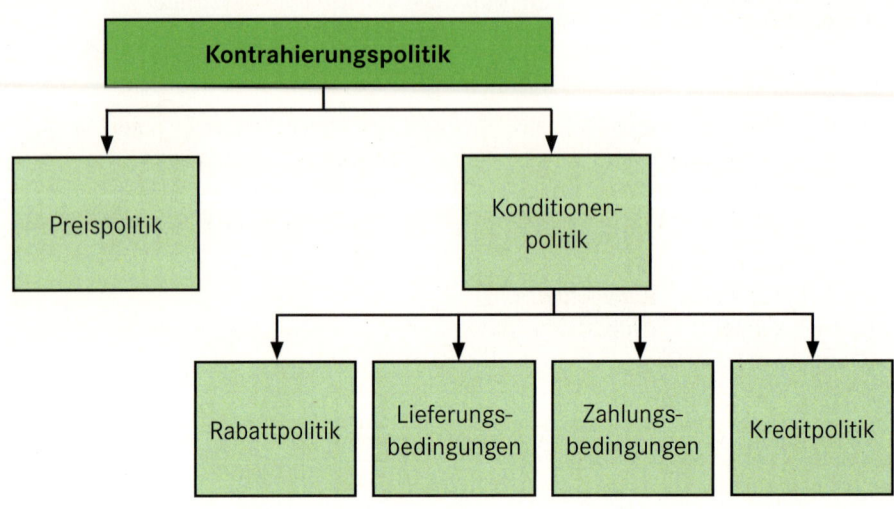

506 Wodurch wird der Verkaufs-*preis* eines *Pro-duktes* bestimmt?

- **Betriebsintern** wird der **Verkaufspreis** eines Produktes durch die **Kosten** und die **Kalkulationszuschläge** bestimmt.

- **Betriebsextern** wird der **Verkaufspreis** durch die **Marktbedingungen,** d. h. vor allem durch das **Verhalten** der **Kunden** und der **Mitbewerber,** beeinflusst.

507 Im Rahmen der *Preispolitik* wird zwischen der *kostenorientierten, kundenorientierten* und *konkurrenzorien-tierten Preisfindung* unterschieden. Was ist damit jeweils gemeint?

- Bei der **kostenorientierten Preisfin-dung** wird der Preis allein aufgrund der Kosten (der Beschaffung, Produktion und des Absatzes) kalkuliert.

- Bei der **kundenorientierten Preisfin-dung** richtet man sich am **Nachfrage-verhalten der Kunden** aus. Haben

die Kunden genügend Kaufkraft und sind auch bereit, einen höheren Preis für das Produkt zu bezahlen, wird das Unternehmen eher die Hochpreispo-litik verfolgen. Den Zusammenhang zwischen der abgesetzten Menge und dem jeweils erzielten Marktpreis drückt die **Preis-Absatz-Funktion** aus.

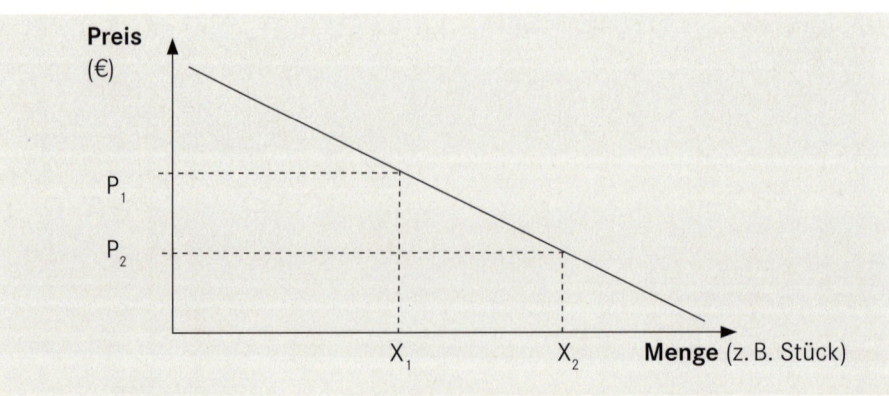

9714146

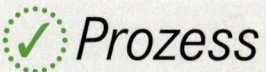
- Bei der **konkurrenzorientierten Preisfindung** richtet sich das Unternehmen bei seiner Preispolitik am **preispolitischen Verhalten der Mitbewerber** aus. Einerseits ist reine **Anpassung an** die **Preisführerschaft** eines marktbeherrschenden Mitbewerbers denkbar, andererseits ist auch eine **aggressive Preispolitik** möglich, um so Marktanteile auf Kosten der Mitbewerber zu gewinnen.

- **Einzelkosten** sind Kosten, die dem Produkt **direkt zugerechnet** werden können (z. B. Kosten eines Chips in einer Digitalkamera).

- **Gemeinkosten** sind Kosten, die dem Produkt **nicht direkt zugerechnet** werden können (z. B. Gehalt des Pförtners).

- **Sondereinzelkosten** sind Kosten, die aufgrund eines **speziellen Kundenauftrages** entstehen (z. B. Maschineneinstellkosten für eine Sonderanfertigung).

508 Im Kalkulationsschema der kostenorientierten Preisfindung wird u. a. zwischen *Einzel-, Gemein-* und *Sondereinzelkosten* unterschieden.

Definieren Sie kurz diese Fachausdrücke.

Aufgrund der **preispolitischen Aktivitäten der Mitbewerber** oder aufgrund des **Nachfrageverhaltens der Kunden** muss das Industrieunternehmen unter Umständen den Preis kurz- oder langfristig reduzieren:

- Als **kurzfristige Preisuntergrenze** wird die **Höhe der variablen Kosten** bezeichnet. Das Unternehmen verzichtet damit kurzfristig auf die Deckung der fixen Kosten und den Gewinn.

- Als **langfristige Preisuntergrenze** wird die **Höhe der Selbstkosten** (Gesamtkosten) bezeichnet. Das Unternehmen verzichtet über einen längeren Zeitraum (z. B. in einer Wirtschaftskrise) auf einen Gewinn.

509 Erläutern Sie kurz die Begriffe *langfristige* und *kurzfristige Preisuntergrenze* im Rahmen der Preispolitik.

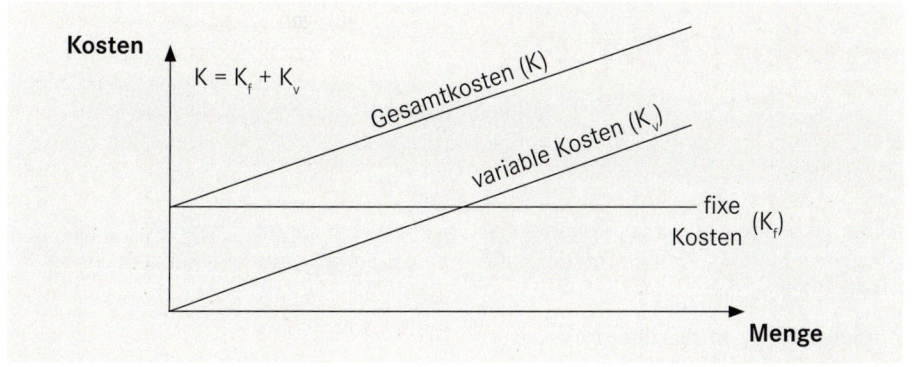

Preis- und Konditionenpolitik

510 Welche *Strategien* der *Preis- und Konditionenpolitik* werden bei Industrieunternehmen unterschieden?

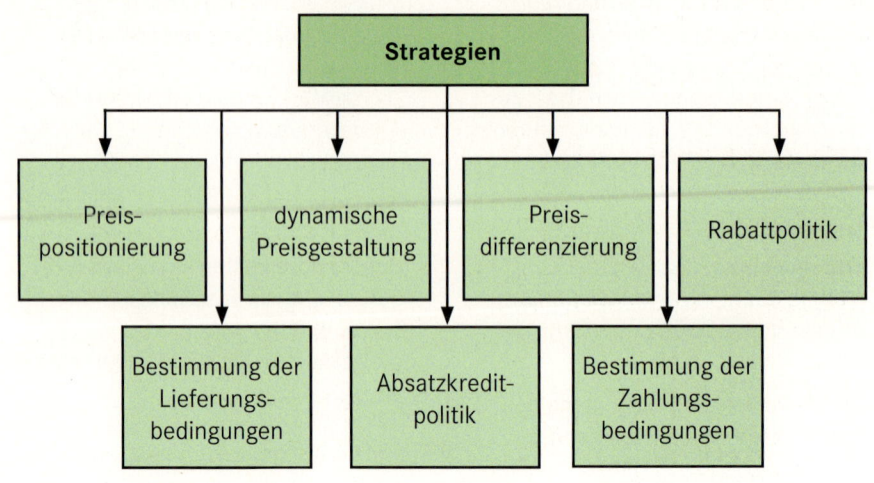

vgl.: Margit Bentin u. a., Handbuch für Industriekaufleute. 4., aktualisierte Auflage, Bildungshaus Schulbuchverlage Westermann Schroedel Diesterweg Schöningh Winklers GmbH, Braunschweig 2008, S. 391

511 Was versteht man unter der *Preispositionierung* als *Strategie* der Kontrahierungspolitik?

Mit der **Preispositionierung** steuert ein Unternehmen mit seinem Produkt ganz bewusst einen **bestimmten Preisbereich** an. Dies erfolgt z. B. bei Markenwaren, die im oberen Preissegment angeboten werden. Ein hoher gleichbleibender Qualitätsstandard, verbunden mit einem entsprechenden Markenimage, soll über empfohlene Verkaufspreise zu einer einheitlichen Preisgestaltung im Facheinzelhandel führen.

vgl.: Margit Bentin u. a., Handlungsorientierte Materialien in Wirtschaft und Verwaltung. Absatz/Marketing. 4., aktualisierte Auflage, Bildungshaus Schulbuchverlage Westermann Schroedel Diesterweg Schöningh Winklers GmbH, Braunschweig 2009, S. 50

512 Erläutern Sie den Begriff der *dynamischen Preisgestaltung.*

Bei der **dynamischen Preisgestaltung** passt sich das Industrieunternehmen mit seinen Preisen **flexibel** an die jeweilige **Marktsituation** an. Senken z. B. die Mitbewerber den Preis, wird das Unternehmen auch den Preis senken. Denkbar wäre auch eine preisliche Anpassung an die Phasen des Produktlebenszyklus.

513 Welche Formen der *Preisdifferenzierung* werden im Allgemeinen unterschieden?

Bei der Preisdifferenzierung wird das **gleiche Produkt** in unterschiedlichen Teilmärkten zu verschiedenen Preisen angeboten. Als **Formen** der Preisdifferenzierung werden unterschieden:

- **räumliche Preisdifferenzierung** (unterschiedliche Preise z. B. in Großstädten und ländlichen Gebieten)
- **mengenmäßige Preisdifferenzierung** (z. B. Mengenrabatt)
- **zeitliche Preisdifferenzierung** (z. B. Saisonpreise)

- **verwendungsbezogene Preisdifferenzierung** (z. B. unterschiedliche Mietpreise für private und gewerbliche Nutzung)
- **personenbezogene Preisdifferenzierung** (z. B. Sondertarife für Schüler/-innen in öffentlichen Verkehrsmitteln)

vgl.: M. Hüttner u. a., Marketing-Management, Oldenbourg, München 1994, S. 206 f.

Absatzkreditpolitische Vereinbarungen

- **Mengenrabatt** (Preisnachlass bei Abnahme von größeren Mengen)
- **Treuerabatt** (z. B. für langjährige Kunden)
- **Wiederverkäuferrabatt** (z. B. für Großhändler und Handwerker)
- **Sonderrabatt** (z. B. bei Produkteinführung)
- **Saisonrabatt** (bei saisonalen Anlässen)

- **Naturalrabatt** (in Form von Waren, entweder als Draufgabe oder als Dreingabe)
  - ○ Draufgabe: Eine zusätzliche Mengeneinheit wird kostenlos gewährt.
  - ○ Dreingabe: Ein Teil der bestellten Mengeneinheit wird nicht berechnet.
- **Bonus** (nachträglicher Preisnachlass bei Erreichen einer Mindestumsatzhöhe)
- **Skonto** (Nachlass für Bezahlung vor dem eigentlichen Zahlungsziel)

514 Welche *Rabattarten* werden üblicherweise unterschieden?

Der Verkauf von **Kleinstmengen** ist für Industrieunternehmen meist zu **kostenintensiv.** Deswegen verlangen sie entweder eine **Mindestbestellmenge** oder erheben **Zuschläge für Kleinbestellungen.**

515 Was versteht man unter *Mindermengenzuschlägen?*

Für Kunden sind günstige **Lieferungsbedingungen** ein wichtiges **absatzpolitisches Instrument,** um die **Kundenbindung** zu **erhöhen.** In ihnen wird beispielsweise geregelt:

- **Aufteilung** der **Transport-** und **Versicherungskosten** zwischen Käufer und Verkäufer

- Bestimmungen zu **Garantie** und **Kulanz**
- **Ausgestaltung von Vertragsstrafen** (wenn Vertragspartner gegen Vertragspflichten verstoßen)

516 Was wird im Rahmen der *Lieferungsbedingungen* geregelt?

- **Terminierung der Zahlungsfristen** (z. B. normales Zahlungsziel: vier Wochen, Skontofrist: 10 Tage)
- **Höhe des Skontosatzes** (soweit angeboten)

- **Form der Zahlungsabwicklung** (z. B. Barzahlung, Überweisung, Scheckzahlung)
- **Möglichkeiten der Zahlungssicherung** (z. B. Lieferung gegen Eigentumsvorbehalt)

517 Welche *Zahlungsbedingungen* werden im Allgemeinen unterschieden?

- Vereinbarung eines **verlängerten Zahlungsziels**
- Einräumen eines **Kreditrahmens**
- Möglichkeit eines **Leasingvertrages**

- Anbieten eines **Ratenkaufvertrages**
- Gewährung eines **Vorzugszinssatzes** (bei den unterschiedlichen kreditpolitischen Vereinbarungen)

518 Welche *absatzkreditpolitischen Vereinbarungen* können angeboten werden?

519 Unterscheiden Sie im Rahmen der Preispolitik zwischen den Preisstellungssystemen *Brutto-* und *Nettopreissystem*.

- Beim **Bruttopreissystem** weist das Industrieunternehmen Bruttopreise im Katalog aus, auf die den Kunden Rabatte in unterschiedlicher Höhe gewährt werden.

- Beim **Nettopreissystem** weist das Industrieunternehmen im Katalog oder in Verkaufsverhandlungen bereits bereinigte Nettopreise aus. Unterschiedliche Preise für unterschiedliche Verkaufsmengen werden jeweils als Nettopreise aufgeführt.

1.5.6　Absatzpolitisches Instrument Kommunikationspolitik
Handbuch: LF 10

520 Welche *Ziele* verfolgt die *Kommunikationspolitik?*

Die **Kommunikationspolitik** versucht gezielt das **Verhalten potenzieller Kunden** mithilfe besonderer Kommunikationsmittel und -instrumente zu **beeinflussen.** Beim Einsatz der Kommunikationspolitik werden prinzipiell **ökonomische** und **psychologische Ziele** unterschieden:

- **Ökonomische Ziele** sind in der Regel leichter messbar, da sie leicht quantifizierbar sind, z. B. Erhöhung des Umsatzes oder Erhöhung des Marktanteils.

- **Psychologische Ziele** sind meist nicht so leicht messbar wie ökonomische Ziele. Es geht in der Regel darum, die Wirkung der Unternehmensleistungen am Markt auf den Kunden zu ermitteln und zu verändern. Beispielsweise sollen das wahrgenommene Produkt- und Unternehmensimage verbessert und die Kundenzufriedenheit erhöht werden.

521 Welche *strategischen Entscheidungen* bestimmen den konkreten Einsatz der *kommunikationspolitischen Instrumente?*

Bevor einzelne Instrumente der Kommunikationspolitik (z. B. Werbung) vom Industrieunternehmen eingesetzt werden, ist eine übergeordnete **Corporate-Identity-Strategie** auf Basis einer vorher bestimmten **Unternehmensphilosophie** (vgl. Kapitel 3.1.1.2) festzulegen. Diese Strategie hat das Ziel, die **Unternehmensidentität** im Markt zu verankern.

522 Welche *kommunikationspolitischen Instrumente* werden bei Industrieunternehmen unterschieden?

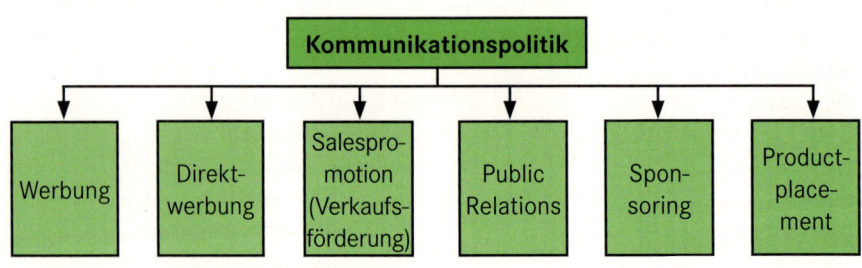

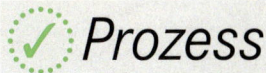

- **Wer wirbt?** Bezeichnung des/der **Werbenden:**
  - **Einzelwerbung:** ein Unternehmen wirbt
  - **Kollektivwerbung:** mehrere Unternehmen werben gemeinsam – entweder als **Sammelwerbung** (Unternehmen werden namentlich genannt) oder als **Gemeinschaftswerbung** (z. B. Werbung eines Unternehmerverbandes)
- **Welche Wirkung soll erzielt werden?** Bestimmung des Werbeziels
  - **ökonomische** (z. B. Absatzsteigerung) und **außerökonomische Werbeziele** (z. B. Erhöhung des Bekanntheitsgrades)
  - **Einführungs-, Expansions- oder Erinnerungswerbung**
- **Wer soll umworben werden?** Bestimmung der **Werbezielgruppe(n)**
- **Wo soll geworben werden?** Bestimmung des **Werbezielgebietes**
  - Werbung auf dem **Gesamtmarkt**
  - Werbung auf einem **Teilmarkt** oder mehreren **Teilmärkten**
- **Welche Werbemedien sollen eingesetzt werden?** Auswahl des **Werbeträgers**
  - **Printmedien** (z. B. Zeitungen, Zeitschriften)
  - **elektronische Medien** (z. B. Internet)
  - **Außenwerbung** (z. B. Werbeplakate)
- **Welche Form der Werbung soll genutzt werden?** Auswahl des **Werbemittels,** (z. B. Zeitungsanzeige beim Werbeträger Zeitung)
- **Wie soll geworben werden?** Festlegung der **Werbebotschaft**
- **Welche finanziellen Mittel sollen eingesetzt werden?** Bestimmung des **Werbeetats** (Zum Beispiel wird eine **Festsumme** für einen Zeitraum oder ein **Prozentsatz vom Umsatz** festgelegt.)
- **Wann soll geworben werden?** Bestimmung der **Werbemaßnahmen** in einem **Werbeplan**
- **Wie soll der Werbeerfolg gemessen werden?** Durchführung der **Werbeerfolgskontrolle** (**ökonomische:** z. B. Messung des Zusatzumsatzes, und **außerökonomische Werbeerfolgskontrolle:** z. B. Zählung der Werbekontakte)

Prinzipiell werden die folgenden **Werbegrundsätze** unterschieden:

- **Wahrheit der Werbeaussage**
  Die Werbung darf keine Unwahrheiten enthalten, Näheres regelt das Gesetz gegen den unlauteren Wettbewerb (UWG).
- **Klarheit**
  Die Werbeaussage muss für den Umworbenen klar verständlich sein, der Werbende sollte dabei auch berücksichtigen, dass sich bestimmte Werbeaussagen leicht einprägen lassen (z. B. ein Werbeslogan).
- **Wirksamkeit**
  Damit die Werbemaßnahme optimal wirkt, müssen Werbebotschaft, Werbemittel und -träger treffsicher ausgewählt werden. Die Wirksamkeit wird erhöht, wenn gezielt Wiederholungen der Werbemaßnahme genutzt werden.
- **Soziale Verantwortung**
  Viele Branchenverbände setzen sich dafür ein, dass die Werbemaßnahmen sozial verantwortlich gestaltet werden, da ansonsten die Werbeaktion eher Schaden für das Unternehmen zur Folge hat. Im Medienzeitalter wird dieser Werbegrundsatz immer wichtiger. Text- und Bildaussagen sollten den gesellschaftlichen Werten grundsätzlich entsprechen.
- **Wirtschaftlichkeit**
  Die Werbeausgaben sollten in einem angemessenen Verhältnis zum Werbeerfolg stehen. (vgl. Frage Nr. 529)

523

Welche *W-Fragen* beschreiben die *Entscheidungsbereiche* der klassischen *Werbung?*

524

Welche *Werbegrundsätze* werden unterschieden?

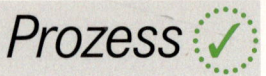
525 Was versteht man unter der *AIDA-Regel*?

Beim **Abfassen von Werbetexten** sollte die sogenannte **AIDA-Regel** berücksichtigt werden:

- **A: Attention:** Der Werbetext muss die **Aufmerksamkeit** beim Umworbenen wecken. Die geschickte Platzierung eines sogenannten **Eye-Catchers** (z. B. ein Foto) oder eines **Werbeslogans** entscheidet häufig schon innerhalb der ersten Sekunde beim Betrachter darüber, ob er gewillt ist, weiterzulesen.

- **I: Interest:** Das sprachlich und grafisch gut gestaltete Werbemittel (z. B. ein Werbebrief) soll **Interesse** beim Betrachter wecken. Wichtig ist es, die Interessen, die Bedürfnisse des potenziellen Kunden zu erkennen – diese Interessen müssen gezielt angesprochen werden.

- **D: Desire:** Das Interesse des Kunden ist bereits geweckt, jetzt gilt es, den **Kaufwunsch** gezielt anzusprechen. Der Leser des Werbetextes soll ja schließlich dazu angeregt werden, das Produkt oder die Dienstleistung zu erwerben. Produktvorteile müssen kundenorientiert herausgestellt werden.

- **A: Action:** Nachdem der Kaufwunsch angesprochen wurde, muss der Kunde konkret **zum Kauf veranlasst** werden. Zum Beispiel kann eine fertig gestaltete Bestellpostkarte oder ein Bestell-Fax diese Kundenaktivität herausfordern.

aus: Rainer Breitkreutz, Gladigau, Gerhard, Richter, Klaus: Gutes Deutsch – Gute Briefe. Fachbuch für Korrespondenz in Wirtschaft und Verwaltung. Bildungshaus Schulbuchverlage Westermann Schroedel Diesterweg Schöningh Winklers GmbH, Braunschweig, 25., überarbeitete und erweiterte Auflage, 2009, S. 90 f.

526 Wann spricht man in der Werbung von *Streuverlusten*?

Streuverluste entstehen, wenn die Werbemaßnahme die **Werbezielgruppe(n) nicht genau erreicht,** sondern viele ungewollte Werbekontakte hergestellt werden, die keinen Umsatz versprechen.

527 Worauf kommt es bei der Festlegung der *Werbebotschaft* an?

Durch die **Werbebotschaft**, die **Werbeaussage**, soll die **Werbezielgruppe** in ihren Wünschen genau erreicht werden. Der Nutzen, der Vorteil des Produktes für den Kunden, muss klar herausgestellt werden.

528 Welche *Inhalte* weist ein *Werbeplan* auf?

- **Werbeinhalt:** Wofür soll geworben werden?

- **Streukreis:** Welche Zielgruppe(n) wird/ werden umworben?

- **Reichweitenbestimmung:** Wie hoch ist die Anzahl der Umworbenen?

- **Streugebiet:** In welchem geografischen Raum wird geworben?

- **Streuzeit:** Zu welchen Zeitpunkten in welchem Zeitraum wird geworben?

- **Streuweg:** Welche Werbemittel und Werbeträger werden ausgewählt?

- **Streudichte:** In welchem Verhältnis stehen die eingesetzten Werbemittel, der Werbeetat, zum Streugebiet?

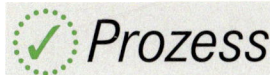

- Die allgemeine Formel lautet:
  Werbegewinn = werbebedingter Mehrumsatz – Werbekosten
- Der **werbebedingte** Mehrumsatz ist allerdings nicht ohne Weiteres aus den Werbedaten ablesbar: Welcher Teil des gemessenen Mehrumsatzes ist allein auf die durchgeführte Werbemaßnahme zurückzuführen? Vielleicht sind eher **Aktivitäten der Mitbewerber** (z. B. Preiserhöhung) oder **konjunkturelle Veränderungen** Ursache des Mehrumsatzes.

529 Wie berechnet man den *Werbegewinn?*

Im Gegensatz zur zyklischen Werbung werden bei der **antizyklischen Werbung** gerade in **wirtschaftlich schwierigen** Zeiten (z. B. Wirtschaftskrise mit Umsatzrückgängen) die Werbeausgaben erhöht. Man erhofft sich dadurch einen **Umkehrtrend** bei der wirtschaftlichen Entwicklung des Unternehmens.

530 Erklären Sie den Begriff der *antizyklischen Werbung.*

Wie der Name schon sagt, wird bei dieser Werbeform der Kunde **direkt**, also **individuell**, angesprochen. Zur **Direktwerbung** oder zum **Direktmarketing** gehören beispielsweise das Versenden von **individuell adressierten Werbesendungen**, das **Telefonmarketing** und das Versenden von individuellen **Kunden-E-Mails**.

531 Was versteht man unter *Direktwerbung?*

Die wichtigsten **Bestimmungen:**
- Der Angerufene muss **vor dem Telefonat** seine **Einwilligung** zu dieser Form des Direktmarketings gegeben haben.
- Der Angerufene muss die Rufnummer des Anrufenden erkennen können, ein **Unterdrücken der Rufnummer** ist **unzulässig**.
- Bei Verstößen kann ein **Bußgeld** verhängt werden.

532 Welchen *Verbraucherschutz* sieht das *Gesetz zur Bekämpfung unerlaubter Telefonwerbung und zur Verbesserung des Verbraucherschutzes bei besonderen Vertriebsformen* vor?

Mithilfe des **Salespromotions**, der **Verkaufsförderung**, soll der Absatz bzw. Umsatz durch spezielle Verkaufsaktionen kurzfristig gesteigert werden. Man unterscheidet folgende **Formen:**

533 Welche *Formen* von *Salespromotions* werden unterschieden?

- **Außendienst-Promotions**
  - Das Außendienstpersonal des Unternehmens erhält spezielle *Verkaufsschulungen* mit entsprechenden *Verkaufsunterlagen* zu ausgewählten Produkten.
  - Den *Mitarbeitern* werden außerdem besondere (Aktions-) *Verkaufsprämien* gewährt, eine Wettbewerbssituation unter den Mitarbeitern wird bewusst herbeigeführt.

- **Händler-Promotions**
  Die **Groß-** und **Einzelhandelsunternehmen** erhalten vom Industrieunternehmen spezielle **Produktschulungen**, gepaart mit aufwendigem **Displaymaterial**. Als ökonomischer Anreiz werden **Sonderrabatte** oder besondere **Verkaufsprämien** gewährt.

- **Verbraucher-Promotions**
  Die **Endverbraucher** werden durch **spezielle Aktionen** auf das Produkt werbewirksam hingewiesen, beispielsweise durch **Warenproben, Gewinnspiele** oder **Produktvorführungen** im Einzelhandel.

534 Was versteht man unter *Public Relations (PR)?*

Bei **PR** oder **Öffentlichkeitsarbeit** von Unternehmen steht nicht ein Produkt im **Vordergrund,** sondern das **Unternehmen als Ganzes.** Dadurch soll **innerhalb** des Unternehmens ein **Wir-Gefühl** unter den Mitarbeitern hergestellt werden, **außerbetrieblich** soll das **Image des Unternehmens** verbessert werden. Gezielt werden Multiplikatoren (z. B. Pressevertreter) in PR-Kampagnen eingebunden.

Beispiele für *PR-Aktivitäten:*

- Werksbesichtigungen
- Diskussions- und Vortragsveranstaltungen
- Ausstellungen
- spezielle Veröffentlichungen (z. B. Sozial- und Ökobilanzen)

535 Erklären Sie den Begriff *Sponsoring.*

Das Industrieunternehmen, der **Sponsor,** unterstützt durch spezielle Sach- oder Dienstleistungen Personen(-gruppen), Organisationen oder Institutionen, die **Gesponsorten.** Das Unternehmen lässt sich entsprechende **Gegenleistungen vertraglich garantieren** (z. B. Trikotwerbung). Bei diesem kommunikationspolitischen Instrument hofft das Industrieunternehmen, dass sich das **positive Image** des Gesponsorten auf den Sponsor **überträgt.**

Beispiele: Kultur-, Umwelt- oder Sportsponsoring

536 Was versteht man unter *Productplacement?*

Bei diesem Instrument werden **Markenartikel** z. B. in Fernsehsendungen oder Kinofilmen werbewirksam **platziert.** Der Zuschauer nimmt dies aber nicht als kommunikationspolitisches Instrument wahr, der psychologische Nutzen ist für das werbende Unternehmen umso höher.

 **Prozess**

1.5.7 Absatzpolitisches Instrument Distributionspolitik
Handbuch: LF 10

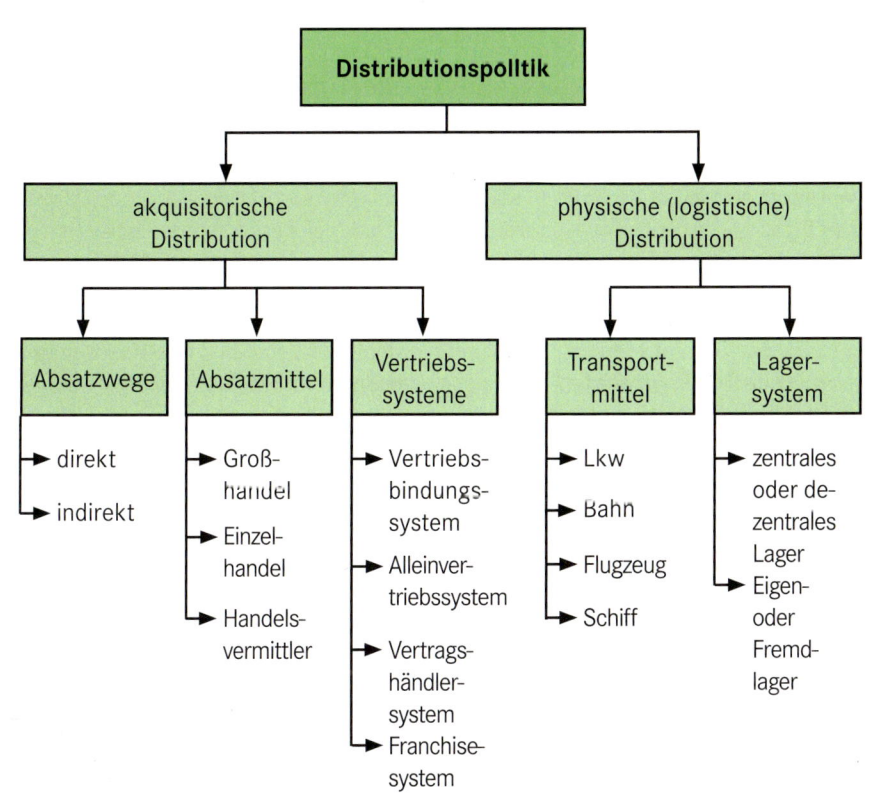

vgl.: Margit Bentin u.a., Handlungsorientierte Materialien in Wirtschaft und Verwaltung. Absatz/Marketing. 4., aktualisierte Auflage, Bildungshaus Schulbuchverlage Westermann Schroedel Diesterweg Schöningh Winklers GmbH, Braunschweig 2009, S. 60

537 Nennen Sie die einzelnen *Instrumente* der *Distributionspolitik.*

Nur beim **direkten Absatzweg** vertreibt das Industrieunternehmen die Ware **direkt an den Verbraucher** oder **Weiterverarbeiter, ohne** dass **selbstständige Absatzmittler** (z. B. Groß- und Einzelhandel, selbstständige Handelsvertreter) eingeschaltet werden. Allerdings können betriebseigene Absatzorgane (Verkaufsniederlassungen, Reisende) genutzt werden.

538 Worin unterscheiden sich der *direkte* und der *indirekte Absatzweg?*

Distributionspolitik

539 Ist es *günstiger* für das Industrieunternehmen, *Reisende* oder *selbstständige Handelsvertreter* als Absatzorgane zu nutzen?

Die Antwort hängt von unterschiedlichen Faktoren ab:

- **Aus Kostengründen** ist es für das Industrieunternehmen **bei hohen Umsätzen** meist **günstiger, Reisende** einzusetzen, da sie ein Fixum erhalten und eventuell eine geringe Umsatzprovision. Bei hohen Umsätzen müsste einem Handelsvertreter eine höhere Verkaufsprovision gezahlt werden (ein Fixum erhält er nicht).

- **Aus steuerungspolitischer Sicht** werden Reisende bevorzugt, da sie als Angestellte des Industrieunternehmens weisungsgebunden sind. Der Handelsvertreter ist als selbstständiger Kaufmann wesentlich unabhängiger, häufig als Mehrfirmenvertreter sogar Vertragspartner von mehreren Industrieunternehmen.

- **Aus Motivationsgründen** wird meist der Handelsvertreter bevorzugt, da er wegen der höheren Verkaufsprovision ein höheres ökonomisches Interesse an hohen Umsätzen hat.

540 Was versteht man unter der *Delkredereprovision* des *Handelsvertreters?*

Neben der Vermittlungs- oder Abschlussprovision erhält der Handelsvertreter eine Provision, die **Delkredereprovision,** wenn er das Risiko für die **Abwicklung des Zahlungsgeschäftes** übernimmt.

541 Welche *Absatzorgane* zählen zu den *Handelsvermittlern?*

Dazu zählen:

- **Handelsvertreter** (Er ist als selbstständiger Kaufmann vertraglich verpflichtet, für ein oder mehrere Unternehmen im fremden Namen und für fremde Rechnung Geschäfte abzuschließen.)

- **Kommissionär** (Als selbstständiger Kaufmann übernimmt er es gewerbsmäßig, Geschäfte im eigenen Namen auf fremde Rechnung abzuschließen. Die Kommissionsware kann er bei fehlenden Umsatzmöglichkeiten ohne Risiko an den Lieferanten, den Kommittenten, zurückgeben. Als Vergütung erhält der Kommissionär eine Verkaufs- und unter Umständen eine Delkredereprovision.)

- **Handelsmakler** (Er vermittelt bei Bedarf Verträge, dies geschieht in fremdem Namen und für fremde Rechnung. Seine Vergütung erhält er in Form der Courtage je zur Hälfte von Käufer und Verkäufer.)

542 Was versteht man unter dem *Selbsteintrittsrecht* des *Kommissionärs?*

Waren, die einen **Börsen- oder Marktpreis** haben, können vom Kommissionär **selbst gekauft** werden und damit auch auf eigene Rechnung verkauft werden.

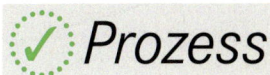 *Prozess*

Die **Handelsvermittler** Handelsvertreter, Kommissionär und Handelsmakler verfügen in der Regel über **gute Marktkenntnisse** und eröffnen somit einen neuen Absatzweg. **Provision** oder **Courtage** fallen für das Industrieunternehmen **erst** an, **wenn** tatsächlich **Umsätze** entstehen.

Warum werden vom Industrieunternehmen *Handelsvermittler* eingesetzt? **543**

Groß- und **Einzelhandel** übernehmen für das Industrieunternehmen eine **Vielzahl von Funktionen,** z. B. kauft der Großhandel große **Warenmengen** ein und **verteilt** sie an die Einzelhändler. Die beiden Absatzmittler übernehmen auch eine Vielzahl von **Servicefunktionen,** z. B. Kundenberatung und Warenzustellung. Nur in begründeten Einzelfällen wird es daher für das Industrieunternehmen günstiger sein, die Funktion des Handels direkt zu übernehmen.

Sollte das Industrieunternehmen nicht den Absatzmittler *Großhandel umgehen,* um so günstiger direkt an den Einzelhändler oder sogar an den Endverbraucher verkaufen zu können? **544**

- Beim **Vertriebsbindungssystem** können **Vertriebswegebindungen zeitlich, räumlich** oder **in personeller Hinsicht** vertraglich beschränkt werden. Beispiel: Inländische Kunden (z. B. Großhändler) dürfen keine Exportgeschäfte tätigen.

- Beim **Vertragshändlersystem** verpflichtet sich der selbstständige Vertragshändler, ein bestimmtes **Marketingkonzept** des Industrieunternehmens **einzuhalten** (z. B. aufwendige Kundenberatung, spezielle Serviceleistungen).

- Beim **Alleinvertriebssystem** garantiert das Industrieunternehmen bestimmten Handelsunternehmen, dass nur sie in dem entsprechenden **Absatzgebiet** Waren vom Hersteller erhalten.

- Beim **Franchisesystem** verpflichtet sich der Franchisenehmer, das **vertraglich klar geregelte Marketingkonzept** des Franchisegebers (Industrieunternehmen) **exakt umzusetzen.** Die Kunden nehmen meist nur den Namen des Franchisegebers wahr.

Beim *vertraglichen Vertriebssystem* werden *Vertriebsbindungssystem, Vertragshändlersystem, Alleinvertriebssystem* und *Franchisesystem* unterschieden. Erklären Sie kurz diese vier Vertriebsmöglichkeiten. **545**

Dieses System verspricht für beide Vertragspartner eine Vielzahl von Vorteilen:
- Der **Franchisegeber** kann ein einmal ausgearbeitetes Marketingkonzept über eine große Absatzfläche ausdehnen, ohne sehr hohe Investitionen tätigen zu müssen. Im Erfolgsfall verspricht dieses Konzept stabile und langjährige Einnahmen.

- Der **Franchisenehmer** kann ein bewährtes Marketingkonzept in der Regel gegen Zahlung eines einmaligen Geldbetrages und/oder einer laufenden Umsatzprovision übernehmen. Auch er kann bei erfolgreicher Fortführung über laufende Einnahmen verfügen. Der Franchisenehmer bleibt trotz Übernahme des fertigen Marketingkonzeptes selbstständiger Kaufmann. Gerade bei langjährig erprobten Konzepten ist es für den Franchisenehmer meist nicht sehr schwierig, von einem Kreditinstitut einen entsprechenden Investitionskredit zu erhalten.

Wie erklären Sie sich, dass das *Franchisesystem* in den letzten Jahren eine *starke Verbreitung* erfuhr? **546**

547 Nennen Sie jeweils die wichtigsten *Nachteile* des Franchisesystems für *Franchisegeber und -nehmer.*

- **Nachteile** für den **Franchisegeber:**
  - ○ Verzicht auf einen Teil der möglichen Erträge durch das Franchisekonzept
  - ○ hohe Aufwendungen für Kontrolle der Franchisenehmer im Hinblick auf Konzepteinhaltung
  - ○ Schäden durch unseriöse Franchisenehmer

- **Nachteile** für den **Franchisenehmer:**
  - ○ Verzicht auf einen Teil der möglichen Erträge durch Zahlung der Umsatzprovision
  - ○ Abhängigkeit vom Konzept des Franchisegebers
  - ○ nur eingeschränkte Möglichkeit der Unternehmensexpansion

---

548 Die *physische Distribution* als Teil der Distributionspolitik wird auch als *Marketinglogistik* bezeichnet. Was ist damit gemeint?

„Aufgabe der **Marketinglogistik** (auch Absatz, Vertriebs- bzw. Distributionslogistik genannt) sind die **Planung, Steuerung, Realisation und Kontrolle aller Güter und Dienstleistungen, die** von **Anbietern zu den Abnehmern gelangen sollen.** Entsprechend der Kundennachfrage sollen zu minimalen Kosten vorhanden sein:

- die **richtigen Produkte** (Leistungen) in Menge und Zustand,
- zur **richtigen Zeit** (zum Kauf bzw. zur Nutzung),
- am **richtigen Ort** (Käufer bzw. Verkaufsort)."

aus: Hans Christian Weis, Marketing. Friedrich Kiehl Verlag, Ludwigshafen, 15. Auflage, 2009, S. 411

---

549 Welche *Gründe* können für die *Wahl* eines *Transportmittels* für den Warentransport angeführt werden?

- Eigenschaften der Ware (z. B. Sperrigkeit, Gewicht, Haltbarkeitsdauer)
- Kosten des Transportmittels
- Transportgeschwindigkeit
- Umweltverträglichkeit des Transportmittels
- Risiko des Transportmittels
- technische Verfügbarkeit des Transportmittels
- Aufwand bei Verladung und Weitertransport

---

550 Wie kann ein Industriebetrieb seine *Erzeugnisse versenden?*

Ein Industriebetrieb kann seine Erzeugnisse versenden:

- im **Eigenverkehr:** Die Güter werden mit werkseigenen Fahrzeugen befördert.

- im **Fremdverkehr:** Die Güter werden durch Frachtführer (z. B. Deutsche Bahn AG, private Paketdienste) befördert.

---

551 Welche *Vorteile* hat die *werkseigene Güterbeförderung?*

Vorteile der **werkseigenen Güterbeförderung:**

- Es besteht **keine Abhängigkeit** von fremden Transportunternehmen.
  - ○ Liefertermine können besser eingehalten werden.
  - ○ Mithilfe des eigenen Fuhrparks ist eine stetige Lieferbereitschaft gewährleistet.

- Die **Kundenwünsche** können **schnell** und **flexibel** ausgeführt werden:
  - ○ Eigene Mitarbeiter verladen und transportieren die Erzeugnisse.
  - ○ Die Mitarbeiter übernehmen Kundendienstaufgaben (z. B. Installation, Beratung).
  - ○ Die firmeneigenen Fahrzeuge lassen sich als Werbeträger nutzen.

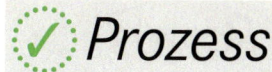 *Prozess*

Nachteile der werkseigenen Güterbeförderung:

- Daraus erwachsen **fixe Kosten** (z. B. Personalkosten, Abschreibungen, Versicherungen) und **variable Kosten** (z. B. Instandhaltung, Treibstoffkosten).

- Weitere Kosten entstehen durch **Leerfahrten,** da nur Erzeugnisse für eigene Zwecke transportiert werden dürfen.

- Das Unternehmen trägt das **Transportrisiko.**

- Das Unternehmen muss sich wegen der hohen Fixkosten um eine **ständige Auslastung** bemühen, die nur durch eine **sorgfältige Tourenplanung** erreicht werden kann. Dabei sind die einzusetzenden Fahrzeuge, deren Beladung und Fahrer, Fahrbeginn und -ende sowie Fahrtroute mit den Stationen, an denen Güter zu entladen sind, zu planen.

552 Welche *Nachteile* hat die *werkseigene Güterbeförderung?*

- **Frachtführer:** selbstständiger Kaufmann, der gewerbsmäßig Güter zu Lande, auf Flüssen oder sonstigen Binnengewässern, mit Flugzeugen oder mit verschiedenen Transportmitteln befördert. Der Frachtführer transportiert das Gut.

- **Spediteur:** selbstständiger Kaufmann, der gewerbsmäßig Güterversendungen durch Frachtführer oder durch Verfrachter von Seeschiffen auf Rechnung des Versenders im eigenen Namen besorgt. Der Spediteur besorgt die Beförderung des Gutes und kümmert sich um alle damit verbundenen Aufgaben.

  Oft sind Spediteure zugleich Frachtführer und führen den Transport selbst durch.

553 Unterscheiden Sie *Frachtführer* und *Spediteur.*

Der **Frachtvertrag** verpflichtet den **Frachtführer,** das **Gut** zum **Bestimmungsort** zu befördern und dort an den **Empfänger auszuliefern** (vgl. § 407 ff. HGB).

Am Bestimmungsort wird das Frachtgut dem im Frachtbrief genannten Empfänger ausgehändigt. Er quittiert den Empfang. Der Absender muss die Frachtkosten tragen.

554 Was versteht man unter einem *Frachtvertrag?*

Pflichten des Frachtführers:
- Er muss die Güter innerhalb der vereinbarten Zeit zu dem bestimmten Ort transportieren.
- Er muss Weisungen des Absenders befolgen, insbesondere bei Beförderungs- oder Ablieferungshindernissen.
- Er muss für verschuldete Güterverluste oder -beschädigungen sowie für verspätete Ablieferungen haften.

Rechte des Frachtführers:
- Der Absender hat das Transportgut sicher zu verpacken; bei Gefahrgut muss er den Frachtführer darauf aufmerksam machen.
- Der Absender hat die nötigen Urkunden im grenzüberschreitenden Verkehr (z. B. für zollamtliche Güterabfertigungen) bereitzustellen.
- Der Frachtführer hat Anspruch auf die vereinbarte Fracht sowie den Ersatz sonstiger Auslagen.
- Er hat ein Pfandrecht an dem Transportgut für seine Forderungen aus dem Frachtvertrag.

555 Welche *Pflichten* und *Rechte* hat ein *Frachtführer* gemäß Frachtvertrag?

556 Wie regelt das HGB die *Haftung* beim Frachtgeschäft?

Haftung beim Frachtgeschäft:

- Der **Frachtführer** haftet für den **Schaden, der durch Verlust oder Beschädigung** des Gutes in der Zeit von der Annahme bis zur Ablieferung oder **durch Überschreiten der Lieferfrist** entsteht (außer wenn der Schaden durch höhere Gewalt, wie z. B. Streik, entstanden ist; vgl. § 429 HGB).

- Für **Schäden**, die dem Frachtführer **durch eine mangelhafte Verpackung** oder den **unterlassenen Hinweis auf das Gefahrgut** seitens des Absenders entstanden sind, hat der **Absender** zu haften, selbst wenn ihn kein Verschulden trifft. Die Haftung ist auf Höchstbeträge begrenzt.

557 Wodurch unterscheiden sich *Frachtbrief* und *Ladeschein?*

- **Frachtbrief:**
  - ist eine Beweisurkunde über den Abschluss eines Frachtvertrages und dessen inhaltliche Regelungen (kein Wertpapier)
  - ist eine Bescheinigung, die u. a. den Absender, den Frachtführer, den Empfänger sowie den Ort der Ablieferung und die Beschreibung des Frachtgutes enthält
  - ist ein *Warenbegleitpapier* während der Beförderung

- **Ladeschein:**
  - ist ein Transportdokument des Frachtverkehrs auf Binnenwasserstraßen
  - ist ein *Traditionspapier* (lat. trahere = übergeben), d h., der Eigentumsübergang an der im Ladeschein bezeichneten schwimmenden Ware erfolgt durch Einigung und Übergabe des *Warenwertpapiers*
  - Die Auslieferung der Ware erfolgt nur gegen Vorlage des Ladescheins an den darin genannten Empfänger.

558 Welches sind die *wichtigsten Transportdokumente?*

Wichtige Transportdokumente:

- **Frachtbrief** (im Eisenbahn-, Straßengüter- und Luftfrachtverkehr)

- **Posteinlieferungsschein** (beim Postpaket)

- **Kurierempfangsbestätigung** (wenn ein Kurierdienst die Warensendung transportiert)

- **Ladeschein** (beim Transport auf Binnenwasserstraßen)

- **Konnossement** (beim Transport im Seefrachtverkehr; es soll künftig durch ein elektronisches Verfahren ersetzt werden)

559 Welches sind die *wichtigsten Kriterien* für die *Auswahl des Transportmittels?*

Wichtige Kriterien für die **Auswahl des Transportmittels:**

- Eigenart des Produktes (z. B. Gewicht, Größe des Produkts, Verderblichkeit)
- Kosten des Transportmittels
- Geschwindigkeit des Transports

- Zuverlässigkeit und Haftungsumfang des Frachtführers
- Umweltbelastung durch das Transportmittel

560 DHL* ist ein Segment der „Deutsche Post World Net". Welche *Angebote* enthält der DHL Paket-Katalog zum Transport von Paketen?

DHL Paket-Katalog:

- **DHL Paket:** bis max. 20 kg, Gebühr hängt ab vom Gewicht und von der Entfernung.

- **ePaket:** Abwicklung per Internet zum Komplettpreis von 9,90 € pro Paket bis max. 31,5 kg; Sendungen werden schnell und bequem beim Absender abgeholt und deutschlandweit zugestellt.

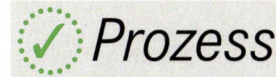

Prozess

- **DHL Paket Express:** Zustellung in Deutschland am nächsten Werktag nach Sonntag

- **DHL Paket Sperrgut:** Es überschreitet die vorgeschriebenen Höchstmaße und kostet einen Zuschlag zur Paketgebühr.

* *DHL sind die Anfangsbuchstaben der Nachnamen der drei Firmengründer A. Dalsey, L. Hillblom und R. Lynn; seit Ende 2002 steht DHL im 100%igen Eigentum der Deutsche Post World Net.*

Zusatzleistungen erfolgen gegen Entrichtung eines Aufpreises:

- **Eigenhändig:** Die Übergabe erfolgt nur an den Empfänger persönlich oder an einen besonders Bevollmächtigten.

- **Rückschein:** Der Absender bekommt einen vorbereiteten Rückschein mit der Bestätigung, dass das DHL Paket abgeliefert wurde.

- **Transportversicherung** (national): Ein DHL Paket kann gegen Verlust oder Güterschaden bis zu max. 25.000,00 € versichert werden. Eine Versiegelung oder ein sonstiger Hinweis auf den wertvollen Inhalt ist nicht zulässig.

- **Nachnahme:** Das DHL Paket wird nur ausgeliefert, wenn der Empfänger den auf der Sendung angegebenen Nachnahmebetrag bezahlt (Warenwert + Inkassogebühr).

561 Welche *Zusatzleistungen* bietet der DHL Paket-Katalog gegen Entrichtung eines Aufpreises?

Die **Deutsche Post World Net haftet:**

- **unbeschränkt** für Schäden, die vorsätzlich oder fahrlässig von ihren Mitarbeitern verursacht werden.

- **beschränkt** bei Verlust oder Beschädigungen von Sendungen bis zu bestimmten Höchstbeträgen; sie haftet nicht bei höherer Gewalt (z. B. Streik).

- **mit Haftungshöchstbeträgen**, z. B. beim nationalen Versand eines DHL Pakets bis zu 500,00 €.

562 Für welche Schäden *haftet* die Deutsche Post World Net?

- **Branchenlogistik** für nationale/europäische Gütertransporte, z. B.:
  - ○ Montan (Stahl, Kohle)
  - ○ Baustoffe/Entsorgung (Baustoffe, Bauprojekte, Entsorgung)
  - ○ Chemie/Mineralöl/Düngemittel (Mineralöl, Flüssiggas, chemische Produkte und Düngemittel, Rolling Pipeline)
  - ○ Automotive (Fahrzeugteile und komplette Fahrzeuge)

- **Güterwagen,** je nach Güterart:
  - ○ offene und geschlossene Güterwagen
  - ○ Flach- und Schüttgutwagen
- **Sonderlösungen:**
  - ○ Ganzzug
  - ○ Einzelwagen, wenn größere Gütermengen schnell und pünktlich transportiert werden sollen
  - ○ kombinierter Verkehr, wenn die Güter auf der Schiene, auf der Straße und auf dem Wasser zu transportieren sind

563 Welche *Leistungen* bietet die Deutsche Bahn AG (DB) im Unternehmensbereich Transport und Logistik an?

Distributionspolitik

564 **Erklären Sie den *Ganzzug*.**

Ein Ganzzug dient zum kostengünstigen und umweltschonenden Transport von großen bündelungsfähigen Mengen; dafür werden ganze Züge eingesetzt. Man unterscheidet:

- **Plantrain:** für Kunden, die regelmäßig große Mengen zu festen Zeiten transportieren lassen und ihren Zugbedarf lange im Voraus planen können; günstigstes Ganzzugsangebot (z. B. Transport von Erz und Kohle).
- **Variotrain:** für Kunden, die große Mengen transportieren lassen und ihre Transporte variabel planen müssen; etwas teurer als der Plantrain (z. B. Transport von Neuwagen)
- **Flextrain:** für Kunden, die Transporttermine, -mengen und -zeiten sehr kurzfristig bestimmen wollen; die Deutsche Bahn AG (Tochterunternehmen Railion) kann den Zug binnen 24 Stunden bereitstellen (z. B. Transport von Fremdbauteilen für eine Werft)

565 **Erklären Sie die *Bedeutung* der *DB Logistics* im DB Konzern.**

Die Märkte der Zukunft wachsen rasant, der Bedarf an schnellen und flexiblen Logistiklösungen steigt. Deshalb bietet die DB Logistics weltweiten Kunden komplexe **Logistikleistungen aus einer Hand** mit den **fünf Geschäftsfeldern** Land Transport, Air/Sea Freight, Contract Logistics, SCM Rail Freight und Intermodal an.
Die ersten drei Geschäftsfelder sind unter der Marke „Schenker" zusammengefasst. Im Schienengüterverkehr werden Produktion und Vertrieb unter der Marke „Railion" angeboten. Der kombinierte Verkehr ist unter der Marke „Intermodal" ein eigenständiges Geschäftsfeld mit klarer Fokussierung auf Seehäfenhinterland und die Hauptverkehrsachsen im kontinentalen Verkehr.

566 **Nennen Sie die *Leistungen der DB Logistics*.**

Leistungsangebot der DB Logistics:

- Bündelung der bestehenden Kompetenzen durch ein **weltweites Transport- und Logistikangebot**
- **integrierte Logistiklösungen** auf allen Verkehrsträgern aus einer Hand
- **Zusatzleistungen** rund um den eigentlichen Transport, wie z. B. Verpackung, Zollabfertigung, Transportüberwachung und Entsorgungslogistik (z. B. Recycling von Transportverpackungen)

567 **Was versteht man unter *Stückgut*?**

Stückgut ist alles, was sich am Stück zwischen Absender und Empfänger im Haus-zu-Haus-Verkehr transportieren lässt.

- **Packstück** (fachlich Kollo, Plural Kolli, auch Colli): kleinste Verpackungseinheit einer Warensendung; Stücke, die in völlig unterschiedlicher, uneinheitlicher Form und Größe vorliegen; es gibt keine bestimmten Grenzwerte.
- **Sammelgut:** Zusammenfassung von gleichen oder verschiedenen Stückgütern zu einem Stück

568 **Erklären Sie den *IC-Kurierdienst*.**

Der IC-Kurierdienst wird deutschlandweit an etwa 140 Bahnhöfen mit IC-, EC- und/oder ICE-Anschluss angeboten. Transportiert werden Güter bis zu 20 kg. Die Größenbegrenzung liegt bei 1 m Länge bzw. 2 m Umfang.

9714162

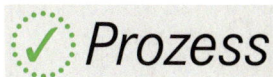 *Prozess*

Außer lebenden Tieren und gefährlichen Gütern kann alles per IC-Kurier transportiert werden. Im Regelfall gibt der Auftraggeber die Sendung am Versandbahnhof auf, der Empfänger nimmt sie am Zielbahnhof entgegen. Wahlweise werden auch Beförderungsvarianten (z. B. Haus-Haus) angeboten.

- **Palette:** stapelbares Lademittel im Ein- oder Mehrwertsystem, um Güter zu einer Transport- und Ladeeinheit zusammenzufassen
- **Europoolpalette:** ein durch europäische Transportunternehmen genormter Ladungsträger (800 · 1200 mm)

- **Container:** ein geschlossener genormter Behälter für den Transport und die Aufbewahrung von Gütern. Container sind stapelbar, sie lassen sich schnell und bequem be- und entladen.

569 Unterscheiden Sie *Palette, Europoolpalette* und *Container.*

Transportkosten hängen ab:
- vom Gewicht der Sendung
- von der Entfernung

- von der Art der Sendung (z. B. Gefahrgut)
- von der Schnelligkeit des Transports (z. B. Expressgut)

570 Wovon hängen die *Transportkosten* ab?

- **ökonomische Gründe:**
  ○ verbesserte Logistik der DB für den Gütertransport auf der Schiene
  ○ ständige Zunahme des Güterverkehrs auf den Straßen infolge der Globalisierung

- **ökologische Gründe:**
  ○ Überlastung der Straßen und häufige Staus
  ○ steigende Umweltbelastung und Unfallhäufigkeit durch Lkws

571 Welche *Gründe* führen zur *Verlagerung des Güterverkehrs* von der Straße auf die Schiene?

Güterkraftverkehr ist die geschäftsmäßige oder entgeltliche Beförderung von Gütern mit Kraftfahrzeugen, die einschließlich Anhänger ein größeres zulässiges Gesamtgewicht als 3,5 Tonnen haben (§ 1 GüKG).

572 Was versteht man unter *Güterkraftverkehr?*

Vorschriften des **Güterkraftverkehrsgesetzes:**
- Der Güterkraftverkehr ist **erlaubnispflichtig.**
- EU-Frachtführer mit einer Güterbeförderungskonzession im eigenen Land dürfen auch in allen anderen EU-Ländern Güter befördern.

- Der Unternehmer muss den Abschluss einer Güterschaden-Haftpflichtversicherung nachweisen.

573 Welche wichtigen *Vorschriften* enthält das *Güterkraftverkehrsgesetz?*

Versandarten in der Binnenschifffahrt:
- **Charter:** Man mietet ein ganzes Schiff oder bestimmte Räume, um Massengüter zu transportieren, z. B. Eisenerz.

- **Stückgut:** Man lässt einzelne Güter transportieren, z. B. Mähdrescher.

574 Welche *Versandarten* gibt es in der *Binnenschifffahrt?*

575 Worin unterscheiden sich bei der Seeschifffahrt *Linien*- und *Trampschifffahrt?*

- **Linienverkehr:** Schiffe fahren regelmäßig auf bestimmten Routen, sie befördern zumeist Stückgut.
- **Trampverkehr:** Schiffe fahren je nach den Wünschen der Auftraggeber. Sie befördern zumeist Massengüter.

576 Worin besteht der Unterschied zwischen *Verladeschein* und *Konnossement* (Seefrachtbrief)?

- Im **Verladeschein** bestätigt der Verfrachter die Übernahme der Güter zum Transport.
- Das **Konnossement** ist ein Warenwertpapier. Es verkörpert das Eigentum an der Ware. Der Verfrachter bestätigt die Übernahme der Güter zum Transport und verspricht, diese gegen Aushändigung des Konnossements im Bestimmungshafen auszuliefern.

577 Welche *Haftungsregelungen* gelten in der *Seeschifffahrt?*

Die **Reederei haftet** für Beschädigungen, Verluste sowie für verschuldete Verspätungen. Es werden regelmäßig Transportversicherungen abgeschlossen.

578 Welche *Aufgabe* übernimmt ein *Spediteur* in einem Speditionsvertrag?

In einem Speditionsvertrag übernimmt der Spediteur die Aufgabe, im eigenen Namen gewerbsmäßig Güterversendungen durch Frachtführer oder durch Verfrachter von Seeschiffen für Rechnung eines anderen (des Versenders) durchzuführen.

579 Nennen Sie die wichtigsten *Rechte des Spediteurs.*

Rechte des Spediteurs:
- Bereitstellung der notwendigen Urkunden durch den Versender
- Anspruch auf das vereinbarte Beförderungsentgelt
- Versendung des Gutes als Sammelladung zusammen mit Gütern anderer Versender
- Anspruch auf Verpackung und Kennzeichnung des Transportgutes, ggf. Hinweis auf gefährliches Gut durch den Versender
- Selbsteintrittsrecht, d. h. Befugnis zur selbstständigen Beförderung des Gutes
- gesetzliches Pfandrecht an dem Gut für Forderungen aus dem Speditionsvertrag (z. B. Provision, Auslagenersatz)

580 Nennen Sie die wichtigsten *Pflichten des Spediteurs.*

Pflichten des Spediteurs:
- Ausführung der Versendung (z. B. Wahl der Frachtführer) mit der größtmöglichen Sorgfalt
- Wahrnehmung des Interesses des Versenders und Befolgung seiner Weisungen
- Haftung (entspricht der Haftung des Frachtführers)

Prozess

Der Spediteur schließt im Auftrag des Versenders eine Transport- und/oder Lager-versicherung ab unter Beachtung der Versicherungssumme und der zu deckenden Gefahren.

581 Wie werden Güterversen-dungen *versichert?*

Vorteile:
- **geringe Lagerkosten**
- Nutzung hoch spezialisierten und kostenintensiven **Fachpersonals** im Zentrallager

582 *Was spricht für* ein *Zentrallager* ohne zusätzliche Regionallager?*

Vorteile:
- **kurze Transportwege** zum Kunden, **rasche Liefermöglichkeit**
- **geringe Transportkosten**

583 Welche *Vor-teile* weisen *Regio-nallager* auf?

- **Vorteile:**
  - ○ *Eigentumsrecht* führt zur umfassenden *Verfügungsgewalt* über das Lager (z. B. hinsichtlich An- oder Umbaus, Beschäftigung des Lagerpersonals)
  - ○ *Weisungsgebundenheit* des *Lagerpersonals*
  - ○ Anlagevermögen *erhöht Bilanzwert* und damit *Kreditsicherheit*
- **Nachteile:**
  - ○ *hohe Investition* notwendig
  - ○ *hohe Fixkosten*
  - ○ In *Krisenzeiten* kann dieses Anlagevermögen meist nur mit *hohen Verlusten* in liquide Mittel umgewandelt werden.

584 Welche *Vor- bzw. Nachteile* weisen *Eigenlager* gegenüber *Fremd-lagern* auf?

Electronic Commerce („E-Commerce" oder **„E-Business"**) ermöglicht die umfassende, **digitale Abwicklung von Geschäftsprozessen** zwischen Unternehmen und deren Kunden über private und öffentliche Netze (Internet). Dabei beinhaltet das Electronic Commerce auch die digitale Bezahlung und, was digitalisierbare Güter (z. B. Musik, Videoclips) und Dienstleistungen angeht, eine digitale Übertragung.

aus: Heinrich Hübscher u. a., IT-Handbuch (Tabellenbuch), IT-Systemkaufmann/-frau, Informatikkaufmann/-frau. Bildungshaus Schulbuchverlage Westermann Schroedel Diesterweg Schöningh Winklers GmbH, Braunschweig, 6. Auflage, 2009, S. 387

585 Was versteht man unter *E-Commerce?*

Die wichtigsten **Gründe:**
- Geschäftsprozesse zwischen dem Industrieunternehmen und den Kunden können **schneller** abgewickelt werden. Dies gilt im Zeichen der Globalisierung gerade auch für internationale Kommunikation.

- Die elektronische Form der Kommunikation ist meist **kostengünstiger** als andere Kommunikationsformen.

- Die Medien PC und Internet bieten **neue technische Möglichkeiten,** z. B. eine Multi-media-Kommunikation. Große Datenmengen können in kürzester Zeit ausgetauscht und direkt weiterverarbeitet werden.

586 *Warum* wird *E-Commerce* eingesetzt?

587 Welche *Formen* des *E-Commerce* lassen sich unterscheiden?

- **B2B: Business-to-Business** – Geschäftsbeziehungen zwischen Unternehmen

- **B2C: Business-to-Consumer** oder **Business-to-Customer** – Geschäftsbeziehungen zwischen Unternehmen und Verbrauchern (Konsumenten)

- **B2A: Business-to-Administration** – Geschäftsbeziehungen zwischen Unternehmen und öffentlichen Institutionen

- **B2G: Business-to-Government** – Geschäftsbeziehungen zwischen Unternehmen und staatlichen Einrichtungen

1.5.8 Marketing-Mix und internationales Marketing
Handbuch: LF 10

588 Was versteht man unter dem *Marketing-Mix?*

Darunter versteht man die **optimale Kombination** der **absatzpolitischen Instrumente,** um die **Marketingziele** zu erreichen. Die Marketingziele sind wiederum in eine langfristige Marketingstrategie eingebunden.

589 Erklären Sie den Fachbegriff des *internationalen Marketings.*

Im Zeichen der Globalisierung müssen die großen Industrieunternehmen nicht nur national, sondern **international agieren,** d. h. auch auf **ausländischen Märkten** vertreten sein. Somit müssen sie ein **internationales Marketingkonzept** zur Verfügung haben, um den unterschiedlichen Kundenanforderungen und sonstigen Gegebenheiten (z. B. Rechtsvorschriften) dieser Märkte gerecht werden zu können.

590 Im Rahmen einer *internationalen Marketingstrategie* wird zwischen einer *Standardisierung* und einer *Differenzierung des Produktionsprogramms* unterschieden. Was ist jeweils damit gemeint?

- Ein **standardisiertes Produktionsprogramm** im Rahmen eines internationalen Marketings bedeutet, dass auf allen Auslandsmärkten **dasselbe Produktionsprogramm** angeboten wird.

  Beispiel: Ein Pkw-Produzent bietet auf allen internationalen Märkten dieselben Pkw-Modelle an.

- Beim **differenzierten Produktionsprogramm** wird die Produktpalette den besonderen Anforderungen der einzelnen Auslandsmärkte individuell angepasst.

  Beispiel: Ein Pkw-Hersteller bietet auf den einzelnen Auslandsmärkten unterschiedliche Pkw-Modelle an.

591 Welchen *Risiken* ist ein Industriebetrieb *im Absatzbereich* ausgesetzt?

Im Absatzereich ist ein Industriebetrieb
- wirtschaftlichen und
- politischen Risiken
ausgesetzt.

Wirtschaftliche Risiken im Absatzbereich sind:

- **Lagerrisiko:** Ein zu hoher Lagerbestand an Halb- und Fertigfabrikaten führt zu hohen Lagerkosten, ein zu niedriger Lagerbestand zu Engpässen beim Verkauf; weitere Risiken sind u.a. Diebstahl, Feuer, Verderb.

- **Transportrisiko:** die Güter können auf dem Transportweg verloren gehen, beschädigt werden oder verderben.

- **Nachfragerisiko:** starke Mitbewerber und Nachfrageverschiebungen (z.B. durch sinkende Kaufkraft, Modewandel) können zu einem stagnierenden oder sinkenden Absatz führen, ebenso auch zu oberflächliche Marktanalysen, unsachgemäße Anwendung der absatzpolitischen Instrumente oder Konkurrenzreaktionen.

- **Finanzierungsrisiko:**
  - Steigende Zinsen für aufgenommenes Fremdkapital und Kundeninsolvenzen können zu Finanzierungsengpässen führen.
  - Es entstehen Verlustgefahren durch Wechselkursänderungen, die in der Zeit zwischen dem Abschluss des Vertrages und der Zahlung eintreten können.

Politische Risiken im Außenhandel sind:

- **allgemeine Risiken,** z.B. Gefahr durch Kriege, Revolutionen, Boykotte

- **staatliche Wirtschaftspolitik:**
  - *Transferrisiko* (nur im Außenhandel): Es bestehen Gefahren, wenn die vom Schuldner beglichenen Verbindlichkeiten verzögert oder gar nicht transferiert (in die vertraglich vereinbarte Währung umgetauscht) werden.
  - *Wechselkursrisiko* durch politische Ereignisse (nur im Außenhandel), z.B. bei einem Bürgerkrieg oder als Folge eines Wirtschaftsembargos: Für den Importeur, der in fremder Währung abschließt, besteht das Risiko, dass er für den Ankauf der Devisen mehr Euro ausgeben muss als er kalkuliert hatte, für den Exporteur, dass er, wenn er die Devisen in die eigene Währung umtauscht, weniger erlöst als er kalkuliert hatte.

592 Welche *wirtschaftlichen Risiken* können *im Absatzbereich* unterschieden werden?

593 Welche *politischen Risiken* werden vor allem *im Außenhandel* unterschieden?

594 Erklären Sie das *Wechselkursrisiko.*

Beispiel 1: Ein deutscher Exporteur schließt einen Kaufvertrag mit einem englischen Importeur. Die Rechnung lautet über 7.500,00 englische Pfund (GBP). Wechselkurs bei Vertragsabschluss 1,00 €/0,67 GBP, bei Zahlungseingang 1,00 €/0,69 GBP.

Beispiel 2: Ein deutscher Importeur schließt einen Kaufvertrag mit einem kanadischen Exporteur. Die Rechnung lautet über 12.000,00 kanadische Dollar (CAD). Wechselkurs bei Vertragsabschluss 1,00 €/1,42 CAD, bei Zahlungsausgang 1,00 €/1,40 CAD.

In der Zeit zwischen dem Abschluss des Vertrages und dem Zeitpunkt der Bezahlung kann sich der Wechselkurs ändern.

1) Wechselkurs bei Vertragsabschluss: 1,00 €/0,67 GBP

Wechselkurs bei Zahlungseingang: 1,00 €/0,69 GBP

fiktiver Erlös	11.194,03 €
effektiver Erlös	10.869,57 €
Mindererlös	324,46 €

Wenn der Wechselkurs für die englische Währung steigt, bekommt der Exporteur weniger Euro als zum Zeitpunkt des Vertragsabschlusses: Er erleidet einen Verlust (wäre der Kurs der englischen Währung gesunken, so hätte der deutsche Kaufmann einen Kursgewinn erzielt).

2) Wechselkurs bei Vertragsabschluss: 1,00 €/1,42 CAD

Wechselkurs bei Zahlungsausgang: 1,00 €/1,40 CAD

fiktive Kosten	8.450,70 €
effektive Kosten	8.571,43 €
effektive Mehrkosten	120,73 €

Wenn der Wechselkurs für die kanadische Währung sinkt, muss der Importeur mehr Euro als bei Vertragsabschluss bezahlen: Er erleidet einen Verlust (wäre der Kurs der kanadischen Währung gestiegen, hätte der deutsche Kaufmann einen Kursgewinn erzielt).

595 Zeigen Sie *risikopolitische Maßnahmen* zur Verminderung bzw. Vermeidung von Risiken auf.

- **Abwälzung des Risikos auf Versicherungen,** z. B. durch Abschluss von Sach- und/oder Vermögensversicherungen
- **Risikostreuung,** z. B. Verteilung des Risikos auf mehrere Gesellschafter, Erweiterung der Produktionspalette, Diversifikation, Beschaffung bei verschiedenen Lieferern
- **Risikovorsorge,** z. B. sorgfältige Auswahl der Lieferanten, ständige Kontrolle der Lagerbestände, laufende Überwachung der Forderungen an Kunden, fortwährende Beobachtung des Absatzmarktes

- **vertragliche Begrenzung des Risikos,** z. B. Vereinbarung von Eigentumsvorbehalt, Kreditsicherheit, Erfüllungsort und Gerichtsstand, langfristige Lieferverträge mit Kunden und Lieferern
- **Minderung des Risikos durch Kapitalvorsorge,** z. B. durch Bildung von Rücklagen
- **Absicherung des Risikos im Außenhandel,** z. B. durch Abschluss klarer Verträge zwischen den Handelspartnern unter Anwendung international gebräuchlicher Lieferklauseln (Incoterms) und international gebräuchlicher Außenhandelsdokumente, Abschluss von Kurssicherungsgeschäften

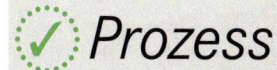
Prozess

- **Personenversicherung:** Möglichkeit der privaten Versicherung gegen Risiken, z. B. gegen Unfall-, Krankheits-, Arbeitsunfähigkeitsrisiko

- **Sachversicherung:** Möglichkeit der Versicherung gegen die Schäden oder den Verlust einer Sache, z. B. aus einem Brand

- **Vermögensversicherung:** Möglichkeit der Versicherung gegen Schadensersatzansprüche dritter Personen oder aus erlittenen Vermögensschäden, z. B. infolge eines Forderungsausfalls

596 Worin unterscheiden sich *Personen-, Sach-* und *Vermögensversicherungen?*

- **Transportversicherung:** Sie ersetzt Schäden, die an Waren auf dem Transport zu Lande, zu Wasser oder in der Luft entstehen.

- **Einbruchdiebstahlversicherung:** Sie ersetzt die durch Einbruchdiebstahl entstandenen Schäden und Verluste an Vorräten und Bargeld.

- **Glasversicherung:** Sie ersetzt Schäden an Verglasungen aller Art.

- **Sturmversicherung:** Sie ersetzt Schäden an Gebäuden und dem Inventar, die durch Stürme ab Windstärke 8 verursacht werden.

- **Leitungswasserversicherung:** Sie ersetzt Schäden, die durch Wasserrohrbruch an Gebäuden und an deren Inhalt (z. B. Waren, Geschäftsausstattung) entstehen.

- **Feuerversicherung:** Sie ersetzt Schäden, die durch Brand, Blitzschlag, Explosion oder Kurzschluss entstehen, sowie Folgeschäden (z. B. Löschschäden).

- **Lagerversicherung:** Sie ersetzt Schäden, die durch Einbruch, Feuer oder Leitungswasser entstehen.

597 Zeigen Sie wichtige *Arten der Sachversicherung* auf.

- **Betriebsunterbrechungsversicherung:** Sie ersetzt Folgeschäden, die entstehen, wenn die Betriebstätigkeit durch einen Sachschaden (z. B. Ausfall einer Maschine, Brand) unterbrochen wird.

- **Kreditversicherung:** Sie ersetzt Schäden, wenn Forderungen an Kunden wegen Zahlungsunfähigkeit ausfallen. Einen Teil des Forderungsausfalls (Selbstbeteiligung) muss der Versicherte allerdings selbst tragen.

- **Rechtsschutzversicherung:** Sie ersetzt insbesondere alle Gerichtskosten, Rechtsanwaltskosten und die Kosten der gegnerischen Partei, soweit sie zu erstatten sind.

- **Haftpflichtversicherung:** Sie erstattet Schadensersatzansprüche aus Sach- und Personenschäden, die aus der betrieblichen Tätigkeit der Betriebsangehörigen herrühren.

598 Welches sind die wichtigsten *Arten der Vermögensversicherung?*

599 Zeigen Sie die *Arten der Kraft-fahrzeugversiche-rung* auf.

- **Kraftfahrzeughaftpflichtversicherung:** Sie ersetzt den Schaden, den der Halter des Kraftfahrzeugs bzw. der Fahrer anderen Personen oder deren Vermögen mit einem Kraftfahrzeug zufügt. Sie ist für jeden Halter eines Kraftfahrzeugs gesetzlich vorgeschrieben.

- **Kraftfahrzeug-Fahrzeugversicherung:** Sie ersetzt eine Beschädigung oder Zerstörung des eigenen Fahrzeugs.

  Man unterscheidet:
  - *Vollkaskoversicherung:* Sie ersetzt zusätzlich zu den Schäden, die die Teilkaskoversicherung abdeckt, auch Unfallschäden am eigenen Fahrzeug und Schäden durch unbekannte Personen.
  - *Teilkaskoversicherung:* Sie ersetzt Schäden durch Brand, Explosion, Diebstahl, Sturm, Hagel sowie Glasbruch und Zusammenstoß mit Haarwild.
  - *Kraftfahrzeug-Insassenversicherung:* Alle Insassen eines Kraftfahrzeugs sind gegen die wirtschaftlichen Folgen von Personenschäden versichert.

600 Was versteht man unter *Außen-handel?*

Seit der Verwirklichung des Europäischen Marktes im Jahre 1993 unterscheidet man:

- **innergemeinschaftlichen Güterverkehr** mit Unternehmen in Ländern der EU (z. B. mit Unternehmen in Schweden)

- **Güterverkehr mit Drittländern,** d. h. mit Unternehmen in Ländern außerhalb der EU (z. B. mit USA), und zwar:
  - aus *betriebswirtschaftlicher* Sicht den Waren- und Dienstleistungsverkehr eines *Unternehmens* mit seinen *Handelspartnern in Nicht-EU-Ländern* (sogenannten Drittländern)
  - aus *volkwirtschaftlicher* Sicht den grenzüberschreitenden Waren-, Dienstleistungs- und Rechteverkehr einer *Volkswirtschaft* mit Drittländern

601 Erklären Sie die *Bedeutung des Außenhandels* für Deutschland.

- Deutschland ist eines der größten Handelsländer der Welt.
- Deutschland ist stark exportabhängig; rückläufige Auslandsaufträge können eine Rezession auslösen.
- Das hohe deutsche Preisniveau führt zu Wettbewerbsnachteilen auf dem Weltmarkt.
- Deutschland ist stark importabhängig, da es nur über wenige Rohstoffe verfügt.

- Wechselkurssteigerungen (insbesondere beim Dollar) verteuern die Importe und damit die Importkosten der deutschen Unternehmen; sie verbilligen allerdings auch die Exporte und tragen so zur Sicherung von Arbeitsplätzen im Inland bei.
- Die Waren- und Dienstleistungsexporte betragen mehr als 30 Prozent des Bruttoinlandsprodukts.

Prozess

- **Exporthandel:** Ein deutscher Händler führt Waren aus dem Inland ins Ausland aus, z. B. nach Japan.

- **Transithandel:** Ein deutscher Händler verkauft Güter nach Norwegen (Export), die er vorher in Russland gekauft hat (Import).

- **Importhandel:** Ein deutscher Händler führt Güter aus dem Ausland ins Inland ein, z. B. aus Korea.

602 Nennen Sie jeweils ein Beispiel für *Export-, Transit-* und *Import-handel.*

Beim **Kaufvertrag** ist besonders zu **achten auf:**

- **Schriftform:** vermeidet Missverständnisse, dient als Beweismittel

- eine genaue **Mengenangabe** der Warenlieferung

- funktionsgerechte kostengünstige **Warenverpackung,** insbesondere bei der Seeschifffahrt und im Luftfrachtverkehr

- eine exakte **Qualitätsbestimmung** der Warenlieferung

- eine **Versandanzeige:** Der Empfänger erfährt, wann die Ware ausgeliefert wurde und kann sich so auf die Anlieferung einstellen

- Festlegung der **Geschäftsbedingungen** (AGB gelten nicht im Ausland)

- die Festlegung der **Lieferbedingungen (Incoterms)** und **Zahlungsbedingungen**

603 Worauf haben die Außenhandelspartner beim *Abschluss eines Kaufvertrages* besonders zu achten?

Incoterms (international commercial terms) sind **Lieferklauseln,** die die Internationale Handelskammer in Paris verfasst hat. Sie haben keinen Gesetzescharakter, aber ihre vertragliche Anerkennung verhindert Rechtsunsicherheiten aufgrund landesspezifischer Handelsbräuche (Usancen) bei der **Abwicklung von Außenhandelsgeschäften.**

Deshalb ist es im internationalen Handel üblich, eine der Lieferklauseln gemäß den Incoterms 2000 im Kaufvertrag zu vereinbaren (z. B. FOB Hamburg). Die exakten Formulierungen schaffen **Rechtssicherheit** für den Ex- und für den Importeur.

604 Was versteht man unter *Incoterms?*

Incoterms regeln:
- den **Kostenübergang** vom Exporteur auf den Importeur
- den **Gefahrenübergang** vom Exporteur auf den Importeur

Der Gefahrenübergang erfolgt zu dem Zeitpunkt, an dem das Risiko des zufälligen Untergangs oder der Beschädigung der Ware vom Verkäufer auf den Käufer übergeht.

605 Was *regeln* die Incoterms?

Incoterms gliedern sich in vier Gruppen (Gruppen E, F, C und D), je nach dem Umfang der zu leistenden Pflichten des Exporteurs. Man unterscheidet dabei:

- **Einpunktklauseln:** Kosten- und Gefahrenübergang erfolgen **an einem Ort.**

- **Zweipunktklauseln:** Kosten- und Gefahrenübergang erfolgen **an verschiedenen Orten.**

606 Wie *teilt* man die Incoterms *ein?*

Was regeln die Incoterms der *Gruppe E*?

Bei der Lieferklausel **EXW** (Ex Works, ab Werk) hat der Exporteur die geringsten Pflichten zu erfüllen (Abholklausel):

- Der Exporteur hat die Ware pünktlich und fachgerecht verpackt auf seinem Werksgelände bereitzustellen; er trägt nur die Kosten und das Risiko der vertragsgemäßen Bereitstellung.

- Der Importeur trägt alle Kosten und Gefahren ab dem Zeitpunkt der Warenübergabe an den Frachtführer.

Was regeln die Incoterms der *Gruppe F*?

Die Gruppe **F** beinhaltet **drei Einpunktklauseln,** d. h., der Exporteur übergibt dem Frachtführer die Ware an einem bestimmten Ort, damit gehen alle Kosten und Gefahren auf den Importeur über. Er trägt die Hauptkosten für den Warentransport.

Es gibt folgende Regelungen:

- **FOB** (Free on Board, frei an Bord): Der Exporteur trägt alle Kosten und Gefahren, bis die Ware beim Verladen im Verschiffungshafen die Reling des Schiffes überschritten hat.

- **FAS** (Free Alongside Ship, frei Längsseite Schiff): Der Exporteur trägt alle Kosten und Gefahren des Warentransports bis zum Kai des Verschiffungshafens.

- **FCA** (Free Carrier, frei Frachtführer): Der im Kaufvertrag vereinbarte Ort ist entscheidend für die Warenbe- und -entladung. Der Exporteur ist verantwortlich für die Verladung, wenn die Übergabe bei ihm stattfindet; ist dafür ein anderer Ort vereinbart, so ist er nur für die Verladebereitschaft verantwortlich.

Was regeln die Incoterms der *Gruppe C*?

Die Gruppe **C** beinhaltet **vier Zweipunktklauseln.** Der Exporteur trägt die Transportkosten bis zum Bestimmungshafen. Die Gefahr geht mit der Übergabe der Ware an den Frachtführer auf den Importeur über.

Es gibt folgende Regelungen:

- **CIP** (Carriage and Insurance Paid to, frachtfrei versichert): Zusätzlich zu CPT übernimmt der Exporteur die Kosten für die Transportversicherung.

- **CPT** (Carriage Paid to, frachtfrei): Der Exporteur beschafft alle Transportdokumente und trägt alle Transportkosten bis zum Bestimmungsort. Der Gefahrenübergang erfolgt mit der Warenübergabe an den (ersten) Frachtführer.

- **CIF** (Cost, Insurance and Freight, Kosten, Versicherung und Fracht): Zusätzlich zu CFR übernimmt der Exporteur die Kosten für die Seetransportversicherung.

- **CFR** (Cost and Freight, Kosten und Fracht): Der Exporteur beschafft alle Transportdokumente und trägt die Transportkosten bis zum Bestimmungshafen. Der Gefahrenübergang auf den Importeur erfolgt mit Überschreiten der Reling im Verschiffungshafen.

Was regeln die Incoterms der *Gruppe D*?

Die Gruppe **D** beinhaltet **fünf Zweipunktklauseln.** Der Exporteur hat die Transportkosten und das Warenrisiko bis zum Bestimmungsort zu tragen.

Es gibt folgende Regelungen:

- **DDU** (Delivered Duty Paid, geliefert unverzollt): Der Verkäufer stellt die Ware am benannten Ort im Importland bereit, der Importeur hat sich um die Einfuhrabfertigung zu kümmern.

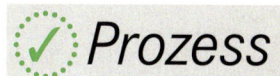

- **DDP** (Delivered Duty Paid, geliefert verzollt): Der Importeur hat die Ware am benannten Ort im Importland bereitzustellen und zusätzlich zu DDU die Einfuhrabfertigung zu besorgen.

- **DEQ** (Delivered ex Quay, geliefert ab Kai): Der Exporteur stellt die Ware am Kai des Bestimmungshafens bereit und erledigt die Ausfuhrmodalitäten, der Importeur kümmert sich um die Einfuhrmodalitäten und trägt die Zölle und weitere Kosten.

- **DES** (Delivered ex Ship, geliefert ab Schiff): Der Exporteur hat die Ware verzollt im Bestimmungshafen des Importlands bereitzustellen, der Importeur ist für die Einfuhrabfertigung zuständig.

- **DAF** (Delivered at Frontier, geliefert Grenze): Der Exporteur trägt alle Kosten und das Warenrisiko bis zum vereinbarten Grenzort, er muss sich um die Exportabfertigung kümmern, der Importeur um die Einfuhrabfertigung.

- bei Seetransport: FAS, CFR, CIF, DES und DEQ
- bei Luft- und Eisenbahntransport: FCA, CPT und CIP

- bei zwei oder mehr Beförderungsarten (kombinierte Transporte): EXW, FCA, CPT, CIP, DAF, DDU und DDP

611 Welche *Incoterms* eignen sich für die verschiedenen *Transportarten* im Außenhandel?

Häufig verwendete Incoterms sind: EXW, FAS, FOB und CIF.

612 Welches sind die *am häufigsten verwendeten Incoterms?*

Übliche Zahlungsbedingungen sind:
- **Vorauszahlung:** Der Käufer bezahlt den Preis vor der Warenlieferung.

- **Anzahlung:** Der Käufer bezahlt einen Teil des Kaufpreises vor der Warenlieferung.

- **Dokumenten-Akkreditiv:** Die Bank des Importeurs verpflichtet sich im Auftrag des Importeurs, gegen Übergabe vorgeschriebener Dokumente, die den Versand einer bestimmten Ware beweisen, Zahlung zu leisten. Danach wird dem Importeur die Ware unter Vorlage der Dokumente am Bestimmungsort ausgeliefert.

- **Dokumente gegen Kasse:** Die Zahlungspflicht des Importeurs wird ausgelöst, wenn ordnungsgemäße Dokumente vorgelegt werden.

- **Dokumente gegen Akzept:** An die Stelle der Zahlung tritt die Akzeptierung einer den Dokumenten beigefügten Tratte: Der Exporteur räumt dem Importeur ein Zahlungsziel ein. Er kann den Wechsel bei seiner Bank diskontieren lassen oder bei Fälligkeit zum Inkasso einreichen.

- **Zahlung gegen Rechnung:** Die Zahlung erfolgt nach Erhalt der Ware.

- **offenes Zahlungsziel:** Der Importeur bekommt eine Zahlungsfrist. Bei sofortiger Zahlung kann er regelmäßig Skonto beanspruchen, bei Ausnutzung des Zahlungsziels kann er die Rechnung meistens aus dem Erlös für die verkauften Importwaren bezahlen.

613 Welche *Zahlungsbedingungen* sind bei Außenhandelsgeschäften zu unterscheiden?

| 1.5.9   Marketingcontrolling | *Handbuch: LF 10* |

614   Erklären Sie den Unterschied zwischen dem *strategischen* und dem *operativen Marketingcontrolling.*

Während beim **strategischen Marketingcontrolling langfristige Absatzstrategien,** z. B. eine langfristige Modellpolitik, über Plandaten vorbereitet und nachträglich überprüft werden, hat das **operative Marketingcontrolling** nur das **kurzfristige Absatzgeschehen** (z. B. Planung und Auswertung der Kosten-, Umsatz- und Gewinndaten für eine Werbekampagne) als Untersuchungsgegenstand.

615   In welchen *Schritten* arbeitet das *operative Marketingcontrolling?*

- **Plan-** oder **Sollgrößen** werden **festgelegt.**
  Beispiel: Festlegung eines geplanten Marktanteils

- Die **Istwerte** werden **ermittelt.**
  Beispiel: Welche Marktanteile hat das Unternehmen bei den einzelnen Produkten in den unterschiedlichen Märkten?

- Ein **Soll-Ist-Vergleich** wird **durchgeführt.**

- Eine **Soll-Ist-Analyse** wird **durchgeführt.** Die Ursachen für die Abweichung zwischen Soll- und Istwerten werden ermittelt.

- Die **erforderlichen Maßnahmen** werden **geplant,** um die Sollgrößen erreichen zu können.

616   Welche *Verfahren* oder *Instrumente* benutzt das *Marketingcontrolling?* Nennen Sie Beispiele.

Verfahren oder **Instrumente** des **Marketingcontrollings** (Beispiele):
- Deckungsbeitragsrechnung
- Plankostenrechnung
- Erhebungstechniken der Marktforschung *(vgl. Kapitel 1.5.2)*
- Produkt-Lebenszyklus-Analyse
- Portfolio-Analyse und –Matrix
- Bestimmung von Preisuntergrenzen
- Break-even-Analyse
- Benchmarking
- Nutzwertanalyse
- Investitionsrechnung

617   Im Bereich des Marketingcontrollings wird eine Vielzahl von *Kennziffern* genutzt. Nennen Sie einige *Beispiele.*

Kennziffern im **Marketingcontrolling** (Beispiele):
- **Kontrolle** der **Marktstellung:**
$$\text{Marktanteil} = \frac{\text{eigener Absatz (in ME) oder Umsatz (in €)}}{\text{Marktvolumen (in ME oder €)}}$$

- **Kontrolle** des **Personaleinsatzes:**
$$\text{Umsatz pro Marketingmitarbeiter} = \frac{\text{Umsatz}}{\text{Anzahl der Marketingmitarbeiter}}$$

- **Kontrolle** des **Werbeeinsatzes:**
Werbegewinn = werbebedingter Mehrumsatz – Werbekosten

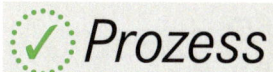 **Prozess**

- **Kontrolle** der **Kundenzufriedenheit:**

$$\text{Reklamationsquote} = \frac{\text{Anzahl fehlerhafter Produktlieferungen}}{\text{Gesamtzahl an Produktlieferungen}}$$

- **Kontrolle** der **Marketingaktivitäten:**

$$\text{durchschnittliche Auftragsgröße} = \frac{\text{Umsatz}}{\text{Anzahl der Aufträge}}$$

1.5.10 Auftragsbearbeitung Handbuch: LF 10

Auftragsentgegennahme

⇩

Auftragsprüfung

⇩

(gegebenenfalls) Auftragsbestätigung

⇩

Auftragsbearbeitung einschließlich Terminüberwachung

⇩

Kommissionierung, Fakturierung und Versand

⇩

Überprüfung des Zahlungseingangs

⇩

Kundenservice (After-Sales-Service)/Kundenbindungsmaßnahmen

⇩

(eventuell) kundenorientierte Abwicklung des Beschwerdemanagements

618 In welchen *Schritten* erfolgt die Abwicklung eines *Kundenauftrages?*

Gesetzliche Pflichtangaben auf Rechnungen:

 Name und Anschrift des leistenden Unternehmens

 Name und Anschrift des Leistungsempfängers

 Steuernummer oder USt-Identifikationsnummer des leistenden Unternehmens

 Ausstellungsdatum der Rechnung

 fortlaufende Rechnungsnummer

- Menge und Art des gelieferten Produktes bzw. der Dienstleistung
- Zeitpunkt der Lieferung
- Netto-Entgelt
- vereinbarte Entgeltminderung (z. B. Rabatt, Skonto)
- Umsatzsteuersatz und -betrag oder Hinweis auf USt-Befreiung
- Brutto-Entgelt

Anmerkung: Abweichungen für Kleinunternehmer und Kleinbetragsrechnungen

619 Welche Angaben auf *Rechnungen* zählen zu den *gesetzlichen Pflichtangaben?*

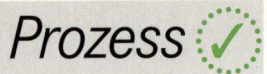

1.6 Investitions- und Finanzierungsprozesse planen – Lernfeld 11

1.6.1 Investition   *Handbuch: LF 11*

620 Was verstehen Sie unter *Investition?*

Unter **Investition** versteht man die Verwendung finanzieller Mittel in einem Unternehmen (z. B. für Sachvermögen). Investitionen verändern das Anlage- bzw. Umlaufvermögen auf der Aktivseite der Bilanz (Mittelverwendung).

621 Nennen Sie *mögliche Investitionsanlässe.*

- Erschließung eines **neuen Marktes** durch Eröffnung von Auslandsfilialen
- Sicherung der **Wettbewerbsfähigkeit** durch Anschaffung neuer Produktionsanlagen
- **Anpassung** an veränderte gesetzliche Vorschriften (z. B. Umweltrecht) durch Modernisierung der Produktionsanlagen

622 Welche betrieblichen *Investitionsarten* unterscheidet man?

- Nach dem **Zweck** der Investition unterscheidet man:
  - *Erstinvestition* (z. B. Bau einer Lagerhalle bei Gründung des Unternehmens)
  - *Ersatzinvestition* (z. B. eine verbrauchte Verpackungsmaschine wird durch eine gleichartige ersetzt)
  - *Rationalisierungsinvestition* (z. B. eine technisch leistungsfähigere Maschine verbessert die Wirtschaftlichkeit des Unternehmens)
  - *Erweiterungsinvestition* (z. B. ein weiterer Produktionsstrang vergrößert die Kapazität des Unternehmens)
- Nach der **Vermögensart** unterscheidet man:
  - *Sachinvestition* (z. B. Lkw)
  - *Finanzinvestition* (z. B. Beteiligung)
  - *immaterielle Investition* (z. B. Patente)

623 Was verstehen Sie unter *Desinvestition?*

Unter **Desinvestition** versteht man die Freisetzung der investierten Geldmittel über den Absatzmarkt; Erzeugnisse, Dienstleistungen oder andere Vermögenswerte werden verkauft und durch den Erlös wieder in liquide Mittel umgewandelt.

Deutlich wird dies auch am sogenannten Abschreibungskreislauf.

624 Wovon ist die *Entscheidung* für eine unternehmerische Investition vor allem abhängig?

Ein wesentliches Entscheidungskriterium ist die Überlegung, ob sich die **Investition** für das Unternehmen **lohnt.** Daneben können auch soziale (z. B. Sicherung von Arbeitsplätzen) oder politische Faktoren (z. B. Erhaltung einer sauberen Umwelt) eine Rolle spielen.

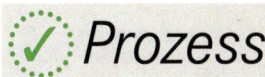 **Prozess**

Zur **Beurteilung von Investitionsmöglichkeiten** setzt man Investitionsrechnungen ein. Dabei unterscheidet man zwei Arten:

1. Die **statische Investitionsrechnung** erfasst und vergleicht die für eine Periode zu erwartenden Kosten und Leistungen.
Wichtige Methoden und Verfahren sind die ...

- **Kostenvergleichsrechnung:** Man vergleicht nur die **Kosten** alternativer Investitionen und entscheidet sich für die günstigste.

- **Gewinnvergleichsrechnung:** Man erfasst die Kosten wie auch die aus den Investitionsalternativen resultierenden Erlöse und entscheidet sich für die Investition mit dem höchsten Gewinn.

- **Rentabilitätsvergleichsrechnung:** Man errechnet für jede Investitionsalternative deren Rentabilität (Gewinn p. a.: Kapitaleinsatz · 100) und wählt die Investition mit der höchsten Rentabilität.

- **Amortisationsvergleichsrechnung** (auch als Pay-off-Rechnung bezeichnet): Man prüft, in welchem **Zeitraum** sich eine Investition **amortisiert,** d. h. innerhalb welcher Zeit der Kapitaleinsatz durch Kapitalrückflüsse (Abschreibungen + Gewinn) wiedergewonnen wird. Die Investition mit der kürzesten **Amortisationszeit** (Kapitalrückflusszeit) wird gewählt.

2. Die **dynamische Investitionsrechnung** berücksichtigt alle geschätzten Ein- und Auszahlungsströme der Investitionen während der **gesamten Nutzungsperioden.** Um die Zahlungen vergleichbar zu machen, wird auch berücksichtigt, zu welchen Zeitpunkten die Zahlungen erfolgen, d. h., die Geldbeträge werden auf- oder abgezinst.

Ein Investitionsplan bestimmt, wann **welche Investitionen** vorgenommen werden.

625 Welche Möglichkeiten zur *Beurteilung* von betrieblichen Investitionen unterscheidet man?

626 Was verstehen Sie unter einem *Investitionsplan?*

| 1.6.2 | **Finanzierung** | *Handbuch: LF 11* |

Darunter versteht man sämtliche Maßnahmen eines Unternehmens, die der **Beschaffung von Kapital** für unternehmerische Zwecke dienen. Diese Mittel verändern das Eigen- bzw. Fremdkapital auf der Passivseite der Bilanz (Mittelherkunft).

627 Was verstehen Sie unter *Finanzierung?*

- Kauf von Maschinen
- Erwerb einer Lizenz
- Aktualisierung der Software (Update)
- Umwandlung der Rechtsform (z. B. GmbH in eine AG)

- Schließung von Finanzierungslücken (z. B. per Kreditaufnahme)
- Finanzierung von Sozialplänen

628 Nennen Sie *mögliche Finanzierungsanlässe.*

Finanzierungsarten

638 **Unterscheiden Sie *kurz-, mittel-* und *langfristiges Kapital.***

Üblicherweise wird kurzfristiges Kapital (Kredite) dem Unternehmen **bis zu 6 Monate**, mittelfristiges Kapital **bis zu 4 Jahre** und langfristiges Kapital **mehr als 4 Jahre** überlassen.

639 **Worin sehen Sie *Vorteile* der *Eigenfinanzierung?***

Vorteile der Eigenfinanzierung:

- Das Unternehmen kann i. d. R. unbefristet über das Kapital verfügen.
- Das Unternehmen ist unabhängig von Kapitalgebern.
- Es gibt keine festgeschriebenen Zins- und Tilgungszahlungen und dadurch keinen Liquiditätsabfluss.
- Kreditwürdigkeit des Unternehmens steigt.
- In Verlustjahren wird die betriebliche Substanz nicht verringert, weil ein Recht auf Gewinnzuweisung nur entsteht, wenn das Unternehmen Gewinne erzielt. Dagegen müssen bei der Fremdfinanzierung auch in Verlustjahren Zinsen bezahlt werden.
- Die Investitionsbereitschaft steigt.

640 **Worin sehen Sie *Vorteile* der *Fremdfinanzierung?***

- Kapitalgeber haben i. d. R. kein Mitspracherecht bei der Unternehmensführung.
- Fremdkapitalzinsen mindern als Betriebsausgaben den steuerpflichtigen Gewinn und führen zu einer geringeren steuerlichen Belastung des Unternehmens.
- keine Beteiligung am Gewinn und am Vermögenszuwachs des Unternehmens

641 **Was versteht man unter einer *Aktie?***

Eine **Aktie** verbrieft ein Anteilsrecht an einer Aktiengesellschaft. Dieses Wertpapier ist leicht zu übertragen und kann deshalb an Wertpapierbörsen gehandelt werden.

642 **Welche *Aktienarten* sind zu unterscheiden?**

- **Stückaktien:** Sie haben keinen Nennwert, der Aktionär ist zu einem Bruchteil am Grundkapital der AG beteiligt, sein Anteil hängt von der Anzahl der ausgegebenen Aktien ab. Der rechnerische Wert einer Aktie kann durch Division des Grundkapitals durch die Zahl der ausgegebenen Aktien ermittelt werden.
- **Nennbetragsaktien:** Der Mindestnennbetrag ist auf 1,00 € festgelegt, höhere Nennbeträge müssen auf glatte Euro lauten; der Aktionär ist mit dem **Nennwert** der Aktie am Grundkapital der AG beteiligt; die Höhe des Grundkapitals ergibt sich aus der Summe der Nennwerte aller ausgegebenen Aktien.

643 **Welche *Rechte* stehen einem *Aktionär* zu?**

Aktionärsrechte:

- Recht auf Gewinnbeteiligung durch Zahlung einer Dividende oder Rücklagenerhöhung
- Teilnahme und Stimmrecht auf der Hauptversammlung
- Anspruch auf Auskunft durch den Vorstand
- Bezugsrecht bei der Ausgabe junger Aktien
- Anspruch auf Beteiligung am Liquidationserlös

9714180

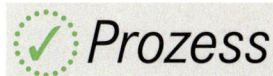 *Prozess*

Risiken beim Erwerb von Aktien sind:

- Der Aktienkurs schwankt meist stärker als bei festverzinslichen Wertpapieren.
- Die Dividendenhöhe schwankt.
- In wirtschaftlich schlechten Jahren besteht ein hohes Risiko für die Aktionäre (sinkender Kurs, Dividendenausfall).
- Bei Aktien in Fremdwährung bestehen Währungsrisiken.

644 Welche *Risiken* geht man mit dem *Erwerb von Aktien* ein?

Folgende **Aktienarten** werden aufgrund ihrer **Ausstattungsmerkmale** unterschieden:

- nach dem **Umfang der verbrieften Rechte**
  - *Stammaktien* (Normalform der Aktien): Sie verbriefen alle satzungsmäßigen und gesetzlichen Aktionärsrechte.
  - *Vorzugsaktien:* Sie sind gegenüber den Stammaktien mit Vorrechten ausgestattet (z. B. bei der Gewinnverteilung) und haben i. d. R. kein Stimmrecht in der Hauptversammlung.
- nach der **Form der Übertragung**
  - *Inhaberaktien:* Sie lauten nicht auf den Namen von Aktionären, sie werden durch Einigung und Übergabe übertragen.
  - *Namensaktien:* Sie lauten auf den Namen von Aktionären und sind mit deren persönlichen Daten im Aktienbuch der AG eingetragen, sie werden durch Einigung und Übergabe der indossierten Aktie übertragen; bei vinkulierten Namensaktien muss der Vorstand der AG der Übertragung zustimmen.

- nach dem **Zeitpunkt der Ausgabe**
  - *Alte Aktien:* Das sind die zum Zeitpunkt einer Kapitalerhöhung schon vorhandenen Aktien. Der tatsächliche Preis dieser Aktien wird an der Börse durch Angebot und Nachfrage ermittelt, er wird als Kurs bezeichnet. Der Kurswert ergibt sich, indem man die Stückzahl mit dem Kurs multipliziert.
  - *Junge Aktien:* Das sind die im Rahmen einer Kapitalerhöhung neu auszugebenden Aktien. Deren Ausgabewert darf nicht unter dem Nennwert liegen.

645 Nach welchen *Ausstattungsmerkmalen* sind *Aktien* zu unterscheiden?

Unternehmen verschaffen sich durch die Ausgabe von Schuldverschreibungen (**Obligationen**) langfristiges Fremdkapital zur Finanzierung von Investitionen.

646 Welchem *Zweck* dienen *Schuldverschreibungen?*

647 Welche *Merkmale* weisen *Schuldverschreibungen* auf?

Merkmale von Schuldverschreibungen:

- Der Erwerber ist Gläubiger des Industriebetriebes, da er Fremdkapital zur Verfügung stellt.
- Die Verzinsung erfolgt i. d. R. zu einem festen Zinssatz.
- Das Wertpapier weist im Gegensatz zu Aktienkursen i. d. R. relativ geringe Kursschwankungen auf.

- Der Erwerber geht wegen der hohen Sicherheitsvorschriften des Gesetzgebers ein relativ geringes Risiko ein.
- Das Wertpapier weist meist eine lange Laufzeit auf (im Allgemeinen 10–20 Jahre).
- Bei Fälligkeit wird das Wertpapier zum Nennwert zurückgezahlt.

648 Was versteht man unter einer *Wandelschuldverschreibung?*

Wandelschuldverschreibungen **(Wandelanleihen)** sind Schuldverschreibungen, die von Aktiengesellschaften ausgegeben werden und nach einer bestimmten Zeit in Aktien umgewandelt werden können. Dadurch wird Fremdkapital zu Eigenkapital.

649 Was versteht man unter *Leasing?*

Darunter versteht man die **Vermietung** bzw. **Verpachtung** von beweglichen oder unbeweglichen Wirtschaftsgütern (z. B. Lkw oder Lagerhalle) durch den Hersteller oder eine spezielle Leasinggesellschaft.

650 Nach welchen Gesichtspunkten werden *Leasingarten* unterschieden?

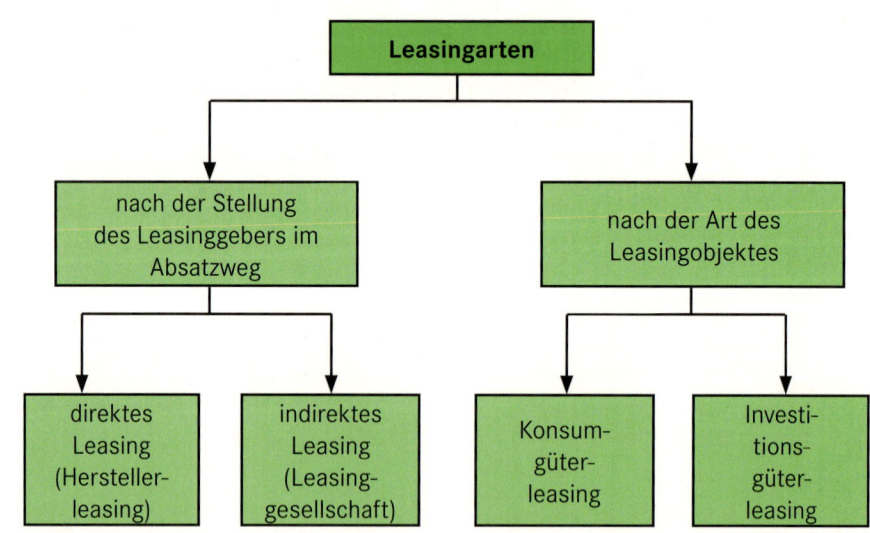

651 Unterscheiden Sie zwischen *Firmen-* und *Privatleasing.*

- Beim **Firmenleasing** ist der Leasingnehmer ein Unternehmen.

- Beim **Privatleasing** ist der Leasingnehmer eine Privatperson.

Vergleich

Leasing:
monatl. Rate: 409,30 €

Barkauf mit Kreditaufnahme:	
Kreditbetrag	25.000,00 €
+ 0,32 % Zinsen p. M. für 36 Monate	2.880,00 €
+ 2 % Bearbeitungsgebühr	500,00 €
Rückzahlung insgesamt	28.380,00 €
monatliche Rate (Tilgung + Zinsen)	788,33 €

Die monatliche Belastung ist bei der Kreditfinanzierung um 379,03 € höher.

Der Gesamtaufwand beträgt:

	Sonderzahlung	7.250,00 €		eigene Mittel	7.250,00 €
+	409,30 € x 36 =	14.734,80 €		Gesamtkredit	28.380,00 €
+	Restwert	20.000,00 €			
	insgesamt	41.984,80 €		insgesamt	35.630,00 €
				angenommener Marktwert nach drei Jahren	10.000,00 €

c) Nach drei Jahren geht der Wohnwagen in das Eigentum des Kreditnehmers über.

Es handelt sich hierbei um eine Modellrechnung. Es gelten drei Annahmen:
1. Das Leasingobjekt wird gekauft.
2. Der geschätzte Leasingrestwert ist identisch mit dem Marktwert.
3. Auf- und Abzinsungen werden nicht berücksichtigt.
4. Beim Firmenleasing sind noch zusätzlich steuerliche Gesichtspunkte zu berücksichtigen.

Fallbeispiel 652
zum Privatleasing:

Iris Schnelle möchte sich einen Wohnwagen anschaffen. Sie hat dafür 7.250,00 € gespart. Der Autohändler EUROPE CAR GmbH bietet den Wagen wie folgt an:
Kaufpreis bei Barzahlung 32.250,00 €, Leasing mit Kilometerabrechnung der Firma Leasing Nord AG, 7.250,00 € Sonderzahlung, monatliche Leasingraten 409,30 €, Laufzeit 36 Monate, Fahrleistung 9 000 km p. a.; Mehrkilometer werden mit 0,10 € in Rechnung gestellt, Minderkilometer mit 0,05 € vergütet. Nach drei Jahren kann der Wohnwagen zum Restwert von 20.000,00 € erworben werden.

Für einen Barkauf muss Frau Schnelle einen Kredit von 25.000,00 € (32.250,00 € – 7.250,00 €) aufnehmen. Von der Autobank AG erhält sie folgendes Angebot: 0,32 % Zinsen p. M.; 2 % Bearbeitungsgebühr, Laufzeit 36 Monate, effektiver Zinssatz 9,01 %.

Prozess ✓

Factoring

653 Wie unterscheiden sich *direktes* und *indirektes Leasing?*

- Beim **direkten Leasing** schließen der Leasinggeber (Hersteller) und der Leasingnehmer einen Vertrag über das Leasingobjekt ab: Der Leasingnehmer zahlt die Leasingraten an den Leasinggeber.

- Beim **indirekten Leasing** kauft der Leasinggeber das Leasingobjekt vom Hersteller und überlässt es dem Leasingnehmer zum Gebrauch; dieser zahlt die Leasingraten an den Leasinggeber.

654 Welche *Vor- und Nachteile* sind mit dem *Firmenleasing* aus der Sicht des Leasingnehmers verbunden?

- **Vorteile:**
  - Schonung der Liquidität zum Zugangszeitpunkt des Gutes, da die Kosten über Leasingraten auf die Nutzungsdauer verteilt werden
  - Berücksichtigung des technischen Fortschritts durch möglichen Austausch des Leasingobjekts
  - Rücknahmeverpflichtung des Leasinggebers nach Ablauf der Vertragszeit
  - Da die Leasingraten als Betriebsausgaben abgesetzt werden können, reduzieren sie die gewinnabhängigen Steuern.
  - In vielen Fällen erhält der Leasingnehmer spezielle Dienstleistungen angeboten.

- **Nachteile:**
  - eingeschränkte Verfügungsgewalt über das Leasingobjekt, da kein Eigentum erworben wird
  - umfangreiche Vertragsverpflichtungen (z. B. bei Pkws Abschluss einer Vollkaskoversicherung)
  - erhöhte Kosten bei vorzeitiger Vertragsauflösung (z. B. Konventionalstrafe)
  - laufende Liquiditätsbelastungen durch die monatlichen Leasingraten
  - i. d. R. insgesamt höhere Aufwendungen als beim Kauf

655 Was versteht man unter *Factoring?*

Unter Factoring versteht man den **Verkauf kurzfristiger Forderungen** aus Lieferungen und Leistungen an einen **Factor** (Factoring-Gesellschaft, i. d. R. Tochtergesellschaft einer Bank). Er zieht von dem Forderungsbetrag Zinsen und Provisionen (Inkasso- und ggf. Delkredereprovision) ab und schreibt dem Unternehmen den Restbetrag gut.

656 Welche *Funktionen* übernimmt der *Factor?*

Funktionen des Factors:

- **Dienstleistungsfunktion:** Übernahme der Debitorenbuchhaltung, des Mahnwesens und des Forderungsinkassos

- **Risikofunktion:** Übernahme des Risikos des Forderungsausfalls

- **Finanzierungsfunktion:** auf Wunsch des Unternehmens Bevorschussung der Forderungen

- **Delkrederefunktion:** Übernahme des Ausfallrisikos und Verzicht auf Regressansprüche bei Zahlungsausfällen

657 Welche *Vor- und Nachteile* ergeben sich aus dem *Factoring* für den Kunden?

- **Vorteile:**
  - Kosteneinsparungen bei der Debitorenbuchhaltung sowie beim Inkasso- und Mahnwesen
  - verbesserte Liquidität
  - Vermeidung von Verlusten aus Kundeninsolvenzen

- **Nachteile:**
  - hohe Kosten für Zinsen und Provision
  - Einschränkung des Kontaktes zu Kunden

9714184

 *Prozess*

1.6.3   Kreditarten   *Handbuch: LF 11*

Unter einem Kredit versteht man die befristete Überlassung von Geldmitteln (**Geldkre-dit**) oder Gütern (**Warenkredit**) zur freien oder vertragsgebundenen Nutzung, i. d. R. gegen Entgelt.

In einem **Kreditvertrag** werden i. d. R. festgelegt die:

- Kredithöhe
- Kreditlaufzeit
- Kreditkosten (Zinsen und Provision)

- Zahlungsmodalitäten (z. B. Zins- und Tilgungsplan)
- Kreditsicherheiten

Kreditarten werden unterschieden nach ...

dem **Kredit-geber**	der **Kredit-laufzeit**	dem **Zweck des Kre-dits**	der **Be-reitstel-lung des Kredits**	der **Sicherung des Kredits**	dem **Tilgungs-zeitpunkt**
– Bank-kredit – Lieferan-tenkredit	– kurzfristi-ger Kredit – mittel-fristiger Kredit – langfristi-ger Kredit	– Konsum-kredit – Unter-neh-mens-kredit	– Konto-korrent-kredit – Darlehen	– Personal-kredit – Real-kredit	– Fest-darlehen – Abzah-lungs-darlehen – Annui-täten-darlehen

- Bei einem **Bankkredit** stellt das Kredit-institut dem Kunden i. d. R. liquide Mittel zur Verfügung.

- Bei einem **Lieferantenkredit** räumt der Verkäufer dem Kunden ein Zahlungsziel ein (z. B. Zahlung innerhalb 90 Tagen netto Kasse); möglich ist auch ein Geld-kredit für den Erwerb von Einrichtungs-gegenständen (z. B. für eine Gaststätte).

- Ein **Konsumkredit** ist ein Kredit an private Haushalte (Endverbraucher) zur Finanzierung von Gebrauchsgütern (z. B. Pkw).

- Ein **Unternehmenskredit** wird zur Fi-nanzierung der betrieblichen Tätigkeit gewährt.

---

658 Was versteht man unter einem *Kredit?*

659 Welche *wesentlichen Rege-lungen* werden in einem Kreditvertrag festgelegt?

660 Welche *Kredit-arten* sind zu unter-scheiden?

661 Worin besteht der Unterschied zwischen einem *Bank-* und einem *Lieferantenkredit?*

662 Worin unter-scheidet sich ein *Konsum-* von einem *Unternehmenskredit?*

Kreditarten

663 Unternehmenskredite werden als *Investitions-, Betriebsmittel-* und *Zwischenkredit* vergeben. Erläutern Sie diese Kreditarten.

- Mit einem **Investitionskredit** werden Güter zur Bereitstellung, Erweiterung, Rationalisierung oder Erneuerung des Anlagevermögens finanziert.

- Mit einem **Betriebsmittelkredit** werden die Gegenstände des Umlaufvermögens finanziert.

- Mit einem **Zwischenkredit** wird ein kurzfristiger Liquiditätsengpass überbrückt.

664 Was verstehen Sie unter einem *Kontokorrentkredit?*

Bei einem **Kontokorrentkredit** gewährt die Bank einen Kredit in laufender Rechnung: Der Kreditnehmer darf sein Kontokorrentkonto bis zu einer vereinbarten Kredithöhe überziehen (Kreditlimit).

Dafür stellt ihm die Bank Kreditzinsen (Sollzinsen, nur vom effektiv in Anspruch genommenen Kredit), Umsatzprovision und Gebühren für Auslagen in Rechnung und ggf. schreibt sie ihm Zinsen (Habenzinsen) für Guthaben gut.
Bei Überschreiten des Kreditlimits wird ein erhöhter Zinssatz in Rechnung gestellt.

665 Welche *Darlehensarten* werden unterschieden?

Bei einem **Darlehen** stellt der Kreditgeber (z. B. ein Kreditinstitut) dem Kreditnehmer den Geldbetrag in einer Summe (u. U. auch in Teilbeträgen) mittel- oder langfristig zur Verfügung als:

- **Festdarlehen** (Fälligkeitsdarlehen): Die Tilgung erfolgt am Ende der Laufzeit in einer Summe, konstante Jahresleistung, bestehend nur aus Zinsen.

- **Abzahlungsdarlehen:** Es erfolgen konstante Tilgungszahlungen; abnehmende Jahresleistung, bestehend aus Tilgungs- und sinkenden Zinszahlungen.

- **Annuitätendarlehen:** Die Tilgungszahlungen steigen in Höhe der eingesparten Zinsen; konstante Jahresleistung (Annuität), bestehend aus Zins- und Tilgungszahlungen.

666 Erstellen Sie einen Tilgungsplan für das folgende Annuitätendarlehen:
Darlehen 100.000,00 €, 5 % p. a. Zinsen, Auszahlung 100 %, Tilgung der Darlehenssumme im 1. Jahr 1 %, in den Folgejahren jeweils zzgl. der ersparten Zinsen, Verrechnung jeweils am Quartalsende, monatliche Ratenzahlung, Bereitstellung des Darlehens am 31. 03. 20..

a) **Berechnung der monatlichen Zinsen:**

6 % Annuität (d. h. 5 % Zinsen +1 % Tilgung)

von 100.000.00 €	=	6.000,00 €/Jahr
Leistung je Quartal: 6.000,00 € : 4	=	1.500,00 €/Quartal
monatliche Rate: 6.000,00 € : 12	=	500,00 €/Monat

b) **Tilgungsplan für die ersten drei Jahre:**

Zeitraum	Darl.-Summe	5 % Zinsen	Tilgung	Leistung/Quartal
01.04.-30.06.20..	100.000,00 €	1.250,00 €	250,00 €	1.500,00 €
01.07.-30.09.20..	99.750,00 €	1.246,88 €	253,12 €	1.500,00 €
01.10.-31.12.20..	99.496,88 €	1.243,71 €	256,29 €	1.500,00 €

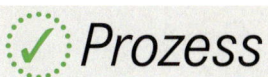

Zins- und Tilgungsanteil im Zeitablauf

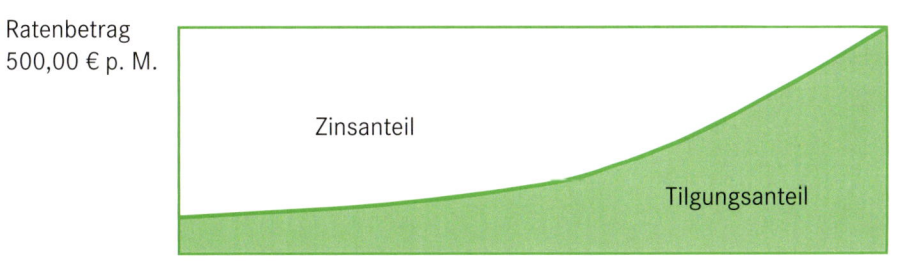

Ratenbetrag
500,00 € p. M.

Zinsanteil

Tilgungsanteil

Laufzeit

Die Summe der Zins- und Tilgungszahlungen heißt **Kapitaldienst.**

1.6.4   Kreditsicherung   *Handbuch: LF 11*

Die Kreditwürdigkeit des Kreditnehmers wird aufgrund der **Bonitätsprüfung** ermittelt. Man beurteilt vor allem die **Persönlichkeit** des Kreditnehmers und seine **persönlichen Verhältnisse** (z. B. berufliche Stellung, Zuverlässigkeit), seine **wirtschaftlichen Verhältnisse** (z. B. Einkommen, Vermögen) und bei Unternehmenskrediten die wirtschaftliche Situation des Unternehmens (z. B. Rechtsform, Größe, Rentabilität, Liquidität).

667 Von welchen *Faktoren* hängt die *Kreditwürdigkeit* ab?

668 Unterscheiden Sie verschiedene *Formen der Kreditsicherung.*

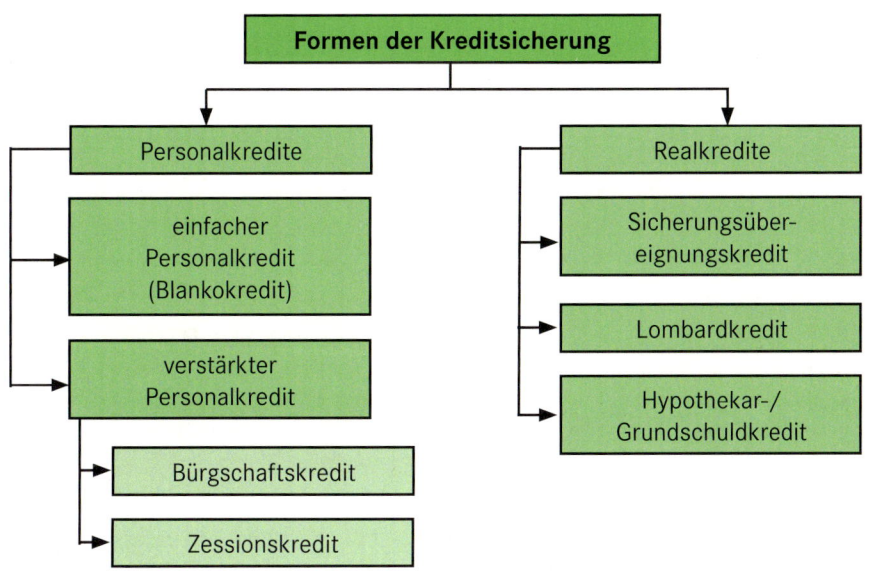

Formen der Kreditsicherung

Personalkredite

einfacher Personalkredit (Blankokredit)

verstärkter Personalkredit

Bürgschaftskredit

Zessionskredit

Realkredite

Sicherungsübereignungskredit

Lombardkredit

Hypothekar-/ Grundschuldkredit

1.6.4.1 Personalkredit

669 Was versteht man unter einem *Personalkredit?*

Beim **einfachen Personalkredit** (Blankokredit) erfolgt die Sicherung des Kredites nur durch die Kreditwürdigkeit des Schuldners.

670 Was versteht man unter einem *verstärkten Personalkredit?*

Beim **verstärkten Personalkredit** erfolgt die Sicherung des Kredites nicht nur durch die Kreditwürdigkeit des Schuldners, sondern zusätzlich durch weitere haftende Personen.

671 Erklären Sie einen *Bürgschaftskredit.*

Dem **Bürgschaftskredit** liegen zwei Verträge zugrunde:

- der **Kreditvertrag** zwischen Kreditgeber und Kreditnehmer
- der **Bürgschaftsvertrag** zwischen Kreditgeber und Bürge, in dem der Bürge sich verpflichtet, für die Verbindlichkeiten des Kreditnehmers einzustehen. Ein Bürgschaftsvertrag muss schriftlich abgeschlossen werden.

- Kaufleute können eine Bürgschaft auch mündlich übernehmen, wenn sie die Bürgschaft für geschäftliche Zwecke eingehen.

672 Worin besteht der *Unterschied* zwischen einer *selbstschuldnerischen Bürgschaft* und einer *Ausfallbürgschaft?*

- **selbstschuldnerische Bürgschaft:** Der Bürge haftet wie der Hauptschuldner. Er verzichtet auf das Recht der Einrede der Vorausklage.* Deshalb kann er sofort ohne vorherige Zwangsvollstreckung zur Zahlung verpflichtet werden, wenn der Schuldner nicht zahlt.

  Banken akzeptieren nur selbstschuldnerische Bürgschaften. Kaufleute können nur selbstschuldnerische Bürgschaften übernehmen.

- **Ausfallbürgschaft:** Der Bürge kann die Einrede der Vorausklage geltend machen und haftet nur für die nach einer Zwangsvollstreckung in das bewegliche Vermögen des Hauptschuldners verbleibenden Verbindlichkeiten.

  * Der Bürge kann die Befriedigung des Gläubigers verweigern, solange nicht der Gläubiger eine Zwangsvollstreckung gegen den Hauptschuldner ohne Erfolg versucht hat (vgl. § 771 BGB).

673 Was versteht man unter einem *Zessionskredit?*

Beim **Zessionskredit** tritt der Kreditnehmer Forderungen als Sicherheit an den Kreditgeber (z. B. an die Bank) ab. Dadurch gehen die Forderungen des bisherigen Gläubigers (Zedent) gegenüber seinem Schuldner (Drittschuldner) auf den neuen Gläubiger (Zessionar) über.

 **Prozess**

stille Zession: Der Drittschuldner wird über die Forderungsabtretung nicht informiert. Er zahlt mit befreiender Wirkung weiter an seinen Gläubiger; der führt Geldeingänge an den Zessionar ab.

Die Bank lässt sich das Recht einräumen, eine stille Zession jederzeit in eine offene Zession umzuwandeln, wenn der Kreditnehmer seine Zahlungsverpflichtungen nicht pünktlich erfüllt.

674 Was versteht man unter einer *stillen Zession?*

offene Zession: Der Drittschuldner wird über die Zession informiert, er kann mit schuldbefreiender Wirkung nur noch an den neuen Gläubiger (z. B. an die Bank) zahlen.

675 Was versteht man unter einer *offenen Zession?*

- **Vorteile:**
  - ○ Die Bank erhält den abgetretenen Forderungsbetrag direkt vom Drittschuldner.
  - ○ Der Kreditnehmer braucht sich nicht mehr um den Forderungseinzug zu kümmern.

- **Nachteile:**
  - ○ Der Drittschuldner wird über die Forderungsabtretung informiert.
  - ○ Die Bonität der Sicherheit ist gefährdet, wenn der Kreditnehmer Einwendungen gegen die Forderungen erhebt (z. B. Reklamation).

676 Stellen Sie *Vor- und Nachteile* einer *offenen Zession* gegenüber.

- **Einzelzession:**
  Der Kreditnehmer tritt **eine bestimmte Forderung** an das Kreditinstitut ab (z. B. Lebensversicherungsanspruch).

- **Mantelzession:**
  Der Kreditnehmer tritt **mehrere genau festgelegte Forderungen** in einer bestimmten Höhe ab. Sind diese zurückgezahlt, müssen neue Forderungen abgetreten werden.

- **Globalzession:**
  Der Kreditnehmer tritt **alle gegenwärtigen und zukünftigen Forderungen** gegen bestimmte Drittschuldner ab (z. B. alle Forderungen gegen Drittschuldner mit den Anfangsbuchstaben A bis F). Die gegenwärtigen Forderungen gehen bei Abschluss des Zessionsvertrages auf die Bank über, die zukünftigen bereits zum Zeitpunkt ihrer Entstehung.

677 Wie unterscheiden sich *Einzel-, Mantel-* und *Globalzession?*

1.6.4.2   Realkredit

Handbuch: LF 11

Beim **Realkredit** dienen bewegliche oder unbewegliche Sachen (dingliche Sicherheit) neben dem Kreditnehmer zur Sicherung des Kredits.

678 Wann liegt ein *Realkredit* vor?

Dabei wird das Eigentum an einer beweglichen Sache (z. B. an einer Maschine, an einem Pkw) **sicherungshalber** an den Kreditgeber **übereignet,** d. h., er darf die zur Sicherung übereignete Sache nur bei Nichterfüllung der gesicherten Forderung verwerten. Der Kreditnehmer bleibt im Besitz der Sache und kann sie weiter nutzen. Nach Tilgung der gesicherten Forderung muss die Bank das Eigentum auf den Kreditnehmer rückübertragen.

679 Was versteht man unter einem *Sicherungsübereignungskredit?*

Realkredit

680 Nennen Sie *Vor- und Nachteile* der *Sicherungsübereignung.*

● **Vorteile:**
- ○ Der Kreditnehmer kann das übereignete Sicherungsgut weiter nutzen.
- ○ Die Sicherungsübereignung ist für Dritte nicht sofort erkennbar.
- ○ Der Kreditgeber muss diese Gegenstände nicht verwahren.
- ○ Im Insolvenzfall hat der Kreditgeber ein Absonderungsrecht.

● **Nachteile:**
- ○ Das Sicherungsgut kann beschädigt, verkauft, zerstört oder gestohlen werden.
- ○ Der Wert des Sicherungsgutes mindert sich durch Preisrückgang oder Verwertungsschwierigkeiten.
- ○ Das Sicherungsgut wurde bereits einem anderen Kreditgeber übereignet (Doppelübereignung).
- ○ Der Kreditnehmer darf die übereigneten Sachen nicht verkaufen.

681 Was versteht man unter einem *Lombardkredit?*

● Beim **Lombardkredit** dienen dem Kreditgeber bewegliche Sachen (z. B. wertvoller Schmuck, Wertpapiere) zur Kreditsicherung. Durch die Pfandübergabe geht der Besitz auf den Kreditgeber über, der Kreditnehmer bleibt aber Eigentümer der Sache. Bei Nichterfüllung des Kreditvertrages kann der Kreditgeber das Pfand verwerten; bei Beendigung des Kreditverhältnisses muss er es zurückgeben.

● Der **Beleihungswert** hängt ab:
- ○ vom Marktwert
- ○ von den Verwertungsmöglichkeiten des Pfandgutes

682 Nennen Sie *Vor- und Nachteile* des *Lombardkredits.*

● **Vorteile:**
- ○ Es ist ein relativ preiswerter Kredit.
- ○ Nach der Kredittilgung bekommt der Kreditnehmer das Pfand zurück.

● **Nachteile:**
- ○ Der Beleihungssatz des Pfandgutes (abhängig z. B. von der Verwertbarkeit) ist oft relativ niedrig.
- ○ Der Kreditnehmer kann die verpfändeten Sachen nicht mehr nutzen.
- ○ Der Kreditgeber muss das Pfandgut i. d. R. verwahren.

683 Was versteht man unter einem *Grundpfandrecht?*

Ein **Grundpfandrecht** ist die Belastung eines Grundstücks mit einer Hypothek oder Grundschuld zur Sicherung eines langfristigen Immobilienkredits. Das Grundpfandrecht entsteht durch Einigung und Eintragung im Grundbuch.

684 Was versteht man unter einem *Grundbuch?*

Das **Grundbuch** ist ein beim Amtsgericht (Grundbuchamt) geführtes öffentliches Register, das verbindliche Auskünfte über die rechtlichen Verhältnisse der Grundstücke eines Amtsgerichtsbezirks gibt.

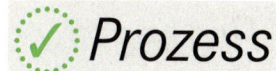

Das **Grundbuch** enthält folgende Angaben:

- Art, Lage und Größe des Grundstücks
- Vermerke über Rechte, die dem jeweiligen Grundstückseigentümer zustehen (z. B. Wegerecht)
- Eigentumsverhältnisse
- Lasten und Beschränkungen des Grundstücks (z. B. Wohnrecht)

- Grundpfandrechte; ist ein Grundstück mit mehreren Rechten belastet, so entscheidet deren Rang (Reihenfolge der Eintragungen) über die Befriedigung bei einer Zwangsvollstreckung in das Grundstück.

685 Welche *Angaben* enthält das *Grundbuch?*

Beim **Hypothekarkredit** räumt der Kreditnehmer dem Kreditgeber zur Sicherung einer Forderung sowohl ein Pfandrecht an einem Grundstück (dingliche Haftung) als auch den Zugriff auf sein gesamtes Vermögen (persönliche Haftung) ein. Die Hypothek ist **akzessorisch,** d. h., sie ist untrennbar mit einer Forderung verbunden und wird ins Grundbuch eingetragen. Erlischt die Forderung, so steht die Hypothek dem Eigentümer des belasteten Grundstücks zu: Es entsteht eine **Eigentümergrundschuld.**

686 Was versteht man unter einem *Hypothekarkredit?*

Die Grundschuld ist **abstrakt,** d. h., sie ist in ihrem Bestand von einer konkreten Forderung unabhängig. Sie wird ins Grundbuch eingetragen. Beim **Grundschuldkredit** besteht ebenso wie beim Hypothekarkredit ein Pfandrecht des Kreditgebers an einem Grundstück (dingliche Haftung), allerdings keine persönliche Haftung des Kreditnehmers. Deshalb wird von den Banken regelmäßig die persönliche Haftung in den Kreditvertrag mit einbezogen.

687 Was versteht man unter einem *Grundschuldkredit?*

Mithilfe eines **Grundschuldkredits** können alle Kredite – sowohl langfristige wie auch Kontokorrentkredite – gesichert werden.

Banken verwenden stets die Grundschuld: Sie erlischt nach der Rückführung des Kredits nicht und kann bei erneuter Kreditaufnahme ohne weitere Kosten wieder zur Kreditsicherung bestellt werden. Kommt der Schuldner seinem Kapitaldienst nicht nach, so kann sich der Grundpfandrechtsgläubiger im Wege der Zwangsvollstreckung aus dem Grundstück zwangsweise befriedigen.

688 Worin besteht der wesentliche *Vorteil* eines *Grundschuldkredits?*

Gemäß § 29 BDSchG betreiben Handels- und Wirtschaftsauskunfteien (z. B. Creditreform, SCHUFA) **geschäftsmäßige Datenverarbeitung,** indem sie Daten zum Zwecke der Übermittlung erheben, speichern oder nutzen, z. B. Informationen über die Nichteinlösung von Schecks oder Zwangsvollstreckungsmaßnahmen. Eine Auskunft darf nur erteilt werden, wenn der Fragesteller ein **berechtigtes Interesse** glaubhaft nachweist und kein schutzwürdiges Interesse des Betroffenen verletzt wird.

689 Wozu dienen *Handels-* und *Wirtschaftsauskunfteien?*

690 Was versteht man unter *Investitions-* und *Finanzierungscontrolling?*

Unter **Controlling** versteht man ein Informations-, Entscheidungs- und Führungsinstrument zur ergebnisorientierten Planung, Steuerung und Überwachung eines Unternehmens in allen seinen Bereichen und Ebenen. Dazu gehört auch das **Investitions- und Finanzierungscontrolling** mit folgenden Teilaufgaben:

Investitionscontrolling umfasst im Wesentlichen:

- Auswahl von Investitionsalternativen anhand von Investitionsrechnungen
- laufende Überwachung neuer Investitionsprojekte
- Wirtschaftlichkeitsberechnung von Investitionen

Finanzierungscontrolling betrifft:

- Begutachtung von Finanzierungsalternativen
- Erstellung und Kontrolle von Finanzplänen zur Steuerung der Liquidität
- Überwachung der Kapitalstruktur

691 Welche *Kennzahlen* sind für das *Investitionscontrolling* wichtig?

Zum **Investitionscontrolling** werden u. a. folgende Kennzahlen verwendet:

Investitionsstruktur in v. H.
$$= \frac{\text{Investitionen (z. B. für Maschinenpark)}}{\text{Summe der Investitionen}} \cdot 100$$

Investitionsquote in v. H.
$$= \frac{\text{Investitionszugänge (Nettoinvestition)}}{\text{Anlagevermögen}} \cdot 100$$

Return on Investment (ROI) in v. H.
$$= \frac{\text{Gewinn}}{\text{Umsatzerlöse}} \cdot \frac{\text{Umsatzerlöse}}{\text{Eigenkapital}} \cdot 100$$

Cashflow = Jahresüberschuss + Abschreibungen auf Sachanlagen + Zuführung zu langfristigen Rückstellungen

EBIT (**E**arnings **b**efore **I**nterest and **T**ax): Ergebnis der gewöhnlichen Geschäftstätigkeit vor Abzug von Steuern und Zinsen (Finanzergebnis, gebräuchlich im angelsächsischen Raum)

EBDIT (**E**arnings **b**efore **D**epreciation, **I**nterest and **T**ax): Ergebnis der gewöhnlichen Geschäftstätigkeit vor Abzug von Abschreibungen, Steuern und Zinsen. Das EBDIT soll die stark schwankenden Abschreibungsgepflogenheiten beim Ergebnisvergleich ausschalten.

692 Welche *Kennzahlen* sind wichtig für das *Finanzierungscontrolling?*

Zum **Finanzierungscontrolling** werden u. a. folgende Kennzahlen verwendet:

Finanzierungsstruktur in v. H. $= \dfrac{\text{Finanzierungsarten}}{\text{Summe der Finanzierungen}} \cdot 100$

Kapitalstruktur in v. H. $= \dfrac{\text{Eigenkapital}}{\text{Fremdkapital}} \cdot 100$

Verschuldungsgrad in v. H. $= \dfrac{\text{Fremdkapital}}{\text{Gesamtkapital}} \cdot 100$

Umsatzrendite in v. H. $= \dfrac{\text{Gewinn}}{\text{Umsatzerlöse}} \cdot 100$

 *Prozess*

Der positive **Leverage-Effekt** (Hebelwirkung) sagt aus: Die Eigenkapitalrentabilität steigt bei Aufnahme zusätzlichen Fremdkapitals, solange dieses niedriger verzinst werden muss als die bisherige Gesamtkapitalrentabilität beträgt.

Erklären Sie **693** den positiven *Leverage-Effekt.*

1.6.6 Not leidendes Unternehmen

Liquiditätsprobleme in Unternehmen können insbesondere ausgelöst werden durch:

innerbetriebliche Ursachen:

- Über- oder Unterorganisation im Betrieb
- mangelhaftes Controlling
- steigende Kreditgewährung an Kunden
- zu hohe Privatentnahmen
- Fehlentscheidungen im Finanzierungsbereich
- Überkapazitäten in Produktion und Lager

außerbetriebliche Ursachen:

- allgemeiner Wirtschaftsabschwung
- Ausfall von Forderungen
- Preissteigerung auf den Beschaffungsmärkten
- Nachfrageverschiebungen, z. B durch technischen Wandel
- steigendes Zinsniveau auf den Kapitalmärkten
- (künstliche) Verknappung auf den Kapitalmärkten

Welche **694** *Ursachen* können in einem Unternehmen zu *Liquiditätsproblemen* führen?

Bei **Liquiditätsproblemen** kann ein Unternehmen folgende Maßnahmen ergreifen:

- **auf freiwilliger Basis** (ohne Einschaltung des Gerichts):
  - ○ eine Sanierung
  - ○ einen Vergleich
  - ○ eine Liquidation

- **auf der Basis der Insolvenzordnung** (unter Einschaltung des Gerichts):
  - a) Fortführung des Unternehmens
    - ○ Insolvenzplan
  - b) Auflösung des Unternehmens
    - ○ Zwangsliquidation

Welche *Maß-* **695** *nahmen* kann ein Unternehmen *bei Liquiditätsproblemen* ergreifen?

1.6.6.1 Maßnahmen auf freiwilliger Basis *Handbuch: LF 11*

Unter **Sanierung** versteht man eine **Gesundung** des Unternehmens durch Maßnahmen organisatorischer und finanzieller Art, um ein in Zahlungsschwierigkeiten geratenes Unternehmen aus eigener Kraft wieder leistungs- und wettbewerbsfähig zu machen.

Was versteht **696** man unter *Sanierung?*

697 Welche *Maß-nahmen* zur *Sanierung* sind zu unterscheiden?

- **personelle** Maßnahmen:
  - Entlassung von Mitarbeitern
  - Umbesetzung der Geschäftsführung
  - Suche nach neuen und qualifizierten Mitarbeitern
- **organisatorische** Maßnahmen:
  - unternehmerische Umgestaltung im technischen und/oder kaufmännischen Bereich
  - Durchführung von Rationalisierungsmaßnahmen
  - Stärkung des Absatzbereichs, z. B. durch Auftragsbeschaffung und Werbeaktionen
  - Erweiterung des Geschäftsbereichs

- **finanzielle** Maßnahmen:
  - Neuordnung der Eigenfinanzierung, z. B. durch Zuführung neuer Mittel (Kapitalerhöhung durch die bisherigen Alteigentümer oder Aufnahme weiterer Gesellschafter)
  - Neuausrichtung der Fremdfinanzierung, z. B. durch Aufnahme von Lieferantenkrediten oder Darlehen
  - Einkommenskürzungen
- **sachbezogene** Maßnahmen:
  - Verkauf von nicht mehr benötigten Sachwerten und/oder wirtschaftlich unrentabel arbeitenden Betriebsteilen
  - Sale and lease back

698 Was versteht man unter einem *freiwilligen Vergleich?*

Unter einem **freiwilligen Vergleich** versteht man den Versuch, ein Not leidendes Unternehmen durch einen Zahlungsaufschub **(Stundungsvergleich)** oder durch einen teilweisen Forderungsverzicht **(Erlassvergleich)** der Gläubiger **ohne Einschaltung des Gerichts** zu erhalten.

699 Was versteht man unter *freiwilliger Liquidation?*

Unter **freiwilliger Liquidation** versteht man die **freiwillige Auflösung** des Unternehmens, wenn sich aller Voraussicht nach keine Chancen mehr für sein Fortbestehen in Zukunft ergeben. Das Geschäftsvermögen kann durch einen Totalverkauf (in seiner Gesamtheit) oder in Teilen veräußert werden. Aus den Erlösen sind zunächst alle Schulden zu begleichen. Ein eventuell verbleibender Restbetrag wird an die Eigentümer des Unternehmens ausgezahlt. Beginn **(i. L.: in Liquidation)** und Ende der Auflösung sind im Handelsregister anzumelden. Nach durchgeführter Liquidation wird die Firma im Handelsregister gelöscht.

1.6.6.2 Maßnahmen auf Basis der Insolvenzordnung
Handbuch: LF 11

700 Was versteht man unter *Insolvenz?*

Die **Insolvenz** eines Schuldners liegt vor, wenn sein Vermögen nicht mehr ausreicht, um alle seine Gläubiger zu befriedigen (Illiquidität oder Zahlungsunfähigkeit) oder wenn er **überschuldet** (nur bei juristischer Person) ist.

701 Was versteht man unter einer *Überschuldung* eines Unternehmens?

Bei einer **Überschuldung** sind die Schulden eines Unternehmens größer als dessen Vermögen (Aktiva), wenn also das Eigenkapital durch einen Verlust mehr als aufgezehrt wurde.

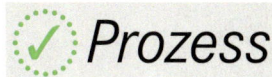

Ein **Insolvenzverfahren** wird angestrebt, wenn ein Schuldner (natürliche oder juristische Person) sich in einer schweren finanziellen Krise befindet, sodass eine **Lösung ohne gerichtliche Mithilfe nicht mehr möglich** erscheint.

- Auf der Grundlage der Insolvenzordnung wird zunächst versucht das Unternehmen zu **sanieren** und **fortzuführen.**

- Ist das nicht möglich, wird versucht, das Vermögen des Schuldners zu **verwerten** und aus dem Erlös die Gläubiger anteilsmäßig zu **befriedigen.** Das Verfahren wird von dem Insolvenzgericht durchgeführt, in dessen Bezirk der Schuldner seinen Gerichtsstand hat.

702 Worin bestehen die *Ziele des Insolvenzverfahrens?*

Der Antrag auf Eröffnung des Insolvenzverfahrens **(Eröffnungsantrag)** kann von den Gläubigern oder vom Schuldner gestellt werden.

703 *Wodurch* wird das *Insolvenzverfahren eröffnet?*

Das **Insolvenzgericht** kann **zur Sicherung des Vermögens des Schuldners** vor allem:

- einen vorläufigen **Insolvenzverwalter** (Sequester) bestellen

- ein allgemeines **Verfügungsverbot** über das Schuldnervermögen auferlegen

- **Zwangsvollstreckungsmaßnahmen** durch einzelne Gläubiger in das bewegliche Vermögen **untersagen** bzw. **einstellen**

704 Welche *Maßnahmen* können zur *Sicherung des Schuldnervermögens* eingeleitet werden?

Der Antrag auf Eröffnung des Verfahrens wird abgewiesen, wenn das **Vermögen** des Schuldners voraussichtlich nicht zur Deckung der Verfahrenskosten (Kosten des Gerichts und des Insolvenzverwalters) ausreicht **(Abweisung mangels Masse).**

705 Was bedeutet Abweisung des Verfahrens *mangels Masse?*

Wird das Verfahren vom Insolvenzgericht eröffnet, so verkündet es diesen Beschluss **(Eröffnungsbeschluss).** Daraus folgt:

- Der Beschluss ist im **Bundesanzeiger** sowie in einer überregionalen Tageszeitung bekannt zu geben.

- Er ist an alle Gläubiger und Schuldner des Insolvenzschuldners sowie an den Insolvenzschuldner selbst zuzustellen; ggf. **Inkenntnissetzung** von Handels-/Genossenschaftsregister sowie Eintragung im Grundbuch, sofern Grundvermögen vorhanden ist.

- Der **Insolvenzverwalter** wird ernannt, ggf. Bestätigung des vorläufig ernannten Insolvenzverwalters.

- Die betroffenen Gläubiger werden aufgefordert, ihre **Forderungen** und **Sicherungsrechte** an beweglichen Sachen beim Insolvenzverwalter unter Einhaltung der vorgegebenen Frist anzugeben.

706 Welche *verfahrenstechnischen Schritte* müssen nach Verkündung des Eröffnungsbeschlusses eingeleitet werden?

Insolvenzplan

707 Welche *rechtlichen Konsequenzen* ergeben sich aus der Eröffnung des Insolvenzverfahrens?

Die **Eröffnung des Insolvenzverfahrens** führt zu folgenden Konsequenzen:

- Der Insolvenzschuldner verliert alle Rechte an der Insolvenzmasse, sie gehen über auf den **Insolvenzverwalter.**

- Forderungen können nur noch über den Insolvenzverwalter eingetrieben werden, **Zwangsvollstreckungsmaßnahmen sind nicht mehr möglich.**

708 Was versteht man unter der *Insolvenzmasse?*

Unter **Insolvenzmasse** versteht man das gesamte Vermögen des Schuldners abzüglich des abgesonderten Vermögens zum Zeitpunkt der Insolvenzeröffnung und dasjenige Vermögen, das ihm während des Verfahrens zuwächst.

Aus der Insolvenzmasse werden die Gläubiger befriedigt.

709 Was versteht man unter einem *Insolvenzplan?*

Auf Antrag der Gläubiger oder des Schuldners kann der Insolvenzverwalter in der Gläubigerversammlung mit der Ausarbeitung eines Insolvenzplans beauftragt werden mit dem Ziel, das Unternehmen (vorläufig) weiterzuführen. Anders als beim Insolvenzverfahren **regelt der Insolvenzplan,**

- wie die absonderungsberechtigten Gläubiger und die Insolvenzgläubiger befriedigt werden;
- wie die Insolvenzmasse verwertet und an die Beteiligten verteilt werden soll;

- in welchem Umfang der Schuldner nach dem Abschluss des Insolvenzverfahrens haftet.

710 Welche *Bestimmungen* kann ein *Insolvenzplan* enthalten?

Der **Insolvenzplan kann u. a. bestimmen:**

- Das Unternehmen soll noch für einen festgelegten Zeitraum weiterbestehen.
- Die Forderungen der Insolvenzgläubiger werden um einen bestimmten Prozentsatz gekürzt (Erlassvergleich).

- Die Insolvenzgläubiger stunden ihre Forderungen dem Schuldner für einen bestimmten Zeitraum (Stundungsvergleich).

711 Nach welcher *Rangordnung* werden die Gläubiger bei der Verteilung der Vermögenswerte laut Insolvenzordnung berücksichtigt?

Nach der Insolvenzordnung werden die Gläubiger in folgender **Rangfolge (Gläubigerklassen)** befriedigt:

- **fremdes Eigentum:**
  1. **Aussonderung:** Gegenstände, die im Besitz des Insolvenzschuldners sind, ihm aber nicht gehören (z. B. geleaste Gegenstände, unter Eigentumsvorbehalt gelieferte Waren), werden den Gläubigern zurückgegeben.

- **Insolvenzmasse:**
  2. **Absonderung:** Gläubiger, die dem Insolvenzschuldner Gegenstände überlassen haben, die mit einem Pfandrecht belastet oder sicherungsübereignet sind, werden vorrangig befriedigt (z. B. Zwangsversteigerung eines mit einer Grundschuld

belasteten Hauses, Verwertung des Pfandrechts an Wertpapieren durch Verkauf über die Börse).
  3. **Massegläubiger:** Gerichtskosten sowie sonstige Kosten des Insolvenzverwalters werden vorrangig befriedigt (z. B. Vergütung und Auslagen des Insolvenzverwalters).
  4. **Insolvenzgläubiger:** Dazu zählen Gläubiger, die zum Zeitpunkt der Eröffnung des Insolvenzverfahrens eine begründete Forderung gegenüber dem Insolvenzschuldner haben (z. B. ungesicherte Forderungen der Lieferanten und der Arbeitnehmer).

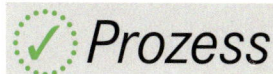

Arbeitnehmer können Insolvenzgeld von der Bundesagentur für Arbeit beanspruchen, wenn über ihr Unternehmen das Insolvenzverfahren eröffnet worden ist oder wenn der Antrag auf Eröffnung eines Insolvenzverfahrens mangels Masse abgelehnt wurde. Der Anspruch umfasst Lohn- und Gehaltszahlungen der Arbeitnehmer **für die letzten drei Monate.**

712 Was versteht man unter *Insolvenzgeld?*

Die vom Insolvenzgericht einberufene **Gläubigerversammlung** beschließt über die **Fortführung** des Unternehmens nach der Ausarbeitung eines Insolvenzplanes des Insolvenzverwalters oder über die **Stilllegung** des Unternehmens.

Ein Beschluss kommt zustande, wenn die Summe der Forderungsbeträge der zustimmenden Gläubiger mehr als die Hälfte der Summe der Forderungsbeträge der abstimmenden Gläubiger beträgt.

713 Wozu dient die *Gläubigerversammlung?*

Nach dem Beschluss über die Stilllegung des Unternehmens verwertet der Insolvenzverwalter die **Insolvenzmasse** (z. B. durch Verkauf, Versteigerung) und verteilt laufend die Erlöse zunächst an die **Massegläubiger** und dann an die **Insolvenzgläubiger.** Wenn die Verwertung abgeschlossen ist, wird eine Schlussverteilung entsprechend der Insolvenzquote vorgenommen, d. h., jeder Insolvenzgläubiger erhält denselben prozentualen Anteil aus den Resterlösen.

714 Wie wird die *Insolvenzmasse im Zuge einer Stilllegung verwertet?*

Sobald die Verwertung der Insolvenzmasse beendet ist, kommt es im **Schlusstermin** zur Aufhebung des Insolvenzverfahrens durch das Insolvenzgericht. Die **Insolvenzgläubiger** können ihre Restforderungen gegen den Schuldner im Rahmen der Verjährung unbeschränkt durchsetzen.

715 Was bedeutet die *Aufhebung des Insolvenzverfahrens?*

1.7 Information, Kommunikation und Datenverarbeitung – lernfeldübergreifend

1.7.1 Datenverarbeitung

1.7.1.1 Externe und interne Informationsquellen
Handbuch: Kapitel 13

- Informatik leitet sich aus dem Wort **Information** ab, wird aber auch als Kunstwort von Information und Mathematik bzw. Information und Automation interpretiert.

- Allgemein kann man Informatik als **Wissenschaft der systematischen Informationsverarbeitung** festlegen, die sich mit dem Aufbau von Rechnern und ihrer Programmierung befasst.

ZP
716 Definieren Sie den Begriff *Informatik.*

---

717 ZP
Was versteht man unter *Wirtschaftsinformatik*?

Gegenstand der Wirtschaftsinformatik sind betriebliche **Informations-** und **Kommunikationssysteme** in **Wirtschaft und Verwaltung**.

---

718 ZP
Welche *Bedeutung* haben betriebliche Informationssysteme?

- Betriebliche Informationssysteme unterstützen die jeweiligen Aufgabenträger bei der Ausübung ihrer Tätigkeit, indem sie Informationen zur Planung, Entscheidung, Durchführung und Kontrolle zur Verfügung stellen.

- Die zunehmende Arbeitsteilung, Spezialisierung und Dezentralisierung führen zu einem erhöhten Abstimmungsbedarf in den jeweiligen Unternehmen und zwischen den Beteiligten, um die einzelnen Arbeitsprozesse zu koordinieren und zusammenzuführen. Leistungsfähige Informationssysteme erleichtern die Koordination.

---

719 ZP
Nennen Sie mögliche *Ziele* und *Aufgaben* des Informationsmanagements.

- **Ziele:**
  - wirtschaftliche Versorgung aller Stellen eines Unternehmens mit Informationen
  - bedarfs- und zeitgerechte Informationsversorgung

- **Aufgaben:**
  - Organisation aller notwendigen Tätigkeiten
  - Planung, Steuerung und Überwachung der entsprechenden Hard- und Software
  - Beschaffung und Aufbereitung aller wichtigen Informationen
  - Betreuung, Ausbildung und Führung der entsprechend eingesetzten Mitarbeiter
  - Datensicherung

---

720 ZP
Geben Sie *Beispiele* für *interne* und *externe* Informationsquellen.

- **Interne Informationsquellen** nutzen **innerbetriebliche Informationen**, z. B. aus
  - dem Rechnungswesen,
  - dem Controlling,
  - Kundeninformationssystemen,
  - Personalinformationssystemen,
  - Managementinformationssystemen,
  - dem Intranet.

- **Externe Informationsquellen** stellen Informationen von **außerhalb der Unternehmung** zur Verfügung, z. B.:
  - von Wirtschaftsverbänden,
  - von Ämtern,
  - von Kammern,
  - durch Messen,
  - von Wissenschaftsinstitutionen,
  - aus Zeitschriften und Büchern,
  - aus dem Internet.

---

721 ZP
Unterscheiden Sie *Informationen, Daten* und *Kommunikation*.

- **Daten** kann man als **Angaben** jeglicher Art, z. B. in Form von Buchstaben, Zahlen, Texten, Grafiken, Bildern, definieren, die formatiert oder unformatiert vorliegen können.

- **Informationen** entstehen aus **Daten**, die **zielgerichtet verknüpft** und **interpretiert** werden.

- **Kommunikation** liegt vor, wenn **Informationen übermittelt** bzw. **ausgetauscht** werden.

9714198

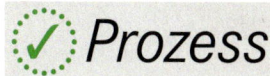
✓ *Prozess*

Kriterien		Datenarten	Erklärung	Beispiele
1.	nach Art der verwendeten Zeichen	alphabetische Daten	Groß- und Kleinbuchstaben	Konrad Zuse
		numerische Daten	Ziffern	890
		Sonderzeichen	sonstige Zeichen	%, +, &, §
		alphanumerische Daten	Kombination von mindestens zwei der vorherigen Zeichenarten	19 % Umsatzsteuer, GmbH & Co. KG
2.	nach ihrer Aufgabe im Verarbeitungsprozess	Rechendaten	Daten, die für Berechnung notwendig sind	Einzelpreis, Menge
		Ordnungsdaten	Daten, mit denen eine Ordnung erstellt werden kann	Rechnungsnummer, Artikelnummer
3.	nach der Häufigkeit ihrer Veränderung	Stammdaten	Daten, die über einen gewissen Zeitraum konstant bleiben und die der Identifizierung und Klassifizierung dienen	Personalnummer, Kundenanschrift
		Bewegungsdaten	Daten, die sich häufig ändern bzw. durch den betrieblichen Leistungsprozess entstehen	Rechnungsnummer, Rechnungsdatum, geleistete Arbeitsstunden

„Herm & Söhne KG" kann man den
- alphanumerischen Daten,
- Ordnungsdaten und
- Stammdaten

zuordnen.

ZP 722

Daten lassen sich nach unterschiedlichen Kriterien einteilen. Geben Sie Beispiele für

1. Daten, die nach Art der *verwendeten Zeichen,*
2. Daten, die nach ihrer *Aufgabe im Verarbeitungsprozess,* und
3. Daten, die nach der *Häufigkeit ihrer Veränderung* unterschieden werden.

ZP 723

Auf einer Rechnung steht im Anschriftfeld der Kundenname Herm & Söhne KG.

Ordnen Sie diesem Kundennamen die Datenarten der vorherigen Aufgabe zu.

---

724 **ZP**
Kennzeichnen Sie den Begriff *Datenverarbeitung.*

- **Datenverarbeitung** (auch: Informationsverarbeitung) bezieht sich auf jeden Vorgang, der **Daten erfasst, speichert, überträgt** oder **umwandelt.**

- Die **computergestützte Datenverarbeitung** zeichnet sich durch die **Automatisation** aus, bei der die Informationsverarbeitungsaufgaben weitgehend selbstständig ausgeführt werden.

725
Was versteht man unter einem *Computer?*

- Ein Computer ist eine **Funktionseinheit,** die **Daten verarbeitet** (DIN 44300).

- Weitere Bezeichnungen: Rechner, Rechenanlage, Datenverarbeitungssystem, Rechensystem, Elektronische Datenverarbeitung (EDV) und Elektronische Datenverarbeitungsanlage (EDVA)

726
Geben Sie Beispiele für *innerbetriebliche* und *außerbetriebliche Kommunikationseinrichtungen.*

- **innerbetrieblich:**
  - Telefonanlage
  - Sprechanlage
  - Rufanlage
  - Pieper (Pager)
  - E-Mail
  - Intranet

- **außerbetrieblich:**
  - Telefon
  - Mobilfunk/Handy
  - Telefax
  - E-Mail
  - Extranet
  - Internet

---

727 **ZP**
Beschreiben Sie das *Intranet* mit typischen *Inhalten* und *Zielen.*

- Unter **Intranet** versteht man (im Gegensatz zum Internet) ein **nicht öffentliches Rechnernetz** einer Unternehmung oder einer anderen Organisation. Zum Beispiel kann ein Intranet den Mitarbeitern einer Unternehmung als Informations- und Kommunikationsplattform zur Verfügung stehen.

- Das Intranet besteht aus miteinander verbundenen Rechnern als **LAN** (Local Area Network). Das lokale Netzwerk (LAN) verbindet die einzelnen Arbeitsplatzrechner miteinander, wobei der Datenaustausch meist auf Basis der Internet-Technologie vorgenommen wird. Eine mögliche Verbindung zum Internet wird durch eine **Firewall** geschützt.

- **Inhalte** z.B.:
  - Formulare
  - Arbeitsanweisungen
  - Merkblätter
  - Mitarbeiterzeitung
  - aktuelle Informationen

- **Ziele** z.B.:
  - schneller Informationszugriff (durch Nutzung von Datenbanken)
  - Vereinheitlichung bestimmter Vorgänge (z.B. durch Arbeitsanweisungen)
  - Kostensenkung (z.B. durch Nutzung gemeinsamer Ressourcen)
  - Erleichterung der Zusammenarbeit (z.B. bei Projekten)
  - Nutzung einheitlicher Formulare
  - Förderung der Unternehmenskultur

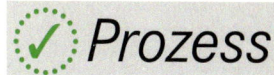 *Prozess*

- Als **Firewall** kann man **alle Schutz-maßnahmen** bezeichnen, die **uner-laubte Zugriffe** auf Netzwerke und Computer **verhindern.** Der Schutz kann sowohl durch hardwaretech-nische als auch softwaretechnische Maßnahmen oder als Kombination beider Elemente erreicht werden.

- mögliche **Ziele:**
  - ○ Verhinderung von unerlaubten Datenzugriffen
  - ○ Virenfreiheit
  - ○ Vorbeugen vor Datenverlusten

728 Was versteht man unter einer *Firewall?*

- Das **Extranet** ist eine **Erweiterung des Intranets,** da der Benutzerkreis des Intranets um bestimmte **externe Nutzer,** z.B. Lieferanten, Kunden oder Außendienstmitarbeiter, erweitert wird.

- Während ein Intranet in der Regel standortgebunden ist, ist ein **Extranet meist unternehmens- bzw. stand-ortübergreifend** aufgebaut.

- Ein Extranet ist auch von **außerhalb des Unternehmenssitzes** erreichbar.

729 Grenzen Sie das *Extranet* vom *Intranet* ab.

- Das Internet kann man als ein **welt-weites öffentliches Netzwerk** inter-pretieren, das aus vielen Rechnernetz-werken besteht und einen **weltweiten Datenaustausch** ermöglicht.

- Der Datenaustausch zwischen den einzelnen Rechnern erfolgt mittels normierter **Adressen** und **Kommu-nikationsprotokolle.** Für den Daten-austausch werden die Daten in kleine Datenpakete („Packets") geteilt, die unabhängig voneinander übermittelt werden können.

- **Internetdienste** z.B.:
  - ○ E-Mail
  - ○ Telefonie
  - ○ Radio
  - ○ Fernsehen
  - ○ Diskussionsforen
  - ○ Chats
  - ○ World Wide Web (www)

730 Was versteht man unter dem *Internet?*

1.7.1.2   IT-Anwendungssysteme   *Handbuch: LF 1*

- **enge Sichtweise:**
  die **Gesamtheit aller Programme** und die **entsprechenden Daten** für ein **konkretes Anwendungsgebiet**

- **erweiterte Sichtweise:**
  die **Gesamtheit aller Programme,** die **erforderliche Hard- und System-software** sowie gegebenenfalls auch die **Benutzer**

731 Was versteht man unter *IT-Anwendungs-systemen?*

732 Nennen Sie Beispiele für *einmalige* und *laufende Kosten,* die mit IT-Anwendungssystemen verbunden sind.

● **Beispiele für einmalige Kosten:**
  ○ Anschaffungskosten für Hard- und Software
  ○ Kosten der Installation
  ○ Testkosten
  ○ Planungs- und Schulungskosten für die Einführung
  ○ gegebenenfalls Ausfallkosten

● **Beispiele für laufende Kosten:**
  ○ Mieten, Leasing, Lizenzen
  ○ Wartung, Pflege
  ○ Datensicherheit, Datenschutz
  ○ Verbrauchsmaterial
  ○ Personal
  ○ Räume
  ○ externe Dienstleistungen

733 IT-Anwendungssysteme kann man nach dem Verwendungszweck u. a. in *Administrations-* und *Dispositionssysteme* und *Führungssysteme* unterteilen.

Beschreiben Sie die unterschiedlichen Anwendungssysteme.

● **Administrations- und Dispositionssysteme:**
  ○ übernehmen die **betriebliche Abrechnung von Massendaten,** z. B. buchhalterische Erfassung der Geschäftsfälle in der Finanzbuchhaltung oder Personalabrechnungen im Personalbereich
  ○ **verwalten Bestandsdaten,** z. B. bei den Roh-, Hilfs- und Betriebsstoffen oder bei den Fertigerzeugnissen
  ○ dienen der **Vorbereitung kurzfristiger dispositiver Entscheidungen,** z. B. bei der Auftragsbearbeitung, Tourenplanung, Fertigungssteuerung und in der Kostenrechnung
  ○ sind für **bestimmte Bereiche** (z. B. Finanzbuchhaltung) konzipiert, können aber auch zu unterschiedlichen **integrierten Systemen** zusammengefasst werden
  ○ existieren als **branchenneutrale** oder als **branchenspezifische** Anwendungen

● **Führungssysteme:**
  ○ dienen der **Entscheidungsvorbereitung** für die **oberen Führungsebenen** einer Unternehmung
  ○ nutzen sowohl **betriebsinterne Daten** (aus den Administrations- und Dispositionssystemen) als auch **externe Daten** (z. B. aus Wirtschaftsdatenbanken oder aus volkswirtschaftlichen Statistiken
  ○ sind zusammenfassend als **totale Informationssysteme** oder auf bestimmte Funktionsbereiche des Unternehmens als **partielle Informationssysteme** konzipiert

734 Was versteht man unter *ERP (Enterprise Resource Planning)-Systemen?*

● ERP-Systeme sind **ganzheitliche Softwarelösungen,** die über den **gesamten Unternehmensbereich** die Geschäftsprozesse abbilden und steuern.

● ERP-Systeme verfügen über eine **einheitliche Datenbasis,** die sich auf die **gesamte Wertschöpfungskette** einer Unternehmung bezieht und **Geschäftsprozesse und Firmenwerte transparent** abbildet.

● ERP-Systeme beinhalten die **wesentlichen Funktionen** der Administrations- und Dispositionssysteme sowie der Führungssysteme und bestehen aus **Basismodulen,** die sich auf die **Kernbereiche einer Unternehmung** (z. B. Materialwirtschaft, Produktionsplanung und -steuerung) beziehen und durch **Zusatzmodule** wie Kundenmanagement (Customer Relationship Management) oder Lieferkettenmanagement (Supply Chain Management) **unternehmensübergreifend** aufgebaut sind.

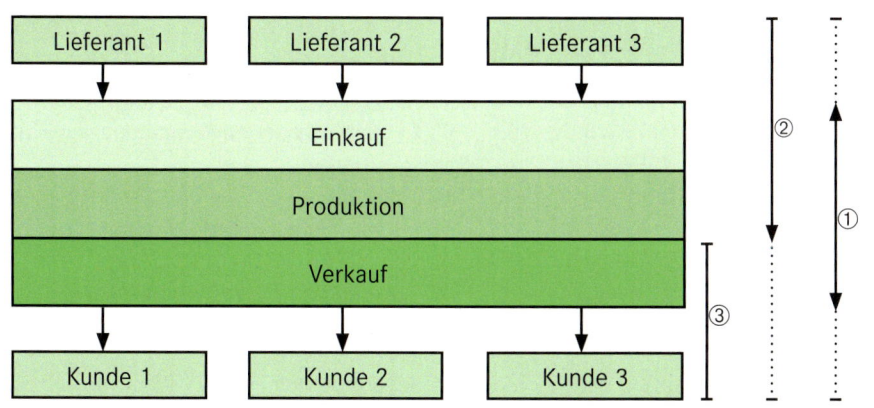

Lösung: ① = ERP-System, ② = Supply Chain Management, ③ = Customer Relationship Management

735 Ordnen Sie in der nebenstehenden Abbildung den Ziffern ① bis ③ die Begriffe *Customer Relationship Management (CRM), Supply Chain Management (SCM)* und *ERP-System* zu.

1.7.1.3 Rechtliche Vorschriften zum Datenschutz

Handbuch: LF 7

- Nach §1 BDSG soll der Einzelne davor geschützt werden, „dass er durch den Umgang mit seinen **personenbezogenen Daten** in seinem **Persönlichkeitsrecht** beeinträchtigt wird."

- Das Gesetz gilt für die Datenerhebung, Datenverarbeitung und Datennutzung personenbezogener Daten durch:

  - ○ **öffentliche Stellen des Bundes und der Länder** (z. B. Kraftfahrt-Bundesamt mit der „Verkehrssünderkartei")

  - ○ **nicht-öffentliche Stellen** (z. B. Unternehmen), wobei Ausnahmen bestehen

736 Welches *Hauptziel* verfolgt das *Bundesdatenschutzgesetz (BDSG)?*

- Personenbezogene Daten sind nach § 3 BDSG „Einzelangaben über **persönliche** oder **sachliche Verhältnisse** einer **bestimmten** oder **bestimmbaren natürlichen Person** (Betroffener)."

- **Juristische Personen** (z. B. OfficeCom AG) unterliegen demnach **nicht dem Datenschutz** nach dem **BDSG**.

- Die Daten müssen nicht einer bestimmten Person (z. B. Detlev Müller) zugeordnet sein, es reicht, wenn eine **Person anhand der Daten** (z. B. durch ihre Personalnummer) **bestimmbar ist.**

737 Was versteht man unter *personenbezogenen Daten?*

738 Beschreiben Sie, wie personenbezogene Daten *missbräuchlich* verwendet werden können.

- Moderne Datenverarbeitungssysteme ermöglichen u. a.:
  - die *zeitlich unbegrenzte Speicherung* riesiger Datenbestände,
  - das *Verknüpfen* und *Auswerten* unterschiedlicher Daten,
  - die wirksame *Steuerung* von verschiedenen Datenflüssen,
  - den *Transport* großer Datenbestände über weite Entfernungen.

- Die missbräuchliche Verwendung kann u. a. darin liegen, dass:
  - die erhobenen Daten zu einem *anderen als dem ursprünglich angegebenen Zweck* ausgewertet und verwendet,
  - die Daten *ohne Erlaubnis* an andere Stellen *weitergeleitet* und
  - durch die Verknüpfung von Daten *falsche Personenprofile* erstellt werden.

739 Unter welchen *Voraussetzungen* ist die Datenverarbeitung (Erhebung, Verarbeitung und Nutzung) personenbezogener Daten *zulässig?*

- Datenverarbeitung ist **zulässig,** wenn:
  - das *BDSG oder eine andere Rechtsvorschrift* dies erlaubt oder anordnet oder
  - der *Betroffene eingewilligt* hat.

- Grundsätzlich gilt das Verbotsprinzip mit Erlaubnisvorbehalt, das besagt, dass die **Datenverarbeitung grundsätzlich verboten** und nur unter den vorgenannten Ausnahmen zulässig ist.

740 Erläutern Sie die Rechte, die ein *Betroffener* nach dem *BDSG* ausüben kann.

§ 6 BDSG sieht für die Betroffenen grundsätzlich **vier unabdingbare Rechte** vor, die „nicht durch ein Rechtsgeschäft ausgeschlossen oder beschränkt werden" können.

- **Auskunftsrecht**
  Dem Betroffenen muss (bis auf wenige Ausnahmen, wie z. B. im Bereich der öffentlichen Sicherheit) auf Antrag mitgeteilt werden,
  - ob und welche Daten zu seiner Person gespeichert sind,
  - aus welchen Quellen die Daten stammen,
  - an wen sie weiterübermittelt wurden und
  - zu welchem Zweck die Daten gespeichert sind.

- **Berichtigungsrecht**
  Der Betroffene kann die Berichtigung seiner Daten verlangen, wenn sie unrichtig sind (z. B. Meier statt Meyer).

- **Löschungsrecht**
  Daten sind zu löschen, wenn:
  - die Speicherung unzulässig war (z. B. nicht durch ein Gesetz erlaubt ist und keine Einwilligung der Betroffenen vorliegt) oder
  - ihre Kenntnis für die Erfüllung ihres ursprünglichen Zwecks nicht mehr notwendig ist (z. B. Kundenbeziehung wird gekündigt).

- **Sperrungsrecht**
  Daten sind zu sperren, wenn z. B.:
  - sich deren Richtigkeit oder Unrichtigkeit nicht beweisen lässt (z. B. wenn durch kriegerische Ereignisse Unterlagen vernichtet worden sind) oder
  - der Löschung Aufbewahrungsfristen gegenüberstehen (z. B. für Personalunterlagen).

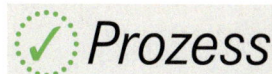 *Prozess*

Das **Benachrichtigungsrecht** verlangt von den verantwortlichen Stellen, dass der Betroffene, unter Berücksichtigung entsprechender Ausnahmen, benachrichtigt werden muss, wenn z. B.:

- Daten ohne Kenntnis des Betroffenen von öffentlichen oder nicht-öffentlichen Stellen erhoben oder

- erstmals Daten des Betroffenen von nicht-öffentlichen Stellen für eigene Zwecke ohne Kenntnis des Betroffenen beschafft wurden.

741 Was versteht man unter dem *Benachrichtigungsrecht?*

- Der Bundesdatenschutzbeauftragte ist neben den behördeninternen Datenschutzbeauftragten eine weitere Schutzinstanz und wird vom Deutschen Bundestag auf Vorschlag der Bundesregierung gewählt. Er hat im **öffentlichen Bereich des Bundes** die Einhaltung **aller datenschutzrechtlichen Vorschriften** zu kontrollieren. Dieses Kontrollrecht bezieht sich ausdrücklich auch auf den Inhalt und die näheren Umstände des Brief-, Post- und Fernmeldeverkehrs.

- An den Bundesdatenschutzbeauftragten kann sich **jede Person** wenden, wenn sie sich durch eine öffentliche Stelle des Bundes in ihren **Datenschutzrechten verletzt** sieht.

- Der Bundesdatenschutzbeauftragte kann gegenüber den von ihm kontrollierten öffentlichen Stellen die Einhaltung der datenschutzrechtlichen Bestimmungen **nicht rechtlich erzwingen,** da er ihnen gegenüber nicht weisungsbefugt ist. Sie müssen ihn jedoch unterstützen, indem sie u. a. **Auskunft erteilen und Einsicht** in alle Unterlagen **gewähren.** Festgestellte Verstöße werden bei den obersten Bundesbehörden beanstandet, die innerhalb einer bestimmten Frist zu einer **Stellungnahme verpflichtet** sind.

- Der Bundesdatenschutzbeauftragte erstattet dem Deutschen Bundestag im Zweijahresrhythmus einen **Tätigkeitsbericht,** der die festgestellten Mängel und Verstöße sowie die wesentlichen Entwicklungen des Datenschutzes enthält. Darüber hinaus kann sich der Bundesdatenschutzbeauftragte jederzeit an den deutschen Bundestag wenden.

742 Welche Funktionen hat der *„Bundesbeauftragte für Datenschutz"* (Bundesdatenschutzbeauftragter)?

- Ein Datenschutzbeauftragter ist **schriftlich** zu ernennen, wenn:
  - Unternehmen personenbezogene ***Daten automatisiert verarbeiten***
  - in Unternehmen **mehr als 9 Arbeitnehmer** mit der automatisierten Datenverarbeitung befasst sind
  - in Unternehmen **mindestens 20 Arbeitnehmer** auf andere Art und Weise als mit der automatisierten Datenverarbeitung personenbezogene Daten erheben, verarbeiten oder nutzen
  - Unternehmen personenbezogene Daten (z. B. Daten für Auskunfteien

  oder für Marktforschungs- und Meinungsforschungsunternehmen) ***geschäftsmäßig*** zum Zweck der Übermittlung erheben, verarbeiten oder nutzen

- Als Datenschutzbeauftragter können nur Personen ernannt werden, die über die erforderliche **Fachkunde und Zuverlässigkeit** verfügen. Der Datenschutzbeauftragte muss **kein Mitarbeiter der Unternehmung** sein.

743 Wann müssen Unternehmen einen *„Beauftragten für den Datenschutz"* (Datenschutzbeauftragter) ernennen?

744 Welche *Aufgaben* hat der *Datenschutzbeauftragte?*

- Öffentliche und nicht-öffentliche Stellen, die personenbezogene Daten automatisiert erheben, verarbeiten oder nutzen, sind verpflichtet, die **Vorschriften des Bundesdatenschutzgesetzes und andere Vorschriften** über den Datenschutz **einzuhalten.** Der Datenschutzbeauftragte unterstützt und berät die Unternehmen bei der Einhaltung dieser Vorschriften und ist daher ein **Organ der Selbstkontrolle.**

- **Aufgaben** z. B.:
  - *Kontrolle* der Einhaltung datenschutzrechtlicher Vorschriften
  - *Überwachung* der ordnungsgemäßen Anwendung der Datenverarbeitungsprogramme
  - *Schulung* der bei der Datenverarbeitung tätigen Mitarbeiter
  - *Verpflichtung* der Mitarbeiter auf Einhaltung des Datengeheimnisses
  - *Ansprechpartner* für die Betroffenen zu sein, wenn sie ihre Rechte wahrnehmen wollen

745 Welche *Grundsätze* sind gemäß Bundesdatenschutzgesetz bei der *Datenverarbeitung personenbezogener Daten* zu beachten?

- **Datenvermeidung**
  Daten, die man nicht benötigt, sollen auch nicht erhoben, verarbeitet oder genutzt werden.

- **Datensparsamkeit**
  Nur die Daten, die man unbedingt benötigt, sollen erhoben, verarbeitet oder genutzt werden.

- **Anonymisierung oder Pseudonymisierung von Daten**
  Nach Möglichkeit sollen die Daten verändert werden, sodass die Zuordnung von Einzelangaben zu den betreffenden Personen erschwert oder unmöglich wird.

746 Begründen Sie, warum die *Einhaltung der Vorschriften* über die Verarbeitung personenbezogener Daten für *Unternehmen* wichtig ist.

- **Imageverlust**
- kostenpflichtige **Abmahnungen** durch andere Unternehmen

- festgelegte **Bußgelder** bis 300.000,00 €, die erhöht werden können, um den etwaigen wirtschaftlichen Vorteil zu kompensieren
- **Freiheitsstrafen** bis zu zwei Jahren

747 Welche Anforderungen sind gemäß Bundesdatenschutzgesetz erforderlich, um die *personenbezogenen Daten zu schützen?* Mit welchen *Maßnahmen* kann man die Anforderungen *erfüllen?*

Anforderungen gem. Anlage zu § 9 BDSG	**Was ist gemeint?**	Mit welchen **Maßnahmen** kann man die Anforderungen erfüllen (Beispiele)?
Zutrittskontrolle	Unbefugten ist der Zutritt zu den Datenverarbeitungsanlagen zu verwehren.	- Sicherheitszonen einrichten - Zutritt nur durch Ausweis - einbruchsichere Räumlichkeiten - Überwachung der Räume
Zugangskontrolle	Der Zugang zu den Datenverarbeitungssystemen ist zu kontrollieren, damit Unbefugte sie nicht benutzen können.	- Terminal-Identifikation - Ausweisleser an der Hardware - Überprüfung persönlicher Merkmale

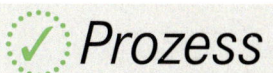 *Prozess*

Anforderungen gem. Anlage zu § 9 BDSG	Was ist gemeint?	Mit welchen **Maßnahmen** kann man die Anforderungen erfüllen (Beispiele)?
Zugriffskontrolle	Nur Berechtigte sollen mit den jeweiligen Daten arbeiten können.	- Protokollierung der Dateizugriffe - Benutzung von Passwörtern - Zuweisung von Zugriffsrechten
Weitergabekontrolle	- Daten sind bei der elektronischen Übertragung oder Speicherung auf Datenträger vor Manipulationen zu schützen. - Es soll festgelegt und überprüfbar sein, bei welchen Anlässen und an welchen Stellen Datenübertragungen vorgesehen sind.	- Autorisierung der Benutzer - Verschlüsselung der Daten - Sicherheit der Datenleitungen - Konfiguration der beteiligten Hard- und Software - Überprüfung der Versand- und Abholberechtigung - Vergabe von Transaktions-Codes
Eingabekontrolle	Es soll überprüfbar sein, wer Daten eingegeben, verändert oder entfernt hat.	- Festlegung von Eingaberechten - Protokollierung der Eingaben - Aufbewahrung der Eingabebelege
Auftragskontrolle	Daten sollen nur nach Anweisungen des Auftraggebers verarbeitet werden.	- eindeutige Vertragsgestaltung - klare Richtlinien - Kontrolle der Verarbeitung
Verfügbarkeitskontrolle	Daten sind gegen zufällige Zerstörung und Verlust zu schützen.	- sachgemäßer Umgang mit den Datenträgern und Programmen - Schulung der beteiligten Mitarbeiter - Daten mehrfach und unabhängig voneinander sichern - Notstromaggregate bereitstellen - automatische Datenspeicherung
getrennte Verarbeitung	getrennte Verarbeitung der Daten, die zu unterschiedlichen Zwecken erhoben wurden	- dezentrale Datenverarbeitung - Protokollierung der einzelnen Schritte der Datenverarbeitung - Festlegung eindeutiger Schnittstellen und Ergebnisse

748   ZP
Beschreiben Sie den *wesentlichen Inhalt des deutschen Urheberrechts.*

- Das deutsche Urheberrecht schützt gem. § 2 UrhG **„persönlich geistige Schöpfungen" natürlicher Personen,** zu denen Werke der Literatur, Wissenschaft und Kunst (z. B. Reden, Schriftwerke, Computerprogramme, Pantomime und tänzerische Präsentationen, Filme, Darstellungen wissenschaftlicher oder technischer Art) gehören.

- Nach dem deutschen Urheberrecht **steht dem Urheber das alleinige Nutzungsrecht zu.** Das bedeutet, dass der Urheber – neben dem Recht auf ausschließliche Verwertung – allein bestimmen kann, wie und wann sein Werk veröffentlicht wird.

- Die Übernahme fremder Werke ist mit dem Urheber zu regeln, da sonst eine **unerlaubte Nutzung** vorliegt, die **Schadensersatzansprüche und Strafverfolgung** nach sich ziehen kann.

- Das deutsche Urheberrecht geht über die Regelungen des amerikanischen **Copyrights** hinaus, da hier im Wesentlichen die **Reproduktionsrechte des Reproduzierenden** geregelt werden.

1.7.1.4   Aufbau und Funktionsweise von Datenverarbeitungssystemen   *Handbuch: Kapitel 13*

749   ZP
Was versteht man unter dem *EVA-Prinzip?*

- **EVA** steht als Abkürzung für **E**ingabe, **V**erarbeitung und **A**usgabe und geht auf den Mathematiker John von Neumann zurück.

- *Beispiel:* Subtraktion zweier Zahlen

- Mit dem **EVA-Prinzip** wird die grundsätzliche **Arbeitsweise** von **Datenverarbeitungssystemen** beschrieben, die sich funktional in die Schritte Dateneingabe, Datenverarbeitung und Datenausgabe gliedern lässt.

| **Eingabe** | a = 12, b = 3 |

| **Verarbeitung** | c = b - a |
(mithilfe der Algorithmus Subtraktion)

| **Ausgabe** | c = 9 |

750   ZP
Beschreiben Sie kurz den Prozess der Datenverarbeitung nach dem *EVA-Prinzip.*

- **Dateneingabe**
Der **Prozess der Datenverarbeitung** beginnt mit der **Erfassung** der für die Bearbeitung **wichtigen Daten.** Sie liegen meist in Form von **Belegen** vor (z. B. Anfragen, Lieferscheine, Lieferantenrechnungen, Rücksendungen an einen Lieferanten), die nur bedingt von den EDV-Systemen gelesen werden können. Die Daten müssen dann in eine **für die EDV lesbare Form umgewandelt** und gespeichert werden.

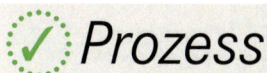 *Prozess*

- **Datenverarbeitung**
  Die maschinengerechten Daten **(Eingabedaten)** werden über entsprechende Eingabegeräte dem EDV-System, das die entsprechende **Verarbeitung** (z. B. durch Verknüpfen der Daten) vornimmt, zugeführt. Die Eingabedaten werden zu **Ausgabedaten verarbeitet.**

- **Datenausgabe**
  Die **Ausgabedaten** werden den **Nutzern** des Datenverarbeitungssystems durch geeignete Ausgabegeräte **zur Verfügung gestellt.**

Unter **Hardware** versteht man die **physischen Bestandteile** eines **Computers** („alles, was man bei einem Datenverarbeitungssystem anfassen kann"), z. B. Tastatur, Festplatte, Prozessor.

ZP 751
Was versteht man unter *Hardware?*

- Ein **PC** ist ein Datenverarbeitungssystem, das für den **Aufgabenbereich einer Person** konzipiert ist und auch von dieser Person als **Einzelplatzrechner** genutzt wird.

- Unter einem **Notebook** (Laptop) versteht man einen **tragbaren PC** mit den **Maßen eines dicken Notizbuches** (Format ca. DIN A4, Höhe bis ca. fünf Zentimeter), in dessen aufklappbarem Deckel ein flacher Farbbildschirm eingearbeitet ist. Das Notebook hat ein Gewicht bis ca. vier Kilogramm und kann mehrere Stunden ohne Stromanschluss (mit Akkus) betrieben werden.

- Als **Workstation** wird ein leistungsfähiger Rechner mit einem hoch auflösenden Bildschirm bezeichnet, der am Arbeitsplatz eines Benutzers installiert und über ein Netzwerk **mit einem Server** verbunden ist.

- Ein **Server** ist ein Programm, das **andere Programme** (clients), die sich sowohl auf demselben als auch auf anderen Rechnern befinden, **mit Diensten versorgt.**

Als **Server** bezeichnet man auch **leistungsstarke Rechner,** auf denen Serverprogramme installiert sind. Sie **verwalten dann Ressourcen,** die von anderen Rechnern (clients) mit genutzt werden (z. B. Drucker, Programme, externe Speicher).

- **Großrechner** werden als Zentralrechner in großen Unternehmen eingesetzt und stellen zentrale **Datenbestände** und die entsprechende **Anwendungssoftware** für eine **große Anzahl** von – oft auch räumlich getrennten – Nutzern zur Verfügung.

- Unter **Superrechner** werden die **leistungsfähigsten Rechner** verstanden, die es gibt. Sie werden zur Lösung von Aufgaben mit einem riesigen Bedarf an Rechnerleistung eingesetzt. Die Superrechner haben **einige tausend Prozessoren mit geringen Zykluszeiten** und werden vorwiegend im Forschungs- und Entwicklungsbereich eingesetzt.

ZP 752
Rechner kann man nach der Leistung und der möglichen Anzahl von Nutzern einteilen. Unterscheiden Sie
- *Personal Computer* (PC),
- *Notebook-PC,*
- *Workstation,*
- *Server,*
- *Großrechner* und
- *Superrechner.*

mögliche Beurteilungskriterien:
- Anzahl der Prozessoren
- Kapazität des Arbeitsspeichers
- Verarbeitungsgeschwindigkeit
- Datenübertragungsgeschwindigkeit

- Art und Anzahl anschließbarer Peripheriegeräte
- Möglichkeit der Vernetzung
- Möglichkeit, mehrere Programme gleichzeitig auszuführen

ZP 753
Nach welchen *Kriterien* kann man einen *PC beurteilen?*

Datenverarbeitungssysteme

758 ZP
Was versteht man unter einem Bus?

- Als **Bus** bezeichnet man ein **Verbindungssystem** von elektrischen Leitungen zwischen den einzelnen Komponenten eines Computers, z. B. zwischen Prozessor, Hauptspeicher, Schnittstellen und Erweiterungskarten.

- Man unterscheidet:
  - *Datenbusse* zur Übermittlung von Daten,
  - *Adressbusse* zur direkten Anwahl von Speicheradressen und
  - *Steuerbusse* zur Übermittlung von Steuersignalen.

759 ZP
Was sind Peripheriegeräte?

- **Funktionseinheiten, die sich innerhalb eines Rechners befinden und nicht zur Zentraleinheit gehören** (z. B. Festplatten), werden als periphere Geräte (oder kurz als Peripherie) bezeichnet.

- Als **Peripherie** werden auch die **Geräte** bezeichnet, die an den **Computer angeschlossen** sind.

760 ZP
Was sind Schnittstellen?

- Schnittstellen kann man allgemein als **Übergabestellen** definieren. Im Bereich der Informatik versteht man unter Schnittstellen (interfaces) Verbindungseinrichtungen zur Datenübertragung zwischen Hard- und Softwarekomponenten und zwischen dem Rechner und seinen Peripheriegeräten. Dabei bereitet die Schnittstelle die Daten auf, sodass sie vom Empfänger verstanden werden können.

- Grundsätzlich lassen sich nach der Form der Datenübertragung parallele und serielle Schnittstellen unterscheiden:
  - Bei Peripheriegeräten, die eine geringe Bandbreite benötigen (z. B. Mäuse, Messgeräte), werden die Daten *bitweise* übertragen *(serielle Übertragung).*
  - Höhere Transferraten können mit der *parallelen Übertragung,* bei der *mehrere Bits gleichzeitig* übertragen werden, erreicht werden (z. B. beim Drucker).

761 ZP
Was versteht man unter USB?

- Mit USB (universal serial bus) wird eine **universelle Schnittstelle** für Peripheriegeräte bezeichnet.

- USB bietet eine **schnelle serielle Verbindung**, wobei die **Peripheriegeräte im laufenden Betrieb an den PC angeschlossen** werden können.

762 ZP
Beschreiben Sie kurz die folgenden externen Speicher *Diskette, Festplatte, USB-Stick, CD-ROM, CD-R, CD-RW und DVD.*

- **Diskette**
  Als Diskette bezeichnet man einen **magnetischen Datenträger,** dessen Daten auf einer flexiblen, **magnetisch beschichteten Folienscheibe,** die sich in einem Kunststoffgehäuse befindet, abgelegt werden (remanenter Speicher). Die Daten können **gelesen und verändert** werden. Die Kapazität der Diskette ist relativ gering.

- **Festplatte**
  Eine Festplatte, auch Harddisk (HD) genannt, ist ein **magnetischer Datenträger,** der für die Speicherung **größerer Datenmengen** bestimmt ist. Sie ist ein **remanenter Speicher** (Daten bleiben erhalten, wenn der Computer abgeschaltet wird), jedoch im Vergleich zum Arbeitsspeicher (RAM) ein **langsames Speichermedium.** Die Daten können gelesen und verändert werden.

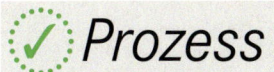

- **USB-Speicher-Stick (USB-Stick)**
  USB-Sticks sind **elektrisch wiederbe-schreibbare Speichermedien** (Flash-Speicher), die über den USB-Bus an die Computer angeschlossen werden. Die Sticks haben ungefähr die Größe eines Kaugummistreifens und sind **remanente Speicher.** Die Daten sind les- und veränderbar.

- **CD-ROM**
  Unter einer CD-ROM (**c**ompact **d**isk – **r**ead **o**nly **m**emory) wird eine **optische Speicherplatte** verstanden, deren Daten mittels Lasertechnologie **nur gelesen,** aber nicht verändert werden können.

- **CD-R**
  Die CD-R (**c**ompact **d**isk – **r**ecordable) stellt eine Weiterentwicklung der CD-ROM dar. Die Oberfläche der CD-R kann mit einem **Laserstrahl einmalig verändert** werden, sodass Daten abgespeichert werden können. Eine Änderung der Daten ist nach dem erstmaligen Beschreiben nicht mehr möglich.

- **CD-RW**
  Eine CD-RW (**c**ompact **d**isk – **r**ewritable) ist eine CD, die ungefähr 1 000-mal **wiederbeschreibbar** ist.

- **DVD**
  Unter einer DVD (**d**igital **v**ersatile **d**isc) versteht man einen **optischen Speicher,** dessen zwei Speicherschichten durch einen **variabel fokussierbaren Laser** bearbeitet werden können. Sie zeichnet sich durch eine hohe Speicherkapazität aus und wird in unterschiedlichen Ausführungen, z. B. als DVD-ROM (deren Daten nur gelesen werden können und nicht veränderbar sind) oder als DVD-RW (als wiederbeschreibbare DVD), genutzt.

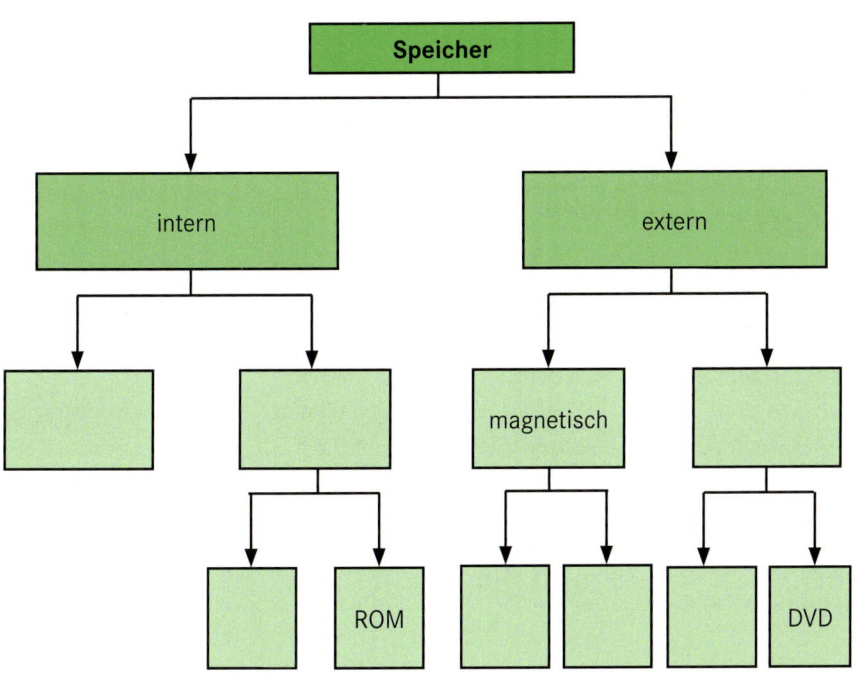

ZP   763
Ordnen Sie die folgenden Begriffe *Cache, Festplatte, optisch, Arbeitsspeicher, Diskette, CD und Hauptspeicher* in das nebenstehende Schaubild ein.

Lösung auf der nächsten Seite

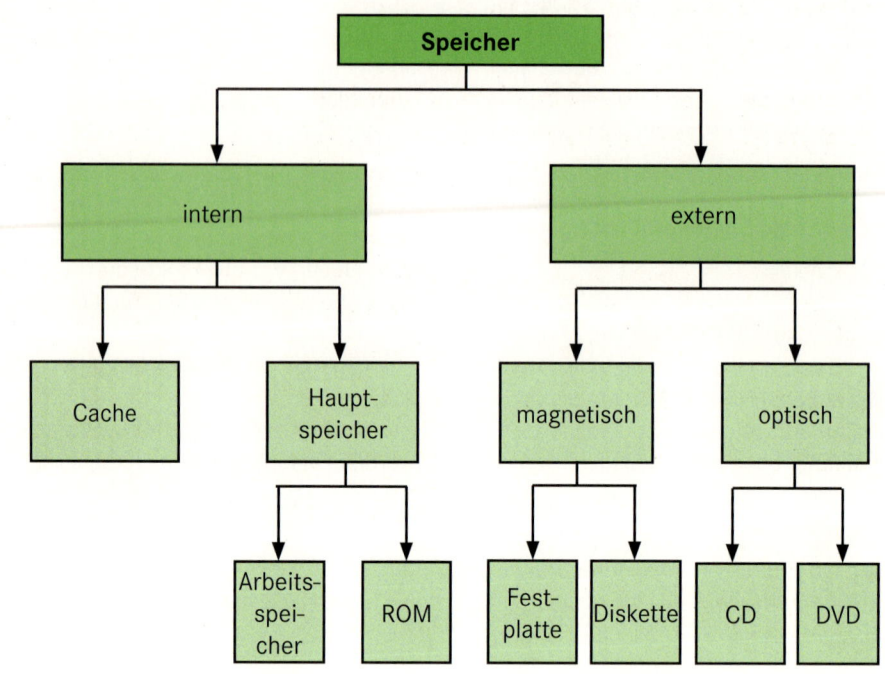

764 Was versteht man unter einem *virtuellen Speicher?*

- Es können nur die Programme und Daten verarbeitet werden, die sich im Arbeitsspeicher befinden. Durch die **virtuelle Speichertechnik** wird **der Arbeitsspeicher scheinbar erweitert,** indem Bereiche von externen Speichern (z. B. Festplatte) für die virtuelle Speicherung reserviert werden. So können auch Anwendungen, die mehr Arbeitsspeicher benötigen als real vorhanden, ausgeführt werden.

- Wenn der Arbeitsspeicher nicht mehr ausreicht, lagert das Betriebssystem nicht mehr genutzte bzw. schon lange nicht mehr benötigte Programmteile in eine **Auslagerungsdatei** auf den externen Speicher aus und holt sie bei Bedarf wieder in den Arbeitsspeicher zurück (swapping).

765 Welche *Kriterien* sind für die Beurteilung von *Datenträgern* bedeutsam?

Die Beurteilung von Datenträgern kann z. B. erfolgen nach:

- der **Speicherkapazität**
- der **Schreib- und Lesegeschwindigkeit** für Daten

- der **Datenübertragungsrate** für Daten
- dem **Preis-/Leistungs-Verhältnis**

766 Unterscheiden Sie *Bit* und *Byte.*

- Ein **Bit** (**b**inary dig**it**) ist ein **zweiwertiges Zeichen,** das die Werte **0** oder **1** annehmen kann.

- **Acht Bit** werden zu einem **Byte** zusammengefasst. Mit einem Byte wird **ein Zeichen** dargestellt, sodass 256 (2^8) **verschiedene Möglichkeiten** der Verschlüsselung existieren. Ein Byte ist die kleinste adressierbare Einheit eines Computers.

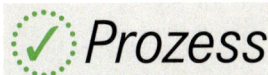
- **KiloByte (KB)** = 2^{10} Byte = 1 024 Byte

- **Megabyte (MB)** = 2^{10} KB = 2^{20} Byte = 1 048 576 Byte

- **Gigabyte (GB)** = 2^{10} MB = 2^{30} Byte = 1 073 741 824 Byte

- **Terabyte (TB)** = 2^{10} GB = 2^{40} Byte = 1 099 511 627 776 Byte

- **Petabyte (PT)** = 2^{10} TB = 2^{50} Byte = 1 125 899 906 842 624 Byte

- Scanner	1		- Mikrofon	1
- Tastatur	1		- Lautsprecher	2
- Maus	1		- Joystick	1
- Bildschirm	2		- Kamera	1

- Unter **Konfiguration** wird die Zusammenstellung von **verschiedenen Geräten zu einem EDV-System** mit **Einbindung** der entsprechenden **Software** verstanden.

- **Kompatibilität** bezeichnet die **Vereinbarkeit** bzw. das **Zusammenpassen** von **unterschiedlichen Hard- und/ oder Softwarekomponenten.** Zum Beispiel sind Programme mit den Prozessoren von unterschiedlichen Herstellern lauffähig, Grafikkarten können auf verschiedenen Motherboards verwendet werden oder ein Datenformat aus einer Tabellenkalkulation kann in einer Textverarbeitung genutzt werden.

ZP
767 Mit welchen weiteren *Maßeinheiten* kann man die *Speicherkapazität* beschreiben?

ZP
768 Unterscheiden Sie die nachfolgenden *peripheren Geräte* nach *Eingabegeräten (= 1)* oder nach *Ausgabegeräten (= 2)* durch Zuordnung der betreffenden Ziffer:
Scanner,
Tastatur,
Maus,
Bildschirm,
Mikrofon,
Lautsprecher,
Joystick,
Kamera.

ZP
769 Unterscheiden Sie *Konfiguration* und *Kompatibilität.*

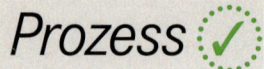
1.7.1.5   Interne Darstellung von Informationen
Handbuch: Kapitel 13

ZP

770 Was versteht man unter einem *Code?*

- Ein **Code** ist eine **Verschlüsselungsvorschrift** für die Informationsdarstellung. Häufig wird die jeweilige Programmiersprache und das damit erstellte Programm als Code bezeichnet.

- Im Bereich der Informationsdarstellung kann man Codes als **genormte Zuordnungsvorschriften** bezeichnen, die **jedem Zeichen eine bestimmte Bitkombination (Byte)** zuteilen.

- *Beispiel* EBCDI-Code:
  - ○ Der EBCDI-Code (*e*xtended *b*inary *c*ode *d*ecimal *i*nterchange) wird überwiegend im **Bereich großer EDV-Anlagen** eingesetzt.
  - ○ Das Byte wird geteilt: Die ersten vier Bit werden als **Zonenteil**, die zweiten vier Bit als **Zifferteil** bezeichnet.

ZP

771 Verschlüsseln Sie anhand des abgebildeten EBCDI-Codes den Buchtitel Handbuch Industrie.

Zonenteil \ Ziffernteil	0000	0001	0010	0011	0100	0101	0110	0111	1000	1001	1010	1011	1100	1101	1110	1111
Code																
0000	Leer															
0001																
0010																
0011																
0100													<	(	+	
0101	&										!	$	°	)	,	
0110	-	/									^	,	%	–	>	?
0111											:	≠		'	=	"
1000		a	b	c	d	e	f	g	h	i						
1001		j	k	l	m	n	o	p	q	r						
1010			s	t	u	v	w	x	y	z						
1011	'															
1100		A	B	C	D	E	F	G	H	I						
1101		J	K	L	M	N	O	P	Q	R						
1110			S	T	U	V	W	X	Y	Z						
1111	0	1	2	3	4	5	6	7	8	9						

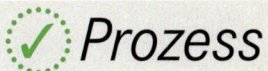 *Prozess*

H	=	1100 1000
a	=	1000 0001
n	=	1001 0101
d	=	1000 0100
b	=	1000 0010
u	=	1010 0100
c	=	1000 0011
h	=	1000 1000

l	=	1100 1001
n	=	1001 0101
d	=	1000 0100
u	=	1010 0100
s	=	1010 0010
t	=	1010 0011
r	=	1001 1001
i	=	1000 1001
e	=	1000 0101

- Man spricht von **strukturierten Daten,** wenn sie in Form von **Datenfeldern und Datensätzen** aufgebaut sind.

- Als **unstrukturierte Daten** werden **fortlaufende Texte,** z. B. Gesetzestexte, Berichte, bezeichnet.

ZP

Was versteht man unter *strukturierten Daten?* **772**

- Das **Datenfeld** (array) **ist die kleinste Einheit eines Datensatzes** und enthält die Einzelinformationen eines Datenobjektes. Zum Beispiel kann der Datensatz eines Mitarbeiters aus den Datenfeldern Personalnummer, Name, Vorname, Anschrift, Geburtstag, Eintrittsdatum, Tarifgruppe bestehen.

- Ein **Datensatz** (record) ist eine **Sammlung von Daten,** die ein **Datenobjekt** (z. B. Person, Gegenstand) beschreibt (z. B. Datensatz eines Mitarbeiters in einer Unternehmung). Er besteht aus einer Ansammlung von Datenfeldern.

ZP

Unterscheiden Sie *Datenfeld* und *Datensatz.* **773**

- Als **Datei** (file) wird die **Gesamtheit aller Datensätze,** die in einem **logischen Zusammenhang** stehen, bezeichnet. Die Datensätze besitzen die gleiche Struktur, sodass sie nach verschiedenen Kriterien ausgewertet und neu geordnet werden können. Zum Beispiel setzt sich die Personaldatei aus den Datensätzen der Mitarbeiter eines Unternehmens zusammen.

- Unter einer **Datenbank** (data base) wird eine **Sammlung von relevanten Dateien,** die zentral gespeichert werden, verstanden. Die Datenbank einer Unternehmung kann aus der Personaldatei, Kundendatei, Artikeldatei, Lieferantendatei usw. bestehen.

ZP

In welchem Verhältnis stehen *Datei* und *Datenbank?* **774**

775 ZP
Ordnen Sie die folgenden Begriffe *Datenbank*, *Datensatz*, *Zeichen*, *Datei* und *Datenfeld* nach ihrem Umfang, indem Sie mit der kleinsten Einheit beginnen.

Zeichen

Datenfeld

Datensatz

Datei

Datenbank

776 ZP
Was versteht man unter einem *Datenbanksystem*?

- Datenbanken werden durch das **Datenbankverwaltungssystem** verwaltet, das die **Zugriffe auf den Datenbestand** regelt und **administrative Aufgaben** (z. B. die Definition von Datentypen) wahrnimmt.

- Zu einem **Datenbanksystem** gehören zusätzlich zum **Datenbankverwaltungssystem** weitere **Dienstprogramme** (z. B. grafische Software), die die Bearbeitung und Auswertung der gespeicherten Daten vereinfachen.

777 ZP
Welche *Anforderungen* sind beim Aufbau eines *Datenbanksystems* zu beachten?

Zum *Beispiel*:
- redundanzfreie Datenspeicherung, d. h., die Datenelemente sollten in der Datenbank nur einmal vorkommen
- Möglichkeit des gleichzeitigen Zugriffs auf die Daten durch mehrere Nutzer
- benutzerfreundliche Bedienung

- Beachtung des Datenschutzes
- Aktualität der Daten
- schnelle Verknüpfung und Auswertung der Daten
- flexible Einbindung neuer Dateien
- leichte Zuteilung unterschiedlicher Benutzerrechte

778 ZP
Was versteht man unter einem *Data Warehouse*?

- **Data Warehouse** ist ein **umfassendes Unternehmenskonzept,** das die **Mitarbeiter aller Unternehmensbereiche und Unternehmensebenen** bei ihren Entscheidungen unterstützt. Die Mitarbeiter greifen mithilfe geeigneter Analyse- und Abfragesoftware über einen Informationskatalog auf die Unternehmensdatenbank zu, die die entscheidungsrelevanten Daten bereithält.
- Teilweise wird der Begriff Data Warehouse nur für die Datenbank verwendet oder nur als managementunterstützendes System definiert.

- Das **Data Warehouse verhindert die Probleme** großer Unternehmen, in denen aufgrund der sukzessiven Einführung viele zum Teil auch heterogene Informationssysteme verwendet werden. Die Probleme können sowohl im technischen als auch administrativen Bereich auftreten, da die Informationssysteme häufig
  - *unterschiedlich programmiert* sind,
  - *unterschiedliche Datenformate* verwenden,
  - mit *verschiedenen Speichertechniken* arbeiten,
  - *nicht abgestimmte Datenbestände* nutzen und
  - *nicht vollständig dokumentiert* sind.

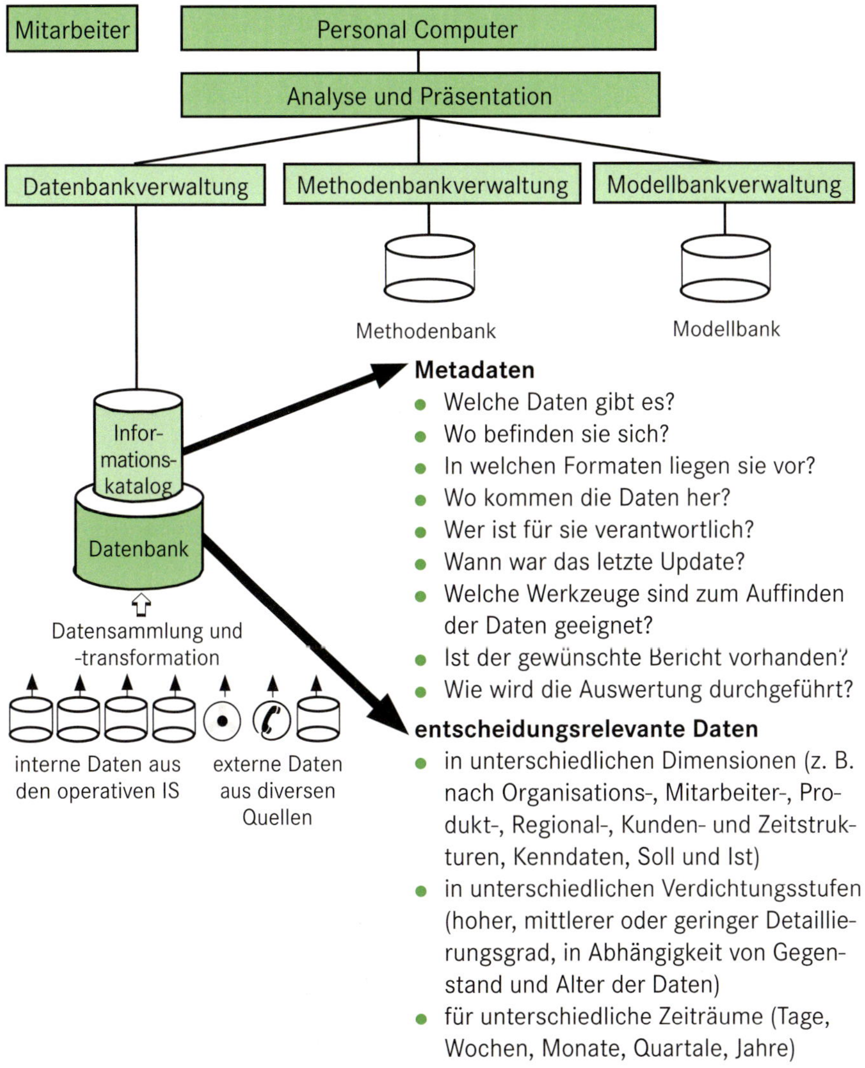

Mitarbeiter	Personal Computer

Analyse und Präsentation

Datenbankverwaltung	Methodenbankverwaltung	Modellbankverwaltung

Methodenbank

Modellbank

Infor-
mations-
katalog

Datenbank

⇧
Datensammlung und
-transformation

interne Daten aus
den operativen IS

externe Daten
aus diversen
Quellen

Metadaten
- Welche Daten gibt es?
- Wo befinden sie sich?
- In welchen Formaten liegen sie vor?
- Wo kommen die Daten her?
- Wer ist für sie verantwortlich?
- Wann war das letzte Update?
- Welche Werkzeuge sind zum Auffinden der Daten geeignet?
- Ist der gewünschte Bericht vorhanden?
- Wie wird die Auswertung durchgeführt?

entscheidungsrelevante Daten
- in unterschiedlichen Dimensionen (z. B. nach Organisations-, Mitarbeiter-, Produkt-, Regional-, Kunden- und Zeitstrukturen, Kenndaten, Soll und Ist)
- in unterschiedlichen Verdichtungsstufen (hoher, mittlerer oder geringer Detaillierungsgrad, in Abhängigkeit von Gegenstand und Alter der Daten)
- für unterschiedliche Zeiträume (Tage, Wochen, Monate, Quartale, Jahre)

(vgl. Hansen, Neumann: Wirtschaftsinformatik I, 8., völlig neu bearbeitete und erweiterte Auflage, Stuttgart 2002, S. 463)

1.7.1.6   Software   *Handbuch: Kapitel 13*

Ein **Programm** kann man als eine vollständige **Folge von Befehlen,** die zur Lösung von Aufgaben verwendet werden, definieren.

ZP   779
Was versteht man unter *Programm?*

Als **Programmierung** kann man die **Zerlegung einer Aufgabenstellung in einzelne Arbeitsanweisungen** (Befehle), die vom Computer in der angegebenen Reihenfolge ausgeführt werden können, definieren.

ZP   780
Was versteht man unter *Programmierung?*

Datenverarbeitungssysteme

ZP 781

Was ist eine *Programmiersprache?*

Als **Programmiersprache** wird eine Sprache bezeichnet, die die **Arbeitsanweisungen** an einen Computer in eine für ihn **verständliche Form** übersetzt.

ZP 782

Bringen Sie die nachfolgenden Elemente des Prozesses der Programmerstellung in eine logische Reihenfolge: *Problemanalyse, grafische Darstellung des Datenflusses, Übersetzung in eine Programmiersprache, Programmdokumentation, Programmeinsatz, Aufgabenstellung, grafische Darstellung des Programmablaufs, Programmtest.*

Aufgabenstellung

Problemanalyse

grafische Darstellung des Datenflusses

grafische Darstellung des Programmablaufs

Übersetzung in eine Programmiersprache

Programmtest

Programmdokumentation

Programmeinsatz

ZP 783

Was versteht man unter *Software?*

Als **Software** wird die **Gesamtheit der Programme eines Computers** (auch: einschließlich der Datenbestände) bezeichnet („alles, was man bei einem Datenverarbeitungssystem nicht anfassen kann"). Man unterscheidet:

○ **Betriebssystemsoftware** (Betriebssystem), die für den **Betrieb des Computers** zuständig ist und die Ablaufsteuerung der **Anwendungssoftware** übernimmt (z. B. Windows XP, Windows Vista, Linux, Mac OS X) und

○ **Anwendungssoftware,** die zur **Problemlösung** eingesetzt wird.

ZP 784

Welche *grundsätzlichen Aufgaben* hat das *Betriebssystem?*

● **Betriebsmittelverwaltung**
Das Betriebssystem verwaltet den Prozessor, die Speicher und die angeschlossenen Geräte und sorgt für eine möglichst reibungslose **Zuteilung der Ressourcen** auf die auszuführenden Aufgaben.

● **Auftragsverwaltung** (Jobmanagement)
Die anstehenden Programme werden durch das Betriebssystem in ausführbare Abschnitte **(tasks)** aufgeteilt und nach der **zugeteilten Priorität** oder entsprechend der **benötigten Ressourcen ausgeführt.**

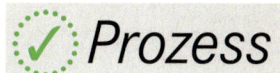 *Prozess*

- **Datenverwaltung**
  Zu der Dateiverwaltung gehören:
  ○ das *Führen eines Dateikataloges,*
    dem der jeweilige Speicherort der
    benötigten Daten zu entnehmen ist

  ○ die *Erstellung und Ausführung*
    entsprechender Eingabe- und
    Ausgabebefehle für die ange-
    schlossenen Geräte
  ○ die Umsetzung von *Schutzmaßnah-*
    men zur Datensicherheit

Zum Beispiel:
- Verarbeitungsgeschwindigkeit von
  Programmen
- standardisierte Schnittstellen zwischen Hardware und Anwenderpro-
  grammen
- Benutzerfreundlichkeit

- Existenz von Hilfetexten und Hilfspro-
  grammen
- Kompatibilität mit einer möglichst
  großen Anzahl von Programmen
- Programmpflege
- Preishöhe

ZP 785
Nach welchen
Kriterien kann man
Betriebssysteme
beurteilen?

- **Anwenderprogramme** sind für einen **bestimmten Bereich** (z. B. kaufmännische
  oder technische Aufgaben) konzipiert.

ZP 786
Was versteht
man unter *An-*
wendersoftware?

Kaufmännische Anwendersoftware	
Individualsoftware	**Standardsoftware**
z. B.: ➤ Abrechnungsprogramme für Steuerberater ➤ Mandantenverwaltung für Rechtsanwälte	**branchenübergreifend** z. B.: ➤ Auftragsbearbeitung ➤ Lohn- und Gehaltsabrechnung **Endbenutzer** z. B.: ➤ Textverarbeitung ➤ Tabellenkalkulation ➤ Datenbanken ➤ Grafikprogramme

- **Individualsoftware** wird für **spe-**
  zielle Aufgaben programmiert, die
  die betriebsspezifischen Abläufe und
  betrieblichen Gegebenheiten des
  jeweiligen Auftraggebers berücksichtigen und daher in anderen Bereichen
  und Betrieben nicht (oder nur mit
  einem großen Änderungsaufwand)
  einsetzbar sind.

- **Standardsoftware** kommt für
  branchen- oder problemorientierte
  Aufgabenstellungen zum Einsatz und
  kann von verschiedenen Unternehmen
  genutzt werden. Mit geringfügigen
  Änderungen, die meistens schon
  programmmäßig berücksichtigt sind,
  kann die Software an das jeweilige
  Unternehmen angepasst werden (z. B.
  Finanzbuchhaltungsprogramme).

Die **Betriebsart** bestimmt die **Verarbeitung** oder **Übermittlung** der **Daten** und hat
damit Auswirkung auf die Konfiguration der EDV-Anlage.

ZP 787
Was versteht
man unter
Betriebsart?

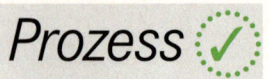
788 **ZP**
Vervollständigen Sie das nebenstehende Schaubild, indem Sie die Betriebsarten *Stapelverarbeitung, Einprogrammbetrieb, Platzverarbeitung, Datenfernverarbeitung, interaktive Verarbeitung* und *Mehrprogrammbetrieb* einordnen.

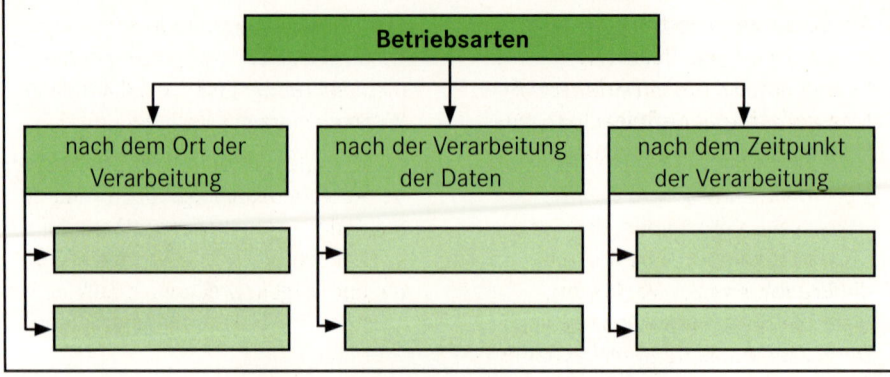

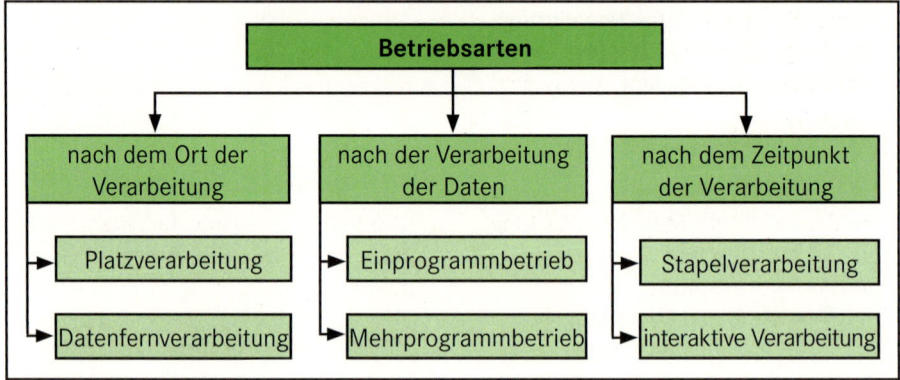

789 **ZP**
Unterscheiden Sie den *Einprogrammbetrieb* vom *Mehrprogrammbetrieb* und nennen Sie die jeweiligen Vor- und Nachteile.

- Beim **Einprogrammbetrieb** (single programming mode; single tasking) befindet sich jeweils nur **ein Programm** im Arbeitsspeicher, dem alle Rechnerressourcen zugeteilt werden und das von der Zentraleinheit bearbeitet wird.
  - *Vorteile:*
    - einfaches Betriebssystem
    - kleiner Arbeitsspeicher
    - Peripheriegeräte müssen nur einmal vorgerüstet werden (z. B. Einlegen eines bestimmten Formulars im Drucker)
    - genaue Kapazitätsplanung
  - *Nachteile:*
    - keine wirtschaftliche Auslastung des Rechners (Prozessor ist wesentlich schneller als die Ein- und Ausgabegeräte)
    - keine aktuellen Datenbestände während der Verarbeitung

- Beim **Mehrprogrammbetrieb** (multiprogramming mode, multitasking) befinden sich **mehrere Programme (oder Programmteile) im Arbeitsspeicher** und werden von der Zentraleinheit gemeinsam bearbeitet. Die einzelnen Programme werden in einzelne Teile zerlegt **(tasks),** denen das Betriebssystem zeitlich verzahnt abwechselnd die Ressourcen zuteilt. Somit ist es möglich, die Wartezeiten zu minimieren, die durch unterschiedliche Arbeitsgeschwindigkeiten von Ein- und Ausgabegeräten und der Zentraleinheit entstehen.
  - *Vorteile:*
    - bessere Auslastung der Ressourcen
    - schnellere Verarbeitung als im Einprogrammbetrieb
  - *Nachteile:*
    - aufwendiges Betriebssystem
    - entsprechend umfangreiche Rechnerressourcen

- Als **Stapelverarbeitung** (batch processing) wird eine Bearbeitungsweise bezeichnet, bei der ein **Arbeitsauftrag vollständig definiert** sein muss, bevor seine Abwicklung beginnt.

- Der Arbeitsauftrag wird dem Betriebssystem übergeben, das nach **abgeschlossener Verarbeitung** die **Ergebnisse zur Verfügung** stellt. Beispiel: Nach Aufruf eines Datensicherungsprogramms werden die entsprechenden Arbeitsschritte ausgeführt, nach deren Beendigung der Auftraggeber die Meldung erhält, dass die Datensicherung erfolgreich vorgenommen wurde.

- Sind dem EDV-System mehrere Aufträge übergeben worden, werden sie nacheinander – gesteuert durch eine **Warteschlange** – verarbeitet.

- Die Stapelverarbeitung wird bevorzugt bei Aufgabenstellungen angewendet, bei denen große Datenbestände (nicht zeitkritisch) zu verarbeiten sind, z. B. bei der Entgeltabrechnung, Kalkulation oder Statistik.

ZP 790
Was versteht man unter *Stapelverarbeitung?*

- Im Gegensatz zur Stapelverarbeitung ist der Auftraggeber bei der **interaktiven Verarbeitung** (interactive processing) in den Bearbeitungsprozess eingebunden, da diese Form der Datenverarbeitung einen **ständigen Austausch zwischen EDV-System und Auftraggeber** (Nutzer) voraussetzt.

- Der **Arbeitsauftrag** muss **nicht vollständig definiert** sein. Die Bearbeitungsaufgabe wird dem Rechner in **kleinen Teilprozessen** übergeben, die sofort ausgeführt werden. Die Effizienz dieser Bearbeitungsweise wird durch Verkürzung der Antwortzeiten des EDV-Systems erhöht.

- Bei der interaktiven Verarbeitung kann man die **Prozessverarbeitung** und die Dialogverarbeitung unterscheiden. Prozessverarbeitung liegt vor, wenn der **Auftraggeber ein Programm oder ein technischer Prozess** ist (z. B. automatische Steuerung der Produktion). Wenn der **Auftraggeber ein Mensch** ist, wird die Verarbeitungsform als **Dialogverarbeitung** bezeichnet.

- Der Dialogverarbeitung kann als Teilhaber- oder als **Teilnehmerbetrieb** organisiert sein. Beim Teilhaberbetrieb bearbeiten mehrere Nutzer **dieselbe Aufgabe** oder dasselbe Aufgabengebiet (z. B. Reservierungen durch Reisebüros). Der **Teilnehmerbetrieb** ist dadurch gekennzeichnet, dass **mehrere Nutzer** eines EDV-Systems **unterschiedliche Anwendungen** bearbeiten (z. B. im Client-Server-System einer Unternehmung, wenn die Mitarbeiter in ihren Abteilungen die entsprechenden Aufgaben bearbeiten).

ZP 791
Beschreiben Sie die *interaktive Verarbeitung.*

Während bei der **Platzverarbeitung** die **Datenerfassung und die Datenverarbeitung an einem Ort** erfolgen, sind bei der **Datenfernverarbeitung** die Datenerfassung und Datenverarbeitung **räumlich voneinander getrennt**.

ZP 792
Unterscheiden Sie *Platzverarbeitung* und *Datenfernverarbeitung.*

1.7.1.7   Datenerfassung und Datensicherheit
Handbuch: Kapitel 13

---

793   **ZP**
Was versteht man unter *Datenerfassung?*

Unter Datenerfassung versteht man die **Überführung von Daten in eine maschinenlesbare Form.** Die Daten werden entweder direkt (z. B. mittels Tastatur) in den Arbeitsspeicher eingegeben oder auf einen maschinell lesbaren Datenträger (z. B. DVD) übertragen.

---

794   **ZP**
Was versteht man unter *Betriebsdatenerfassung (BDE)?*

Den Begriff **Betriebsdatenerfassung** verwendet man für die **Erfassung betrieblicher Zustände oder Prozesse.** Es handelt sich um Massedaten, die in den relevanten Unternehmensbereichen anfallen (z. B. Produktionsdaten, Anwesenheitsdaten, Daten der Auftragsverfolgung).

---

795   **ZP**
Unterscheiden Sie die *indirekte, halbdirekte* und *direkte Datenerfassung.*

- **Indirekte Datenerfassung** liegt vor, wenn die Daten **von einem Datenträger** (DVD, Festplatte) in die Zentraleinheit eingelesen werden.
- Von **halbdirekter Datenerfassung** wird gesprochen, wenn die Daten **von Urbelegen** (z. B. in Form eines EAN-Codes) oder **von Plastikkarten** (z. B. Kreditkarte) durch spezielle Lesegeräte der Zentraleinheit zugeführt werden.

- Bei der **direkten Datenerfassung** werden die Daten **direkt,** d. h.
  - ○ **automatisch** (z. B. Temperaturfühler, Druckmelder),
  - ○ **akustisch** (z. B. Spracheingabe über Mikrofon) oder
  - ○ **manuell** (z. B. über eine Tastatur), in die Zentraleinheit zur Verarbeitung eingegeben.

---

796   **ZP**
Was ist ein *EAN-Code?*

- **EAN** (europäische Artikelnummerierung) ist ein **Strichcode,** der die entsprechenden Produktinformationen enthält und **maschinell gelesen** werden kann. Der Standard-EAN-Code besteht aus 13 Ziffern.

- *Beispiel* für einen 13-stelligen EAN-Code:

Länder-kennzeichen (Präfix)		bundeseinheitliche Betriebsnummer					individuelle Nummer des Herstellers					Prüf-ziffer
4	0	4	1	8	0	0	0	0	0	6	6	7
CCG		Semmelbrot GmbH Vechelde					Vollkorn-Toast 500 g					

Ein Präfix kennzeichnet die Länderzentrale, welche die ersten fünf Ziffern (Herstellernummer) der EAN-Codierung vergibt.
In der Bundesrepublik Deutschland ist es die Centrale für Coordination GmbH (CCG), Köln.

aus: Bazan u.a., Handbuch für Verkäufer/-innen Kaufleute im Einzelhandel, 2., aktualisierte Auflage, Winklers Verlag, Darmstadt 2007

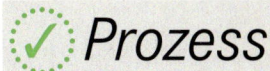 **Prozess**

Als **Urbeleg** wird ein Beleg verstanden, auf dem **erstmalig** ein **Vorgang** (z. B. Materiallieferung, Materialentnahme) **dokumentiert** wird (z. B. Eingangsrechnung, handschriftlicher Materialentnahmeschein).

ZP
Was ist ein *Urbeleg?* 797

- Die **mobile Datenerfassung** ist eine besondere Form der Datenerfassung, bei der die Daten z. B. über eine Tastatur oder einen Scanner in ein **tragbares Erfassungsgerät** eingegeben werden.

- Die Daten werden auf dem tragbaren Erfassungsgerät **zwischengespeichert** und **später** über eine Netzverbindung weitergeleitet **oder sofort** über eine Funk- oder Infrarotverbindung **übermittelt.**

ZP
Was versteht man unter *mobiler Datenerfassung?* 798

- Bei der **Online-Datenerfassung** (direkte Datenerfassung) sind die Datenerfassungsgeräte **direkt mit der Zentraleinheit verbunden,** sodass die eingegebenen Daten sofort verarbeitet werden können.

- Die **Offline-Datenerfassung** ist dadurch gekennzeichnet, dass die Datenerfassung mit Datenerfassungsgeräten erfolgt, die **nicht mit der Zentraleinheit verbunden** sind. Die Daten werden auf den Datenträgern **zwischengespeichert.**

ZP
Unterscheiden Sie *Online-Datenerfassung* und *Offline-Datenerfassung.* 799

- Unter **Datensicherheit** werden nach DIN 44300 alle Maßnahmen verstanden, die **die Daten vor Verlust, Zerstörung, beabsichtigter oder unbeabsichtigter Verfälschung und Missbrauch schützen.** Die Datensicherheit erstreckt sich dabei auch auf die Datenträger und die Programme.

- Ein erweiterter Datensicherheitsbegriff liegt mit der **IT-Sicherheit** vor, nach der die **IT-Systeme** (Informationstechnik-Systeme) und **deren Umgebung** unmittelbar oder mittelbar vor **Beeinträchtigung oder Missbrauch zu schützen** sind.

ZP
Was versteht man unter *Datensicherheit?* 800

Prozess ✓

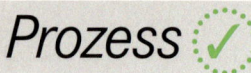

ZP

801 *Maßnahmen zur Datensicherheit können in den Bereichen des nebenstehenden Schaubildes umgesetzt werden.*

Ergänzen Sie dieses Schaubild, indem Sie die folgenden Datensicherungsmaßnahmen den entsprechenden Bereichen zuordnen: Fixpunkttechnik, Einsatz von Antiviren-Software, Generationenprinzip, Einsatz von Notstromaggregaten, Zutrittskontrollen, Passwortschutz, Prüfbitverfahren, Plausibilitätskontrolle, Funktionsstreuung, Protokollierung von Zugriffen, kryptologische Verfahren, Prüfziffernverfahren, digitale Signatur, biometrische Verfahren, Anfertigen von Kopien, unterbrechungsfreie Stromversorgung, Einsatz einer Firewall, Vollständigkeitsprüfung.

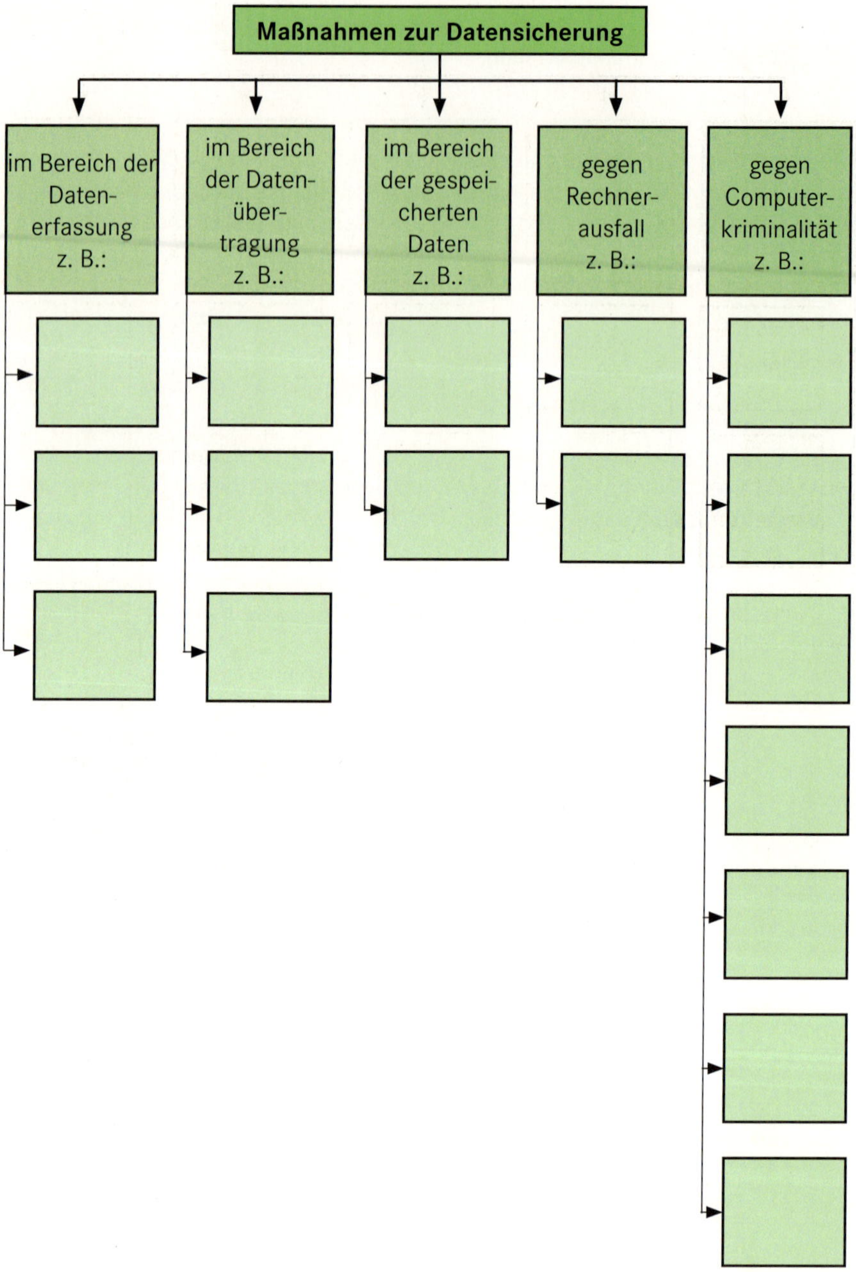

Maßnahmen zur Datensicherung

im Bereich der Daten-erfassung z. B.:	im Bereich der Daten-über-tragung z. B.:	im Bereich der gespei-cherten Daten z. B.:	gegen Rechner-ausfall z. B.:	gegen Computer-kriminalität z. B.:

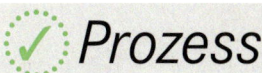
✓ *Prozess*

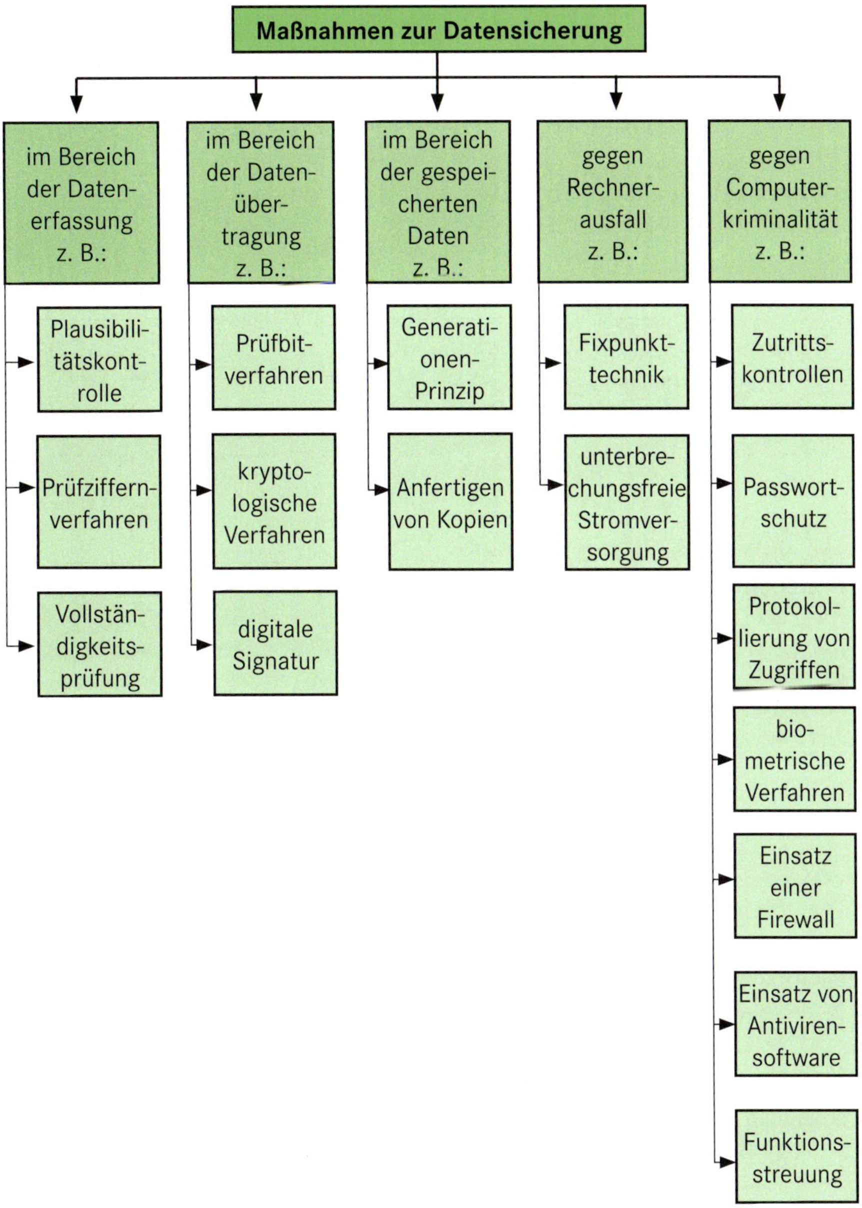

Maßnahmen zur Datensicherung

- im Bereich der Datenerfassung z. B.:
  - Plausibilitätskontrolle
  - Prüfziffernverfahren
  - Vollständigkeitsprüfung

- im Bereich der Datenübertragung z. B.:
  - Prüfbitverfahren
  - kryptologische Verfahren
  - digitale Signatur

- im Bereich der gespeicherten Daten z. B.:
  - Generationen-Prinzip
  - Anfertigen von Kopien

- gegen Rechnerausfall z. B.:
  - Fixpunkttechnik
  - unterbrechungsfreie Stromversorgung

- gegen Computerkriminalität z. B.:
  - Zutrittskontrollen
  - Passwortschutz
  - Protokollierung von Zugriffen
  - biometrische Verfahren
  - Einsatz einer Firewall
  - Einsatz von Antivirensoftware
  - Funktionsstreuung

- Die **Plausibilitätskontrolle** ist eine **Logikkontrolle.** Die EDV-Anlage überprüft, ob sich die eingegebenen Daten innerhalb festgelegter Grenzen befinden und somit eine **Dateneingabe logisch möglich** ist. Zum Beispiel wird eine Datumseingabe mit mehr als 31 Tagen oder mehr als 12 Monaten zurückgewiesen.

- Beim **Prüfziffernverfahren** werden **numerische Ordnungsbegriffe** (z. B. Kontonummer, Bankleitzahl, Personalnummer) um **eine Prüfziffer erweitert.** Die Prüfziffer wird **bei jeder Dateneingabe durch den Computer neu berechnet** und mit der **eingegebenen Prüfziffer verglichen.** Damit können Fehleingaben z. B. durch „Zahlendreher" und Tippfehler aufgedeckt werden.

ZP · 802

Unterscheiden Sie die *Plausibilitätskontrolle* und das *Prüfziffernverfahren.*

803 ZP

Was versteht man unter einer Vollständigkeitsprüfung?

Bei der **Vollständigkeitsprüfung** wird die **Vollständigkeit** der für wichtig erachteten Daten überwacht, z. B. führen nicht ausgefüllte Datenfelder bei der Anlage eines neuen Kunden zu einer Fehlermeldung.

804 ZP

Beschreiben Sie das Prüfbitverfahren.

Beim **Prüfbitverfahren** wird **maschinenintern jedes Byte überprüft,** indem den **acht Datenbits ein weiteres Bit** (Prüfbit) angehängt wird. Je nach Verfahren wird das Prüfbit verwendet, um eine gerade Anzahl an dualen Einsen (even parity) oder eine ungerade Anzahl von dualen Einsen (odd parity) zu erreichen, um die richtige Darstellung bzw. Datenübertragung zu überprüfen.

Beispiel:

	0101 0111
even parity:	0101 0111 1
odd parity	0101 0111 0

↓ Prüfbit

805 ZP

Was versteht man unter Kryptografie?

- Als **Kryptografie** wird die **Lehre** von der **Verschlüsselung und Endschlüsselung** bestimmter Informationen bezeichnet.

- Kryptografie kann im Bereich der Datensicherheit für das **Speichern von Daten und/oder für deren Datenübertragung** verwendet werden. Dabei wird einem **Zeichen nach einer bestimmten Methode ein anderes Zeichen zugewiesen.** Die daraus entstehende Zeichenfolge kann nur mithilfe des richtigen Schlüssels gelesen werden.

806 ZP

Was ist eine elektronische Unterschrift (digitale Signatur)?

Die **elektronische Unterschrift** wird genutzt, um zu gewährleisten, dass **Daten von einer bestimmten Person stammen** und/oder dass die Informationen nicht modifiziert wurden. Es handelt sich bei der elektronischen Unterschrift um einen **kryptografisch erzeugten Code,** der einer eindeutig zu identifizierenden Person zugeordnet werden kann.

807 ZP

Erläutern Sie, welche Bedeutung das Generationenprinzip bei der Erstellung von Sicherheitskopien hat.

- Bei Erstellung von **Sicherheitskopien** werden die Daten (und/oder Programme) auf **externen Datenträgern** (z. B. CD) gesichert. Bei der Speicherung können die Daten ihr Datenformat behalten (1:1-Kopie, **Backup**) oder durch Datenkompression bzw. Umgruppieren von Daten in einem anderen Datenformat gespeichert werden. Die Sicherheitskopien können als **Vollsicherung** (Sicherung aller Daten) oder **Teilsicherung** (Sicherung der geänderten Daten – Differenzsicherung) vorliegen. Die **Wiederherstellung der Daten** von der Sicherungskopie wird als **Restore (Datenrücksicherung)** bezeichnet.

- Da auch beim Sichern der Daten – z. B. durch defekte Datenträger – Probleme auftreten können, wird üblicherweise für **jede Sicherung ein eigener Datenträger** genommen. Nach dem **Generationen-Prinzip** (Großvater-Vater-Sohn) müssen **von jedem Datenbestand drei aufeinanderfolgende Sicherungen** (drei Kopien mit unterschiedlich aktuellen Sicherungen) existieren, bevor ein Datenbestand gelöscht bzw. überschrieben werden kann. Dieses Vorgehen erleichtert die Rekonstruktion eines Datenbestandes, wenn Datenträgerfehler auftreten.

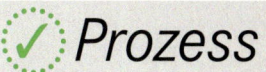

Beispiel:

Erstellen von Datenkopien	Sicherung auf	Generation	
Montag	CD-RW – I	Großvater	
Dienstag	CD-RW – II	Vater	Großvater
Mittwoch	CD-RW – III	Sohn	Vater
Donnerstag	CD-RW – IV		Sohn
....			

Wenn man dem Generationen-Prinzip folgt, kann am Donnerstag, statt der Verwendung eines neuen Datenträgers CD-RW- IV, die CD-RW–I mit den aktuellen Daten überschrieben werden.

- **Fixpunkttechnik** bedeutet, dass der **gesamte Datenbestand des Zentralspeichers** zu **bestimmten Zeitpunkten** auf einem **externen Datenträger** gesichert wird.

- Die **USV** ist dadurch gekennzeichnet, dass **bei einer Stromunterbrechung** die Stromversorgung des Rechners für eine gewisse Zeit von **Akkus** übernommen wird, um ein Ausschalten des Rechners mit einer geordneten Datensicherung zu ermöglichen.

ZP
Unterscheiden Sie *Fixpunkttechnik* und *USV (unterbrechungsfreie Stromversorgung)*. [808]

- Als **biometrische Verfahren** werden **Methoden** gekennzeichnet, die bestimmte – möglichst nicht veränderbare – **körperliche Merkmale** eines Nutzers mit den zuvor hinterlegten **Originaldaten** vergleichen.

- So werden z. B. Fingerabdrücke oder die Netzhaut einer Person mit einem Scanner abgetastet, um eine **Personenbestimmung** vorzunehmen.

ZP
Was versteht man unter *biometrischen Verfahren?* [809]

Unter **Funktionsstreuung** (Funktionstrennung) wird die **Aufteilung** von **Aufgaben** auf **verschiedene Personen** verstanden. Zum Beispiel werden Dateneingabe, Datenverarbeitung, Datensicherheit von verschiedenen Personen durchgeführt.

ZP
Beschreiben Sie die *Funktionsstreuung.* [810]

Zum Beispiel:
- Fälschung von Daten
- Ausspähen von Daten
- unerlaubte Datenveränderung
- Computersabotage

- Kreditkartenbetrug
- Computer-Software-Piraterie
- widerrechtlicher Zugang zu Kommunikationsdiensten

ZP
Nennen Sie Beispiele für *Computerkriminalität.* [811]

Datenverarbeitungssysteme

ZP
812

Unterscheiden Sie *Computerviren* **und** *Computerwürmer.*

- Als Computervirus bezeichnet man ein Programm, das sich in andere Programme („Wirtsprogramme") kopiert. Computerviren werden beim Start des Wirtsprogramms aktiv und führen die entsprechenden Befehle aus, die zu schweren Schädigungen des Betriebssystems und anderer Software führen sowie die Funktionsweise der Hardware beeinträchtigen können. Die Veränderungen, die oft den Systemabsturz und den Totalausfall zur Folge haben, sind schwer zu reparieren und vermindern die Datensicherheit.

- Computerwürmer sind – wie Computerviren – ebenfalls Computerprogramme, die im Gegensatz zu den Viren nicht aktiviert werden müssen. Sie versuchen, über Sicherheitslücken (z. B. bei Programmierfehlern, Unzulänglichkeiten bei der Programmierung von Internetdienst-Programmen oder Fehlen einer Firewall) in ein System einzudringen und aktiv weitere Systeme zu verseuchen, um entsprechende Beschädigungen auszulösen.

1.7.1.8 Netzwerke   *Handbuch: LF 1*

ZP
813

Was versteht man unter einem *Datenübertragungssystem?*

- Ein **Datenübertragungssystem** besteht aus **mindestens 2 Datenstationen,** die durch ein **Übertragungsmedium miteinander verbunden** sind.

Datenstation		Datenstation
Datenendeinrichtung		**Datenendeinrichtung**
Datenübertragungseinrichtung	Übertragungsmedium	**Datenübertragungseinrichtung**

- Jede **Datenstation** besteht aus einer **Datenendeinrichtung,** die Daten empfangen und senden kann (z. B. PC, Drucker, Geldausgabeautomat), und einer **Datenübertragungseinrichtung,** die die Anpassung der Signale, die von der Datenendeinrichtung an das Übertragungsmedium abgegeben werden, vornimmt (z. B. Modem, Netzwerkkarte).

- Bei den **Übertragungsmedien** kann man Kabelverbindungen, Funkverbindungen und optische Verbindungen unterscheiden.

ZP
814

Was ist ein *Modem?*

- **Modem** ist ein Kunstwort aus **Mo**dulator und **Dem**odulator.

- Ein Modem ist eine **Datenübertragungseinrichtung,** die **analoge Daten** (z. B. eines Telefons) **in digitale Daten umwandelt und umgekehrt.**

ZP
815

Was versteht man unter einem *Datennetz?*

Als **Datennetz** bezeichnet man die **Leitungssysteme** (Übertragungsmedien), über die Daten von einer Datenendeinrichtung zu den angeschlossenen anderen Datenendeinrichtungen übertragen werden.

 *Prozess*

- Als **Netzwerk** (Netz, Rechnernetz) kann man ein **System von Datenstationen** bezeichnen, die räumlich verteilt und durch **Datenübertragungswege** miteinander **verbunden** sind.

- Ein Netzwerk umfasst sowohl die **autonomen Datenendgeräte** als auch das entsprechende **Datennetz.**

ZP
Was versteht man unter einem *Netzwerk?* 816

- Man spricht von **Mehrwertdiensten,** wenn Netzbetreiber neben der reinen Datenübermittlung **weitere Dienste** (z. B. E-Mail) anbieten. Die Dienste sind in der Regel **entgeltpflichtig.**

- **Beispiele:**
  - *Verteildienste,* bei denen Nachrichten versendet werden (z. B. SMS-Nachrichten bei Mobilfunknutzern)
  - *Informationsdienste,* bei denen Informationen abgerufen werden können (z. B. Kontostandsabfragen, Online-Datenbanken)
  - *Transaktionsdienste,* über die elektronische Bestelldienste angeboten oder Reservierungen im Touristikbereich vorgenommen werden
  - *Überwachungsdienste,* z. B. bei Alarmanlagen oder für Verkehrsleitsysteme

ZP
Was sind *Mehrwertdienste?* 817

Global Area Network (globales Netzwerk)
Datennetze, die aufgrund des Einsatzes von Nachrichtensatelliten praktisch weltumspannend sind

Wide Area Network (Weitverkehrnetz)
Datennetze mit der Ausdehnung innerhalb eines Landes oder eines Kontinents

Metropolitan Area Network (regionales Netz)
Datennetze, die größere Regionen, wie Städte oder Ballungszentren, verbinden

Local Area Network (lokales Netzwerk)
Netzwerk, das Datenendgeräte in einem Gebäude oder auf einem Gelände (Entfernung oft kleiner als 1 Kilometer) verbindet

Personal Area Network (persönliches Netzwerk)
Netzwerk einer Person, z. B. häusliches Funknetzwerk

ZP
Rechnernetze lassen sich nach geografischen Kriterien unterscheiden. Ordnen Sie die folgenden Netze absteigend nach ihrer Reichweite:
Personal Area Network (PAN),
Local Area Network (LAN),
Global Area Network (GAN),
Metropolitan Area Network (MAN) und
Wide Area Network (WAN). 818

Datenverarbeitungssysteme

ZP

819

Beschreiben Sie kurz wichtige *Netzwerkstrukturen (Netzwerktopologien).*

Rechnernetzwerke werden **grafisch** durch **Knoten** und **Verbindungsstrecken** dargestellt, wobei die Knoten den Datenendgeräten (z. B. PC) und die Strecken den Übertragungsmedien (z. B. Kabelverbindungen) entsprechen.

Wichtige **Strukturen:**

Netzstruktur	Beschreibung	Vorteile	Nachteile
Liniennetz	• Bei den Liniennetzen sind die Knoten linienförmig angeordnet. • Die Nachricht wird von Knoten zu Knoten weitergegeben.	• niedrige Leitungskosten	• empfindlich gegen Ausfall eines Knotens
Ringnetz	• Jeder Knoten ist mit genau zwei weiteren Knoten direkt verbunden. • Die Nachricht wird von Knoten zu Knoten weitergegeben.	• niedrige Leitungskosten	• nicht so empfindlich bei Ausfall eines Knotens, da es noch einen Übertragungsweg gibt
Sternnetz	• Die Knoten werden über einen zentralen Knoten miteinander verbunden. • Die Nachricht wird über den zentralen Knoten weitergeleitet.	• kostengünstige Netzsteuerung • Ausfall eines Endknotens behindert die übrige Netzkommunikation nicht.	• Das Netz ist bei Ausfall des zentralen Knotens funktionsunfähig.
Baumnetz	• Jeder Knoten ist mit mindestens zwei anderen direkt verbunden. • Die Datenkommunikation erfolgt über den jeweiligen höheren gemeinsamen Knoten.	• leichte Erweiterung des Netzes	• Abhängigkeit der Teilnetze von den jeweiligen übergeordneten Knoten

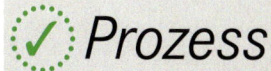

- Nach erfolgreicher **Prüfung der Zugangsberechtigung** der angeschlossenen Nutzer (Clients) stellt beim **Client-Server-Netzwerk** ein **Server** die angeforderten **Dienste** (z. B. Nutzung eines Anwenderprogramms, Nutzung eines Druckers) zur Verfügung.
  - *Vorteile:*
    - zentrale Datenbestände und Ressourcen
    - Nutzer arbeiten mit denselben Daten
  - *Nachteile:*
    - Ausfall des Servers führt zu Ausfall des Netzes
    - Zugriff auf Server nur, wenn sich der Server im On-Line-Modus befindet

- Bei einem **Peer-to-Peer-Netzwerk** sind alle **Teilnehmer gleichberechtigt** und können gegenseitig sowohl **Dienste anfordern** als auch **Dienste anbieten.** Die Kommunikation erfolgt direkt von Endsystem zu Endsystem ohne Umweg über eine zentrale Einheit.
  - *Vorteile:*
    - leichte Erweiterung des Netzwerkes
    - Ausfall eines Teilnehmers führt nicht zu einem Ausfall des Netzes
  - *Nachteile:*
    - Gefahr von nicht einheitlichen Datenbeständen
    - Aktualisierung der Ressourcen muss von jedem Teilnehmer vorgenommen werden

ZP 820

Netzwerke können verschieden organisiert sein. Unterscheiden Sie *Client-Server-Netzwerk* und *Peer-to-Peer-Netzwerk.*

- Mit **Protokollen** werden die **Regelungen für die Verständigung** zwischen den entsprechenden Kommunikationspartnern festgelegt.

- **Transportprotokolle** regeln die Einzelheiten bei der **Übermittlung** (z. B. Signalarten, Datenformate, Zeichensatz), während **Anwenderprotokolle** für die **Ablaufsteuerung** zuständig sind.

ZP 821

Was versteht man unter einem *Protokoll?*

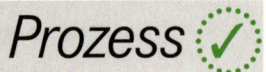
ZP

822

Was versteht man unter einem *Serienbrief?* Worin liegt der *Unterschied* zu *Textbausteinen?*

- Moderne **Geschäftskorrespondenz** muss auf der einen Seite individuell abgefasst sein, um den einzelnen Kunden zielgerichtet anzusprechen. Auf der anderen Seite muss der entsprechende Einsatz des Büropersonals so erfolgen, dass die benötigte **Bearbeitungszeit möglichst kurz** ist und **wenig Personalkosten** verursacht. Aus Rationalisierungsgründen werden daher in der Textverarbeitung sowohl **Textbausteine** als auch **Serienbriefe** eingesetzt.

- **Textbausteine** sind meist **kurze wiederverwendbare Texte,** die als Bausteine oder Module unter einem Namen oder einer Selektionsnummer gespeichert werden, um einen vollständigen Brieftext daraus zu entwickeln. Je nach Anlass werden somit unterschiedliche Textbausteine zu einem vollständigen Geschäftsbrief zusammengefügt – das erspart Zeit und Kosten. Eventuell müssen dann noch individuell abgefasste Sätze oder Satzteile beim einzelnen Brief ergänzt werden.

- **Serienbriefe** sind **ganze Brieftexte,** die als sogenanntes **Hauptdokument** mit **Variablen** (z. B. Anschrift, persönliche Anrede) zusammengeführt werden, um einen individuell erscheinenden Geschäftsbrief kostengünstig erstellen zu können. Eine **Datenquelle** muss angelegt werden, die alle benötigten Daten der einzelnen Empfänger (z. B. Anschrift) enthält. Es ist denkbar, dass ein Serienbrief aus bestehenden Textbausteinen zusammengesetzt wird.

ZP

823

Welche Rolle spielt die *DIN 5008* bei der Erstellung von Geschäftsbriefen?

- Die **DIN 5008** ist **kein Gesetz,** an das sich Unternehmen zu halten haben. Diese DIN ist das Ergebnis der Arbeit von Experten aus Wirtschaft und Verwaltung, die im entsprechenden **DIN-Ausschuss** zusammenarbeiten. Die **Anwendung** in den einzelnen Unternehmen **geschieht freiwillig.**

- Durch die Anwendung der DIN 5008 soll die **rasche Lesbarkeit von Geschäftskorrespondenz erleichtert** werden, es geht letztendlich um die Einsparung von Zeit und Kosten. Daher regelt die DIN z. B. Zeilenabstände, die Gestaltung des Anschriftfeldes oder die Benutzung von Bezugszeichenzeile, Informationsblock oder Kommunikationszeile. Inhaltliche Formulierungen in Geschäftsbriefen werden von der DIN 5008 nicht vorgegeben.

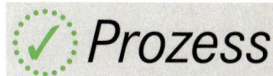

Prozess

Die unter dem Anschriftfeld befindliche Bezugszeichenzeile enthält die notwendigen **Kommunikationsangaben** des Geschäftsbriefes. Jeweils unterhalb der vorgedruckten **Leitwörter** (z. B. „Ihr Zeichen") sind einzutragen:

- **Ihr Zeichen:** Kürzel des Empfängers, soweit vorhanden
- **Ihre Nachricht vom:** Datum des letzten Schreibens des Empfängers, auf das sich dieser Brief bezieht
- **Unser Zeichen:** unser Kürzel
- **Unsere Nachricht vom:** Datum unseres letzten Schreibens
- **Telefon:** unsere Telefonnummer (z. B. werden Landesvorwahl, Ortsnetzkennzahl und Einzelanschluss funktionsbezogen durch ein Leerzeichen gegliedert)

- **Name:** Name des Schreibenden
- **Datum:** aktuelles Datum
  numerische Form: Jahr, Mittestrich, Monat, Mittestrich, Tag (2010-08-11) oder Tag, Punkt, Monat, Punkt, Jahr (11. August 2010)
  alphanumerische Form: Tag, Punkt, Leerschritt, Monat, Leerschritt, Jahr (11. August 2010 oder 11. Aug. 2010)

ZP 824
Was versteht man in der DIN 5008 unter der *Bezugszeichenzeile?*

Die rechts neben dem Anschriftfeld mögliche **Kommunikationszeile** enthält die **Leitwörter Telefax** und **E-Mail,** unter denen die entsprechenden Angaben einzutragen sind.

ZP 825
Was enthält die mögliche *Kommunikationszeile?*

Statt der Bezugszeichenzeile kann rechts neben dem Anschriftfeld ein **Informationsblock** benutzt werden, der untereinander angeordnet **mehr Kommunikationsangaben** enthält als die Bezugszeichenzeile:
Ihr Zeichen:
Ihre Nachricht vom:
Unser Zeichen:
Unsere Nachricht vom:
(Leerzeile)
Name:
Telefon:
Telefax:
E-Mail:
(Leerzeile)
Datum:

ZP 826
Welche Angaben enthält der mögliche *Informationsblock?*

Der **Briefkopf** enthält die **Firma** des Absenders, meist auch Angaben über den **Sitz** des Unternehmens und ein **Firmenlogo** (Zeichen).

ZP 827
Was versteht man unter dem *Briefkopf* eines Geschäftsbriefes?

Am Fuße des Geschäftsbriefes werden die sogenannten **Geschäftsangaben des Unternehmens** aufgelistet, neben der vollständigen Anschrift sind dies z. B. auch Angaben über Rechtsform, Geschäftsführer, Registergericht, Bankverbindungen, Steuernummer und / oder USt-Identifikationsnummer. **Gesetzliche Vorgaben** machen das HGB (siehe §§ 37 a, 125 a), das AktG (siehe § 80 a) und das GmbHG (siehe § 35 a).

ZP 828
Welche Angaben enthält der sogenannte *Brieffuß?*

9714235

ZP

829

Was versteht man unter dem *Betreff* eines Geschäftsbriefes?

Der **Betreff** eines Geschäftsbriefes gibt in Form von **Stichwörtern** (z. B. „Angebot eines Fotokopiergerätes") den **Inhalt** des Briefes kurz wieder. Der Betreff ist kein Bezug, soll also nicht angeben, auf welchen vorausgegangenen Brief sich dieses Schreiben bezieht (also **nicht**: „Ihre Anfrage vom ...").

1.7.3   Lern- und Arbeitstechniken

1.7.3.1   Lernatmosphäre   *Handbuch: Kapitel 15*

ZP

830

Um effektiv lernen zu können, muss eine geeignete *Lernatmosphäre* geschaffen werden. Was ist darunter zu verstehen?

Um **Textinhalte verstehen** und **abspeichern** zu können, muss man sich eine geeignete **Lernatmosphäre** schaffen. Dazu gehört:

- **Einrichten** eines angemessenen **Arbeitsplatzes**
  - geeignete Lese- oder Schreibfläche (z. B. Schreibtisch) schaffen
  - richtige Körperhaltung wählen: stehen (z. B. Stehpult), liegen (z. B. Arbeitsliege) oder sitzen (z. B. Bürostuhl)
  - gute Lichtverhältnisse schaffen
  - ausreichende Sauerstoffzufuhr sichern (z. B. durch Öffnen des Fensters)
  - eventuelle Störquellen (z. B. Lärm) beseitigen
  - Arbeitsmaterialien sortieren
  - Ergänzungsmaterialien bereithalten (z. B. Fremdwörterlexikon)

- **Wählen** der geeigneten **Tageszeit**
  - optimale Lernzeit auswählen (individuell unterschiedlich)
  - Ess- und Ruhephasen beachten
  - Gesamtlernzeit einschätzen (eventuell Mehrtagesplan aufstellen)

- **Nutzen von ernährungsphysiologischen Erkenntnissen**
  - Flüssigkeitszufuhr ermöglichen (z. B. Mineralwasser oder Obstsaft)
  - „leichte Kost" verbrauchen (z. B. Joghurt, Obst)

1.7.3.2   Textbearbeitung und Wissensspeicherung
Handbuch: Kapitel 15

ZP

831

Erläutern Sie die Arbeitstechnik *Textbearbeitung*.

Um einen schriftlich abgefassten **Text erfassen** zu können, sind einige **Techniken der Textbearbeitung** anzuwenden:

- **Kernbegriffe** oder **-sätze markieren** (Wichtiges wird vom Unwichtigen getrennt)

- **Randnotizen machen** (z. B. auch durch Nutzen von geeigneten Piktogrammen)

- Textteile/Absätze durch **Teilüberschriften** gliedern

- längere Textpassagen durch **eigene Formulierungen** zusammenfassen (z. B. durch Nutzen von Klebezetteln oder Karteikarten)

- **bildhafte Elemente** (z. B. Abbildungen, Diagramme) erschließen und Textpassagen zuordnen

- **Zusammenhänge visuell verdeutlichen** (z. B. durch Bilden von Verweisen oder Nutzen von Pfeilsymbolen)

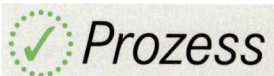 *Prozess*

- **Strukturen des Textes herausarbeiten,** z. B. durch:
  - Erstellen einer Textgliederung
  - Herstellen einer Mindmap (siehe Kapitel 1.7.3.3)
  - Anfertigen eines Ablaufdiagramms
  - Anlegen von Karteikarten mit Schlüsselbegriffen, einschließlich Erläuterungstext und Textverweis

- offengebliebene **Fragen herausschreiben** und **Ergänzungsliteratur suchen** (z. B. mithilfe einer Internetrecherche)

ZP
Erläutern Sie 832
die Arbeitstechnik *Wissensspeicherung.*

Um sich **zentrale Textinhalte aneignen** und **speichern** zu können, genügt es nicht, bestimmte Schlüsselbegriffe auswendig zu lernen. Vielmehr gilt es, sich mit den Inhalten und **Strukturen** auseinanderzusetzen. Beispielsweise können schriftlich **Fragen** an den Textgehalt formuliert werden, die den Text strukturell erschließen. Diese Fragen können auf Karteikarten notiert oder per PC gesammelt werden. Um eine Struktur zu erfassen, müssen aus unterschiedlichen Blickrichtungen Fragen an den Textgehalt gestellt werden, es müssen unterschiedliche **Fragekriterien** herausgearbeitet werden.

Beispiel: Analyse eines Wirtschaftstextes

mögliche Fragekriterien:

- Wie könnte der Textinhalt aus **betriebswirtschaftlicher** Sicht gesehen werden?

- Wie könnte der Textinhalt aus **volkswirtschaftlicher** Sicht gesehen werden?

- Wie könnte der Textinhalt aus **ökologischer** Sicht gesehen werden?

- Wie könnte der Textinhalt aus **gesellschaftspolitischer** Sicht gesehen werden?

- Wie könnte der Textinhalt aus **historischer** Sicht gesehen werden?

Das Formulieren von Fragen an den Textgehalt dient zum einen dazu, **Zusammenhänge** innerhalb des neu zu erwerbenden Wissens herzustellen, zum anderen hilft es, **neues Wissen** mit bereits vorhandenen Wissensbeständen **zu verknüpfen.**

Gesteigert wird der **Lernerfolg,** wenn **Fragen an die Struktur** des Textes von mehreren Personen formuliert werden und ein Gruppengespräch, eventuell sogar eine **Gruppendiskussion,** daraus entsteht. Möglicherweise ergibt sich auch eine Änderung in der **Lernmotivation.**

In jedem Fall wird durch **Verfolgung kooperativer Lernstrategien** die sogenannte **Behaltensquote** erhöht, das **Verbinden von hören, sehen und sprechen** (und eventuell auch handeln) **wirkt leistungssteigernd** gegenüber der Nutzung nur einzelner Elemente (z. B. nur hören oder nur sehen).

1.7.3.3   Brainstorming und Mindmapping   *Handbuch: Kapitel 15*

ZP
833 Was versteht man unter *Brainstorming?*

- Beim **Brainstorming** (Gehirn- oder Gedankensturm) handelt es sich um eine **Kreativitätstechnik,** die zunächst in Unternehmen zur Findung von Produktideen genutzt wurde. Heute wird diese Technik in unterschiedlichen Anwendungsbereichen, z. B. auch bei Problemlöseprozessen im Schulunterricht, eingesetzt.

- Als Kreativitätstechnik dient Brainstorming dazu, in möglichst kurzer Zeit eine Vielzahl von **Ideen, Lösungsansätzen** und Ähnlichem zu finden. Da es keine „unsinnigen" Einfälle bei dieser Technik gibt, werden **auch unkonventionelle Lösungen** entwickelt, **assoziatives Denken** wird dabei **angewandt.** Das **aktive Einbeziehen aller Beteiligten** kann als weiteres Ziel angesehen werden, deswegen wird diese Technik auch im Rahmen der Moderationsmethode (siehe Kapitel 1.7.3.7) genutzt.

- **Ablauf der Kreativitätstechnik:**

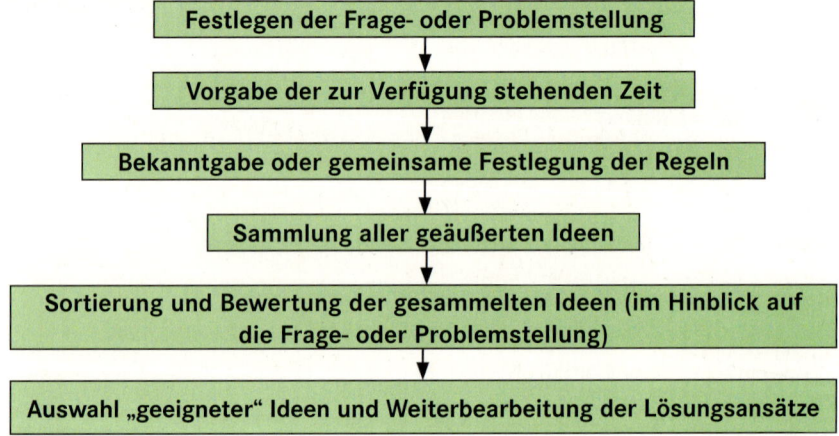

- **Regeln der Kreativitätstechnik:**
  - ○ Alle Brainstormingteilnehmer beteiligen sich mündlich und/oder schriftlich an der Ideensammlung.
  - ○ Alle Ideen, Lösungsansätze und Ähnliches sind erlaubt – es gibt keine falschen Ideen. Quantität vor Qualität.
  - ○ Negativkritik gegenüber einzelnen Vorschlägen ist verboten.
  - ○ Vorgetragene Ideen dürfen aufgenommen und weiterentwickelt werden.

ZP
834 Erläutern Sie die Lerntechnik *Mindmapping.*

- Das **Mindmapping** stellt eine Lerntechnik oder Arbeitsmethode dar, bei der Ideen oder Gedanken visualisiert werden, indem sie in einer sogenannten **Mindmap** (einer „Gedanken-Landkarte") spontan erfasst werden.

- In die Mindmap können **Haupt-** und **Nebenäste** in **beliebiger Reihenfolge** eingetragen werden, das ist auch ein großer Vorteil gegenüber einem traditionellen hierarchisch strukturierten Tafelbild. Zusätzlich können auch Piktogramme zur Visualisierung eingesetzt werden.

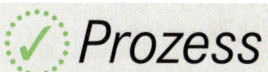 *Prozess*

- **Ablauf:**
  - ◦ Auf einem Blatt Papier, einer Tafel oder in der Monitormaske (z. B. bei Benutzung der Software „Mind-Manager") wird in der **Mitte** das **Thema festgehalten** und mit einem Oval oder einen Kreis umrahmt.
  - ◦ **Hauptäste** werden, beginnend von der Mitte, mit **Schlüsselwörtern** (Oberbegriffen) versehen.
  - ◦ Von den Hauptästen zweigen **Nebenäste** ab, die Unterbegriffe festhalten.
  - ◦ Falls es notwendig erscheint, können auch Nebenäste weiter durch **zusätzliche Äste** oder **Zweige unterteilt** werden.
  - ◦ Unter Umständen wird nach der ersten angefertigten Mindmap zum selben Thema eine **zweite** erstellt.

Beispiel:

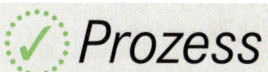

nach: Lipp, Ulrich; Pädagogik-Heft 10, Oktober 1994

1.7.3.4 Protokollführung *Handbuch: Kapitel 15*

ZP

835 Welche *Protokollarten* werden unterschieden?

- **Verlaufsprotokoll**
  Diese Protokollart gibt den Verlauf eines Gesprächs wieder. In der Regel wird nur das Wichtigste schriftlich festgehalten, nur in der **Sonderform** des **wörtlichen Protokolls** wird der gesamte Gesprächsverlauf in wörtlicher Rede niedergeschrieben (z. B. bei Protokollen von Bundestagsdebatten).

- **Ergebnisprotokoll**
  Hierbei werden nur die wichtigsten Gesprächsergebnisse, zum Beispiel Beschlüsse, notiert.

ZP

836 *Wie* ist ein *Protokoll aufgebaut?*

- **Vor** dem eigentlichen **Protokolltext** werden im sogenannten **Protokollkopf** folgende Informationen genannt:
  - Protokollanlass (Überschrift)
  - Datums- und Zeitangabe (Beginn)
  - Ortsangabe (u. U. mit genauer Raumangabe)
  - Namen der anwesenden Personen (eventuell auch in Form eines Anhangs mit Teilnehmerliste); z. T. werden auch abwesende Personen namentlich aufgelistet, eventuell unter Nennung des Fehlgrundes
  - Tagesordnung

- Im **Hauptteil** des Protokolls, dem **Protokolltext,** werden die Redebeiträge aller Beteiligten in der Regel in indirekter Rede schriftlich festgehalten.

- Im **Protokollfuß** sind enthalten:
  - Ende des Gesprächs
  - gegebenenfalls Hinweise auf Anlagen
  - Ort und Datum der Protokollabfassung
  - Unterschriften (links: Protokollant, rechts: Gegenzeichnender – z. B. Gesprächsleiter –, der die sachliche Richtigkeit bestätigt)

ZP

837 Worauf ist bei der *sprachlichen Gestaltung* des *Protokolls* zu achten?

- Als **Tempus** (Zeitform) wird das **Präsens** (die Gegenwart) benutzt.
- Beim **Verlaufsprotokoll** wird die direkte Rede mittels des **Konjunktivs** (der Möglichkeitsform) in die **indirekte Rede** übertragen; ein wörtliches Zitat kann als Ausnahme benutzt werden.

- Beim **Ergebnisprotokoll** und beim **wörtlichen Protokoll** wird auf die indirekte Rede verzichtet, die Wiedergabe findet im **Indikativ** (der Wirklichkeitsform) statt.
- Bei der Wiedergabe des Gesprächsinhaltes und der Beschlüsse ist darauf zu achten, dass **nicht** die **persönliche Meinung** des Protokollanten einfließt.

1.7.3.5 Projektmethode *Handbuch: Kapitel 15*

ZP

838 Was versteht man unter einem *Projekt?*

- Ausgehend von den **Interessen der Beteiligten** wird ein Thema oder ein Problem durch eine **Projektgruppe** umfassend bearbeitet, d. h. geplant, durchgeführt und ausgewertet. **Ergebnis** der Projektarbeit ist in der Regel

ein **Handlungsprodukt,** z. B. in einer Schulklasse eine erstellte Schülerzeitung. Die Lehrkraft versteht sich bei dieser Methode eher als Lernberater oder Moderator.

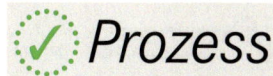

- **Ziele** dieser methodischen Großform:
  - ◌ Förderung der Selbstorganisation und des Verantwortungsbewusstseins
  - ◌ Herstellung von Problem- und Praxisbezug
  - ◌ Förderung ganzheitlichen Denkens, Einbeziehen vieler Sinne
  - ◌ Verstärkung von Interaktionsbeziehungen der Projektbeteiligten

- **Projektphasen:**
  - ◌ *Projektinitiative:* Ausgangspunkt bildet in der Regel eine Problemstellung oder eine Projektidee.

    ⇩

  - ◌ *Projektskizze:* Die Projektbeteiligten setzen sich mit der Projektinitiative auseinander. Ergebnis des Diskussionsprozesses ist eine gemeinsame Projektskizze, die die Absichten und Ideen umreißt.

    ⇩

  - ◌ *Projektplan:* Ausgehend von der Projektskizze wird ein genauer Projektplan erstellt, der neben den einzelnen geplanten Projektschritten auch die Zeitplanung aufweist. Schriftlich festgehalten werden außerdem die Personen, die bestimmte Aufgaben zu übernehmen haben.

    ⇩

  - ◌ *Projektdurchführung:* Aufgrund des Projektplans werden die einzelnen Projektschritte durchgeführt, eventuell ergibt sich die Notwendigkeit, die Planung leicht zu verändern. In der Regel wird am Ende des Projektes ein Handlungsprodukt erstellt sein.

    ⇩

  - ◌ *Projektabschluss:* In der Abschlussphase wird das Handlungsprodukt vor einem ausgewählten Personenkreis (z. B. Schulöffentlichkeit, Internetbenutzer) präsentiert. Am Ende wird sicherlich der Ablauf des gesamten Projektprozesses kritisch reflektiert, sowohl inhaltlich als auch methodisch. Möglicherweise mündet das Projekt in der Absicht, längerfristig bei einem bestimmten Problem zusammenzuarbeiten (z. B. Gründung einer Arbeitsgemeinschaft).

- Im gesamten Projektablauf sollten zusätzlich sogenannte **Fixpunkte** verankert werden. Das sind abgestimmte **Zeitpunkte,** zu denen die Projektteilnehmer zusammenkommen, um Informationen auszutauschen und sich so **effektiv abzustimmen.**

- Um **Beziehungsprobleme** zwischen den Projektteilnehmern aufzuarbeiten, können zusätzlich **Termine** vereinbart werden, was man als **Metainteraktionen** bezeichnet.

ZP 839
Welche Rolle spielen *Fixpunkte* und *Metainteraktionen* bei der Projektmethode?

Moderationsmethode

Welche *Visualisierungstechniken* werden bei der *Moderationsmethode* angewandt?

● Gliederung in **Ober**- und **Unterbegriffe**/Erstellung von **Struktogrammen**:

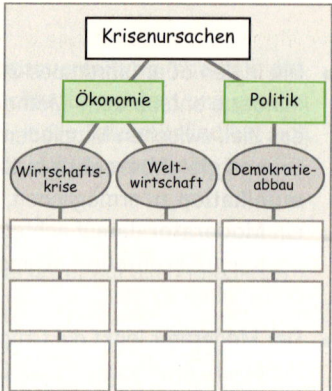

● Erstellung eines **Netzes**:

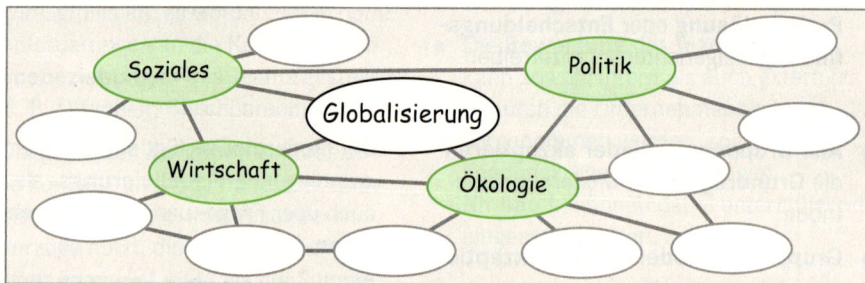

● Erstellung einer **Liste** (z. B. von Regeln oder zu bearbeitenden Aufgaben):

Kommunikationsregeln

- Halte Blickkontakt!
- Sprich deutlich!
- Moduliere die Stimme!
- Hör genau zu!

● Aufbau einer **Tabelle** oder **Matrix**:

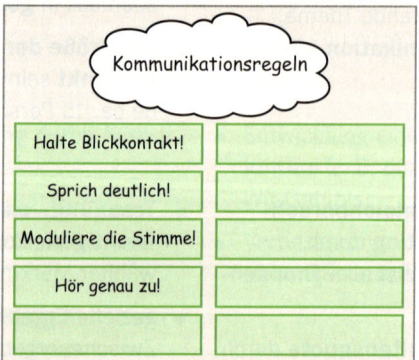

Prozess

Der Moderator sollte ...

- niemals inhaltlich Stellung beziehen,
- alle Gruppenmitglieder einbeziehen,
- allen Gruppenmitgliedern ausreichend zuhören,
- Störungen im Gruppenprozess beachten („Störungen haben Vorrang"),

- flexibel bzw. situativ reagieren (z. B. in Schwächephasen motivieren),
- Fragen eindeutig formulieren,
- Gesprochenes visualisieren (soweit sinnvoll),
- Arbeits- und Pausenzeiten mit der Gruppe abstimmen.

- **Einzelarbeit:** Diese Sozialform wird meist nur in kurzen Phasen genutzt, zum Beispiel während der Beschriftung von Moderationskarten oder beim Lesen von Materialien.
- **Partnerarbeit:** Zwei Partner arbeiten zusammen, um einen klar überschaubaren Arbeitsauftrag gemeinsam zu lösen.
- **Gruppenarbeit:** Diese Sozialform wird bei der Moderation benutzt, um die Vorteile von Gruppenprozessen zu nutzen. Erst in der Gruppe entstehen bestimmte Arbeitsergebnisse, da der Gedankenaustausch von mehreren Personen dafür Voraussetzung ist.

- **Plenum:** In der Großgruppe wird der Moderationsprozess begonnen und beendet. Auch viele Sammlungs- und Entscheidungsprozesse finden in dieser Sozialform statt, da die Meinung und Kreativität aller Beteiligten zeitgleich gefragt ist. Die Entscheidung über die Bildung von Teilgruppen obliegt ebenfalls dem Plenum.

ZP 847

Welche *Verhaltensregeln* sollte der *Moderator* bei der Moderationsmethode einhalten?

ZP 848

Welche *Sozialformen* werden in der *Moderationsmethode* angewandt? Wozu *dient* jeweils die *Sozialform?*

849 **ZP**

Welche *Frage-* und *Antworttechniken* werden bei der Moderationsmethode genutzt?

- **Kartenabfrage:** Der Moderator stellt eine Frage – meist schriftlich zusätzlich visualisiert – und lässt sie per Moderationskarten schriftlich beantworten. Das kann in Einzel- und Partnerarbeit, offen oder anonym geschehen. Anschließend werden die Karten gesammelt und vom Plenum nach Ober- und Unterbegriffen an der Pinnwand geordnet (geclustert). Für weitergehende Sortierungsphasen steht meistens eine zweite Pinnwand zur Verfügung. Oberbegriffe können vor oder auch erst nach der Sammlungsphase gebildet werden. Die Kartenabfrage ist meist Grundlage für eine weiterführende Gruppenarbeitsphase.

- **Zuruffrage:** Der Moderator stellt eine Frage und notiert die mündlichen Antworten selbst (z. B. auf Karten) oder lässt sie von einem Zweitmoderator schriftlich fixieren. Die Zuruffrage kann mit der Methode des Mindmappings kombiniert werden (siehe Kapitel 1.7.7.3).

- **Einpunktfrage:** Eine Frage wird schriftlich vom Moderator z. B. an Pinnwand oder Flipchart fixiert. Die Gruppenmitglieder erhalten für die Gestaltung der Antwort (der Skalierung) einen Klebepunkt. Das anonyme Abfragen von Meinungen oder Stimmungen steht bei der Einpunktfrage im Vordergrund.

Beispiele für Einpunktfragen:

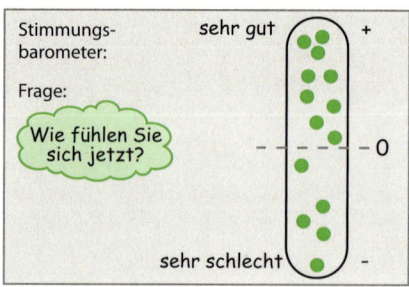
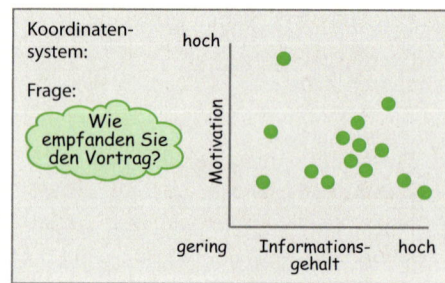

- **Mehrpunktfrage:** Auf einer Pinnwand oder einer Wandzeitung wird ein Fragekomplex offen oder anonym bearbeitet, indem die Gruppenmitglieder schriftlich vorgegebene Antworten mithilfe von Klebepunkten gewichten. Eine beschränkte Anzahl von Klebepunkten (z. B. drei Klebepunkte für fünf mögliche Antworten) führt zu einer eindeutigen Entscheidungsfindung.

Beispiel:

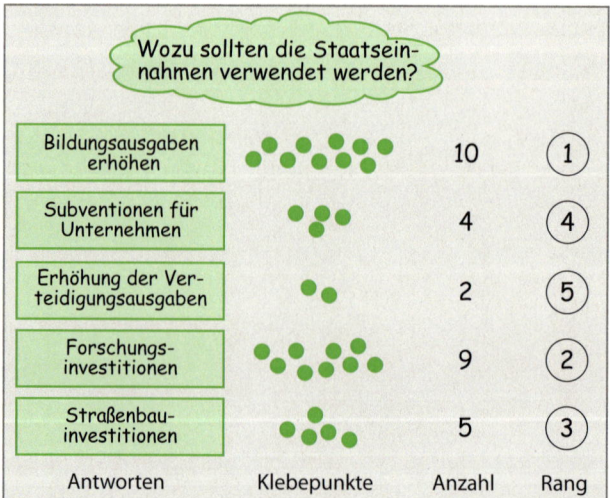

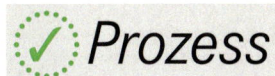
1.7.3.8 Präsentationstechniken und Feedbackregeln
Handbuch: Kapitel 15

- Der zu präsentierende Sachverhalt muss **sinnvoll gegliedert** sein, eine **klare Struktur** muss für den Zuhörenden erkennbar sein.

- **Kernaussagen** sollten **hervorgehoben** werden, **Beispiele** können gerade abstrakte Sachverhalte **verdeutlichen.**

ZP 850
Welche *inhaltlichen Aspekte* sind bei einer Präsentation (z. B. von Gruppenarbeitsergebnissen) zu beachten?

- Die **mündliche Sprache** der Präsentierenden muss durch **Variation** der **Lautstärke**, der **Sprechgeschwindigkeit** und der **Betonung** angemessen **moduliert** sein. Gezielte **Sprechpausen** erhöhen die Aufmerksamkeit. Die **Sätze** sollten **nicht zu lang** sein.

- Beim Vortragen der Texte sollten die **Zuhörer angesehen werden,** ein gelegentliches Ablesen vom Manuskript ist erlaubt.

- **Geschriebene Texte** müssen die Regeln der **Rechtschreibung, Zeichensetzung** und **Grammatik** einhalten.

- Zur Sprache gehört auch die **Körpersprache** (Gestik und Mimik), sie sollte kommunikativ eingesetzt werden.

ZP 851
Welche *sprachlichen Aspekte* sind bei einer Präsentation zu berücksichtigen?

- Geeignete **Medien** (z. B. Flipchart, PC und Beamer, Plakat, Folie) sind **auszuwählen.** Eine „Medienschlacht" ist aber zu vermeiden.

- Die ausgewählte **Schrift** muss **gut lesbar** sein, es sollten sowohl Klein- als auch Großbuchstaben benutzt werden.

- Texte sollten durch **Überschriften** und **Absätze** gut gegliedert sein.

- Zur angemessenen **Visualisierung** werden unterschiedliche Farben, Symbole / Piktogramme oder Abbildungen (z. B. Fotos, Grafiken) genutzt.

ZP 852
Welche *gestalterischen Aspekte* sind bei einer Präsentation zu beachten?

- Die **Gesamtdauer** der **Präsentation** muss dem Präsentationsgegenstand, dem Anlass und dem Zuhörerkreis entsprechend **angemessen** gewählt sein.

- Bei einer **Gruppenpräsentation** muss vorher genau geplant sein, wer was wann vorträgt.

- Die Präsentation muss dem Dreischritt **Einleitung, Hauptteil** und **Schluss** mit den entsprechenden Zeitanteilen entsprechen.

ZP 853
Welche *zeitökonomischen Aspekte* sollten bei einer Präsentation berücksichtigt werden?

Prozess ✓

Moderationsmethode

---

854 **ZP**
Welche *ergeb-nissichernden Aspekte* sind bei einer *Präsentation* zu beachten?

● Bei der **Planung** des Präsentationsab-laufs ist festzulegen, ob die Zuhörer ein **Handout** (z. B. ein Thesenpapier) erhalten.

● Am **Ende** der Präsentation müssen die Zuhörer die Möglichkeit erhalten, **Verständnis-** und **Vertiefungsfragen** zu stellen.

---

855 **ZP**
Inwieweit wird *während* der *Präsen-tation* mit den Zuhö-rern *kommuniziert?*

Während der Präsentation wird vom Präsentierenden durch **Sprachmodulation** und den gezielten Einsatz von **Mimik** und **Gestik** mit den Zuhörern kommuniziert. Der Präsentierende sollte mit möglichst allen Zuhörern **Blickkontakt** halten.

856
Wozu dient ein *Feedback* bei der zwischenmensch-lichen Kommuni-kation?

Lernt man über ein **Feedback** eines Kommunikationspartners, dienen diese **Rückmel-dung** dazu, **das eigene Verhalten, die eigenen Überlegungen zu überdenken** und eventuell **zu verändern.**

857
Worauf ist beim Geben eines *Feedbacks* zu achten?

● **Hören Sie aufmerksam zu!**
Bevor Kritik geäußert wird, sollte man die Meinung des anderen genau kennen. Dazu gehört, dass man dem Kommunikationspartner genau zuhört und ihn stets aussprechen lässt.

● **Verstärken Sie Positives!**
Ein Feedback sollte prinzipiell von Stärken des Kommunikationspartners ausgehen, bevor andere Bereiche angesprochen werden.

● **Äußern Sie die Kritik sachgemäß!**
Die geäußerte Kritik sollte sich auf die Sache, nicht auf die Person beziehen. Dabei ist prinzipiell zwischen objektiven Fakten und subjektiven Wahrnehmungen zu unterscheiden.

● **Formulieren Sie Ich-Botschaften!**
Urteile über andere Menschen wirken schnell verletzend und erschweren dadurch den Interaktionsprozess. Wird Kritik an Einstellungen oder am Verhalten anderer Menschen geübt, sollte man Verallgemeinerungen verhindern (z. B. : „Alle sind der Meinung, dass du …"), stattdessen sollten Ich-Botschaften formuliert werden (z. B.: „Ich bin der Meinung, dass du …"), die das abgegebene Urteil als subjektiv kenn-zeichnen.

● **Nutzen Sie die nonverbale Kommunikation!**
Die Aussagen sind durch nonverbale Elemente zu unterstützen, z. B. durch eine be-stimmte Mimik oder Gestik. Der Aussagegehalt wird dadurch nicht nur gesteigert, sondern die Kommunikation wird unter Umständen auch vertrauenswürdiger (z. B. durch eine Mimik, die Verständnis oder Anteilnahme ausdrückt).

9714248

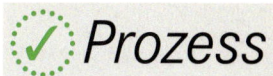

1.7.4 Kommunikation und Konfliktlösung
Handbuch: Kapitel 15

- **menschliche Kommunikation** (z. B. Verkaufsgespräch)
- **Mensch-Maschine-Kommunikation** (z. B. Datenbankabfrage durch Nutzer)
- **maschinelle Kommunikation** (z. B. automatischer Datenabgleich)

ZP 858
Welche *Kommunikationsarten* werden grundsätzlich unterschieden?

- **akustische Kommunikation** (z. B. Telefongespräch)
- **optische Kommunikation** (z. B. Plakattext und -gestaltung)
- **taktile Kommunikation** (z. B. durch menschliche Berührung)

ZP 859
Welche *Kommunikationsformen* werden prinzipiell unterschieden?

- Die **verbale Kommunikation** nutzt die gesprochene oder geschriebene Sprache als Kommunikationsmittel.
- Die **nonverbale Kommunikation** bedient sich vor allem visueller Elemente, also zum Beispiel der Mimik und Gestik. So kann beispielsweise die Sitzhaltung einer Person oder die Haltung der Hände hohen Aussagegehalt im Kommunikationsprozess aufweisen.

ZP 860
Was versteht man unter *verbaler* und *nonverbaler Kommunikation?*

1. Seite: Sachinhalt (worüber ich informiere)

2. Seite: Selbstoffenbarung (was ich von mir selbst kundgebe)

3. Seite: Beziehung (was ich von dem anderen halte und wie wir zueinander stehen)

4. Seite: Appell (wozu ich den anderen veranlassen möchte)

Jede Kommunikation enthält **alle vier Seiten** einer Nachricht, auch wenn die einzelnen Seiten für andere nicht immer eindeutig zu entschlüsseln sind.

ZP 861
Welche *vier Seiten einer Nachricht* enthält das *psychologische Kommunikationsmodell* von Schulz von Thun?

- dem Kommunikationspartner intensiv **zuhören**
- **auf Gesprächsäußerungen** genau **eingehen,** den Gesprächsfaden konstruktiv weiterspinnen
- **Thesen** (Behauptungen) **begründen**
- **verständlich sprechen,** alle Facetten der Sprachmodulation (z. B. Sprechgeschwindigkeit, -lautstärke, Betonung) nutzen
- **nonverbale Gesprächselemente** wahrnehmen und darauf angemessen reagieren
- **auf Störungen** in der Kommunikation **situativ reagieren**

ZP 862
Formulieren Sie wichtige *Kommunikationsregeln* am Beispiel einer *mündlichen Kommunikation.*

ZP

863 Nennen Sie *Beispiele* für *Erkennungszeichen* von *Problemen* bei der *Gesprächsführung.*

- Zwischen den Kommunikationspartnern tritt eine **gereizte Stimmung** auf.
- Ein Gespräch wird nur sehr oberflächlich geführt, sogenannte **Gesprächsfloskeln** bestimmen einen Großteil der Unterhaltung.
- Man versucht das **Gespräch** relativ **schnell zu beenden,** obwohl kein eigentlicher Zeitdruck besteht.
- Der **Gesprächsverlauf** ist **stockend** und gehemmt.
- Man hat während des Gesprächs das **Gefühl,** dass man **„aneinander vorbeiredet".**
- Man **vermeidet** bewusst oder unbewusst, dem **Kommunikationspartner** während des Gesprächs **in die Augen zu sehen.**
- **Gefühle** werden während des Gesprächs **unterdrückt,** man spürt gerade am Ende der Kommunikation eine innere Unzufriedenheit.

ZP

864 Welche *Gesichtspunkte* sind bei der *Lösung von Kommunikationsproblemen* zu beachten?

- Beide Gesprächspartner müssen bereit sein, das **„Anderssein"** des jeweils anderen prinzipiell zu akzeptieren. Lösung von Kommunikationsproblemen kann nicht bedeuten, die Persönlichkeit, die Individualität eines Menschen beschneiden zu wollen.
- Die Lösung von Kommunikationsproblemen darf nicht mit dem Beseitigen von **betrieblichen Strukturen** oder **Abhängigkeiten** verwechselt werden. Zum Beispiel ist die offene Gesprächsbereitschaft eines Vorgesetzten nicht als die Aufgabe seiner Vorgesetztenrolle zu interpretieren.
- Es wird selten der Fall sein, dass bereits ein erstes Gespräch zur Lösung der Probleme führt. **Geduld** und **Toleranz** sind notwendige Voraussetzungen der Gesprächsführung.
- Bei dem Gespräch sollte nicht nur sachlogisch argumentiert werden. Genauso wichtig sind häufig **gefühlsbetonte Ausdrucksweisen.** Gerade sogenannte nonverbale Kommunikationsmittel, Mimik und Gestik, können eine bedeutende Rolle spielen. Sie helfen in vielen Fällen, eventuell bestehende Hemmungen und Ängste abzubauen.
- **Schwächen des Kommunikationspartners,** egal welcher Art, dürfen nicht zur „Lösung" der Probleme ausgenutzt werden. Auch wenn es zunächst so aussehen sollte, als käme man mit dieser „Technik" eher an sein Ziel, führt dieses Vorgehen in der Regel nur zu neuen Schwierigkeiten.
- Der sprachliche Ausdruck ist **situations-** und **partnerbezogen** zu wählen. Es ist zum Beispiel sehr wichtig, sich an die jeweilige Aufnahmefähigkeit des Kommunikationspartners und dessen Ausdrucksweise anzupassen.

Prozess

ZP

865

In welchen *Phasen* könnte ein *Gespräch zur Konfliktlösung* unter Nutzung einer neutralen Person ablaufen?

- **Gesprächseröffnungsphase:**
  Die **neutrale dritte Person begrüßt** die Konfliktparteien in einer **freundlichen Gesprächsatmosphäre,** die gewählte **Räumlichkeit unterstützt die Begrüßungsphase.**

- **Vorstellungsphase:**
  Die Beteiligten machen jeweils Angaben zu ihrer eigenen Person und definieren ihre Rolle.

- **Problembeschreibungsphase:**
  Das Problem, der Konflikt, wird von den Beteiligten aus ihrer jeweiligen Sicht beschrieben, eventuell werden Gefühle zum Ausdruck gebracht und Erwartungshaltungen beschrieben. Die Beteiligten lassen sich gegenseitig aussprechen, die neutrale Person verhindert, dass sie sich „in das Wort fallen".

- **Befragungsphase:**
  Die beiden Konfliktparteien und auch die neutrale Person stellen Verständnis- und Vertiefungsfragen zur erfolgten Problembeschreibung. Dabei ist das Zuhören manchmal wichtiger als das Fragen. Gemeinsamkeiten und Differenzen können nun klar benannt werden.

- **Phase der Lösungssuche:**
  Mithilfe der neutralen Person suchen die Beteiligten gemeinsam nach einer Lösung. Handlungsalternativen werden gesucht und problematisiert. Man versucht, einen Kompromiss zu finden.

- **Vereinbarungsphase:**
  Eine gefundene Lösung wird schriftlich festgehalten, eine Zielvereinbarung getroffen. Man legt einen Zeitplan und eventuell auch Evaluationskriterien fest, um überprüfen zu können, ob die angestrebte Lösung tatsächlich umgesetzt wurde.

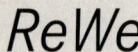
2 Kaufmännische Steuerung und Kontrolle

2.1 Werteströme und Werte erfassen und dokumentieren – Lernfeld 3

2.1.1 Bereiche und Aufgaben des Rechnungswesens
Handbuch: LF 2 und 3

ZP

1 Welche allgemeinen *Aufgaben* hat das *Rechnungswesen?*

Das **Rechnungswesen** hat die **Aufgaben der:**

- **Dokumentation:** z. B. Erfassen von Einnahmen und Ausgaben
- **Information:** z. B. Auskunft über Herkunft der Einnahmen und Ausgaben
- **Rechenschaftslegung:** z. B. Nachweis von Einnahmen und Ausgaben gegenüber dem Finanzamt

- **Kontrolle:** z. B. Erreichen des Kostensenkungsziels
- **Planung:** z. B. Vornahme von Investitionen, Einstellung von Arbeitnehmern

ZP

2 Welche Teil*bereiche* des betrieblichen *Rechnungswesens* werden unterschieden?

Das **betriebliche Rechnungswesen** gliedert sich in die **Teilbereiche:**

- Finanzbuchhaltung
- Kosten- und Leistungsrechnung (KLR)

- Statistik
- Planungsrechnung

ZP

3 Welche *Aufgaben* hat die *Finanzbuchhaltung?*

Die **Finanzbuchhaltung** hat die **Aufgaben:**

- Erfassen aller betrieblich relevanten Geschäftsfälle während des Geschäftsjahres
- Bewerten und Bilanzieren aller Vermögensteile und Schulden

- Erstellen des Jahresabschlusses mit Bilanz und Gewinn- und Verlustrechnung (bei Kapitalgesellschaften: zusätzlich Anhang)
- Analysieren der Bilanz und der Gewinn- und Verlustrechnung mithilfe von Bilanzkennzahlen

ZP

4 *Warum* wird *Finanzbuchhaltung* betrieben?

- **Wirtschaftliche Gründe** sind:
  - Ermittlung des Vermögens und der Schulden und deren Veränderungen am Bilanzstichtag
  - Bereitstellung von Zahlen für die Preiskalkulation sowie für die Bewertung der fertigen und unfertigen Erzeugnisse und der Eigenleistungen
  - Kontrolle der Liquidität und des Verschuldungsgrades (Überschuldung), um Insolvenz zu vermeiden

  - Kontrolle der Wirtschaftlichkeit
  - Lieferung von Entscheidungsgrundlagen für Externe wie Banken, Kunden, Lieferanten, Gesellschafter, Finanzbehörden

- **Rechtliche Gründe** sind Vorschriften des Gesetzgebers, die im Handelsgesetzbuch, dem Einkommensteuergesetz und der Abgabenordnung zu finden sind.

✓ *ReWe*

2.1.2 Grundsätze ordnungsmäßiger Buchführung (GoB)
Handbuch: LF 3

Grundsätze ordnungsmäßiger Buchführung:

- Führen von Handelsbüchern in einer **lebenden Sprache**

- Verwenden eines **Buchführungssystems**

- Aufstellen des Jahresabschlusses in **deutscher Sprache** und Bewertung in **Euro**

- zeitgerechtes und geordnetes Eintragen in die **Handelsbücher**

- Bei Eintragungsänderungen muss der **ursprüngliche Inhalt** noch feststellbar sein.

- keine Buchung ohne **Beleg**

- Handelsbücher, Inventare, Bilanzen, Buchungsbelege und Lageberichte sind **zehn Jahre** lang aufzubewahren, Handelsbriefe und sonstige Unterlagen **sechs Jahre.**

- Das Geschäftsjahr dauert nicht länger als **12 Monate.**

- Beachten des **Stichtagsprinzips**

- Beachten des Prinzips der **Einzelbewertung** bei der Bewertung der Vermögensteile und der Schulden

5 Welche *Grundsätze ordnungsmäßiger Buchführung* werden unterschieden?

2.1.3 Organisation der Buchführung *Handbuch: LF 3*

- Der Kontenrahmen ist die **systematische Gliederung aller Konten** der Unternehmen eines Wirtschaftszweiges/einer Branche, z. B. für Industriebetriebe der Industriekontenrahmen (IKR), für Einzelhandelsbetriebe der Einzelhandelskontenrahmen (EKR).

- Er ist nach dem **Abschlussgliederungsprinzip** (Ausrichtung der Konten auf die Bilanz und die Gewinn- und Verlustrechnung nach HGB) gegliedert.

6 Was ist ein *Kontenrahmen* und nach welchem *Prinzip* ist er gegliedert?

Der **Kontenrahmen** ist nach dem **dekadischen System** (Zehnersystem) aufgebaut, d. h., es gibt **zehn Kontenklassen,** nummeriert von 0 bis 9. Jede Kontenklasse ist in zehn Kontengruppen, jede Kontengruppe in zehn Kontenarten, jede Kontenart in zehn Kontenunterarten usw. unterteilt. Der Kontenrahmen zeigt eine bestimmte **Reihenfolge der Kontengliederung:**

- aktive Bestandskonten

- passive Bestandskonten

- Ertragskonten

- Aufwandskonten

- Ergebnis- oder Abschlusskonten

- Konten für die Kosten- und Leistungsrechnung

7 Nach welchem *System* ist der *Kontenrahmen* aufgebaut?

8 **ZP**

Reihen Sie das Konto mit der *Kontonummer 2002* in das System des Industriekontenrahmens ein.

2   Kontenklasse: „Umlaufvermögen und aktive Rechnungsabgrenzung"

20   Kontengruppe: „Roh-, Hilfs- und Betriebsstoffe"

200   Kontenart: „Rohstoffe/Fertigungsmaterial"

2002 Kontenunterart: „Nachlässe"

---

9 **ZP**

Welche *Kontenklassen* werden im *Industriekontenrahmen* unterschieden?

Der **Industriekontenrahmen** besteht aus den folgenden **zehn Kontenklassen:**

0   Immaterielle Vermögensgegenstände und Sachanlagen

1   Finanzanlagen

2   Umlaufvermögen und aktive Rechnungsabgrenzung

3   Eigenkapital und Rückstellungen

4   Verbindlichkeiten und passive Rechnungsabgrenzung

5   Erträge

6   Betriebliche Aufwendungen

7   Weitere Aufwendungen

8   Ergebnisrechnungen

9   Kosten- und Leistungsrechnung

---

10 **ZP**

Was ist ein *Kontenplan*?

Der Kontenplan ist die **betriebsindividuelle Ausgestaltung** des vom jeweiligen Wirtschaftsverband vorgeschriebenen Kontenrahmens, der ebenfalls nach dem dekadischen System aufgebaut ist. Dabei werden nicht benötigte Konten weggelassen, zusätzlich benötigte Konten eingefügt.

---

11 **ZP**

Welche *Buchungsbelege* werden unterschieden?

Bei den **Buchungsbelegen** werden unterschieden:

- **interne** oder **Eigenbelege** (im Unternehmen selbst erstellte Belege), z.B. Lohnliste, Durchschrift Ausgangsrechnung

- **externe** oder **Fremdbelege** (von außen in das Unternehmen gelangte Belege), z.B. Eingangsrechnung, Quittung

- **Ersatzbelege** (Notbelege)
  - Ersatz für *abhandengekommene* Originalbelege
  - *nicht erhältliche* Fremdbelege, z.B. Beleg für ein Telefonat von einer öffentlichen Telefonzelle

---

12 **ZP**

Welche *Tätigkeiten* sind bei der Bearbeitung der *Belege* vorzunehmen?

Die **Bearbeitung von Belegen** schließt nachfolgende Tätigkeiten ein:

- Überprüfen auf sachliche und rechnerische Richtigkeit

- Sortieren und Nummerieren der Beleg,

- Vorkontieren auf der Grundlage des Kontenplans

- Ablegen und aufbewahren

---

13 **ZP**

Welche *Bücher* werden in *der Finanzbuchhaltung* unterschieden?

In der **Finanzbuchhaltung** werden unterschieden:

- **Grundbuch**
  Das Grundbuch wird auch **Journal** oder Tagebuch genannt. In ihm werden alle Geschäftsfälle auf der Grundlage der Belege chronologisch, d.h. in **zeitlicher Reihenfolge** gebucht.

- **Hauptbuch**
  Das Hauptbuch umfasst die Gesamtheit aller Konten des Kontenplans. Hier werden die Geschäftsfälle nach **sachlichen Gesichtspunkten** gebucht.

✓ *ReWe*

- **Nebenbücher**
Sie dienen der Erläuterung einzelner Sachkonten des Hauptbuches. Folgende Nebenbücher werden unterschieden:
  - *Kontokorrentbuch:* In ihm werden die Forderungen an Kunden *(Debitorenbuchhaltung)* und die Verbindlichkeiten gegenüber Lieferanten *(Kreditorenbuchhaltung)* gebucht.

  - *Lagerdatei:* Hier werden Zugänge, Abgänge und Bestände der einzelnen Materialarten erfasst.
  - *Anlagendatei:* Sie enthält die Zugänge, Abschreibungen und Abgänge der verschiedenen Güter des Anlagevermögens.
  - *Lohn- und Gehaltslisten:* Sie nehmen die Lohn- und Gehaltsabrechnungen der Mitarbeiter auf.

Aufbewahrungsfristen:
- **zehn Jahre** für Handelsbücher, Bilanzen, Inventare, Buchungsbelege und Lageberichte

- **sechs Jahre** für Handelsbriefe und sonstige Unterlagen

14 Welche *Aufbewahrungsfristen* gelten für Unterlagen der *Finanzbuchhaltung?*

2.1.4 Datenverarbeitung in der Finanzbuchhaltung
Handbuch: LF 3

- **Stammdaten** sind Daten, die immer oder über einen längeren Zeitraum unverändert bleiben, z. B.:
  - Kontenplan
  - Gliederung der Bilanz und der Gewinn- und Verlustrechnung
  - Sachkontenzuordnung zur Bilanz und zur Gewinn- und Verlustrechnung
  - Debitoren- oder Kundenkonten und Kreditoren- oder Lieferantenkonten
  - Umsatzsteuerschlüssel
  - Bankverbindungen

- **Bewegungsdaten** sind Daten, die sich häufig ändern, z. B.:
  - Buchungsdatum
  - Belegnummer
  - Belegdatum
  - Buchungstext

ZP
15 Welche Daten in der EDV-gestützten Finanzbuchhaltung gehören zu den *Stammdaten,* welche zu den *Bewegungsdaten?*

- **Stapelbuchungen** sind „vorläufige", nicht direkt im Dialog auf Konten vorgenommene Buchungen, die zunächst „gestapelt" werden. Die Buchungssätze können noch korrigiert oder gelöscht werden. Die eigentlichen, nicht mehr veränderbaren Buchungen erfolgen später.

- **Dialogbuchungen** sind endgültige Buchungen, die i. d. R. unwiderruflich sind.

  Fehlerhafte Buchungssätze können lediglich durch Stornobuchungen berichtigt werden.

ZP
16 Unterscheiden Sie zwischen *Stapel-* und *Dialogbuchungen.*

| 2.1.5 | Inventur | Handbuch: LF 3 |

17 ZP

Erläutern Sie den Begriff *Inventur.*

Inventur ist die art-, mengen- und wertmäßige **Bestandsaufnahme** sämtlicher Vermögensteile und Schulden zu Beginn eines Handelsgewerbes und am Schluss eines jeden Geschäftsjahres.

18 ZP

Nach welchen Gesichtspunkten (Kriterien) können die *Inventurarten* unterschieden werden?

Die **Inventurarten** werden unterschieden:
- **nach der Art der Bestandsermittlung:**
  - körperliche Inventur
  - Buchinventur
- **nach dem Umfang der Bestandsermittlung:**
  - Vollinventur
  - Stichprobeninventur
- **nach dem Zeitpunkt der Bestandsermittlung:**
  - Stichtagsinventur
  - zeitlich verlegte Inventur
  - permanente Inventur

19 ZP

Unterscheiden Sie die *körperliche Inventur* von der *Buchinventur.*

- Unter **körperlicher Inventur** versteht man die mengenmäßige Bestandsaufnahme aller körperlichen Vermögensgegenstände (die man „anfassen" kann) durch Zählen, Messen, Wiegen mit anschließender Bewertung.

  Beispiele: Maschinen, Betriebs- und Geschäftsausstattung, Kassenbestand

- Mithilfe der **Buchinventur** (also aufgrund von Aufzeichnungen der Finanzbuchhaltung) werden die Bestände des nichtkörperlichen Vermögens und der Schulden (die man „nicht anfassen" kann) ermittelt.

  Beispiele: Forderungen a. LL, Bankguthaben, Darlehen, Eigenkapital

20 ZP

Unterscheiden Sie die *Vollinventur* von der *Stichprobeninventur.*

- Bei der **Vollinventur** werden **alle** Vermögensgegenstände und Schuldenteile einzeln aufgenommen.

- Bei der **Stichprobeninventur** werden die stichprobenartig erfassten Bestände mithilfe anerkannter mathematisch-statistischer Rechenverfahren auf die Gesamtheit hochgerechnet.

21 ZP

Wodurch unterscheiden sich *Stichtags-* und *zeitlich verlegte Inventur?*

- Die **Stichtagsinventur** wird zum Bilanzstichtag (= Ende des Geschäftsjahres) vorgenommen. Sie hat **zeitnah,** d. h. innerhalb zehn Tagen vor oder nach dem Bilanzstichtag zu erfolgen.

- Die **zeitlich verlegte Inventur** ist innerhalb der **letzten drei Monate** vor dem Bilanzstichtag bzw. innerhalb **zweier Monate nach** dem **Bilanzstichtag** vorzunehmen.

22 ZP

Was bedeuten im Zusammenhang mit der Inventur die Begriffe *Rückrechnung* und *Fortschreibung?*

- Wird die **Inventur nach dem Bilanzstichtag** durchgeführt, muss der Wert des Aufnahmetages **auf den Wert des Bilanzstichtages zurückgerechnet** werden, alle Zugänge nach dem Bilanzstichtag vom Wert des Aufnahmetages abgezogen, alle Abgänge zugezählt werden.

- Wird die **Inventur vor dem Bilanzstichtag** durchgeführt, muss der Wert des Aufnahmetages **auf den Wert des Bilanzstichtages fortgeschrieben** werden, indem alle Zugänge vor dem Bilanzstichtag dem Wert des Aufnahmetages zugezählt, alle Abgänge vom Wert des Aufnahmetages abgezogen werden.

9714256

ReWe

ZP 23
Beschreiben Sie die *permanente Inventur.*

Die Vermögensbestände werden nach Art, Menge und Wert anhand von Lager- und Anlagendateien durch **laufende Aufzeichnung** der Zu- und Abgänge und der sich jeweils ergebenden Salden ermittelt.

Diese rein buchmäßigen Bestände müssen **einmal im Wirtschaftsjahr** durch eine **körperliche Inventur** auf ihre Übereinstimmung mit den Istbeständen überprüft werden. Der Zeitpunkt ist frei wählbar.

Der Grund, die Inventur zeitlich verlegt oder permanent durchzuführen besteht darin, den großen **Arbeitsanfall zeitlich zu entzerren.**

2.1.6 Inventar　　　　　　　　　*Handbuch: LF 3*

Das Inventar als Ergebnis der Inventur ist ein ausführliches **Verzeichnis** aller Vermögensteile und Schulden am Bilanzstichtag, das jede einzelne Vermögens- und Schuldenart nach Menge, Zustandsbeschreibung, Einzelwert und Gesamtwert ausweist.

Es ist in **Vermögen, Schulden und Reinvermögen** (Eigenkapital) gegliedert, wobei sich das Reinvermögen aus der Differenz zwischen Vermögen und Schulden errechnet. Das Vermögen ist in **Anlage- und Umlaufvermögen** unterteilt; die Schulden sind in **langfristige und kurzfristige Schulden** gegliedert.

ZP 24
Was verstehen Sie unter einem *Inventar* und wie ist es gegliedert?

- Die Gegenstände des **Anlagevermögens** stehen dem Unternehmen zur langfristigen Nutzung zur Verfügung.

  Beispiele: Grundstücke, Gebäude, Maschinen, Fuhrpark, Betriebs- und Geschäftsausstattung

- Die Posten des **Umlaufvermögens** ändern sich ständig (kurzfristig) in der Menge und in ihrer Zusammensetzung.

  Beispiele: unfertige und fertige Erzeugnisse, Rohstoffe, Bankguthaben, Kassenbestand

ZP 25
Unterscheiden Sie *Anlagevermögen* und *Umlaufvermögen.*

- Das **Vermögen** ist nach **zunehmender Liquidität** oder Flüssigkeit (Geldwerdung über den Umsatzprozess) gegliedert.

- Die **Schulden** sind nach **abnehmender Fristigkeit** oder Fälligkeit geordnet.

ZP 26
Nach welchen *Prinzipien* sind *Vermögen* und *Schulden* im Inventar *gegliedert?*

Aufnahmeblätter sind von den jeweils **Aufnehmenden** zu unterzeichnen.

Der Gesetzgeber geht heute davon aus, dass die für die Geschäftsführung verantwortlichen Personen mit der Unterzeichnung von Bilanz und Erfolgsrechnung auch die richtige Ermittlung der darin aufgeführten Aktiva und Passiva (durch Inventur und Inventar) bescheinigen. Daher muss das Inventar von diesen Personen **nicht gesondert unterschrieben** werden.

Die Aufbewahrungsfrist beträgt **zehn Jahre.**

ZP 27
Wer *unterschreibt* das *Inventar* und welche *Aufbewahrungsfrist* schreibt der Gesetzgeber vor?

2.1.7	Bilanz	Handbuch: LF 3

ZP 28

Was ist eine *Bilanz?*

- Das Wort Bilanz stammt vom italienischen ‚bilancia' und bedeutet Waage im Sinne von Balkenwaage.

- Die **Bilanz** ist eine **kurz gefasste Übersicht des** umfangreichen **Inventars,** in der die Aktiva (Anlage- und Umlaufvermögen) den Passiva (Eigen- und Fremdkapital [Schulden]) gegenübergestellt werden.
  Im Vergleich zum Inventar **fehlen** in der Bilanz Mengenangaben (z. B. für den Hilfsstoff Schrauben M5 x 20: 10.000 Stück) sowie **Einzelwerte;** in der Bilanz ist z. B. lediglich der Gesamtwert aller Hilfsstoffe aufgeführt.

- Im Sinne der Balkenwaage muss der Wert aller Aktiva (Bilanzsumme) immer dem Wert aller Passiva entsprechen.

- Die Bilanz wird in **Konto-** oder in **Staffelform** erstellt.

ZP 29

Nach welchen *Prinzipien* sind *Aktiv-* und *Passivseite* in der Bilanz *gegliedert?*

Das **Vermögen** ist, wie im Inventar, nach **zunehmender Liquidität** oder Flüssigkeit (Geldwerdung über den Umsatzprozess) gegliedert. Die **Schulden** sind, wie im Inventar, nach **abnehmender Fristigkeit** oder Fälligkeit geordnet.

ZP 30

Worüber geben die beiden Seiten der Bilanz *Auskunft?*

- Die **Aktivseite** zeigt die **Mittelverwendung** oder Investierung, d. h., in welche Vermögensgegenstände die eigenen bzw. fremden Mittel „geflossen" sind.

- Die **Passivseite** zeigt die **Mittelherkunft** oder Finanzierung, d. h. inwiefern eigene Mittel (Eigenkapital) oder fremde Mittel (Fremdkapital) eingesetzt wurden.

ZP 31

Wer *unterschreibt* die *Bilanz* und welche *Aufbewahrungsfrist* schreibt das Gesetz vor?

Die Bilanz ist, **je nach Rechtsform,** vom Unternehmer, von allen persönlich haftenden Gesellschaftern, allen Vorstandsmitgliedern oder allen Geschäftsführern zu unterschreiben.

Die Aufbewahrungsfrist beträgt, wie beim Inventar, **zehn Jahre.**

ZP 32

Nennen Sie einige *Bilanzgleichungen.*

Vermögen = Kapital

Anlage- + Umlaufvermögen = Eigenkapital + Fremdkapital (Schulden)

Vermögen – Fremdkapital (Schulden) = Eigenkapital

Vermögen – Eigenkapital = Fremdkapital (Schulden)

	Eigenkapital am Ende des Jahres:	2.500.000,00 €
–	Eigenkapital am Anfang des Jahres:	2.400.000,00 €
=	Eigenkapitalmehrung:	100.000,00 €
–	Privateinlagen	45.000,00 €
+	Privatentnahmen	63.000,00 €
=	Unternehmenserfolg (Gewinn)	118.000,00 €

ZP 33

Ermitteln Sie den Unternehmenserfolg durch *Kapitalvergleich:* Eigenkapital am Jahresende: 2.500.000,00 €, Eigenkapital am Jahresanfang: 2.400.000,00 €, Privateinlagen während des Jahres: 45.000,00 €, Privatentnahmen während des Jahres: 63.000,00 €.

Wertänderungen in der Bilanz, die als **Grundlage der doppelten Buchführung** dienen:

- **Aktivtausch**

  z. B. Kauf einer Maschine gegen Bankscheck: Der Bestand an Maschinen wird größer, während das Bankguthaben geringer wird.

  → Maschinen (+), Bankguthaben (–)

- **Passivtausch**

  z. B. Umwandlung einer Darlehensschuld in eine Beteiligung: Der Darlehensbestand wird geringer, während das Eigenkapital ansteigt.

  → Darlehensschulden (–), Eigenkapital (+)

- **Aktiv-Passiv-Mehrung**

  z. B. Einkauf von Rohstoffen auf Ziel

  → Rohstoffe (+), Verbindlichkeiten (+)

- **Aktiv-Passiv-Minderung**

  z. B. Banküberweisung einer Lieferantenrechnung

  → Verbindlichkeiten (–), Bankguthaben (–)

ZP 34

Welche Wertänderungen in der Bilanz bilden die *Grundlage der doppelten Buchführung?*

2.1.8 Bestandskonten   *Handbuch: LF 3*

- **aktive Bestandskonten**

  Beispiele: unbebaute und bebaute Grundstücke, Maschinen, Fuhrpark, Betriebs- und Geschäftsausstattung, Beteiligungen, Roh-, Hilfs- und Betriebsstoffe, Forderungen a. LL, Bankguthaben, Kasse, Aktive Rechnungsabgrenzung

- **passive Bestandskonten**

  Beispiele: Eigenkapital, Hypotheken- und Darlehensschulden, Verbindlichkeiten a. LL, Passive Rechnungsabgrenzung

ZP 35

Geben Sie Beispiele für *aktive* bzw. *passive Bestandskonten.*

36
ZP
Auf welchen *Kontenseiten* werden die *Kontenbewegungen* der Bestandskonten erfasst?

Soll	Aktive Bestandskonten	Haben
Anfangsbestand Zugänge		Abgänge Endbestand (Saldo)

Soll	Passive Bestandskonten	Haben
Abgänge Endbestand (Saldo)		Anfangsbestand Zugänge

37
ZP
Wie werden die *Salden* (Endbestände) der Bestandskonten errechnet und auf welcher Kontoseite stehen sie?

Saldo (Endbestand) = Anfangsbestand + Zugänge – Abgänge

Endbestände stehen immer auf der wertmäßig **„schwächeren" Seite,** um die Soll- und Habenseite eines Kontos wertmäßig anzugleichen.

2.1.9   Buchungssatz   *Handbuch: LF 3*

38
ZP
Unterscheiden Sie den *einfachen* vom *zusammengesetzten* Buchungssatz.

- Beim **einfachen Buchungssatz** werden nur **zwei Konten angesprochen.** Zuerst wird das Konto mit der Sollbuchung, danach das Konto mit der Habenbuchung genannt, verbunden durch das Wort „an".

- Beim **zusammengesetzten Buchungssatz** werden **mehr als zwei Konten angesprochen.** Zuerst werden die Konten mit den Sollbuchungen, dann die Konten mit den Habenbuchungen genannt, verbunden durch das Wort „an". Der Wert der Sollbuchungen muss dem Wert der Habenbuchungen entsprechen.

39
ZP
Bilden Sie die *Buchungssätze* zu den Geschäftsfällen:
1. Einkauf von Roh- (4.000,00 €) und Hilfsstoffen (1.000,00 €) auf Ziel, 5.000,00 € (bestandsorientierte Buchung); 2. der Inhaber bringt ein Grundstück (250.000,00 €) in das Unternehmen ein;

1. Rohstoffe   4.000,00 €
   Hilfsstoffe   1.000,00 €
   an   Verbindlichkeiten a. LL   5.000,00 €

2. Grundstücke   250.000,00 €
   an   Eigenkapital   250.000,00 €

ReWe

3. Verbindlichkeiten a. LL   2.600,00 €
  an   Bankguthaben   2.600,00 €

4. Bankguthaben   25.000,00 €
  an   Darlehensschulden   25.000,00 €

5. Darlehensschulden   4.000,00 €
  an   Bankguthaben   4.000,00 €

6. Bankguthaben   3.000,00 €
  Kasse   500,00 €
  an   Forderungen a. LL   3.500,00 €

7. Technische Anlagen/Maschinen   19.500,00 €
  an   Kasse   1.000,00 €
  an   Verbindlichkeiten a. LL   18.500,00 €

8. Kasse   250,00 €
  an   Betriebs- und
      Geschäftsausstattung   250,00 €

40

3. Bezahlung einer Lieferantenrechnung (2.600,00 €) per Banküberweisung;

4. Aufnahme eines Kredites über 25.000,00 €, der dem Geschäftskonto gutgeschrieben wird;

5. Tilgung eines Kredites über 4.000,00 € durch Banküberweisung;

6. ein Kunde zahlt eine Rechnung (3.500,00 €) z. T. durch Banküberweisung (3.000,00 €), den Rest bar;

7. Kauf einer Maschine für 19.500,00 €, die mit 1.000,00 € bar angezahlt wird, der Rest hat ein Zahlungsziel von 30 Tagen;

8. Barverkauf eines gebrauchten PCs (250,00 €) an einen Mitarbeiter

---

2.1.10   Eröffnungsbilanzkonto/Schlussbilanzkonto
Handbuch: LF 3

- **Eröffnungsbuchungen**
  - für die *aktiven Bestandskonten:*
    aktive Bestandskonten
    an EBK (Eröffnungsbilanzkonto)
  - für die *passiven Bestandskonten:*
    EBK
    an passive Bestandskonten

- **Abschlussbuchungen**
  - für die *aktiven Bestandskonten:*
    SBK (Schlussbilanzkonto)
    an aktive Bestandskonten
  - für die *passiven Bestandskonten:*
    passive Bestandskonten
    an SBK

ZP **41**
Bilden Sie die Buchungssätze für die *Eröffnung* und den *Abschluss der Bestandskonten.*

ZP

42 Welche *Aufgaben* haben das *Eröffnungsbilanzkonto* (EBK) und das *Schlussbilanzkonto* (SBK)?

- Das **EBK** dient dazu, die Gegenbuchungen für die Anfangsbestände der Bestandskonten aufzunehmen. Es ist daher lediglich ein „technisches Konto".

  ○ Die *Anfangsbestände der aktiven Bestandskonten* stehen dort auf der Sollseite. Die Gegenbuchung im EBK erfolgt auf der Habenseite.

  ○ Die *Anfangsbestände der passiven Bestandskonten* stehen auf der Habenseite; folglich sind die Gegenbuchungen im EBK auf der Sollseite zu finden.

- Das **SBK** hat die Aufgabe, die Gegenbuchungen für die Salden (Endbestände) der Bestandskonten aufzunehmen. Es dient also dem Abschluss der Bestandskonten.

  ○ Werden die *Endbestände in den aktiven Bestandskonten* auf der Habenseite erfasst, erscheinen die Gegenbuchungen im SBK auf der Sollseite.

  ○ Werden die *Endbestände in den passiven Bestandskonten* auf der Sollseite gebucht, erfolgen die Gegenbuchungen im SBK auf der Habenseite.

ZP

43 Wodurch unterscheidet sich das *Eröffnungsbilanzkonto* von der *Eröffnungsbilanz*?

- Das **Eröffnungsbilanzkonto:**

  ○ ist ein Konto des Hauptbuchs
  ○ hat als Seitenbezeichnungen Soll und Haben
  ○ ist ein technisches Konto, das die Gegenbuchungen für die Anfangsbestände der Bestandskonten aufnimmt
  ○ wird spiegelbildlich zur Eröffnungsbilanz geführt

- Die **Eröffnungsbilanz:**

  ○ ist Teil des Bilanzbuchs
  ○ hat als Seitenbezeichnungen Aktiva und Passiva
  ○ ergibt sich aus der Schlussbilanz und damit aus der Inventur bzw. dem Inventar des vorangegangenen Jahres

2.1.11	Erfolgskonten	*Handbuch: LF 3*

ZP

44 Definieren Sie die Begriffe Aufwendungen und Erträge und nennen Sie jeweils Beispiele.

- **Aufwendungen** sind der bewertete Verzehr (Ge- und Verbrauch) von Gütern und Leistungen eines Unternehmens in einer Abrechnungsperiode.

  Beispiele: Roh-, Hilfs-, Betriebsstoffaufwendungen, Löhne, Gehälter, Mietaufwendungen, Abschreibungen auf Sachanlagen, Büromaterial

- **Erträge** sind alle erfolgswirksamen Wertzuflüsse eines Unternehmens in einer Abrechnungsperiode.

  Beispiele: Umsatzerlöse, Mieterträge, Zinserträge, Erträge aus dem Verkauf gebrauchter Anlagegüter

ZP

45 Wie wirken sich *Aufwendungen und Erträge* auf die *Höhe des Eigenkapitals* aus?

Aufwendungen **mindern** das Eigenkapital.

Erträge **mehren** das Eigenkapital.

Erfolgskonten

 ✓ *ReWe*

- Aufwandskonten sind Unterkonten des Kontos „Eigenkapital". Da **Aufwendungen** das Eigenkapital mindern und diese Minderungen auf dem Konto „Eigenkapital" im Soll gebucht werden, werden sie auch auf den entsprechenden Unterkonten **im Soll** erfasst.

- Ertragskonten sind Unterkonten des Kontos „Eigenkapital". Da **Erträge** das Eigenkapital mehren und diese Mehrungen auf dem Konto „Eigenkapital" im Haben gebucht werden, werden sie auch auf den entsprechenden Unterkonten **im Haben** erfasst.

Soll	Aufwandskonten	Haben
+		Saldo
+		+
+		+
+		+

Soll	Ertragskonten	Haben
Saldo		+
		+
		+
		+

1. Mieten, Pachten
   an   Bankguthaben
2. Büromaterial
   an   Kasse
3. Aufwendungen für Hilfsstoffe
   an   Hilfsstoffe
4. Forderungen a. LL
   an   Umsatzerlöse für eigene Erzeugnisse
5. Löhne
   an   Bankguthaben
6. Bankguthaben
   an   Zinserträge

Das „**Gewinn- und Verlustkonto**" ist das **Abschlusskonto** der Erfolgskonten, auf dem die Erträge und Aufwendungen einander gegenübergestellt werden. Die Aufwendungen werden auf der Sollseite, die Erträge auf der Habenseite erfasst.

Sind die Erträge höher als die Aufwendungen, ergibt sich als Differenz ein **Gewinn**. Sind die Erträge geringer als die Aufwendungen, ergibt sich als Differenz ein **Verlust**.

- **Abschlussbuchungen der Erfolgskonten:**

  Gewinn- und Verlustkonto
  an   Aufwandskonten
  Ertragskonten
  an   Gewinn- und Verlustkonto

- **Abschlussbuchung des Gewinn- und Verlustkontos**

  für den Fall eines Gewinnes:
  Gewinn- und Verlustkonto
  an   Eigenkapital
  für den Fall eines Verlustes:
  Eigenkapital
  an   Gewinn- und Verlustkonto

ZP   46
Auf welcher Seite des jeweiligen *Kontos* werden die *Aufwendungen* bzw. *Erträge* erfasst?

Begründen Sie Ihre Aussage.

ZP   47
Bilden Sie die *Buchungssätze* zu den Fällen:
1. *Mietzahlung per Banküberweisung*
2. *Barkauf von Büromaterial*
3. *Entnahme von Hilfsstoffen für die Produktion*
4. *Verkauf von Fertigerzeugnissen auf Ziel*
5. *Lohnzahlung durch Banküberweisung*
6. *Zinsgutschrift der Bank*

ZP   48
Welche *Funktion* hat das Konto *Gewinn- und Verlustkonto?*

ZP   49
Wie lauten die *Abschlussbuchungen der Erfolgskonten* und die *Abschlussbuchung des Gewinn- und Verlustkontos?*

2.1.12	Bestandsveränderungen	*Handbuch: LF 3*

ZP

50 Wie entstehen *Bestandsveränderungen* an *unfertigen* und *fertigen Erzeugnissen?*

Bestandsveränderungen entstehen, wenn die **Produktionsmenge** fertiger Erzeugnisse einer Periode **nicht** mit der **Absatzmenge** fertiger Erzeugnisse einer Periode **übereinstimmt.** (Diese Aussage und die folgenden Überlegungen gelten auch für unfertige Erzeugnisse.)

Ist die Produktionsmenge größer als die Absatzmenge, dann ist der Inventurbestand am Ende der Periode größer als am Anfang. Es liegt eine **Bestandsmehrung** vor.

Ist die Produktionsmenge kleiner als die Absatzmenge, dann ist der Inventurbestand am Ende der Periode kleiner als am Anfang. Es liegt eine **Bestandsminderung** vor.

ZP

51 Welche *Wirkung* haben Bestandsminderungen bzw. -mehrungen auf das *Betriebsergebnis?* (Begründen Sie Ihre Aussage).

- **Bestandsminderungen erhöhen** in der Betriebsergebnisrechnung die **Kosten,** da von den Umsatzerlösen die Herstellungsaufwendungen der Abrechnungsperiode sowie der Herstellungswert der vom Lager genommenen Mengeneinheiten abgezogen werden.

- **Bestandsmehrungen erhöhen** in der Betriebsergebnisrechnung die **Erträge,** da den Herstellungsaufwendungen der Abrechnungsperiode die Umsatzerlöse (Absatzleistung) und der Herstellungswert der nicht abgesetzten Menge (Lagerleistung) gegenübergestellt werden.

ZP

52 Errechnen Sie das *Betriebsergebnis* aufgrund der folgenden Zahlen: *Umsatzerlöse der Periode 500.000,00 €; Wert der Bestandsminderung an fertigen Erzeugnissen 40.500,00 €; Herstellungsaufwendungen der Periode 370.400,00 €.*

	Umsatzerlöse der Periode	500.000,00 €
–	Herstellungsaufwendungen der Periode	370.400,00 €
–	Bestandsminderung an fertigen Erzeugnissen	40.500,00 €
=	Betriebsgewinn	89.100,00 €

Buchungen der Endbestände:

SBK	32.000,00 €	
an Unfertige Erzeugnisse		32.000,00 €
SBK	17.000,00 €	
an Fertige Erzeugnisse		17.000,00 €

Buchungen der Bestandsveränderungen:

Unfertige Erzeugnisse	2.000,00 €	
an Bestandsveränderungen		2.000,00 €
Bestandsveränderungen	48.000,00 €	
an Fertige Erzeugnisse		48.000,00 €

Abschlussbuchungen der Erfolgskonten:

Gewinn- und Verlustkonto	375.000,00 €	
an Diverse Aufwendungen		375.000,00 €
Umsatzerlöse	498.000,00 €	
an Gewinn- und Verlustkonto		498.000,00 €
Gewinn- und Verlustkonto	46.000,00 €	
an Bestandsveränderungen		46.000,00 €

Soll		GuV-Konto	Haben
Diverse Aufwendungen	375.000,00 €	Umsatzerlöse	498.000,00 €
Bestandsveränderungen	46.000,00 €		
Eigenkapital	77.000,00 €		

Das **Betriebsergebnis** als Saldo zwischen den Umsatzerlösen einerseits und den Diversen Aufwendungen (Herstellungsaufwendungen der Periode) und den Bestandsveränderungen (Herstellungswert der vom Lager entnommenen Produkte) andererseits beträgt 77.000,00 €.

2.1.13	**Umsatzsteuer**	*Handbuch: LF 3*

Der **Umsatzsteuer unterliegen:**

- **Lieferungen und Leistungen,** die ein Unternehmen im *Inland* gegen Entgelt tätigt
- **Einfuhr** von Gegenständen **aus dem Drittlandsgebiet** (Nicht-EU-Staaten) in das Inland (die Ausfuhr in Nicht-EU-Staaten unterliegt nicht der Umsatzsteuer)
- **innergemeinschaftlicher Erwerb** (Erwerb von Gütern aus EU-Mitgliedsstaaten) im Inland gegen Entgelt
- **unentgeltliche Entnahme** von Gegenständen und sonstigen Leistungen durch einen Unternehmer aus seinem Unternehmen für **private Zwecke**

ZP 53
Bilden Sie auf Grundlage folgender Zahlen die *Buchungssätze* für den Abschluss der Konten Unfertige Erzeugnisse, Fertige Erzeugnisse, Bestandsveränderungen, Diverse Aufwendungen und Umsatzerlöse:
Unfertige Erzeugnisse: Anfangsbestand 30.000,00 €, Endbestand 32.000,00 €; Fertige Erzeugnisse: Anfangsbestand 65.000,00 €, Endbestand 17.000,00 €; Diverse Aufwendungen (Herstellungsaufwendungen) 375.000,00 €; Umsatzerlöse 498.000,00 €.

ZP 54
Erstellen Sie auf der Grundlage der vorangegangenen Aufgabe das *Gewinn- und Verlustkonto* und errechnen Sie das *Betriebsergebnis.*

ZP 55
Welche *Lieferungen* und *Leistungen* unterliegen in der Bundesrepublik Deutschland der *Umsatzsteuer?*

Umsatzsteuer

56 **ZP**
Warum ist die *Umsatzsteuer* für ein Unternehmen nur ein *durchlaufender Posten*? Erläutern Sie anhand der folgenden Zahlen: *Umsatzsteuer: 700,00 €, Vorsteuer: 300,00 €, Zahllast: 400,00 €.*

Das Unternehmen einer Umsatzstufe gibt die von den Kunden aus den Verkäufen erhaltene Umsatzsteuer (700,00 €) teilweise an die Lieferanten weiter, nämlich die beim Einkauf zu zahlende Umsatzsteuer = Vorsteuer (300,00 €).

Den anderen Teil der erhaltenen Umsatzsteuer führt das Unternehmen als Zahllast (Umsatzsteuer – Vorsteuer = 400,00 €) an das Finanzamt ab.

Daher stellt die erhaltene Umsatzsteuer (700,00 €) keinen Ertrag, die gezahlte Vorsteuer (300,00 €) keinen Aufwand dar; **beide Beträge gehen nicht in die Gewinn- und Verlustrechnung ein.**

57 **ZP**
Ordnen Sie die Konten *Umsatzsteuer* und *Vorsteuer* in die *Kontensystematik* ein.

- Da die **Umsatzsteuer** eine Schuld gegenüber dem Finanzamt darstellt, hat das Konto „Umsatzsteuer" Verbindlichkeitscharakter und ist daher ein **passives Bestandskonto.**

- Da die **Vorsteuer** eine Forderung an das Finanzamt bedeutet, hat das Konto „Vorsteuer" Forderungscharakter und ist daher ein **aktives Bestandskonto.**

58 **ZP**
Erläutern Sie den Begriff *Zahllast* und geben Sie die notwendigen Buchungen an: *Die Konten Umsatzsteuer und Vorsteuer weisen Ende des Monats folgende Zahlen aus: Umsatzsteuer: 28.300,00 €, Vorsteuer: 17.900,00 €.*

Jeweils am Monatsende wird das Konto „Vorsteuer" über das Konto „Umsatzsteuer" abgeschlossen. Die **Zahllast** (der an das Finanzamt abzuführende Umsatzsteuerbetrag) ergibt sich als Saldo auf dem Konto „Umsatzsteuer". Sie ist die Differenz zwischen der Umsatzsteuer und der Vorsteuer. Die Zahllast eines Monats ist bis zum **10. des folgenden Monats** an das Finanzamt zu zahlen.

Buchungen:
Abschluss des Kontos „Vorsteuer":

Umsatzsteuer	17.900,00 €	
an Vorsteuer		17.900,00 €

Banküberweisung der Zahllast:

Umsatzsteuer	10.400,00 €	
an Bankguthaben		10.400,00 €

59 **ZP**
Erläutern Sie den Begriff *Vorsteuerüberhang* und geben Sie die notwendigen Buchungen an: *Am Ende eines Monats beträgt die Umsatzsteuer 36.900,00 € und die Vorsteuer 41.000,00 €.*

Vorsteuerüberhang bedeutet, dass am Monatsende die Vorsteuer höher ist als die Umsatzsteuer. Er ergibt sich als Saldo auf dem Konto „Vorsteuer". Dazu wird das Konto „Umsatzsteuer" am Monatsende über das Konto „Vorsteuer" abgeschlossen.

Auf Antrag wird der Betrag des Vorsteuerüberhangs vom Finanzamt **zurückgezahlt.** Andernfalls wird der Vorsteuerüberhang mit der Umsatzsteuer des folgenden Monats **verrechnet.**

Buchungen:
Abschluss des Kontos „Umsatzsteuer":

Umsatzsteuer	36.900,00 €	
an Vorsteuer		36.900,00 €

Erstattung des Vorsteuerüberhangs durch des Finanzamt:

Bankguthaben	4.100,00 €	
an Vorsteuer		4.100,00 €

 *ReWe*

ZP

Was bedeutet **60**
*Passivierung
der Zahllast?* Bilden
Sie die relevanten
Buchungssätze im
Dezember des alten
Jahres und im Januar
des neuen Jahres.

Da die **Zahllast des Monats Dezember** erst am 10. Januar des folgenden Jahres fällig ist, muss diese Schuld gegenüber dem Finanzamt per 31.12. in der Bilanz ausgewiesen werden, und zwar auf der Passivseite – wie alle anderen Schulden auch.

Buchungen zum 31. Dezember des alten Jahres

Abschluss des Kontos „Vorsteuer":
Umsatzsteuer
an   Vorsteuer

Abschluss des Kontos „Umsatzsteuer":
Umsatzsteuer
an   Verbindlichkeiten gegenüber Finanzbehörden
        (FB-Verbindlichkeiten)

Abschluss des Kontos „FB-Verbindlichkeiten":
FB-Verbindlichkeiten
an   SBK

Buchungen im Januar des neuen Jahres

Eröffnung des Kontos „FB-Verbindlichkeiten":
EBK
an   FB-Verbindlichkeiten

Überweisung der Zahllast:
FB-Verbindlichkeiten
an   Bankguthaben

ZP

Was bedeutet **61**
*Aktivierung des
Vorsteuerüberhangs?*
Bilden Sie die rele-
vanten Buchungs-
sätze im Dezember
des alten Jahres und
im Januar des neuen
Jahres.

Ein **Vorsteuerüberhang im Dezember,** der erst im neuen Jahr erstattet oder verrechnet wird, stellt per 31.12. eine Forderung an das Finanzamt dar, die in der Bilanz auszuweisen ist, und zwar auf der Aktivseite – wie alle übrigen Forderungen auch.

Buchungen zum 31. Dezember des alten Jahres

Abschluss des Kontos „Umsatzsteuer":
Umsatzsteuer
an   Vorsteuer

Abschluss des Kontos „Vorsteuer":
Sonstige Forderungen an Finanzbehörden (FB-Forderungen)
an   Vorsteuer

Abschluss des Kontos „FB-Forderungen":
SBK
an   FB-Forderungen

Buchungen im Januar des neuen Jahres

Eröffnung des Kontos „FB-Forderungen":
FB-Forderungen
an   EBK

Erstattung des Vorsteuerüberhangs:
Bankguthaben
an   FB-Forderungen

ZP

62

Bilden Sie *Buchungssätze:* 1. Kauf von Rohstoffen auf Ziel von 25.000,00 € netto, 19 % USt (aufwandsorientierte Buchung); 2. Verkauf von Fertigerzeugnissen auf Ziel, Nettowert 17.700,00 €, 19 % USt; 3. Barkauf von Büromaterial 125,00 € netto, 19 % USt; 4. Bezahlung der Rechnung aus Fall 1 per Banküberweisung

1. Aufwendungen für Rohstoffe	25.000,00 €	
Vorsteuer	4.750,00 €	
an Verbindlichkeiten a. LL		29.750,00 €
2. Forderungen a. LL	21.063,00 €	
an Umsatzerlöse aus fertigen Erzeugnissen		17.700,00 €
an Umsatzsteuer		3.363,00 €
3. Büromaterial	125,00 €	
Vorsteuer	23,75 €	
an Kasse		148,75 €
4. Verbindlichkeiten a. LL	29.750,00 €	
an Bankguthaben		29.750,00 €

2.1.14	**Privatkonto**	*Handbuch: LF 3*

ZP

63

Ordnen Sie das Konto *Privatkonto* in das *Kontensystem* ein. Stellen Sie seine Aufgaben dar.

Das Konto „**Privatkonto**" ist ein **Unterkonto** des Kontos „Eigenkapital"; es hat den Charakter eines passiven Bestandskontos.

Es ist das Konto des Einzelunternehmers bzw. der Vollhafter von Personengesellschaften, das der **Trennung** von betrieblichen und privaten Vorgängen dient.

Erfasst werden Geld**entnahmen** und Entnahmen von Waren bzw. Leistungen für private Zwecke sowie Geld- und Sach**einlagen** (Kapitaleinlagen) in das Unternehmen aus dem Privatvermögen.

ZP

64

Bilden Sie *Buchungssätze* in Verbindung mit dem Privatkonto (USt-Satz: 19 %):
1. Geldeinlage des Inhabers über 50.000,00 € wird dem Geschäftskonto gutgeschrieben; 2. Er entnimmt Fertigerzeugnisse im Nettowert von 2.400,00 €; 3. Für seinen Urlaub entnimmt er dem Geschäftskonto 3.500,00 €; 4. Er lässt von Mitarbeitern den Garten seines Privathauses anlegen; Kosten: 7.300,00 €.

1. Bankguthaben	50.000,00 €	
an Privatkonto		50.000,00 €
2. Privatkonto	2.856,00 €	
an Entnahme von Gegenständen und sonstigen Leistungen		2.400,00 €
an Umsatzsteuer		456,00 €
3. Privatkonto	3.500,00 €	
an Bankguthaben		3.500,00 €
4. Privatkonto	8.687,00 €	
an Entnahme von Gegenständen und sonstigen Leistungen		7.300,00 €
an Umsatzsteuer		1.387,00 €

ReWe

2.1.15 Abschreibungen auf Sachanlagen   *Handbuch: LF 3*

Anschaffungspreis netto
- Anschaffungspreisminderungen → Rabatt, Bonus, Skonto, sonstige Preisnachlässe
+ Anschaffungsnebenkosten → z. B. Vermessungs-, Fundamentierungs-, Transport-, Montage-, Verpackungskosten
+ nachträgliche Anschaffungskosten → z. B. Preiserhöhung aufgrund nachträglicher Sonderwünsche des Kunden

= aktivierungspflichtige Anschaffungskosten → Grundlage der Abschreibung

ZP 65

Wie errechnen sich die *aktivierungspflichtigen Anschaffungskosten?* Geben Sie Beispiele für die einzelnen Komponenten der Rechnung.

Anschaffungspreis netto	250.000,00 €
- Anschaffungspreisminderungen	
* Rabatt (20 % von 250.000,00 €)	− 50.000,00 €
* Skonto (2 % von 200.000,00 €)	− 4.000,00 €
+ Anschaffungsnebenkosten	
* Transportkosten netto	+ 1.200,00 €
* Fundamentierungskosten netto	+ 8.000,00 €
* Installations- und Programmierungskosten netto	+ 4.500,00 €
= aktivierungspflichtige Anschaffungskosten	209.700,00 €

ZP 66

Ermitteln Sie die *aktivierungspflichtigen Anschaffungskosten* für eine Maschine: *Ein Unternehmen kauft eine Maschine (Listenpreis netto 250.000,00 € zzgl. 19 % USt). Der Lieferant gewährt 20 % Rabatt sowie bei Zahlung innerhalb 10 Tagen 2 % Skonto. Kosten für den Transport durch die Spedition: 1.200,00 € netto. Für das zu erstellende Fundament berechnet das Bauunternehmen 9.520,00 € brutto. Für Installation und Programmierung der Maschine werden 4.500,00 € zzgl. 19 % Umsatzsteuer berechnet.*

67 ZP

Welche *Vermögensgegenstände* müssen nach § 253 HGB *planmäßig abgeschrieben* werden? (Nennen Sie Beispiele.)

Gegenstände des Anlagevermögens, deren **Nutzung zeitlich begrenzt** ist, müssen planmäßig abgeschrieben werden.

Beispiele: technische Anlagen und Maschinen, Fuhrpark, Betriebs- und Geschäftsausstattung

68 ZP

Welche *wirtschaftlichen Gründe* führen zur planmäßigen Abschreibung zeitlich begrenzt nutzbarer Güter?

- **technischer Verschleiß** durch ständigen Gebrauch
- **natürlicher Verschleiß** durch zeitabhängige Faktoren wie Verrosten

- **Substanzabbau** in Rohstoffgewinnungsbetrieben wie Kies- oder Kohleförderung
- **Fristablauf,** z. B. Ablauf von Patenten

69 ZP

Welche *Abschreibungsmethoden* werden im *Handelsrecht* häufig unterschieden?

- lineare Abschreibung
- degressive Abschreibung

- Abschreibung nach Leistungseinheiten

70 ZP

Welche *Abschreibungsmethode* ist *steuerrechtlich* zulässig?

Ob und in welcher Höhe neben der **linearen** auch die **degressive Abschreibung** (z. B. das Zwei- oder Dreifache der linearen Abschreibung, maximal 20 % oder 30 %) zulässig ist, macht der Gesetzgeber häufig von der konjunkturellen Entwicklung abhängig.

71 ZP

Stellen Sie die wichtigsten Unterscheidungsmerkmale von *linearer* und *degressiver Abschreibung* einander gegenüber.

- **Bei der linearen Abschreibung:**
  - ○ wird immer vom Anschaffungswert abgeschrieben,
  - ○ sind die jährlichen Abschreibungsbeträge immer gleich hoch,
  - ○ wird am Ende der Nutzungsdauer der Wert Null erreicht.

- **Bei der (geometrisch) degressiven Abschreibung:**
  - ○ wird immer vom Buch- oder Restwert abgeschrieben,
  - ○ werden die jährlichen Abschreibungsbeträge immer geringer,
  - ○ wird der Wert Null innerhalb der Nutzungsdauer nicht erreicht.

Abschreibung nach Leistungseinheiten

Abschreibungsprozentsatz:

$$\frac{100\ \%}{\text{Nutzungsdauer}}$$

$$\frac{100\ \%}{8\ \text{Jahre}} = 12{,}5\ \%\ \text{pro Jahr}$$

Abschreibungsbetrag:

$$\frac{\text{Anschaffungskosten}}{\text{Nutzungsdauer}}$$

$$\frac{130.000{,}00\ €}{8\ \text{Jahre}} = 16.250{,}00\ €\ \text{pro Jahr}$$

Buchungssatz für die Abschreibung:

Abschreibungen auf Sachanlagen		16.250,00 €	
an	Technische Anlagen/Maschinen		16.250,00 €

Abschluss des Kontos „Technische Anlagen/Maschinen":

Schlussbilanzkonto		113.750,00 €	
an	Technische Anlagen/Maschinen		113.750,00 €

Die Abschreibungen werden als Kosten in die Absatzpreise der Erzeugnisse einkalkuliert. **Über deren Verkauf** (Umsatzerlöse) fließen sie als **liquide Mittel** in das Unternehmen zurück und stehen zur Finanzierung neuer Sachanlagegüter zur Verfügung.

Wird ein zeitlich begrenzt nutzbares Anlagegut über das Ende der betriebsgewöhnlichen Nutzungsdauer hinaus genutzt, ist es mit einem **Erinnerungswert von 1,00 €** in der Bilanz auszuweisen. Wird z. B. die Fräsmaschine der vorangegangenen Aufgabe linear abgeschrieben und im 9. Jahr noch genutzt, wird sie Ende des 8. Jahres mit 16.249,00 € abgeschrieben. Als Saldo ergibt sich dann ein Buchwert von 1,00 €.

Die **Gesamtleistung** des Anlagegutes während der betriebsgewöhnlichen Nutzungsdauer muss **ermittelbar** sein. Zum Beispiel kann die voraussichtliche Kilometerleistung eines Lkw aufgrund von Erfahrungswerten geschätzt werden. Der Vorrat eines Steinbruchs kann errechnet werden.

Die **Erfassung** der jährlichen Leistungseinheiten muss **möglich** sein. Zum Beispiel wird die Leistung eines Lkw mithilfe des Kilometerzählers erfasst.

ZP 72
Berechnen Sie den *Abschreibungsprozentsatz* und den *-betrag* für die lineare Abschreibung für das Jahr der Anschaffung bei folgenden Daten: *Die Anschaffungskosten einer am 02.01.20.. gekauften NC-gesteuerten Fräsmaschine betragen 130.000,00 €; die Nutzungsdauer wird auf acht Jahre geschätzt.*

ZP 73
Buchen Sie die *lineare Abschreibung* der Fräsmaschine zum 31.12.20.. (am Ende des Anschaffungsjahres) und *schließen* Sie das Anlagekonto *ab.*

ZP 74
Was versteht man unter dem *Abschreibungskreislauf?*

ZP 75
Was bedeutet der *Erinnerungswert 1,00 €?*

ZP 76
Welche *Voraussetzungen* müssen gegeben sein, damit eine *Abschreibung nach Leistungseinheiten* durchgeführt werden kann?

ZP

77 Geben Sie die *Formel* zur Berechnung der *Abschreibung nach Leistungseinheiten* an und berechnen Sie die Abschreibung für das erste Jahr der Nutzung:

Die Gesamtleistung der Fräsmaschine (s. Aufgabe 72) beträgt während der 8-jährigen Nutzungsdauer 15 000 Maschinenstunden. Im Anschaffungsjahr lief die Maschine 1 750 Std.

$$\text{Jahresabschreibungsbetrag} = \frac{\text{Anschaffungskosten}}{\substack{\text{geschätzte Gesamtleistung} \\ \text{während der Nutzungsdauer}}} \cdot \text{Leistungseinheiten pro Jahr}$$

$$\text{Jahresabschreibungsbetrag} = \frac{130.000,00 \ €}{15\ 000 \ \text{Std.}} \cdot 1\ 750 \ \text{Std.} = 15.166,67 \ €$$

2.1.16 Einkauf von Werkstoffen | Handbuch: LF 3

ZP

78 Nennen und erläutern Sie die verschiedenen *Werkstoffarten* eines Industriebetriebes.

Werkstoffarten eines Industriebetriebes:
- **Rohstoffe** gehen direkt in das Produkt ein und bilden den Hauptbestandteil.
- **Hilfsstoffe** gehen direkt in das Produkt ein und bilden den Nebenbestandteil.
- **Betriebsstoffe** gehen nicht in das Produkt ein.
- **Vorprodukte/Fremdbauteile** gehen als fertige Komponenten ohne weitere Bearbeitung in das Produkt ein.

ZP

79 Unterscheiden Sie die *bestandsorientierte* von der *aufwandsorientierten Beschaffungsbuchung*.

- Bei der **bestandsorientierten Beschaffungsbuchung** wird davon ausgegangen, dass die eingekauften Werkstoffe **zunächst gelagert** und erst zu einem späteren Zeitpunkt in der Fertigung verbraucht werden. Bei Lieferung werden daher die Werkstoffe auf den **Bestandskonten** „Rohstoffe", „Hilfsstoffe", „Betriebsstoffe" oder „Fremdbauteile" mit den dazugehörigen Unterkonten „Bezugskosten" und „Nachlässe" erfasst. Diese Bestandskonten mit ihren Unterkonten werden in der **Kontenklasse 2** geführt. Die Bestandskonten können als **Lager** interpretiert werden.

- Bei der **aufwandsorientierten Beschaffungsbuchung** wird davon ausgegangen, dass die eingekauften Werkstoffe nicht erst gelagert, sondern **sofort** in der Fertigung **verbraucht** werden **(Just-in-time-Fertigung)**. Bei Lieferung werden die Werkstoffe auf den **Aufwandskonten** „Aufwendungen für Rohstoffe", „Aufwendungen für Hilfsstoffe" usw. mit den dazugehörigen Unterkonten „Bezugskosten" und „Nachlässe" gebucht. Die Aufwandskonten mit ihren Unterkonten werden in der **Kontenklasse 6** geführt.

ZP

80 Wie werden *Sofortrabatte des Lieferanten* buchungstechnisch behandelt?

Sofortrabatte mindern im Vorhinein den Listeneinkaufspreis; sie werden daher **nicht gebucht.**

1. Rohstoffe   20.000,00 €
    Vorsteuer   3.800,00 €
      an   Verbindlichkeiten a. LL   23.800,00 €

2. Bezugskosten für Rohstoffe   650,00 €
    Vorsteuer   123,50 €
      an   Verbindlichkeiten a. LL   773,50 €

3. Verbindlichkeiten a. LL   404,60 €
      an   Rohstoffe   340,00 €
      an   Vorsteuer   64,60 €

- Bei der **Bruttobuchung** wird der Preisnachlass bzw. der Skonto auf dem Konto „Nachlässe" (Unterkonto des entsprechenden Werkstoffkontos) **zunächst** mit dem Bruttobetrag, also einschließlich Vorsteuer, gebucht. Erst zu einem **späteren** Zeitpunkt, nämlich wenn die Zahllast ermittelt werden muss, wird die Buchung zur **Korrektur der Vorsteuer** vorgenommen.

- Bei der **Nettobuchung** wird der Preisnachlass bzw. der Skonto auf dem Konto „Nachlässe" (Unterkonto des entsprechenden Werkstoffkontos) **sofort** mit dem Nettobetrag gebucht. **Gleichzeitig** wird die **Vorsteuer korrigiert.**

- **Bruttobuchung mit anschließender Vorsteuerkorrekturbuchung:**

    Verbindlichkeiten a. LL   19.040,00 €
      an   Nachlässe für Hilfsstoffe   380,80 €
      an   Bankguthaben   18.659,20 €

    Nachlässe für Hilfsstoffe   60,80 €
      an   Vorsteuer   60,80 €

- **Nettobuchung mit gleichzeitiger Vorsteuerkorrekturbuchung:**

    Verbindlichkeiten a. LL   19.040,00 €
      an   Nachlässe für Hilfsstoffe   320,00 €
      an   Vorsteuer   60,80 €
      an   Bankguthaben   18.659,20 €

ZP   **81**
Bilden Sie die *Buchungssätze* zu den folgenden Geschäftsfällen nach der *Bestandsmethode:*
1. Einkauf von Rohstoffen auf Ziel, Nettowert 20.000,00 € zzgl. 19 % USt.
2. Für die Anlieferung dieser Rohstoffe berechnet die Spedition 650,00 € Frachtkosten zzgl. 19 % USt.
3. Rohstoffe im Nettowert von 340,00 € werden an den Lieferanten zurückgesandt.

ZP   **82**
Preisnachlässe und Skonti beim Einkauf können nach dem *Brutto-* oder dem *Nettoverfahren* gebucht werden. Wodurch unterscheiden sich diese beiden Verfahren?

ZP   **83**
Buchen Sie den folgenden Geschäftsfall nach dem *Brutto-* und nach dem *Nettoverfahren:* Der Rechnungsbetrag eines Lieferanten über 19.040,00 € für den Bezug von Hilfsstoffen wird unter Abzug von 2 % Skonto durch Banküberweisung beglichen.

ZP

91 Erläutern Sie den Begriff *Handelswaren.*

Handelswaren sind Produkte, die ein Unternehmen beschafft und ohne Be- oder Verarbeitung weiterverkauft.

Sie dienen der Abrundung des Verkaufssortiments.

ZP

92 Bilden Sie den *Buchungssatz* zu folgendem Geschäftsfall: *Einkauf von Handelswaren auf Ziel, netto 520.000,00 € zuzüglich 19 % USt; 1. nach der bestandsorientierten Methode, 2. nach der aufwandsorientierten Methode.*

1. Handelswaren   520.000,00 €
Vorsteuer   98.800,00 €
    an   Verbindlichkeiten a. LL   618.800,00 €

2. Aufwendungen für Handelswaren   520.000,00 €
Vorsteuer   98,800,00 €
    an   Verbindlichkeiten a. LL   618.800,00 €

ZP

93 Bilden Sie den *Buchungssatz* zu folgendem Geschäftsfall: *Verkauf von Handelswaren auf Ziel, netto 630.000,00 € zuzüglich 19 % USt.*

Forderungen a. LL   749.700,00 €
an   Umsatzerlöse von Handelswaren   630.000,00 €
an   Umsatzsteuer   119.700,00 €

ZP

94 Errechnen und buchen Sie den *Wareneinsatz* (Umsatz zu Einstandspreisen) der Handelswaren, wenn Sie vorher die Einkäufe nach der bestandsorientierten Methode gebucht haben: *Anfangsbestand 22.400,00 €, Einkäufe im lfd. Jahr 520.000,00 €, Endbestand lt. Inventur 10.300,00 €.*

Errechnung des Wareneinsatzes:

Anfangsbestand	22.400,00 €
+ Einkäufe	520.000,00 €
– Endbestand lt. Inventur	10.300,00 €
= Wareneinsatz	532.100,00 €

Buchung des Wareneinsatzes:

Aufwendungen für Handelswaren   532.100,00 €
an   Handelswaren   532.100,00 €

Der **Warenrohgewinn** ist die Differenz zwischen den Umsatzerlösen der Handelswaren und dem Wareneinsatz (Umsatz zu Einstandspreisen).

	Umsatzerlöse von Handelswaren	630.000,00 €
–	Wareneinsatz	532.100,00 €
=	Warenrohgewinn	97.900,00 €

ZP
Erklären Sie den Begriff *Warenrohgewinn* und errechnen Sie ihn aus den beiden vorangegangenen Aufgaben.

95

2.1.19.1 Umsatzsteuerrechtliche Abgrenzung

- **innergemeinschaftlicher Güterverkehr**
- **Güterverkehr mit Drittländern**

Welche *Arten des Güterverkehrs mit ausländischen Unternehmen* werden umsatzsteuerrechtlich unterschieden?

96

Der innergemeinschaftliche Güterverkehr betrifft den Güterverkehr mit Unternehmen in Ländern der Europäischen Union.
Verkäufe an Unternehmen, z. B. in Frankreich, werden als **innergemeinschaftliche Lieferung,** Einkäufe von Unternehmen, z. B. in Belgien, werden als **innergemeinschaftlicher Erwerb** bezeichnet.

Was versteht man unter dem *innergemeinschaftlichen Güterverkehr?*

97

Der Güterverkehr mit Drittländern betrifft den Güterverkehr von Unternehmen in EU-Ländern mit Unternehmen außerhalb der EU, so genannten Drittländern.
Verkäufe an Unternehmen, z. B. in den USA, werden umsatzsteuerrechtlich als **Ausfuhr** oder Export, Einkäufe von Unternehmen, z. B. in Japan, als **Einfuhr** oder Import bezeichnet.

Was betrifft den *Güterverkehr mit Drittländern?*

98

Import und Export werden als Extrahandel bezeichnet.

Was versteht man unter *Extrahandel?*

99

2.1.19.2 Innergemeinschaftlicher Güterverkehr

Da in den Mitgliedsstaaten der EU unterschiedliche Umsatzsteuersätze gelten, bestimmt eine Übergangsregelung des Ministerrats der EU, dass nicht der Verkauf, sondern **der Einkauf (Erwerb) von Gütern umsatzsteuerpflichtig ist.**

Was bedeutet *Bestimmungslandprinzip?*

100

101 Wer *schuldet* beim innergemeinschaftlichen Güterverkehr dem Finanzamt die *Umsatzsteuer?*

Aus dem Bestimmungslandprinzip ergibt sich, dass der **Käufer die Umsatzsteuer schuldet,** sofern er Unternehmer ist und die Ware für sein Unternehmen gekauft hat.

Da der Käufer aber gleichzeitig berechtigt ist, die Vorsteuer (in gleicher Höhe) abzuziehen, belastet ihn die Umsatzsteuer nicht.

102 *Buchen* Sie auf der Grundlage der folgenden Daten den *innergemeinschaftlichen Erwerb:* Die OfficeCom AG in Braunschweig kauft Rohstoffe in Belgien, Nettowert 25.000,00 €, Zahlungsziel vier Wochen.

Buchungen beim Einkauf:

Innergemeinschaftlicher Erwerb (i. E.)	25.000,00 €	
an Verbindlichkeiten a. LL		25.000,00 €

Verrechnung der Umsatzsteuer mit der Vorsteuer (19 % von 25.000,00 €):

Vorsteuer	4.750,00 €	
an Umsatzsteuer		4.750,00 €

Umbuchung des innergemeinschaftlichen Erwerbs auf das entsprechende Sachkonto nach der bestandsorientierten Methode:

Rohstoffe	25.000,00 €	
an innergemeinschaftlicher Erwerb (i. E.)		25.000,00 €

103 *Buchen* Sie auf der Grundlage der folgenden Daten die *innergemeinschaftliche Lieferung:* Die OfficeCom AG in Braunschweig verkauft an einen Kunden in Frankreich Schreibtische, Nettowert 8.500,00 €, Zahlungsziel 30 Tage.

Forderungen a. LL	8.500,00 €	
an Erlöse aus innergemeinschaftlicher Lieferung (i. L.)		8.500,00 €

2.1.19.3   Güterverkehr mit Drittländern

104 Nennen Sie die *umsatzsteuerrechtlichen Vorschriften* beim Güterverkehr mit Drittländern.

- **Importe** unterliegen der **Einfuhrumsatzsteuer** in Höhe von 19 % bzw. 7 %; sie ist als Vorsteuer abzugsfähig.

- **Exporte** sind **umsatzsteuerfrei** (zur Förderung des Exports).

ReWe

| Forderungen a. LL | 4.330,00 € | |
| an Erlöse aus Güterverkehr | | 4.330,00 € |

Warenwert
+ Verpackungskosten
+ Auslandsfracht
– möglicher Skonto

= Zollwert (Bemessungsgrundlage für den Zoll)
· Zollsatz (zwischen 5 % und 15 %)

= Zoll

Zollwert
+ Zoll
+ ggfs. Verbrauchsteuer
+ Inlandsfracht

= Bemessungsgrundlage EUSt
· Umsatzsteuersatz

= Einfuhrumsatzsteuer

105

Buchen Sie auf der Grundlage der folgenden Daten den *Export* von Gü-tern:
Die OfficeCom AG verkauft an einen Kun-den in Norwegen drei Schreibtischsessel im Gesamtwert von netto 4.330,00 €. Eine Grenz-übertrittsbescheinigung liegt vor.

106

Wie wird der *Einfuhrzoll* be-rechnet?

107

Wie wird die *Einfuhrumsatz-steuer* (EUSt) berechnet?

108 Bilden Sie auf der Grundlage der folgenden Daten die notwendigen *Buchungssätze* bei der *Einfuhr von Gütern:*

Die OfficeCom AG in Braunschweig kauft von ihrem Lieferanten in den USA Edelstahl-rohre im Gesamtwert von 6.700,00 US-$, Transportkosten bis Flughafen Frankfurt 325,00 US-$, Zahlungsziel drei Wochen, Tageskurs 1,52 US-$/€, Zoll-satz 10 %, Fracht von Frankfurt nach Braunschweig netto 150,00 €.

Berechnungen:

(1) Eingangsrechnung:

	Warenwert	6.700,00 US-$ =	4.407,89 €
+	Auslandsfracht	325,00 US-$ =	213,82 €
=	Rechnungsbetrag (= Zollwert)	7.025,00 US-$ =	4.621,71 €

(2) Zoll:

4.621,71 € · 9 % = 415,95 €

(3) EUSt-Bemessungsgrundlage:

	Zollwert	4.621,71 €
+	Zoll	415,95 €
+	Inlandsfracht	150,00 €
=	EUSt-Bemessungsgrundlage	5.187,66 €

(4) Einfuhrumsatzsteuer (EUSt):

5.187,66 € • 19 % = 985,66 €

Buchungen:

(1) Eingangsrechnung:

Gütereinfuhr	4.407,89 €	
Bezugskosten	213,82 €	
an Verbindlichkeiten a. LL		4.621,71 €

(2) Umbuchung der Bezugskosten:

Gütereinfuhr	213,82 €	
an Bezugskosten		213,82 €

(3) Umbuchung des Zwischenkontos „Gütereinfuhr" auf Konto „Rohstoffe":

Rohstoffe	4.621,71 €	
an Gütereinfuhr		4.621,71 €

(4) Buchung des Zolls der Inlandsfracht und der Einfuhrumsatzsteuer:

Bezugskosten für Rohstoffe	565,95 €	
Einfuhrumsatzsteuer	985,66 €	
an Zollverbindlichkeiten		1.401,61 €
an Verbindlichkeiten a. LL		150,00 €

2.1.20 Zahlungsverkehr　　　　　　　　*Handbuch: LF 3*

ZP

109 Grenzen Sie die Begriffe *Skonto, Rabatt* und *Bonus* voneinander ab.

- **Skonto** ist ein Preisnachlass für die **vorzeitige Zahlung** innerhalb einer bestimmten Frist. Skonto sind die Zinsen für einen erhaltenen Lieferantenkredit (Lieferantenskonto) bzw. für einen gewährten Kundenkredit (Kunden-skonto).

- **Rabatt** ist ein **sofort** gewährter Preis-nachlass, zum Beispiel bei Abnahme einer bestimmten Menge.

- **Bonus** ist ein **nachträglich,** häufig am Ende eines Jahres gewährter Nachlass, z. B. bei Erreichen eines bestimmten Umsatzvolumens.

Skontoertrag: 6.800,00 € · 3 % = 204,00 €

notwendiger Kreditbetrag: 6.800,00 € – 204,00 € = 6.596,00 €

kostenpflichtiger Zeitraum: 30 Tage – 8 Tage = 22 Tage

Kreditzinsen: $\dfrac{6.596,00\ € · 11,5 · 22\ \text{Tage}}{100 · 360\ \text{Tage}} = 46,36\ €$

Finanzierungsgewinn: 204,00 € – 46,36 € = 157,64 €

ZP 110
Errechnen Sie den *Finanzierungserfolg* des Unternehmens:
Um eine Rechnung über 6.800,00 € unter Abzug von 3 % Skonto sofort bezahlen zu können, muss ein Unternehmen einen Kontokorrentkredit zu 11,5 % p. a. in Anspruch nehmen. Die Zahlungsbedingung des Lieferanten lautet: 3 % innerhalb 8 Tagen, innerhalb 30 Tagen ohne Abzug.

1.	Verbindlichkeiten a. LL	3.200,00 €	
	an Bankguthaben		3.200,00 €

2a. Buchung bei Erhalt des Schecks

Schecks	4.320,00 €	
an Forderungen a. LL		4.320,00 €

2b. Buchung nach Kontogutschrift

Bankguthaben	4.320,00 €	
an Schecks		4.320,00 €

ZP 111
Bilden Sie die *Buchungssätze* zu den folgenden Geschäftsfällen aus dem *Scheckverkehr:*
1. Eine Lieferantenrechnung über 3.200,00 € wird mit einem Verrechnungsscheck beglichen.
2. Ein Kunde bezahlt eine Rechnung über 4.320,00 € mit Verrechnungsscheck.

Der **Wechsel** ist eine Urkunde, in welcher der Gläubiger (Aussteller/Lieferant) den Schuldner (Bezogener/Käufer) auffordert, an einem bestimmten Ort (Zahlungsort) zu einem bestimmten Termin (Verfalltag) an eine bestimmte Person (Aussteller oder Dritter) einen bestimmten Geldbetrag (Wechselsumme) zu zahlen.

ZP 112
Was versteht man unter einem *Wechsel?*

ZP

113 Welches sind die *gesetzlichen Bestandteile* des *Wechsels?*

- Bezeichnung „Wechsel" in der Urkunde
- Wechselsumme in Buchstaben
- Name des Bezogenen
- Verfalldatum
- Zahlungsort
- Wechselnehmer
- Tag und Ort der Ausstellung
- Unterschrift des Ausstellers

ZP

114 Welche *Funktionen* hat der *Wechsel?*

Funktionen des Wechsels:
- **Kreditmittel,** da der Aussteller/Lieferant ein Zahlungsziel einräumt
- **Sicherungsmittel,** da wegen der sogenannten Wechselstrenge (strenge Vorschriften über Haftung, Form, Fristen, Klageverfahren) die Einlösung des Wechselbetrags wahrscheinlich ist
- **Zahlungsmittel,** da der Wechsel zur Begleichung von Verbindlichkeiten weitergegeben werden kann

ZP

115 Wie kann der *Wechsel verwendet* werden?

Der **Wechsel** kann:
- aufbewahrt und **am Verfalltag** dem Bezogenen zur Einlösung **vorgelegt** werden,
- aufbewahrt und am Verfalltag einer **Bank zum Einzug** gegeben werden,
- vor dem Verfalltag **an eine Bank verkauft** (diskontiert) werden,
- zur Begleichung von Schulden als **Zahlungsmittel** weitergegeben werden.

ZP

116 Grenzen Sie *Besitzwechsel* und *Schuldwechsel* voneinander ab.

- Der vom Bezogenen akzeptierte Wechsel ist für den Aussteller bzw. Wechselnehmer ein **Besitzwechsel** (da er sich in dessen Besitz befindet).
- Der akzeptierte Wechsel ist für den Bezogenen ein **Schuldwechsel,** da der Bezogene mit seinem Akzept eine Wechselschuld eingegangen ist.

2.1.21 Lohn- und Gehaltsabrechnungen

2.1.21.1 Gesetzliche Abzüge   *Handbuch: LF 3*

ZP

117 Welche *gesetzlichen Abzüge* sind bei der Lohn- und Gehaltsabrechnung zu beachten?

Gesetzliche Abzüge

Steuern	Sozialversicherungsbeiträge
○ Lohnsteuer	○ Rentenversicherung
○ Solidaritätszuschlag	○ Arbeitslosenversicherung
○ ggf. Kirchensteuer	○ Krankenversicherung
	○ Pflegeversicherung
	○ Zuschlag für Zahnersatz/Krankengeld

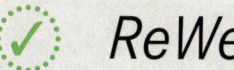

Steuerklasse I: nicht verheiratete, verwitwete oder geschiedene Arbeitnehmer sowie Verheiratete, die dauernd getrennt leben

Steuerklasse II: Arbeitnehmer der Steuerklasse I, sofern sie mindestens ein Kind haben

Steuerklasse III: verheiratete, aber nicht ständig getrennt lebende Arbeitnehmer, deren Ehegatte keinen Arbeitslohn erhält oder die Steuerklasse V gewählt hat

Steuerklasse IV: verheiratete und nicht dauernd getrennt lebende Arbeitnehmer, die beide Arbeitslohn beziehen

Steuerklasse V: verheiratete und nicht dauernd getrennt lebende Ehegatten, die beide Arbeitslohn beziehen, wobei ein Ehegatte auf gemeinsamen Antrag die Steuerklasse III gewählt hat

Steuerklasse VI: Bei mehr als einem Arbeitsverhältnis wird für das zweite und alle weiteren Arbeitsverhältnisse die Lohnsteuerklasse VI in die entsprechenden Lohnsteuerkarten eingetragen.

Der **Solidaritätszuschlag** dient der Finanzierung der deutschen Einheit.

Er beträgt 5,5 % der Lohnsteuer.

Die **Kirchensteuer** beträgt
- in Bayern und Baden-Württemberg 8 %,
- in den übrigen Bundesländern 9 %,

jeweils berechnet von der Lohnsteuer.

Beiträge zur gesetzlichen Sozialversicherung

- Arbeitnehmer und Arbeitgeber tragen die Beiträge zur Renten-, Arbeitslosen, Kranken- und Pflegeversicherung je zur Hälfte.

- Die Zuschläge für Zahnersatz und Krankengeld zahlt der Arbeitnehmer allein.

- Kinderlose Arbeitnehmer im Alter zwischen 23 und 64 Jahren zahlen einen um 0,25 % erhöhten Beitrag zur Pflegeversicherung; diese Erhöhung tragen sie allein.

- Die Beiträge zur Unfallversicherung trägt der Arbeitgeber in voller Höhe allein.

Beitragsbemessungsgrenze:

- Die Beiträge zur Renten-, Arbeitslosen-, Kranken- und Pflegeversicherung werden grundsätzlich vom Bruttoverdienst berechnet, allerdings nur bis zu einem bestimmten Höchstverdienst. Der Teil des Einkommens, der über diesem Höchstverdienst liegt **(Beitragsbemessungsgrenze),** wird bei der Ermittlung der Beiträge nicht berücksichtigt.

- Die Beitragsbemessungsgrenze wird jährlich der allgemeinen **Einkommensentwicklung angepasst.**
- Die Beitragsbemessungsgrenze für die Kranken- und Pflegeversicherung beträgt **knapp 68 %** der Beitragsbemessungsgrenze der Renten- und Arbeitslosenversicherung.

ZP 118
Welche *Lohnsteuerklassen* werden unterschieden?

ZP 119
Wozu dient der *Solidaritätszuschlag* und in welcher Höhe wird er erhoben?

ZP 120
Wie viel Prozent beträgt die *Kirchensteuer?*

ZP 121
Wer trägt die *Beiträge* zur gesetzlichen *Sozialversicherung?*

ZP 122
Was versteht man unter der *Beitragsbemessungsgrenze?*

ZP

123

Wovon hängt die *Höhe* des vom Arbeitgeber zu zahlenden Beitrages an die *Unfallversicherung* ab?

Die **Höhe der Unfallversicherung** richtet sich nach:

- Zahl der Mitarbeiter
- Unfallhäufigkei,
- Gefahrenklassen der Tätigkeiten der Mitarbeiter

2.1.21.2 Lohn-/Gehaltsbuchungen   *Handbuch: LF 3*

ZP

124

Bilden Sie die *Buchungssätze* zu folgender Lohnabrechnung:

Karl Valentino, evangelisch, verheiratet, zwei Kinder, Alleinverdiener, bekommt im April 20.. einen Bruttolohn von 2.346,50 €; Lohnsteuer 144,50 €, Solidaritätszuschlag und Kirchensteuer 0,00 €, Arbeitnehmeranteil zur Sozialversicherung 482,41 €, Zuschlag für Zahnersatz und Krankengeld 21,12 €.

(1) **Bankeinzug der Sozialversicherungsbeiträge Ende April 20.. (drittletzter Bankarbeitstag):**

SV-Vorauszahlung	985,94 €	
an Bankguthaben		985,94 €

(2) **Banküberweisung des Lohnes Ende April 20..**

Löhne	2.346,50 €	
an FB-Verbindlichkeiten		144,50 €
an SV-Vorauszahlung		503,53 €
an Bankguthaben		1.698,47 €

(3) **Arbeitgeberanteil zur Sozialversicherung Ende April 20..**

Arbeitgeberanteil zur Sozialversicherung	482,41€	
an SV-Vorauszahlung		482,41 €

(4) **Banküberweisung von Lohn- und Kirchensteuer sowie Solidaritätszuschlag am 10. Mai 20.. (hier nur Lohnsteuer):**

FB-Verbindlichkeiten	144,50 €	
an Bankguthaben		144,50 €

2.1.21.3 Vorschüsse   *Handbuch: LF 3*

ZP

125

Wie werden *Vorschüsse* an Mitarbeiter buchhalterisch behandelt?

Gewährte **Vorschüsse** stellen für das Unternehmen zum Zeitpunkt der Zahlung **Forderungen an Mitarbeiter** dar, die mit der nächsten Lohn- bzw. Gehaltszahlung verrechnet werden, sodass sich dann der Auszahlungsbetrag entsprechend verringert.

ZP

126

Bilden Sie den *Buchungssatz* zu folgender *Vorschusszahlung:* Karl Valentino erhält auf seinen Lohn für den Monat Mai 20.. einen Vorschuss von 200,00 € bar ausgezahlt.

Forderungen an Mitarbeiter	200,00 €	
an Kasse		200,00 €

 **ReWe**

(2)   Banküberweisung des Lohnes Ende Mai 20.. unter Verrechnung des gewährten Vorschusses:

Löhne   2.346,50 €

an	FB-Verbindlichkeiten	144,50 €
an	SV-Vorauszahlung	503,53 €
an	Forderungen an Mitarbeiter	200,00 €
an	Bankguthaben	1.498,47 €

ZP 127
Verrechnen Sie den *Vorschuss* von 200,00 € bei der Lohnabrechnung Mai, wenn dieselben Zahlen gelten wie bei der Lohnabrechnung April (siehe 2.1.21.2). Korrigieren Sie hierbei nur den Buchungssatz (2).

2.1.21.4 Vermögenswirksame Leistungen   *Handbuch: LF 3*

Staatlich gefördert werden
- **Bausparbeiträge** bis zu 470,00 € pro Jahr mit 9 %, also mit einer jährlichen Sparzulage von maximal 42,30 €,

- **Beteiligungen am Produktivkapital** bis zu 400,00 € pro Jahr mit 20 %, also mit einer jährlichen Sparzulage von maximal 80,00 €.

Die Sparzulage bekommen Ledige/Verheiratete bis zu einem zu versteuernden Einkommen von 17.900,00 €/35.800,00 €.

ZP 128
Welche *Sparleistungen* der Arbeitnehmer werden mit einer *Sparzulage* staatlich gefördert?

Die **Sparleistung wird aufgebracht:**
- entweder durch den **Arbeitnehmer allein,**

- oder – aufgrund von Tarifverträgen oder Betriebsvereinbarungen – durch den **Arbeitgeber allein** oder **Arbeitnehmer und Arbeitgeber** anteilig.

ZP 129
Wer *bringt* die Sparleistung *auf?*

Das steuer- und sozialversicherungspflichtige Einkommen und damit die Höhe von Lohnsteuer und Sozialversicherungsbeiträgen steigen.

ZP 130
Wie *wirkt* sich eine teilweise oder ganz vom Arbeitgeber finanzierte *Sparleistung auf das steuer- und sozialversicherungspflichtige Einkommen* des Arbeitnehmers aus?

131 **ZP**

Bilden Sie die *Buchungssätze* zu folgender *Lohnabrechnung:*

Karl Valentino, ev, verheiratet, zwei Kinder, Alleinverdiener, bekommt im April 20.. einen Bruttolohn von 2.346,50 €; Lohnsteuer 144,50 €, Solidaritätszuschlag u. Kirchensteuer 0,00 €, Arbeitnehmeranteil zur Sozialversicherung 482,41 €, Zuschlag für Zahnersatz und Krankengeld 21,12 €. Die vermögenswirksame Sparleistung in Höhe von 45,00 € monatlich, die seine Bank in einem Investmentfonds anlegt, finanziert er selbst.

(5) Bankeinzug der Sozialversicherungsbeiträge Ende April 20.. (drittletzter Bankarbeitstag):

SV-Vorauszahlung	985,94 €	
an Bankguthaben		985,94 €

(6) Banküberweisung des Lohnes Ende April 20..:

Löhne	2.346,50 €	
an FB-Verbindlichkeiten		144,50 €
an SV-Vorauszahlung		503,53 €
an Verbindlichkeiten aus VL		35,00 €
an Bankguthaben		1.663,47 €

(7) Arbeitgeberanteil zur Sozialversicherung Ende April 20..:

Arbeitgeberanteil zur Sozialversicherung	482,41€	
an SV- Vorauszahlung		482,41 €

(8) Banküberweisung von Lohn- und Kirchensteuer, Solidaritätszuschlag sowie vermögenswirksame Leistung am 10. Mai 20..:

FB-Verbindlichkeiten	144,50 €	
Verbindlichkeiten aus VL	35,00 €	
an Bankguthaben		179,50 €

2.2 Jahresabschluss analysieren und bewerten – Lernfeld 8

2.2.1 Jahresabschluss   *Handbuch: LF 8*

132

Aus welchen Teilen besteht der *Jahresabschluss* nach HGB?

- **unabhängig von der Rechtsform:**
  - Bilanz
  - Gewinn- und Verlustrechnung

- **abhängig von der Rechtsform:**
  - zusätzlich Anhang (bei Kapitalgesellschaften)

133

Wozu *dient* der *Jahresabschluss?*

- **Rechenschaftslegung** gegenüber Eigentümern und Gläubigern
- Entscheidungen über **Gewinnverteilung und -verwendung** durch die Eigentümer
- Ermittlung von Einkommen- bzw. Körperschaftsteuer durch das **Finanzamt**

- Grundlage für **Entscheidungen** durch die **Geschäftsführer,** wie z. B. Kapitalerhöhungen, Vornahme von Investitionen, Einstellung von Arbeitskräften
- Entscheidungsgrundlage für **externe Interessenten,** wie Kreditinstitute, Kunden, Lieferanten

✓ *ReWe*

- Erstellung des **Inventars** auf der Grundlage der Inventur

- Erfassung von **Inventurdifferenzen,** wenn Istwerte der Inventur von den entsprechenden Soll- oder Buchwerten der Finanzbuchhaltung abweichen

- **periodengerechte Abgrenzung** von Aufwendungen und Erträgen

- Durchführung **vorbereitender Abschlussbuchungen** wie der Abschreibungen auf Finanz- und Sachanlagen sowie auf Forderungen

- Erfassung der **Bestandsveränderungen an Werkstoffen,** sofern die

Einkäufe aufwandsorientiert gebucht wurden

- **Abschluss von Unterkonten** (z. B. das Konto „Bezugskosten für Rohstoffe") über die zugehörigen Oberkonten (z. B. das Konto „Rohstoffe")

- **Aktivierung** von Eigenleistungen

- **Verrechnung** der Konten „Vorsteuer" und „Umsatzsteuer"

- Erstellung von **Bilanz** und **Gewinn- und Verlustrechnung** sowie – bei Kapitalgesellschaften – Anhang nach den Vorschriften des HGB

134 Welche *Arbeiten* sind im Zusammenhang mit dem *Jahresabschluss* durchzuführen?

2.2.2   Zeitliche Abgrenzung

2.2.2.1   Begriff und Ziel der zeitlichen Abgrenzung
Handbuch: LF 8

Sämtliche Aufwendungen und Erträge sind in dem Geschäftsjahr zu erfassen, in dem sie **verursacht** und dem sie daher **wirtschaftlich** zuzuordnen sind, unabhängig von den Zeitpunkten der entsprechenden Zahlungen.

135 Was versteht man unter dem Begriff der *zeitlichen Abgrenzung?*

Ziel ist die **periodengerechte Erfolgsermittlung.**

136 *Warum* werden Aufwendungen und Erträge zeitlich abgegrenzt?

2.2.2.2   Posten der zeitlichen Abgrenzung   *Handbuch: LF 8*

- **antizipative Posten (antizipieren – vorwegnehmen):**

  Hier werden Zahlungen des kommenden (neuen) Jahres wirtschaftlich dem alten erfolgswirksam zugerechnet.

- Im weiteren Sinne können auch **Rückstellungen** den Posten der zeitlichen Abgrenzung zugerechnet werden.

- **transitorische Posten (transire (lat.) – hinübergehen):**

  Hier werden Zahlungen des alten Jahres wirtschaftlich dem kommenden (neuen) Jahr erfolgswirksam zugerechnet.

137 Welche *Posten der zeitlichen Abgrenzung* werden unterschieden?

138 Welche *antizipativen Posten* der zeitlichen Abgrenzung werden unterschieden?

Sonstige Forderungen
Sonstige Verbindlichkeiten

139 Welchen *Kontenarten* sind die Konten Sonstige Forderungen und Sonstige Verbindlichkeiten zuzuordnen?

Sonstige Forderungen: aktives Bestandskonto
Sonstige Verbindlichkeiten: passives Bestandskonto

Beide Konten sind über das Schlussbilanzkonto abzuschließen.

140 Welche *transitorischen Posten* der zeitlichen Abgrenzung werden unterschieden?

Aktiver Rechnungsabgrenzungsposten (ARA)
Passiver Rechnungsabgrenzungsposten (PRA)

141 Welchen *Kontenarten* sind die Konten Aktive Rechnungsabgrenzung und Passive Rechnungsabgrenzung zuzuordnen?

Aktive Rechnungsabgrenzung: aktives Bestandskonto
Passive Rechnungsabgrenzung: passives Bestandskonto

Beide Konten sind über das Schlussbilanzkonto abzuschließen.

2.2.2.3 Sonstige Forderungen   *Handbuch: LF 8*

142 Wie *entstehen* für ein Unternehmen im Rahmen der zeitlichen Abgrenzung *sonstige Forderungen?*

Einnahmen im neuen Jahr sind **wirtschaftlich** ganz oder anteilig dem **alten Jahr als Erträge** zuzurechnen. Damit wird die Ertragswirksamkeit der im alten Jahr noch ausstehenden Einnahmen vorweggenommen, antizipiert.

143 Welche *Art von Forderung* stellt die sonstige Forderung dar?

Sie ist eine **Geldforderung** an den Schuldner des Unternehmens.

ReWe

Buchungen im alten Jahr:

Sonstige Forderungen	500,00 €	
an Zinserträge		500,00 €
Schlussbilanzkonto	500,00 €	
an Sonstige Forderungen		500,00 €
Zinserträge	500,00 €	
an Gewinn- und Verlustkonto		500,00 €

Buchungen im neuen Jahr:

Sonstige Forderungen	500,00 €	
an Eröffnungsbilanzkonto		500,00 €
Bankguthaben	500,00 €	
an Sonstige Forderungen		500,00 €

144

Bilden Sie die notwendigen *Buchungssätze* im alten und neuen Jahr zu folgendem Geschäftsfall: *Dem Unternehmen werden die Zinsen für Dezember in Höhe von 500,00 € für ein gegebenes Darlehen erst im Januar des folgenden Jahres überwiesen.*

Buchungen im alten Jahr:

Sonstige Forderungen	2.000,00 €	
an Mieterträge		2.000,00 €
Schlussbilanzkonto	2.000,00 €	
an Sonstige Forderungen		2.000,00 €
Mieterträge	2.000,00 €	
an Gewinn- und Verlustkonto		2.000,00 €

Buchungen im neuen Jahr:

Sonstige Forderungen	2.000,00 €	
an Eröffnungsbilanzkonto		2.000,00 €
Bankguthaben	5.000,0 €	
an Sonstige Forderungen		2.000,00 €
an Mieterträge		3.000,00 €

145

Bilden Sie die notwendigen *Buchungssätze* im alten und neuen Jahr zu folgendem Geschäftsfall: *Das Unternehmen erhält Miete von 5.000,00 € für eine vermietete Lagerhalle nachträglich für die Monate November bis März durch Banküberweisung.*

2.2.2.4 Sonstige Verbindlichkeiten

Handbuch: LF 8

Ausgaben im neuen Jahr sind **wirtschaftlich** ganz oder anteilig dem **alten Jahr als Aufwendungen** zuzurechnen. Damit wird die Aufwandswirksamkeit der im alten Jahr noch ausstehenden Ausgaben vorweggenommen, antizipiert.

146

Wie *entstehen* für ein Unternehmen im Rahmen der zeitlichen Abgrenzung *sonstige Verbindlichkeiten?*

Sie ist eine **Geldverbindlichkeit** gegenüber dem Gläubiger des Unternehmens.

147

Welche *Art von Verbindlichkeit* stellt die sonstige Verbindlichkeit dar?

148 Bilden Sie die notwendigen *Buchungssätze* im alten und neuen Jahr zu folgendem Geschäftsfall: *Das Unternehmen bezahlt Zinsen von 1.000,00 € für Dezember nachträglich im Januar durch Banküberweisung.*

Buchungen im alten Jahr:

Zinsaufwendungen	1.000,00 €	
an Sonstige Verbindlichkeiten		1.000,00 €
Sonstige Verbindlichkeiten	1.000,00 €	
an Schlussbilanzkonto		1.000,00 €
Gewinn- und Verlustkonto	1.000,00 €	
an Zinsaufwendungen		1.000,00 €

Buchungen im neuen Jahr:

Eröffnungsbilanzkonto	1.000,00 €	
an Sonstige Verbindlichkeiten		1.000,00 €
Sonstige Verbindlichkeiten	1.000,00 €	
an Bankguthaben		1.000,00 €

149 Bilden Sie die notwendigen *Buchungssätze* im alten und neuen Jahr zu folgendem Geschäftsfall: *Das Unternehmen überweist die Miete von 36.000,00 € für ein Bürogebäude für drei Monate (November bis Februar) erst im Februar.*

Buchungen im alten Jahr:

Mietaufwendungen	12.000,00 €	
an Sonstige Verbindlichkeiten		12.000,00 €
Sonstige Verbindlichkeiten	12.000,00 €	
an Schlussbilanzkonto		12.000,00 €
Gewinn- und Verlustkonto	12.000,00 €	
an Mietaufwendungen		12.000,00 €

Buchungen im neuen Jahr:

Eröffnungsbilanzkonto	12.000,00 €	
an Sonstige Verbindlichkeiten		12.000,00 €
Sonstige Verbindlichkeiten	12.000,00 €	
Mietaufwendungen	24.000,00 €	
an Bankguthaben		36.000,00 €

2.2.2.5   Aktiver Rechnungsabgrenzungsposten   *Handbuch: LF 8*

150 Wie *entstehen* für ein Unternehmen im Rahmen der zeitlichen Abgrenzung *aktive Rechnungsabgrenzungsposten?*

Ausgaben im alten Jahr sind **wirtschaftlich** ganz oder anteilig dem **neuen Jahr als Aufwendungen** zuzurechnen. Damit wird die Aufwandswirksamkeit der im alten Jahr geleisteten Ausgaben in das neue Jahr hinübergenommen.

ReWe

Er ist eine **Sachforderung** an den Schuldner des Unternehmens.

Welche *Art von* 151 *Forderung* stellt der aktive Rechnungsabgrenzungsposten dar?

Buchungen im alten Jahr:

Aktive Rechnungsabgrenzung	750,00 €	
an Bankguthaben		750,00 €
Schlussbilanzkonto	750,00 €	
an Aktive Rechnungsabgrenzung		750,00 €

Buchungen im neuen Jahr:

Aktive Rechnungsabgrenzung	750,00 €	
an Eröffnungsbilanzkonto		750,00 €
Beiträge zu Wirtschaftsverbänden	750,00 €	
an Aktive Rechnungsabgrenzung		750,00 €

Bilden Sie die 152 notwendigen *Buchungssätze* im alten und neuen Jahr zu folgendem Geschäftsfall: *Das Unternehmen überweist den jährlichen Verbandsbeitrag von 750,00 € bereits Ende Dezember für das kommende Jahr.*

Buchungen im alten Jahr:

Kraftfahrzeugsteuer	687,50 €	
Aktive Rechnungsabgrenzung	962,50 €	
an Bankguthaben		1.650,00 €
Gewinn- und Verlustkonto	687,50 €	
an Kraftfahrzeugsteuer		687,50 €
Schlussbilanzkonto	962,50 €	
an Aktive Rechnungsabgrenzung		962,50 €

Buchungen im neuen Jahr:

Aktive Rechnungsabgrenzung	962,50 €	
an Eröffnungsbilanzkonto		962,50 €
Kraftfahrzeugsteuer	962,50 €	
an Aktive Rechnungsabgrenzung		962,50 €

Bilden Sie die 153 notwendigen *Buchungssätze* im alten und neuen Jahr zu folgendem Geschäftsfall: *Das Unternehmen überweist am 1. August die Kfz-Steuer für einen Lkw in Höhe von 1.650,00 € ein Jahr im Voraus.*

2.2.2.6 Passiver Rechnungsabgrenzungsposten *Handbuch: LF 8*

Einnahmen im alten Jahr sind **wirtschaftlich** ganz oder anteilig dem **neuen Jahr als Erträge** zuzurechnen. Damit wird die Ertragswirksamkeit der im alten Jahr erhaltenen Einnahmen in das neue Jahr hinübergenommen.

Wie *entstehen* 154 für ein Unternehmen im Rahmen der zeitlichen Abgrenzung *passive Rechnungsabgrenzungsposten*?

155   Welche *Art von Verbindlichkeit* stellt der passive Rechnungsabgrenzungsposten dar?

Er ist eine **Sachverbindlichkeit** gegenüber dem Gläubiger des Unternehmens.

---

156   Bilden Sie die notwendigen *Buchungssätze* im alten und neuen Jahr:
Auf dem Bankkonto des Unternehmens wird die Miete von 600,00 € für vermietete Garagen für Januar des kommenden Jahres bereits im Dezember des laufenden Jahres gutgeschrieben.

Buchungen im alten Jahr:

Bankguthaben	600,00 €	
an Passive Rechnungsabgrenzung		600,00 €
Passive Rechnungsabgrenzung	600,00 €	
an Schlussbilanzkonto		600,00 €

Buchungen im neuen Jahr:

Eröffnungsbilanzkonto	600,00 €	
an Passive Rechnungsabgrenzung		600,00 €
Passive Rechnungsabgrenzung	600,00 €	
an Mieterträge		600,00 €

---

157   Bilden Sie die notwendigen *Buchungssätze* im alten und neuen Jahr zu folgendem Geschäftsfall:
Die Miete für vermietete Büroräume in Höhe von 30.000,00 € jährlich ist halbjährlich am 01.04. und am 01.10. im Voraus auf das Konto des Unternehmens zu überweisen.

Buchungen im alten Jahr am 01.10.:

Bankguthaben	30.000,00 €	
an Mieterträge		15.000,00 €
an Passive Rechnungsabgrenzung		15.000,00 €

Weitere Buchungen im alten Jahr:

Mieterträge	15.000,00 €	
an Gewinn- und Verlustkonto		15.000,00 €
Passive Rechnungsabgrenzung	15.000,00 €	
an Schlussbilanzkonto		15.000,00 €

Buchungen im neuen Jahr:

Eröffnungsbilanzkonto	15.000,00 €	
an Passive Rechnungsabgrenzung		15.000,00 €
Passive Rechnungsabgrenzung	15.000,00 €	
an Mieterträge		15.000,00 €

2.2.2.7   Rückstellungen   *Handbuch: LF 8*

158   Was versteht man unter *Rückstellungen?*

Sie sind **Verbindlichkeiten** (Fremdkapital) **für Aufwendungen,** die am Bilanzstichtag ihrem Wesen nach feststehen, nicht aber in ihrer Höhe und/oder Fälligkeit.

 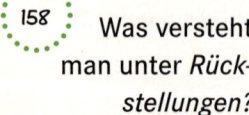

158

In welcher *Höhe* sind die Rückstellungen zu bilden?

„Rückstellungen sind nach § 253 Absatz 1 Satz 2 in Höhe des nach vernünftiger kaufmännischer Beurteilung notwendigen Erfüllungsbetrages anzusetzen."

159

***Wofür* sind Rückstellungen zu bilden?**

Rückstellungen **müssen** nach § 249 Absatz 1 HGB **gebildet werden** für:

- ungewisse Verbindlichkeiten (z. B. Prozesskosten),
- drohende Verluste aus schwebenden Geschäften
- Gewährleistungen, die ohne rechtliche Verpflichtung erbracht werden

- im Geschäftsjahr unterlassene Aufwendungen für Instandhaltung, die im folgenden Geschäftsjahr innerhalb von drei Monaten, oder für Abraumbeseitigung, die im folgenden Geschäftsjahr nachgeholt werden

Entsprechend viele Konten werden geführt.

160

Wie entstehen *drohende Verluste aus schwebenden Geschäften* im Beschaffungs- und im Absatzbereich?

- Schwebende Geschäfte sind z. B. **Verträge** mit Lieferanten oder Kunden, die zwar abgeschlossen, aber bis zum Bilanzstichtag von beiden Seiten **noch nicht erfüllt** wurden.
- Im **Beschaffungsbereich** ergibt sich der drohende Verlust aus der **Differenz** zwischen dem **vereinbarten Einkaufspreis** (z. B. 650,00 €) und dem am Bilanzstichtag geltenden niedrigeren **Wiederbeschaffungspreis** (z. B. 595,00 €). Im Nachhinein wurde also ein für das Unternehmen ungünstiger Kaufvertrag abgeschlossen.

- Im **Absatzbereich** ergibt sich der drohende Verlust dadurch, dass die nach dem Bilanzstichtag **zu erwartenden Selbstkosten** höher sein werden (z. B. 798,00 €) als der vertraglich **vereinbarte Verkaufspreis** (z. B. 793,00 €), wenn beispielsweise die Material- oder Lohnkosten gegenüber der Kalkulation gestiegen sind.

161

Welcher *Kontenart* sind die verschiedenen Rückstellungskonten zuzuordnen?

Diese verschiedenen Rückstellungskonten sind **passive Bestandskonten,** da Rückstellungen Fremdkapital darstellen.

162

Wann werden Rückstellungen *aufgelöst* und welche Fälle sind dabei zu unterscheiden?

Sie dürfen nur dann aufgelöst werden, wenn der **Grund ihrer Entstehung entfallen** ist. Dabei sind drei Fälle zu unterscheiden:

Rückstellung = Ausgabe

Rückstellung < Ausgabe: Im Jahr der Auflösung ergeben sich periodenfremde Aufwendungen

Rückstellung > Ausgabe: Im Jahr der Auflösung ergeben sich Erträge aus der Herabsetzung von Rückstellungen

163 Bilden Sie zu den folgenden Geschäftsfällen die relevanten *Buchungssätze:*
Da der Steuerbescheid erst im kommenden Jahr vorliegen wird, ist zum Bilanzstichtag am 31.12. eine Rückstellung für die Gewerbesteuer in Höhe von 5.000,00 € zu bilden. Die vom Finanzamt im März des kommenden Jahres festgesetzte Gewerbesteuer ist zu überweisen. Sie beträgt alternativ:
a) 5.000,00 €,
b) 5.800,00 €,
c) 4.100,00 €.

Buchungen im alten Jahr per 31.12.

Gewerbesteuer	5.000,00 €	
an Steuerrückstellungen		5.000,00 €
Gewinn- und Verlustkonto	5.000,00 €	
an Gewerbesteuer		5.000,00 €
Steuerrückstellungen	5.000,00 €	
an Schlussbilanzkonto		5.000,00 €

Buchung im neuen Jahr per 01.01.

Eröffnungsbilanzkonto	5.000,00 €	
an Steuerrückstellungen		5.000,00 €

Buchungen im neuen Jahr im März alternativ, je nach Ausfall des Steuerbescheids:

a) Steuerrückstellungen	5.000,00 €	
an Bankguthaben		5.000,00 €
b) Steuerrückstellungen	5.000,00 €	
Periodenfremde Aufwendungen	800,00 €	
an Bankguthaben		5.800,00 €
c) Steuerrückstellungen	5.000,00 €	
an Bankguthaben		4.100,00 €
an Erträge aus der Herabsetzung von Rückstellungen		900,00 €

164 *Unterscheiden* Sie *Rückstellungen* von *Rücklagen.*

- **Rückstellungen sind Verbindlichkeiten,** also Fremdkapital, für Aufwendungen.

- **Rücklagen** dagegen **sind Eigenkapital;** sie werden z. B. aus einbehaltenen Gewinnen (Gewinnrücklagen) gebildet.

2.2.3 Bilanzierungs- und Bewertungsgrundsätze

2.2.3.1 Handelsbilanz und Steuerbilanz   *Handbuch: LF 8*

165 *Anhand welcher Merkmale* kann die *Handelsbilanz* beschrieben werden?

- Rechtsgrundlage ist das Handelsgesetzbuch (HGB).
- Oberster Bewertungsgrundsatz ist das Prinzip der Vorsicht.

- Die Kapitalerhaltung und damit der Gläubigerschutzgedanke stehen im Vordergrund der Bewertung von Vermögen und Schulden.

- Rechtsgrundlagen sind das Einkommensteuergesetz (EStG) und – für Kapitalgesellschaften – das Körperschaftsteuergesetz (KöStG).

- Sichergestellt werden soll die Gewinnermittlung nach einheitlichen Grundsätzen. Damit soll zur Steuergerechtigkeit beigetragen werden.

166 Anhand welcher *Merkmale* kann die *Steuerbilanz* beschrieben werden?

Grundsätzlich gelten (sind maßgeblich) die Wertansätze der Handelsbilanz auch für die Steuerbilanz, sofern das Steuerrecht nicht zwingend eine andere Bewertung vorschreibt.
Beispiel: Während in der Handelsbilanz Rückstellungen für drohende Verluste aus schwebenden Geschäften gebildet werden müssen, ist in der Steuerbilanz die Bildung derartiger Rückstellungen nach § 5 Absatz 4a Satz 1 EStG untersagt. Insofern wird das Maßgeblichkeitsprinzip durchbrochen.

167 Was versteht man unter dem *Maßgeblichkeitsprinzip?*

Prinzipien der ...

- Bilanzklarheit und -übersichtlichkeit

- Vorsicht

- Bilanzwahrheit

- Bilanzverknüpfung

- Einzelbewertung

168 Geben Sie einen *Überblick* über die Bilanzierungs- und Bewertungsprinzipien.

2.2.3.2 Prinzip der Bilanzklarheit und -übersichtlichkeit

Handbuch: LF 8

Die Bilanz muss klar und übersichtlich sein, damit ein sachkundiger Dritter, z. B. ein Finanzbeamter der Außenprüfung, in angemessener Zeit einen sicheren Einblick in die Vermögens- und Schuldenlage sowie die Erfolgslage des Unternehmens gewinnen kann.

169 Warum muss eine *Bilanz klar* und *übersichtlich* sein?

Die Nachprüfbarkeit wird durch die Beachtung der Grundsätze ordnungsmäßiger Buchführung im engeren Sinne bei der Erstellung des Jahresabschlusses erreicht. Dabei geht es im Wesentlichen um die **Einhaltung formaler Vorschriften.**

170 Wie wird die *Nachprüfbarkeit* einer Bilanz sichergestellt?

- Verwenden eines transparenten Buchführungssystems

- Führen von Handelsbüchern

- Verwenden einer lebenden (der deutschen) Sprache

- Bewerten in Euro

- zeitgerechtes und geordnetes Eintragen in die Handelsbücher

- Buchen nur aufgrund von Belegen

- Beachten von Aufbewahrungsfristen

- Beachten der Dauer des Geschäftsjahres (nicht länger als zwölf Monate)

- Anwenden des Stichtagsprinzips

- Bewerten jedes einzelnen Vermögensgegenstandes und jeder Einzelschuld (Einzelbewertung)

171 Welches sind die *Grundsätze ordnungsmäßiger Buchführung* im engeren Sinne?

Bilanzklarheit und -übersichtlichkeit

172 Welche *Handelsbücher* können unterschieden werden?

- Grundbuch
- Hauptbuch
- Nebenbücher wie Kontokorrentbücher
- Lagerbücher
- Kassenbuch
- Bilanzbuch mit Bilanz und Gewinn- und Verlustrechnung

173 Welche *Arten von Buchungsbelegen* werden unterschieden?

- **interne Belege:** Belege, die im Unternehmen erstellt werden
- **externe Belege:** Belege, die von außen in das Unternehmen gelangen
- **Notbelege (Ersatzbelege):** Belege, die nicht erstellt werden konnten oder Ersatz abhandengekommener Belege

174 Welche *Aufbewahrungsfristen* kennen Sie?

- **zehn Jahre** für Handelsbücher, Inventare, Bilanzen, Buchungsbelege, Lagebericht
- **sechs Jahre** für Handelsbriefe, sonstige Unterlagen

175 Was ist unter dem *Stichtagsprinzip* zu verstehen?

Bei der Erstellung der Bilanz sind sämtliche Vermögensteile und Schulden am Abschluss- oder Bilanzstichtag, zum Beispiel zum 31.12., mit dem Wert zu bewerten, der ihnen zu diesem Zeitpunkt beizulegen ist.

176 Wie wird die *Übersichtlichkeit* einer Bilanz gewährleistet?

- Anwenden des für das jeweilige Unternehmen gültigen **Kontenrahmens** bei der Erstellung des Kontenplans
- Beachten der **handelsrechtlichen (Mindest-)Gliederungsvorschriften** für Bilanz, Gewinn- und Verlustrechnung sowie der Vorschriften über den Inhalt des Anhangs
- Beachten des **Verbots,** fremdartige Wirtschaftsgüter (z. B. Finanzanlagen und Rohstoffe) zusammenzufassen
- striktes Anwenden des **Bruttoprinzips**
- Darstellen der Entwicklung einzelner Posten des Anlagevermögens in einem **Anlagenspiegel**

177 Was versteht man unter dem *Bruttoprinzip?*

Einzelne Bilanzpositionen bzw. Positionen der Gewinn- und Verlustrechnung dürfen **nicht miteinander verrechnet** werden.

Beispiele:
- Forderungen aus Lieferungen und Leistungen nicht mit Verbindlichkeiten aus Lieferungen und Leistungen
- Zinsaufwendungen nicht mit Zinserträgen
- Mietaufwendungen nicht mit Mieterträgen

2.2.3.3 Prinzip der Vorsicht   *Handbuch: LF 8*

178 Was besagt das *Vorsichtsprinzip?*

Das Vermögen des Unternehmens wird so niedrig wie möglich, die Schulden werden so hoch wie möglich bewertet, damit der Gewinn so niedrig wie möglich ausgewiesen werden kann.

ReWe

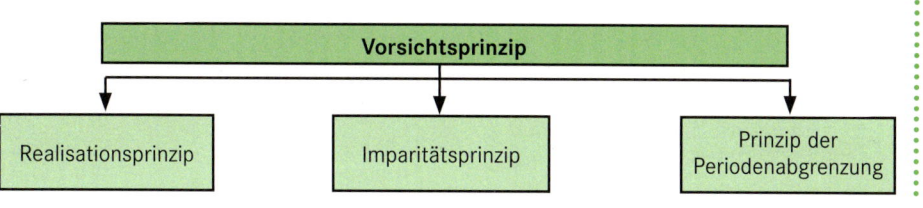

Erträge und Aufwendungen dürfen erst dann in der Bilanz ausgewiesen werden, wenn sie durch Umsätze verwirklicht, realisiert sind. Insbesondere dürfen nicht realisierte Gewinne (Erträge) nicht ausgewiesen werden. Daher hat der Gesetzgeber Wertgrenzen festgelegt, die weder überschritten noch unterschritten werden dürfen.

- **ursprüngliche Anschaffungs- bzw. Herstellungskosten (AHK) als Wertobergrenzen:**
  - ○ für Güter des nicht abnutzbaren Anlagevermögens, wie z. B. Beteiligungen, Grundstücke (soweit kein Substanzabbau stattfindet)
  - ○ für Güter des Umlaufvermögens, wie z. B. Roh-, Hilfs-, Betriebsstoffe

- **fortgeschriebene Anschaffungs- bzw. Herstellungskosten als Wertobergrenzen (AHK – planmäßige Abschreibungen):**
  - ○ für Güter des abnutzbaren Anlagevermögens, wie z. B. Betriebsgebäude, technische Anlagen und Maschinen

- **ursprünglicher Erfüllungsbetrag als Wertuntergrenze:**
  - ○ für Verbindlichkeiten, wie z. B. Auslandsschulden

a) Die Beteiligung ist mit 15,00 €/Aktie zu bilanzieren.

b) Buchwert der Maschine:
60.000,00 € – 7.500,00 € = 52.500,00 €

Mit diesem Wert ist die Maschine in der Bilanz auszuweisen.

c) Anschaffungswert:
400.000 NOK : 7,95 NOK/€ = 50.314,47 €
Wert am Bilanzstichtag:
400.000 NOK : 7,98 NOK/€ = 50.125,31 €

Der Kredit muss mit dem höheren Wert, also mit 50.314,47 €, in der Bilanz ausgewiesen werden.

In welchen *Bewertungsprinzipien* **kommt das** *Vorsichtsprinzip* **zum Ausdruck?** 179

Was besagt allgemein das *Realisationsprinzip?* 180

Welche *Wertgrenzen* **hat der Gesetzgeber festgelegt?** 181

Geben Sie die *Werte am Bilanzstichtag* **zu folgenden Positionen an:** 182
a) *Anschaffungskurs einer Beteiligung: 15,00 €/Aktie; Kurs am Bilanzstichtag: 17,00 €/Aktie*
b) *Anschaffungskosten einer Maschine am 03.01.: 60.000,00 €; Nutzungsdauer: 8 Jahre, lineare Abschreibung*
c) *Aufnahme eines Kredits in Norwegen über 400.000,00 norw. Kronen zum Kurs von 7,95 NOK pro €; Kurs am Bilanzstichtag: 7,98 NOK pro €*

Bilanzierungsprinzipien

183 **Was bedeutet der Begriff *Imparitätsprinzip?***

Parität bedeutet Gleichheit, Imparität Ungleichheit. Im Rahmen der Bilanzierungs- und Bewertungsgrundsätze bedeutet Imparität die **Ungleichbehandlung nicht realisierter Gewinne** und **nicht realisierter Verluste**.

- Nicht realisierte Gewinne (Erträge) dürfen nicht ausgewiesen werden.
- Nicht realisierte Verluste (Aufwendungen) können bzw. müssen ausgewiesen werden (Niederstwertprinzip).

184 **Was besagt das *Niederstwertprinzip?***

Nach HGB sind die Vermögensteile grundsätzlich vorsichtig, das heißt so niedrig wie möglich, zu bewerten. Dieses Bewertungsprinzip findet seinen Niederschlag im sogenannten Niederstwertprinzip. Es besagt, dass die Vermögensgegenstände am Bilanzstichtag mit dem **niedrigeren von zwei Werten** zu bewerten sind.

185 **Was besagt das *Höchstwertprinzip?***

Nach HGB sind die Schulden grundsätzlich vorsichtig, das heißt so hoch wie gesetzlich möglich, zu bewerten. Dieses Bewertungsprinzip findet im sogenannten **Höchstwertprinzip** seinen Niederschlag. Es besagt, dass die Schulden am Bilanzstichtag mit dem **höheren von zwei Werten** zu bewerten sind – analog zum Niederstwertprinzip beim Vermögen (siehe hierzu Abschnitt 2.2.8 – Bewertung des Fremdkapitals).

2.2.3.4 Weitere Bilanzierungsprinzipien   *Handbuch: LF 8*

186 **Was versteht man unter dem Prinzip der *Periodenabgrenzung?***

- Sämtliche **Aufwendungen** und **Erträge** sind **wirtschaftlich** dem Geschäftsjahr **zuzuordnen,** in dem sie entstanden sind, unabhängig vom Zeitpunkt der entsprechenden Zahlungen (siehe Kap. 2.2.2 mit Unterkapiteln).

- Ziel ist die **periodengerechte Erfolgsermittlung.**

187 **Was besagt das Prinzip der *Bilanzwahrheit?***

- Sämtliche **vorhandenen Wirtschaftsgüter** und **Kapitalwerte** eines Unternehmens sind zu bilanzieren.
- **Falsche** oder **fiktive Posten** dürfen nicht in der Bilanz ausgewiesen werden.

- Die Vermögens- und Kapitalwerte sind entsprechend den **Mindestgliederungsvorschriften** des HGB in der Bilanz auszuweisen.
- Die Vermögens- und Kapitalpositionen sind entsprechend den **gesetzlichen Vorschriften** zu **bewerten.**

188 **Was versteht man unter dem Prinzip der *Bilanzverknüpfung?***

- Die Eröffnungsbilanz des Geschäftsjahres muss mit der Schlussbilanz des Vorjahres übereinstimmen **(Bilanzidentität).**
- Die Positionen aufeinander folgender Jahresbilanzen müssen wegen der **formellen Bilanzkontinuität**
  - ○ gleich gegliedert sein,
  - ○ inhaltlich gleich voneinander abgegrenzt sein,
  - ○ gleiche Benennungen aufweisen und

  - ○ dem gleichen Abschlusszeitraum unterliegen.
- Ebenso sind die Ausübung von Bilanzierungswahlrechten und die einmal gewählte Bewertungsmethode für aufeinander folgende Jahresbilanzen beizubehalten **(inhaltliche Bilanzkontinuität).**
- Die Beachtung dieser Prinzipien soll die **Vergleichbarkeit von Bilanzen** im Zeitablauf sicherstellen.

✓ *ReWe*

Sämtliche **Vermögensgegenstände** und **Schuldenteile** sind grundsätzlich **einzeln zu bewerten** (zur Durchbrechung dieses Prinzips siehe die Sammelbewertungsverfahren bei der Bewertung von Vorräten in Kapitel 2.2.6.1).

189
Was besagt das Prinzip der *Einzelbewertung*?

2.2.4 Wertansätze in der handelsrechtlichen Jahresbilanz

2.2.4.1 (Aktivierungspflichtige) Anschaffungskosten
Handbuch: LF 8

```
  Anschaffungspreis
– Anschaffungspreisminderungen
+ Anschaffungsnebenkosten
+ nachträgliche Anschaffungskosten
= (aktivierungspflichtige) Anschaffungskosten
```

190
Wie errechnen sich die *Anschaffungskosten?*

- Sofortrabatte
- Skonti

- Boni
- sonstige Preisnachlässe

191
Welche *Anschaffungspreisminderungen* können in Betracht kommen?

- Sie verringern den Wert.
- Sie werden entweder direkt auf den entsprechenden Bestandskonten im Haben gebucht (beim Anlagevermögen) oder auf Unterkonten der Werkstoffkonten, ebenfalls im Haben.

- Dabei ist zu beachten, dass Sofortrabatte nicht gebucht werden, die sie den Güterwert im Vorhinein mindern.

192
Wie *wirken* sich *Anschaffungspreisminderungen* auf den Wert der beschafften Güter aus und wie werden sie gebucht?

- Kosten für ein Fundament
- Bezugskosten wie Fracht, Rollgeld, Transportversicherung, Verpackungskosten, Zoll

- Montagekosten
- Vermessungskosten und Notariatskosten sowie Grunderwerbsteuer bei Grundstücken

193
Nennen Sie *Beispiele* für *Anschaffungsnebenkosten.*

Die Umsatzsteuer gehört nicht zu den Anschaffungs(neben)kosten (durchlaufender Posten)!

194 **Wie *wirken* sich *Anschaffungs- nebenkosten* auf den Wert der beschafften Güter aus?**

- Sie erhöhen den Wert der Güter.

- Sie werden auf der Sollseite der entsprechenden Bestandskonten gebucht.

195 **Wie werden Anschaffungs- nebenkosten *gebucht*?**

- Beim **Anlagevermögen** (z. B. Technische Anlagen/Maschinen) werden sie auf der Sollseite des entsprechenden Bestandskontos erfasst.

- Bei den **Werkstoffen** werden sie auf den entsprechenden Unterkonten ebenfalls auf der Sollseite, z. B. Bezugskosten für Rohstoffe, gebucht. Die Unterkonten werden über die Hauptkonten abgeschlossen. Damit werden die Anschaffungsnebenkosten „aktiviert".

196 **Was bewirken *nachträgliche Anschaffungskosten*?**

Sie **erhöhen den Wert** des beschafften Vermögensgegenstandes, z. B. nachträgliche Preiserhöhungen aufgrund gerichtlicher Entscheidung.

197 **Welche *Bedeutung* haben die Anschaffungskosten?**

Sie bilden die **Wertobergrenze** der entsprechenden Vermögensgegenstände und – bei abnutzbaren Gegenständen des Anlagevermögens – die **Basis für** die Berechnung der **planmäßigen Abschreibungen**.

2.2.4.2   Herstellungskosten   *Handbuch: LF 8*

198 **Was versteht man unter *Herstellungskosten*?**

- Hierbei handelt es sich um **Aufwendungen,** die einem Unternehmen durch den Verbrauch von Gütern und die Inanspruchnahme von Diensten bei der **Herstellung eines Vermögensgegenstandes** entstehen.

- Sie treten an die Stelle der Anschaffungskosten für fremd beschaffte Vermögensgegenstände und sind **aus der Kostenrechnung abzuleiten**.

199 **Welche *Güter* sind zu *Herstellungskosten* zu bewerten?**

- unfertige Erzeugnisse
- fertige Erzeugnisse

- selbst erstellte und selbst genutzte Anlagen und Werkzeuge (aktivierte Eigenleistungen)

Folgende Kosten **müssen** nach § 255 Absatz 2 **mindestens** in die Herstellungskosten eingerechnet werden (**Einbeziehungsgebot**):

200

Welche Kosten bilden die *Wertuntergrenze* der Herstellungskosten nach HGB?

	(1)	Materialeinzelkosten (insbesondere Fertigungsmaterial- oder Rohstoffkosten)
+	(2)	Materialgemeinkosten (z. B. Hilfsstoffkosten, Kosten der Lagerverwaltung)
=	(3)	Materialkosten ((1) + (2))
	(4)	Fertigungseinzelkosten (z. B. Fertigungslöhne)
+	(5)	Fertigungsgemeinkosten (z. B. Energiekosten, Meistergehälter, angemessene Teile der Abschreibungen auf das Anlagevermögen, soweit durch die Fertigung verursacht)
+	(6)	Sondereinzelkosten der Fertigung (z. B. Kosten für spezielle Werkzeuge und Modelle, Lizenzgebühren)
=	(7)	Fertigungskosten ((4) + (5) + (6))
=	(8)	Herstellungskosten der Wertuntergrenze ((3) + (7))

Folgende Kosten **können** nach § 255 Absatz 2 HGB **zusätzlich** zu den Herstellungskosten der Wertuntergrenze eingerechnet werden (**Einbeziehungswahlrecht**):

201

Welche Kosten bilden die *Wertobergrenze* der Herstellungskosten nach HGB?

	(8)	Herstellungskosten der Wertuntergrenze
+	(9)	angemessene Teile der Kosten der allgemeinen Verwaltung (Verwaltungsgemeinkosten wie z. B. Gehälter der Angestellten, Abschreibungen auf BGA, Kosten des Betriebsrates und des Werkschutzes)
+	(10)	angemessene Teile für Aufwendungen für soziale Einrichtungen (z. B. Kosten der Kindertagesstätte), für freiwillige soziale Leistungen und für betriebliche Altersvorsorge
=	(11)	Herstellungskosten der Wertobergrenze ((8) + (9) + (10))

Fremdkapitalzinsen dürfen nur dann in die Herstellungskosten eingerechnet werden, wenn nachweislich in unmittelbarem wirtschaftlichen Zusammenhang mit der Herstellung eines Vermögensgegenstandes ein Kredit aufgenommen wurde und die Zinsen in den Herstellungszeitraum dieses Gegenstandes fallen (§ 255 Absatz 3 Satz 1 HGB).

Folgende Kosten dürfen nach § 255 Absatz 2 HGB **nicht** in die Herstellungskosten eingerechnet werden (**Einbeziehungsverbot**):

202

Welche Kosten dürfen *nicht* in die *Herstellungskosten* nach HGB eingerechnet werden?

- Vertriebskosten, nämlich:
  - Vertriebsgemeinkosten (z. B. Kosten der Vertriebsabteilung, Kosten des Versandlagers)
  - Sondereinzelkosten des Vertriebs (z. B. Vertriebsprovision, Kosten für Spezialverpackung, Prämien für spezielle Transportversicherung)
- Forschungskosten

Außerdem sind die **kalkulatorischen Kosten** wie kalkulatorischer Unternehmerlohn, kalkulatorische Eigenkapitalzinsen, kalkulatorische Wagniskosten und kalkulatorische Abschreibungen im HGB-Abschluss **nicht** unter den **Herstellungskosten aktivierbar,** da mit der Kostenrechnung andere Ziele verfolgt werden als mit dem Jahresabschluss.

203 Welche *Bedeutung* haben die Herstellungskosten?

- Bei den **unfertigen** und **fertigen Erzeugnissen** bilden sie die **Wertuntergrenze** bzw. **Wertobergrenze**.

- Bei den **aktivierten Eigenleistungen** bilden sie darüber hinaus die **Grundlage** für die Berechnung **der planmäßigen Abschreibungen**.

204 Welche *Wirkung* hat die Bewertung z. B. der fertigen Erzeugnisse mit der Wertuntergrenze auf den Unternehmensgewinn im Vergleich mit der Bewertung mit der Wertobergrenze?

Der Unternehmensgewinn wird dadurch **geringer** ausgewiesen.

2.2.4.3   Erfüllungsbetrag   *Handbuch: LF 8*

205 Mit welchen *Werten* sind die verschiedenen *Schuldenposten* in der Bilanz auszuweisen?

Sie sind mit dem jeweiligen **Erfüllungsbetrag** zu bilanzieren. Dabei kommen z. B. die folgenden Werte infrage:

- Schulden gegenüber Lieferanten: Rechnungs- oder Bruttobetrag
- Schulden gegenüber Kreditinstituten: Tilgungsbetrag

- Schulden gegenüber Kunden aufgrund von An- oder Vorauszahlungen: geschuldeter Güter- oder Dienstleistungswert

2.2.5   Bewertung des Anlagevermögens

206 Aus welchen Hauptpositionen setzt sich das *Anlagevermögen* eines Unternehmens zusammen?

- selbst geschaffene immaterielle Vermögensgegenstände, z. B. patentiertes Produktionsverfahren
- entgeltlich erworbene immaterielle Vermögensgegenstände, z. B. Lizenzen

- Sachanlagen, z. B. Maschinen
- Finanzanlagen, z. B. Beteiligungen

207 Wie ist das *Anlagevermögen* im Hinblick auf seine *zeitliche Nutzung* zu unterteilen?

- **zeitlich unbegrenzt nutzbares Anlagevermögen**
  (nicht abnutzbares Anlagevermögen)

- **zeitlich begrenzt nutzbares Anlagevermögen**
  Dabei ergibt sich die zeitliche Begrenzung durch Nutzung bzw. Verwendung des Vermögensgegenstandes, aber auch durch Fristablauf (abnutzbares Anlagevermögen).

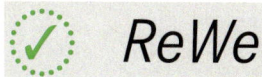

ReWe

2.2.5.1 Bewertung des zeitlich unbegrenzt nutzbaren Anlagevermögens
Handbuch: LF 8

- Grundstücke, sofern kein Substanzabbau stattfindet

- Finanzanlagen wie Beteiligungen und Wertpapiere des Anlagevermögens
- langfristige Ausleihungen

208 Welche Vermögensgegenstände gehören *zum zeitlich unbegrenzt nutzbaren Anlagevermögen?*

Sie sind mit den (aktivierungsfähigen) Anschaffungskosten zu bilanzieren.

209 Mit welchem *Wert* sind die Güter des *zeitlich unbegrenzt nutzbaren Anlagevermögens* höchstens anzusetzen?

- Ist der Wert, der dem Anlagevermögensgegenstand am Bilanzstichtag „beizulegen" ist, **voraussichtlich dauernd** niedriger als die AK/HK, **muss** nach § 253 Absatz 3 Satz 3 HGB eine **außerplanmäßige Abschreibung** auf diesen niedrigeren Wert vorgenommen werden **(Abschreibungspflicht).**

- Für **Finanzanlagen** gilt nach § 253 Absatz 3 Satz 4 HGB zusätzlich folgende Regelung: Ist die **Wertminderung** voraussichtlich nicht dauernd, also voraussichtlich nur **vorübergehend, können** außerplanmäßige Abschreibungen auf den niedrigeren „beizulegenden" Wert vorgenommen werden **(Abschreibungswahlrecht).**

210 Wie sind die Güter des zeitlich unbegrenzt nutzbaren Anlagevermögens am *Bilanzstichtag* nach HGB zu bewerten, wenn der Wert gegenüber dem Anschaffungszeitpunkt gesunken ist?

2.2.5.2 Bewertung des zeitlich begrenzt nutzbaren Anlagevermögens
Handbuch: LF 8

Beispiele zeitlich begrenzt nutzbaren Anlagevermögens:

- entgeltlich erworbene immaterielle Vermögensgegenstände, wie Patente, oder entgeltlich erworbener Firmenwert
- selbst geschaffene immaterielle Vermögensgegenstände, wie das Rezept eines neuen Medikamentes, neu entwickelte Software

- Gebäude
- technische Anlagen/Maschinen
- Fuhrpark
- Betriebs- und Geschäftsausstattung

211 Welche Vermögensgegenstände gehören zum *zeitlich begrenzt nutzbaren Anlagevermögen?* Nennen Sie Beispiele.

Wie sind die *Güter des zeitlich begrenzt nutzbaren Anlagevermögens* **in der Jahresbilanz zu** *bewerten?*

- Sie sind zunächst zum Zeitpunkt der Anschaffung/Herstellung mit den Anschaffungskosten/Herstellungskosten (AH/HK) zu aktivieren.

- In der Folge sind sie dann mit den sogenannten **fortgeführten AK/HK** in der Jahresbilanz auszuweisen.

- Die fortgeführten AK/HK errechnen sich wie folgt:

  Anschaffungskosten/Herstellungskosten
  – planmäßige Abschreibungen
  = fortgeführte Anschaffungskosten/Herstellungskosten

- Die fortgeführten AK/HK ergeben sich als Saldo oder Endbestand auf den entsprechenden Anlagekonten.

(zu den planmäßigen Abschreibungen siehe Kapitel 2.1.15)

Berechnen Sie für das Jahr 01 die *Anschaffungskosten,* **die planmäßigen** *Abschreibungen* **und die** *fortgeführten Anschaffungskosten* **(Buchwert per 31.12.):** *Ein Unternehmen kaufte am 02.01. des Jahres 01 eine Drehbank auf Ziel: Listenpreis: 26.500,00 € + Transportkosten 750,00 € 27.250,00 € + 19 % USt 5.177,50 € = Re.-Betrag 32.427,50 € Der Re.-Betrag wurde abzügl. 2 % Skonto durch Banküberweisung beglichen. Die Montagekosten – sofort durch Bankscheck ohne Skontoabzug bezahlt – betrugen 1.295,00 € zzgl. 19 % USt. Nutzungsdauer der Drehbank 6 Jahre; Abschreibung linear.*

Anschaffungskosten:

	Listenpreis	26.500,00 €
+	Transportkosten	750,00 €
+	Montagekosten	1.295,00 €
–	Skonto	454,00 €
=	Anschaffungskosten	28.091,00 €

(Die Umsatzsteuer stellt keine Kosten dar!)

Abschreibungsbetrag:
28.091,00 € : 6 Jahre = 4.681,83 €/Jahr

Fortgeführte Anschaffungskosten (Buchwert per 31.12.01):

	Anschaffungskosten	28.091,00 €
–	Abschreibung	4.681,83 €
=	fortgeführte Anschaffungskosten	23.409, 17 €

- Hierbei handelt es sich um Güter, die im Unternehmen für den **Eigenbedarf** produziert werden, die von Anfang an **nicht für den Absatz bestimmt** sind. Sie werden auch als selbst erstellte Anlagen bezeichnet.

- *Beispiele:* Ein Automobilhersteller produziert die benötigten Schweißautomaten selbst oder ein Hochbauunternehmen erstellt für eigene Zwecke ein neues Verwaltungsgebäude.

- Zum Zeitpunkt der **Fertigstellung** sind sie mit den **Herstellungskosten** zu bewerten,

- in der **Jahresbilanz** mit den **fortgeführten Herstellungskosten.**

Bewertung zu Herstellungskosten:

	Materialeinzelkosten	1.000.000,00 €
+	Materialgemeinkosten (20 %)	200.000,00 €
+	Fertigungseinzelkosten	1.250.000,00 €
+	Fertigungsgemeinkosten (85 %)	1.062.500,00 €
+	Verwaltungsgemeinkosten (10 %)	351.250,00 €
	Herstellungskosten	3.863.750,00 €

Aktivierung der Herstellungskosten zum Zeitpunkt der Fertigstellung:

	Verwaltungsgebäude	3.863.750,00 €	
an	Aktivierte Eigenleistungen		3.863.750,00 €

Berechnung der Abschreibung:

3.863.750,00 € : 50 Jahre = 77.275,00 €/Jahr

Buchung der Abschreibung am Ende des Jahres der Fertigstellung:

	Abschreibungen auf Sachanlagen	77.275,00 €	
an	Verwaltungsgebäude		77.275,00 €

Bewertung am Ende des Jahres der Fertigstellung:

	Herstellungskosten	3.863.750,00 €
–	Abschreibung	77.275,00 €
=	fortgeführte Herstellungskosten (Buchwert)	3.786.475,00 €

214 Was versteht man unter den sogenannten *Eigenleistungen?*

215 Wie sind die *Eigenleistungen* zum Zeitpunkt ihrer Fertigstellung und in der Jahresbilanz zu *bewerten?*

216 *Bewerten* Sie die *Eigenleistung* und geben Sie die relevanten *Buchungssätze* zum Zeitpunkt der Fertigstellung und am Ende des Jahres der Fertigstellung anhand des folgenden Beispiels an:
Die Erweiterung des Verwaltungsgebäudes (fertiggestellt im Januar), die das Bauunternehmen selbst vornahm, hat folgende Kosten verursacht: Materialeinzelkosten 1.000.000,00 €, Materialgemeinkosten 20 %, Fertigungseinzelkosten 1.250.000,00 €, Fertigungsgemeinkosten 85 %, Verwaltungsgemeinkosten 10 %. Das Unternehmen bewertet den Erweiterungsbau so hoch wie möglich; Nutzungsdauer 50 Jahre.

217 Welche *Zeitpunkte* sind maßgebend für den Beginn bzw. das Ende der *planmäßigen Abschreibung* auf bewegliche, zeitlich begrenzt nutzbare (abnutzbare) Güter des Anlagevermögens?

- Meistens erfolgt die **Lieferung** bzw. **Fertigstellung** eines Anlagegutes nicht zu Beginn eines Geschäftsjahres, sondern in der laufenden Abrechnungsperiode. Daher darf nicht der gesamte Jahresabschreibungsbetrag als Aufwand angesetzt werden, sondern nur der **zeitanteilige**. Zeitanteilig bedeutet monatsgenau, wobei der **Monat der Lieferung bzw. Fertigstellung** mit eingerechnet wird.
  Beispiel: Wird eine NC-gesteuerte Drehbank am 25. März geliefert, beträgt die Abschreibungsdauer im ersten Jahr 10 Monate. Also beträgt der Abschreibungsbetrag 10/12 des Jahresabschreibungsbetrages.

- Wird eine gebrauchte Anlage im Laufe des Jahres **verkauft,** wird auch das Jahr des Verkaufs bei der Berechnung der Abschreibung nur zeitanteilig berücksichtigt. **Hier endet allerdings der Abschreibungszeitraum im Vormonat des Verkaufs.**
  Beispiel: Die NC-gesteuerte Drehbank (geschätzte Nutzungsdauer sechs Jahre) wird im fünften Jahr der Nutzung am 16. September verkauft. Die Drehbank wird also im fünften Jahr noch bis einschließlich August planmäßig abgeschrieben, der Abschreibungsbetrag beträgt demnach 8/12 des Jahresabschreibungsbetrages.

---

218 Ermitteln Sie für das Jahr der Anschaffung (01) die *zeitanteilige* Abschreibung und den Buchwert für folgende Maschine:
Anschaffungskosten eines Schweißautomaten: 185.000,00 €, Anschaffungszeitpunkt: 16.08.01, Nutzungsdauer: 8 Jahre lineare Abschreibung.

Ermittlung des Abschreibungsbetrages:
Jahresabschreibungsbetrag:
$$185.000,00\ € : 8\ \text{Jahre} = 23.125,00\ €/\text{Jahr}$$

$$\text{zeitanteilige Abschreibung} = \frac{23.125,00\ €}{12\ \text{Monate}} \cdot 8\ \text{Monate} = 15.416,67\ €$$

Ermittlung des Buchwertes:
$$185.000,00\ € - 15.416,67\ € = 169.583,33\ €$$

---

219 a) Berechnen Sie Buchwert sowie Verkaufserfolg, wenn der Automat (siehe vorherige Aufgabe) am 25.04.07. für 51.000,00 € (netto) zzgl. 19 % USt auf Ziel verkauft wird.
b) Bilden Sie alle notwendigen Buchungssätze zum 25.04.07.

a) Berechnung des Buchwertes und des Verkaufserfolgs:

Anschaffungskosten	185.000,00 €
− zeitanteilige Abschreibung in 01	15.416,67 €
− Abschreibungen 02 bis 06	115.625,00 €
(23.125,00 € · 5)	
− zeitanteilige Abschreibung in 07	5.781,25 €
(23.125,00 € : 12 · 3)	
= Buchwert am 25.04.07	48.177,08 €
− Verkaufspreis netto	51.000,00 €
= Verkaufsgewinn	2.822,92 €

b) Buchungssätze am 25.04.07

Buchung der zeitanteiligen Abschreibung in 07:

Abschreibungen auf Sachanlagen	5.781,25 €	
an Technische Anlagen und Maschinen		5.781,25 €

Buchung der Zielverkaufs:

Forderungen a. LL	60.690,00 €	
an Erlöse aus Anlagenabgängen		51.000,00 €
an Umsatzsteuer		9.690,00 €

Ausbuchung des Buchwertes:

Erlöse aus Anlagenabgängen	51.000,00 €	
an Technische Anlagen und Maschinen		48.177,08 €
an Erträge aus Vermögensabgang		2.822,92 €

2.2.5.3 Bewertung geringwertiger Wirtschaftsgüter
Handbuch: LF 8

Geringwertige Wirtschaftsgüter

- müssen abnutzbar sein,
- müssen beweglich sein,
- müssen selbstständig nutzbar sein.

- Die Anschaffungs-/Herstellungskosten abzüglich darin enthaltener Vorsteuer
  - dürfen 150,00 € nicht übersteigen bzw.
  - sind höher als 150,00 €, dürfen aber 1.000,00 € nicht übersteigen.

Welche Merkmale weisen geringwertige Wirtschaftsgüter auf? 220

Diese Wirtschaftsgüter sind zum Zeitpunkt des Kaufs **sofort als Aufwand** zu buchen.

Buchungssatz:

Büromaterial	65,00 €	
Vorsteuer	12,35 €	
an Kasse		77,35 €

Wie sind geringwertige Wirtschaftsgüter bis 150,00 € bilanziell zu behandeln? 221
Beispiel: Barkauf eines Taschenrechners für 65,00 € zzgl. 19 % USt

- Alle derartigen, innerhalb eines Jahres angeschafften Güter sind ein einem **Sammelposten** zusammenzufassen. Sie werden auf einem Sammelkonto, das ein aktives Bestandskonto ist, gebucht.

- Der gesamte Sammelposten (Pool) ist dann über **fünf Jahre linear abzuschreiben** (sogenannte Poolabschreibung).

- Jedes Jahr ist ein neuer Sammelposten zu bilden, sodass maximal vier Sammelposten gleichzeitig bestehen können.

Wie sind geringwertige Wirtschaftsgüter über 150,00 € bis maximal 1.000,00 € bilanziell zu behandeln? 222

223 Welche *Wirkung* hat das *Ausscheiden* eines geringwertigen Wirtschaftsgutes aus dem Betriebsvermögen auf die *Höhe der Poolabschreibung?*

Scheidet ein geringwertiges Wirtschaftsgut aus dem Betriebsvermögen aus, zum Beispiel durch Verkauf, wird der **Sammelposten nicht verringert**. Das bedeutet, dass der Sammelposten weiter so abgeschrieben wird, als ob sich das ausgeschiedene Gut noch im Vermögen des Betriebs befindet. Das Ausscheiden hat also **keine Wirkung** auf die Höhe der Poolabschreibung.

224 Bilden Sie die Buchungssätze für die Poolabschreibung und die relevanten Kontenabschlüsse Ende des Jahres 2010, wenn während des Jahres 2010 folgende GWG angeschafft wurden:

Gegen-stand	AK	Ab-gang
Laser-drucker	770,00 €	
Laptop	990,00 €	
PC	800,00 €	
Akten-schrank	650,00 €	
Scanner	300,00 €	Mai 2010

Summe der abzuschreibenden Gegenstände (einschließlich Scanner): 3.510,00 €
20 % Abschreibung auf 3.510,00 €: 702,00 €

Buchung der Poolabschreibung:

Abschreibungen auf GWG (Sammelkonto) 2010	702,00 €	
an GWG (Sammelkonto) 2010		702,00 €

Abschluss des Kontos „Abschreibungen auf GWG-2010":

GuV-Konto	702,00 €	
an Abschreibungen auf GWG (Sammelkonto) 2010		702,00 €

Abschluss des Kontos „GWG-2010":

Schlussbilanzkonto	2.808,00 €	
an GWG (Sammelkonto) 2010		2.808,00 €

2.2.6   Bewertung des Umlaufvermögens

2.2.6.1   Bewertung der Vorräte   *Handbuch: LF 8*

225 Welche Güter gehören zu den *Vorräten* eines Unternehmens?

Im Wesentlichen handelt es sich um:

- unfertige und fertige Erzeugnisse
- Roh-, Hilfs- und Betriebsstoffe
- Vorprodukte/Fremdbauteile
- Handelswaren

 *ReWe*

Sie sind mit den **Herstellungskosten** zu bewerten.

226
Mit welchem *Wert* werden die *unfertigen und fertigen Erzeugnisse* bilanziert?

- **Grundsätzlich** sind sie im Wege der **Einzelbewertung** zu bewerten.
- Der Gesetzgeber erlaubt jedoch – zur Vereinfachung der Bewertung – die Anwendung sogenannter **Sammelbewertungsverfahren.** Werden die Vorräte mithilfe eines Sammelbewertungsverfahrens bewertet, muss der so ermittelte Wert noch mit dem **Tageswert** am Bilanzstichtag **verglichen werden:**

- Ist der **Tageswert niedriger** als der des angewandten Sammelbewertungsverfahrens, muss der Tageswert in der Bilanz angesetzt werden, unabhängig davon, ob der Tageswert nur vorübergehend oder dauerhaft niedriger ist **(strenges Niederstwertprinzip).**
- Ist der **Tageswert höher** als der Wert des angewandten Sammelbewertungsverfahrens, muss der Wert des Sammelbewertungsverfahrens genommen werden.

227
Wie werden die *übrigen Güter des Vorratsvermögens* bewertet?

- Festwertverfahren (§ 240 Absatz 3 HGB)
- Verfahren des gewogenen Durchschnittspreises (§ 240 Absatz 4 HGB)

- Verbrauchsfolgeverfahren (§ 256 Satz 1 HGB)

228
Welche *Sammelbewertungsverfahren* können unterschieden werden?

Vorratsbestände können jedes Jahr mit dem gleichen Wert **(Festwert)** bilanziert werden, wenn sie folgende **Bedingungen** erfüllen:

- Größe, Zusammensetzung und Wert sind weitgehend **konstant.**

- Der Gesamtwert dieser Vorräte ist im Verhältnis zum übrigen Vermögen von **untergeordneter Bedeutung.**
- Die Vermögensgegenstände müssen **laufend ersetzt** werden.

Beispiel: eiserne Bestände der Roh-, Hilfs- und Betriebsstoffe

229
Was versteht man unter dem *Festwertverfahren* und unter welchen Bedingungen kann es angewandt werden?

Das Verfahren des gewogenen Durchschnittspreises kann angewandt werden, wenn die **Vermögensgegenstände gleichartig** sind.

$$\text{Wert des Bestandes} = \frac{\text{Summe aus Beschaffungsmengen} \cdot \text{Preise}}{\text{gesamte Beschaffungsmenge der Periode}} \cdot \text{Endbestand}$$

230
Unter welcher *Bedingung* kann das *Verfahren des gewogenen Durchschnittspreises* angewandt werden und wie wird nach ihm *bewertet?*

231 *Errechnen* Sie den gewogenen Durchschnittspreis und ermitteln Sie den Bilanzansatz. *Für eine bestimmte Handelsware liegen folgende Zahlen vor:*

	Menge in Stck.	Preis in €
Anfangsb.	50	20,00
Einkauf	200	25,00
Einkauf	250	22,00
Einkauf	210	27,00
Endb.	280	

Tageswert am Bilanzstichtag: 22,50 €/St.

$$\left.\begin{array}{r} 100{,}00\ € \\ +\quad 5.000{,}00\ € \\ +\quad 5.500{,}00\ € \\ +\quad 5.670{,}00\ € \\ \hline =\quad 16.270{,}00\ € \end{array}\right\} \text{Menge} \cdot \text{Preis}$$

Gewogener Durchschnittspreis:
16.270,00 € : 710 Stück = 22,92 €/Stück

Wert des Endbestandes:
22,92 €/Stück · 280 Stück = 6.417,60 €

Wert am Bilanzstichtag: 22,50 €/St. · 280 St. = 6.300,00 €

Der Bestand der Handelsware ist mit dem niedrigeren Wert von 6.300,00 € zu bilanzieren.

---

232 Welche *Verbrauchsfolgeverfahren* sind nach § 256 Satz 1 HGB zulässig?

- Lifo-Verfahren

- Fifo-Verfahren

---

233 *Erläutern* Sie die Verbrauchsfolgeverfahren.

- **Lifo (Last in – first out)**
  Die Güter, die **zuletzt gekauft** und gelagert wurden, werden **zuerst verbraucht;** folglich besteht der Endbestand aus den zuerst eingekauften und gelagerten Gütern.
  Beispiele: Schüttgüter, Stapelgüter

- **Fifo (First in – first out)**
  Die Güter, die **zuerst gekauft** und gelagert wurden, werden **zuerst verbraucht;** folglich besteht der Endbestand aus den zuletzt eingekauften und gelagerten Gütern.
  Beispiel: Getreide aus einem Silo

---

234 Berechnen Sie den Endbestand der Handelsware mithilfe der zwei Verbrauchsfolgeverfahren und ermitteln Sie den Bilanzansatz anhand des Zahlenbeispiels zum Durchschnittspreisverfahren.

Lifo

	50 ·	20,00 €	=	1.000,00 €
+	200 ·	25,00 €	=	5.000,00 €
+	30 ·	22,00 €	=	660,00 €
=	280			6.660,00 €

Da der Tageswert am Bilanzstichtag 6.300,00 € (280 · 22,50 €) beträgt, ist der Endbestand mit dem niedrigeren Tageswert zu bewerten.

Fifo

	210 ·	27,00 €	=	5.670,00 €
+	70 ·	22,00 €	=	1.540,00 €
=	280			7.210,00 €

Da der Tageswert am Bilanzstichtag 6.300,00 € (280 · 22,50 €) beträgt, ist der Endbestand mit dem niedrigeren Tageswert zu bewerten.

2.2.6.2   Bewertung der Forderungen   *Handbuch: LF 8*

- einwandfreie Forderungen
- zweifelhafte Forderungen
- uneinbringliche Forderungen

235 Wie werden die *Forderungen* aus Lieferungen und Leistungen im Hinblick auf ihre *Bonität* eingeteilt?

Sie werden mit ihrem **Rechnungsbetrag** oder Bruttobetrag (einschließlich der Umsatzsteuer) in der Bilanz ausgewiesen.

236 Mit welchem Wert werden die *einwandfreien Forderungen* in der Jahresbilanz ausgewiesen?

- Forderungen gelten als uneinbringlich, wenn ihr **Ausfall feststeht.**
- Sie werden zunächst auf das Konto „Zweifelhafte Forderungen" **umgebucht.**

- Anschließend werden die Forderungen **direkt** auf dem Konto „Zweifelhafte Forderungen" **abgeschrieben,** wobei die Abschreibung auf Forderungen **vom Nettowert** der Forderung berechnet wird.
- Die **Umsatzsteuer** ist zu **korrigieren.**

237 Wie werden *uneinbringliche Forderungen* in der Jahresbilanz behandelt?

Umbuchung der Forderung:

Zweifelhafte Forderungen	2.975,00 €	
an Forderung a. LL		2.975,00 €

direkte Abschreibung der Forderung einschließlich Korrektur der Umsatzsteuer:

Abschreibungen auf Forderungen	2.500,00 €	
Umsatzsteuer	475,00 €	
an Zweifelhafte Forderungen		2.975,00 €

238 Bilden Sie die *Buchungssätze* zu folgendem Geschäftsfall einer *uneinbringlichen Forderung:*
Das Insolvenzverfahren über das Vermögen des Kunden Peters wird mangels Masse eingestellt. Damit ist die Forderung an Peters von 2.975,00 € uneinbringlich.

Bewertung der Forderungen

239 **Was versteht man unter** *zweifelhaften Forderungen?*

Hierbei handelt es sich um solche Forderungen, deren vollständiger oder teilweiser **Ausfall** am Bilanzstichtag **wahrscheinlich** ist – im Gegensatz zu den uneinbringlichen Forderungen, deren Ausfall am Bilanzstichtag feststeht.

240 **Wie werden** *zweifelhafte Forderungen* **in der** *Jahresbilanz* **behandelt?**

- Auch sie werden, wie die uneinbringlichen Forderungen, zunächst auf das Konto „Zweifelhafte Forderungen" **umgebucht.**

- Anschließend werden sie **indirekt** in Höhe des mutmaßlichen Ausfalls auf dem Passivkonto „Einzelwertberichtigung zu Forderungen" **abgeschrieben.** Das Gegenkonto ist das Aufwandskonto „Einstellung in die Einzelwertberichtigung".

- Die Abschreibung wird vom **Nettowert** der Forderung berechnet.

- Da die endgültige Höhe des Ausfalls noch nicht feststeht, darf die **Umsatzsteuer** noch **nicht korrigiert** werden.

241 **Welche** *Funktion* **übernimmt das Konto Einzelwertberichtigung zu Forderungen?**

Es ist ein **Korrekturposten** auf der Passivseite der Bilanz zum aktiven Bestandskonto „Zweifelhafte Forderungen".

242 **Bilden Sie die** *Buchungssätze* **zu einer** *zweifelhaften Forderung:* **Der Kunde Peters beantragt die Eröffnung des Insolvenzverfahrens über sein Vermögen am 20.10.01. Die Forderung an Peters beträgt 35.700,00 €. Der Insolvenzverwalter rechnet mit einer Insolvenzquote von 10 %; mutmaßlicher Ausfall also 90 %.**

Umbuchung der Forderung:

Zweifelhafte Forderungen	35.700,00 €	
an Forderungen		35.700,00 €

Berechnung des Abschreibungsbetrages:

Forderung brutto	35.700,00 €	
– 19 % Umsatzsteuer	5.700,00 €	(35.700,00 € : 119 · 19)
= Forderung netto	30.000,00 €	
davon 90 %	27.000,00 €	

indirekte Abschreibung der zweifelhaften Forderung:

Einstellung in die Einzelwertberichtigung	27.000,00 €	
an Einzelwertberichtigung zu Forderungen		27.000,00 €

Die **Umsatzsteuer** wird noch **nicht korrigiert,** da die Höhe des tatsächlichen Ausfalls noch nicht feststeht.

243 **Führen Sie die** *Berechnungen* **durch und bilden Sie die relevanten** *Buchungssätze* **zu folgendem Geschäftsfall:**

Berechnung von Umsatzsteuerkorrektur und tatsächlichem Forderungsausfall netto:

Zweifelhafte Forderung	35.700,00 €
– Insolvenzquote 20 % (Banküberweisung)	7.140,00 €
= tatsächlicher Forderungsausfall brutto	28.560,00 €
– Umsatzsteuerkorrektur (19 % auf Hundert)	4.560,00 €
= tatsächlicher Forderungsausfall netto	24.000,00 €

ReWe

Buchung der Banküberweisung:

Bankguthaben   7.140,00 €

an   Zweifelhafte Forderungen   7.140,00 €

Buchung der direkten Abschreibung des Forderungsausfalls und der Umsatzsteuerkorrektur:

Abschreibungen auf Forderungen   24.000,00 €

Umsatzsteuer   4.560,00 €

an   Zweifelhafte Forderungen   28.560,00 €

Der Verlust (besser: Aufwand) durch den Forderungsausfall soll der Periode **wirtschaftlich zugerechnet** werden, in der die Ursache des Ausfalls liegt. Zum Beispiel wird im Jahr 01 über das Vermögen eines Kunden das Insolvenzverfahren eröffnet, der tatsächliche Forderungsausfall steht aber erst im Jahr 02 mit Beendigung des Verfahrens fest.

● **Einzelwertberichtigungen**

Wird zum Bilanzstichtag jede einzelne Forderung auf ihre Bonität geprüft und bewertet und ergibt sich dabei, dass einzelne Forderungen nicht sicher (zweifelhaft) sind, werden diese einzeln im Wert berichtigt.

● **Pauschalwertberichtigungen**

Anstelle der Prüfung und Bewertung jeder einzelnen Forderung kann das Unternehmen eine pauschale Bewertung aller Forderungen und wegen des allgemeinen Kreditrisikos eine pauschale indirekte Abschreibung vornehmen, in der Höhe orientiert an **Erfahrungswerten** aus der Vergangenheit.

Berechnung des Forderungsbestandes netto:

5.426.400,00 € : 119 · 100 = 4.560.000,00 €

Berechnung der Pauschalwertberichtigung:

4.560.000,00 € : 100 · 4,5 = 205.200,00 €

Buchung der Pauschalwertberichtigung:

Einstellung in die Pauschalwertberichtigung   205.200,00 €

an   Pauschalwertberichtigungen

zu Forderungen   205.200,00 €

Das Insolvenzverfahren über das Vermögen des Kunden Peters (siehe vorangegangene Aufgabe) wird am 05.07.02 abgeschlossen; die Insolvenzquote beträgt 20 %.

244 *Warum werden Einzelwertberichtigungen gebildet?*

245 Worin unterscheiden sich *Einzelwertberichtigungen* von *Pauschalwertberichtigungen?*

246 *Buchen Sie die Pauschalwertberichtigung zu Forderungen aufgrund des folgenden Beispiels: Der Forderungsbestand des Unternehmens beträgt per 31.12.01 5.426.400,00 € (einschließlich 19 % USt). Die Vergangenheit hat gezeigt, dass regelmäßig 4,5 % der Forderungen ausfallen.*

2.2.7   Bewertung des Eigenkapitals

2.2.7.1   Offen ausgewiesenes Eigenkapital   *Handbuch: LF 8*

---

247 Aus welchen Positionen setzt sich das *Eigenkapital der Aktiengesellschaft* (AG) zusammen?

- Es besteht zum einen aus dem **gezeichneten Kapital (oder Grundkapital),** dem längerfristig unveränderlichen Teil des Eigenkapitals.

- Zum anderen werden noch **Rücklagen,** die den variablen Teil des Eigenkapitals der AG ausmachen, ausgewiesen.

---

248 Mit welchem Wert ist das Grundkapital der AG zu bilanzieren?

- Es ist mit dem **Nennwert,** der mindestens **50.000,00 €** betragen muss, in der Bilanz anzusetzen.

- Das Grundkapital ist die Summe der Nennwerte aller Aktien.
- Der kleinste Nennwert beträgt 1,00 €.

---

249 Welche *Arten von Rücklagen* werden unterschieden?

- Kapitalrücklagen

- Gewinnrücklagen

---

250 Wie werden *Kapitalrücklagen* gebildet?

- Kapitalrücklagen werden im Zuge der Ausgabe von Aktien gebildet.
- Sie errechnen sich als Differenz zwischen dem Nennwert und dem höheren Ausgabewert.

Beispiel:
Ausgabe von 100 000 Aktien, Nennwert/Stück: 10,00 €, Ausgabewert; 16,00 €. Das Grundkapital steigt um 1.000.000,00 €, gleichzeitig wird eine Kapitalrücklage, die wie das Grundkapital ein passives Bestandskonto ist, von 600.000,00 € gebildet.

---

251 Welche Arten von *Gewinnrücklagen* können unterschieden werden?

Im Wesentlichen werden folgende Gewinnrücklagen unterschieden:

- **gesetzliche** Gewinnrücklage
- **satzungsmäßige** Gewinnrücklage
- **andere** Gewinnrücklagen

---

252 In welcher *Höhe* müssen Aktiengesellschaften gesetzliche *Gewinnrücklagen* bilden?

Der Gesetzgeber schreibt in § 150 Aktiengesetz vor, dass jährlich so lange 5 % des um einen Verlustvortrag geminderten Jahresüberschusses der gesetzlichen Gewinnrücklage zuzuführen sind, bis diese Rücklage zusammen mit der Kapitalrücklage mindestens 10 % des Grundkapitals ausmacht. In der Satzung kann auch ein höherer Prozentsatz als 10 % bestimmt sein.

 *ReWe*

2.2.7.2 Stille Reserven

Handbuch: LF 8

Hierbei handelt es sich um **Gewinne,** die in der Bilanz **nicht offen ausgewiesen** sind.

253 Was versteht man unter *stillen Reserven* oder stillen Rücklagen?

Sie entstehen auf zweierlei Weise:
- durch **Unterbewertung von Aktiva,** das heißt, der Buchwert (in der Bilanz) ist niedriger als der tatsächliche Wert.
- durch **Überbewertung von Passiva,** das heißt, der Buchwert (in der Bilanz) ist höher als der tatsächliche Wert.

254 Wie *entstehen stille Reserven?*

Der Buchwert einer Maschine ist, bedingt durch die Höhe der Abschreibung, geringer als der mögliche derzeitige Verkaufserlös.

255 Wie kann bei einer *Maschine* eine *stille Reserve* entstehen?

Da die Anschaffungskosten von 800.000,00 € nach HGB in der Bilanz nicht überschritten werden dürfen, entsteht eine stille Reserve von 350.000,00 €.

256 Ermitteln und begründen Sie die Entstehung einer *stillen Reserve* bei einem *Betriebsgrundstück,* wenn folgende Daten gegeben sind: *Anschaffungskosten 800.000,00 €, Tageswert am Bilanzstichtag 1.150.000,00 €.*

Der bei einer norwegischen Bank zum Kurs von 0,12563 €/NOK aufgenommene Kredit von 500.000,00 NOK wird in der Bilanz weiter mit 62.815,00 € (500.000,00 NOK · 0,12563€/NOK) ausgewiesen, obwohl der Kurs per 31.12.20... auf 0,11432 €/NOK gesunken ist. Dadurch ergibt sich eine stille Reserve von 5.655,00 € (62.815,00 € – 57.160,00 €).

Nach HGB muss auf der Passivseite der Bilanz der höhere von zwei möglichen Werten angesetzt werden *(siehe Kapitel 2.2.8).*

257 Ermitteln und begründen Sie die Entstehung einer *stillen Reserve* bei einem *Auslandskredit: 500.000,00 NOK (norwegische Kronen), Anschaffungskurs 0,12563 €/NOK, Tageskurs am Bilanzstichtag 0,11432 €/NOK.*

2.2.8	Bewertung des Fremdkapitals	Handbuch: LF 8

258 Wie sind *Verbindlichkeiten* gegenüber Lieferanten, die auf Rechnungen basieren und *in EURO* ausgestellt sind, in der Bilanz anzusetzen?

Derartige Verbindlichkeiten sind mit ihrem Erfüllungsbetrag, der dem **Rechnungsbetrag** entspricht, in der Bilanz auszuweisen.

259 Wie sind *Verbindlichkeiten* gegenüber Lieferanten, die auf Rechnungen basieren, die *in fremder Währung* ausgestellt sind *(Währungsverbindlichkeiten),* in der Bilanz anzusetzen?

- Währungsverbindlichkeiten sind mit dem **höheren Erfüllungsbetrag** in der Bilanz auszuweisen. Dabei wird der Tageskurs am Bilanzstichtag mit dem „Anschaffungskurs" verglichen.

- Ist der **Tageskurs gestiegen,** ist die Währungsverbindlichkeit mit dem höheren Tageskurs zu bilanzieren (Ausweis nicht realisierter Verluste).

- Ist der **Tageskurs** am Bilanzstichtag **gesunken,** ist die Währungsverbindlichkeit weiter mit dem (höheren) „Anschaffungskurs" zu bewerten (Prinzip der kaufmännischen Vorsicht im Hinblick auf den Gläubigerschutz, da nicht realisierte Gewinne nicht ausgewiesen werden dürfen).

- Analog zum Niederstwertprinzip auf der Aktivseite gilt also auf der Passivseite der Bilanz das **Höchstwertprinzip.**

260 *Bewerten* Sie die *Währungsverbindlichkeit* zum Anschaffungszeitpunkt und zum Bilanzstichtag bei alternativ gültigen Tageskursen:
Eine Möbelfabrik in Hamburg hat am 18. Dezember 20.. Holz in Norwegen gekauft, Zahlungsziel 6 Wochen, Rechnungsbetrag 40.000 NOK (Norwegische Kronen), Wechselkurs am 18. Dezember 20.. 8,2680 NOK / 1,00 €.

Buchung der Eingangsrechnung (aufwandsorientierte Buchung):
(40.000,00 NOK : 8.2680 NOK / 1,00 € = 4.837,93 €)

Aufwendungen für Rohstoffe	4.837,93 €	
an Verbindlichkeiten a. LL		4.837,93 €

Bewertung der Verbindlichkeit am Bilanzstichtag:
a) Der Wechselkurs ist auf 8,1540 NOK / 1,00 € gesunken, d. h., der Wert der norwegischen Krone ist gestiegen, der des Euro ist gesunken. Müsste die Möbelfabrik am 31. Dezember 20.. bezahlen, müsste sie für die Begleichung von 40.000,00 NOK 4.905,57 € (40.000,00 NOK : 8,1540 NOK / 1,00 €) aufwenden.

Mit diesem gegenüber dem „Anschaffungswert" höheren Wert ist die Währungsverbindlichkeit zu bilanzieren, also mit 4.905,57 €. Dies geschieht durch die folgenden Buchungen:

Buchung des nicht realisierten Verlustes
(4.905,57 € – 4.837,93 € = 67,64 €):

Aufwendungen für Rohstoffe	67,64 €	
an Verbindlichkeiten a. LL		67,64 €

Passivierung der Währungsverbindlichkeit:

Verbindlichkeiten a. LL	4.905,57 €	
an Schlussbilanzkonto		4.905,57 €

b) Der Wechselkurs ist auf 8.3760 NOK / 1,00 € gestiegen, d. h., der Wert der norwegischen Krone ist gesunken, der des Euro ist gestiegen. Müsste die Möbelfabrik am 31. Dezember 20.. bezahlen, müsste sie für die Begleichung von 40.000,00 NOK 4.775,55 € (40.000,00 NOK : 8,3760 NOK / 1,00 €) aufwenden.

Mit diesem gegenüber dem „Anschaffungswert" geringeren Wert darf die Währungsverbindlichkeit in der Bilanz nicht angesetzt werden, da der nicht realisierte Gewinn von 62,38 € nicht ausgewiesen werden darf.

In der Bilanz zum 31. Dezember 20.. ist die Währungsverbindlichkeit mit dem „Anschaffungswert" von 4.837,93 € anzusetzen.

Passivierung der Währungsverbindlichkeit:

Verbindlichkeiten a. LL	4.837,93 €	
an Schlussbilanzkonto		4.837,93 €

- Darlehen sind mit dem **Erfüllungsbetrag** (Rückzahlungsbetrag) zu bilanzieren.

- Bei Darlehen (z. B. Hypothekenschulden oder Grundschulden) ist der Auszahlungsbetrag häufig geringer als

    der Rückzahlungsbetrag (vereinbarter Darlehensbetrag).
- Der Unterschiedsbetrag ist das sogenannte **Abgeld** (Damnum oder Disagio), das vorweggenommene Zinsen darstellt.

Buchung der Kreditaufnahme:

Bankguthaben	190.000,00 €	
Aktive Rechnungsabgrenzung	10.000,00 €	
an langfristige Bankverbindlichkeiten		200.000,00 €

Passivierung der Grundschuld:

Langfristige Bankverbindlichkeiten	200.000,00 €	
an Schlussbilanzkonto		200.000,00 €

Buchung des zeitanteiligen Disagios:

Zinsaufwendungen	1.000,00 €	
an Aktive Rechnungsabgrenzung		1.000,00 €

Am 31. Dezember 20.. betrug der Wechselkurs alternativ
a) 8,1540 NOK / 1,00 €,
b) 8,3760 NOK / 1,00 €.

(Zoll und Einfuhrumsatzsteuer werden in diesem Zusammenhang nicht berücksichtigt!)

261
Mit welchem Wert sind *Darlehen* in der Bilanz auszuweisen?

262
Buchen Sie die Darlehensaufnahme und *bewerten* Sie das Darlehen zum Bilanzstichtag: *Zur Finanzierung einer Maschine nimmt ein Unternehmen bei einem Kreditinstitut ein Darlehen von 200.000,00 € auf, abgesichert durch eine Grundschuld. Das Darlehen wird zu 95 % ausgezahlt und hat eine Laufzeit von 10 Jahren. Das Disagio wird aktiviert und über die Jahre der Kreditlaufzeit als Zinsaufwendungen verteilt.*

| 2.2.9 | Analyse des Jahresabschlusses | Handbuch: LF 8 |

263 Was versteht man unter einer *Strukturbilanz?*

- Sie ist eine im Hinblick auf die Analyse **aufbereitete Bilanz,** in der die Positionen der Schlussbilanz einerseits teilweise umgegliedert und andererseits zu Gruppen zusammengefasst sind.

- Bei der **Umgliederung** wird beispielsweise der Aktive Rechnungsabgrenzungsposten den Forderungen aus Lieferungen und Leistungen, der Passive Rechnungsabgrenzungsposten den (kurzfristigen) Verbindlichkeiten aus Lieferungen und Leistungen zugerechnet. Ebenso gehört der Bilanzgewinn, der als Dividende an die Aktionäre ausgeschüttet wird, zu den kurzfristigen Verbindlichkeiten. Die eisernen Bestände der Vorräte werden dem Anlagevermögen zugerechnet.

- Zu einer Position **zusammengefasst** werden zum Beispiel sämtliche Positionen des Sachanlagevermögens wie unbebaute und bebaute Grundstücke, technische Anlagen und Maschinen, Fuhrpark, Betriebs- und Geschäftsausstattung. Zusammengefasst werden auch die liquiden Mittel erster, zweiter und dritter Ordnung (siehe Kapitel 2.2.9.1).

- Um die Entwicklung der auf diese Weise strukturierten Bilanzpositionen im **Zeitvergleich** sehen zu können, werden sie für das **Berichtsjahr** und das **Vorjahr** in **absoluten Beträgen** und in **Prozentzahlen,** bezogen auf die Bilanzsumme, ausgewiesen.

264 Welche *Form* kann nach der Bilanzaufbereitung eine Strukturbilanz haben?

Aktiva	Berichtsjahr		Vorjahr		Passiva	Berichtsjahr		Vorjahr	
	in €	in %	in €	in %		in €	in %	in €	in %
Finanzanlagen					Gezeich. Kapital				
Sachanlagen					Rücklagen				
Anlagevermögen					**Eigenkapital**				
Vorräte					Darlehen				
Forderungen					Verbindlichkeiten				
Liquide Mittel					**Fremdkapital**				
Umlaufvermögen									
Gesamtvermögen		100		100	Gesamtkapital		100		100

 *ReWe*

2.2.9.1 Analyse der Bilanz   *Handbuch: LF 8*

Beispiele:

$$\text{Konstitution} = \frac{\text{Anlagevermögen}}{\text{Umlaufvermögen}}$$

$$\text{Anlagenintensität} = \frac{\text{Anlagevermögen}}{\text{Gesamtvermögen}} \cdot 100\,\%$$
(in v. H.)

$$\text{Forderungsquote} \atop \text{oder Forderungsintensität} = \frac{\text{Forderungen}}{\text{Gesamtvermögen}} \cdot 100\,\%$$
(in v. H.)

Allgemein:

$$\text{Intensität der Vermögensart i} = \frac{\text{Vermögensart i}}{\text{Gesamtvermögen}} \cdot 100\,\%$$
(in v. H.)

Beispiele:

$$\text{Verschuldungskoeffizient} = \frac{\text{Fremdkapital}}{\text{Eigenkapital}}$$

$$\text{Grad der finanziellen Unabhängigkeit} = \frac{\text{Eigenkapital}}{\text{Gesamtkapital}} \cdot 100\,\%$$
(in v. H.)

$$\text{Grad der Selbstfinanzierung} = \frac{\text{Gewinnrücklagen}}{\text{Gesamtkapital}} \cdot 100\,\%$$
(in v. H.)

$$\text{Anteil der Kapitalart j} = \frac{\text{Kapitalart j}}{\text{Gesamtkapital}} \cdot 100\,\%$$
(in v. H.)

Grundsatz der **Fristengleichheit** oder Fristenkongruenz:
Die **Nutzungsdauer** des Vermögens soll der **Rückzahlungsfrist** des für die Investitionen verwendeten Kapitals entsprechen.

- Das **Anlagevermögen** soll möglichst mit **langfristigem Kapital** finanziert werden, also zunächst mit Eigenkapital; wenn das nicht ausreicht, soll darüber hinaus langfristiges Fremdkapital eingesetzt werden.

- Begründung: Im Falle einer Unternehmenskrise sollen kurzfristige Verbindlichkeiten nicht durch den Verkauf von Anlagegütern beglichen werden müssen. Dadurch kann der Produktionsprozess aufrechterhalten werden. Dies ermöglicht es dem Unternehmen, über den betrieblichen Umsatzprozess weiterhin die Zinszahlungen und Tilgungsraten zu leisten.

---

265 Nennen Sie drei Bilanzkennzahlen der Investierung oder *Vermögensstruktur* (auf der Aktivseite der Bilanz).

266 Nennen Sie drei Bilanzkennzahlen der Finanzierung oder *Kapitalstruktur* (auf der Passivseite der Bilanz).

267 Was besagt die *Goldene Finanzregel?*

268 Was versteht man unter der *Goldenen Bilanzregel* oder *Goldenen Bankregel?*

269 Geben Sie die *Formeln* für die *Anlagendeckungsgrade I und II* an.

Deckungsgrad I = $\dfrac{\text{Eigenkapital}}{\text{Anlagevermögen}} \cdot 100\ \%$
(in v. H.)

Deckungsgrad II = $\dfrac{\text{Eigenkapital + langfrist. Fremdkapital}}{\text{Anlagevermögen}} \cdot 100\ \%$
(in v. H)

Häufig werden dem Anlagevermögen noch die **„Eisernen Bestände"** der Vorräte hinzugerechnet, da sie den Charakter von Anlagevermögen haben.

---

270 Welche Bilanzpositionen gehören üblicherweise zu den *liquiden Mitteln ersten, zweiten und dritten Grades?*

- **liquide Mittel 1. Grades:**

  Guthaben bei Kreditinstituten + Kassenbestand + (erhaltene) Schecks + Besitzwechsel + Wertpapiere des Umlaufvermögens

- **liquide Mittel 2. Grades:**
  liquide Mittel 1. Grades + Forderungen aus Lieferungen und Leistungen

- **liquide Mittel 3. Grades:**

  liquide Mittel 2. Grades + Vorräte an unfertigen und fertigen Erzeugnissen + Vorräte an Roh-, Hilfs- und Betriebsstoffen sowie Handelswaren

---

271 Geben Sie die *Formeln für die Liquiditätsgrade I, II und III* an.

Liquiditätsgrad I = $\dfrac{\text{liquide Mittel 1. Grades}}{\text{kurzfristige Verbindlichkeiten}} \cdot 100\ \%$
oder Barliquidität
(in v. H.)

Als **Faustregel** gilt: Deckung der kurzfristigen Verbindlichkeiten zu mindestens **20 %**

Liquiditätsgrad II = $\dfrac{\text{liquide Mittel 2. Grades}}{\text{kurzfristige Verbindlichkeiten}} \cdot 100\ \%$
oder einzugsbedingte Liquidität
(in v. H.)

Als **Faustregel** gilt: Deckung der kurzfristigen Verbindlichkeiten zu mindestens **100 %**

Liquiditätsgrad III = $\dfrac{\text{liquide Mittel 3. Grades}}{\text{kurzfristige Verbindlichkeiten}} \cdot 100\ \%$
oder umsatzbedingte Liquidität
(in v. H.)

Als **Faustregel** gilt: Deckung der kurzfristigen Verbindlichkeiten zu mindestens **200 %**

---

272 Nehmen Sie Stellung zum *Aussagewert der Liquiditätskennzahlen.*

Die Liquiditätsgrade haben für Unternehmen im Hinblick auf Finanzierungsentscheidungen nur einen **geringen Aussagewert:**

- Sie beziehen sich lediglich auf den **Bilanzstichtag,** nicht auf eine oder mehrere Perioden.

- Es handelt sich um Kennzahlen, die die **Vergangenheit** betreffen, da die Schlussbilanz des abgelaufenen Jahres häufig erst in den ersten Monaten des Folgejahres fertiggestellt ist und dann erst die Liquiditätskennzahlen ermittelt werden können.

- Auch sind zukünftige **Fälligkeitstermine** von Schulden aus der Bilanz **nicht ersichtlich.**

 *ReWe*

In einem Finanzplan werden sämtliche zukünftige **Einnahmen** und **Ausgaben** detailliert für **mehrere Perioden** einander gegenübergestellt.

273 Was versteht man unter einem *Finanzplan?*

- Er ist **zukunftsbezogen,** da er die künftigen Einnahmen und Ausgaben aufweist.
- Da er die monatlichen Zahlungsströme über einen längeren Zeitraum dokumentiert, sind die jeweiligen **Fälligkeiten sichtbar.**

- Außerdem werden die monatlichen Überschüsse bzw. Defizite ermittelt, sodass jeweils **Gegenmaßnahmen** ergriffen werden können – insbesondere bei Defiziten, um Insolvenz zu vermeiden.

274 Welche *Vorteile* bietet ein *Finanzplan* gegenüber den **Liquiditätskennzahlen?**

- Die Einnahmen und Ausgaben beruhen zum Teil auf **Prognosen** (Schätzungen), z. B. zukünftiger Umsatzerlöse.

- Je weiter die Planungsperiode in der Zukunft liegt, desto **unsicherer** sind die Prognosewerte der Einnahmen und Ausgaben.

275 Welches sind die *Grenzen eines Finanzplans?*

2.2.9.2 Analyse der Gewinn- und Verlustrechnung
Handbuch: LF 6, 8

Betriebsergebnis	(Leistungen – Kosten)
+ **neutrales Ergebnis**	(neutrale Erträge – neutrale Aufwendungen)
= **Unternehmensergebnis**	(sämtliche Erträge – sämtliche Aufwendungen)

276 Aus welchen *Teilergebnissen* setzt sich das Unternehmensergebnis gemäß Abgrenzungsrechnung zusammen?

- **außerordentliches Ergebnis**

  (außerordentliche Erträge – außerordentliche Aufwendungen)

- **Ergebnis der gewöhnlichen Geschäftstätigkeit**

  (alle übrigen Erträge – alle übrigen Aufwendungen, jeweils unabhängig davon, ob sie betriebsbezogen oder neutral sind)

277 Aus welchen *Teilergebnissen* setzt sich das Unternehmensergebnis nach § 275 Absatz 2 HGB zusammen?

$$\text{Ertragsergiebigkeit} = \frac{\text{Erträge}}{\text{Aufwendungen}}$$

$$\text{Aufwandsergiebigkeit} = \frac{\text{Aufwendungen}}{\text{Erträge}}$$

$$\text{Leistungsergiebigkeit} = \frac{\text{Leistungen}}{\text{Kosten}}$$

$$\text{Kostenergiebigkeit} = \frac{\text{Kosten}}{\text{Leistungen}}$$

278 Mithilfe welcher Kennzahlen kann die *Wirtschaftlichkeit* eines Betriebes gemessen werden?

279 Wie wird die *Lagerumschlagshäufigkeit* von Werkstofflagern gemessen?

$$\text{Lagerumschlagshäufigkeit} = \frac{\text{Werkstoffaufwendungen}}{\text{durchschnittlicher Werkstoffbestand}}$$

280 Wie wird die *durchschnittliche Lagerdauer* von Werkstoffen errechnet?

$$\text{durchschnittliche Lagerdauer} = \frac{360 \text{ Tage}}{\text{Lagerumschlagshäufigkeit}}$$

281 Worin liegt die *Bedeutung* einer zunehmenden *Lagerumschlagshäufigkeit* der durchschnittlichen Lagerbestände? Bilden Sie eine Gedankenkette.

Je größer die **Lagerumschlagshäufigkeit,** desto …

- kürzer ist die durchschnittliche Lagerdauer,
- geringer ist der Kapitaleinsatz,
- geringer ist das Lagerrisiko,

- geringer sind die Zinskosten, die Kosten des Lagerrisikos und der Lagerverwaltung,
- höher ist die **Wirtschaftlichkeit** und damit die Rentabilität.

2.2.9.3 Analyse der Bilanz in Verbindung mit der Gewinn- und Verlustrechnung *Handbuch: LF 8*

282 Wie errechnen sich die Kennzahlen *Umschlagshäufigkeit des Eigenkapitals, Umschlagshäufigkeit des Gesamtkapitals* sowie *durchschnittliche Kapitalumschlagsdauer?*

- **Umschlagshäufigkeit des Eigenkapitals** $= \dfrac{\text{Umsatzerlöse}}{\text{Eigenkapital}}$

- **Umschlagshäufigkeit des Gesamtkapitals** $= \dfrac{\text{Umsatzerlöse}}{\text{Gesamtkapital}}$

- **durchschnittliche Kapitalumschlagsdauer** $= \dfrac{360 \text{ Tage}}{\text{Kapitalumschlagshäufigkeit}}$

283 Worin liegt die *Bedeutung* einer *hohen Kapitalumschlagsdauer?* Bilden Sie eine Gedankenkette.

Je höher die **Kapitalumschlagshäufigkeit,** desto …

- schneller fließt das Kapital über den Umsatzprozess in das Unternehmen zurück,
- geringer sind der notwendige Kapitalbedarf und die damit verbundenen Zinsaufwendungen,

- höher ist die **Rentabilität,**
- geringer ist die **Liquiditätsbelastung** des Unternehmens.

ReWe

- **Umschlagshäufigkeit der Forderungen** $= \dfrac{\text{Umsatzerlöse}}{\text{Forderungsbestand}}$

- **durchschnittliche Kreditdauer** $= \dfrac{360 \text{ Tage}}{\text{Umschlagshäufigkeit der Forderungen}}$

284 Wie werden die Kennzahlen *Umschlagshäufigkeit der Forderungen* und *durchschnittliche Kreditdauer* ermittelt?

Je schneller die **Forderungen umgeschlagen** werden, desto ...

- kürzer ist die durchschnittliche Kreditdauer, die den Kunden gewährt wird,

- geringer ist die Zinsbelastung,

- geringer sind das Risiko des Forderungsausfalls und die damit verbundenen Wagniskosten,

- besser sind **Liquidität** und **Rentabilität** des Unternehmens.

285 Worin liegt die *Bedeutung* einer *hohen Umschlagshäufigkeit* der Forderungen? Bilden Sie eine Gedankenkette.

Rentabilität bedeutet **Verzinsung** des im Unternehmen eingesetzten **Kapitals**.

286 Was *bedeutet* – ganz allgemein – der Begriff *Rentabilität?*

Rentabilität des Eigenkapitals (in v. H.) $= \dfrac{\text{bereinigter Gewinn}}{\text{durchschnittliches Eigenkapital}} \cdot 100\,\%$

Rentabilität des Gesamtkapitals (in v. H.) $= \dfrac{\text{bereinigter Gewinn + Fremdkapitalzinsen}}{\text{durchschnittliches Eigen- + Fremdkapital}} \cdot 100\,\%$

Rentabilität des Umsatzes (in v. H.) $= \dfrac{\text{bereinigter Gewinn}}{\text{Umsatz}} \cdot 100\,\%$

287 Geben Sie die *Formeln* für die verschiedenen *Arten der Rentabilität* an.

- Cashflow bedeutet Kassenfluss. In dieser Kennzahl kommt die **Selbstfinanzierungskraft** des Unternehmens zum Ausdruck.

- **Berechnung:**

Jahresüberschuss (oder Gewinn)

+ Abschreibungen auf Anlagen

+ Zuführungen zu den langfristigen Rückstellungen (z. B. Pensionsrückstellungen)

= Cashflow

288 Was drückt die Kennzahl *Cashflow* aus und wie *errechnet* sie sich?

289 **Wofür kann der *Cashflow verwendet* werden?**

Die selbst erwirtschafteten Mittel kann das Unternehmen für folgende Zwecke verwenden:

- Investitionen
- Schuldentilgung
- Gewinnausschüttung

290 **Was versteht man unter der Kennzahl *ROI*?**

- **ROI** bedeutet **R**eturn **o**n **I**nvestment. Allgemein zeigt diese Kennzahl das Ergebnis pro investierter Kapitaleinheit oder den Rückfluss des investierten Kapitals.

- Erweitert man z. B. die Formel für die Rentabilität des Eigenkapitals im Zähler und im Nenner um die Größe Umsatzerlöse, erhält man folgende ROI-Kennzahl:

$$\text{ROI (in v. H.)} = \frac{\text{bereinigter Gewinn} \cdot 100}{\text{Umsatzerlöse}} \cdot \frac{\text{Umsatzerlöse}}{\text{Eigenkapital}}$$

$$\text{ROI} = \text{Umsatzrentabilität} \cdot \text{Kapitalumschlagshäufigkeit}$$

291 **Was *sagt* die Kennzahl *ROI* aus?**

Die Kennzahlen „Rentabilität des Eigenkapitals" und „ROI" (wie oben beschrieben) zeigen dasselbe Ergebnis. Der ROI zeigt jedoch neben der Eigenkapitalrendite als Rückfluss des investierten Eigenkapitals auch die **Ursachen für eine Veränderung** dieser Rendite, nämlich die **Umsatzrentabilität** und die **Kapitalumschlagshäufigkeit**.

292 **Berechnen Sie aus den folgenden Zahlen für das Berichtsjahr und das Vorjahr die *Eigenkapitalrentabilität* und den *ROI*:**
Berichtsjahr:
Umsatzerlöse: 9.100 T€
bereinigter Gewinn: 240 T€
Eigenkapital: 1.620 T€
Vorjahr:
Umsatzerlöse: 6.300 T€
bereinigter Gewinn: 110 T€
Eigenkapital: 1.480 T€

	Rentabilität des Eigenkapitals	ROI
Berichtsjahr	$\frac{240 \text{ Tsd. €}}{1.620 \text{ Tsd. €}} \cdot 100$ $= 14,82 \%$	$\frac{240 \text{ Tsd. €}}{9.100 \text{ Tsd. €}} \cdot 100 \cdot \frac{9.100 \text{ Tsd. €}}{1.620 \text{ Tsd. €}}$ $= 2,64 \% \cdot 5,62 = 14,84 \%^*$
Vorjahr	$\frac{110 \text{ Tsd. €}}{1.480 \text{ Tsd. €}} \cdot 100$ $= 7,43 \%$	$\frac{110 \text{ Tsd. €}}{6.300 \text{ Tsd. €}} \cdot 100 \cdot \frac{6.300 \text{ Tsd. €}}{1.480 \text{ Tsd. €}}$ $= 1,75 \% \cdot 4,26 = 7,46 \%^*$ * Gegenüber der Eigenkapitalrentabilität ergeben sich Rundungsabweichungen.

293 **Erläutern Sie die *Ergebnisse* der vorangegangenen Aufgabe.**

- Die Rentabilität des Eigenkapitals hat sich im Berichtsjahr gegenüber dem Vorjahr fast verdoppelt.
- Der ROI zeigt, dass diese Renditesteigerung hauptsächlich auf eine Steigerung der **Umsatzrentabilität** von ca. 50 % (von 7,43 % auf 14,82 %) zurückzuführen ist. Entscheidend ist hier wiederum die Steigerung des Gewinnes um knapp 120 % (von 110 T€ auf 240 T€). Da der Umsatz nur um knapp 50 % gestiegen ist (von 6.300 T€ auf 9.100 T€), kann für das Berichtsjahr von einer erheblichen Kostensenkung ausgegangen werden. Gleichzeitig hat sich im Berichtsjahr die **Umschlagshäufigkeit des Eigenkapitals** um gut 13 % (von 4,26 auf 5,62) verbessert.

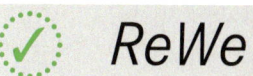 *ReWe*

2.3 Wertschöpfungsprozesse analysieren und beurteilen – Lernfeld 4

2.3.1 Grundlagen der Kosten- und Leistungsrechnung

2.3.1.1 Abgrenzung der Rechnungskreise I und II

Handbuch: LF 4

- **Rechnungskreis I:**

  Finanzbuchhaltung

- **Rechnungskreis II:**

  Kosten- und Leistungsrechnung

ZP
Welche Bereiche des betrieblichen Rechnungswesens gehören zum *Rechnungskreis I* bzw. *II?*

294

ZP
Grenzen Sie die *Rechnungskreise I und II* voneinander ab.

295

Rechnungskreis I

Die Finanzbuchhaltung
... basiert auf **gesetzlichen Vorschriften,** wie z. B. dem Handelsgesetzbuch, dem Einkommensteuergesetz,

... ist eine **externe** Rechnung, die an außenstehende Adressaten, wie z. B. Kreditinstitute, Gesellschafter, Finanzamt, gerichtet ist,

... ist eine **unternehmensbezogene** Rechnung, die alle Aufwendungen und Erträge einer Rechnungsperiode erfasst, un-abhängig von ihrem Entstehungsgrund,

... ermittelt das **Unternehmensergebnis,**

... wird auf **Konten** durchgeführt.

Rechnungskreis II

Die Kosten- und Leistungsrechnung
... unterliegt **keinen gesetzlichen Vorschriften,** ist also in der Gestaltung völlig frei,

... ist eine **interne** Rechnung, die z. B. als Grundlage innerbetrieblicher Entscheidungen dient, wie die Durchführung von Rationalisierungsmaßnahmen,

... ist eine **betriebsbezogene** Rechnung, die nur die Kosten und Leistungen erfasst, also solche Aufwendungen und Erträge, die aus dem eigentlichen Geschäftszweck resultieren,

... ermittelt das **Betriebsergebnis,**

... wird i. d. R. außerhalb der Konten, **häufig tabellarisch,** durchgeführt.

2.3.1.2 Stufen und Aufgaben der Kosten- und Leistungsrechnung
Handbuch: LF 4

ZP

296 Verdeutlichen Sie die *Stufen* der Kosten- und Leistungsrechnung anhand eines Tankbelegs über 120,00 € des Außendienstmitarbeiters Peters.

- **Stufe 1: Kostenartenrechnung**

  Hier wird die Frage beantwortet: Welche Kostenarten, orientiert an den betriebswirtschaftlichen Produktionsfaktoren, sind entstanden?
  Die 120,00 € des Tankbelegs stellen Betriebsstoffkosten dar.

- **Stufe 2: Kostenstellenrechnung**

  Hier wird der Frage nachgegangen: An welchen Orten (Kostenstellen) sind die Kosten entstanden?
  Die 120,00 € des Tankbelegs sind der Kostenstelle Vertrieb zuzuordnen.

- **Stufe 3: Kostenträgerrechnung (Kalkulation)**

  Hier wird Antwort auf die Frage gegeben: Wie und in welcher Höhe werden die Kosten den einzelnen Produkten zugerechnet?
  Welche Anteile der 120,00 € aus dem Tankbeleg entfallen auf die verschiedenen Produkte des Unternehmens?

ZP

297 Welche *Phasen* sind in der Kosten- und Leistungsrechnung zu durchlaufen?

- **Phase 1: Kostenerfassung**

  Die verschiedenen Kosten werden nach Kostenarten wertmäßig, also ausgedrückt in €, erfasst.

- **Phase 2: Kostenzuordnung im Hinblick auf die Kostenstellen- und Kostenträgerrechnung**

  Die einzelnen Kostenarten werden daraufhin untersucht, ob es sich, bezogen auf die Kostenstelle und das Produkt, um Einzelkosten oder Gemeinkosten handelt (siehe Abschnitt 2.3.2).

- **Phase 3: Kostenverrechnung**

  Die Einzelkosten werden direkt (verursachungsgerecht) den Kostenträgern zugerechnet. Die Gemeinkosten werden zunächst möglichst verursachungsgerecht den Kostenstellen zugerechnet und anschließend mithilfe der Gemeinkostenzuschlagssätze auf die Kostenträger (Produkte) verteilt (siehe Abschnitte 2.3.3 und 2.3.4).

ZP

298 Welche *Aufgaben* erfüllt die Kosten- und Leistungsrechnung?

- Ermittlung des bewerteten mengenmäßigen **Verbrauchs an Produktionsfaktoren** einer Abrechnungsperiode (Kostenartenrechnung)

- Ermittlung und Kontrolle der Kosten in den einzelnen Kostenstellen (Kostenstellenrechnung)

- Ermittlung der Herstellungskosten (zur **Bewertung** unfertiger und fertiger Erzeugnisse sowie aktivierter Eigenleistungen) und der Selbstkosten für die **Absatzpreiskalkulation** der Produkte (Kostenträgerrechnung)

- Ermittlung des Jahres-**Betriebsergebnisses** sowie Durchführung kurzfristiger Erfolgsrechnungen

- Erstellung von **Planungsgrundlagen** für Unternehmensentscheidungen, wie z.B. Wahl des optimalen Produktionsverfahrens, Kauf oder Leasing von Anlagegütern, Erweiterung oder Bereinigung des Produktionsprogramms

9714326

 ✓ *ReWe*

2.3.1.3 Definition der Begriffe Aufwendungen, Kosten, Erträge, Leistungen *Handbuch: LF 4*

Aufwendungen sind der gesamte, in Geldeinheiten bewertete mengenmäßige **Verzehr an Gütern und Leistungen** eines Unternehmens in einer Abrechnungsperiode, **unabhängig vom Entstehungsgrund.**

ZP
Definieren Sie 299
den Begriff *Auf-
wendungen.*

- Kosten sind der gesamte, in Geldeinheiten bewertete mengenmäßige **Verzehr an Gütern und Leistungen** eines Unternehmens in einer Abrechnungsperiode zum Zweck der **betrieblichen Leistungserstellung.**

- Kosten sind **betriebsbezogene, periodenbezogene, regelmäßig** anfallende Aufwendungen.

ZP
Definieren 300
Sie den Begriff
Kosten.

Erträge sind alle erfolgswirksamen, in Geldeinheiten bewerteten **Wertzuflüsse** eines Unternehmens in einer Abrechnungsperiode, **unabhängig von ihrem Entstehungsgrund.**

ZP
Definieren Sie 301
den Begriff
Erträge.

- Leistungen sind alle erfolgswirksamen, in Geldeinheiten bewerteten **Wertzuflüsse** eines Unternehmens in einer Abrechnungsperiode, die aus der **betrieblichen Leistungserstellung,** dem eigentlichen Geschäftszweck, resultieren.

- Leistungen sind **betriebsbezogene, periodenbezogene, regelmäßig** anfallende Erträge.

ZP
Definieren 302
Sie den Begriff
Leistungen.

2.3.1.4 Abgrenzungsrechnung *Handbuch: LF 4*

- Die Kosten- und Leistungsrechnung wird aus der Gewinn- und Verlustrechnung der Finanzbuchhaltung **abgeleitet.**

- Aufgabe der Abgrenzungsrechnung ist es, die Zahlen der Gewinn- und Verlustrechnung (Rechnungskreis I) für die Kosten- und Leistungsrechnung (Rechnungskreis II) **aufzubereiten.**

- Die Aufbereitung wird in folgender Weise vorgenommen:

ZP
Worin besteht 303
die *Aufgabe der
Abgrenzungs-
rechnung?*

Zahlen der Gewinn- und Verlustrechnung werden			
… nicht in die KLR übernommen: - neutrale Aufwendungen - neutrale Erträge	**… in die KLR übernommen:** - Grundkosten - Grundleistungen	**… für die KLR abgeändert:** - Anderskosten - Andersleistungen	**Zusätzlich werden in die KLR eingeführt:** - Zusatzkosten - Zusatzleistungen

ZP

304 Wie werden die *neutralen Aufwendungen* gegliedert?

Unterschieden werden:
- **betriebsfremde** Aufwendungen,
- betriebsbezogene, aber **außerordentliche** Aufwendungen,
- betriebsbezogene, aber **periodenfremde** Aufwendungen.

ZP

305 Was ist unter *betriebsfremden Aufwendungen* zu verstehen?

Hierbei handelt es sich um Aufwendungen, die **nichts mit dem eigentlichen Geschäftszweck** des Unternehmens, der betrieblichen Leistungserstellung, **zu tun haben,** z. B. Spenden, Abschreibungen auf Finanzanlagen.

ZP

306 Was sind *betriebsbezogene, außerordentliche Aufwendungen?*

Darunter sind Aufwendungen zu verstehen, die im Rahmen der betrieblichen Leistungserstellung, aber in **außerordentlicher Höhe** anfallen, z. B. Verluste aus Schadensfällen, wie der plötzliche Totalausfall einer Maschine oder das Abbrennen von Lagerbeständen.

ZP

307 Erläutern Sie den Begriff der *betriebsbezogenen, periodenfremden Aufwendungen.*

Derartige Aufwendungen fallen zwar im Rahmen der Leistungserstellung an, sind aber **anderen Perioden** als der gegenwärtigen, zum Beispiel zurückliegenden Geschäftsjahren, **wirtschaftlich zuzurechnen,** wie Gewerbesteuernachzahlungen.

ZP

308 Was versteht man unter *Grundkosten?*

Grundkosten sind Kosten, die für Zwecke der KLR aus der Gewinn- und Verlustrechnung der Finanzbuchhaltung ohne Änderungen übernommen werden können. Sie werden auch als aufwandsgleiche Kosten bezeichnet. *Beispiele:* Werkstoffkosten, Löhne, Gehälter.

ZP

309 Was versteht man unter *Anderskosten?*

In der Gewinn- und Verlustrechnung der Finanzbuchhaltung gibt es bestimmte Aufwandspositionen, wie z. B. Abschreibungen auf Forderungen oder Abschreibungen auf Sachanlagen, die für Zwecke der KLR einen anderen Wert haben müssen. Zu diesen bewertungsverschiedenen Kosten oder Anderskosten gehören die kalkulatorischen Wagnisse und die kalkulatorischen Abschreibungen.

ZP

310 Was versteht man unter *Zusatzkosten?*

Zusatzkosten sind Kosten, für die es in der Gewinn- und Verlustrechnung der Finanzbuchhaltung keine entsprechenden Aufwandspositionen gibt. Hierzu gehören die kalkulatorischen Zinsen auf das Eigenkapital sowie der kalkulatorische Unternehmerlohn.

ZP

311 Wie werden die *neutralen Erträge* gegliedert?

Unterschieden werden:
- **betriebsfremde** Erträge
- betriebsbezogene, aber **außerordentliche** Erträge
- betriebsbezogene, aber **periodenfremde** Erträge

9714328

Hierbei handelt es sich um Erträge, die **nichts mit dem eigentlichen Geschäfts-zweck** des Unternehmens, der betrieblichen Leistungserstellung, **zu tun haben,** z. B. Miterträge, Erträge aus dem Verkauf von Wertpapieren.

ZP 312
Was versteht man unter *betriebsfremden Erträgen?*

Darunter sind Erträge zu verstehen, die zwar im Rahmen der betrieblichen Leistungs-erstellung, aber **nicht regelmäßig** anfallen, z. B. Steuererlasse durch das Finanzamt.

ZP 313
Was sind *be-triebsbezogene, außerordentliche Erträge?*

Derartige Erträge fallen zwar im Rahmen der Leistungserstellung an, sind aber **ande-ren Perioden** als der gegenwärtigen, zum Beispiel zurückliegenden Geschäftsjahren, **wirtschaftlich zuzurechnen,** wie Gewerbesteuerrückzahlungen, Rückzahlung einer bereits abgeschriebenen Forderung.

ZP 314
Erläutern Sie den Begriff der *betriebsbezogenen, periodenfremden Erträge.*

- Umsatzerlöse aus dem Verkauf von Fertigerzeugnissen (Absatzleistung)
- Mehrbestände an fertigen und unfertigen Erzeugnissen (Lagerleistung)
- aktivierte Eigenleistungen (selbst erstellte Anlagen für den Eigenbedarf)

ZP 315
Welche Leistungen gehören zu den *Grund-leistungen?*

In der Bilanz der Finanzbuchhaltung ausgewiesene Bestände an **unfertigen** bzw. **fertigen Erzeugnissen,** bewertet zu Herstellungskosten, werden für Zwecke der Kosten- und Leistungsrechnung **höher bewertet.** Die Bewertungsdifferenz stellt die Andersleistung dar.

ZP 316
Was versteht man unter *An-dersleistungen?*

Hierbei handelt es sich um **Erträge,** die in der Gewinn- und Verlustrechnung bzw. Bi-lanz **nicht ausgewiesen** werden dürfen, wie zum Beispiel die Erhöhung des originären Firmenwertes.

ZP 317
Was ist unter *Zusatzleistungen* zu verstehen?

2.3.1.5   Ergebnistabelle   *Handbuch: LF 4*

- Gewinn- und Verlustrechnung der Finanzbuchhaltung
- Abgrenzungsrechnung mit:
  - unternehmensbezogenen Abgrenzungen
  - kostenrechnerischen Korrekturen
- Betriebsergebnisrechnung (Kosten- und Leistungsrechnung)

ZP 318
Aus welchen *Teilen* besteht die *Ergebnistabelle?*

ZP

319

Aus welchen *Teilergebnissen* setzt sich das *Unternehmensergebnis* zusammen?

	Betriebsergebnis
+	neutrales Ergebnis
=	Gesamt- oder Unternehmensergebnis

	Ergebnis der unternehmensbezogenen Abgrenzungen
+	Ergebnis der kostenrechnerischen Korrekturen
=	neutrales Ergebnis

2.3.1.6 Kalkulatorische Kosten   *Handbuch: LF 4*

ZP

320

Nennen Sie die *kalkulatorischen Kosten.*

- kalkulatorische Abschreibungen
- kalkulatorische Wagnisse
- kalkulatorische Zinsen
- kalkulatorischer Unternehmerlohn

ZP

321

Wie ist das sogenannte *betriebsnotwendige Kapital* zur Errechnung der kalkulatorischen Zinsen zu ermitteln?

	betriebsnotwendiges Anlagevermögen
+	betriebsnotwendiges Umlaufvermögen
=	betriebsnotwendiges Vermögen
−	Abzugskapital (zinslos überlassenes Fremdkapital, wie z. B. Anzahlungen von Kunden, Lieferantenkredite ohne die Möglichkeit des Skontoabzugs)
=	betriebsnotwendiges Kapital

ZP

322

Welche *Wagnisse* werden in einem Industriebetrieb unterschieden und wie werden sie in der Kosten- und Leistungsrechnung behandelt?

Wagnisart	Behandlung in der KLR
allgemeines Unternehmerwagnis (z. B. wird ein neu entwickeltes Produkt vom Markt nicht angenommen)	Da dieses Wagnis nicht kalkuliert werden kann, ist es **nicht Gegenstand der KLR;** entsprechende Verluste sind aus dem Eigenkapital abzudecken.
spezielle Einzelwagnisse: • Beständewagnis • Fertigungswagnis • Anlagenwagnis • Entwicklungswagnis • Vertriebswagnis • Gewährleistungswagnis	• Sofern die Einzelwagnisse **versicherbar** sind (z. B. Diebstahlschäden), gehen die zu zahlenden **Versicherungsprämien** in die **Kosten** ein. • Für **nicht fremdversicherbare** Einzelwagnisse (z. B. Währungsverluste) werden **kalkulatorische Kosten** angesetzt (sogenannte selbstversicherte Einzelwagnisse).

ZP

323

Wodurch unterscheiden sich die *bilanziellen* von den *kalkulatorischen Abschreibungen?*

- **bilanzielle Abschreibungen**
  - ... werden aufgrund **gesetzlicher Vorschriften,** z. B. HGB, vorgenommen,
  - ... werden von **allen** Gegenständen des abnutzbaren Anlagevermögens berechnet, z. B. von Maschinen, Lkws, aber auch von vermieteten Gebäuden,
  - ... werden höchstens von den **Anschaffungs- oder Herstellungskosten** berechnet,
  - ... werden **weitgehend unabhängig** vom tatsächlichen **Werteverzehr** ermittelt,
  - ... wirken sich auf das Gesamt- oder **Unternehmensergebnis** aus.

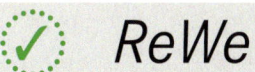
- **kalkulatorische Abschreibungen**
  - ... unterliegen **keinen gesetzlichen Vorschriften,** sondern werden nach betrieblichen Notwendigkeiten vorgenommen,
  - ... werden nur vom **betriebsnotwendigen** abnutzbaren Anlagevermögen berechnet,
  - ... werden vom **Wiederbeschaffungswert** berechnet,
  - ... entsprechen dem **tatsächlichen Werteverzehr** (z. B. durch den Ansatz einer längeren Nutzungsdauer als bei der bilanziellen Abschreibung),
  - ... wirken sich nur auf das **Betriebsergebnis** aus, sind jedoch bezüglich des Unternehmensergebnisses erfolgsneutral.

- Kalkulatorische Kosten **mindern** das **Betriebsergebnis:** Sie werden in der Ergebnistabelle in der Spalte „Kosten" der Betriebsergebnisrechnung erfasst.

- Da sie in der Abgrenzungsrechnung unter kostenrechnerische Korrekturen in der Spalte „Verrechnete Kosten" quasi als Ertrag „gegengebucht" werden, **verbessern** sie den Teil des **neutralen Ergebnisses,** der als Ergebnis der kostenrechnerischen Korrekturen bezeichnet wird.

- Da einerseits das Betriebsergebnis gemindert, andererseits das neutrale Ergebnis um denselben Betrag erhöht wird, verhalten sich die kalkulatorischen Kosten in Bezug auf das **Gesamtergebnis erfolgsneutral.**

ZP 324
Wie wirken sich die *kalkulatorischen Kosten* auf das Betriebsergebnis, das neutrale Ergebnis und das Unternehmens- oder *Gesamtergebnis* aus?

- Geschäftsführer bzw. Vorstandsmitglieder erhalten für ihre Arbeit Gehälter, die in der Finanzbuchhaltung als Aufwendungen erfasst und in die KLR übernommen werden. Dagegen wird die Arbeit der Inhaber bzw. geschäftsführenden Gesellschafter von Personenunternehmen aus dem Gewinn abgegolten. Das heißt, für sie dürfen in der Finanzbuchhaltung keine Aufwendungen angesetzt werden. Um nun die Kosten von Personenunternehmen **mit** denen von **Kapitalgesellschaften vergleichbar zu machen,** wird in Personenunternehmen der kalkulatorische Unternehmerlohn in der KLR angesetzt.

- Der Werteverzehr des dispositiven Faktors soll als Kostenbestandteil in die Kosten- bzw. **Preiskalkulation** einfließen.

- Der **Nutzenentgang** der geschäftsführenden Gesellschafter / des Inhabers soll ausgeglichen werden. (Sie hätten anderweitig als im eigenen Unternehmen gegen Entgelt arbeiten können.) Der kalkulatorische Unternehmerlohn wird auch als **Opportunitätskosten** bezeichnet.

ZP 325
Warum wird in Personenunternehmen ein *kalkulatorischer Unternehmerlohn* in der KLR angesetzt?

326 **ZP**

Warum werden in der KLR *kalkulatorische Zinsen* auf das betriebsnotwendige Eigenkapital angesetzt?

- Unternehmen mit einem sehr hohen Fremdkapitalanteil hätten wegen der zu zahlenden Zinsen höhere Kosten als Unternehmen mit einem niedrigen Fremdkapitalanteil. Um die Kosten von Unternehmen mit **unterschiedlicher Kapitalstruktur vergleichbar zu machen,** werden in Unternehmen kalkulatorische Zinsen auf das Eigenkapital angesetzt.

- Die Nutzung des Eigenkapitals soll als Kostenbestandteil in die Kosten- bzw. **Preiskalkulation** einfließen.

- Um den **Nutzenentgang** des Eigenkapitals auszugleichen. (Statt das Eigenkapital in das Unternehmen zu investieren, hätte es anderweitig zinsbringend angelegt werden können.) Die kalkulatorischen Zinsen auf das betriebsnotwendige Eigenkapital werden auch als **Opportunitätskosten** bezeichnet.

| 2.3.2 | Kostenartenrechnung | *Handbuch: LF 4* |

327 **ZP**

Was versteht man unter *Kapazität?*

Sie stellt das **Leistungsvermögen** eines Betriebes pro Zeiteinheit dar.

328 **ZP**

Wie kann die *Kapazität gemessen* werden?

- Sie wird häufig am **möglichen Output,** an der möglichen Produktionsmenge pro Zeiteinheit, z. B. pro Monat oder pro Jahr, gemessen. Je nach Produktart wird die mögliche Produktmenge in Stück, Tonnen, Hektoliter usw. ausgedrückt.

- Sie kann auch am **möglichen Input,** am möglichen Verbrauch an Produktionsfaktoren pro Zeiteinheit gemessen werden. Je nachdem, welcher Produktionsfaktor betrachtet wird, bieten sich verschiedene Maßeinheiten an:

  ○ Produktionsfaktor Arbeit: z. B. Arbeitsstunden pro Zeiteinheit

  ○ Produktionsfaktor Betriebsmittel: z. B. Maschinenstunden pro Zeiteinheit

  ○ Produktionsfaktor Werkstoffe: z. B. Stück, Meter, Liter – je nach Werkstoffart

329 **ZP**

Was versteht man unter *Beschäftigung?*

Sie wird als **die tatsächlich erbrachte Leistung** eines Betriebs pro Zeiteinheit bezeichnet.

330 **ZP**

Wie kann die *Beschäftigung gemessen* werden?

Sie wird wie die Kapazität gemessen.

 *ReWe*

Er wird auch als **Kapazitätsausnutzungsgrad** bezeichnet. Er ist das Verhältnis von Beschäftigung zu Kapazität, ausgedrückt in Prozent:

$$\text{Beschäftigungsgrad (in Prozent)} = \frac{24\,000}{30\,000} \cdot 100 = 80\,\%$$

ZP 331
Was versteht man unter dem *Beschäftigungsgrad?*

ZP 332
Berechnen Sie den Beschäftigungsgrad für den Monat Juni: *mögliche Produktionsmenge pro Monat: 30 000 Stück, tatsächliche Produktionsmenge im Juni: 24 000 Stück.*

ZP 333
Wodurch unterscheiden sich *fixe* und *variable Kosten?*

- **Fixe Kosten** sind Kosten, die **unabhängig vom Beschäftigungsgrad** entstehen, z. B. Zinskosten, Mietkosten, lineare Abschreibungen auf Sachanlagen und Gehälter. Sie fallen auch an, wenn nichts produziert wird. Sie werden als **Kosten der Betriebsbereitschaft** bezeichnet.

- **Variable Kosten** sind Kosten, die sich in **Abhängigkeit von der Beschäftigung,** der Produktionsmenge, verändern. Sie steigen/fallen mit zunehmender/abnehmender Produktionsmenge, z. B. Kosten des Roh- und Hilfsstoffverbrauchs und Lohnkosten. Ist die Produktionsmenge Null, entstehen diese Kosten nicht.

Mit zunehmender Beschäftigung sinken die fixen Kosten pro Mengeneinheit, da sich die Fixkosten auf eine immer größer werdende Menge verteilen. Man spricht auch von der sogenannten **Fixkostendegression.**

ZP 334
Was besagt das *Gesetz der Massenproduktion?*

ZP 335
Geben Sie einen Überblick über die *Kosten* in Abhängigkeit ihrer *Zurechenbarkeit* auf die *Kostenträger.*

Kosten in Abhängigkeit ihrer Zurechenbarkeit auf die Kostenträger

- Einzelkosten
- Gemeinkosten
  - Kostenstelleneinzelkosten
  - Kostenstellengemeinkosten

336 ZP

Grenzen Sie *Einzelkosten* und *Gemeinkosten* voneinander ab.

- **Einzelkosten** sind Kosten, die dem **Kostenträger – dem Produkt – direkt zurechenbar** sind, z. B. Rohstoffkosten aufgrund von Konstruktionszeichnungen i. V. m. Materialentnahmescheinen oder Fertigungslöhne aufgrund von Zeitmessungen und Lohntarifverträgen i. V. m. Lohnscheinen.

- **Gemeinkosten** sind Kosten, die dem **Kostenträger nicht direkt zurechenbar** sind. Sie können nur mithilfe von **Verteilungsschlüsseln** (z. B. über den Betriebsabrechnungsbogen) auf die Kostenträger verteilt werden. Beispiele sind Gehälter, Hilfslöhne und Abschreibungen auf Betriebs- und Geschäftsausstattung.

337 ZP

Unterscheiden Sie *Kostenstelleneinzelkosten* von *Kostenstellengemeinkosten*.

- **Kostenstelleneinzelkosten** sind (bezogen auf das Produkt) Gemeinkosten, die den Kostenstellen direkt zugerechnet werden können, z. B. Abschreibungen auf Maschinen auf der Grundlage der Anlagendatei, Hilfslöhne und Gehälter aufgrund von Lohn- und Gehaltslisten des Personalbüros.

- **Kostenstellengemeinkosten** sind (bezogen auf das Produkt) Gemeinkosten, die den Kostenstellen nicht direkt, sondern nur mithilfe von Verteilungsschlüsseln zugerechnet werden können, z. B. Miete aufgrund der von den Kostenstellen beanspruchten Quadratmetern.

338 ZP

Welche *Kosten* werden auf der Grundlage *betrieblicher Funktionen* unterschieden?

- Beschaffungskosten
- Fertigungskosten
- Verwaltungskosten

- Absatz- oder Vertriebskosten
- Lagerkosten
- Finanzierungskosten

339 ZP

Welche *Kosten* werden auf der Grundlage der betriebswirtschaftlichen *Produktionsfaktoren* unterschieden?

- **Werkstoffkosten,** wie Roh-, Hilfs-, Betriebsstoffkosten
- **Personalkosten,** wie Fertigungslöhne und Gehälter
- **Betriebsmittelkosten,** wie Abschreibungen und Zinskosten

- **Finanzierungskosten,** wie Disagio
- **Fremdleistungskosten,** wie Telefonkosten
- **Abgaben mit Kostencharakter,** wie Gewerbe- und Kfz-Steuer

340 ZP

Unterscheiden Sie die *Kosten* im Hinblick auf ihre *Bezugsgrundlage.*

- **Gesamtkosten** sind alle in einer Abrechnungsperiode anfallenden Kosten, z. B. Kosten pro Monat oder Quartal oder Jahr.

- **Stückkosten** sind die Kosten pro Mengeneinheit, z. B. pro Stück, Meter, Hektoliter.
- **Grenzkosten** sind die für eine Mengeneinheit zusätzlich anfallenden Kosten.

2.3.3 Kostenstellenrechnung   *Handbuch: LF 4*

341 ZP

Was versteht man unter einer *Kostenstelle?*

Eine Kostenstelle ist der **Ort,** an dem Kosten entstehen. Dabei kann es sich um einen Arbeitsplatz, eine Abteilung, einen Betriebsbereich, aber auch um ein Produkt bzw. einen Auftrag (z. B. Baustelle eines Einkaufszentrums) handeln.

- **Ermittlung/Kontrolle** der Kosten in den einzelnen Kostenstellen

- **Schnittstelle** zwischen Kostenarten- und Kostenträgerrechnung, um die Gemeinkosten den Kostenträgern (Produkten/Leistungen) zurechnen zu können

ZP
Welche *Aufgaben* hat die Kostenstellen-rechnung? 342

- nach räumlich abgegrenzten Betriebs-teilen
- nach Funktionen oder Funktionsberei-chen

- nach Verantwortungsbereichen
- nach verrechnungstechnischen Ge-sichtspunkten

ZP
Nach welchen *Kriterien* werden *Kostenstellen* unter-schieden? 343

Beispiele:
- Beschaffungsbereich
- Fertigungsbereich
- Verwaltungsbereich

- Vertriebsbereich
- Lagerbereich
- Finanzbereich

ZP
Welche *Kosten-stellen* werden nach *Funktionsbereichen* unterschieden? 344

- **allgemeine Kostenstellen**
  Sie erbringen Leistungen für alle übrigen Kostenstellen. Ihre Kosten werden mithilfe von Verteilungsschlüs-seln im Wege des Umlageverfahrens auf solche Kostenstellen verteilt, die diese Leistungen in Anspruch genom-men haben.
  Beispiele: Fuhrpark, Archiv, Werksarzt

- **Hilfskostenstellen**
  Sie erbringen Leistungen für die Hauptkostenstellen. Ihre Kosten wer-den mithilfe von Verteilungsschlüsseln auf die Hauptkostenstellen verteilt.
  Beispiele: Modellbau, Werkzeugmache-rei, technische Betriebsleitung für die Fertigung

- **Hauptkostenstellen**
  Sie geben ihre Kosten direkt (mithilfe der Gemeinkostenzuschlagssätze) an die Kostenträger ab.
  Beispiele: Beschaffung, Fertigung, Vertrieb

ZP
Unterscheiden Sie die Kosten-stellen nach dem *verrechnungs-technischen* Gesichts-punkt und nennen Sie jeweils zwei Beispiele. 345

- Der einfache BAB (Betriebsabrech-nungsbogen) beschränkt sich auf die vier Kostenbereiche **Material, Ferti-gung, Verwaltung** und **Vertrieb.**

- Er dient der **Kostenstellenrechnung.** Mit seiner Hilfe werden Gemeinkosten Kostenbereichen oder -stellen zuge-rechnet.

- Damit lassen sich die Gemeinkosten der Kostenstellen **kontrollieren.**

- Außerdem werden die **Gemeinkosten-zuschlagssätze** errechnet, mit deren Hilfe die Gemeinkosten den Kostenträ-gern zugerechnet werden können.

ZP
Was versteht man unter einem *einfachen BAB* und welche Auf-gaben hat er? 346

ZP

347 Welche *Gemeinkosten-zuschlagssätze* werden beim einfachen BAB unterschieden?

Geben Sie die entsprechenden *Formeln* an.

Materialgemeinkosten-Zuschlagssatz (MGKZ) (in Prozent)
$$= \frac{\text{Materialgemeinkosten}}{\text{Fertigungsmaterial}} \cdot 100$$

Fertigungsgemeinkosten-Zuschlagssatz (FGKZ) (in Prozent)
$$= \frac{\text{Fertigungsgemeinkosten}}{\text{Fertigungslöhne}} \cdot 100$$

Verwaltungsgemeinkosten-Zuschlagssatz (VwGKZ) (in Prozent)
$$= \frac{\text{Verwaltungsgemeinkosten}}{\text{Herstellkosten des Umsatzes}} \cdot 100$$

Vertriebsgemeinkosten-Zuschlagssatz (VtrGKZ)(in Prozent)
$$= \frac{\text{Vertriebsgemeinkosten}}{\text{Herstellkosten des Umsatzes}} \cdot 100$$

ZP

348 Geben Sie das Kalkulationsschema zur Errechnung der *Herstellkosten des Umsatzes* und der *Selbstkosten des Umsatzes* an.

	Fertigungsmaterial (FM)
+	Materialgemeinkosten (MGK)
=	Materialkosten (MK)
	Fertigungslöhne (FL)
+	Fertigungsmeinkosten (FGK)
=	Fertigungskosten (FK)
=	Herstellkosten der Erzeugung (HKdE)
+	Bestandsminderungen an unfertigen/fertigen Erzeugnissen
−	Bestandsmehrungen an unfertigen/fertigen Erzeugnissen
=	**Herstellkosten des Umsatzes (HKdU)**
+	Verwaltungsgemeinkosten (VwGK)
+	Vertriebsgemeinkosten (VtrGK)
=	**Selbstkosten des Umsatzes (SKdU)**

ReWe

$$MGKZ = \frac{5.600}{20.000} \cdot 100 = 28\,\%$$

$$FGKZ = \frac{102.000}{35.000} \cdot 100 = 291\,\%$$

$$VwGKZ = \frac{12.300}{175.200} \cdot 100 = 7\,\%$$

$$VtrGKZ = \frac{9.500}{175.200} \cdot 100 = 5\,\%$$

	FM	20.000,00 €
+	MGK	5.600,00 €
=	MK	25.600,00 €
	FL	35.000,00 €
+	FGK	102.000,00 €
=	FK	137.000,00 €
=	HKdE	162.600,00 €
–	Best. Me.	3.400,00 €
+	Best. Min.	16.000,00 €
=	HkdU	175.200,00 €

Mithilfe der Gemeinkostenzuschlagssätze werden die **Gemeinkosten den Kostenträgern zugerechnet.**

- Der erweiterte BAB ist gegenüber dem einfachen BAB dadurch gekennzeichnet, dass die Fertigungshauptstelle in **mehrere Fertigungsstellen** zerlegt wird.

- Es gibt dann so viele Fertigungsgemeinkostenzuschlagssätze wie es Fertigungsstellen gibt.

- Beim **einstufigen BAB** werden keine Kosten von Kostenstellen auf andere Kostenstellen verteilt.

- Beim **mehrstufigen BAB** werden zunächst die Kosten der allgemeinen Kostenstellen auf alle übrigen Kostenstellen verteilt. Anschließend werden die Kosten der Hilfskostenstellen auf die zugehörigen Hauptkostenstellen umgelegt.

ZP 349
Errechnen Sie aus den folgenden Monatszahlen den Material-, Fertigungs-, Verwaltungs- und Vertriebsgemeinkostenzuschlagssatz:
*Fertigungsmaterial: 20.000,00 €,
Fertigungslöhne: 35.000,00 €,
Materialgemeinkosten: 5.600,00 €,
Fertigungsgemeinkosten: 102.000,00 €,
Verwaltungsgemeinkosten: 12.300,00 €,
Vertriebsgemeinkosten: 9.500,00 €,
Bestandsmehrung an fertigen Erzeugnissen: 3.400,00 €,
Bestandsminderung an unfertigen Erzeugnissen: 16.000,00 €.*

ZP 350
Wozu *dienen* die *Gemeinkostenzuschlagssätze?*

ZP 351
Wodurch unterscheidet sich der einfache vom *erweiterten BAB?*

ZP 352
Wodurch unterscheidet sich der einstufige vom *mehrstufigen BAB?*

2.3.4 Kostenträgerrechnung

ZP

353 Was versteht man unter einem *Kostenträger*?

- Kostenträger sind die in einer Abrechnungsperiode erbrachten **Leistungen eines Industriebetriebes,** also die hergestellten Produkte.

- Manchmal ist ein Kostenträger gleichzeitig eine Kostenstelle, etwa das zu errichtende Hochhaus in der Bauindustrie.

2.3.4.1 Rechnungssysteme   *Handbuch: LF 4*

ZP

354 Welche *Rechnungssysteme* der Kostenträgerrechnung werden nach der *Bezugsgrundlage* unterschieden?

- **periodenbezogene Rechnung**
  Werden den Kostenträgern die Kosten der Abrechnungsperiode (z. B. Monat, Quartal, Jahr) zugerechnet, spricht man von der **Kostenträgerzeitrechnung,** die ihren Niederschlag im Kostenträgerblatt (BAB II) findet.

- **stückbezogene Rechnung**
  Werden die Selbstkosten pro Mengeneinheit (z. B. Stück, Liter, Tonne) errechnet, spricht man von der Kostenträgerstückrechnung oder **Kalkulation.**

ZP

355 Welche *Rechnungssysteme* der Kostenträgerrechnung werden *nach dem Umfang der Kostenzurechnung* unterschieden?

- **Vollkostenrechnung**
  Sie rechnet **sämtliche Kosten** der Abrechnungsperiode den Kostenträgern zu (Kostenträgerzeitrechnung) oder ermittelt die Selbstkosten pro Mengeneinheit (Kostenträgerstückrechnung).

- **Teilkostenrechnung**
  Hier werden den Kostenträgern nur **Teile der insgesamt angefallenen Kosten,** z. B. nur die variablen Kosten, zugerechnet (Deckungsbeitragsrechnung).

ZP

356 Welche *Rechnungssysteme* der Kostenträgerrechnung werden *nach dem Zeitpunkt des Kostenanfalls* unterschieden?

- **Normalkostenrechnung**
  Sie basiert auf den Kosten vergangener Abrechnungsperioden.
- **Istkostenrechnung**
  Sie erfasst die Kosten der laufenden Abrechnungsperiode und wertet sie aus.

- **Plankostenrechnung**
  Sie ist eine zukunftsorientierte Rechnung, bei der die Kosten auf technischer Grundlage geplant werden.

2.3.4.2 Kalkulationsverfahren in der Industrie   *Handbuch: LF 4*

ZP

357 Ordnen Sie *Kalkulationsverfahren* entsprechenden *Fertigungsverfahren* zu und nennen Sie jeweils ein Beispiel.

- **Zuschlagskalkulation: Einzelfertigung** → Maschinenbau

- **einstufige Divisionskalkulation: Massenfertigung** eines Produktes → Elektrizität

- **Äquivalenzziffernkalkulation: Sortenfertigung** → Glas, Spanplatten, Ziegelsteine

- **Kuppelkalkulation: Kuppel- oder verbundene Produktion** → Strom- und Wärmekraftkopplung, Benzin und Heizöl

ReWe

Sie sind **Kostenverhältniszahlen,** die die unterschiedliche Kostenhöhe ausdrücken und damit der tatsächlichen Kostenverursachung der einzelnen Sorten gerecht werden sollen.

ZP
Was verstehen **358**
Sie unter *Äquivalenzziffern?*

- **maschinenabhängige Gemeinkosten**
  Gemeinkosten im Fertigungsbereich, die von den Maschinen verursacht werden, z. B. Abschreibungen auf Maschinen, kalkulatorische Zinsen für das in den Maschinen gebundene Kapital, Energiekosten, Platzkosten für die Maschinen, Instandhaltungskosten, Werkzeugkosten, Betriebsstoffkosten

- **Restgemeinkosten**
  Fertigungsgemeinkosten gesamt
  – maschinenabhängige Gemeinkosten
  = Restgemeinkosten

- **Maschinenlaufzeit**
  jährliche Arbeitstage · Arbeitsstunden pro Tag
  – Ausfallzeiten (maschinen-, auftrags- und personenbedingt)
  = Maschinenlaufzeit

- **Maschinenstundensatz**
  $$\frac{\text{maschinenabhängige Gemeinkosten}}{\text{Maschinenlaufzeit}}$$

- **Restgemeinkostenzuschlagssatz**
  $$\frac{\text{Restgemeinkosten der Fertigungsstelle}}{\text{Fertigungslöhne der Fertigungsstelle}} \cdot 100$$

ZP
Erläutern Sie **359**
die im Rahmen
der *Maschinenstundensatzrechnung* gebräuchlichen
Begriffe wie *maschinenabhängige
Gemeinkosten,
Restgemeinkosten,
Maschinenlaufzeit,
Maschinenstundensatz* und *Restgemeinkostenzuschlagssatz.*

2.3.4.3 Kalkulation von Handelswaren   *Handbuch: LF 4*

Produkte, die ein Unternehmen zur Abrundung des Absatzprogramms einkauft und **ohne Be- oder Verarbeitung** weiterverkauft

ZP
Was versteht **360**
man unter
Handelswaren?

Listeneinkaufspreis
– Lieferantenrabatt

= Zieleinkaufspreis
– Lieferantenskonto
+ Einkaufskosten

= Bareinkaufspreis
+ Bezugskosten

= Einstandspreis (Bezugspreis)

ZP
Wie lautet **361**
das *Schema* für
die Kalkulation des
Bezugspreises von
Handelswaren?

362 ZP

Wie lautet das *Schema* für die Kalkulation des *Absatzpreises* von Handelswaren?

Einstandspreis (Bezugspreis)
+ Handlungskosten
_____
= Selbstkostenpreis
+ Gewinn
_____
= Barverkaufspreis
+ Kundenskonto
_____
= Zieleinkaufspreis
+ Kundenrabatt
_____
= Listenverkaufspreis (netto)

363 ZP

Was versteht man unter *Handlungskosten?*

Kosten, die im Zusammenhang mit Beschaffung, Lagerung und Verkauf von **Handelswaren** entstehen, wie zum Beispiel Gehalt des Einkäufers, Löhne und Gehälter des Lagerpersonals, Zinsen für das in den Lagerbeständen gebundene Kapital, Abschreibungen auf Lagergebäude und Lagereinrichtungen, anteilige Verwaltungskosten

364 ZP

Geben Sie die *Formel* für den *Kalkulationszuschlagssatz* an.

$$\text{Kalkulationszuschlagssatz (in Prozent)} = \frac{\text{Listenverkaufspreis} - \text{Einstandspreis}}{\text{Einstandspreis}} \cdot 100$$

365 ZP

Wie lautet die *Formel* für den *Kalkulationsfaktor* bei Handelswaren?

$$\text{Kalkulationsfaktor} = \frac{\text{Listenverkaufspreis}}{\text{Einstandspreis}}$$

366 ZP

Wie wird die *Handelsspanne* errechnet?

$$\text{Handelsspanne (in Prozent)} = \frac{\text{Listenverkaufspreis} - \text{Einstandspreis}}{\text{Listenverkaufspreis}} \cdot 100$$

2.3.5	Deckungsbeitragsrechnung	Handbuch: LF 4

367 ZP

Definieren Sie den *Begriff Deckungsbeitrag* perioden- und stückbezogen.

- **periodenbezogener Deckungsbeitrag:**
  Umsatzerlöse der Produkte – variable Kosten der Produkte einer Abrechnungsperiode
  ($DB = U - K_v$)
- **stückbezogener Deckungsbeitrag:**
  Verkaufspreis/Mengeneinheit – variable Kosten/Mengeneinheit
  ($db = p - k_v$)

 *ReWe*

Ein positiver Deckungsbeitrag zeigt an,

- inwieweit die **fixen Kosten gedeckt** sind

- und dass darüber hinaus ein **Gewinn erzielt** wird.

ZP 368

Was zeigt ein *positiver Deckungsbeitrag* an?

Ein negativer Deckungsbeitrag zeigt an, dass der Preis des Produktes **nur einen Teil der variablen Stückkosten deckt.** Zur Deckung von Fixkosten trägt das Produkt überhaupt nicht bei.

ZP 369

Was zeigt ein *negativer Deckungsbeitrag* an?

- Bei der **Deckungsbeitragsrechnung mit globaler Fixkostendeckung** werden die Fixkosten in einer Summe von der Summe der Deckungsbeiträge der Produkte abgezogen, um das Betriebsergebnis zu ermitteln (man spricht vom sogenannten **Direct Costing).**

- Die **Deckungsbeitragsrechnung mit stufenweiser Fixkostendeckung** differenziert die Fixkosten entsprechend dem folgenden Schema, errechnet stufenweise verschiedene Deckungsbeiträge und gewinnt auf diese Weise mehr Informationen:

Umsatzerlöse
− variable Kosten
= Deckungsbeitrag I
− erzeugnisfixe Kosten
= Deckungsbeitrag II
− erzeugnisgruppenfixe Kosten
= Deckungsbeitrag III
− kostenstellenfixe Kosten
= Deckungsbeitrag IV
− bereichsfixe Kosten
= Deckungsbeitrag V
− unternehmensfixe Kosten
= Betriebsergebnis

ZP 370

Unterscheiden Sie die Deckungsbeitragsrechnung mit *globaler Fixkostendeckung* von der Deckungsbeitragsrechnung mit *stufenweiser Fixkostendeckung.*

- Erweiterung oder Bereinigung des **Sortiments**

- Annahme oder Ablehnung eines **Zusatzauftrages**

- Ermittlung des **optimalen** Produktionsprogramms

- Feststellung der kurzfristigen **Preisuntergrenze**

- Analyse der **Gewinnschwelle** (Break-even-Menge)

ZP 371

Welche *Unternehmensentscheidungen* werden auf der Grundlage des Deckungsbeitrages getroffen?

- Der **absolute Deckungsbeitrag** eines Produktes wird in Euro pro Mengeneinheit, z. B. in €/St., gemessen.

- Der **relative Deckungsbeitrag** eines Produktes wird in Euro pro Engpasseinheit, z. B. in €/Maschinenstunde, gemessen.

ZP 372

Wodurch unterscheiden sich *absoluter* und *relativer Deckungsbeitrag?*

Der relative Deckungsbeitrag bildet die Grundlage für Unternehmensentscheidungen beim Auftreten von **Engpässen** in der Produktion.

ZP 373

In welcher Situation bildet der *relative Deckungsbeitrag* die Grundlage für *Unternehmensentscheidungen?*

Preisuntergrenzen

374 ZP
Wodurch können *betriebliche Engpässe* entstehen und wie können sie gemessen werden?

Engpässe entstehen durch Beschränkungen der Produktionsfaktoren ...

- **Arbeit:** gemessen in Arbeitsstunden,
- **Betriebsmittel:** gemessen in Maschinenstunden,
- **Werkstoffe:** gemessen in Mengeneinheiten wie in Stück, Meter, Kilo usw.

375 ZP
Welche *Preisuntergrenzen* werden unterschieden und welche Bedeutung haben sie?

- **langfristige Preisuntergrenze: Preis = Selbstkosten pro Stück**
  Das Unternehmen macht weder Gewinn noch Verlust. Diesen Zustand kann ein Unternehmen über einen längeren Zeitraum verkraften.

- **kurzfristige Preisuntergrenze: Preis = variable Stückkosten**
  Der **Deckungsbeitrag** ist gleich **null**. Das Unternehmen macht Verluste in Höhe der Fixkosten. Diesen Zustand kann ein Unternehmen nur eine relativ kurze Zeit überstehen.

376 ZP
Welche *Gründe* können dafür ausschlaggebend sein, dass ein Unternehmen ein Produkt zu einem Preis anbietet, der der *kurzfristigen Preisuntergrenze* entspricht?

- Wenn ein Unternehmen ein neues Produkt auf den Markt bringen will, kann es im Rahmen der dynamischen Preisgestaltung die **Penetrationsstrategie** (penetrieren: eindringen) verfolgen, indem es das Produkt zu einem sehr niedrigen Preis, nämlich in Höhe der variablen Stückkosten, anbietet.

- Aus **Konkurrenzgründen** kann ein Unternehmen gezwungen sein, den Preis zu senken, und zwar bis zur kurzfristigen Preisuntergrenze.

377 ZP
Errechnen Sie mithilfe der Deckungsbeitragsrechnung die *Break-even-Menge* (Gewinnschwelle), wenn folgende Zahlen gegeben sind:
Preis/Stück: 50,00 €, variable Kosten/ Stück: 30,00 €, fixe Kosten: 60.000,00 €

Die Bedingung für die Gewinnschwelle – **„die Summe der Deckungsbeiträge entspricht den Fixkosten"** – ergibt sich aus folgender Rechnung:

$U = K$

$p \cdot x = k_v \cdot x + K_f$ $\qquad 50 \cdot x = 30 \cdot x + 60.000$

$p \cdot x - k_v \cdot x = K_f$ $\qquad 50 \cdot x - 30 \cdot x = 60.000$

$(p - k_v) \cdot x = K_f$ $\qquad (50 - 30) \cdot x = 60.000$

$$db \cdot x = K_f \qquad\qquad 20 \cdot x = 60.000$$

$$x = \frac{K_f}{db} \qquad\qquad x = \frac{60.000}{20} = 3.000$$

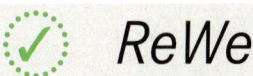

2.3.6 Normalkostenrechnung   *Handbuch: LF 4*

- Weil sie auf **Istkostenrechnungen vergangener Abrechnungsperioden** beruht.

- Man schreibt die Gemeinkostenentwicklung vergangener Abrechnungsperioden im Zuge der Angebotskalkulation in die Zukunft fort.

ZP **378**
Warum ist die *Normalkostenrechnung* eine vergangenheitsbezogene Rechnung?

Hierbei handelt es sich um Gemeinkosten, die im Zuge einer **Angebotskalkulation** mithilfe der Normalgemeinkostenzuschlagssätze in den Selbstkosten- bzw. Angebotspreis eingerechnet werden.

ZP **379**
Was versteht man unter *Normalgemeinkosten?*

Normalgemeinkostenzuschlagssätze des:
- Materialbereichs
- Fertigungsbereichs
- Verwaltungsbereichs
- Vertriebsbereichs

ZP **380**
Welche *Normalgemeinkostenzuschlagssätze* kennen Sie?

Sie errechnen sich als **Durchschnittswerte** der Istgemeinkostenzuschlagssätze mehrerer vergangener Abrechnungsperioden.

ZP **381**
Wie *errechnen* sich die *Normalgemeinkostenzuschlagssätze?*

Istgemeinkosten < Normalgemeinkosten

- Die tatsächlich entstandenen Gemeinkosten (Istgemeinkosten) werden durch die in den Preis einkalkulierten Gemeinkosten (Normalgemeinkosten) mehr als abgedeckt.

- Das tatsächliche Betriebsergebnis wird dadurch besser als das geplante.

ZP **382**
Was bedeutet *Kostenüberdeckung?*

Istgemeinkosten > Normalgemeinkosten

- Die tatsächlich entstandenen Gemeinkosten (Istgemeinkosten) werden nicht durch die in den Preis einkalkulierten Gemeinkosten (Normalgemeinkosten) gedeckt.

- Das tatsächliche Betriebsergebnis verschlechtert sich dadurch gegenüber dem geplanten.

ZP **383**
Was bedeutet *Kostenunterdeckung?*

2.3.7 Plankostenrechnung

384 Warum ist die *Plankostenrechnung* eine *zukunftsbezogene Rechnung?*

Sie ermittelt auf der Grundlage **technischer Daten,** z. B. Energieverbrauch einer Maschine, die **Kosten einer zukünftigen Periode** und vergleicht sie später mit den Istkosten, den tatsächlich entstandenen Kosten der betrachteten Periode.

2.3.7.1 Elemente der Plankostenrechnung *Handbuch: LF 4*

385 Was versteht man unter *Planbeschäftigung?*

- Sie gibt an, bei welcher **Faktoreinsatz- oder Ausbringungsmenge** die Kosten einer Kostenstelle geplant werden.

- Die Menge orientiert sich an der **Kapazität** der jeweils betrachteten Kostenstelle oder alle Kostenstellen orientieren sich an der Kapazität der betrieblichen Engpassstelle. Im zweiten Fall werden Über- bzw. Unterkapazitäten von Stellen sichtbar.

386 Erläutern Sie den Begriff *Planbezugsgröße.*

Sie zeigt, wie die Planbeschäftigung der jeweiligen Kostenstelle gemessen wird. Denkbar sind:

- **Input-Größen,** wie z. B. Arbeitsstunden, Maschinenstunden, Rohstoffverbrauch, oder die

- **Output-Größe** Produktionsmenge.

387 Was sind *Planpreise* und warum wird mit ihnen in der Plankostenrechnung gerechnet?

- Die Verbrauchsmengen der Produktionsfaktoren werden mit sogenannten **Verrechnungspreisen** bewertet. Verrechnungspreise sind z. B. durchschnittliche Einkaufspreise vergangener Perioden der jeweiligen Werkstoffart. Verrechnungslohnsätze sind zum Beispiel die durchschnittlichen Lohnsätze vergangener Perioden für die jeweilige Tätigkeit.

- Weichen die (späteren) Istkosten von den Plankosten ab, kann die Ursache der Kostenabweichung nicht an einer Preis- oder Lohnsatzänderung liegen, da mit Verrechnungspreisen kalkuliert wurde.

388 Was versteht man unter *Basisplankosten?*

Das sind die gesamten bei Planbeschäftigung geplanten Kosten der Kostenstelle.

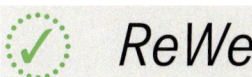

$$PVS = \frac{\text{Basisplankosten der Kostenstelle}}{\text{Planbeschäftigung der Kostenstelle}}$$

Mit dem Plankostenverrechnungssatz wird der Kostenträger belastet.

389

Wie wird der *Plankostenver-rechnungssatz* (PVS) berechnet und worin liegt seine Bedeutung?

2.3.7.2 Verfahren der Plankostenrechnung   *Handbuch: LF 4*

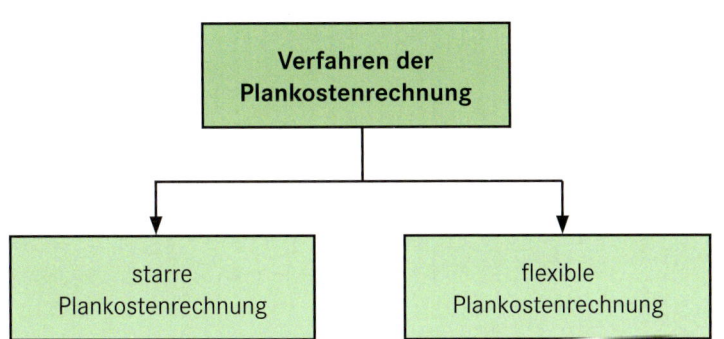

390

Welche *Verfahren der Plankostenrechung* werden unterschieden?

- **Bei den Basisplankosten und damit beim Plankostenverrechnungssatz wird keine Unterscheidung in fixe und variable (Plan)Kosten vorgenommen.**
- Da sich die verrechneten Plankosten aus der Multiplikation von Plankostenverrechnungssatz und der jeweiligen Istbeschäftigung ergeben, berücksichtigt die starre Plankostenrechnung nicht, dass sich der **Fixkostenanteil im Plankostenverrechnungssatz** mit sich ändernder Beschäftigung ändern müsste.

- Ist nämlich die Istbeschäftigung geringer als die Planbeschäftigung, werden zu wenig Fixkosten verrechnet. Ist dagegen die Istbeschäftigung höher als die Planbeschäftigung, werden zu viel Fixkosten verrechnet.
- Die mögliche Differenz zwischen Plan- und Istkosten lässt sich nicht den Ursachen **Beschäftigungsabweichung bzw. Verbrauchsabweichung wertmäßig eindeutig zuordnen.**

391

Beschreiben Sie das Wesen der *starren Plankostenrechnung.*

- **Sollkosten sind** die auf unterschiedliche Istbeschäftigungen umgerechneten Plankosten.
- Dafür ist es nötig, die Plankosten in fixe und variable Plankosten aufzuteilen.

- Sind Gemeinkostenarten nicht eindeutig fix bzw. variabel, z. B. Betriebsstoffkosten, sind diese sogenannten **Mischkosten** mithilfe von Kostenauflösungsverfahren in ihre fixen und variablen Bestandteile zu zerlegen.

392

Was versteht man im Rahmen der flexiblen Plankostenrechnung unter *Sollkosten?*

Kostenabweichungen

393 Bestimmen Sie mithilfe des *mathematischen Kostenauflösungsverfahrens* die fixen und variablen Bestandteile der Betriebsstoffkosten, wenn folgende Zahlen gegeben sind:
August: Produktionsmenge: 2 000 Stück, Betriebsstoffkosten: 125.000,00 €, September: Produktionsmenge: 2 150 Stück, Betriebsstoffkosten: 130.400,00 €

	Produktionsmenge	Betriebsstoffkosten
August	2 000	125.000,00 €
September	2 150	130.400,00 €
Differenz	150	5.400,00 €

Aus der Definition der variablen Kosten ergibt sich, dass die zusätzlichen Kosten von 5.400,00 € aus der zusätzlichen Produktion von 150 Stück variabel sind.

Die **variablen Stückkosten** errechnen sich wie folgt:
k_v = 5.400,00 € : 150 St. = 36,00 €/St.

Die **variablen Gesamtkosten** betragen im August:
K_v = 2.000 St. · 36,00 €/St. = 72.000,00 €

Die **fixen Kosten** betragen im August:
K_f = 125.000,00 € – 72.000,00 € = 53.000,00 €

(Die analoge Rechnung kann für September durchgeführt werden; sie führt zu den gleichen Fixkosten von 53.000,00 €.)

394 Beschreiben Sie das Wesen der *flexiblen Plankostenrechnung.*

- **Die Plankosten werden unterschieden in fixe und variable Plankosten.**
- Dadurch ist es möglich, die Sollkosten (Plankosten bei jeder Istbeschäftigung) zu ermitteln.
- Gründe und Umfang der Kostenabweichungen sind eindeutig zu bestimmen.

2.3.7.3 Analyse der Kostenabweichungen *Handbuch: LF 4*

395 Welche *Arten von Kostenabweichungen* unterscheidet man und wie werden sie berechnet?

- **Beschäftigungsabweichung**
  verrechnete Plankosten (bei Istbeschäftigung)
  – Sollkosten (bei Istbeschäftigung)
- **Verbrauchsabweichung**
  Sollkosten (bei Istbeschäftigung)
  – Istkosten (bei Istbeschäftigung)
- **Preis- und Lohnsatzabweichung**
  Diese Abweichungen, die grundsätzlich auftreten können, werden dadurch ausgeschaltet, dass sowohl die Plankosten als auch die Istkosten zu Verrechnungspreisen bzw. Verrechnungslohnsätzen angesetzt werden.
- **Gesamtabweichung**
  Werden sowohl bei der Plan- als auch bei der Istkostenrechnung Verrechnungspreise und -lohnsätze angewandt, ergibt sich die Gesamtabweichung aus der **Summe von Beschäftigungs- und Verbrauchsabweichung.**

- **Beschäftigungsabweichung**
  - ○ *verrechnete Plankosten > Soll-kosten*

    Hier ist die Istbeschäftigung höher als die Planbeschäftigung; also sind zu viele Fixkosten auf den Kostenträger verrechnet, d. h. kalkuliert worden.
  - ○ *verrechnete Plankosten < Soll-kosten*

    Hier ist die Istbeschäftigung geringer als die Planbeschäftigung; also sind in diesem Fall zu wenig Fixkosten verrechnet worden.

- **Verbrauchsabweichung**
  - ○ *Istkosten > Sollkosten*

    Das Betriebsergebnis verschlechtert sich, da der Verbrauch an Produktionsfaktoren höher als geplant (kalkuliert worden) ist.
  - ○ *Istkosten < Sollkosten*

    Gegenüber der Planung verbessert sich das Betriebsergebnis, da der Verbrauch an Produktionsfaktoren geringer als geplant ist.

396 Wie *wirken* sich *Kostenabweichungen* aus?

2.3.8 Prozesskostenrechnung *Handbuch: LF 4*

Die Gemeinkosten der indirekten oder fertigungsfernen Bereiche werden nicht mehr mithilfe der entsprechenden Gemeinkostenzuschlagssätze den Kostenträgern zugerechnet, sondern mithilfe so genannter **Prozesskostensätze.**

397 Was bedeutet die Aussage: *"Prozesskostenmanagement* oder *-rechnung* betrifft vornehmlich die indirekten oder fertigungsfernen Bereiche"?

- Materialbereich
- Verwaltungsbereich
- Vertriebsbereich

398 Welche Unternehmensbereiche werden als *indirekte* oder *fertigungsferne Bereiche* bezeichnet?

- Sie ist mit der **Maschinenstundensatzkalkulation vergleichbar,** bei der ein wesentlicher Teil der Fertigungsgemeinkosten (die maschinenabhängigen Fertigungsgemeinkosten) nicht mithilfe des Fertigungsgemeinkostenzuschlagssatzes dem Kostenträger zugerechnet wird, sondern mithilfe von Maschinenstundensätzen.

- Bezugsgröße der maschinenabhängigen Fertigungsgemeinkosten sind nicht die Fertigungslöhne, sondern die leistungsbestimmenden und damit Kosten verursachenden Transaktionen, wie z. B. Bohren, Fräsen, Schleifen, gemessen in Laufstunden der jeweiligen Maschinen und bewertet in € (Maschinenstundensätze), z. B. Fräsen kostet 21,35 €/Std.

399 Mit welcher Art Kalkulation im Fertigungsbereich (direkter Bereich) ist die Prozesskostenrechnung *vergleichbar?*

400 In welchen *Schritten* wird die *Prozesskostenrechnung* durchgeführt?

| Tätigkeits-analyse | → | Bestimmung von Maßgrößen | → | Planung der Prozessmengen | → | Planung der Prozesskosten | → | Errechnung der Prozesskostensätze |

---

401 Was ist unter *Tätigkeitsanalyse* zu verstehen?

In den Kostenstellen der fertigungsfernen Bereiche werden die einzelnen Tätigkeiten oder (Dienst-)Leistungen der Mitarbeiter analysiert und anschließend zu Teilprozessen zusammengefasst, die ihrerseits wieder zu Hauptprozessen verdichtet werden.

---

402 Welche *Arten von Teilprozessen* werden in der Prozesskostenrechnung unterschieden?

- **leistungsmengeninduzierte** Teilprozesse **(lmi)**

- **leistungsmengenneutrale** Teilprozesse **(lmn)**

---

403 Was versteht man unter *leistungsmengeninduzierten (lmi) Teilprozessen?*

- Sie sind **mengenvariabel,** das heißt, sie hängen vom zu erbringenden Leistungsvolumen ab.

- **Beispiele** sind: Angebote bearbeiten, Lieferantenrechnungen prüfen, Lieferantenrechnungen buchen

- Nur für lmi-Prozesse sind **Kostentreiber** zu bestimmen.

---

404 Erläutern Sie den Begriff *Kostentreiber* und verdeutlichen Sie ihn anhand konkreter Beispiele.

- Kostentreiber sind **Maßgrößen abgegrenzter Teilprozesse,** vergleichbar mit den Bezugsgrößen der Plankostenrechnung.

- Sie sollen **Maßstab der Kostenverursachung** sein; zwischen Kostentreiber und Kostenentwicklung soll möglichst eine proportionale Beziehung bestehen.

- Sie sollen außerdem **Maßstab für die Kostenzurechnung** auf die Kostenträger sein. Man will also wissen, wie viele Einheiten des Kostentreibers und damit Kosten den Kostenträgern zugerechnet werden können.

Beispiele für Kostentreiber:

Teilprozesse	Kostentreiber
Angebote bearbeiten	Anzahl der Angebote
Lieferantenrechnungen prüfen	Anzahl der Rechnungen
Lieferantenrechnungen buchen	Anzahl der Rechnungen
Belege ablegen	Anzahl der Belege
Fremdteile entgegennehmen	Dauer der Entladezeit
Fertigungsaufträge disponieren	Bearbeitungszeit je Auftrag

Abhängig von der jeweiligen **Teilprozessart** werden zwei Arten von **Kostentreibern** unterschieden:

- **Zeitgrößen**

  Da z. B. im Hauptprozess „Konstruktion von Baugruppen" einfache bis komplexe Konstruktionszeichnungen anzufertigen sind, kann nicht die Menge der angefertigten Zeichnungen, sondern nur die Bearbeitungszeit der jeweiligen Zeichnungen als Kostentreiber herangezogen werden.

- **Mengengrößen**

  Ist die Anzahl der Teilprozessdurchführungen ausschlaggebend für die Kostenverursachung, z. B. beim Teilprozess „Belege ablegen" die Zahl der abzulegenden Belege, sind Mengengrößen als Kostentreiber zu wählen. Sie werden dann bevorzugt, wenn der Teilprozess relativ einfach ist, sich laufend wiederholt, die Bearbeitungszeit der Aktivität – unabhängig vom Produkt – annähernd gleich ist, die Teilprozesseinheiten also homogen sind.

Welche *Kostentreiberarten* **sind Ihnen bekannt?** `405`

Hauptprozess „Kreditoren bearbeiten"

Teilprozesse	Kostentreiber
Stammdaten der Kreditoren pflegen	Anzahl der Datenänderungen
Lieferantenrechnungen vorkontieren	Anzahl der Rechnungen
Lieferantenrechnungen buchen	Anzahl der Rechnungen
Zahlungen auslösen	Anzahl der Zahlungen
Zahlungsanweisungen überprüfen	Anzahl der Überweisungen
Buchungsmitteilungen bearbeiten	Anzahl der Buchungsmitteilungen

Nennen Sie mögliche *leistungsmengeninduzierte Teilprozesse* (Imi-Prozesse) des Hauptprozesses „Kreditoren bearbeiten" und zugehörige *Kostentreiber* an. `406`

- Teilprozesse, die **vom Leistungsvolumen unabhängig** sind, zum Beispiel „Leitung einer Abteilung"

- Für Imn-Prozesse lassen sich **keine Kostentreiber** bestimmen.

Was versteht man unter *leistungsmengenneutralen (Imn) Teilprozessen?* `407`

- Leiten von Abteilungen, z. B. der Abteilung Beschaffung
- Umgestaltung der betrieblichen Aufbauorganisation

- Erstellen einer Balanced Scorecard

Nennen Sie *Beispiele* leistungsmengenneutraler Teilprozesse. `408`

- Prozesskostensätze werden **nur für leistungsmengeninduzierte Teilprozesse** errechnet.

- Für jeden leistungsmengeninduzierten Teilprozess werden die **Kosten pro Leistungseinheit** ermittelt. So wird z. B. errechnet, welche Kosten durch die Bearbeitung **eines** Angebotes oder die Buchung **einer** Lieferantenrechnung entstehen.

Was versteht man generell unter *Prozesskostensätzen?* `409`

410 Was versteht man unter dem *Prozessteil-kostensatz?*

- Im Prozessteilkostensatz werden nur die **Kosten** solcher Teilprozesse berücksichtigt, die **leistungsmengen-induziert** sind.

- Zum **Beispiel** werden die gesamten Kosten, die durch die Bearbeitung von Angeboten in einer Periode (z. B. Jahr) entstehen, durch die Anzahl der bearbeiteten Angebote in der Periode (z. B. ebenfalls Jahr) dividiert.

411 Was versteht man unter dem *Prozessvollkosten-satz?*

Der Prozessvollkostensatz eines Teilprozesses besteht aus **zwei Komponenten,** nämlich:

- aus dem **Prozessteilkostensatz** des Teilprozesses

- und dem **Umlageanteil** der Kosten für die leistungsmengenneutralen Teilprozesse. Dabei werden die Kosten der leistungsmengenneutralen Teilprozesse den leistungsmengeninduzierten Teilprozessen im Zuge der Verteilungsrechnung zugerechnet. Verteilungsgrundlage sind die Kosten der leistungsmengeninduzierten Teilprozesse.

2.4 Controlling und Statistik – lernfeldübergreifend

2.4.1 Controlling   *Handbuch: LF 2, 5, 6, 8, 10*

412 Was versteht man unter dem Begriff *Controlling?*

- **Ursprünglich** handelte es sich um die **Überwachung** des betrieblichen Leistungsprozesses. Basierend auf Ist-Zahlen aus der Finanzbuchhaltung und der Kosten- und Leistungsrechnung war die Blickrichtung auf die Vergangenheit gelenkt.

- **Heute** ist Controlling – über die Kontrollfunktion hinaus – ein **Informations-, Entscheidungs- und Führungsinstrument** durch ergebnisorientierte, funktionsübergreifende Planung, Steuerung und Überwachung des Unternehmens. Controlling ist daher heute stärker zukunftsorientiert.

413 Unterscheiden Sie *operatives* und *strategisches* *Controlling.*

- Auf der Grundlage weitgehend **quantitativer** Informationen (z. B. Zahlen der KLR) dient das **operative Controlling** der Vollzugsüberwachung und der Abweichungsanalyse (z. B. in der Plankostenrechnung). Operatives Controlling bezieht sich auf das „Tagesgeschäft", ist daher eher **kurzfristig** angelegt.

- Durch Einbeziehung **langfristiger, qualitativer** Informationen (z. B. Entwicklung auf dem Informations- und Telekommunikationssektor, Standortverlagerung in Verbindung mit der Erweiterung der EU) wird das operative Controlling zum **strategischen Controlling** erweitert, das die Unternehmensplanung unterstützt.

Beispiele:

- Break-even-Analysen
- Rechnungen mit absoluten und relativen Deckungsbeiträgen
- ABC-Analysen
- Nutzwertanalysen
- statische und dynamische Investitionsrechnungen
- ...

414 Nennen Sie Beispiele für *Instrumente des operativen Controllings.*

Beispiele:

- Portfolioanalysen
- SWOT-Analysen*
- Benchmarking
- Szenario-Analysen
- TQM*
- Lean Production
- Lean Management
- Global Sourcing
- ...

*SWOT: Strength-Weakness-Opportunities-Threats (Stärken-Schwächen-Chancen-Risiken)
*Total Quality Management

415 Nennen Sie Beispiele für *Instrumente des strategischen Controllings.*

Auf der Grundlage langfristiger Unternehmenszielsetzungen wie z. B. Erreichen einer Eigenkapitalrendite von 20 % und der damit einhergehenden strategischen Planungen besteht die Aufgabe des Controllers darin:

- kurzfristige konkrete **Ziele** zu **formulieren** (Soll-Zustand festlegen), z. B. die Kosten innerhalb eines Jahres um 5 % zu senken,
- **Einzelpläne** und **Einzelbudgets** zu erstellen, z. B. die Plankosten mithilfe der Plankostenrechnung zu ermitteln,
- den **Ist-Zustand** mithilfe zur Verfügung stehender Informationen zu erfassen und aufzubereiten, z. B. die Ist-Kosten zu ermitteln,
- den Plan- oder **Soll-Zustand** mit dem **Ist-Zustand** zu **vergleichen,** z. B. die Plankosten mit den Istkosten,
- die **Abweichungen** zwischen Plan- und Ist-Zustand festzustellen und die **Ursachen** zu analysieren, z. B. bei der Plankostenrechnung die Beschäftigungs-, Verbrauchs- und Preisabweichungen und deren Gründe zu ermitteln,
- die Geschäftsleitung und die betroffenen Abteilungen über die Analyseergebnisse zu **informieren,**
- **Maßnahmen** zur (Gegen-)Steuerung zu entwickeln und
- die **Pläne** bzw. gegebenenfalls die **Ziele** zu **korrigieren,** z. B. die Planbeschäftigung zu ändern bzw. die Kosten statt um 4 % nur um 2 % zu senken.

416 Welche *Hauptaufgaben* hat ein *Controller* zu erfüllen?

417 Nennen Sie je drei *Kennzahlen* aus den *Controllingbereichen* Beschaffung, Produktion, Absatz, Finanzierung und Personalwesen.

Controllingbereiche:

- **Beschaffung**

- **Produktion**

- **Absatz**

- **Finanzierung**

- **Personalwesen**

Kennzahlen (Beispiele):

- ○ Kosten pro Bestellvorgang
- ○ Reklamationsquote
- ○ Kosten pro 1,00 € Bestellwert

- ○ Arbeitsproduktivität
- ○ Beschäftigungsgrad
- ○ Stückkosten

- ○ Umsatz je Mitarbeiter
- ○ Deckungsbeitrag pro Stück
- ○ Marktanteil

- ○ Liquidität
- ○ Cashflow
- ○ Selbstfinanzierungsquote
  (vgl. auch die Bilanzkennzahlen in Kapitel 2.2)

- ○ Fluktuationsrate
- ○ Krankheitsquote
- ○ Fort-, Weiterbildungskosten pro Arbeitnehmer

418 Von welchen *Faktoren* hängt die *organisatorische Einbindung* des Controllings ab?

- Größe des Unternehmens
- Aufbauorganisation des Unternehmens
- Bedeutung, die dem Controlling beigelegt wird

419 Auf welche Weise kann das Controlling in die *Aufbauorganisation* eines Unternehmens *eingebunden* werden?

- **als Stabsstelle der Geschäftsleitung**

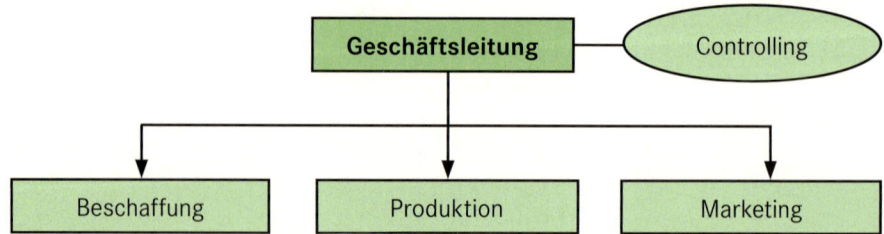

- ○ eher in mittelständischen Unternehmen zu finden
- ○ Abhängig von der Persönlichkeit des Geschäftsführers oder anderen Faktoren, wie z. B. der Unternehmensgröße, hat der Controller u. U. nur Kontrollaufgaben.

- **als Stabsstelle des Leiters Rechnungswesen**

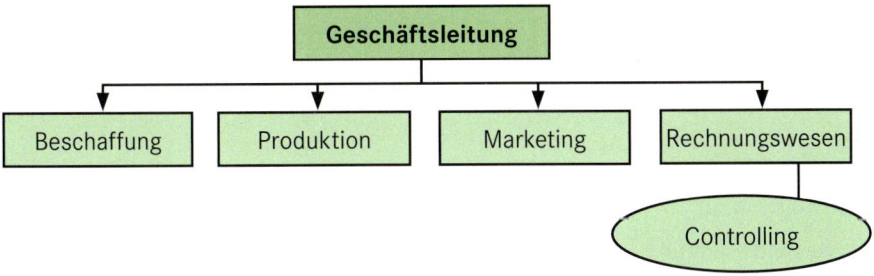

- ○ Controller spielt eine untergeordnete Rolle.
- ○ Er hat eher die Aufgabe, nachträglich Bilanzkennzahlen zu kontrollieren.

- **aufbauorganisatorisch verzweigt**

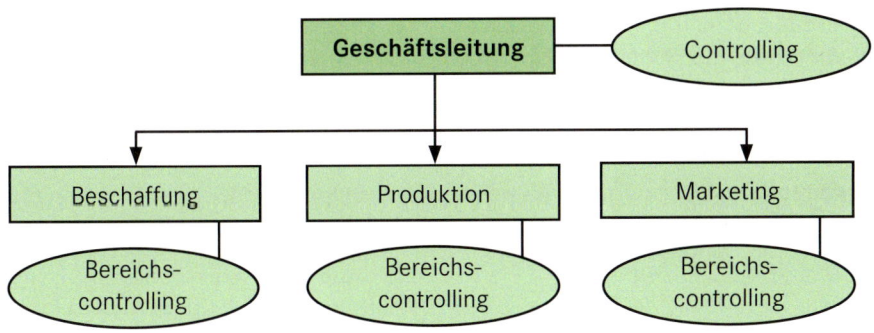

- ○ eher in Großunternehmen zu finden
- ○ Neben dem Hauptcontroller, der der Geschäftsleitung untersteht, gibt es noch Bereichscontroller, die einerseits dem jeweiligen Bereichsleiter und andererseits dem Hauptcontroller unterstellt sind.

2.4.2 Statistik   *Handbuch: LF 4*

- Unter Statistik versteht man die Tätigkeit bzw. das Ergebnis der Tätigkeit der **Erfassung** und **Analyse von Massenerscheinungen.**

- Entweder werden **große Datenmengen** verarbeitet (z. B. Auszählung **aller** Stimmen bei der Bundestagswahl) oder **Stichproben** kleinen Umfangs werden mit statistischen Rechenverfahren auf die Gesamtheit der Daten hochgerechnet (z. B. dienen die Auszählergebnisse **weniger** Wahlkreise für eine Prognose über den Ausgang der Bundestagswahl).

Was versteht man unter dem Begriff *Statistik?* 420

421 Welche *Anforderungen* sind an statistische Maßzahlen zu stellen?

Statistische Maßzahlen sollen:

- den abzubildenden Sachverhalt abbilden können (**Zweckeignung**)
- **eindeutig definiert,** quantifizierbar und genau sein
- **aktuell** sein
- zu einem **Nutzen** führen, der in einem vernünftigen **Verhältnis** zu den **Kosten** ihrer Beschaffung und Aufbereitung steht.

422 Welche *Maßzahlen* werden in der Statistik unterschieden?

- **Grundzahlen**
- **Verhältniszahlen**
- **Mittelwerte**

423 Welche *Grundzahlen* kennen Sie?

Grundzahlen sind **absolute Zahlen,** die sich ergeben als:

- **Einzelzahlen,** z. B. Umsatz: 1 Mio. €
- **Summen,** z. B. Summe der Einzelkostenarten: 800.000,00 €
- **Differenzen,** z. B. Umsatz: 1 Mio. € – Kosten: 800.000,00 € = Gewinn: 200.000,00 €

424 Was versteht man unter *Verhältniszahlen* und welche werden unterschieden?

Verhältniszahlen sind Zahlen, bei denen zwei absolute Zahlenwerte zueinander ins Verhältnis gesetzt werden.

- **Gliederungszahlen:**
  Hier werden Teilgrößen auf ihre Gesamtgröße bezogen, häufig ausgedrückt als Prozentzahl, z. B. Anteil des Fremdkapitals am Gesamtkapital, Anteil des Umsatzes des Produktes X am Gesamtumsatz aller Produkte, Anteil der weiblichen Auszubildenden an der Gesamtzahl aller Auszubildenden
- **Beziehungszahlen:**
  Hier werden unterschiedliche Größen, die in einem sachlichen Zusammenhang stehen, zueinander ins Verhältnis gesetzt, z. B. Gewinn und Eigenkapital → Eigenkapitalrentabilität.

- **Index- oder Messzahlen:**
  Hier werden absolute Zahlen einer Zahlenreihe in Prozentzahlen umgerechnet und auf eine Grund- oder Basiszahl (Index), die 100 % gesetzt wird, bezogen.
  Beispiel:
  Die Ausgaben für die Lebenshaltung im Jahr 1 betragen 1.200,00 € ; sie werden als Basiszahl 100 % gesetzt. Im Jahr 2 betragen die entsprechenden Ausgaben 1.251,00 €,
  das entspricht einem Lebenshaltungskostenindex von 104,25 %
  (1.251,00 € : 1.200,00 € · 100).

425 Welche *Mittelwerte* werden unterschieden?

Mittelwerte (oder Durchschnittszahlen) werden unterschieden in:

- **häufigster Wert** (oder Modalwert), z. B.: Welches Alter kommt bei den Mitgliedern der Belegschaft am häufigsten vor?
- **Zentralwert** (oder Median), z. B. reicht das Alter der Mitarbeiter von 16 bis 65 Jahre, welches Alter liegt genau in der Mitte dieser Zahlenreihe?
- **arithmetisches Mittel** (oder Durchschnittswert), z. B.: Wie hoch ist das Durchschnittsalter der Belegschaftsmitglieder?

- Der **häufigste Wert** ist **8** (kranke Arbeitnehmer pro Tag).

- Der **Zentralwert** der Zahlenreihe 7, 8, 8, 9, 10, 12 ist, da es sich um eine gerade Anzahl von Zahlenwerten handelt, der Durchschnittswert der beiden mittleren Zahlen 8 und 9, also **8,5** (kranke Arbeitnehmer pro Tag).

- Der **Durchschnittswert** errechnet sich wie folgt:

$$\frac{7 + 8 + 12 + 9 + 8 + 10}{6} = \mathbf{9} \text{ (kranke Arbeitnehmer pro Tag)}$$

Beispiele:
- Statistik über die Absatzmengen der Produkte
- Statistik über die Zusammensetzung der Mitarbeiter
- Statistik über Fehlzeiten der Arbeitnehmer
- Umsatzstatistik
- Produktionsstatistik
- Statistik über die Einkaufsmengen der Werkstoffe
- Statistik über die Einkommenshöhe der Mitarbeiter

Beispiele:
- Tabelle
- Balkendiagramm
- Säulendiagramm
- Kreisdiagramm
- Liniendiagramm
- Flächendiagramm
- dreidimensionales Diagramm

---

426 *Ermitteln* Sie auf der Grundlage der folgenden Angaben den *häufigsten Wert,* den *Zentralwert* und den *Durchschnittswert:* In der 25. Woche stellte sich die Anzahl kranker Mitarbeiter wie folgt dar:

Mo.	7	Do.	9
Di.	8	Fr.	8
Mi.	12	Sa.	10

427 Nennen Sie mindestens fünf verschiedene *betriebliche Statistiken.*

428 Nennen Sie fünf verschiedene *Darstellungsformen* statistischer Maßzahlen.

2.5 Fachbezogenes Rechnen – lernfeldübergreifend

2.5.1 Dreisatz

2.5.1.1 Einfacher Dreisatz mit geradem (direktem) Verhältnis

ZP

429 Ein Pkw braucht für eine Entfernung von 575 km 41,4 l Benzin.

Wie viel Liter werden verbraucht, wenn 735 km zurückzulegen sind?

Ansatz:	Bruchsatz:	Antwortsatz:
575 km – 41,4 l 735 km – x l	$x = \dfrac{41,4 \cdot 735}{575} = \underline{\underline{52,92}}$	Der Pkw benötigt für 735 km 52,92 l Benzin.

Die Rechengrößen verhalten sich **proportional** zueinander: je mehr (km) – desto mehr (l), je weniger (km) – desto weniger (l).

2.5.1.2 Einfacher Dreisatz mit ungeradem (indirektem) Verhältnis

ZP

430 Ein Industriebetrieb setzt für die Inventur 180 Aushilfskräfte ein; diese erledigen die notwendigen Arbeiten in 5 Tagen.

Wie viele Aushilfen sind erforderlich, wenn die Inventur nach 4 Tagen beendet sein soll?

Ansatz:	Bruchsatz:	Antwortsatz:
5 Tage – 180 Aushilfskräfte 4 Tage – x Aushilfskräfte	$x = \dfrac{180 \cdot 5}{4} = \underline{\underline{225}}$	Um die Arbeit in 4 Tagen zu erledigen, werden 225 Aushilfskräfte benötigt.

Die Rechengrößen verhalten sich **umgekehrt proportional** zueinander: je weniger (Tage) – desto mehr (Aushilfskräfte), je mehr (Tage) – desto weniger (Aushilfskräfte).

 **ReWe**

2.5.1.3 Zusammengesetzter Dreisatz

Handbuch: LF 6

Ansatz:	Bruchsatz:	Antwortsatz:
2 An. – 7 Std./Tag – 3 Tage 3 An. – 8 Std./Tag – x Tage	$x = \dfrac{3 \cdot 2 \cdot 7}{3 \cdot 8} = \underline{1{,}75}$	3 Angestellte brauchen bei tägl. 8 Std. Arbeit für diesen Auftrag 1,75 Tage.

Man teilt den zusammengesetzten Dreisatz **in einzelne einfache Dreisätze** (mit geradem bzw. ungeradem Verhältnis) auf und ermittelt schrittweise das jeweilige Verhältnis.

ZP *431*
Für einen Auftrag benötigen 2 Angestellte 3 Tage bei 7 Stunden/Tag.

Wie viele Tage brauchen 3 Angestellte bei 8 Stunden/Tag?

2.5.2 Kettensatz

Ansatz:	Bruchsatz:	Antwortsatz:
1) x € – 1 hl 2) 1 hl – 100 l 3) 159 l – 58,75 \$ 4) 1,35 \$ – 1,00 €	$x = \dfrac{1 \cdot 100 \cdot 58{,}75 \cdot 1}{1 \cdot 159 \cdot 1{,}35} = \underline{27{,}37}$	Ein Hektoliter Rohöl kostet 27,37 €.

Um die gesuchte Größe berechnen zu können, müssen die Umrechnungen schrittweise erfolgen. Mithilfe des Kettensatzes lassen sich die Lösungsschritte zu einem Lösungsansatz zusammenfassen. **Regeln** für die Lösung mithilfe des Kettensatzes:
1) Die erste Zuordnung beginnt mit der gesuchten Größe: Euro zu Hektoliter.
2 – 4) Jede weitere Zuordnung beginnt mit der Einheit, mit der die jeweils vorhergehende aufgehört hat (hl → hl, l → l, \$ → \$).
4) Die Kette endet mit der gesuchten Größe: Euro.
4) Man dividiert das Produkt der rechts stehenden Werte durch das Produkt der links stehenden Werte und berechnet die gesuchte Größe (Euro).

ZP *432*
Rohöl wird auf dem Rotterdamer Spotmarkt mit 58,75 US-Dollar (\$) Je Barrel angeboten.

Wie viel Euro kostet ein Hektoliter (1 Barrel = 159 l, 1 hl = 100 l, 1,00 € = 1,35 \$)?

2.5.3 Rechnen mit ausländischen Währungen

2.5.3.1 Umrechnen von Euro in Auslandswährung

Ansatz:	Bruchsatz:	Antwortsatz:
1,00 € – 1,43 CAD 500,00 € – x CAD	$x = \dfrac{1{,}43 \cdot 500}{1} = \underline{715{,}00}$	Der Kaufmann bekommt für 500,00 € 715,00 CAD.

Um die gesuchte Größe berechnen zu können, ist **die Sichtweise der Bank** zugrunde zu legen. Es muss der **Geldkurs für Sorten** für die ausländische Währung verwendet werden, **da die Bank Euro ankauft.**

ZP *433*
500,00 € werden in kanadische Dollar (CAD) getauscht.

Wie viel CAD gibt es? Kurstafel für Sorten (ausländ. Bargeld):
Geld (Ankauf) 1,43
Brief (Verkauf) 1,45

2.5.3.2 Umrechnung von Auslandswährung in Euro

Aus einem Ex-
porterlös fließen
einem Kaufmann
in Deutschland
18.750,00 Schwei-
zer Franken (CHF)
zu. Er wünscht eine
Gutschrift auf seinem
Girokonto.

Wie viel Euro werden
ihm gutgeschrieben
(ohne Bankspesen),
wenn die Kurstafel für
Devisen (ausländisches
Buchgeld) anzeigt: Geld
1,6595; Brief 1,6650?

Ansatz:	Bruchsatz:	Antwortsatz:
1,6650 CHF – 1 €	$x = \dfrac{1 \cdot 18.750}{1,6650} = 11.261,26$	Der Kaufmann bekommt
18.750 CHF – x €		für 18.750,00 CHF
		11.261,26 € gutgeschrieben.

Um die gesuchte Größe zu berechnen, ist die **Sichtweise der Bank** zugrunde zu legen. Es muss der **Briefkurs für Devisen** für die ausländische Währung verwendet werden, **da die Bank Euro verkauft.**

2.5.4 Durchschnittsrechnung

2.5.4.1 Berechnung des einfachen Durchschnitts

Ein Bundesliga-
verein hatte in den
bisherigen 6 Heimspie-
len der Saison folgende
Zuschauerzahlen:
21 550, 24 100, 18 750,
19 800, 21 875 und
15 275.

Wie viele Zuschauer be-
suchten die Heimspiele
durchschnittlich?

1.	Spiel	21 550 Zuschauer
2.	Spiel	24 100 Zuschauer
3.	Spiel	18 750 Zuschauer
4.	Spiel	19 800 Zuschauer
5.	Spiel	21 875 Zuschauer
6.	Spiel	15 275 Zuschauer

insgesamt	121 350 Zuschauer : 6 Heimspiele
	= 20 225 Zuschauer je Heimspiel

Um die gesuchte Größe zu errechnen, teilt man die **Summe der Einzelwerte durch** die **Anzahl der Einzelwerte.**

 *ReWe*

2.5.4.2 Berechnung des gewogenen Durchschnitts

8 St. zu 24,82 €/St.	= 198,56 €
12 St. zu 23.88 €/St.	= 286,56 €
25 St. zu 24,12 €/St.	= 603,00 €
5 St. zu 24,25 €/St.	= 121,25 €

50 Aktien kosten insgesamt   1.209,37 € : 50 Aktien
= 24,19 €/Aktie

Eine Aktie kostet im Durchschnitt 24,19 €.

Um die gesuchte Größe zu errechnen, teilt man die **Summe der gewichteten Werte durch** die **Gesamtmenge.**

ZP 436

Ein Bankkunde kaufte im vergangenen Jahr Aktien der Bau International AG, und zwar:
8 St. zu 24,82 €/St.,
12 St. zu 23,88 €/St.,
25 St. zu 24,12 €/St.
und 5 St. zu
24,25 €/St.

Wie viel Euro hat er im Durchschnitt für eine Aktie bezahlt?

2.5.5   Verteilungsrechnung

2.5.5.1   Einfache Verteilungsrechnung

Beteiligte	Verteilungs-grundlage (Werbepros-pekte in St.)	Teile	Anteile (€)
A	800 St.	10	48,00
B	560 St.	7	33,60
C	640 St.	8	38,40
		25	120,00
		1 Teil	4,80 €

Um die gesuchten Anteile zu berechnen, setzt man die gegebenen Größen in ein Verteilungsschema ein und kürzt die Verteilungsgrundlage so weit wie möglich (in dieser Ausgabe durch 80). Der zu verteilende Geldbetrag entspricht der Summe der Teile. Man berechnet einen Teil und dann die Anteile. Deren Addition ergibt den zu verteilenden Geldbetrag.

ZP 437

Die Schüler A, B und C verteilen für einen Supermarkt 2 000 Werbeprospekte und bekommen dafür insgesamt 120,00 €. A verteilt 800, B 560 und C 640 Werbeprospekte.

Wie viel Euro bekommt jeder Schüler, wenn die 120,00 € nach der Zahl der verteilten Werbeprospekte aufgeteilt werden?

2.5.5.2 Gewinnverteilung

ZP
438

An einer OHG sind die Gesellschafter A mit 115.000,00 €, B mit 55.000,00 € und C mit 70.000,00 € beteiligt. Sie weist einen Jahresgewinn von 58.400,00 € aus. Nach dem Gesellschaftsvertrag erhält jeder Gesellschafter 6 % Verzinsung für seine Einlage. Der restliche Gewinn wird im Verhältnis 5 : 3 : 2 verteilt.

Wie hoch ist der Restgewinnanteil jedes Gesellschafters und wie viel Euro beträgt ihr jeweiliger Gesamtgewinn?

Gesell-schafter	Kapital (€)	6 % Verzin-sung (€)	Teile	Gewinnan-teil (€)	Gesamtge-winn (€)
A	115.000,00	6.900,00	5	22.000,00	28.900,00
B	55.000,00	3.300,00	3	13.200,00	16.500,00
C	70.000,00	4.200,00	2	8.800,00	13.000,00
Summe	240.000,00	14.400,00	10	44.000,00	58.400,00

1 Teil   4.400,00 €

Man setzt die gegebenen Rechengrößen in ein Verteilungsschema ein und errechnet zuerst die Zinsen für jeden Gesellschafter. Dann subtrahiert man die gesamten Zinsen vom Jahresgewinn und verteilt den restlichen Gewinn nach dem vorgegebenen Verhältnis auf die Gesellschafter. Der Gesamtgewinn je Gesellschafter errechnet sich aus den jeweiligen Zinsen und dem Restgewinnanteil. Deren Addition ergibt wieder den zu verteilenden Jahresgewinn.

2.5.5.3 Bezugskalkulation mithilfe der Verteilungsrechnung

ZP
439

Ein Industriebetrieb bezieht zwei Rohstoffe in einer Lieferung: Rohstoff I: 750 kg zu 1,80 € je kg, Rohstoff II : 325 kg zu 6,60 € je kg; Fracht 344,00 €, Transportversicherung 139,80 €.

Verteilen Sie Gewichts- und Wertspesen anteilig auf die Rohstoffe.

Wenn eine Lieferung verschiedene Warenarten enthält und dabei Bezugskosten zu bezahlen sind, müssen diese auf die einzelnen Warenarten verteilt werden, um die jeweiligen Warenposten exakt kalkulieren zu können (Bezugskalkulation). Die Bezugskosten werden teilweise nach dem Bruttogewicht der einzelnen Waren verteilt (Gewichtsspesen, z. B. Fracht, Gewichtszoll), teilweise nach deren Einkaufswert (Wertspesen, z. B. Transportversicherung, Wertzoll).

Verteilung der Gewichtsspesen:

	Gewicht (kg)	anteilige Spesen (€)
Rohstoff I	750	240,00
Rohstoff II	325	104,00
Summe	1 075	344,00

1 kg   0,32 €

Man setzt die gegebenen Rechengrößen in das Verteilungsschema ein und errechnet zuerst die gewichtsabhängigen Bezugskosten für 1 kg Rohstoff und dann deren jeweiligen Anteil. Die Summe ergibt die zu verteilenden Gewichtsspesen.

Verteilung der Wertspesen:

	Gewicht (kg)	Einzelpreis (€)	Gesamtpreis (€)	anteilige Spesen (€)
Rohstoff I	750	1,80	1.350,00	54,00
Rohstoff II	325	6,60	2.145,00	85,80
Summe			3.495,00	139,80
			1,00 €	0,04 €

Man setzt die gegebenen Rechengrößen in das Verteilungsschema ein und errechnet zuerst die wertabhängigen Bezugskosten für 1,00 € Rohstoff und dann deren jeweiligen Anteil. Die Summe ergibt die zu verteilenden Wertspesen.

2.5.6 Prozentrechnung

2.5.6.1 Prozentrechnung vom Hundert

Berechnung des Prozentwertes

a)

Ansatz:	Bruchsatz:	Antwortsatz:
alter Preis (Grundwert) 100 % – 33.750,00 € Erhöhung (Prozentwert) 3,2 % – x €	$x = \dfrac{33.750 \cdot 3{,}2}{100} = \underline{\underline{1.080}}$	Der Preis erhöht sich um 1.080,00 €.

Man stellt den Dreisatz auf und errechnet daraus den gesuchten Prozentwert:

$$\textbf{Prozentwert} = \frac{\text{Grundwert} \cdot \text{Prozentsatz}}{100}$$

b)

alter Preis	33.750,00 €
+ Preiserhöhung	1.080,00 €
= neuer Preis	34.830,00 €

ZP 440

Der Preis einer Verpackungsmaschine von 33.750,00 € soll um 3,2 % erhöht werden.

a) Wie viel Euro beträgt die Preiserhöhung?

b) Wie hoch ist der neue Preis?

Prozentrechnung

44l
Das Gehalt einer kaufmännischen Angestellten wird von 2.250,00 € um 56,25 € erhöht.

a) Wie viel Prozent beträgt die Gehaltserhöhung?
b) Wie hoch ist das neue Gehalt?

Berechnung des Prozentsatzes

a) Ansatz:	Bruchsatz:	Antwortsatz:
altes Gehalt (Grundwert) 2.250,00 € – 100 % Erhöhung (Prozentsatz) 56,25 € – x %	$x = \dfrac{56,25 \cdot 100}{2.250,00} = \underline{\underline{2,5}}$	Die Gehaltserhöhung beträgt 2,5 %.

Man stellt den Dreisatz auf und errechnet daraus den gesuchten Prozentsatz:

$$\text{Prozentsatz} = \frac{\text{Prozentwert} \cdot 100}{\text{Grundwert}}$$

b)	altes Gehalt	2.250,00 €
+	Erhöhung	56,25 €
=	neues Gehalt	2.306,25 €

442
Der Umsatz eines Unternehmens ist im Juli gegenüber dem Monat Juni um 6,6 % gefallen, das sind 84.150,00 €.

a) Wie viel Euro betrug der Umsatz im Juni?
b) Wie hoch war der Umsatz im Juli?

Berechnung des Grundwertes

a) Ansatz:	Bruchsatz:	Antwortsatz:
Rückgang (Prozentwert) 6,6 % – 84.150,00 € Juni (Grundwert) 100 % – x €	$x = \dfrac{84.150 \cdot 100}{6,6}$ $= \underline{\underline{1.275.000,00}}$	Im Juni betrug der Umsatz 1.275.000,00 €.

Man stellt den Dreisatz auf und errechnet daraus den gesuchten Grundwert:

$$\text{Grundwert} = \frac{\text{Prozentwert} \cdot 100}{\text{Prozentsatz}}$$

b)	Umsatz im Juni	1.275.000,00 €
–	Umsatzrückgang im Juli	84.150,00 €
=	Umsatz im Juli	1.190.850,00 €

2.5.6.2 Prozentrechnung im Hundert (verminderter Grundwert)

443
Aufgrund einer Reklamation gewährt ein Lieferant seinem Kunden einen Nachlass von 12 %.

a) Ansatz:	Bruchsatz:	Antwortsatz:
Überweisung (verminderter Grundwert in %) 88 % – 1.114,08 € ursprünglicher Rechnungsbetrag (Grundwert) 100 % – x €	$x = \dfrac{1.114,08 \cdot 100}{88} = \underline{\underline{1.266}}$	Der ursprüngliche Rechnungsbetrag beträgt 1.266,00 €.

ReWe

Man stellt den Dreisatz auf und errechnet daraus den gesuchten Grundwert:

$$\text{Grundwert} = \frac{\text{verminderter Grundwert (in €)} \cdot 100}{\text{verminderter Grundwert (in \%)}}$$

b)	Rechnungsbetrag	1.266,00 €
–	Überweisungsbetrag	1.114,08 €
=	Nachlass	151,92 €

ZP 444

Daraufhin überweist der Käufer 1.114,08 € an den Lieferanten.

a) Wie viel Euro beträgt der ursprüngliche Rechnungsbetrag?

b) Wie viel Euro beträgt der Nachlass?

2.5.6.3 Prozentrechnung auf Hundert (vermehrter Grundwert)

Ansatz:	Bruchsatz:	Antwortsatz:
Bruttowarenwert (verm. Grundw.) 119 % – 38.868,97 € Nettowarenwert (Grundwert) 100 % – x €	$x = \dfrac{38.868,97 \cdot 100}{119}$ $= 32.663,00$	Der Nettowarenwert beträgt 32.663,00 €.

Man stellt den Dreisatz auf und errechnet daraus den gesuchten Grundwert:

$$\text{Grundwert} = \frac{\text{vermehrter Grundwert (in €)} \cdot 100}{\text{vermehrter Grundwert (in \%)}}$$

ZP 445

Die Rechnung eines Rohstofflieferanten beträgt einschließlich 19 % Umsatzsteuer 38.868,97 €.

Wie viel Euro beträgt der Nettowarenwert?

2.5.7 Zinsrechnung

2.5.7.1 Berechnung von Jahres-, Monats- und Tageszinsen

Ansatz:	Bruchsatz:
$\text{Zinsen} = \dfrac{\text{Kapital} \cdot \text{Zinssatz} \cdot \text{Tage}}{100 \cdot 360}$	$x = \dfrac{6.000 \cdot 4 \cdot 110}{100 \cdot 360} = 73,33$

Antwortsatz: Die Zinsen betragen 73,33 €.

Man verwendet die Formel zur Errechnung der **Tageszinsen,** ermittelt die Zinstage, setzt die Rechengrößen in die Formel ein und errechnet die Zinsen.

Nach der deutschen (kaufmännischen) Methode wird **das Jahr mit 360 Tagen** und **jeder Monat einheitlich mit 30 Tagen** angesetzt.

$$\text{Monatszinsen} = \frac{\text{Kapital} \cdot \text{Zinssatz} \cdot \text{Monate}}{100 \cdot 12}$$

$$\text{Jahreszinsen} = \frac{\text{Kapital} \cdot \text{Zinssatz} \cdot \text{Jahre}}{100}$$

ZP 446

Eine Sparerin hat am 25. Februar 6.000,00 € zu 4 % angelegt.

Ermitteln Sie die ihr bis zum 15. Juni desselben Jahres zustehenden Zinsen.

3   Wirtschafts- und Sozialkunde

3.1   In Ausbildung und Beruf orientieren – Lernfeld 1

3.1.1   Notwendigkeit und Realisierung wirtschaftlichen Handelns

3.1.1.1   Ökonomisches Prinzip   *Handbuch: LF 1*

ZP

1 Grenzen Sie die Begriffe *Bedürfnis, Bedarf* und *Nachfrage* voneinander ab.

- **Bedürfnis:** stellt ein **Mangelempfinden des Menschen** (z. B. Durst, Hunger) dar, das im Menschen den Wunsch auslöst, diesen Mangel zu beheben. Bedürfnisse können dem Menschen **bewusst** oder **unbewusst** sein, in ihrer Anzahl und in ihrem Umfang sind sie grundsätzlich **unbegrenzt.** Sie sind abhängig vom gesellschaftlichen Umfeld, unterliegen also einem kulturellen und historischen Wandel.

- **Bedarf:** ist der Teil der (unbegrenzten) Bedürfnisse, der durch **Kaufkraft (Einkommen) befriedigt** werden kann.

- **Nachfrage:** ist der **auf dem Markt erscheinende** Bedarf. Der Mensch (Nachfrager) verlangt auf dem Markt nach Produkten oder Dienstleistungen.

ZP

2 Welche *Arten von Bedürfnissen* werden unterschieden?

Der amerikanische Psychologe A. H. **Maslow** hat fünf Arten von Bedürfnissen in seiner **Bedürfnispyramide** unterschieden:

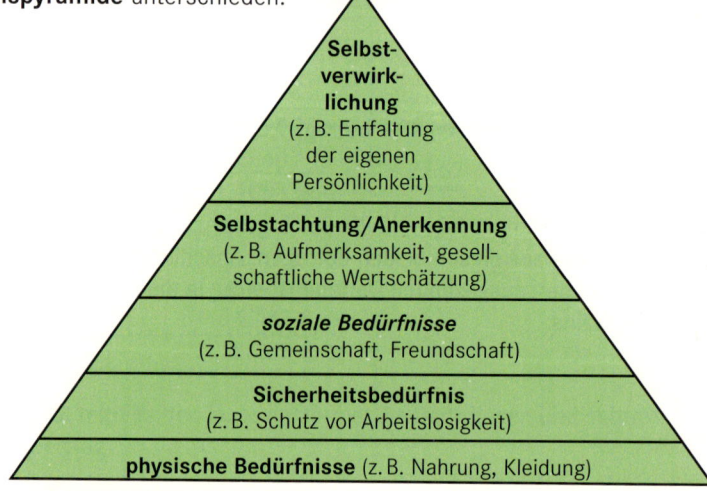

Weitere Unterteilungsmöglichkeiten sind:

- **Existenzbedürfnisse** (z. B. Nahrung)

- **Kulturbedürfnisse** (z. B. Bildung)

- **Luxusbedürfnisse** (z. B. teurer Schmuck)

oder:

- **Individualbedürfnisse:** können vom Einzelnen befriedigt werden (z. B. eigene Wohnung)

- **Kollektivbedürfnisse:** sind nur durch die Gemeinschaft zu befriedigen (z. B. äußere Sicherheit)

9714368

WiSo

- **Freie Güter** sind im **Übermaß** vorhanden (z. B. Luft zum Atmen), sie verfügen daher über **keinen Marktpreis.**

- **Wirtschaftliche Güter** sind **nicht unbegrenzt** vorhanden, sie sind **knapp** und verfügen deswegen über einen **(Markt-)Preis.** Sie unterliegen aufgrund ihrer begrenzten Verfügbarkeit dem wirtschaftlichen Handeln.

ZP
Worin unterscheiden sich *freie* und *wirtschaftliche Güter?* 3

ZP
In welche *Gruppen* lassen sich *wirtschaftliche Güter* einteilen? 4

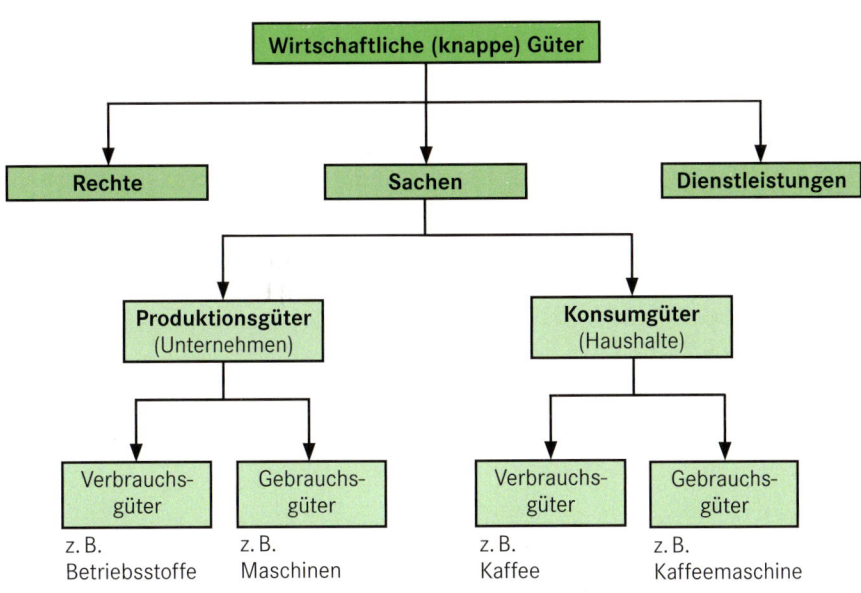

- **Sachen** sind **materielle Güter.**

- **Rechte** und **Dienstleistungen** sind **immaterielle Güter.**

ZP
Welche der wirtschaftlichen Güter sind *materiell,* welche *immateriell?* 5

ZP
Wie werden in einer *Marktwirtschaft Preise gebildet?* 6

Prinzipiell werden in einer **Marktwirtschaft** Preise durch **Angebot** und **Nachfrage** bestimmt. Ausnahmen davon wären (verbotene) Preisabsprachen oder staatlich festgelegte Preise.

Dem **idealtypischen Modell der vollständigen Konkurrenz** widersprechen aber verschiedene Faktoren in der Realität: Zum Beispiel ist die Markttransparenz (Kenntnis aller Marktdaten) oder die Reaktionsgeschwindigkeit der Wirtschaftssubjekte (z. B. Endverbraucher) auf Marktänderungen häufig begrenzt.

ZP

7 Was versteht man unter dem *ökonomischen Prinzip?*

Da die Wirtschaftsgüter knapp sind, muss mit ihnen gewirtschaftet werden. Für wirtschaftliches Handeln nach dem ökonomischen Prinzip gelten folgende Grundsätze:

- **Minimalprinzip:** Eine vorbestimmte Leistung soll mit möglichst geringen Mitteln erbracht werden.

- **Maximalprinzip:** Mit gegebenen Mitteln soll die größtmögliche Leistung erbracht werden.

Das ökonomische Prinzip ist aus dem **Vernunftprinzip (Rationalprinzip)** abgeleitet. Wirtschaftliche Entscheidungen müssen aber nicht immer dem ökonomischen Prinzip entsprechen, persönliche, gesellschaftliche oder politische Einflussfaktoren führen häufig auch zu irrationalen Entscheidungen im wirtschaftlichen Alltag.

3.1.1.2 Unternehmensziele und Unternehmensphilosophie
Handbuch: LF 1, 2

ZP

8 Welches *volkswirtschaftliche Ziel* sollten Unternehmen verfolgen?

Die volkswirtschaftliche Aufgabe von Unternehmen sollte sein, durch den **Einsatz von Produktionsfaktoren** solche **Sachgüter** und **Dienstleistungen** zu **erzeugen,** die der **Befriedigung menschlicher Bedürfnisse** dienen.

ZP

9 Welche *Ziele von Unternehmen* werden im Allgemeinen unterschieden?

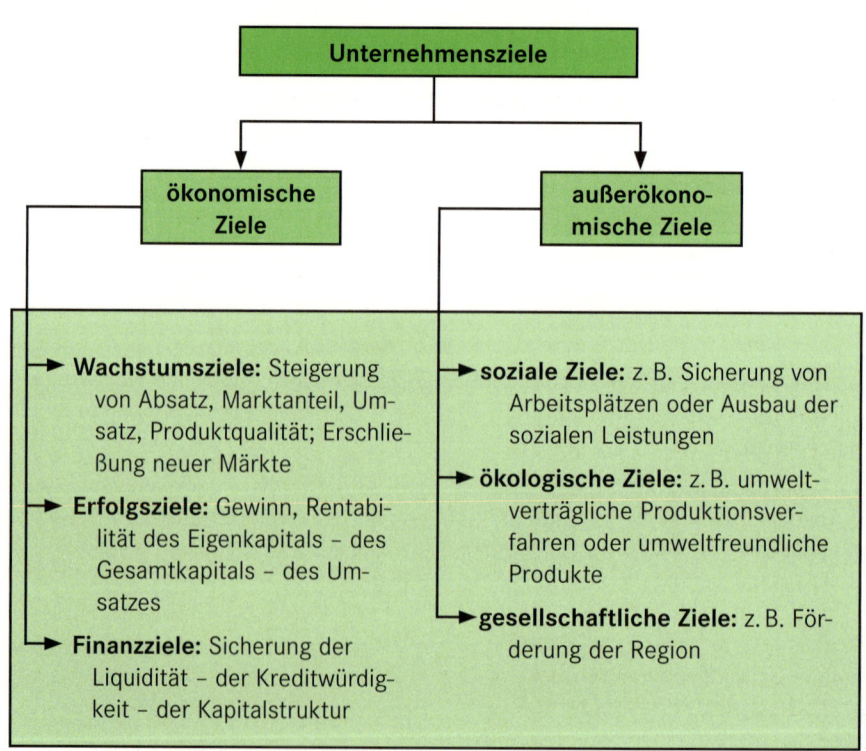

- **Zielharmonie** ist gegeben, wenn sich die Unternehmensziele gegenseitig nicht widersprechen, sie sich eventuell sogar fördern (z. B. kann das Unternehmensziel Gewinnmaximierung auch soziale oder ökologische Ziele fördern).

- **Zielkonflikte** ergeben sich, wenn sich die Unternehmensziele gegenseitig

ausschließen oder zumindest behindern (z. B. kann das Ziel der Gewinnmaximierung die Verfolgung ökologischer Ziele häufig behindern).

Gerade bei Zielkonflikten müssen die verfolgten Ziele in eine **Rangfolge** gebracht werden, man spricht dann von einer **Zielhierarchie,** die den unternehmerischen Entscheidungen zugrunde liegt.

ZP

Unterscheiden Sie *Zielharmonie* und *Zielkonflikte* bei der Verfolgung von Unternehmenszielen.

10

- **Formalziele** geben an, was (langfristig) erreicht werden soll, es sind wünschenswerte Zielvorstellungen. *Beispiel:* Erhöhung des Marktanteils auf 60 %

- **Sachziele** dienen der Verwirklichung der Formalziele durch Festlegung von konkreten Maßnahmen. *Beispiel:* schnelle Abwicklung der Auftragsbearbeitung durch Einsatz moderner Software

ZP

Worin unterscheiden sich *Formal-* und *Sachziele?*

11

- **Strategische Ziele** werden langfristig verfolgt (z. B. grundlegende Positionierung im Markt) und von der oberen Unternehmensebene festgelegt.

- **Operative Ziele** werden kurzfristig verfolgt (z. B. Aufbau eines neuen Vertriebssystems).

ZP

Worin unterscheiden sich *strategische* und *operative Unternehmensziele?*

12

Mithilfe von **Unternehmensstrategien,** d. h. langfristigen Planungen, positioniert sich das Unternehmen im Markt und grenzt sich damit von Mitbewerbern bewusst ab. Dies geschieht durch:

- Festlegung der **Geschäftsfelder,** in denen das Unternehmen tätig sein soll;

- Aufstellung der **obersten Unternehmensziele;**

- Bestimmung **unternehmenspolitischer Instrumente** (z. B. im Absatzbereich die Festlegung der Preispolitik) zur Beeinflussung der Marktgegebenheiten.

ZP

Was versteht man unter einer *Unternehmensstrategie?*

13

Langfristige Grundlage für das Agieren eines Unternehmens im Markt ist die **Unternehmensphilosophie.** Diese „Weltanschauung" des Unternehmens legt grundsätzliche Wertvorstellungen und Ziele fest, die detailliert in Form von Unternehmensgrundsätzen im **Unternehmensleitbild** schriftlich fixiert werden. Eine ganz spezifische Unternehmensethik kann z. B. dazu führen, dass ein Unternehmen sich spezielle soziale oder ökologische Ziele setzt. Konkretisiert werden diese Zielvorstellungen in der **Unternehmensidentität** im Markt.

Beispiel: Lifestyle AG

Unternehmensphilosophie:	Gesundheitsbedürfnisse der Kunden im Bereich Wohnen befriedigen
↓	
Unternehmensleitbild mit Unternehmensgrundsätzen	Unternehmensgrundsätze der Lifestyle AG (Auszug): – Wir orientieren uns an den konkreten Kundenbedürfnissen. – Wir berücksichtigen ökologische Wohnbedürfnisse.
↓	
Unternehmensidentität im Markt	Bereitstellung ergonomisch gestalteter Wohnmöbel

ZP

Grenzen Sie die Begriffe *Unternehmensphilosophie, Unternehmensleitbild* und *Unternehmensidentität* voneinander ab.

14

3.1.1.3   Produktionsfaktoren und Arbeitsteilung *Handbuch: LF 1*

ZP

15

Wie heißen die *volkswirtschaftlichen Produktionsfaktoren?*

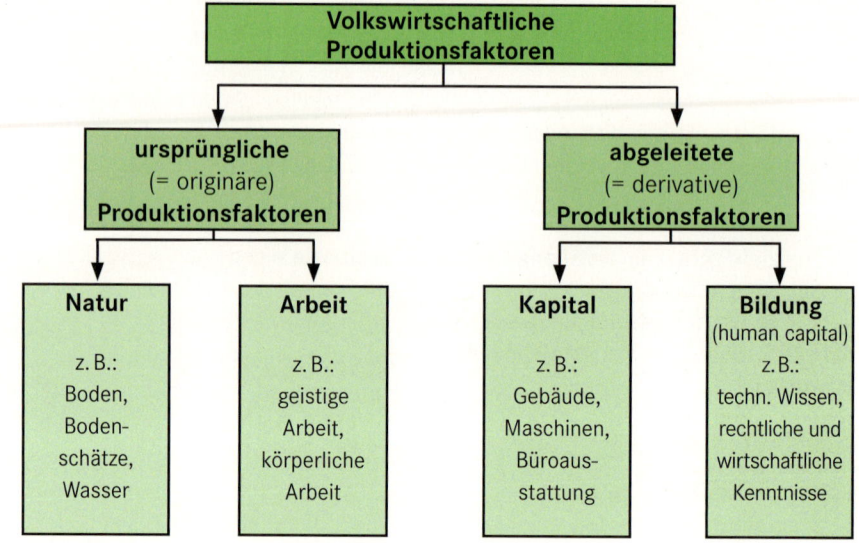

In Unternehmen werden die Produktionsfaktoren zu Gütern und Dienstleistungen kombiniert.

ZP

16

Wie heißen die *betriebswirtschaftlichen Produktionsfaktoren?*

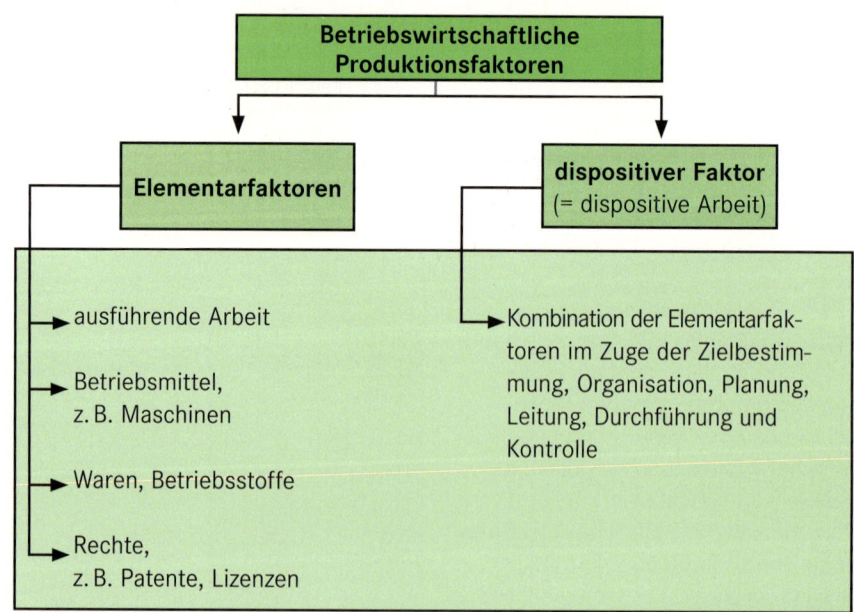

Die Produktionsfaktoren werden so kombiniert, dass sie den für den Unternehmer größtmöglichen Nutzen ergeben.

Unter der **Substitution** versteht man das **Ersetzen von Produktionsfaktoren** durch andere Produktionsfaktoren, um den größtmöglichen Nutzen (Ertrag) zu erzielen. Zum Beispiel wird häufig der Produktionsfaktor Arbeit durch den Produktionsfaktor Betriebsmittel (z. B. Maschinen) ersetzt.

ZP
Was versteht man unter der *Substitution* der Produktionsfaktoren? 17

Unter **Arbeitsteilung** versteht man die Auflösung eines Arbeitsvorganges in Teilprozesse.

ZP
Was versteht man unter der *Arbeitsteilung*? 18

ZP
Welche *Formen der Arbeitsteilung* werden unterschieden? 19

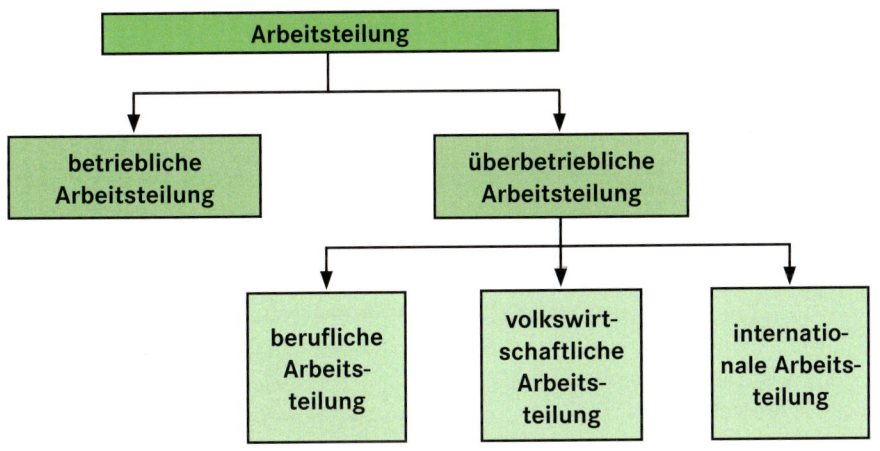

Die **betriebliche Arbeitsteilung** findet in der Form der **Abteilungsbildung** (z. B. Beschaffung, Absatz) und in der Form der **Arbeitszerlegung** (z. B. Anfrage erstellen, Angebote vergleichen, Bestellung vornehmen, Wareneingang prüfen) statt.

ZP
In welcher *Form* findet die *betriebliche Arbeitsteilung* statt? 20

Innerhalb einer **Volkswirtschaft** findet eine Arbeitsteilung

- **vertikal** innerhalb unterschiedlicher **Wirtschaftsstufen** (z. B. Urproduktion, Weiterverarbeitung, Verteilung),

- **horizontal** innerhalb unterschiedlicher Branchen und einzelner Unternehmen statt.

ZP
Inwieweit findet innerhalb einer *Volkswirtschaft* eine *Arbeitsteilung* statt? 21

Der Theorie nach wird in dem Land, in der Region produziert, in der es am (kosten-)günstigsten ist. In der Realität spielen vor allem **historische Gründe** eine Rolle (z. B. die Folgen des Kolonialismus oder der Weltkriege). Benachteiligte Regionen (z. B. die sog. „Dritte Welt") haben aufgrund **zementierter Strukturen** und **politischer Abhängigkeiten** vor allem von Großmächten kaum eine Chance, eine gleichberechtigte, partnerschaftliche Wirtschaftsentwicklung zu verwirklichen.

ZP
Was wird an der *internationalen Arbeitsteilung* kritisiert? 22

3.1.2 Stellung des Ausbildungsbetriebes in der Gesamtwirtschaft

23

Unterscheiden Sie die Begriffe *Betrieb* und *Unternehmung*.

- Der **Betrieb** kann als planvoll organisierte Wirtschaftseinheit bezeichnet werden, in der Sachgüter und Dienstleistungen durch Kombination der Produktionsfaktoren unter Beachtung des Wirtschaftlichkeitsprinzips erstellt und abgesetzt werden, **unabhängig** vom Wirtschaftssystem.

- Eine **Unternehmung** ist ein Betrieb des marktwirtschaftlichen Wirtschaftssystems, der gekennzeichnet ist durch
  - selbstständige, autonome Bestimmung seines Wirtschaftsplanes,
  - Verfolgung des erwerbswirtschaftlichen Prinzips (Gewinnmaximierung).

Anmerkung: In der Fachliteratur werden die Begriffe zum Teil unterschiedlich definiert.

24

ZP

Welche *volkswirtschaftlichen Aufgaben* sollen Betriebe erfüllen?

Die volkswirtschaftliche Aufgabe von Betrieben sollte sein, durch den Einsatz von Produktionsfaktoren solche Sachgüter und Dienstleistungen zu erzeugen, die der **Befriedigung menschlicher Bedürfnisse** dienen. Diese Güter und Dienstleistungen werden den anderen Wirtschaftseinheiten über den Absatzmarkt zur Verfügung gestellt.

25

Welche *Arten von Betrieben* werden unterschieden?

- **nach Art der Leistung**
  - Sachleistungsbetriebe, z. B. Computerhersteller
  - Dienstleistungsbetriebe, z. B. Betriebe, die Netzwerke installieren
- **nach Wirtschaftszweigen**
  - Industriebetriebe
  - Handwerksbetriebe
  - Handelsbetriebe
  - Kreditinstitute
  - Versicherungsbetriebe
  - Verkehrsbetriebe

- **nach dem vorherrschenden Einsatz eines Produktionsfaktors**
  - arbeitsintensive Betriebe (hoher Lohnkostenanteil), z. B. Handwerksbetriebe
  - anlage- oder kapitalintensive Betriebe (hoher Maschinenkostenanteil), z. B. Betriebe der chemischen Industrie
  - materialintensive Betriebe (hoher Materialkostenanteil), z. B. Stahlwerke
  - energieintensive Betriebe (hoher Energiekostenanteil), z. B. Betriebe der Aluminiumherstellung

- **nach der rechtlichen Stellung in Verbindung mit den verfolgten Zielen**

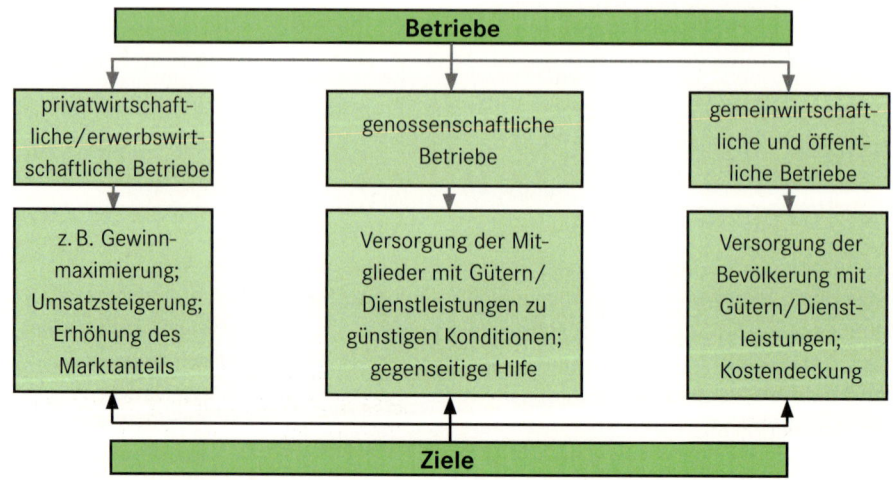

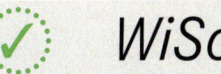

Die Struktur einer Volkswirtschaft lässt sich am Anteil der einzelnen Wirtschaftssektoren an der Gesamtleistung dieser Volkswirtschaft ablesen.

In der Regel werden **drei Wirtschaftssektoren** unterschieden:

- Der **primäre Sektor** bezeichnet die Urproduktion. Darunter werden alle Betriebe, die sich der Rohstoffgewinnung widmen (Gewinnungsbetriebe), zusammengefasst.

  Hierzu gehören die Land-, Forst- und Fischwirtschaft, der Bergbau und die Öl- und Gasgewinnung.

- Der **sekundäre Sektor** beinhaltet die Be- und Verarbeitung von Rohstoffen in Handwerks- und Industriebetrieben (Weiterverarbeitungsbetriebe).

  Bedeutende Branchen der Industrie in Deutschland sind z. B. die Automobil-, die Maschinenbau- und die Chemieindustrie.

- Der **tertiäre Sektor** (Dienstleistungssektor) umfasst die „verteilende Wirtschaft" (Handelsbetriebe) mit den Groß- und Einzelhandelsbetrieben sowie weitere Dienstleistungsbetriebe, wie z. B. Banken.

  Wegen der zunehmenden Bedeutung werden Unternehmen des Informations- und Telekommunikationsbereichs häufig gesondert zum **quartären Sektor** zusammengefasst.

26 Welche *Wirtschaftssektoren* einer Volkswirtschaft werden unterschieden?

Sowohl im Hinblick auf den **Anteil der Erwerbstätigen** als auch nach dem **Anteil der Wertschöpfung** lässt sich folgende **Entwicklung der drei Wirtschaftssektoren** in Deutschland feststellen:

- Der **primäre Sektor** war zu Beginn der Industrialisierung im 19. Jahrhundert der entscheidende Wirtschaftssektor: über 50 % der Erwerbstätigen waren darin beschäftigt, heute sind es ca. 2 %.

  Zu Beginn der Industrialisierung trug der primäre Sektor knapp 50 % zur gesamten Wertschöpfung bei, heute ist es etwa 1 %.

- Im Zuge der Industrialisierung im 19. Jahrhundert nahm die Beschäftigtenzahl im **sekundären Sektor** stark zu: Waren um 1800 noch gut 20 % der Erwerbstätigen in diesem Sektor tätig, waren es um 1900 knapp 40 % und 1960 fast 50 %, seit 1970 nimmt die Beschäftigtenzahl ab, heute arbeiten ca. 30 % der Erwerbstätigen im sekundären Sektor.

  Der Anteil des sekundären Sektors an der gesamten Wertschöpfung stieg zwischen 1850 und 1940 von ca. 20 % auf knapp über 50 %, heute beträgt dieser Anteil knapp 30 %.

- Um 1850 waren ca. 20 % der Erwerbstätigen im **tertiären Sektor** tätig, dieser Anteil stieg bis heute auf ca. 70 %.

  Der Anteil des tertiären Sektors an der gesamten Wertschöpfung betrug um 1850 ca. 30 %, heute ca. 70 %.

27 Welche *Entwicklung* ist in Bezug auf die *Bedeutung der einzelnen Wirtschaftssektoren* mit der Industrialisierung festzustellen?

28 Was beschreibt der *einfache Wirtschaftkreislauf?*

Er beschreibt als **Modell** die **ökonomischen Beziehungen** zwischen **privaten Haushalten** und **Unternehmen** (ohne Banken) im Inland, jede staatliche Aktivität wird modellhaft ausgeklammert.

Weitere Annahmen:

- Die privaten Haushalte verwenden ihr gesamtes Einkommen für den Kauf von Gütern und Dienstleistungen.

- Alle von den Unternehmen erzeugten bereitgestellten Güter und Dienst-

leistungen werden an die privaten Haushalte verkauft.

Die Güter- und Geldströme bewegen sich gegenläufig.

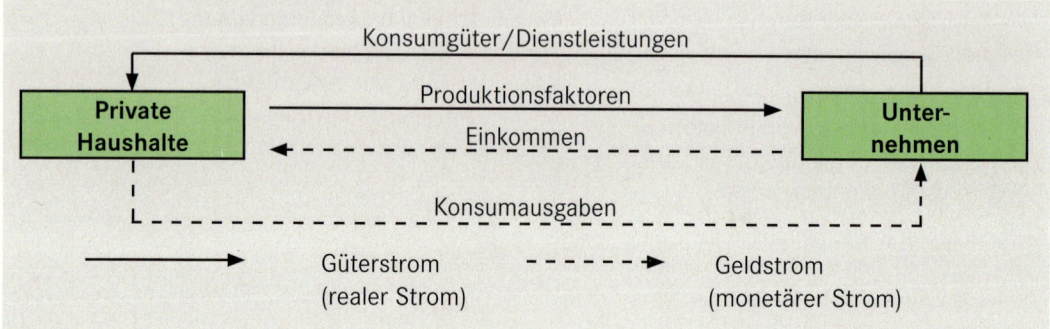

29 Welche *Beziehungen* unterhält ein Industrieunternehmen *zu anderen Unternehmen* der Gesamtwirtschaft?

- Auf der **Beschaffungsseite** kaufen Industrieunternehmen Güter von Urproduktionsunternehmen (z. B. Grundstoffindustrie), anderen weiterverarbeitenden Industrieunternehmen (z. B. Maschinen) oder Handelsbetrieben ein. Daneben werden Dienstleistungen und finanzielle Mittel von entsprechenden Unternehmen beschafft.

- Auf der **Absatzseite** verkaufen Industrieunternehmen Güter an andere Industrieunternehmen (z. B. Grundstoffindustrie), an Groß- und Einzelhandelsunternehmen, an andere Dienstleistungsunternehmen oder an Handwerksbetriebe. Vereinzelt wird auch **an den Endverbraucher direkt verkauft.**

30 Mit welchen *Wirtschaftsorganisationen* können Industrieunternehmen *zusammenarbeiten?*

Industrieunternehmen sind meist **Mitglied** eines **Arbeitgeberverbandes,** der sie umfassend **beraten** kann.

Beispiele:
BDI (Bundesverband der deutschen Industrie)
BDA (Bundesvereinigung der Deutschen Arbeitgeberverbände)

Die Arbeitgeberverbände sind in der Regel sowohl nach **Branchen** als auch nach **Regionen** (Bundesländer oder Tarifbezirke) unterteilt.

31 Inwieweit arbeitet ein Industrieunternehmen mit der *Industrie- und Handelskammer (IHK)* zusammen?

Industrieunternehmen sind **Pflichtmitglieder** in der IHK. Die Kammern

- nehmen die **Interessen** ihrer Mitglieder gegenüber **Öffentlichkeit und Politik** wahr,

- bieten den Mitgliedern ein breites **Angebot an Dienstleistungen** (z. B. Beratung, Fortbildung) und

- führen die **Berufsausbildungsprüfungen** durch.

WiSo

Wichtige **Institutionen** für die Industrieunternehmen sind:

- **Finanzamt** (Abführung der einzelnen Steuerarten, z. B. Umsatz-, Einkommen-, Gewerbe-, Körperschaftsteuer);
- **Berufsgenossenschaft** (Träger der Unfallversicherung);
- **Gewerbeaufsichtsamt** (Überwachung der Einhaltung arbeitsrechtlicher Bestimmungen, z. B. Jugendarbeitsschutzgesetz);

- **Bundesagentur für Arbeit** (Angebot verschiedener Dienstleistungen, z. B. Förderung der Berufsaus- und -weiterbildung, Leistungszahlungen im Rahmen der Arbeitsförderung);
- **Behörden der Kommunalverwaltung** (Dienstleistungen der Gemeinde- oder Stadtverwaltungen);
- **Gewerkschaften** (Zusammenarbeit bei der Bewältigung von Wirtschaftskrisen oder Strukturanpassungen).

32 Mit welchen weiteren *Institutionen* arbeiten Industrieunternehmen zusammen?

3.1.3 Ausbildung und Beruf des Industriekaufmanns/ der Industriekauffrau

3.1.3.1 Berufsbildung *Handbuch: LF 1*

Die berufliche Erstausbildung der staatlich anerkannten Ausbildungsberufe im Sinne des Berufsbildungsgesetzes (BBiG) findet in Form des **dualen Ausbildungssystems** statt, das die beiden Lernorte Ausbildungsbetrieb und Berufsschule umfasst.

ZP 33 Was versteht man unter dem *dualen Ausbildungssystem* in Deutschland?

Die **Ausbildungsordnung** hat mindestens festzulegen:

1. die **Bezeichnung** des anerkannten Ausbildungsberufes,
2. die **Ausbildungsdauer;** sie soll nicht mehr als drei und nicht weniger als zwei Jahre betragen,
3. die beruflichen Fertigkeiten, Kenntnisse und Fähigkeiten, die mindestens Gegenstand der Berufsausbildung sind **(Ausbildungsberufsbild),**

4. eine Anleitung zur sachlichen und zeitlichen Gliederung der Vermittlung der beruflichen Fertigkeiten, Kenntnisse und Fähigkeiten **(Ausbildungsrahmenplan),**
5. die **Prüfungsanforderungen.**

ZP 34 Was legt die *Ausbildungsordnung* laut § 5 BBiG fest?

Der **Ausbildungsrahmenplan** legt verbindlich fest, was im Ausbildungsbetrieb zu vermitteln ist.

Dagegen definiert der von der Kultusministerkonferenz (KMK) beschlossene **Rahmenlehrplan,** was die Berufsschule im berufsbezogenen Bereich zu vermitteln hat.

ZP 35 Worin unterscheiden sich *Ausbildungsrahmenplan* und *Rahmenlehrplan?*

Das Bundesministerium für Wirtschaft und Arbeit oder das sonst zuständige Fachministerium kann nach § 4 BBiG im Einvernehmen mit dem Bundesministerium für Bildung und Forschung Ausbildungsordnungen erlassen.

ZP 36 Wer hat das *Recht,* Ausbildungsordnungen zu erlassen?

37 **ZP**
Welche
Pflichten des
Auszubildenden
legt das BBiG
fest?

Der **Auszubildende** hat laut § 13 BBiG ...

- sich zu bemühen, die **berufliche Handlungsfähigkeit zu erwerben,** die erforderlich ist, um das Ausbildungsziel zu erreichen;

- die ihm im Rahmen seiner Berufsausbildung aufgetragenen **Aufgaben sorgfältig auszuführen;**

- am **Berufsschulunterricht** und an **Prüfungen** teilzunehmen;

- den **Weisungen zu folgen,** die ihm im Rahmen der Berufsausbildung von weisungsgebundenen Personen erteilt werden;

- die für die Ausbildungsstätte geltende **Ordnung zu beachten;**

- Werkzeuge, Maschinen und sonstige Einrichtungen **pfleglich zu behandeln;**

- über Betriebs- und Geschäftsgeheimnisse **Stillschweigen** zu wahren.

Nach § 5 Absatz 2 Nr. 7 kann die Ausbildungsordnung vorsehen, dass ein Berichtsheft zu führen ist.

38 **ZP**
Welche
Pflichten des
Ausbildenden legt
das BBiG fest?

Der **Ausbildende** hat laut § 14 ff. BBiG ...

- mit dem Auszubildenden einen **Berufsausbildungsvertrag** zu schließen und ihn schriftlich niederzulegen;

- mit dem Auszubildenden eine **Probezeit** zu vereinbaren (mindestens einen Monat, höchstens **vier** Monate);

- dafür zu sorgen, dass dem Auszubildenden die **berufliche Handlungsfähigkeit** vermittelt wird, die zum Erreichen des Ausbildungszieles erforderlich ist;

- die **Ausbildung planmäßig** durchzuführen;

- dem Auszubildenden kostenlos die notwendigen **Ausbildungsmittel** zur Verfügung zu stellen;

- den Auszubildenden zum **Besuch der Berufsschule** sowie zum Führen von Berichtsheften anzuhalten;

- dafür zu sorgen, dass der Auszubildende **charakterlich gefördert** sowie sittlich und körperlich nicht gefährdet wird;

- sicherzustellen, dass dem Auszubildenden nur Verrichtungen übertragen werden, die dem **Ausbildungszweck dienen** und seinen körperlichen Kräften angemessen sind;

- den Auszubildenden für die Teilnahme am **Berufsschulunterricht** und an **Prüfungen freizustellen;**

- dem Auszubildenden eine angemessene **Vergütung** zu gewähren;

- dem Auszubildenden bei Beendigung des Ausbildungsverhältnisses ein **Zeugnis** auszustellen.

39 **ZP**
In welcher *Form*
wird ein *Ausbildungsvertrag* geschlossen?

§ 11 BBiG legt fest, dass Ausbildende unverzüglich nach Abschluss des Berufsausbildungsvertrages, spätestens vor Beginn der Berufsausbildung, den wesentlichen Inhalt des Vertrages **schriftlich niederzulegen** haben; die elektronische Form ist ausgeschlossen.

40 **ZP**
Welche
Inhalte muss ein
Ausbildungsvertrag
aufweisen?

Laut § 11 BBiG sind in die **Niederschrift** mindestens aufzunehmen:

1. Art, sachliche und zeitliche Gliederung sowie Ziel der Berufsausbildung, insbesondere die Berufstätigkeit, für die ausgebildet werden soll,
2. Beginn und Dauer der Berufsausbildung,
3. Ausbildungsmaßnahmen außerhalb der Ausbildungsstätte,
4. Dauer der regelmäßigen täglichen Ausbildungszeit,
5. Dauer der Probezeit,

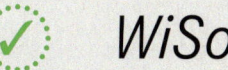

WiSo

6. Zahlung und Höhe der Vergütung,

7. Dauer des Urlaubs,

8. Voraussetzungen, unter denen der Berufsausbildungsvertrag gekündigt werden kann,

9. ein Hinweis auf Tarifverträge, Betriebs-
oder Dienstvereinbarungen.

Die Niederschrift ist von den Ausbildenden, den Auszubildenden und deren
gesetzlichen Vertretern/Vertreterinnen zu
unterzeichnen.

Der Vertragspartner des Auszubildenden ist der Ausbildende (in der Regel der Inhaber
des Unternehmens), dieser beauftragt unter Umständen einen oder mehrere Ausbilder,
sich konkret um die Vermittlung der beruflichen Handlungsfähigkeit zu kümmern.

ZP 41

Welcher recht-
liche Unterschied
besteht zwischen
Ausbildenden und
Ausbilder?

Nach dem Abschluss des Berufsausbildungsvertrages muss der Ausbildende unverzüglich die Eintragung in das Verzeichnis der Berufsausbildungsverhältnisse beantragen, dies geschieht bei der zuständigen Industrie- und Handelskammer.

ZP 42

Welche Rolle
übernimmt die *IHK*
beim Abschluss von
Ausbildungsverträgen?

Während der Probezeit kann das Berufsausbildungsverhältnis jederzeit **ohne** Einhalten einer **Kündigungsfrist** und **ohne** Angabe eines **Kündigungsgrundes** gekündigt
werden.

ZP 43

Welche Bestim-
mung sieht das
BBiG für eine *Kündi-
gung während der
Probezeit* vor?

Nach der Probezeit kann nur gekündigt werden

1. von beiden Vertragsparteien aus
einem wichtigen Grund ohne Einhalten
einer Kündigungsfrist,

2. vom Auszubildenden mit einer Kündigungsfrist von vier Wochen, wenn er
die Berufsausbildung aufgeben oder
sich für eine andere Berufstätigkeit
ausbilden lassen will.
Die Kündigung hat schriftlich zu erfolgen.

ZP 44

Wie ist die
*Kündigung nach
der Probezeit*
geregelt?

- Das **einfache Zeugnis** muss Angaben
enthalten über
  ○ Art, Dauer und Ziel der Berufsaus-
    bildung,
  ○ die erworbenen Fertigkeiten, Kennt-
    nisse und Fähigkeiten.

- Auf Verlangen des Auszubildenden
ist ein **qualifiziertes Arbeitszeugnis**
auszustellen, das außerdem Angaben
über das Verhalten und die Leistung
enthält.

ZP 45

Welche Art von
Zeugnis erhält der
Auszubildende nach
Beendigung des Ausbil-
dungsverhältnisses?

Grundsätzlich ist die Ausübung einer Nebentätigkeit zwar **erlaubt,** sie darf den Auszubildenden aber nicht so stark belasten, dass er seine vertraglichen Pflichten, insbesondere das Erreichen des Ausbildungszieles, nicht mehr erfüllen kann. Aus diesem Grund ist die Ausübung
der Nebentätigkeit mit dem Ausbildenden abzustimmen.

ZP 46

Sind *Neben-
tätigkeiten* wäh-
rend der Berufsausbil-
dung erlaubt?

47 ZP

Wie ist der *Vergütungsanspruch* **von Auszubildenden geregelt?**

Ausbildende haben Auszubildenden eine **angemessene** Vergütung zu gewähren. Sie ist nach dem Lebensalter der Auszubildenden so zu bemessen, dass sie mit fortschreitender Berufsausbildung, **mindestens jährlich, ansteigt.**

48 ZP

Wann **ist die Vergütung** *zu zahlen?*

Die finanzielle Vergütung für den laufenden Kalendermonat ist spätestens **am letzten Arbeitstag des Monats** zu zahlen.

49 ZP

Wann endet **das Berufsausbildungsverhältnis?**

Es endet mit dem Ablauf der Ausbildungszeit.

- Bestehen Auszubildende vor Ablauf der Ausbildungszeit die Abschlussprüfung, endet das Ausbildungsverhältnis mit **Bekanntgabe** des Ergebnisses durch den **Prüfungsausschuss.**

- Wird die Prüfung nicht bestanden, verlängert sich das Ausbildungsverhältnis auf Verlangen des Auszubildenden bis zur nächstmöglichen Wiederholungsprüfung, **höchstens um ein Jahr.**

3.1.3.2 Schutz- und Mitbestimmungsrechte für Auszubildende
Handbuch: LF 1

50 ZP

Welche *Personengruppen schützt* **das Jugendarbeitsschutzgesetz (JArbSchG)?**

Das Gesetz schützt **Kinder** (Personen unter 15 Jahren) und **Jugendliche** (Personen ab 15 Jahren, aber noch unter 18 Jahren), die sich noch in der Berufsausbildung befinden oder in einem Beschäftigungsverhältnis als Arbeitnehmer oder Heimarbeiter tätig sind (§ 1).

51 ZP

Welche Bestimmungen enthält das JArbSchG zur *Arbeitszeit?*

- Jugendliche dürfen nicht mehr als **8 Stunden täglich** und nicht mehr als **40 Stunden** wöchentlich beschäftigt werden.

- Wird die Arbeitszeit an einzelnen Werktagen verkürzt, kann die Arbeitszeit an anderen Tagen auf **maximal 8,5 Stunden** verlängert werden (§ 8).

- Jugendliche dürfen prinzipiell nur **zwischen 6 und 20 Uhr** beschäftigt werden (§ 14), Ausnahmen gelten bei Jugendlichen über 16 Jahren z. B. bei **mehrschichtigen Betrieben (bis 23 Uhr).**

- Bei Jugendlichen darf die **Schichtzeit** prinzipiell **10 Stunden** nicht überschreiten, Ausnahmen regelt das Gesetz (z. B. auf Bau- u. Montagestellen maximal 11 Stunden).

- Jugendliche dürfen nach Beendigung der täglichen Arbeitszeit nicht vor Ablauf einer ununterbrochenen **Freizeit von mindestens 12 Stunden** beschäftigt werden (§ 13).

- Jugendliche dürfen nur an **5 Tagen** in der Woche beschäftigt werden. Die beiden wöchentlichen Ruhetage sollen nach Möglichkeit aufeinander folgen (§ 15).

- An **Samstagen und Sonntagen** dürfen Jugendliche prinzipiell nicht beschäftigt werden, Ausnahmen regelt das Gesetz (z. B. in offenen Verkaufsstellen).

- Am **24. und 31. Dezember** nach 14 Uhr und an **gesetzlichen Feiertagen** dürfen Jugendliche prinzipiell nicht beschäftigt werden, Ausnahmen sind in § 18 Abs. 2 geregelt.

- Die Pausenzeiten gelten nicht als Arbeitszeit (Ausnahme: Schichtzeit). Als Arbeitspause gilt nur eine Arbeitsunterbrechung von **mindestens 15 Minuten** (§ 11).

- Die Pausenzeiten müssen insgesamt 30 Minuten bei einer Arbeitszeit von mehr als viereinhalb Stunden betragen bzw. **60 Minuten bei mehr als 6 Stunden Arbeitszeit.**

ZP 52
Welche Regelungen enthält das JArbSchG zu den *Pausenzeiten?*

Der bezahlte Erholungsurlaub beträgt laut § 19 jährlich ...

1. mindestens **30 Werktage,** wenn der Jugendliche zu Beginn des Kalenderjahres **noch nicht 16 Jahre alt** ist,

   und

2. mindestens **27 Werktage,** wenn der Jugendliche zu Beginn des Kalenderjahres **noch nicht 17 Jahre alt** ist,

   und

3. mindestens **25 Werktage,** wenn der Jugendliche zu Beginn des Kalenderjahres **noch nicht 18 Jahre alt** ist.

Der Urlaub soll Berufsschülern in der Zeit der **Schulferien** gegeben werden. Soweit er nicht in den Schulferien gegeben wird, ist für jeden **Berufsschultag,** an dem die Berufsschule während des Urlaubs besucht wird, **ein weiterer Urlaubstag** zu gewähren.

ZP 53
Welche Bestimmungen enthält das JArbSchG zum *Urlaubsanspruch?*

- Der Arbeitgeber muss den Jugendlichen für die Teilnahme am Berufsschulunterricht, an Prüfungen und außerbetrieblichen Ausbildungsmaßnahmen **freistellen.** Am Arbeitstag **vor** der **schriftlichen** Abschlussprüfung ist der Jugendliche außerdem freizustellen (§§ 9 – 10).

- Der Arbeitgeber darf den Jugendlichen an einem Berufsschultag pro Woche nicht beschäftigen, soweit der **Unterricht mehr als fünf Stunden à 45 Minuten umfasst** – diese Regelung greift nicht an einem zweiten Berufsschultag in der Woche.

ZP 54
Welche Aussagen trifft das JArbSchG zum *Berufsschulbesuch?*

Jugendliche dürfen **keine Arbeiten ausführen,** die ihre **physische oder psychische Leistungsfähigkeit übersteigen,** die ihre **Gesundheit gefährden** oder bei denen sie **sittlich gefährdet** werden (§ 22).

ZP 55
Inwieweit schützt das JArbSchG den Jugendlichen vor *gesundheitsgefährdenden Tätigkeiten?*

Die wichtigsten Schutzgesetze sind:

- Mindesturlaubsgesetz für Arbeitnehmer **(Bundesurlaubsgesetz)**
- **Kündigungsschutzgesetz**
- Gesetz zum Schutze der erwerbstätigen Mutter **(Mutterschutzgesetz)**
- Gesetz zum Elterngeld und zur Elternzeit **(Bundeselterngeld- und Elternzeitgesetz)**

- **Arbeitszeitgesetz**
- Gesetz über die Zahlung des Arbeitsentgelts an Feiertagen und im Krankheitsfall **(Entgeltfortzahlungsgesetz)**
- **Bundesausbildungsförderungsgesetz (BAföG)**
- **Arbeitsförderungsrecht** (Sozialgesetzbuch, Drittes Buch)
- **Schwerbehindertenrecht** (Sozialgesetzbuch, Neuntes Buch)

ZP 56
Welche weiteren Gesetze *schützen* den Auszubildenden in der Berufsausbildung?

57 Welches besondere *Mitbestimmungsrecht* sieht das Betriebsverfassungsgesetz (BetrVerfG) für *Auszubildende* vor?

Laut § 60 werden in Betrieben mit in der Regel mindestens **fünf Arbeitnehmern,** die das 18. Lebensjahr noch nicht vollendet haben oder die zu ihrer Berufsausbildung beschäftigt sind und das 25. Lebensjahr noch nicht vollendet haben, **Jugend- und Auszubildendenvertretungen** gewählt. Sie nehmen die besonderen Belange dieser Arbeitnehmer wahr.

58 Welche *Aufgaben* hat die Jugend- und Auszubildendenvertretung (JAV)?

- **Beantragung von Maßnahmen** beim Betriebsrat zugunsten der Arbeitnehmer im Sinne des § 60; die Jugend- und Auszubildendenvertreter können zu allen Betriebsratssitzungen einen Vertreter entsenden. Sie haben in diesen besonderen Belangen in der Regel Stimmrecht beim Betriebsrat.

- **Überwachung** der einschlägigen **Rechtsvorschriften** (z. B. Unfallverhütungsvorschriften, Tarifverträge)
- **Weitergabe von Anregungen und Beschwerden** der entsprechenden Arbeitnehmer an den Betriebsrat
- Förderung der **Integration ausländischer Arbeitnehmer** im Sinne des § 60

59 *Wer* ist als Jugend- und Auszubildendenvertreter *wählbar?*

Wählbar sind alle Arbeitnehmer des Betriebes, die das **25. Lebensjahr noch nicht vollendet** haben. Mitglieder des Betriebsrates können nicht zu Jugend- und Auszubildendenvertretern gewählt werden.

60 *Wann* werden die Jugend- und Auszubildendenvertreter *gewählt, wie lange* dauert ihre *Amtszeit?*

- Die regelmäßigen Wahlen finden **alle zwei Jahre** in der Zeit vom 1. Oktober bis zum 30. November statt.

- Die regelmäßige **Amtszeit** beträgt **zwei Jahre.**

61 Hat die JAV *regelmäßige Sprechstunden* während der Arbeitszeit?

In Betrieben, die in der Regel **mehr als fünfzig** der in § 60 genannten Arbeitnehmer beschäftigen, kann die JAV Sprechstunden **während der Arbeitszeit** einrichten.

62 Existiert eine *Jugend- und Auszubildendenversammlung* neben der Betriebsversammlung des Betriebsrates?

Die JAV kann **vor oder nach jeder Betriebsversammlung** im Einvernehmen mit dem Betriebsrat eine betriebliche Jugend- und Auszubildendenversammlung einberufen.

3.1.3.3 Berufliche Tätigkeits- und Weiterbildungsmöglichkeiten für Industriekaufleute *Handbuch: LF 7*

Der rasche **technische Wandel** und die **Globalisierung der Märkte** führen dazu, dass die einmal erworbenen Qualifikationen rasch an Wert verlieren, man spricht in diesem Zusammenhang auch von der **„Halbwertzeit des Wissens"**, die immer geringer wird. Passt man sich dieser Entwicklung nicht schnell genug an, besteht letztlich die Gefahr, arbeitslos zu werden oder zumindest unattraktive Tätigkeiten ausführen zu müssen.

ZP 63
Warum ist die *berufliche Fort- und Weiterbildung* für Industriekaufleute so wichtig?

Die **Fortbildung** bezieht sich eher auf die Fortführung der beruflichen Ausbildung, die **Weiterbildung** umfasst darüber hinaus die generelle Ausweitung der eigenen Qualifikationen, unabhängig vom gewählten Beruf. Diese begriffliche Trennung wird häufig nicht mehr benutzt. Stattdessen unterscheidet man z. B. die:

- **Anpassungsfortbildung** (z. B. Anpassung an technischen Fortschritt)
- **Aufstiegsfortbildung** (Vorbereitung auf höherwertige Aufgaben)
- **Ergänzungsfortbildung** (Weiterbildung)

Laut § 1 Absatz 4 des **Berufsbildungsgesetzes** soll die berufliche Fortbildung „es ermöglichen, die berufliche Handlungsfähigkeit zu erhalten und anzupassen oder zu erweitern und beruflich aufzusteigen".

Die klare Trennung zwischen Fort- und Weiterbildung verliert auch ihre Bedeutung durch die Diskussion um den Erwerb von **Schlüsselqualifikationen** (z. B. Team- und Kommunikationsfähigkeit) z. B. während der Berufserstausbildung. Diese Schlüsselqualifikationen sollen den Arbeitnehmer frühzeitig und umfassend auf die Veränderung in Wirtschaft und Gesellschaft vorbereiten. In der modernen Berufsausbildung wird deswegen nicht nur Wert auf **Fachkompetenz** gelegt, ebenso wichtig sind beispielsweise **Methoden-** und **Sozialkompetenz.**

ZP 64
Worin besteht der Unterschied zwischen den Begriffen *Fort-* und *Weiterbildung?*

Fortbildungsmöglichkeiten gibt es z. B. in den Bereichen:

- EDV
- Rechnungswesen/Kosten- und Leistungsrechnung
- Marketing
- Finanzierung und Investition
- Beschaffung/Logistik
- Produktionswirtschaft/Materialwirtschaft
- Personalführung und -entwicklung

- Handels- und Steuerrecht
- Fremdsprachenerwerb
- Rhetorik/Kommunikation
- Projektmanagement

Die Industrie- und Handelskammern bieten z. B. Fortbildungsmöglichkeiten an, u. a. die Ausbildung zur/zum Geprüften **Industriefachwirt/-in.**

ZP 65
In welchen Bereichen kann sich ein Industriekaufmann/eine Industriekauffrau *außerbetrieblich fortbilden?*

3.2 Rechtliche Rahmenbedingungen des Wirtschaftens – lernfeldübergreifend

3.2.1 Rechtsordnung
Handbuch: LF 6

66 **Was versteht man unter einer *Rechtsordnung* und welche Funktion hat sie?**

Unter einer **Rechtsordnung** versteht man die **Summe** aller **Rechtsnormen,** die in einem Staat gelten. Sie stellt den Ordnungsrahmen für die handelnden Personen (Rechtssubjekte) dar, um wirtschaftliche, gesellschaftliche und staatliche Aktivitäten (Rechtsbeziehungen) zu regeln.

Durch eine funktionierende Rechtsordnung sollen unterschiedliche Interessenlagen, wie z. B. zwischen Produzent und Endverbraucher, ausgeglichen werden, damit sich nicht nur das „Recht des Stärkeren" (z. B. durch Monopolbildung) durchsetzt.

67 **Was umfasst der Begriff *Rechtsnormen?***

Zu den Rechtsnormen gehören:

- alle **Gesetze** (z. B. GG, BGB, HGB),
- alle **Rechtsverordnungen** (z. B. die Einkommensteuerdurchführungsverordnung des Bundesministers für Finanzen),
- **Satzungen** (z. B. Gewerbesteuersatz einer Gemeinde), aber auch
- ungeschriebene Normen wie **Gewohnheitsrechte,** die weder gesetzlich noch vertraglich geregelt sind (z. B. ein nachbarschaftliches Wegerecht).

68 **Grenzen Sie *Gesetze, Rechtsverordnungen* und *Satzungen* voneinander ab.**

- **Gesetze** in der Bundesrepublik Deutschland sind zunächst einzuteilen in **Bundesgesetze** (Gesetzgebungskompetenz nach Art. 71–75 des GG) und **Landesgesetze.**
  - ○ *Bundesgesetze* werden im Bundestag beschlossen, z. B. die Umsatzsteuererhöhung von 16 % auf 19 %.
  - ○ *Landesgesetze* werden von den jeweiligen Landesparlamenten für das jeweilige Bundesland beschlossen, z. B. das Niedersächsische Schulgesetz.

- **Rechtsverordnungen** enthalten Vorschriften über die Durchführung eines bestimmten Gesetzes, zu der der zuständige Fachminister, z. B. der Kultusminister, in einem Gesetz ermächtigt wurde.
- **Satzungen** sind schriftlich formulierte Rechtsvorschriften von Körperschaften des öffentlichen oder privaten Rechts, z. B. über die Erhebung von Prüfungsgebühren.

69 **In welchem Verhältnis stehen *EU-Recht* und nationales *deutsches Recht?***

Das **EU-Recht** gibt einen **allgemeinen Rahmen** vor, der durch das Gesetzgebungsverfahren der jeweiligen Nationen umgesetzt werden muss.

Beispiel: Aufgrund der Klage einer Frau vor dem Europäischen Gerichtshof mussten wegen der EU-Richtlinie zur Gleichbehandlung von Mann und Frau das deutsche Grundgesetz und das Soldatengesetz geändert werden.

WiSo

3.2.2 Privatrecht und öffentliches Recht *Handbuch: LF 6*

Beim privaten Recht werden die **Beziehungen von Privatpersonen** (Gleichordnungsprinzip) untereinander geregelt. Hierbei können z. B. Ansprüche eines Vertragspartners bei Kaufvertragsstörungen mithilfe von ordentlichen Gerichten (Amts- oder Landgericht) durchgesetzt werden.

Was versteht man unter *privatem Recht?* · 70

Beim **öffentlichen Recht** werden folgende Beziehungen geregelt:

Was versteht man unter *öffentlichem Recht?* · 71

- zwischen **Privatperson** und **Trägern hoheitlicher Gewalt** (Über- und Unterordnungsprinzip)
  Beispiel: Ein Finanzamt (Körperschaft des öffentlichen Rechts) kann mithilfe eines Einkommensteuerbescheides eine ermittelte Steuernachzahlung des Steuerpflichtigen verlangen und schließlich erzwingen.
  Sollte der Steuerpflichtige damit nicht einverstanden sein, kann er mithilfe von Finanzgerichten unter Beachtung der Einspruchsfristen versuchen, eine für ihn günstigere Regelung zu erzielen. Wenn er innerhalb der Einspruchsfrist nichts unternimmt, ist der Steuerbescheid rechtskräftig.

Weitere Anwendungsbeispiele: Strafrecht, Teilbereiche des Arbeitsrechts

- zwischen **staatlichen Institutionen,** unter Beachtung des Über- und Unterordnungsprinzips bei Auseinandersetzungen zwischen Bundes- und Landesbehörden
  Zum Beispiel gilt hier das Prinzip: „Bundesrecht bricht Landesrecht".

- zwischen **Staaten**
  Beispiele:
  - ○ Völkerrecht der Vereinten Nationen,
  - ○ Zwischenstaatliches Klimaschutzabkommen (Kyoto-Protokoll von 2005)

3.2.3 Natürliche und juristische Personen *Handbuch: LF 6*

- **Gemeinsamkeiten:**
  Sowohl natürliche als auch juristische Personen stellen **eigene Rechtspersönlichkeiten** dar. Sie können im Rahmen der Rechtsordnung **rechtswirksame Erklärungen** gegenüber anderen Rechtssubjekten abgeben, wie z. B. das verbindliche Angebot bei einem **Kaufvertrag.**

- **Unterschiede:**
  - ○ Juristische Personen des privaten Rechts, wie z. B. eine Aktiengesellschaft, erlangen ihre *Rechtsfähigkeit,* d. h. die Eigenschaft, Träger von Rechten und Pflichten zu sein, erst mit der *Handelsregistereintragung.*
  - ○ Natürliche Personen erwerben ihre Rechtsfähigkeit bereits mit *Vollendung* der *Geburt.*
  - ○ Juristische Personen *handeln durch Organe,* z. B. durch den Vorstand einer AG, während natürliche Personen selbst handeln können.

Welche *Gemeinsamkeiten* **und welche prinzipiellen** *Unterschiede* **bestehen zwischen einer** *natürlichen* **und einer** *juristischen Person?* · 72

73 Wann endet die *Rechtsfähigkeit* einer natürlichen und einer juristischen Person?

- Bei einer **natürlichen Person** endet die Rechtsfähigkeit mit dem Tod oder der Todeserklärung, z. B. Hirntodbescheinigung durch einen Arzt.

- Bei einer **juristischen Person** endet die Rechtsfähigkeit mit der Registerlöschung (z. B. Mannesmann AG im Handelsregister) oder durch einen staatlichen Hoheitsakt (z. B. das KPD-Verbot 1956).

3.2.4   Rechts- und Geschäftsfähigkeit   *Handbuch: LF 6*

74 Was wird nach dem BGB unter *Geschäftsfähigkeit* verstanden?

Nach dem BGB wird unter **Geschäftsfähigkeit** die Fähigkeit einer natürlichen bzw. juristischen Person verstanden, Rechtsgeschäfte selbstständig und wirksam abschließen zu können, z. B. Abschluss bzw. Kündigung eines Miet- oder Arbeitsvertrages.

75 Welche *Stufen der Geschäftsfähigkeit* werden nach dem BGB unterschieden?

Stufen der Geschäftsfähigkeit nach BGB:
- ○ Geschäftsunfähigkeit
- ○ beschränkte Geschäftsfähigkeit
- ○ unbeschränkte Geschäftsfähigkeit

- **Geschäftsunfähig** sind minderjährige Personen **bis** zum vollendeten **7.** Lebensjahr und Personen mit einer andauernden Geisteskrankheit. Rechtsgeschäfte dieses Personenkreises sind **nichtig.**

- **Beschränkt geschäftsfähig** sind minderjährige Personen **zwischen** dem vollendeten **7.** und dem **18.** Lebensjahr. Sofern der Gesetzgeber nicht etwas anderes bestimmt, sind deren Rechtsgeschäfte **schwebend unwirksam;** zur Gültigkeit ist die **Zustimmung** des gesetzlichen Vertreters erforderlich.

- **Unbeschränkt geschäftsfähig** sind volljährige Personen **ab vollendetem 18.** Lebensjahr, soweit sie nicht andauernd geisteskrank sind.

76 Welche Rechtsgeschäfte sind nach dem BGB für *beschränkt* Geschäftsfähige *ohne* Zustimmung des gesetzlichen Vertreters von Anfang an *voll gültig?*

Rechtsgeschäfte,
- die dem beschränkt Geschäftsfähigen lediglich **rechtliche Vorteile** bringen, z. B. eine Schenkung **ohne** jegliche **Verpflichtung;**

- die beschränkt Geschäftsfähige im Rahmen eines **Erwerbsgeschäftes,** zu dem sie vom Vormundschaftsgericht ermächtigt wurden, abschließen;

- die mit Mitteln erfüllt werden, die dem beschränkt Geschäftsfähigen im Rahmen des sogenannten „**Taschengeldparagrafen"** zur **freien Verfügung** gestellt wurden;

- die im Rahmen des Dienst- oder **Arbeitsverhältnisses** abgeschlossen werden.

WiSo

3.2.5 Rechtsobjekte Handbuch: LF 6

3.2.5.1 Sachen, Tiere und Rechte Handbuch: LF 6

- Bei **Sachen** handelt es sich um **körperliche** Gegenstände, wie z. B. das Grundstück (unbewegliche Sache) oder der Fuhrpark (bewegliche Sache) eines Unternehmens.

- Bei **Rechten** handelt es sich um **nicht körperliche** Gegenstände, z. B. das Recht eines Patentinhabers, von einem Lizenznehmer ein Entgelt für die Nutzung seines Patentes zu verlangen.

Was versteht man bei Rechtsobjekten unter Sachen und Rechten? **77**

- Bei einer **vertretbaren Sache** handelt es sich um eine **Gattungsware,** die sich nach Maß, Zahl oder Gewicht bestimmen lässt, z. B. ein fabrikneues Auto laut Preisliste.

- Bei einer **nicht vertretbaren** Sache handelt es sich um eine sogenannte **Spezieware,** wie z. B. ein handgefertigtes getuntes Auto-Sondermodell nach Kundenwunsch, ein Originalgemälde, aber auch ein Gebrauchtwagen.

Welcher Unterschied besteht zwischen einer vertretbaren und einer nicht vertretbaren Sache? **78**

3.2.5.2 Eigentum und Besitz Handbuch: LF 6

- **Eigentum** ist die **rechtliche** Herrschaft über eine Sache oder ein Recht.

  Beispiel: Das Eigentum an einem Pkw wird durch die Eintragung des Käufernamens in die Zulassungsbescheinigung Teil 2 (ehemals Fahrzeugbrief) dokumentiert.

- **Besitz** ist die **tatsächliche** Herrschaft über eine Sache.

  Beispiel: Der Fahrer eines Mietfahrzeuges ist Besitzer und kann das Fahrzeug nutzen, ohne Eigentümer zu sein.

Wodurch unterscheiden sich Eigentum und Besitz? **79**

- Bei **unbeweglichen** Sachen (Immobilien), z. B. Kauf einer Eigentumswohnung, erfolgt die Eigentumsübertragung durch **Einigung** und **Eintragung** in das **Grundbuch.** Unter **Auflassung** versteht man die Einigung zwischen Verkäufer und Käufer und die notarielle Beurkundung des Kaufvertrages.

- Bei **beweglichen** Sachen erfolgt die Eigentumsübertragung durch **Einigung** und **Übergabe,** z. B. ist bei einem Kaufvertrag der gekaufte Artikel dem Käufer zu übergeben.

Welche Möglichkeiten der Eigentumsübertragung sieht der Gesetzgeber bei unbeweglichen und beweglichen Sachen vor? **80**

3.2.6 Arten und Zustandekommen von Rechtsgeschäften

3.2.6.1 Ein- und mehrseitige Rechtsgeschäfte *Handbuch: LF 6*

81 Welche Voraussetzungen für das *Zustandekommen eines Rechtsgeschäftes* müssen vorliegen?

- Es müssen eine oder mehrere Willenserklärungen der handelnden Personen zugrunde liegen, um die rechtlichen Beziehungen **untereinander** zu gestalten und zu regeln.

  Beispiel: Bei einem Kaufvertrag müssen mindestens **zwei** Willenserklärungen vorliegen, die inhaltlich **übereinstimmen,** damit ein Rechtsgeschäft begründet wird.

- **Willenserklärungen** sind rechtlich verbindliche Äußerungen von Personen, durch die bestimmte Rechtsfolgen herbeigeführt werden sollen, z. B. ein Testament.

- **Rechtsgeschäfte** sind das Endergebnis gültiger Willenserklärungen, die die Voraussetzung für das Zustandekommen von Rechtsgeschäften sind.

82 Was besagt nach Artikel 14 Abs. 2 Grundgesetz die *Sozialbindung des Eigentums?*

Der **Eigentümer** einer **Sache** soll sein Eigentum so einsetzen, dass sein Gebrauch auch dem Wohle der **Allgemeinheit** dient.

Grad und Intensität bei der Umsetzung dieses Allgemeinwohlpostulats sind Gegenstand sowohl der am Willensbildungsprozess beteiligten politischen Parteien als auch der wirtschaftlichen Interessengruppen verschiedener Verbände und Institutionen.

Der Staat soll hier in seiner Rolle als Ordnungsmacht eine **ausgleichende** Funktion einnehmen (vgl. auch 3.3.3 Soziale Marktwirtschaft).

83 Welcher Unterschied besteht zwischen einer einseitigen nicht empfangsbedürftigen und einer einseitigen empfangsbedürftigen Willenserklärung im Rahmen eines *einseitigen Rechtsgeschäftes?*

Bei beiden Arten von Rechtsgeschäften ist nur **eine** Person (= einseitig) aktiv mit **einer** Willenserklärung beteiligt.

- Beim **Testament** handelt es sich um ein typisches Beispiel für eine **nicht empfangsbedürftige Willenserklärung.** Eine handgeschriebene Form mit einer eigenhändigen Unterschrift und die Hinterlegung in einer Schreibtischschublade entspricht den gesetzlichen Vorschriften, um den letzen Willen des Erblassers zum Ausdruck zu bringen.

- Bei einer **Kündigung** handelt es sich um eine einseitige **empfangsbedürftige Willenserklärung.** Im Gegensatz zum Testament muss der Empfänger – entweder Arbeitgeber oder Arbeitnehmer – von dem Inhalt, z. B. dem Kündigungszeitpunkt, in Kenntnis gesetzt werden.

84 Welche Merkmale weist ein *mehrseitiges Rechtsgeschäft* auf?

Ein **mehrseitiges** Rechtsgeschäft besteht mindestens aus dem **Antrag** und der **Annahme** dieses Antrages.

Ein **Vertrag** kommt dann zustande, wenn **alle** Willenserklärungen **inhaltlich übereinstimmen.**

Beispiel: Bei einem Mietvertrag übernehmen beide Vertragsparteien, Vermieter und Mieter, gegenüber dem anderen Vertragspartner Pflichten.

Die Vertragsfreiheit ist ein wesentliches **Merkmal** eines Staates mit einer **freiheitlich demokratischen Grundordnung.** Durch sie bleibt es der Entscheidung oder dem Willen einer einzelnen Person selbst überlassen, ob und mit wem sie einen Vertrag abschließen will.

So ist es die **freie Entscheidung** eines möglichen Käufers, ob er die angebotene Ware, z. B. ein T-Shirt, in einem bestimmten Geschäft kauft, oder, je nach Marktpreislage, diese Ware woanders oder gar nicht kauft.

85 Was versteht man unter dem Begriff *Vertragsfreiheit?*

- Die **Schriftform** ist bei einem Bürgschaftsversprechen von Privatpersonen vorgeschrieben.

- Die **öffentliche Beglaubigung** ist u. a. bei einer Handelsregistereintragung vorgesehen.

- Die **notarielle Beurkundung** ist z. B. bei Grundstücksveräußerungsverträgen erforderlich.

86 Nennen Sie je ein Beispiel für ein Rechtsgeschäft, bei dem die *Schriftform,* die *Beglaubigung* (öffentlich) und die notarielle *Beurkundung* vorgeschrieben ist.

1. Durch eine sogenannte „**Freizeichnungsklausel**" (u. a. „solange der Vorrat reicht") ist der Verkäufer **nicht gebunden,** da es sich bei seinem Antrag um ein unverbindliches Angebot handelt (vgl. § 145 BGB).
2. Der Verkäufer kann auch durch **Fristsetzung,** z. B. bis zum 30. Juni 20.., sein Angebot (Antrag) begrenzen (vgl. § 148 BGB).

3. Er hat auch z. B. bei Irrtum (u. a. Einzelpreisschreibfehler, statt 100,00 € nur 10,00 € genannt) noch die Möglichkeit, diesen Antrag als verbindliches Angebot zu widerrufen, wenn dieser **Widerruf** beim Empfänger **spätestens gleichzeitig** mit dem Angebot eingeht (vgl. hierzu § 130 BGB).

87 Grundsätzlich ist bei einem Kaufvertrag das als *Antrag* abgegebene Angebot verbindlich. Welche drei *Ausnahmeregelungen* gibt es?

- Ein schriftlicher Antrag unter **Abwesenden,** wie z. B. ein schriftliches Angebot, ist innerhalb einer angemessenen Frist (ca. 3–5 Tage) anzunehmen (vgl. §§ 130, 147 BGB).

- Ein Antrag unter **Anwesenden,** also ein mündlicher Antrag, ist **sofort** während der Unterredung, wie z. B. beim Gebrauchtwagenkauf, anzunehmen (vgl. § 147 BGB).

88 Welche Regelungen gelten für die rechtswirksame *Annahme* einer Willenserklärung bei Vorliegen eines unter *Abwesenden* und *Anwesenden* unterbreiteten Antrages?

Eine **abgeänderte** oder zu **spät** erfolgte Annahme eines Antrages bei einem Rechtsgeschäft, wie z. B. bei einem Kaufvertrag gegenüber dem Verkäufer beim verbindlichen Angebot, stellt einen neuen Antrag dar (§ 150 BGB). Der Verkäufer selbst hat nun die Wahlmöglichkeit, diesen Antrag des Käufers in Form der abgeänderten Bestellung anzunehmen oder abzulehnen (Vertragsfeiheit).

89 Welche *rechtliche* Wirkung hat eine abgeänderte oder zu spät erfolgte Annahme eines Antrages?

3.2.6.2 Nichtigkeit und Anfechtbarkeit von Rechtsgeschäften
Handbuch: LF 6

90 Welcher Unterschied besteht zwischen *nichtigen* und *anfechtbaren* Rechtsgeschäften (RG)?

- Ein **nichtiges** Rechtsgeschäft ist von Anfang an bzw. von vornherein **ungültig**, wie z. B. ein RG mit einem Geschäftsunfähigen (vgl. § 105 BGB).

- Ein **anfechtbares** Rechtsgeschäft bleibt so lange **gültig**, wie es nicht von einem Vertragspartner **angefochten** wird, z. B. bei einem Zahlendreher = Erklärungsirrtum (vgl. § 119 BGB).

91 Welche weiteren Beispiele für *nichtige* Rechtsgeschäfte (RG) gibt es?

- RG, die nur zum **Schein** oder zum **Scherz** abgeschlossen werden (§ 117 f. BGB)
- RG mit **Formfehlern,** wie z. B. ein nur mündlich abgeschlossener Grundstückskaufvertrag (§ 125 BGB)

- RG, die gegen ein **gesetzliches Verbot,** wie z. B. Rauschgifthandel, verstoßen (§ 138 BGB)
- RG, die gegen die **guten Sitten** verstoßen, wie z. B. ein Jahreszinssatz mit 35 % (§ 138 BGB)

92 Welche weiteren *anfechtbaren Rechtsgeschäfte* über den Erklärungsirrtum hinaus gibt es?

- Rechtsgeschäfte mit **Übermittlungsirrtum** (vgl. § 120 BGB), wie z. B. ein Übertragungsfehler bei einer E-Mail (15,00 € anstatt 815,00 €)

- Rechtsgeschäfte, die durch **Drohung** oder **Täuschung** (vgl. § 123 BGB) zustande kommen, wie z. B. bei einer erzwungenen Vertragsunterschrift oder beim bewussten Verschweigen einer fehlerhaften Ware.

3.2.6.3 Verträge des Wirtschaftslebens
Handbuch: LF 6

93 **ZP** Welche *Vertragsverpflichtungen* ergeben sich nach § 433 ff. BGB für den Verkäufer und für den Käufer?

- Der **Verkäufer** hat
  ○ die bestellte Ware zur rechten *Zeit* am richtigen *Ort* in der richtigen *Art und Weise* zu übergeben und
  ○ das *Eigentum* an der Ware zu *übertragen.*

- Der **Käufer** hat
  ○ die vom Verkäufer gelieferte Ware *abzunehmen* und
  ○ den vereinbarten *Kaufpreis* zu *bezahlen.*

94 **ZP** Was versteht man nach dem allgemeinen Kaufvertragsrecht unter einem *Verbrauchsgüterkauf* (§§ 474–479 BGB)?

Beim Verbrauchsgüterkauf handelt es sich um einen Kaufvertrag, bei dem ein **Endverbraucher** (vgl. § 13 BGB) von einem **Unternehmer** (vgl. § 14 BGB) eine **bewegliche** Sache kauft.

Beispiel: Kauf eines Neuwagens in einem Autohaus

Besondere Merkmale des **Verbrauchsgüterkaufs:**

- Für **neue** Sachen kann eine **Gewährleistungspflicht** nicht unter **zwei** Jahren und

- für **gebrauchte** Sachen nicht unter **einem** Jahr vereinbart werden.

- Bei Auftreten eines Sachmangels **innerhalb sechs Monaten** wird davon ausgegangen, dass der Mangel schon bei Lieferung bestand (sogenannte **Beweislastumkehr),** und der Verkäufer muss die Ware zurücknehmen.

- **Bürgerlicher Kauf:** Beide Vertragspartner handeln als Privatpersonen (Nichtkaufleute); es kommt das BGB zur Anwendung.

- **Einseitiger Handelskauf:** Ein Vertragspartner ist Kaufmann, für ihn gilt über das BGB hinaus zusätzlich auch das HGB.

- **Zweiseitiger Handelskauf:** Beide Vertragspartner sind Kaufleute und handeln für ihren Gewerbebetrieb; es gelten die Bestimmungen des BGB und des HGB.

- Die Gemeinsamkeit besteht darin, dass durch den Verleiher/Vermieter dem Entleiher/Mieter eine Sache zum **Gebrauch** überlassen wird.

- Beim **Leihvertrag** kann die Sache **unentgeltlich** genutzt werden, wie z. B. beim Ausleihen des Pkw innerhalb der Familie.

- Beim **Mietvertrag** wird nur durch Entrichtung eines vereinbarten **Entgelts,** die Sache, z. B. mit dem Autovermietungsunternehmen der Firma XY, genutzt werden können.

Bei beiden Verträgen ist nach Beendigung die gemietete oder gepachtete Sache an den Eigentümer zurückzugeben.

- Beim **Mietvertrag** steht dem Mieter nur das Gebrauchsrecht an der überlassenen Sache zu, die monatliche Miete als Mietertrag erhält der Vermieter.

- Beim **Pachtvertrag** steht dem Pächter während der gesamten Pachtzeit nicht nur das Gebrauchsrecht an der überlassenen Sache, sondern darüber hinaus auch der sogenannte Fruchtgenuss, wie z. B das geerntete Obst, zu.

Bei einem **Dienstvertrag** handelt es sich meistens um einen Arbeitsvertrag, der zwischen Arbeitnehmer und Arbeitgeber vereinbart wird.

- Der **Arbeitgeber** hat eine **Vergütungspflicht** der Dienste.

- Der **Arbeitnehmer** verpflichtet sich zur **Leistung** der versprochenen Dienste.

ZP 95
Welche besonderen *Merkmale* weist ein Verbrauchsgüterkauf auf?

ZP 96
Welche Merkmale weisen der *bürgerliche Kauf* und der *ein- und zweiseitige Handelskauf* auf?

ZP 97
Welche gemeinsamen Merkmale weisen ein *Leih-* und ein *Mietvertrag* auf und wodurch unterscheiden sie sich?

ZP 98
Unterscheiden Sie zwischen *Miet-* und *Pachtvertrag.*

ZP 99
Welche vertraglichen Vereinbarungen enthält ein *Dienstvertrag?*

100 **ZP**
Welche Regelungen werden in einem *Werkvertrag* vereinbart?

- Der **Unternehmer** verpflichtet sich zur **Herstellung** eines versprochenen **Werks** gegen Entgelt, z. B. bei einer Autoreparatur in einer Werkstatt.

- Der **Besteller** verpflichtet sich zur **Bezahlung** des Entgelts. Bei Auftreten von Mängeln, insbesondere von Sachmängeln, kann der Besteller gegenüber dem Unternehmer die gleichen Rechte wie beim Kaufvertrag geltend machen.

---

101 **ZP**
Wie heißen beim *Darlehensvertrag* die Vertragspartner, welcher Vertragsinhalt wird vereinbart und welche *Besonderheiten* weist er auf?

- **Vertragspartner:**
Darlehens**geber**/Darlehens**nehmer**
- **Vertragsinhalt:**
Überlassung von vertretbaren **Sachen** oder eines **Geldbetrages** zum Gebrauch

- **Besonderheiten:**
  - Rückgabe der *gleichen* oder ähnlicher Sache bzw. des Geldbetrags in gleicher Höhe *ohne Zinsen* oder mit einem vorher *vereinbarten Zins*
  - Es findet ein Eigentumswechsel statt und es muss *nicht* die*selbe* Sache zurückgegeben werden.

---

102 **ZP**
Welche unterschiedlichen Merkmale weisen ein *Kauf auf Probe, nach Probe* und *zur Probe* auf?

- **Kauf auf Probe:** Der Käufer hat ein **Rückgaberecht** für die gekaufte Ware innerhalb einer vereinbarten **Frist.**
- **Kauf nach Probe:** Der Käufer erhält zunächst ein **kostenloses** Muster (Warenprobe); die Qualität dieser Warenprobe, z. B. bei einem Wein, **muss** der anschließend gekauften **Gesamtmenge**

entsprechen; in diesem Fall handelt es sich um eine **zugesicherte** Eigenschaft.

- **Kauf zur Probe:** Der Käufer bestellt zunächst aus Testgründen nur eine **kleine** Menge, gibt aber dem Verkäufer zu verstehen, dass bei Gefallen eine größere Bestellmenge vorgenommen wird.

---

103 **ZP**
Was versteht man unter einem *Spezifikationskauf?*

Die Kaufvertragspartner legen zunächst nur die Art und die Gesamtmenge einer zu liefernden **Gattungsware** fest. Der Käufer kann dann innerhalb vorher vereinbarter Fristen die Ware genauer nach **Farbe, Maß** und/oder **Form** bestimmen (spezifizieren).

Verkäufer und Käufer haben somit die Möglichkeit, langfristig Produktions- und Liefermengen terminlich einzuplanen.

---

104 **ZP**
Welcher Unterschied besteht zwischen einem *Bar-* und einem *Zielkauf?*

- Beim **Barkauf** bezahlt der Käufer **sofort** bei Übergabe der Ware; diese Form ist besonders im Einzelhandel verbreitet.

- Beim **Zielkauf** bezahlt der Käufer **innerhalb** eines vereinbarten Zeitraumes (z. B. „Zahlbar innerhalb 30 Tagen").

---

105 **ZP**
Welcher Unterschied besteht zwischen einem *Kauf auf Anzahlung* und einem *Ratenkauf?*

- **Kauf auf Anzahlung:** Bevor der Verkäufer eine Warenlieferung vornimmt, verlangt er vom Käufer eine **Anzahlung.**
Beispiel: bei Sonderanfertigung oder niedriger Zahlungsbonität, um eigenes wirtschaftliches **Wagnis** zu minimieren

- Beim **Ratenkauf** wird dem Käufer aus **Liquiditätsgründen** die Bezahlung des Kaufpreises durch in der Regel gleichbleibend hohe **Teilbeträge** (Raten) eingeräumt.

Unter einem **Erfüllungsort** versteht man den Ort, an dem der Verkäufer die Ware **liefert** bzw. der Käufer die Ware **bezahlt.**

Liegt keine **vertragliche** Regelung vor, dann gilt die nachfolgende **gesetzliche** Regelung: Der Erfüllungsort ist der Wohn- bzw. der Geschäftssitz des jeweiligen Waren-/Geldschuldners (vgl. hierzu § 269 BGB).

ZP 106
Was versteht man unter dem *Erfüllungsort* beim Kaufvertragsrecht?

- Am Erfüllungsort geht die zufällige **Verschlechterung** oder die **Gefahr** des zufälligen **Untergangs** einer Ware vom Verkäufer auf den Käufer über.

- Dieser **Gefahrenübergang** erfolgt grundsätzlich (gesetzlich) bei den **Warenschulden** des Verkäufers durch die
  - Übergabe der Ware an den *Käufer,* wie z. B. beim Selbstbedienungskauf nach Bezahlung der Ware, oder
  - Übergabe der Ware an den *Spediteur* oder
  - Übergabe an andere mit der *Zustellung* beauftragte *Personen.*

- Der **Gefahrenübergang** bei **Geldschulden** erfolgt mit dem Geldeingang beim Verkäufer.

- Es gelten bei den Erfüllungsorten die **Grundsätze:**
  - Warenschulden sind *Holschulden* und
  - Geldschulden sind *Schickschulden.*

ZP 107
Welche Bedeutung hat der *Erfüllungsort* im Rahmen des Kaufvertragsrechts?

Der Gerichtsstand richtet sich bei Streitigkeiten zwischen Verkäufer und Käufer nach dem Wohn- bzw. Firmensitz des **jeweiligen Schuldners.**

Bei einem Streitwert **bis** zu **5.000,00 €** ist eine Klage beim zuständigen **Amtsgericht,** darüber beim Landgericht einzureichen.

Verhandelt wird vor dem Gericht, in dessen Bereich der Erfüllungsort liegt. Derjenige Vertragspartner, bei dem sich der Gerichtsstand befindet, hat Zeit- und Kostenvorteile (z. B. Fahrtkosten).

ZP 108
Welche Möglichkeiten der Streitwertregelung kennen Sie beim *Gerichtsstand* und welche Bedeutung hat er?

3.2.7 Nichterfüllung von Rechtsgeschäften

3.2.7.1 Überblick   *Handbuch: LF 6*

- Verletzung der Vertragspflichten durch den **Verkäufer:**
  - *mangelhafte Lieferung* (Schlechtleistung)
  - *Lieferungsverzug* (Nicht-rechtzeitig-Lieferung)

- Verletzung der Vertragspflichten durch den **Käufer:**
  - *Annahmeverzug* (Nicht-rechtzeitig-Annahme)
  - *Zahlungsverzug* (Nicht-rechtzeitig-Zahlung)

ZP 109
Welche Kaufvertragsstörungen werden im Allgemeinen unterschieden?

ZP

110

Warum unterscheidet man prinzipiell zwischen einer *rechtlichen* und einer *kaufmännischen Lösung* bei Kaufvertragsstörungen?

- Die **rechtliche** oder **juristische Lösung** basiert auf den Rechtsbestimmungen des **BGB** und **HGB**. Eine rechtliche Lösung wird meistens erst dann gewählt, wenn eine kaufmännisch sinnvolle Lösung von den Vertragsparteien nicht gefunden werden kann.

- Die **kaufmännische Lösung** wird traditionell unter Kaufleuten gesucht, ohne die Rechtsbestimmungen des BGB und HGB zu beachten. Für den Verkäufer ist es wichtiger, den Käufer bei Vertragsstörungen zufriedenzustellen, als bei diesem einmaligen Vorfall „im Recht zu sein". Kaufleute sind daran interessiert, **langfristig gute Geschäftsbeziehungen** aufzubauen. Sie schaffen Vertrauen und ermöglichen es dem Verkäufer, aus einem Neukunden einen **Stammkunden** zu machen. Man wird auf einen einmaligen Gewinn verzichten, wenn dadurch vermutet werden kann, dass langfristig mehr oder weniger regelmäßige Gewinne zu erzielen sind. Das Bemühen um **Kundenzufriedenheit** gehört bei allen Unternehmen zu den zentralen **Unternehmenszielen.**

3.2.7.2 Mangelhafte Lieferung (Schlechtleistung)
Handbuch: LF 6

ZP

111

Was versteht man unter einer *mangelhaften Lieferung* (Schlechtleistung)?

In diesem Fall weist die gelieferte Ware **Mängel** auf. Man unterscheidet dabei grundsätzlich zwischen **Sach-** und **Rechtsmangel.**

ZP

112

Welche *Mängelarten* werden im Allgemeinen bei *Sachmängeln* unterschieden?

- Mangel in der **Art** (Gattungsmangel): Es wurde die falsche Ware geliefert.

- Mangel in der **Menge** (Quantität): Es wurde zu wenig geliefert.

- Mangel in der **Qualität** (Beschaffenheit): Es wurde verdorbene oder beschädigte Ware geliefert oder es fehlte eine zugesicherte Eigenschaft.

- **Montagemangel:** Die Montageanleitung ist fehlerhaft und die Montage kann nicht fehlerfrei ausgeführt werden oder die Montage durch den Verkäufer oder dessen Erfüllungsgehilfen erfolgt nicht fehlerfrei.

ZP

113

Wann ist eine Sache *frei von Rechtsmängeln*?

„Die Sache ist frei von Rechtsmängeln, wenn **Dritte** in Bezug auf die Sache keine oder nur die im Kaufvertrag übernommenen **Rechte gegen den Käufer geltend machen können.**" (§ 435 BGB)

Beispiel für einen Rechtsmangel: Vertrieb von Raubkopien

ZP

114

Welche gesetzlichen *Rügefristen* werden bei dem Vorliegen einer mangelhaft gelieferten Ware unterschieden?

- beim **einseitigen Handelskauf** (Verbrauchsgüterkauf):
  - *zwei Jahre* bei *offenen* und *versteckten Mängeln*
  - Berücksichtigt werden muss aber die sogenannte *Beweislastumkehr:* Tritt in den ersten sechs Monaten nach Kauf ein Sachmangel auf, wird davon ausgegangen, dass er schon bei Lieferung bestand. Nach Ablauf von sechs Monaten liegt die Beweislast beim Käufer.
  - *drei Jahre* bei *arglistig verschwiegenen Mängeln*

- beim **zweiseitigen Handelskauf:**
  - *unverzüglich* bei *offenen Mängeln*
  - *unverzüglich* nach Entdeckung, jedoch innerhalb *zweier Jahre* bei *versteckten Mängeln*
  - *drei Jahre* bei *arglistig verschwiegenen Mängeln*

Diese Mitteilung heißt **Reklamation** oder **Mängelrüge.**

ZP 115

Wie nennt man die *Mitteilung* des Käufers an den Verkäufer über die mangelhaft ge- lieferte Ware?

- Der Mangel der Ware muss sehr **genau beschrieben** werden.
- Die mangelhaft gelieferte Ware darf nicht einfach an den Verkäufer zurückgesandt werden, erst muss die

- **Antwort** des Verkäufers auf die Reklamation **abgewartet** werden.
- Der Käufer sollte überlegen, welches ihm zustehende **Recht** er **wahrnehmen** möchte.

ZP 116

Worauf ist beim Abfassen einer schriftlichen *Reklamation (Mängelrüge)* ins- besondere zu achten?

- **Ohne** das Setzen einer **Nachfrist** hat der Käufer das Recht auf:
  a) **Nachbesserung** (Beseitigung des Mangels),
  b) **Ersatzlieferung** (Lieferung gleich- artiger Ware).
  „Der Verkäufer kann die vom Käufer gewählte Art der Nacherfüllung (...) verweigern, wenn sie nur mit unver- hältnismäßigen Kosten möglich ist. (...) Der Anspruch des Käufers beschränkt sich in diesem Fall auf die andere Art der Nacherfüllung." (§ 439 Abs. 3)

- Nach **Ablauf der angemessenen Frist** zur Nacherfüllung hat der Käufer das Recht auf:
  a) **Minderung** (Herabsetzung des Kaufpreises),
  b) **Rücktritt** vom Kaufvertrag,
  c) **Schadensersatz,**
  d) **Ersatz vergeblicher Aufwendungen** (statt Schadensersatz).

ZP 117

Welche *Rechte* hat der Käufer bei der *Lieferung* einer *mangelhaft* ge- lieferten *Ware?*

Eine **Nachbesserung** gilt grundsätzlich nach dem **erfolglosen zweiten Versuch** als **fehlgeschlagen,** wenn sich nicht insbesondere aus der Art der Sache oder des Man- gels oder den sonstigen Umständen etwas anderes ergibt.

ZP 118

Wie viele Nachbesserungen muss der Käufer einer mangelhaft gelieferten Ware ak- zeptieren?

3.2.7.3 Lieferungsverzug (Nicht-rechtzeitig-Lieferung)

119 ZP

Welche *Voraussetzungen* müssen erfüllt sein, damit von einem Lieferungsverzug gesprochen werden kann?

- Die **Warenlieferung** muss **fällig** sein, d. h., es kommt zur Überschreitung des Liefertermins durch den Lieferanten.

- Eine **Mahnung** durch den Käufer muss erfolgt sein.
  Die Notwendigkeit einer Mahnung entfällt, wenn …
  - der Liefertermin kalendermäßig bestimmt ist oder sich kalendermäßig berechnen lässt.

  Beispiel: „Lieferung am 12. Mai d. J.", „Lieferung 10 Tage nach Auftragsbestätigung"

  - der Lieferant die Lieferung endgültig verweigert.

  - aus besonderen Gründen der sofortige Eintritt des Verzugs gerechtfertigt ist.

- Ein **Verschulden** muss vorliegen, d. h. Fahrlässigkeit oder vorsätzliches Handeln des Lieferanten.

120 ZP

Was wird laut BGB unter *Fahrlässigkeit* verstanden?

Laut § 276 Absatz 2 BGB handelt fahrlässig, wer die im Verkehr **erforderliche Sorgfalt außer Acht lässt**.
Beispiel: Ein Lkw-Fahrer führt das Fahrzeug unter Alkoholeinfluss.

121 ZP

Welche *Rechte* hat der Käufer beim Lieferungsverzug?

- **ohne Nachfristsetzung:**
  a) Bestehen auf Lieferung
  b) Bestehen auf Lieferung und Verlangen eines Schadensersatzes (Verzögerungsschaden)

- **mit Nachfristsetzung:**
  a) Schadensersatz statt Leistung (Nichterfüllungsschaden) oder Ersatz vergeblicher Aufwendungen
  b) Rücktritt vom Kaufvertrag (auch einschließlich Schadensersatz statt Leistung)

122 ZP

Welche Rechte stehen dem Käufer im Rahmen eines *Handelskaufes* im Lieferungsverzug bei einem *Fix- oder Terminkauf* zu?

Soll die Lieferung der Ware genau zu einer festbestimmten Zeit oder innerhalb einer festbestimmten Frist erfolgen, kann der Käufer im Fall der Fristüberschreitung **vom Kaufvertrag zurücktreten** oder, falls der Verkäufer im Verzug ist, statt der Erfüllung **Schadensersatz wegen Nichterfüllung** verlangen.

123 ZP

Welche Unterscheidungen werden prinzipiell bei der Berechnung des Schadens getroffen?

- Prinzipiell wird ein entstandener Schaden **konkret** berechnet.
  Beispiel: Preisdifferenz beim Deckungskauf

- Eine **abstrakte Schadensberechnung** ist in gesetzlich festgelegten Fällen möglich, z. B. bei der Berechnung von Verzugszinsen nach § 288 BGB.

  Beispiel: Der Kaufmann muss bei seiner Hausbank 12 % Verzugszinsen zahlen, er wählt zur Schadensberechnung aber den in § 288 BGB genannten Zinssatz („Der Verzugszinssatz beträgt für das Jahr fünf Prozentpunkte über dem Basiszinssatz.").

- Um die meist komplizierte Schadensberechnung kaufmännisch zu vereinfachen, werden von vornherein sogenannte **Konventionalstrafen** vertraglich vereinbart. Tritt der Schadensfall ein, muss die vereinbarte Konventionalstrafe geleistet werden.

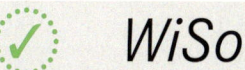
3.2.7.4 Zahlungsverzug (Nicht-rechtzeitig-Zahlung)
Handbuch: LF 6

Die gelieferte Ware wird vom Käufer **nicht fristgerecht** bezahlt.

ZP 124
Was ist die Voraussetzung eines *Zahlungsverzuges?*

- Der Zahlungsverzug tritt bei kalendermäßig bestimmbaren Zahlungsterminen mit dem **Ablauf des Zahlungszeitpunktes** ein.

- Ansonsten tritt der Zahlungsverzug **30 Tage nach Fälligkeit** und Zugang einer Rechnung oder einer gleichwertigen Zahlungsaufforderung ein.

ZP 125
Wann tritt der *Zahlungsverzug* ein?

- **ohne Nachfristsetzung:**
  a) Bestehen auf Bezahlung der Ware
  b) Berechnung von Verzugszinsen laut BGB bzw. HGB

- **mit Nachfristsetzung:**
  a) Schadensersatz statt Leistung oder Ersatz für vergebliche Aufwendungen
  b) Rücktritt vom Kaufvertrag (auch einschließlich Schadensersatz statt der Leistung)

ZP 126
Welche *Rechte* hat der Gläubiger beim *Zahlungsverzug?*

- Kaufmännisches Mahnverfahren
- Gerichtliches Mahnverfahren

ZP 127
Welche *Verfahren* stehen dem *Gläubiger* prinzipiell zur Verfügung, wenn der Zahlungsschuldner nicht zahlt?

3.2.7.5 Annahmeverzug (Nicht-rechtzeitig-Annahme)
Handbuch: LF 6

Voraussetzung ist die **ordnungsgemäße Lieferung der Ware,** die der Käufer nicht annimmt.

ZP 128
Was ist die *Voraussetzung* für den *Eintritt* eines *Annahmeverzugs?*

- In diesem Fall haftet der **Käufer** grundsätzlich für die Beschädigung oder Vernichtung der Ware. Er haftet auch für Schäden, die durch Zufall (z. B. höhere Gewalt) eintreten.

- Der **Lieferer** haftet beim Annahmeverzug nur noch bei Vorsatz oder grober Fahrlässigkeit.

ZP 129
Welche *Folgen* ergeben sich für die *Haftung,* wenn der Annahmeverzug eingetreten ist?

130

ZP
Welche *Pflichten* hat der *Verkäufer* im Annahmeverzug?

- **Einlagerung der Ware** auf Kosten und Gefahr des Käufers im eigenen Lager oder in einem öffentlichen Lagerhaus
- **Verwahrung** hinterlegungsfähiger Sachen beim **Amtsgericht** (z. B. Geld)
- **Mitteilung an den Käufer,** wo sich die Ware befindet
- **Fristsetzung** für die Warenabnahme

- **Androhung des Selbsthilfeverkaufs** und **Mitteilung** an den Käufer über **Ort** und **Zeitpunkt** des Selbsthilfeverkaufs, soweit kein Notverkauf (verderbliche Ware) vorliegt
- **Abrechnen des Selbsthilfeverkaufs** mit dem Käufer (Mehrerlös erhält / Mindererlös trägt der Käufer)

131

ZP
Welche *Rechte* hat der *Verkäufer* im Annahmeverzug?

- **Klage auf Abnahme** der Ware
- **Selbsthilfeverkauf** mittels einer **öffentlichen Versteigerung** (z. B. durch einen Gerichtsvollzieher) oder im **freihändigen Verkauf** (z. B. durch einen Handelsmakler), wenn die Ware einen

- **Börsen- oder Marktpreis** hat (z. B. Rohkaffee), oder als **Notverkauf** bei leicht verderblichen Waren (z. B. Obst)
- Anspruch auf **Ersatz von Mehraufwendungen** (z. B. Kosten für die Versteigerung)

3.2.8   Mahn- und Klageverfahren bei Geldforderungen

3.2.8.1   Kaufmännisches Mahnverfahren   *Handbuch: LF 10*

132

Wie läuft das *kaufmännische Mahnverfahren* üblicherweise ab?

- Zunächst sendet der Gläubiger dem Schuldner eine **Zahlungserinnerung,** z. B., indem er eine Kopie der Rechnung zusendet.

- Nach der Zahlungserinnerung werden meist **drei Mahnungen** versandt, die sich vor allem im Tonfall unterscheiden. **Verzugszinsen** werden häufig erst ab der 2. Mahnung berechnet, die **Androhung gerichtlicher Schritte** erfolgt in der 3. Mahnung.

133

Warum nutzen Unternehmen in der Regel das *kaufmännische Mahnverfahren,* bevor sie das gerichtliche Mahnverfahren einleiten?

- Das kaufmännische Mahnverfahren ist weniger aufwendig als das gerichtliche Mahnverfahren, es erspart in der Regel Zeit und verursacht **weniger Kosten.**

- Insbesondere das gerichtliche Mahnverfahren kann die Geschäftsbeziehungen nachhaltig verschlechtern; für den Verkäufer besteht die Gefahr, dass er den **Kunden langfristig verliert.**

134

Warum schenken die Unternehmensleitungen ihren *Mahnabteilungen* großes Interesse?

Arbeitet die Mahnabteilung effizient, fließen die ausstehenden Geldforderungen rascher ins Unternehmen. Dies führt zur **Sicherstellung der Liquidität,** ermöglicht frühzeitig die Tätigung von Investitionen und trägt dazu bei, die Einleitung eines Insolvenzverfahrens zu verhindern.

- Das Unternehmen sollte den Kunden **Anreize für eine frühzeitige Zahlung** der Rechnungsbeträge anbieten, z. B. durch differenzierte **Skontoregelung.**

- Eventuell kann bei bestimmten Warengruppen oder Kundenzielgruppen nur noch die **Lieferung gegen Vorkasse** oder **Nachnahme** vorgesehen werden.

- Es sollte geprüft werden, ob die Einschaltung eines **Inkassobüros** oder der Verkauf von Kundenforderungen an eine **Factoring-Gesellschaft** nutzbringender ist.

135 *Wie* sollte ein Unternehmen auf den *Anstieg* noch *ausstehender Forderungen* betriebswirtschaftlich *reagieren?*

3.2.8.2 Gerichtliches Mahnverfahren *Handbuch: LF 10*

Das gerichtliche Mahnverfahren ist in der **Zivilprozessordnung** (ZPO) geregelt.

136 Wo ist das *gerichtliche Mahnverfahren* rechtlich geregelt?

- Durch die Einschaltung des Amtsgerichts **erhöht sich der rechtliche Druck** auf den Schuldner.

- Das amtliche Verfahren führt zunächst zu einer **personellen Entlastung der Mahnabteilung.**

137 Was sind die *Vorteile des gerichtlichen Mahnverfahrens* gegenüber dem kaufmännischen?

Der Zahlungsgläubiger **beantragt** beim zuständigen Amtsgericht den **Erlass eines Mahnbescheides** gegenüber dem Zahlungsschuldner. Den auszufüllenden Vordruck in Papierform erhält der Gläubiger im Schreibwarenfachgeschäft; möglich ist auch die Nutzung eines elektronisches Mahnverfahrens.

138 *Womit* wird vom Gläubiger das *gerichtliche Mahnverfahren eröffnet?*

Zuständig ist das Amtsgericht, in dessen Bezirk der **Antragsteller** (Gläubiger) seinen **Wohnsitz** bzw. seine **geschäftliche Niederlassung** hat. Rechtlich möglich ist auch, dass Landesregierungen einem Amtsgericht im Land diese Aufgabe zentral übertragen können.

139 *Welches Gericht* ist zuständig?

Der Mahnbescheid ist eine **gerichtliche Mahnung** an den Zahlungsschuldner, die vom Amtsgericht zugestellt wird. Er wird aufgefordert, den **Betrag zuzüglich Zinsen** und **Kosten** innerhalb 14 Tagen zu begleichen. Das Gericht **prüft nicht,** ob der erhobene Anspruch berechtigt ist.

140 Welche *Funktion* erfüllt der *Mahnbescheid?*

- Der **Schuldner zahlt** den Rechnungsbetrag einschließlich der entstandenen Kosten. Das Verfahren ist dadurch beendet.

- Der Schuldner **erhebt** innerhalb zweier Wochen **Widerspruch.** Nachdem das Amtsgericht den Gläubiger vom Widerspruch unterrichtet hat, kann der Gläubiger eine **mündliche Verhand-** lung bei Gericht beantragen. Das **Klageverfahren** wird eingeleitet.

- Der Schuldner **reagiert nicht** auf den Mahnbescheid. Der Gläubiger kann innerhalb sechs Monaten den **Erlass eines Vollstreckungsbescheids** bei Gericht beantragen. Das Gericht stellt den Bescheid dem Schuldner zu.

141 *Welche Möglichkeiten* hat der Zahlungsschuldner, auf den Mahnbescheid zu *reagieren?* Welche *Folgen* haben diese Reaktionen?

142 *Welche Möglichkeiten* hat der Zahlungsschuldner, auf den *Vollstreckungsbescheid zu reagieren?* Welche *Folgen* haben diese Reaktionen?

- Der **Schuldner zahlt** den Rechnungsbetrag einschließlich der entstandenen Kosten. Das Verfahren ist dadurch beendet.

- Der Schuldner erhebt **Einspruch** gegen den Vollstreckungsbescheid **innerhalb zweier Wochen.** Nachdem das Amtsgericht den Gläubiger vom Einspruch unterrichtet hat, kann der Gläubiger eine **mündliche Verhandlung** bei Gericht beantragen. Das **Klageverfahren** wird eingeleitet.

- Der Schuldner **reagiert nicht** auf den Vollstreckungsbescheid. Stellt der Gläubiger danach einen Antrag auf die Zwangsvollstreckung, wird die **Zwangsvollstreckung** in das Vermögen des Schuldners betrieben. Vermögensteile werden gepfändet und können nach Ablauf einer Einspruchsfrist versteigert werden.

3.2.8.3 Klageverfahren

Handbuch: LF 10

143 *Welche Gründe* führen zur *Nutzung des Klageverfahrens?*

- Der **Zahlungsgläubiger erwartet nicht,** dass das **gerichtliche Mahnverfahren zum Erfolg** führt – er wählt daher sofort das Klageverfahren.

- Der **Zahlungsschuldner** hat **Widerspruch** gegen einen **Mahnbescheid** eingelegt und der **Gläubiger beantragt** die **mündliche Verhandlung** bei Gericht.

- Der **Zahlungsschuldner** hat **Einspruch** gegen einen **Vollstreckungsbescheid** eingelegt und der **Gläubiger beantragt** die **mündliche Verhandlung** bei Gericht.

144 *Welches Gericht* ist für das Klageverfahren *zuständig?*

- **Örtliche Zuständigkeit:**
  - ○ Gericht, in dessen Bezirk der Schuldner seinen Wohnsitz bzw. seine geschäftliche Niederlassung hat
  - ○ Möglich ist auch, dass zwischen den Vertragsparteien ein anderer (vertraglicher) Gerichtsstand festgelegt wurde.

- **Sachliche Zuständigkeit:**
  - ○ Amtsgericht bis zu einem Streitwert von 5.000,00 €
  - ○ Landgericht bei einem Streitwert über 5.000,00 €

145 *Womit* kann das *Klageverfahren beendet* werden?

Das **Klageverfahren endet** durch:
- **Gerichtsurteil** (Das Gericht muss entscheiden, da sich beide Parteien nicht einigen konnten.)

- **Vergleich** (Die Parteien haben sich geeinigt und einen Vergleich geschlossen.)

- **Rücknahme der Klage** durch den Kläger

146 Kann *gegen ein Gerichtsurteil vorgegangen* werden?

Gegen ein Urteil kann innerhalb einer bestimmten Frist beim jeweils übergeordneten Gericht

- **Beschwerde,**

- **Berufung** oder

- **Revision**

eingelegt werden.

Wird **kein Rechtsmittel** (siehe oben) gegen ein Gerichtsurteil **eingelegt,** wird das **Urteil rechtskräftig.**

WiSo

3.2.8.4 Zwangsvollstreckung · · · · · · · · · · · · · · · · · *Handbuch: LF 10*

Die Zwangsvollstreckung ist die mithilfe **staatlicher Gewalt** erzwungene **Durchsetzung privatrechtlicher Ansprüche.** Voraussetzung ist, dass der Gläubiger einen **vollstreckbaren Titel** (z. B. Urteil) gegenüber dem Schuldner besitzt.

147 Was versteht man unter einer *Zwangsvollstreckung?*

● **Zwangsvollstreckung in das bewegliche Vermögen** (Pfändung und Verwertung von Sachen, Forderungen und Rechten)

● **Zwangsvollstreckung in das unbewegliche Vermögen** (Grundstücke)

148 Welche *Arten der Zwangsvollstreckung* werden unterschieden?

● **Inbesitznahme von Geld oder Wertsachen** durch den Gerichtsvollzieher (soweit nicht zur Lebensführung unabdingbar)

● **Austausch wertvoller Gegenstände** gegen einfache Wertgegenstände, die sogenannte Austauschpfändung (Pelzmantel gegen Baumwollwintermantel)

● **Anbringung von Siegeln** (Pfandmarken) auf Wertgegenständen

149 Welche *Möglichkeiten* werden bei der *Pfändung von Sachen* durch den Gerichtsvollzieher unterschieden?

Verläuft die Pfändung nicht oder nur zum Teil befriedigend für den Gläubiger, kann der Schuldner auf Antrag des Gläubigers verpflichtet werden, eine **eidesstattliche Versicherung** über seine Vermögensverhältnisse abzugeben.

Verweigert der Schuldner die eidesstattliche Versicherung, kann auf **Antrag des Gläubigers der Erlass eines Haftbefehls** beantragt werden. Die anschließende **Haft** darf bis zu **sechs Monaten** betragen.

150 Was versteht man unter einer *eidesstattlichen Versicherung?*

3.2.8.5 Verjährung von Forderungen · · · · · · · · · · *Handbuch: LF 10*

Als Verjährung bezeichnet man den **Ablauf eines Zeitraumes** (einer Frist), innerhalb dessen (derer) ein Anspruch bzw. eine **Forderung mithilfe des Gerichtes durchgesetzt werden kann.** Der Anspruch des Gläubigers erlischt aber nicht automatisch am Ende des Verjährungszeitraumes, vielmehr muss der Schuldner die **Einrede der Verjährung** geltend machen. Aus Beweisgründen sollte dies schriftlich geschehen.

Hat der Schuldner aber bereits die Forderung trotz Verjährung beglichen, kann er die Zahlung **nicht zurückfordern.**

151 Was versteht man unter einer *Verjährung einer Forderung?*

Durch die Möglichkeit der Einrede der Verjährung besteht für Vertragspartner **Rechtssicherheit** und **Rechtsfrieden.** Bestünde diese Möglichkeit nicht, könnten auf Schuldner noch nach sehr langen Zeiträumen Forderungen zukommen, mit denen sie nicht mehr gerechnet haben. Dies könnte bei vielen Unternehmen zur Insolvenz führen.

152 Warum *verjähren* Forderungen?

153 Welche Frist gilt laut BGB als *regelmäßige Verjährungsfrist?*

Laut § 195 BGB beträgt die **regelmäßige Verjährungsfrist drei Jahre.** Die regelmäßige Verjährungsfrist **beginnt** laut § 199 BGB **mit dem Schluss des Jahres,** in dem der Anspruch entstanden ist.

Beispiele: Forderungen aus Kauf- und Mietverträgen sowie Gehaltsforderungen

154 Nennen Sie die wichtigsten *gesonderten Verjährungsfristen* und benennen Sie beispielhafte *Ansprüche.*

- **zweijährige Verjährungsfrist:** Mängelansprüche bei einer gekauften neuen Sache
- **dreijährige Verjährungsfrist:** Mängelansprüche bei arglistig verschwiegenen Mängeln, Ansprüche auf regelmäßig wiederkehrende Leistungen
- **fünfjährige Verjährungsfrist:** Mängelansprüche bei einem Bauwerk und bei Sachen für ein Bauwerk
- **zehnjährige Verjährungsfrist:** Ansprüche auf Übertragung des Eigentums an einem Grundstück

- **dreißigjährige Verjährungsfrist:**
  - Herausgabeansprüche aus Eigentum und anderen dinglichen Rechten
  - familien- und erbrechtliche Ansprüche
  - rechtskräftig festgestellte Ansprüche
  - Ansprüche aus vollstreckbaren Vergleichen oder Urkunden
  - vollstreckbare Ansprüche in einem Insolvenzverfahren

155 Von welchem Zeitpunkt an *beginnt die Verjährung* bei gesonderten Verjährungsfristen?

- Bei der **dreijährigen Verjährungsfrist** beginnt die Verjährungsfrist mit dem **Schluss des Jahres,** in dem der Anspruch entstanden ist (sogenannte **Ultimo-Regelung).**

- In **allen anderen Fällen** beginnt die Verjährungsfrist mit der **Ablieferung oder Übergabe der Sache** bzw. mit der **Entstehung des Anspruchs** (z. B. Anspruch auf Eigentumsübertragung an einem Grundstück).

156 Was versteht man unter einer *vertraglichen Verjährungsfrist?*

Die gesetzliche Verjährungsfrist kann **vertraglich verkürzt** oder **verlängert** werden. Eine Verlängerung der **30-jährigen Verjährungsfrist** ist allerdings **nicht möglich.**

157 Welche *Einschränkungen* gelten für die vertragliche Verjährungsfrist beim *Verbrauchsgüterkauf?*

Bei einem **Verbrauchsgüterkauf** darf die gesetzliche Verjährungsfrist **von mindestens zwei Jahren,** bei gebrauchten Sachen von mindestens einem Jahr, **nicht unterschritten werden** – dies regelt § 475 BGB in Bezug auf § 437 BGB (Rechte des Käufers bei Reklamationen).

158 Was versteht man unter der *Hemmung einer Verjährung?*

Man spricht von einer **Hemmung** der Verjährung, wenn sich die **Verjährungsfrist um einen bestimmten Zeitraum verlängert.**

- **Schwebende Verhandlungen** zwischen Schuldner und Gläubiger über einen Anspruch, bis eine Seite die Verhandlungen abbricht (§ 203 BGB). Die Verjährung tritt frühestens drei Monate nach dem Ende der Hemmung ein.

- **Rechtsverfolgung** laut § 204 BGB wie z.B.:
  - ◦ Erhebung der Klage auf Leistung
  - ◦ Zustellung des Mahnbescheids im Mahnverfahren
  - ◦ Anmeldung des Anspruchs im Insolvenzverfahren

- **Leistungsverweigerungsrecht** laut § 205 BGB

- **höhere Gewalt** laut § 206 BGB

Die Hemmung endet **sechs Monate** nach der rechtskräftigen Entscheidung oder nach anderweitiger Beendigung des eingeleiteten Verfahrens (§ 204 BGB).

> **159** Welche *Gründe* können zu der *Hemmung* einer Verjährung führen?

Die **Verjährung beginnt** laut § 212 BGB **erneut,** wenn

- der **Schuldner dem Gläubiger gegenüber den Anspruch** durch Abschlagszahlung, Zinszahlung, Sicherheitsleistung oder in anderer Weise **anerkennt,**

- eine **gerichtliche** oder **behördliche Vollstreckungshandlung vorgenommen** oder **beantragt wird.**

> **160** Wann spricht man vom *Neubeginn der Verjährung?*

3.2.9 Handelsrechtliche Rahmenbedingungen

3.2.9.1 Kaufmannsarten

Handbuch: LF 1

Laut § 1 HGB ist Kaufmann, „wer ein Handelsgewerbe betreibt. Handelsgewerbe ist jeder Gewerbebetrieb, es sei denn, dass das Unternehmen nach Art oder Umfang einen in kaufmännischer Weise eingerichteten Geschäftsbetrieb nicht erfordert."

> **ZP** **161** **Was ist ein** *Kaufmann im Sinne des HGB?*

- **Istkaufmann** (§ 1 HGB – siehe oben): Kaufmann **kraft Gewerbebetrieb,** ein Istkaufmann ist auch ohne Eintragung in das Handelsregister Kaufmann.

  Beispiel: ein mittelständisches Industrieunternehmen

- **Kannkaufmann** (§ 2 HGB): „Ein gewerbliches Unternehmen, dessen Gewerbebetrieb nicht schon nach § 1 Abs. 2 Handelsgewerbe ist, gilt als Handelsgewerbe im Sinne dieses Gesetzbuches, wenn die Firma des Unternehmens in das Handelsregister eingetragen ist. Der Unternehmer ist berechtigt, aber nicht verpflichtet, die Eintragung (...) herbeizuführen."

Man spricht von der Kaufmannseigenschaft **kraft ihrer freiwilligen Eintragung** in das Handelsregister.

Beispiel: Kleingewerbebetriebe, z. B. ein Schulkiosk, der sich in das Handelsregister eintragen lässt

- **Formkaufmann** (§ 6 HGB): Kapitalgesellschaften erlangen ihre Kaufmannseigenschaft **kraft ihrer Rechtsform** mit Eintragung in das Handelsregister.

  Beispiel: GmbH, AG

> **ZP** **162** Welche *Kaufmannsarten* unterscheidet das HGB?

3.2.9.2   Firma

Handbuch: LF 1

ZP 163

Was versteht man laut HGB unter einer *Firma?*

Die **Firma** eines Kaufmanns ist laut § 17 HGB der **Name,** unter dem er seine Geschäfte betreibt und die Unterschrift abgibt. Er kann unter seiner Firma klagen und verklagt werden.

ZP 164

Welche *Firmengrundsätze* werden zur eindeutigen Unterscheidung der Firmen im Markt aufgestellt?

- **Firmenwahrheit** und **Firmenklarheit:** Die gewählte Firma soll wahr sein. Sie soll keine Angaben enthalten, die geeignet sind, über geschäftliche Verhältnisse des Unternehmens, die für die Öffentlichkeit maßgeblich sind, irrezuführen (§ 18 HGB). Ein Kleinbetrieb darf also nicht unter einem Namen firmieren, der den Eindruck erweckt, es handele sich um ein Großunternehmen.

- **Firmenausschließlichkeit:** Jede neue Firma muss sich von allen an demselben Ort oder in derselben Gemeinde bereits bestehenden und in das Handelsregister eingetragenen Firmen deutlich unterscheiden (§ 30 HGB), zum Beispiel durch unterscheidende Zusätze.

- **Rechtsformzusatz:** Aus einem Zusatz beim Geschäftsnamen muss eindeutig hervorgehen, um welche Rechtsform es sich handelt, zum Beispiel: OHG, KG, GmbH, AG, e. K.

- **Firmenbeständigkeit (Firmenkontinuität):** Ändert sich der bürgerliche Name eines Kaufmanns oder wird das Unternehmen an ein anderes verkauft, kann der alte Name des Unternehmens weitergeführt werden. Das bisherige positive Image des Unternehmens bleibt so erhalten.

- **Firmenöffentlichkeit:** Jeder Kaufmann ist laut § 29 HGB verpflichtet, seine Firma in das Handelsregister eintragen zu lassen.

ZP 165

***Welche Arten der Firma* werden unterschieden?**

- **Personenfirma:** enthält **Namen** eines oder mehrerer Gesellschafter
  Beispiel: Friedrich Müller KG

- **Sachfirma:** enthält den **Unternehmensgegenstand**
  Beispiel: Industriewerke AG

- **Fantasiefirma:** enthält **weder** Namen der Gesellschafter **noch** Unternehmensgegenstand
  Beispiel: Polar AG

- **Mischfirma:** enthält **Bestandteile aus mehreren Firmenarten**
  Beispiel: Schrader Betonwerke KG

ZP 166

Welche *Angaben* müssen laut HGB auf *Geschäftsbriefen* im Hinblick auf das Unternehmen gemacht werden?

„Auf allen Geschäftsbriefen des Kaufmanns gleichviel welcher Form, die an einen bestimmten Empfänger gerichtet werden, müssen seine **Firma,** die **Bezeichnung** nach § 19 Abs. 1 Nr. 1, der **Ort** seiner Handelsniederlassung, das **Registergericht** und die **Nummer,** unter der die Firma in das **Handelsregister** eingetragen ist, angegeben werden.“(§ 37 a HGB)

§ 19 HGB bestimmt den Rechtsformzusatz der Firma, z. B. „AG“, „e. Kfm.“.

3.2.9.3 Handelsregister

Handbuch: LF 1

Das Handelsregister ist ein **öffentlich einsehbares Verzeichnis,** in dem **alle Kaufleute registriert** sind. Es wird von den **Amtsgerichten** geführt. Diese haben laut § 10 HGB die Eintragungen in das Handelsregister durch die Veröffentlichung im **elektronischen Unternehmensregister** (www.unternehmensregister.de) bekannt zu machen.

Gegenstand der **Eintragung** sind u. a.:

- Firma
- Sitz des Unternehmens
- Gegenstand des Unternehmens
- Inhaber

- Haftungsverhältnisse
- Rechtsform
- besondere Rechtsverhältnisse (z. B. Prokura)

Eintragungen in das Handelsregister **muss jeder gegen sich gelten lassen** (z. B. bei einem Rechtsstreit). **Vertrauensschutz** wird so im Rechtsverkehr erzeugt.

- Bei **rechtsbezeugenden (deklaratorischen)** Eintragungen ist die rechtliche Wirkung bereits **vorher** eingetreten, dies wird durch die Eintragung nur bestätigt (z. B. bei der Rechtsform von Personengesellschaften und der Rechtsstellung von Prokuristen).

- Bei **rechtserzeugenden (konstitutiven)** Eintragungen tritt die Rechtswirkung erst **durch die Eintragung** in das Handelsregister ein (z. B. bei der Rechtsform von Kapitalgesellschaften).

- Abteilung A (HRA): Einzelunternehmen und Personengesellschaften

- Abteilung B (HRB): Kapitalgesellschaften

3.2.9.4 Handlungsgehilfen, -bevollmächtigte und Prokuristen
Handbuch: LF 1

Eine **globalisierte und arbeitsteilige Wirtschaft** erfordert, dass Vorgesetzte ihren Mitarbeitern spezielle Rechte einräumen, damit diese den Vorgesetzten vertreten können. Man spricht in diesem Zusammenhang von einer **Vollmacht** oder einer **gewillkürten Vertretungsmacht,** die die Befugnis zur Vertretung zum Inhalt hat.

ZP 167
Was versteht man unter dem *Handelsregister?*

ZP 168
Was ist *Gegenstand der Handelsregistereintragung?*

ZP 169
Erklären Sie die Aussage: „Eintragungen in das Handelsregister genießen *öffentlichen Glauben.*"

ZP 170
Unterscheiden Sie *rechtserzeugende* und *rechtsbezeugende* Eintragungen in das Handelsregister.

ZP 171
Welche *Abteilungen* umfasst das *Handelsregister?*

ZP 172
Warum werden im geschäftlichen Alltag *Vollmachten* erteilt?

Prokura

173 — Welche *Arten der Vollmacht* werden unterschieden?

- **Prokura** und
- **Handlungsvollmacht**

174 — Was versteht man unter der *Prokura*?

Die **Prokura** ermächtigt zu allen Arten von gerichtlichen und außergerichtlichen Geschäften und Rechtshandlungen, die der Betrieb (irgend)eines Handelsgewerbes mit sich bringt. Sie stellt die **umfassendste Art der Vollmacht** dar.

175 — Wann *beginnt* die *Prokura*?

- Im **Innenverhältnis** beginnt die Prokura **mit deren Erteilung,**
- im **Außenverhältnis gegenüber Dritten** (z. B. Lieferanten), wenn diese **Kenntnis davon erlangt haben** oder mit der Eintragung und Veröffentlichung im Handelsregister (deklaratorische Wirkung).

176 — Wodurch *endet die Prokura*?

Sie **endet durch ...**
- den Widerruf seitens des Geschäftsinhabers,
- Beendigung des Rechtsverhältnisses,
- Wechsel des Geschäftsinhabers,
- Auflösung des Geschäftes,
- Tod des Prokuristen.

177 — Welche *Maßnahmen* sind dem Prokuristen *gesetzlich verboten*?

Dem Prokuristen ist es **nicht erlaubt, ...**
- Steuererklärungen oder Bilanzen zu unterschreiben;
- Grundstücke zu verkaufen oder zu belasten, es sei denn, es liegt eine besondere Ermächtigung vor;
- Prokura zu erteilen;
- das Unternehmen zu verkaufen oder zu verändern;
- neue Gesellschafter aufzunehmen;
- das Insolvenzverfahren zu beantragen.

178 — Welche *Arten der Prokura* werden unterschieden?

- **Einzelprokura:** Ausübung der Vollmacht ohne Mitwirkung einer anderen Person
- **Gesamtprokura:** Ausübung der Vollmacht nur im Zusammenwirken mit einer anderen vertretungsberechtigten Person
- **Filialprokura:** Beschränkung der Vollmacht auf den Betrieb einer Niederlassung

179 — *Wie unterzeichnen Prokuristen* z. B. Geschäftsbriefe oder Verträge?

Sie unterzeichnen mit dem Zusatz **per procura (pp.** oder **ppa.).** Der Zusatz erfolgt laut DIN 5008 zwischen der Bezeichnung des Unternehmens und der maschinenschriftlichen Namenswiedergabe oder vor der Namenswiedergabe in derselben Zeile.

Beispiele:

OfficeCom AG

ppa. *Alexandra Fröhlich*

Alexandra Fröhlich

OfficeCom AG

Alexandra Fröhlich

ppa. Alexandra Fröhlich

WiSo

Die **Handlungsvollmacht,** die nicht in das Handelsregister einzutragen ist, ist **jede erteilte Vollmacht, soweit sie nicht eine Prokura darstellt.** Eine Handlungsvollmacht kann auch vom Prokuristen erteilt werden. Der Handlungsbevollmächtigte handelt nicht im eigenen Namen, sondern im Namen des Geschäftsinhabers.

180 Was ist eine *Handlungsvollmacht?*

- **Generalhandlungsvollmacht** (allgemeine Handlungsvollmacht): eine **auf Dauer** erteilte Vollmacht, die zur Erledigung **aller gewöhnlichen Rechtsgeschäfte** im Unternehmen befugt.

- **Artvollmacht** (Gattungshandlungsvollmacht, Teilvollmacht): eine **auf Dauer** erteilte Vollmacht, die zur Erledigung **einer bestimmten Art von wiederkehrenden Geschäften** im Unternehmen befugt, z. B. Warenbestellungen vornehmen oder Mitarbeiter einstellen.

- **Spezialhandlungsvollmacht** (Einzel- oder Spezialvollmacht): eine Vollmacht, die zur Erledigung eines **einzelnen Rechtsgeschäftes** im Unternehmen ermächtigt, z. B. zum Kauf eines Schreibtisches.

181 Welche *Arten der Handlungsvollmacht* werden unterschieden?

Die Erteilung der Handlungsvollmacht geschieht **formfrei.** Sie erfolgt **mündlich, schriftlich** (aus Beweisgründen) oder **stillschweigend durch Duldung** der Tätigkeit(en).

182 Welche *Formvorschriften* gelten für die Erteilung einer *Handlungsvollmacht?*

Bei der **Generalhandlungs-** oder **Artvollmacht** wird mit dem Zusatz **i. V. (in Vollmacht),** bei der **Spezialhandlungsvollmacht** mit dem Zusatz **i. A. (im Auftrag)** unterschrieben.

183 Wie unterzeichnen Handlungsbevollmächtigte *Geschäftsbriefe oder Verträge?*

Laut § 56 HGB sind sie **ermächtigt zu „Verkäufen** und **Empfangnahmen,** die in einem derartigen Laden oder Warenlager gewöhnlich geschehen."

Beispiel: Ein Angestellter in der OfficeCom AG nimmt eine Kundenreklamation entgegen und bearbeitet sie selbstständig.

184 Wozu sind *Angestellte im Laden* oder im *Warenlager* bevollmächtigt?

- Widerruf der Vollmacht
- Kündigung des Dienstverhältnisses
- Zeitablauf (bei vorher bestimmter Frist)

- Auflösung des Unternehmens
- Erledigung des Auftrages bei der Spezialhandlungsvollmacht (Einzelvollmacht)

ZP
185 Wodurch *endet* die *Handlungsvollmacht?*

3.2.10   Arbeits- und sozialrechtliche Grundlagen

3.2.10.1   Grundlagen des Arbeitsrechts   *Handbuch: LF 1, 7*

186 ZP
Was ist *Gegenstand* des Arbeitsrechts?

Es regelt die Leistung **unselbstständiger Arbeit** eines Arbeitnehmers bei einem Arbeitgeber (Unternehmer bzw. Unternehmen) in der Regel unter Zugrundelegung eines **privatrechtlichen** Vertrages.

187 ZP
Durch welche *Merkmale* ist das *Abhängigkeitsverhältnis* zwischen Arbeitnehmer und Arbeitgeber gekennzeichnet?

- Der Arbeitgeber hat gegenüber dem Arbeitnehmer ein **Direktions- bzw. Weisungsrecht,** wo, wie und wann er seine Arbeitsleistung zu erbringen hat.

- Häufig steht **ein** Arbeitgeber einer **Vielzahl** von Arbeitnehmern gegenüber (strukturelles Ungleichgewicht).

188 ZP
Welcher *Unterschied* besteht zwischen dem *individuellen* und dem *kollektiven* Arbeitsrecht?

- **Individuelles Arbeitsrecht:** Es regelt das Verhältnis des **einzelnen Arbeitnehmers** zum **Arbeitgeber** durch einen einzelnen **Arbeitsvertrag.** Der Arbeitsvertrag hat bestehende Gesetze, z. B. das Bundesurlaubs- oder Kündigungsschutzgesetz, zu berücksichtigen.

- **Kollektives Arbeitsrecht:** Es regelt das Verhältnis einer **Gruppe von Arbeitnehmern,** z. B. der Belegschaft eines Unternehmens, zum **Arbeitgeber** mithilfe von Gesetzen, z. B. dem Betriebsverfassungsgesetz, und Verträgen, z. B. Tarifverträgen.

189 ZP
Welche *Bereiche* umfasst das *individuelle* Arbeitsrecht?

- **Arbeitsvertragsrecht** (vgl. 1.4 Personalwesen)

- **Arbeitsschutzrecht**
  ○ *sozialer* Arbeitsschutz mit dem Schutz bestimmter Arbeitnehmergruppen, z. B. Schwerbehinderter, durch das Schwerbehindertenrecht oder Mutterschutzgesetz (vgl. 3.2.10.4) und
  ○ *technischer* Arbeitsschutz: dabei werden *Gesundheitsschutz* am Arbeitsplatz und Schutz vor *Gefahren* am Arbeitsplatz (vgl. 3.2.10.5) unterschieden.

190 ZP
Welche *Bereiche* umfasst das *kollektive* Arbeitsrecht?

Recht	Gesetz
Koalitionsrecht	**Grundgesetz** (GG), Art. 9, Absatz 3
Tarifvertrags- und **Arbeitskampfrecht**	**Tarifvertragsgesetz** (TVG)
Mitbestimmungsrecht	**Betriebsverfassungsgesetz** und **Mitbestimmungsgesetze**

Das **Bundesurlaubsgesetz** sieht z. B. einen **Mindesturlaub** von **24** Werktagen vor,
ein gültiger **Tarifvertrag** könnte z. B. **30** Werktage vorsehen,

in einem **Einzelarbeitsvertrag** dürften für den Arbeitnehmer nach dem gültigen Tarifvertrag **30** Werktage oder mehr Werktage zu seinen Gunsten vereinbart werden.

ZP 191
Erläutern Sie am Beispiel der Urlaubsregelung die *Hierarchie* arbeitsrechtlicher Vorschriften.

Einzelvertragliche Regelungen müssen immer **zugunsten** des **Arbeitnehmers** unter Berücksichtigung der **Hierarchie** arbeitsrechtlicher Vorschriften erfolgen. Jede günstigere Regelung in Tarifverträgen/Arbeitsverträgen ist möglich:

Beispiele:

○ Ein gültiger *Tarifvertrag* sieht *30* Werktage vor und im Arbeitsvertrag werden 32 Werktage vereinbart; es gelten die *32* Werktage.

○ Ein gültiger *Tarifvertrag* sieht *30* Werktage vor, im Arbeitsvertrag werden 28 Werktage vereinbart; es gelten die *30* Werktage.

ZP 192
Was versteht man unter dem sogenannten *Begünstigungsprinzip* arbeitsrechtlicher Vorschriften?

3.2.10.2 Einzelarbeitsvertrag

Handbuch: LF 1, 7

Ein Arbeitsvertrag wird zwischen einem **einzelnen Arbeitnehmer** und einem **einzelnen Arbeitgeber** abgeschlossen, aus diesem Grund wird er auch als Einzelarbeitsvertrag bezeichnet. Er ist meistens eine besondere Form des Dienstvertrages, in dem sich der Arbeitnehmer zur **„Leistung der versprochenen Dienste"** und der Arbeitgeber zur **„Gewährung der vereinbarten Vergütung"** verpflichtet (§ 611 ff. BGB).

(vgl. ausführlich zum Arbeitsvertrag unter 1.4.3 Personaleinstellung, 1.4.4 Personalein-satz – Vollmachten und 1.4.7 Personalfreisetzung/Kündigungsschutz)

ZP 193
Was versteht man unter einem *Arbeitsvertrag?*

- Ein Arbeitsvertrag muss grundsätzlich nicht schriftlich abgeschlossen werden, es sei denn, es handelt sich um einen **befristeten** Arbeitsvertrag.

- Spätestens **einen** Monat nach Beginn des Arbeitsverhältnisses müssen die Vertragsbedingungen **schriftlich** bestätigt werden, ansonsten macht sich der Arbeitgeber bei Unterlassung schadensersatzpflichtig (Nachweisgesetz).

- Die Vertragsbeteiligten müssen grundsätzlich **geschäftsfähig** sein.

- Ein **beschränkt** geschäftsfähiger Arbeitnehmer kann aber von seinem gesetzlichen Vertreter dazu **ermächtigt** worden sein, in ein **Ausbildungs- bzw. Arbeitsverhältnis** einzutreten (vgl. § 113 BGB).

ZP 194
Welche *Voraussetzungen* müssen für den Abschluss eines *gültigen Arbeitsvertrages* gegeben sein?

195

ZP

Welche *Grenzen* der Abschlussfreiheit beim Arbeitsvertrag sind vom *Arbeitgeber* zu beachten?

Beispiele für Grenzen:	Rechtsquelle:
● **Beschäftigungsverbot** von Kindern und Jugendlichen bis 15 Jahren; Ausnahmeregelungen möglich	JGArbSchG § 5 Abs. 1
● **Geschlechtsbezogene Benachteiligungen** sind verboten und können zu Entschädigungsansprüchen des benachteiligten Bewerbers führen.	Allgemeines Gleichbehandlungsgesetz (AGG)
● **gültige Arbeitserlaubnis** für Ausländer	Aufenthaltsgesetz § 4
● **Zustimmung des Betriebsrates** beim Abschluss eines Arbeitsvertrages in Betrieben mit mehr als 20 Arbeitnehmern	BetrVG § 99 Abs. 1

196

ZP

Welche *Kündigungsfristen* muss der Arbeitgeber zum Schutz von *langjährigen* Mitarbeitern bei der Auflösung des Arbeitsverhältnisses beachten?

Dauer des Arbeitsverhältnisses:	Kündigungsfrist jeweils zum Monatsende (§ 622 BGB):
● **zwei** Jahre	● **einen** Monat
● **fünf** Jahre	● **zwei** Monate
● **zehn** Jahre	● **vier** Monate
● **zwölf** Jahr	● **fünf** Monate
● **fünf** Jahre	● **sechs** Monate
● **zwanzig** Jahre	● **sieben** Monate

3.2.10.3 Tarifvertragsrecht   *Handbuch: LF 1*

197

ZP

Was versteht man unter der *Tarifautonomie?*

Das Recht der Tarifvertragsparteien, Tarifverträge ohne Einflussnahme des Staates frei aushandeln zu dürfen, wird als **Tarifautonomie** bezeichnet. Sie ist im Artikel 9 Absatz 3 des **Grundgesetzes** verankert. Näheres regelt das **Tarifvertragsgesetz.**

198

ZP

Welche *Tarifvertragsparteien* schließen einen Tarifvertrag?

● **Gewerkschaften und Arbeitgeberverbände** schließen einen **Branchentarifvertrag,** der für die im betroffenen Arbeitgeberverband organisierten Unternehmen verbindlich ist.

● Schließt **ein** einzelner **Arbeitgeber** direkt mit einer **Gewerkschaft** einen Tarifvertrag, spricht man von einem **Haustarifvertrag,** der nur für dieses Unternehmen verbindlich ist.

● Die Tarifvertragsparteien werden auch als **Sozialpartner** bezeichnet. Dieser Ausdruck soll verdeutlichen, dass letztendlich beide Parteien trotz entgegengesetzter Interessen sozial aufeinander angewiesen sind.

- **Lohn- und Gehaltstarifverträge** legen in der Regel für ein Jahr die Höhe der tarifgebundenen **Einkommen** der Arbeitnehmer fest.

- **Mantel-** oder **Rahmentarifverträge** schreiben eine Vielzahl von *Arbeitsbedingungen* (z. B. Urlaubsdauer oder Länge der Arbeitszeit) in der Regel für mehrere Jahre fest.

ZP 199
Welche *Arten* von Tarifverträgen werden im Hinblick auf ihren *Inhalt* unterschieden?

- Ein **einzelner Arbeitnehmer** ist dem einzelnen Arbeitgeber in den meisten Fällen **ökonomisch unterlegen.** Gerade aus dieser Tatsache heraus haben sich die Gewerkschaften zunächst als reine Streikkassen im Zeichen der Industrialisierung im 19. Jahrhundert gebildet („Einigkeit macht stark!").

- In **ökonomischen Ausnahmesituationen** können einzelne Arbeitnehmergruppen es vorziehen, auf die Gewerkschaften zu verzichten, da ihre Marktposition auch ohne sie ausgesprochen stark ist (z. B. IT-Fachkräfte vor der Dotcom-Krise).

- **Leitende Angestellte** verzichten in der Regel auch auf Gewerkschaften, da sie meist Arbeitgeberfunktionen wahrnehmen und sich in Einzelvertragsverhandlungen stark genug fühlen. Man spricht in diesem Zusammenhang von dem AT-Bereich, d. h. dem außertariflichen Vergütungsbereich.

ZP 200
Warum reicht es nicht aus, dass ein *Arbeitnehmer* mit seinem Arbeitgeber *einen Arbeitsvertrag einzeln aushandelt?*

Während der Laufzeit eines Tarifvertrages herrscht Friedenspflicht, d. h., es dürfen **keine Arbeitskampfmaßnahmen** (Streik bzw. Aussperrung) ergriffen werden. Betriebs- und volkswirtschaftliche Nachteile werden somit verhindert.

ZP 201
Was versteht man unter der *Friedenspflicht* im Rahmen des Tarifrechtes?

Nachdem erste Verhandlungen zwischen den Tarifvertragsparteien über einen neuen Tarifvertrag stattgefunden haben und die Friedenspflicht erloschen ist, sollen Warnstreiks **Druck auf die Verhandlungsposition der Arbeitgeberverbände** ausüben und die Öffentlichkeit beeinflussen.

ZP 202
Warum werden *Warnstreiks* von der Gewerkschaft ausgerufen?

Die Durchführung eines Schlichtungsverfahrens unter Beteiligung eines neutralen Schlichters ist nur in der **Satzung einzelner Gewerkschaften** vorgeschrieben. Der Gesetzgeber macht dazu keine Vorgaben, es gilt allein die Tarifvertragsfreiheit der Tarifvertragsparteien.

ZP 203
Ist ein *Schlichtungsverfahren* bei gescheiterten Tarifvertragsverhandlungen vorgeschrieben?

204 ZP

Müssen sich die Tarifvertragsparteien an den *Schlichterspruch* des Schlichtungsverfahrens halten?

Beide Tarifvertragsparteien sind **nicht** an den Schlichterspruch des neutralen Schlichters **gebunden.** Häufig übt die **„öffentliche Meinung"** einen hohen Druck auf die Tarifvertragsparteien aus, den Schlichterspruch anzunehmen.

205 ZP

Wann kann von der Gewerkschaft eine *Urabstimmung* über einen Streik durchgeführt werden?

Das regelt im Einzelnen die Satzung einer Gewerkschaft. In der Regel bestimmt die Satzung, dass bei einer **qualifizierten Mehrheit von 75 %** ein Streik ausgerufen wird. Ein wesentlich geringerer Prozentsatz wird meist bewusst nicht gewählt, da die Streikbereitschaft so groß sein muss, dass ein Streik **politisch** über längere Zeit durchgehalten werden kann.

206 ZP

Wie können die *Arbeitgeberverbände* auf einen Streik *reagieren,* um ihre Verhandlungsposition zu stärken?

Neben umfangreicher **Öffentlichkeitsarbeit** können die Arbeitgeberverbände mit einer **Aussperrung** auf den ausgerufenen Streik reagieren. Allerdings muss die Arbeitgeberseite dabei den **Grundsatz der Verhältnismäßigkeit** beachten, d.h., der Umfang der Aussperrung muss angemessen sein und darf somit die Gewerkschaft nicht über die „Ausblutung" der Streikkasse finanziell ruinieren. Der Gesetzgeber hat also ein starkes Interesse daran, dass die Tarifautonomie auch tatsächlich funktionsfähig ist.

207 ZP

Führen Streik und Aussperrung nicht zu hohen *betriebs- und volkswirtschaftlichen Schäden?*

- Der enorme wirtschaftliche **Druck** auf beide Tarifvertragsparteien ist vom Gesetzgeber **gewollt,** nur dadurch kommt letztendlich eine **Tarifeinigung zustande.** Die Arbeitgeber fürchten hohe Kosten bzw. Verluste, die Gewerkschaften müssen sicherstellen, dass für einen weiteren Streik in der Zukunft noch genügend Finanzreserven in der Streikkasse vorhanden sind.

- Kurzfristigen wirtschaftlichen Schäden stehen die **Vorteile der Tarifautonomie** gegenüber: Wilde Streiks sind durch die an die Friedenspflicht gebundenen Gewerkschaften mehr oder weniger ausgeschlossen, die Unternehmen können so **langfristig planen, investieren und produzieren.**

208 ZP

Wie viel Prozent der Gewerkschaftsmitglieder müssen laut Gewerkschaftssatzung bei einer erneuten Urabstimmung *für die Annahme einer Tarifeinigung* stimmen?

Die Gewerkschaftssatzungen sehen in der Regel **25 %** vor – es ist die rechnerische Differenz zu den 75 %, die für einen Streik stimmen müssten.

WiSo

- Beim **Flächenstreik** werden die Unternehmen „in der Fläche" von den Gewerkschaften bestreikt, z. B. im **gesamten Tarifbezirk.**

- Beim **Schwerpunktstreik** werden nur **ausgewählte Unternehmen** (z. B. Zulieferbetriebe) **oder** sogar nur bestimmte **Abteilungen** eines Unternehmens bestreikt. Diese Streikart ist für die Gewerkschaften kostengünstiger, verspricht aber einen hohen Erfolg.

ZP 209
Grenzen Sie die beiden Streikarten *Flächen-* und *Schwerpunktstreik* begrifflich voneinander ab.

Diese Streikart verfolgt rein politische Zwecke und ist durch **Artikel 9 Abs. 3** des **Grundgesetzes nicht geschützt.** Der politische Streik kann allenfalls als letztes politisches Mittel dienen, um die verfassungsgemäße Ordnung im Sinne des **Widerstandsrechts laut Art. 20** Abs. 4 des Grundgesetzes zu erhalten: „Gegen jeden, der es unternimmt, diese Ordnung zu beseitigen, haben alle Deutschen das Recht zum Widerstand, wenn andere Abhilfe nicht möglich ist."

ZP 210
Welche gesetzlichen Bestimmungen gelten für einen *politischen Streik* in Deutschland?

- Tarifverträge gelten prinzipiell nur für Arbeitnehmer, die **Mitglied der Gewerkschaft** sind, und für Arbeitgeber, die **Mitglied des Arbeitgeberverbandes** sind.

- Ist zwar der Arbeitnehmer Mitglied der Gewerkschaft, der Arbeitgeber aber nicht Mitglied des Arbeitgeberverbandes, muss der Arbeitgeber nicht das Tarifentgelt zahlen.

- Arbeitnehmer, die kein Gewerkschaftsmitglied sind, erhalten von ihrem im Arbeitgeberverband organisierten Arbeitgeber trotzdem das zwischen den Tarifvertragsparteien vereinbarte Tarifentgelt. Im anderen Falle würden die nicht organisierten Arbeitnehmer in die Gewerkschaft eintreten und deren Verhandlungsposition verbessern, was nicht im Interesse des Arbeitgebers sein kann.

- Unter besonderen Umständen (z. B. bei Wettbewerbsverzerrungen) kann der Bundesminister für Arbeit und Soziales einen Tarifvertrag für **allgemein verbindlich** erklären, das heißt, der Tarifvertrag gilt für alle Arbeitnehmer und Arbeitgeber eines Tarifbezirks – unabhängig von ihrer Zugehörigkeit zu einem Interessenverband.

ZP 211
Für wen sind Tarifverträge *verbindlich?*

Diese Arbeitgeber sind zwar an die Tarifverträge gebunden, die darin vereinbarten Tarife stellen allerdings nur **Mindestbedingungen** dar – demnach können höhere Löhne und Gehälter bezahlt werden.

ZP 212
Dürfen Arbeitgeber, die Mitglied im Arbeitgeberverband sind, an ihre Arbeitnehmer *Löhne und Gehälter zahlen,* die *höher* als die im Tarifvertrag vereinbarten Tarife sind?

213 ZP
Worin unterscheiden sich *Tarifvertrag* und *Betriebsvereinbarung*?

Eine Betriebsvereinbarung wird zwischen dem **Betriebsrat** (nicht der Gewerkschaft) und dem **einzelnen Arbeitgeber** geschlossen und schriftlich festgehalten. Betriebsvereinbarungen ergänzen häufig Tarifverträge.

214 ZP
Was versteht man unter einem *Sozialplan?*

Er wird zwischen dem **Betriebsrat** und dem **Arbeitgeber** ausgehandelt. Anlass sind **wirtschaftliche Probleme** des Unternehmens. Vereinbart wird z. B. bei Massenentlassungen die Höhe der Abfindungszahlungen oder die Einrichtung von Beschäftigungsgesellschaften.

3.2.10.4 Arbeitsschutzrecht – sozialer Arbeitsschutz
Handbuch: LF 1, 7

215 ZP
Grenzen Sie den *sozialen* vom *technischen* Arbeitsschutz ab.

- **Sozialer Arbeitsschutz:**
  Der soziale Arbeitsschutz bezieht sich in erster Linie auf die **persönliche Verfassung** (Konstitution) des Arbeitnehmers, z. B. eines jugendlichen Mitarbeiters, der sich im Wachstum befindet, oder eines Mitarbeiters, der schwerbehindert ist.

- **Technischer Arbeitsschutz:**
  Der technische Arbeitsschutz bezieht sich auf die Vermeidung möglicher Unfall- und Gesundheitsgefahren, die sich einerseits aus der **Arbeitsumgebung,** andererseits aus der eigentlichen **Arbeitstätigkeit** ergeben können.

216 ZP
Welche wichtigen *Vorschriften* gelten insbesondere für den *sozialen Arbeitsschutz?*

Insbesondere auf den Schutz **bestimmter Arbeitnehmergruppen** zielt das:
- **Jugendarbeitsschutzgesetz** (JArbSchG)
- **Mutterschutzgesetz** (MuSchG)
- Schutz **schwerbehinderter** Menschen (Sozialgesetzbuch, SGB IX § 68 ff.).

Vorschriften, die sich auf **alle Arbeitnehmer** beziehen und sie vor gesundheitsgefährdenden Belastungen schützen sollen, sind z. B. im **Arbeitszeitgesetz** niedergelegt.

217 ZP
Welche *Ziele* und welche besonderen *Arbeitsschutzvorschriften* sind mit dem Jugendarbeitsschutzgesetz (JArbSchG) verbunden?

Das JArbSchG hat die Ziele, Kinder und Jugendliche vor **körperlichen Gesundheitsschäden,** aber auch vor **sittlichen Gefahren** zu schützen (vgl. auch 3.1.3.2). Besondere Arbeitsschutzvorschriften beziehen sich auf (Beispiele):

- **gefährliche Arbeiten** (§ 22), die z. B. mit Unfallgefahren verbunden sind und wegen mangelnder Erfahrung nicht erkannt werden, oder

- **Akkordarbeit,** tempoabhängige Arbeiten (§ 23), um einer körperlichen Überforderung vorzubeugen.

WiSo

Vor Eintritt in das **Berufsleben** muss der Jugendliche von einem Arzt untersucht worden sein (Erstuntersuchung § 32); diese **Bescheinigung** muss dem Arbeitgeber **vorgelegt** werden.

ZP 218
Was sieht das Jugendarbeitsschutzgesetz zur *Erstuntersuchung* vor?

Das Mutterschutzgesetz (MuSchG) regelt für werdende und stillende Mütter Beschäftigungsverbote und -einschränkungen und sieht weitere besondere Schutzvorschriften vor.

- **Beschäftigungsverbote:**
  - Verbot der Mehr-, Nacht-, Sonn- und Feiertagsarbeit
  - Verbot von Akkord- und Fließbandarbeit
  - Verbot schwerer körperlicher Arbeiten, z. B im Bergbau unter Tage
  - Acht Wochen **nach** der Entbindung darf auch mit Zustimmung der Arbeitnehmerin *keine* Beschäftigung erfolgen (§ 6 Abs. 1, *absolutes* Beschäftigungsverbot).

- **Beschäftigungseinschränkungen:**
  - sechs Wochen *vor* der Entbindung; nur bei eigenem ausdrücklichen Wunsch darf weitergearbeitet werden (§ 3 Abs. 2, *relatives* Beschäftigungsverbot).
  - Bei Früh- und Mehrlingsgeburten gelten längere Fristen.

- **Besonderer Kündigungsschutz:**
  (Beispiel für besondere Schutzvorschriften)
  - Während der Schwangerschaft und bis zum Ablauf von vier Monaten *nach* der Entbindung darf ihr *nicht* gekündigt werden (§ 9).

ZP 219
Welche *Ziele* und welche besonderen *Schutzvorschriften* regelt der Gesetzgeber beim Mutterschutzgesetz (MuSchG) ?

Wird bei einem Menschen ein Grad der Behinderung (GdB) von wenigstens **50** durch das Integrationsamt festgestellt, gelten für ihn Schutzvorschriften und Sonderregelungen:

- **Kündigung** des Arbeitsverhältnisses durch den Arbeitgeber ist nur *mit vorheriger Zustimmung* des Integrationsamtes zulässig (§ 85 ff. Buch IX SGB).

- Anspruch auf **zusätzlich bezahlten Urlaub (fünf** Arbeitstage)

- Der **Anteil** der Schwerbehinderten (GdB 50) sollte wenigstens **fünf Prozent** der Beschäftigten betragen (§ 71 Buch IX SGB), wenn der Betrieb im Jahresdurchschnitt **20** Arbeitnehmer/-innen (ohne Auszubildende) beschäftigt.

- Für jeden **nicht** besetzten Schwerbehindertenplatz muss dieser Arbeitgeber (20 beschäfte AN) eine **Ausgleichsabgabe** zwischen 105,00 und 260,00 € pro Monat an das zuständige Integrationsamt bezahlen.

- Die früheren Rehabilitationsleistungen heißen jetzt „Leistungen zur Teilhabe am Arbeitsleben" und die Arbeitgeber erhalten heute höhere **Eingliederungshilfen** bei der Besetzung eines Schwerbehindertenplatzes.

ZP 220
Welche *Schutzvorschriften* bzw. *Sonderregelungen* gelten für schwerbehinderte Menschen nach dem Buch IX des Sozialgesetzbuches (SGB)?

221 ZP

Welche *Ziele* und welche grundsätzlichen *Regelungen* sieht das Arbeitszeitgesetz vor?

- **Ziele:**
  - Gewährleistung der **Sicherheit** und des **Gesundheitsschutzes** der volljährigen Arbeitnehmer bei der Arbeitszeitgestaltung
  - Verbesserung der Rahmenbedingungen für **flexible Arbeitszeiten**
  - Schutz der **Arbeitsruhe** an Sonntagen und den staatlich anerkannten Feiertagen
- **Regelungen:**
  - Grundsätzlich darf die werktägliche Arbeitszeit **acht** Stunden nicht überschreiten; Ausnahme: Verlängerung auf bis zu **zehn** Stunden, wenn innerhalb von **sechs** Kalendermonaten oder innerhalb von **24** Wochen im **Durchschnitt** acht Stunden werktäglich **nicht** überschritten werden.
  - **Arbeitszeitunterbrechung** durch im **Voraus feststehende Ruhepausen** von mindestens **30** Minuten bei einer Arbeitszeit von mehr als **sechs bis neun** Stunden und **45** Minuten bei einer Arbeitszeit von mehr als **neun** Stunden
  - ununterbrochene **Ruhezeit** von mindestens **elf** Stunden nach Beendigung der täglichen Arbeitszeit; Ausnahmeregelungen: Landwirtschaft, Krankenhäuser, Verkehrsbetriebe und Gaststätten

---

222 ZP

Welche *Organe/Institutionen bzw. Funktionsträger* sind für die Einhaltung und die Umsetzung bzw. Überwachung der gesetzlichen Arbeitsschutzvorschriften zuständig?

- **Staatliche Gewerbeaufsichtsämter**

  Sie sind für die Einhaltung von **Gesetzen** und **Verordnungen** zum Arbeitsschutz zuständig und können zu diesem Zweck betriebliche Einrichtungen auf Bundesebene, u. a. in Industrieunternehmen, überwachen und kontrollieren.

- **Berufsgenossenschaften**

  Bei ihnen handelt es sich um Selbstverwaltungseinrichtungen, Körperschaften des öffentlichen Rechts, und sie sind dadurch berechtigt, eigene **Unfallverhütungsvorschriften** zu erlassen. Sie kontrollieren deren Einhaltung selbstständig und werden auch als **Träger** der **gesetzlichen Unfallversicherung** tätig, wenn sich zum Beispiel Arbeitsunfälle ereignet haben.

---

223 ZP

Welche *innerbetrieblichen Funktionsträger* bzw. Stellen/Einrichtungen sind für den Arbeits- und Gesundheitsschutz der Mitarbeiter zuständig?

- **Funktionsträger Sicherheitsbeauftragte**

  In Unternehmen mit mehr als **20** beschäftigten Arbeitnehmern muss der Arbeitgeber einen Sicherheitsbeauftragten (SGB VII), in der Regel einen Mitarbeiter, bestellen bzw. beauftragen. Er soll den Arbeitgeber bei der **Durchführung** des Unfallschutzes unterstützen. Er hat sich durch ständige **Überwachung** von dem Vorhandensein und der ordnungsgemäßen Benutzung und Beschaffenheit vorgeschriebener Schutzeinrichtungen zu überzeugen.

- **Werkschutz und Betriebsfeuerwehren**

  Diese Einrichtungen werden in der Regel in großen Industrieunternehmen, je nach **Gefahrenpotenzial** der Betriebsstätteneinrichtungen, genutzt. Sie sind wie der Sicherheitsbeauftragte in kleineren Unternehmen mit ähnlichen Aufgaben betraut und können darüber hinaus durch die vorhandene Nähe schnell Rettungsdienste und Brandbekämpfungmaßnahmen durchführen.

- **Betriebsrat**

  Der Betriebsrat hat im Rahmen des Arbeits- und Unfallschutzes nach § 89 des Betriebsverfassungsgesetzes ein Mitbestimmungs-, Informations-, Überwachungs-, Gestaltungs- und Unterstützungsrecht (vgl. hierzu 3.2.10.7.2).

- **Mitbestimmungsrecht:** Bei Arbeitsschutzmaßnahmen zur Verhütung von Arbeitsunfällen und Berufskrankheiten darf er mitbestimmen (§ 87 Abs. 1 Nr. 7 BetrVerfG).

- **Informationsrecht:** Bei Anordnungen des Gewerbeaufsichtsamtes muss er unverzüglich informiert und bei betrieblichen Unfällen unterrichtet werden.

- **Überwachungsrecht:** Er überwacht Gesetze und Verordnungen, die zugunsten der Arbeitnehmer erlassen wurden.

- **Gestaltungsrecht:** Bei der Gestaltung und Planung von Bauten, technischen Anlagen, Arbeitsverfahren und Arbeitsplätzen ist er zu beteiligen.

- **Unterstützungsrecht:** Er kann sich von Betriebsärzten und Arbeitssicherheitskräften beraten lassen und er kann sich an Unfalluntersuchungen durch Berufsgenossenschaften oder Betriebsbesichtigungen von Gewerbeaufsichtsämtern beteiligen.

3.2.10.5 Sicherheit und Gesundheitsschutz *Handbuch: LF 1*

3.2.10.5.1 Gefährdung von Sicherheit und Gesundheitsschutz am Arbeitsplatz und Maßnahmen zu ihrer Vermeidung *Handbuch: LF 1, 7*

- **Mitarbeiter**
  Durch präventive Gesundheitsschutz- und Unfallverhütungsmaßnahmen sollen die Mitarbeiter vor **Verletzungen** mit der Folge von **Schmerzen** und ängstlichen Erfahrungen weitestgehend geschützt werden. Außerdem soll der **Verlust** der **Arbeitsfähigkeit,** der in der Regel zu einer **Minderung** der **Erwerbsfähigkeit** führt, vermieden werden. Diese könnte letztlich zu einer **Einkommensminderung** des Mitarbeiters führen.

- **Arbeitgeber/Betrieb**
  Ein erkrankter bzw. verletzter Mitarbeiter könnte für einen Industriebetrieb unter Umständen zu einem **Produktionsausfall** bzw. zu **Kundenverlusten** mit entsprechenden wirtschaftlichen Einbußen führen. In Extremfällen muss ein verletzter Mitarbeiter über einen längeren Zeitraum oder sogar auf Dauer ersetzt werden.

- **Entlastung der Sozialsysteme,** wenn geringere Leistungen der **gesetzlichen Unfallversicherungen** in Anspruch genommen werden

- **Verringerung** der **Umweltbelastungen** mit entsprechenden geringeren **Folgekosten** bei der **Schadensregulierung**

ZP 224
Welche *Bedeutung* haben Gesundheitsschutz- und Unfallverhütungsmaßnahmen für den *Mitarbeiter* und für den *Arbeitgeber/Betrieb?*

ZP 225
Welche *Bedeutung* haben präventive Gesundheitsschutz- und Unfallverhütungsmaßnahmen für die *Gesellschaft/Volkswirtschaft?*

226 Welche Kennzeichnungen und welche unterschiedlichen Bedeutungen haben im Rahmen des Gesundheitsschutzes die *Verbots-, Warn-* und *Gebotszeichen?*

Nennen Sie außerdem jeweils zwei Beispiele.

● **Verbotszeichen**
Kennzeichnung: roter Rand, Hintergrund weiß, Symbol schwarz
Bedeutung: absolutes Verbot einer bestimmten Handlung
Beispiele: offenes Feuer verboten; Rauchverbot

● **Warnzeichen**
Kennzeichnung: schwarzer Rand, Hintergrund gelb, Symbol schwarz
Bedeutung: Warnhinweis auf besondere Gefahrenstoffe
Beispiele: Stoffe sind giftig oder feuergefährlich.

● **Gebotszeichen**
Kennzeichnung: Hintergrund blau, Symbol weiß
Bedeutung: Gebotshinweis auf besondere Schutzvorschriften
Beispiele: Schutzhelm tragen, Gehör- bzw. Augenschutz

227 Welche Kennzeichnungen und welche unterschiedlichen Bedeutungen haben im Rahmen des Gesundheitsschutzes die *Rettungs-* und *Brandschutzzeichen?*
Nennen Sie außerdem jeweils zwei Beispiele.

● **Rettungszeichen**
Kennzeichnung: Hintergrund grün, Zeichen bzw. Symbol weiß
Bedeutung: Flucht- oder Rettungshinweise
Beispiele: Notausgangs- oder Rettungswegrichtungsangabe

● **Brandschutzzeichen**
Kennzeichnung: Hintergrund rot, Zeichen bzw. Symbol weiß
Bedeutung: Verwendungshinweis auf bestimmte Hilfsgeräte
Beispiele: Löschschlauch oder Feuerlöschgeräte

228 Welche Maßnahmen sind zur Vermeidung von möglichen *Unfallursachen* zu ergreifen?

Nennen Sie jeweils zwei Beispiele.

Grundsätzlich können bei möglichen Unfallursachen entweder menschliches Versagen und/oder technische Fehler bei Arbeitsunfällen festgestellt werden. Daraus lassen sich verschiedene **Maßnahmen** ableiten:

● **Präventive Maßnahmen bei menschlichem Versagen**
  ○ Beachtung von Arbeitszeitgesetzen zur Vorbeugung ***körperlicher und geistiger Überbelastung***
  ○ Einhaltung von Unfallverhütungsvorschriften zur Vermeidung von ***Gefahrenquellen***

● **Technische Maßnahmen** bei technischen Fehlern
  ○ Gefahrenschutz bei Betriebseinrichtungen, Geräten, Maschinen, Gefahrstoffen und der Arbeitsplatzgestaltung
  ○ Gefahrenschutz bei den Arbeitsverfahren oder der Produktion

Die einzuhaltenden Maßnahmen, u. a. der eigene Organschutz, hängen vom Gefährdungspotenzial der Arbeitstätigkeit ab.

Beispiele:

1. **Schutzbrille,** z. B. bei Schleiftätigkeiten mit einer Maschine

2. **Atemmaske** zum Schutz der Atemwege und der Lunge, z. B. beim Arbeiten mit gefährlichen Dämpfen

3. **Schutzhelm,** z. B. bei Tätigkeiten im Gang eines Hochregallagers

ZP 229
Welche Maßnahmen sind zur Vermeidung von möglichen *Gesundheitsgefährdungen* zu ergreifen?

Nennen Sie mindestens drei Beispiele.

3.2.10.5.2 Berufsbezogene Arbeitsschutz- und Unfallverhütungsvorschriften
Handbuch: LF 1, 7

- **Gesetze**
  - Arbeitsschutzgesetz (ArbSchG);
  - Jugendarbeitsschutzgesetz (JArbSchG); vgl. 3.2.10.4
  - Mutterschutzgesetz (MuSchG); vgl. 3.2.10.4

- **Rechtsverordnungen**
  - Arbeitsstättenverordnung (Mindestanforderungen an Arbeits- und Ruheräume)
  - Bildschirmarbeitsverordnung (Sicherheit und Gesundheitsschutz bei der Arbeit an Bildschirmgeräten)
  - Gewerbeordnung (GewO)

ZP 230
Nennen Sie mindestens drei wichtige *Gesetze* und drei *Rechtsverordnungen,* die hauptsächlich in den Kompetenzbereich der Staatlichen Gewerbeaufsichtsämter fallen.

- **Arbeitnehmer**
  - Er hat das *Recht,* bei Gefahr den *Arbeitsplatz* zu *verlassen,* und das Recht auf regelmäßige *medizinische Untersuchung.*
  - Er hat die *Pflicht, Arbeitsschutz- bzw. Gefahrstoffanweisungen* zu *befolgen* und eventuell auftretende *Mängel/Gefährdungen* während der Arbeitstätigkeit unverzüglich zu *melden.*

- **Arbeitgeber**
  - Er hat die *Verantwortung* für den betrieblichen Arbeitsschutz und hat dabei die *neuesten arbeitswissenschaftlichen Erkenntnisse* umzusetzen.
  - *Gefahren* sollen möglichst *vermieden* und/oder an der *Quelle* unverzüglich *bekämpft* werden.
  - *Gefahren* müssen *beurteilt* und *geeignete Maßnahmen* ergriffen werden *(Gefährdungsbeurteilung).*

ZP 231
Welche wesentlichen gesetzlichen Vorschriften enthält das *Arbeitsschutzgesetz* für den *Arbeitnehmer* und den *Arbeitgeber?*

Zeigen Sie mindestens jeweils zwei Gesichtspunkte auf.

232 ZP

Welche wesentlichen Vorschriften enthält die *Arbeitsstättenverordnung?*

Die Arbeitsstättenverordnung ist auf der Grundlage des Arbeitsschutzgesetzes erlassen worden. Sie enthält darüber hinaus u. a. folgende Vorschriften:

- **Arbeitsstätteneinrichtung** und **-betreibung**
  Arbeitsstätten sind so **einzurichten** und zu **betreiben,** dass von ihnen **keine Sicherheits- und Gesundheitsgefährdungen** für die Beschäftigten ausgehen.

- **Arbeits-** und **Sozialräume**
  Sie sind nach bestimmten **Gestaltungs- und Sicherheitsregelungen** unter Berücksichtigung des **Nichtraucherschutzes** einzurichten.

---

233 ZP

Welche wesentlichen Vorschriften enthält die *Bildschirmarbeitsverordnung?*

Die Bildschirmarbeitsverordnung ist auf der Grundlage des Arbeitsschutzgesetzes erlassen worden, um **körperlichen** und **psychischen** Belastungen entgegenzuwirken. Sie enthält u. a. Vorschriften über:

- **Bildschirmgeräte** und **Tastur** (z. B. Maße)

- sonstige **Arbeitsmittel** (z. B. Arbeitstische und -stühle)

- die **Arbeitsumgebung** (z. B. die Seh- und Lärmbelastung)

---

234 ZP

Welche *allgemeinen Vorschriften* enthält die *Gewerbeordnung* (§ 120 a – 120 e GewO) und welche Vorschriften enthält sie bezüglich des Unfall- und Gesundheitsschutzes (§ 125 a GewO)?

- **Allgemeine Vorschriften**
  Die Betriebe haben alle **Maßnahmen** zu treffen, die den Arbeitnehmer gegen drohende Gefahren für **Leben, Gesundheit** und **Sittlichkeit** durch die Arbeitsstätte schützen sollen.

- **Unfall- und Gesundheitsvorschriften**
  Arbeitsplätze, Maschinen und **Geräte** sind so einzurichten, dass Erfordernisse des **Unfallschutzes** berücksichtigt werden.

---

235 ZP

Auf welcher *Grundlage* werden *Gefahrstoffanweisungen* erstellt, welcher Zweck soll erreicht werden und wer nimmt eine Gefährdungsbeurteilung und -dokumentation vor?

- **Grundlage**
  Ausgangspunkt für die Erstellung von **Gefahrstoffanweisungen** ist die seit dem 1. Januar 2005 gültige **Gefahrstoffverordnung,** die die Richtlinie 987/24 EG in **deutsches Recht umsetzt.**

- **Zweck**
  Die **Gefahrstoffverordnung** gilt für das **Inverkehrbringen** von Stoffen, Zubereitungen und Erzeugnissen zum **Schutz der Beschäftigten und anderer Personen** (Kunden, Besucher usw.) vor **Gefährdungen ihrer Gesundheit** durch **Gefahrstoffe** und zum **Schutz der Umwelt** vor stoffbedingten **Schädigungen.**

- **Gefährdungsbeurteilung und -dokumentation**
  - Eine *Gefährdungsbeurteilung* darf nur von *fachkundigen Personen* vorgenommen und durchgeführt werden. Hierzu zählen insbesondere ein *Betriebsarzt* und/oder eine *Fachkraft für Arbeitssicherheit.*
  - Erst nach Vornahme der *Gefährdungsdokumentation* darf eine Tätigkeit mit den Gefahrstoffen aufgenommen werden, damit die eventuell auftretenden Gefährdungen am Arbeitsplatz unter dementsprechender Berücksichtigung der Sicherheitsvorschriften nach der gültigen *Gefahrstoffanweisung* beachtet werden.

Zusätzlich zu den **staatlichen** Arbeitsschutzstellen (sozialer und technischer Arbeits-schutz) sind die Berufsgenossenschaften die **zuständigen Stellen** für den **tech-nischen** Arbeitsschutz. Zur **Verhütung** von **Arbeitsunfällen** und zur **Vorbeugung** von **Berufskrankheiten** sind sie berechtigt, folgende Maßnahmen gegenüber den Betrieben durchzuführen:

- **Herausgabe** von „Berufsgenos-senschaftlichen Vorschriften für Sicherheit und Gesundheit bei der Arbeit" (BGVA)

- **Herausgabe** von „Berufsgenossen-schaftlichen Regeln" (BGR)

- **Durchführung** von unangemeldeten **Betriebsbesichtigungen** zur Über-prüfung der **Einhaltung** der BGVA und der BGR

ZP   236
Welche *Be-deutung* haben die *Berufsgenossen-schaften* und welche Maßnahmen können sie im Rahmen der präventiven Unfall-verhütung und der Gesundheitsfürsorge gegenüber den Be-trieben durchführen?

3.2.10.5.3 Verhaltensweisen bei Unfällen und Einleitung von Erste-Hilfe-Maßnahmen *Handbuch: LF 1, 7*

Bei einem **Notfall** sind folgende **Grundre-geln** zu beachten:

- Ruhe bewahren
- Lage einschätzen
- situationsgerechte Handlungen/Ent-scheidungen treffen

Art und Umfang des Einsatzes der Erste-Hilfe-Mittel hängt davon ab, ob es sich um einen relativ geringen Sach- oder Personenschaden oder um ein großes Schadensereignis handelt.

Zum Beispiel sind bei einem Brand fol-gende Sofortmaßnahmen zu ergreifen:

- **Notruf** aktivieren (situationsabhängig)
- **Schutzausrüstungen** und/oder **Feuerlöscher** nutzen
- **Personen** und **Tiere** evakuieren

ZP   237
Welche *Verhal-tensweisen* wer-den von den Mitarbei-tern in einem Betrieb nach den Allgemei-nen Vorschriften der Berufsgenossen-schaften bei Vorlie-gen eines Betriebs- bzw. Arbeitsunfalls erwartet und welche *Erste-Hilfe-Mittel* sind einzusetzen?

Bei einem **medizinischen Notfall** sind zum Beispiel folgende Maßnahmen zu ergrei-fen:

- **Sofortmaßnahmen** durchführen, wie die verletzte Person aus dem Gefahrenbereich schaffen, bergen und eventuell Atemspenden durchführen

- **Erste-Hilfe-Maßnahmen** selbst durchführen und/oder einen Ersthelfer rufen

- situationsgemäß **Notruf-Einleitung** eines Betriebsarztes/-sanitäters und/oder eines Rettungsdienstes mit einer eventuell Krankenhauseinlieferung

- **Beobachtung** des Verletzten bis zum Eintreffen des Arztes

ZP   238
Welche *Erste-Hilfe-Maßnahmen* hat der Arbeitneh-mer in einem Betrieb nach den „Allgemei-nen Vorschriften" der Berufsgenossen-schaften bei Vorlie-gen eines Betriebs- bzw. Arbeitsunfalls mit Personenscha-den einzuleiten?

239

ZP

Unter welchen Voraussetzungen müssen Betriebs- bzw. Arbeitsunfälle *gemeldet* werden und wann ist eine *Unfallanzeige* zu schreiben?

- Grundsätzlich muss vom Arbeitgeber eine **Unfallmeldung** innerhalb dreier Tage bei der zuständigen Berufsgenossenschaft bzw. zuständigen Stelle eingereicht werden.

- Bei **tödlichen** Unfällen und bei Unfällen, bei denen mehr als **fünf Personen** verletzt wurden, muss die Berufsgenossenschaft **unverzüglich** (u. a. telefonisch) unterrichtet werden.

- Zusätzlich muss mit dem Vordruck „Unfallanzeige" jeder Arbeitsunfall bei einer **Arbeitsunfähigkeit** mit **mehr als drei Tagen** dem zuständigen Unfallversicherungsträger **schriftlich** gemeldet werden.

- **Unfallanzeige** vom Betriebsrat und der Fachkraft für Arbeitssicherheit bzw. dem Sicherheitsbeauftragten unterschreiben lassen

3.2.10.5.4 Vorschriften, Verhaltensweisen und Maßnahmen bei der Brandbekämpfung
Handbuch: LF 1, 7

240

ZP

Im Rahmen des vorbeugenden Brandschutzes muss ein Mitarbeiter *Gefahrstoffeigenschaften* richtig einordnen können. Ordnen Sie in einem ersten Schritt die Kennziffern 1–4 durch Eintragung der entsprechenden Kennziffer zu:

Bezeichnung/Kennziffer
– hochentzündlich (1)
– leichtentzündlich (2)
– entzündlich (3)
– brandfördernd (4)

Zweiter Schritt: Zuordnung der Gefahrensymbole durch Eintragung der Kennziffern 5–8:

Eigenschaften des Stoffes:	Bezeichnung:	Gefahrensymbol:
Stoffe, die meist **nicht selbst brennbar** sind, jedoch durch **Sauerstoffabgabe** den **Brand** brennbarer Stoffe **fördern**	(4)	(8)
flüssige Stoffe, die mit Wasser mischbar oder nicht mischbar sind und einen **Flammpunkt** zwischen **21 und 55** Grad Celsius haben	(3)	(5)
flüssige Stoffe mit einem **Flammpunkt unter 21** Grad Celsius und einem **Siedepunkt unter 35** Grad Celsius	(1)	(7)
z. B. Stoffe, die bei gewöhnlicher Temperatur an der Luft **ohne Energiezufuhr** erhitzen und schließlich **entzünden** können	(2)	(6)

5 6
7 8

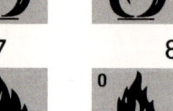

Zur Einhaltung von Brandverhütungsvorschriften ist es notwendig, dass ein Brand erst gar nicht entstehen kann.
Maßnahmen zur Brandbekämpfung sind:

1. **gesonderte Lagerräume** vorsehen, um leicht entflammbares Material zu deponieren

2. **besondere Schutzmaßnahmen** ergreifen, zum Beispiel bei Schweißarbeiten in der Nähe von feuergefährdeten Materialien

3. **Rauchverbot** am Arbeitsplatz erlassen, insbesondere in Lagerräumen

ZP 241

Nennen Sie mindestens *zwei Maßnahmen* einer vorbeugenden Brandverhinderung.

- **feuersichere Stahltüren,** automatische Schließung im Brandfall

- **kein Zustellen** von **Notausgängen**

- besondere **Kennzeichnung** von **Fluchtwegen** und **Notausgängen**

- besonderer **Aushang** von **Flucht-** und **Rettungsplänen**

- **Verhaltensanweisungen, Brandschutz-** und **Rettungsübungen** für den Brandfall

ZP 242

Welche *Maßnahmen* sind bereits bei der *Errichtung* und späteren Nutzung von Arbeitsräumen zum vorbeugenden Brandschutz vorgesehen?

1. **Thermomelder** (Überwachungsfläche ca. 20 m^2)
2. **Rauchmelder** (Überwachungsfläche ca. 120 m^2)

3. **Flammen-** und **Strahlenmelder** (Überwachungsfläche ca. 1 000 m^2 ohne Sichtbehinderung)

ZP 243

Nennen Sie mindestens *drei Einrichtungen* zur Früherkennung von Bränden.

1. **Handfeuerlöscher:** Sie sollen gut sichtbar und leicht zugänglich angebracht sein. Mit ihnen können kleine Brände gelöscht werden.
2. **Sprinkleranlagen:** Nach der Verschlussöffnung sprüht das Wasser über einen Sprühteller auf den Brandherd; sie sind für größere Räume geeignet und müssen in Räumen mit erhöhten Brandschutzvorschriften eingebaut werden.

3. **CO_2-Anlagen:** Entstandenes Feuer wird durch Kohlenstoffdioxid, das in den Brandraum geleitet wird, erstickt; bei dieser Anlage müssen Menschen wegen Erstickungsgefahr den Raum sofort verlassen.

ZP 244

Nennen Sie mindestens *drei Brandbekämpfungsgeräte oder -anlagen* und erläutern Sie ihre Wirkung, um einen ausgebrochenen Brand zu bekämpfen bzw. seine Folgen zu begrenzen.

3.2.10.6 Soziale Sicherung der Arbeitnehmer

3.2.10.6.1 Ziele und Bereiche der sozialen Sicherung   *Handbuch: LF 1, 7, 9*

245 Auf welchen *Prinzipien* beruht die soziale Sicherheit in der Bundesrepublik Deutschland?

Die soziale Sicherheit findet als Begriff ihren Niederschlag in der „Allgemeinen Erklärung der Menschenrechte" (1948 Vereinte Nationen): „Jeder Mensch hat als Mitglied der Gesellschaft Recht auf **Soziale Sicherheit.**" Darüber hinaus hat sie Verfassungsrang durch Artikel 20, Abs. 1: „Die Bundesrepublik Deutschland ist ein demokratischer und **sozialer** Bundesstaat" im Grundgesetz. Danach ergibt sich für den Staat die Verpflichtung, **Benachteiligte** besser zu stellen.

Der Sozialwissenschaftler Butterwegge unterscheidet in diesem Zusammenhang drei Aspekte der sozialen Sicherheit:

1. „ein Höchstmaß an sozialer Sicherheit …
2. ein Mindestmaß an sozialer Gerechtigkeit … (und)
3. eine soziale Balance, die extreme Einkommens- und Vermögensunterschiede ausschließt."

vgl. Butterwegge, Christoph: Krise und Zukunft des Sozialstaates. 2., durchgesehene Auflage, Wiesbaden 2005, Seite 20

246 Welche *Ziele* werden mit dem System der sozialen Sicherung in der Bundesrepublik Deutschland verfolgt?

- **Schutz** des **Einzelnen** vor den Folgen von **Lebensrisiken,** z. B. Arbeitslosigkeit

- Errichtung eines **Vorsorgesystems,** z. B. Altersrente

- Aufbau eines **Informations-** und **Beratungssystems,** z. B. Angebot von Weiterbildungsmöglichkeiten

- Gewährung von **Unterstützungsleistungen,** z. B. BAföG-Leistungen

247 Welche *Bedeutung* hat das *Sozialgesetzbuch* und welche *Teile* umfasst es?

Das Sozialgesetzbuch sichert vom Gesetzgeber beschlossene **Sozialstandards.** Dazu gehören Versicherungs- und Versorgungsleistungen und soziale Hilfen. Das Sozialgesetzbuch umfasst folgende Bücher:

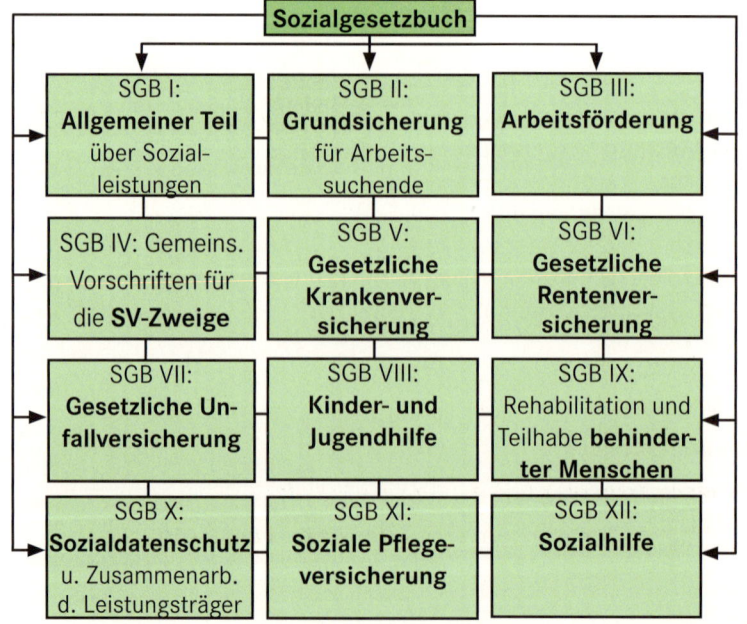

WiSo

Das Sozialgesetzbuch stellt das Dach der sozialen Sicherung in der Bundesrepublik Deutschland dar. Dieses Dach wird u. a. durch die fünf Säulen der gesetzlichen Sozialversicherung getragen:

248

Welche *Bereiche* des Sozialgesetzbuches gehören zur gesetzlichen Sozialversicherung?

Sozialgesetzbuch
Die fünf Säulen der gesetzlichen Sozialversicherung

Gesetzliche Krankenversicherung (SGB V)	Soziale Pflegeversicherung (SGB XI)	Gesetzliche Rentenversicherung (SGB VI)	Arbeitslosenversicherung (Arbeitsförderung) (SGB III)	Gesetzliche Unfallversicherung (SGB VII)

Vorschriften für alle **Sozialversicherungs-Zweige** (SGB IV)

Die Beitragsbemessungsgrenze ist eine **Einkommensgrenze,** bis zu deren Höhe die **Beiträge** der einzelnen Sozialversicherungszweige **steigen.**

249

Was versteht man unter der *Beitragsbemessungsgrenze?*

Das Beitragsaufkommen eines Arbeitnehmers muss in einem **angemessenen Verhältnis** zu den Leistungen stehen, die er von dem entsprechenden Sozialversicherungszweig erhält.

250

Welche *Funktion* hat die Beitragsbemessungsgrenze?

Die Jahresarbeitsentgeltgrenze zeigt an, ab welchem **Einkommen** ein Arbeitnehmer in der Kranken- und Pflegeversicherung **nicht mehr pflichtversichert** ist.

251

Welche *Funktion* hat die Jahresarbeitsentgeltgrenze?

3.2.10.6.2 Organisation der sozialen Sicherung   *Handbuch: LF 1, 7, 9*

Als wesentliche Organisationsprinzipien enthält die Sozialversicherung:

- das **Solidaritätsprinzip**
- das **Zwangsversicherungsprinzip** (-mitgliedschaft)
- den Grundsatz der **Selbstverwaltung** unter staatlicher Aufsicht

252

Welche *Prinzipien* sind bei der Organisation der gesetzlichen Sozialversicherung vorherrschend?

253 Was versteht man unter dem *Solidaritätsprinzip* der gesetzlichen Sozialversicherungen?

- **Beitragsaufbringung** durch **alle Versicherten**
- **Beitragshöhe** der einzelnen Versicherten hängt grundsätzlich von der **Einkommenshöhe** ab.
- Zwischen **Beitrag** und **Leistung** muss beim Solidaritätsprinzip **kein Zusammenhang** bestehen. Leistungen sind gesetzlich festgelegt und unabhängig von der **Beitragshöhe.** Zum Beispiel hat ein Säugling mit einer aufwendigen Leukämiebehandlung den gleichen Leistungsanspruch wie ein langjähriges Krankenkassenmitglied mit eingezahlten Beiträgen.

254 Was versteht man unter dem *Subsidiaritätsprinzip?* Erläutern Sie dieses Prinzip an einem Beispiel.

„Selbsthilfe vor Staatshilfe"; dieser Grundsatz bedeutet, dass die einzelne Person sich zunächst **selbst** helfen soll. Die jeweils **stärkere Gemeinschaft** greift erst dann ein, wenn Selbsthilfe nicht mehr möglich ist.

Beispiel: Beim Antrag auf Sozialhilfe wird zunächst geprüft, ob der Antragsteller sich **selbst** unterhalten kann und ob der Ehegatte oder Verwandte in gerader Linie herangezogen werden können. Erst dann tritt der Staat **nachrangig** ein.

255 Welche *Personengruppen* sind grundsätzlich in den einzelnen Sozialversicherungszweigen pflichtversichert und für welche besteht Versicherungsfreiheit?

Sozialversicherungszweige:	Versicherungspflicht bei folgenden Personengruppen:	Versicherungsfreiheit bei folgenden Personengruppen:
Krankenversicherung	– alle **Arbeitnehmer** mit einem Entgelt **bis** zur **Jahresarbeitsentgeltgrenze** – Arbeitslose mit Leistungsbezug – Behinderte – Studenten – Rentner	– alle **Arbeitnehmer** mit einem Entgelt **über** der **Jahresarbeitsentgeltgrenze** – geringfügig Entlohnte – kurzfristig Beschäftigte – Beamte
Pflegeversicherung	jeder, der in der gesetzlichen Krankenkasse pflichtversichert ist	Freiwillig Versicherte haben bei der privaten Pflegeversicherung ein Wahlrecht.
Rentenversicherung	– Arbeitnehmer – Auszubildende – Behinderte – versch. Gruppen von Selbstständigen, u. a. freiberufliche Erzieher und Künstler	– Richter, Beamte – geringfügig Beschäftigte – Studenten, die immatrikuliert sind
Arbeitslosenversicherung (Arbeitsförderung)	– Arbeitnehmer – Auszubildende – Behinderte	– Beamte – Selbstständige
Unfallversicherung	– Arbeitnehmer – Auszubildende – Behinderte – Kinder (Kindergartenbesuch) – Schüler (Schulbesuch) – Studierende (Universitätsbesuch) – Heimarbeiter – Personen, die im Interesse des Allgemeinwohls tätig sind	Beamte

3.2.10.6.3 Finanzierung der sozialen Sicherung   *Handbuch: LF 1, 7, 9*

Sozialversicherungszweig	AN-Anteil	AG-Anteil
– Krankenversicherung	50 %[1]	50 %
– Pflegeversicherung	50 %[2]	50 %
– Rentenversicherung	50 %	50 %
– Arbeitslosenversicherung	50 %	50 %
– Unfallversicherung	–	100 %[3]

[1] Arbeitnehmer müssen einen zusätzlichen Beitragssatz von 0,9 % bezahlen.
[2] Kinderlose Arbeitnehmer ab dem vollendeten 23. Lebensjahr müssen einen zusätzlichen Beitragssatz von 0,25 % bezahlen.
[3] Beitragssatz bezahlt nur der Arbeitgeber.

Vom **Gesetzgeber** wird für alle **gesetzlichen** Krankenkassen ein **einheitlicher Beitragssatz** vom sozialversicherungspflichtigen Bruttoentgelt festgelegt. Dieser Krankenkassenbeitrag ist vom Arbeitgeber an den Gesundheitsfond als **zentrale Sammelstelle** zu überweisen. Er hat dann die Aufgabe, mit den **erzielten** Beitragseinnahmen die Ausgabenleistungen für alle Mitglieder zu **finanzieren.**

- Bei **höheren** Ausgaben muss die Krankenkasse maximal 1 % des beitragspflichtigen Einkommens als **Zusatzbeitrag** erheben.

- Bei **niedrigeren** Ausgaben kann die Krankenkasse eine **Prämie** an ihre Versicherten gewähren.

256 Mit welchem *grundsätzlichen prozentualen Beitragsanteil* sind Arbeitnehmer (AN) und Arbeitgeber (AG) verpflichtet, die einzelnen Zweige der gesetzlichen Sozialversicherung zu finanzieren?

257 Was versteht man unter dem *Gesundheitsfond* in der gesetzlichen Krankenversicherung?

3.2.10.6.4 Wesentliche Leistungen der einzelnen Sozialversicherungsträger
Handbuch: LF 1, 7, 9

258

Ordnen Sie den einzelnen Versicherungszweigen durch Eintragung der entsprechenden *Kennziffer* die *Sozialversicherungsträger* zu und nennen Sie jeweils die wichtigsten *Leistungen.*

Kennziffer	Sozialversicherungsträger:
1 =	Bundesagentur für Arbeit
2 =	Berufsgenossenschaften
3 =	Deutsche Rentenversicherung (RV) Bund/Land
4 =	Gemeindeunfallverband
5 =	Pflegekassen
6 =	Krankenkassen
7 =	Deutsche RV Knappschaft Bahn See

Versicherungszweig:	Sozialversicherungsträger:	Leistungen:
a) Krankenversicherung:	(...)	– ärztliche und zahnärztliche Behandlung – Krankenhauspflege – Krankengeld – Mutterschaftsgeld
b) Pflegeversicherung:	(...)	– Pflege in Pflegestufenklassen 1–3 – Pflegegeld für selbst beschaffte Pflegepersonen – Prävention und Rehabilitation – Pflegesachleistungen
c) Rentenversicherung:	(...) + (...)	– Altersrente – Hinterbliebenenrente – Erwerbsminderungsrente – Rehabilitationsmaßnahmen zur Erhaltung/Besserung/Wiederherstellung der Erwerbsfähigkeit
d) Arbeitslosenversicherung:	(...)	– Beratung – Kurzarbeitergeld – Wiedereingliederungshilfen in den Arbeitsmarkt – Arbeitslosengeld I
e) Unfallversicherung:	(...) + (...)	– ärztliche und zahnärztliche Behandlung – Verhütung von Arbeitsunfällen – Behandlung von Berufskrankheiten – Verletzten- u. Hinterbliebenenrente

Lösung:
a) 6, b) 5, c) 3 + 7, d) 1,
e) 2 + 4

✓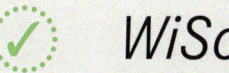

- **Erhaltung** und **Wiederherstellung** der **Gesundheit** der Versicherten
- **Verbesserung** des **Gesundheitsschutzes** durch präventive Maßnahmen, z. B. durch Vorsorgeuntersuchungen

- **Bereitstellung** der erforderlichen **Leistungen**, z. B. Kurse für Ernährungsberatung

259 Welche grundsätzlichen *Aufgaben* bzw. *Ziele* hat die gesetzliche Krankenversicherung?

- Erbringung von **Hilfeleistungen** für **Pflegebedürftige**, die aufgrund der Schwere ihrer **Pflegebedürftigkeit** auf solidarische **Unterstützung** angewiesen sind

- Leistungserbringung für Pflegebedürftige unter Beachtung eines möglichst **selbstständigen** und selbstbestimmten Lebens unter Berücksichtigung der **menschlichen Würde**

260 Welche grundsätzlichen *Aufgaben* bzw. *Ziele* hat die soziale Pflegeversicherung?

- Bei Erreichen der Altersgrenze **von 65 Jahren** wird für Anspruchsberechtigte u. a. eine **Altersrente** bezahlt. Diese Altersgrenze verschiebt sich stufenweise ab dem **Jahrgang 1964** auf **67 Jahre.**
- **Erwerbsminderungs-** und Hinterbliebenenrenten

- **Rehabilitationsleistungen: Rehabilitation** vor **Rente** ist ein grundsätzliches Prinzip der gesetzlichen Rentenversicherung. Ein vorzeitiges Ausscheiden aus dem Erwerbsleben soll u. a. durch Heilbehandlungen bzw. Umschulungsmaßnahmen vermieden werden, um eine Wiedereingliederung in das Erwerbsleben zu erreichen.

261 Welche grundsätzlichen *Aufgaben* hat die gesetzliche Rentenversicherung?

- **Beratung, Vermittlung** und **Förderung** haben Vorrang vor der Bezahlung von **Entgeltersatzleistungen** (Arbeitslosengeld I).
- **Vermeidung** von **Langzeitarbeitslosigkeit**
- **Mitverantwortung/Mitwirkungspflicht** vom **Arbeitgeber**, z. B. durch

betriebliche Förderung der Leistungsfähigkeit einzelner Mitarbeiter
- **Mitverantwortung/Mitwirkungspflicht** durch den **Arbeitnehmer**, z. B. bestehende Arbeitsverhältnisse nicht leichtfertig vorzeitig zu beenden

262 Welche grundsätzlichen *Ziele* bzw. *Aufgaben* hat die gesetzliche Arbeitslosenversicherung gemäß des Gesetzes zur Arbeitsförderung?

Arbeitnehmer haben erst dann Anspruch auf Arbeitslosengeld, wenn sie **arbeitslos** sind, sich persönlich bei der Agentur für Arbeit arbeitslos **gemeldet** haben und die **Anwartschaftszeit** („Vorversicherungszeit") erfüllen.

263 Welche *Voraussetzungen* müssen gegeben sein, um Leistungen nach dem SGB III, sog. Arbeitslosengeld I, zu erhalten?

- **Prävention,** d. h. Verhütung von Arbeitsunfällen und Berufskrankheiten
- **Vermeidung** arbeitsbedingter Gesundheitsgefahren
- **Rehabilitation,** d. h. **Wiederherstellung** der **Leistungsfähigkeit** des

Versicherten nach Arbeitsunfällen oder Berufskrankheiten
- **Entschädigung,** d. h. Gewährung von **Geldleistungen** für den Versicherten oder seine Hinterbliebenen (Unfall- bzw. Witwen- und/oder Waisenrente)

264 Welche grundsätzlichen *Ziele* verfolgt die gesetzliche Unfallversicherung?

265 Welche *Angaben* enthält ein Sozialversicherungsausweis und welche Bedeutung hat er für den *Arbeitnehmer* und für den *Arbeitgeber?*

- Der **Sozialversicherungsausweis** enthält die Versicherungsnummer (VSNR) des Beschäftigten, Vor- und Familiennamen. Er ist dem Arbeitgeber **nach Ausstellung** unverzüglich oder bei Beginn jeder weiteren Beschäftigung auszuhändigen.

- Grundsätzlich erhält jeder **Arbeitnehmer** bei Aufnahme der **ersten Beschäftigung** eine VSNR und einen **Sozialversicherungsausweis.** Der Rentenversicherungsträger führt dann das Versicherungskonto

des Versicherten unter der VSNR für die spätere **Altersrente** bzw. evtl. **Rehabilitationsleistungen.**

- Der **Arbeitgeber** muss **innerhalb zweier Wochen** nach der **Arbeitsaufnahme** des Arbeitnehmers eine **Meldung** beim Träger der Krankenversicherung vornehmen. Aufgrund der Jahresmeldungen zum 31.12. hat er bis zum 31.03. des Folgejahres eine **Bescheinigung** für das Vorjahr zu erstellen.

3.2.10.6.5 Sozialgerichtsbarkeit · *Handbuch: LF 1, 7, 9*

266 Wofür ist das *Sozialgericht zuständig?*

Das Sozialgericht ist für alle Streitigkeiten auf dem Gebiet des Sozialrechts (Sozialgesetzbuch I–XII) zuständig, die sich durch die Ablehnung von Leistungen durch **Sozialversicherungsträger** ergeben. Zum Beispiel bei der Ablehnung von:

- **Arbeitsförderungsmaßnahmen**
- **Grundsicherungen** für Arbeitssuchende (Arbeitslosengeld II)
- **Sozialhilfe**
- **Rentenanträgen**
- Leistungen nach dem **Schwerbehindertenrecht**

267 Beschreiben Sie den *Instanzenaufbau* der Sozialgerichtsbarkeit.

Bei Sozialversicherungsleistungsbescheiden hat der Arbeitnehmer folgende Möglichkeiten:

- In der ersten Instanz kann eine **Klage** beim **Sozialgericht** eingereicht werden.

- Als **Berufungsinstanz** kann dann das zuständige **Landessozialgericht** angerufen werden.

- In der dritten und **letzten** Instanz ist das **Bundessozialgericht** zuständig.

3.2.10.7 Mitwirkung und Mitbestimmung

3.2.10.7.1 Überblick · *Handbuch: LF 1*

268 Worin liegt der *Unterschied* zwischen *Mitwirkungs-* und *Mitbestimmungsrechten* der Arbeitnehmerseite?

- Unter **Mitwirkungsrecht** versteht man, dass die Arbeitnehmerseite **Einflussmöglichkeiten** auf den Entscheidungsprozess der Arbeitgeberseite hat, **ohne** einen **Rechtsanspruch** auf Mitentscheidung zu haben. Die Arbeitnehmervertretung hat beispielsweise die Möglichkeit, vom Arbeitgeber **Informationen** zu erhalten oder ihn bei

betrieblichen Entscheidungen **beraten** zu können.

- Unter **Mitbestimmungsrecht** versteht man, dass die Arbeitnehmerseite bei betrieblichen Entscheidungsprozessen **mitbestimmen** kann, also auch Stimmrecht hat. Kommt eine Einigung nicht zustande, kann in der Regel eine Einigungsstelle angerufen werden.

9714430

Die wichtigsten Mitwirkungs- und Mitbestimmungsgesetze lauten:

- das **Betriebsverfassungsgesetz** von 1952
- das **Drittelbeteiligungsgesetz** von 2004, das auf den ehemaligen Bestimmungen des **Betriebsverfassungsgesetzes** von 1952 fußt
- das **Montanmitbestimmungsgesetz** von 1951
- das **Mitbestimmungsgesetz** von 1976

269 Wie heißen die wichtigsten *Gesetze,* die *Mitwirkung* und *Mitbestimmung* in Deutschland regeln?

Die Unterschiede erklären sich aus den **unterschiedlichen historischen** und damit **gesellschaftspolitischen Bedingungen,** die zur Zeit der Verabschiedung der einzelnen Gesetze herrschten. Die beiden Mitbestimmungsgesetze aus den 50er-Jahren des 20. Jahrhunderts wurden v. a. von folgenden Bedingungen beeinflusst:

- Zum einen nahmen nach dem Ende des 2. Weltkrieges die **Alliierten** Einfluss auf die Nachkriegsgeschichte in Deutschland,
- zum anderen wurde nach dem 2. Weltkrieg in der deutschen Bevölkerung darüber diskutiert, wie nach dem „Staatskapitalismus" im **Nationalsozialismus** durch veränderte Eigentumsformen in Unternehmen mit weitgehenden Rechten der Arbeitnehmerschaft **demokratische Strukturen** auf Dauer gesichert werden konnten.
- Das sogenannte „**Sozialistische Lager**" (z. B. DDR) in Mittel- und Osteuropa mit überwiegend verstaatlichten Unternehmen übte nach dem 2. Weltkrieg politischen Einfluss auf die Mitbestimmungsdiskussion in Westdeutschland aus.

Das **Mitbestimmungsgesetz** von **1976** und entsprechende Folgediskussionen ergaben sich v. a. aufgrund der neuen politischen Situation in Deutschland nach 1969:

- 1969 gab es eine **politische Wende** im Nachkriegsdeutschland, als das erste Mal eine sozial-liberale Regierungskoalition die deutsche Politik bestimmte. Bis 1966 gab es nur christlich-liberale Regierungskoalitionen, im Übergangszeitraum 1966 – 1969 eine Große Koalition. Die neue Regierungskoalition verabschiedete **1976** das **Mitbestimmungsgesetz,** das versuchte, mehr betriebliche Mitbestimmungsrechte für die Arbeitnehmerschaft zu verwirklichen.
- Alle weiteren Veränderungen der politischen Machtverhältnisse in Deutschland (z. B. ab 1982 die christlich-liberale Regierungskoalition oder die rot-grüne Regierungskoalition von 1998 bis 2005) führten zu **keinen gravierenden Änderungen** in den Mitbestimmungsregelungen der einzelnen Gesetze.
- Die **Globalisierung** führte vor allem ab den 90er-Jahren zu erneuten Diskussionen um die Führung weltweit agierender Unternehmen (z. B. die Diskussion um das VW-Gesetz).

270 *Wie ist zu erklären,* dass *unterschiedliche Mitbestimmungsregelungen* in den einzelnen „Mitbestimmungsgesetzen" existieren?

- auf der Ebene des **einzelnen Arbeitnehmers** (z. B. Stimmrecht bei der Wahl des Betriebsrates)
- auf der Ebene des **Betriebsrates** (z. B. Widerspruchsrecht des Betriebsrates bei Kündigungen)
- auf der Ebene des **Aufsichtsrates** (z. B. Mitbestimmung bei der Bestellung des Vorstandes)

Auf der Ebene des einzelnen Arbeitnehmers und des Betriebsrates regelt das Betriebsverfassungsgesetz die Mitbestimmungsrechte, auf der Ebene des Aufsichtsrates das Montanmitbestimmungsrecht, das Mitbestimmungsgesetz von 1976 und das Drittelbeteiligungsgesetz.

271 Auf welchen *Ebenen* findet das *Mitwirkungs-* bzw. *Mitbestimmungsrecht* der Arbeitnehmer statt?

3.2.10.7.2 Betriebsverfassungsgesetz (BetrVerfG)   *Handbuch: LF 1*

272 Welche prinzipiellen Festlegungen macht das *Betriebsverfassungsgesetz* zu Mitwirkung und Mitbestimmung?

Die prinzipiellen Festlegungen des Betriebsverfassungsgesetzes lauten:

- In **wirtschaftlichen** und **personellen Angelegenheiten** hat der Betriebsrat in der Regel ein **Mitwirkungsrecht.**

- In **sozialen Angelegenheiten** hat der Betriebsrat ein weitgehendes **Mitbestimmungsrecht.**

273 Welche *allgemeinen Aufgaben* hat der *Betriebsrat* laut Betriebsverfassungsgesetz?

Laut § 80 BetrVerfG hat der Betriebsrat folgende **allgemeine Aufgaben:**

- Überwachung der Einhaltung von Gesetzen, Unfallverhütungsvorschriften, Tarifverträgen und Betriebsvereinbarungen

- Beantragung von Maßnahmen, die dem Betrieb und der Belegschaft dienen (z. B. Betriebskindergarten), beim Arbeitgeber

- Förderung der Durchsetzung der tatsächlichen Gleichstellung von Frauen und Männern

- Förderung der Vereinbarung von Familie und Erwerbstätigkeit

- Weiterleitung und Unterstützung der Anregungen von Arbeitnehmern und Jugendvertretern

- Förderung der Eingliederung Schwerbehinderter

- Vorbereitung und Durchführung der Wahl einer JAV

- Förderung der Integration ausländischer Arbeitnehmer im Betrieb

- Förderung und Sicherung der Beschäftigung im Betrieb

- Förderung von Maßnahmen des Arbeits- und des betrieblichen Umweltschutzes

274 Welche *Stellung* nimmt der *Betriebsrat* im Unternehmen ein?

Der **Betriebsrat** vertritt die **Arbeitnehmerinteressen,** arbeitet dabei aber laut § 2 BetrVerfG unter Beachtung der geltenden Tarifverträge **vertrauensvoll** zum Wohl der Arbeitnehmer und des Betriebes **mit dem Arbeitgeber zusammen.**

275 *Wann* kann ein Betriebsrat *gewählt* werden?

Laut § 1 BetrVerfG werden in Betrieben mit in der Regel **mindestens fünf** ständigen wahlberechtigten **Arbeitnehmern,** von denen drei wählbar sind, Betriebsräte in geheimer Wahl gewählt.

276 Für *wie viele Jahre* wird ein Betriebsrat gewählt?

Die **Amtszeit** beträgt **vier Jahre,** die Wahlen finden laut § 13 BetrVerfG jeweils in der Zeit vom 1. März bis 31. Mai statt.

277 Wer ist *wahlberechtigt (aktives Wahlrecht)?*

Laut § 7 BetrVerfG alle Arbeitnehmer, die das **18. Lebensjahr vollendet** haben.

WiSo

278
Wer ist *wählbar* (passives Wahlrecht)?

Laut § 9 BetrVerfG alle Wahlberechtigten, die mindestens **sechs Monate** dem Betrieb angehören.

279
Welche *Rechte* hat der Betriebsrat im Hinblick auf die *Organisation* seiner *laufenden Tätigkeit*?

- **Betriebsratssitzungen** und **Sprechstunden** des Betriebsrates finden laut § 30 bzw. 39 BetrVerfG in der Regel **während der Arbeitszeit** statt.

- Die **Anzahl der Betriebsratsmitglieder** wächst laut § 9 BetrVerfG mit der Anzahl der Beschäftigten im Unternehmen, z. B.: bei 5–20 Arbeitnehmern gibt es ein Betriebsratsmitglied, bei 21 bis 50 Arbeitnehmern drei Mitglieder, bei 1 001 bis 1 500 Arbeitnehmern 15 Mitglieder.

- **Betriebsversammlungen** sind laut § 43 BetrVerfG vom Betriebsrat in jedem Kalendervierteljahr einzuberufen. Der Betriebsrat hat in der Betriebsversammlung einen **Tätigkeitsbericht** zu erstatten. Der Arbeitgeber hat Rederecht auf der Betriebsversammlung.

280
Nennen Sie *Mitwirkungsrechte* des Betriebsrates in *wirtschaftlichen Angelegenheiten*.

- In Unternehmen mit mehr als hundert ständig beschäftigten Arbeitnehmern ist laut § 106 BetrVerfG ein **Wirtschaftsausschuss** zu bilden. Er hat die Aufgabe, wirtschaftliche Angelegenheiten mit dem Arbeitgeber zu beraten und den Betriebsrat zu informieren. Der Wirtschaftsausschuss besteht aus mindestens drei und höchstens sieben Mitgliedern, die vom Betriebsrat bestimmt werden. Dieses Organ soll monatlich einmal zusammentreffen.

- Bei **Betriebsänderungen** hat der Arbeitgeber bei Unternehmen mit in der Regel mehr als 20 wahlberechtigten Arbeitnehmern laut § 111 bzw. 112 den Betriebsrat über geplante Betriebsänderungen, die für Arbeitnehmer nachteilig sein könnten, zu informieren und mit dem Betriebsrat diese Änderungen zu beraten. Denkbar ist z. B. bei einem Zusammenschluss mit anderen Betrieben die Erstellung eines Sozialplans für zu entlassende Arbeitnehmer.

281
Welche *Funktion* hat die *Einigungsstelle*?

- Sie dient laut § 76 BetrVerfG zur **Beilegung von Meinungsverschiedenheiten** zwischen Arbeitgeber und Betriebsrat. Die Einigungsstelle ist bei Bedarf zu bilden, durch Betriebsvereinbarung kann eine ständige Einigungsstelle errichtet werden.

- Die Einigungsstelle besteht aus einer **gleichen Anzahl** von Beisitzern, die vom Arbeitgeber und dem Betriebsrat bestellt werden, sowie einem **unparteiischen Vorsitzenden,** der von beiden Seiten bestimmt wird. Beschlüsse werden mit **einfacher Mehrheit** gefasst.

282
Was umfasst die *Geheimhaltungspflicht* des Betriebsrates?

Alle Mitglieder des Betriebsrates sind laut § 79 BetrVerfG verpflichtet, **Betriebs oder Geschäftsgeheimnisse,** die ihnen wegen ihrer Zugehörigkeit zum Betriebsrat bekannt geworden und vom Arbeitgeber ausdrücklich als geheimhaltungsbedürftig bezeichnet worden sind, nicht weiterzugeben. Dies gilt auch nach dem Ausscheiden aus dem Betriebsrat.

283
Welche *Rechte* hat der Arbeitnehmer bezüglich der *Personalakte*?

Der Arbeitnehmer hat laut § 83 BetrVerfG das Recht, **Einsicht in die Personalakte** zu nehmen – wenn er möchte auch unter Hinzuziehung eines Betriebsratsmitgliedes. Erklärungen des Arbeitnehmers zum Inhalt der Personalakte sind auf dessen Wunsch hinzuzufügen.

284 In welchen *sozialen Angelegenheiten* hat der Betriebsrat ein *Mitbestimmungsrecht?*

In folgenden Angelegenheiten hat der Betriebsrat laut § 87 BetrVerfG ein Mitbestimmungsrecht:

- Fragen der **Ordnung** des Betriebs und des **Verhaltens** der Arbeitnehmer im Betrieb
- Beginn und Ende der täglichen **Arbeitszeit** einschließlich der Pausen sowie Verteilung der Arbeitszeit auf die einzelnen Wochentage
- Vorübergehende **Verkürzung** oder **Verlängerung** der betriebsüblichen Arbeitszeit
- Zeit, Ort und Art der Auszahlung der **Arbeitsentgelte**
- Aufstellung allgemeiner **Urlaubsgrundsätze** und des **Urlaubsplans**
- Einführung und Anwendung von technischen Einrichtungen zur **Überwachung** der Arbeitnehmer
- Regelungen über die **Verhütung** von **Arbeitsunfällen** und **Berufskrankheiten** sowie über den **Gesundheitsschutz**
- Form, Ausgestaltung und Verwaltung von betrieblichen **Sozialeinrichtungen**
- Zuweisung und Kündigung von betrieblichen **Wohnräumen** für Arbeitnehmer des Betriebes sowie Festlegung der entsprechenden Nutzungsbedingungen
- Fragen der betrieblichen **Lohngestaltung,** insbesondere die Aufstellung von **Entlohnungsgrundsätzen** und die Einführung und Anwendung von neuen **Entlohnungsmethoden** sowie deren Änderung
- Festsetzung der **Akkord-** und **Prämiensätze** und vergleichbarer leistungsbezogener Entgelte, einschließlich der Geldfaktoren
- Grundsätze über das betriebliche **Vorschlagswesen**
- Grundsätze über die Durchführung von **Gruppenarbeit**

Kommt eine Einigung nicht zustande, entscheidet die **Einigungsstelle.**

---

285 Welche *Rechte* hat der Betriebsrat bei *Änderungen der Arbeitsplätze,* des *Arbeitsablaufs* oder der *Arbeitsumgebung?*

Werden die Arbeitnehmer durch Änderungen der Arbeitsplätze, des Arbeitsablaufs oder der Arbeitsumgebung, die gesicherten arbeitswissenschaftlichen Erkenntnissen offensichtlich widersprechen, in besonderer Weise belastet, kann der **Betriebsrat** laut § 90 f. entsprechende **Maßnahmen verlangen.** Kommt eine Einigung nicht zustande, entscheidet die **Einigungsstelle.**

---

286 Welche *Rechte* hat der Betriebsrat in Fragen der *Personalplanung?*

Laut § 92 BetrVerfG hat der Betriebsrat folgende **Rechte:**

- Der Arbeitgeber hat den Betriebsrat in Fragen der Personalplanung rechtzeitig und umfassend zu **informieren.**
- Der Arbeitgeber hat über erforderliche Maßnahmen mit dem Betriebsrat zu **beraten.**
- Der **Betriebsrat** kann dem Arbeitgeber **Vorschläge** für die Einführung einer Personalplanung und ihre Durchführung **machen.**

---

287 Welches *Recht* hat der Betriebsrat im Hinblick auf die *Ausschreibung von Arbeitsplätzen?*

Der Betriebsrat kann laut § 93 BetrVerfG verlangen, dass Arbeitsplätze, die besetzt werden sollen, vorher **innerhalb des Betriebes** ausgeschrieben werden.

Personalfragebogen und Beurteilungsgrundsätze bedürfen laut § 94 BetrVerfG der **Zustimmung des Betriebsrates.**

288 Welche *Rechte* hat der Betriebsrat im Hinblick auf Personalfragebogen und Beurteilungsgrundsätze?

Die Aufstellung von Richtlinien zur Personalauswahl bei Einstellungen, Versetzungen, Umgruppierungen und Kündigungen bedarf laut § 95 BetrVerfG der **Zustimmung des Betriebsrates.** Kommt keine Einigung zustande, entscheidet auf Antrag des Arbeitgebers die **Einigungsstelle.**

289 Welche *Rechte* besitzt der Betriebsrat hinsichtlich der Aufstellung von *Richtlinien* zur Personalauswahl bei *Einstellungen, Versetzungen, Umgruppierungen* und *Kündigungen?*

- Bei personellen Einzelmaßnahmen (Einstellung, Eingruppierung, Umgruppierung, Versetzung) hat der Betriebsrat laut § 99 BetrVerfG in Unternehmen mit mehr als zwanzig wahlberechtigten Arbeitnehmern das **Informationsrecht;** außerdem muss der Arbeitgeber die **Zustimmung** des Betriebsrates einholen.

- Verweigert der Betriebsrat die Zustimmung, kann der Arbeitgeber beim **Arbeitsgericht** beantragen, die Zustimmung zu ersetzen.

290 Welche *Mitbestimmungsrechte* hat der Betriebsrat bei *personellen Einzelmaßnahmen?*

- Der **Betriebsrat** ist laut § 102 BetrVerfG vor jeder Kündigung **zu hören,** der Arbeitgeber hat ihm die Gründe für die Kündigung mitzuteilen. Eine **ohne Anhörung** des Betriebsrates ausgesprochene Kündigung ist **unwirksam.**

- Bedenken des Betriebsrates gegen eine **ordentliche Kündigung** muss er dem Arbeitgeber innerhalb einer Woche schriftlich mitteilen, ansonsten gilt die Zustimmung als erteilt.

- Bedenken des Betriebsrates gegen eine **außerordentliche Kündigung** muss er dem Arbeitgeber unverzüglich, spätestens innerhalb dreier Tage schriftlich mitteilen.

- Die **außerordentliche Kündigung** und **Versetzung** von Mitgliedern des **Betriebsrates** oder der **Jugend- und Auszubildendenvertretung** bedürfen der Zustimmung des Betriebsrates. Die Verweigerung der Zustimmung kann das **Arbeitsgericht** auf Antrag des Arbeitgebers ersetzen.

291 Welche *Rechte* hat der Betriebsrat bei *Kündigungen?*

292 In welchen *Fällen* kann der Betriebsrat der *ordentlichen Kündigung widersprechen?*

Nennen Sie Beispiele.

Laut § 102 BetrVerfG kann der Betriebsrat in folgenden Fällen **widersprechen** (Beispiele):

- Der Arbeitgeber hat bei der Auswahl des zu kündigenden Arbeitnehmers **soziale Gesichtspunkte** nicht oder nicht ausreichend berücksichtigt.

- Die Kündigung verstößt gegen eine Richtlinie nach § 95 BetrVerfG **(Auswahlrichtlinien).**

- Der zu kündigende Arbeitnehmer kann an einem **anderen Arbeitsplatz** im selben Betrieb oder in einem anderen Betrieb des Unternehmens weiterbeschäftigt werden.

- Die Weiterbeschäftigung des Arbeitnehmers ist nach zumutbaren **Umschulungs- und Fortbildungsmaßnahmen** möglich.

- Eine Weiterbeschäftigung des Arbeitnehmers ist unter **geänderten Vertragsbedingungen** möglich und der Arbeitnehmer hat dazu sein Einverständnis erklärt.

3.2.10.7.3 Drittelbeteiligungsgesetz (DrittelbG) *Handbuch: LF 1*

293 Für *welche Unternehmen* gilt das *Drittelbeteiligungsgesetz* von 2004?

Es gilt für Unternehmen mit **mehr als 500 Arbeitnehmern** in folgenden Rechtsformen:

- **Aktiengesellschaft**
- **Kommanditgesellschaft auf Aktien**
- **Gesellschaft mit beschränkter Haftung**
- **Versicherungsverein auf Gegenseitigkeit** mit Aufsichtsrat
- **Genossenschaft**

Das Gesetz findet **keine Anwendung** auf Unternehmen, die dem **Montanmitbestimmungsgesetz** unterliegen, sowie Unternehmen, die z. B. **politischen, konfessionellen** oder **karitativen** Bestimmungen oder Zwecken der **Berichterstattung** oder **Meinungsäußerung** dienen.

294 Welches *Mitbestimmungsrecht* sieht das *Drittelbeteiligungsgesetz* vor?

Das Gesetz sieht vor, dass in den betreffenden Unternehmen der **Aufsichtsrat zu einem Drittel** aus Arbeitnehmervertretern bestehen muss. Man spricht in diesem Zusammenhang von einer **Drittelparität.** Die anderen zwei Drittel werden von den Anteilseignern gewählt.

295 *Wer darf* die Aufsichtsratsmitglieder der Arbeitnehmer *wählen?*

Wahlberechtigt sind die Arbeitnehmer des Unternehmens, die das **18. Lebensjahr** vollendet haben.

3.2.10.7.4 Montanmitbestimmungsgesetz *Handbuch: LF 1*

296 Für *welche Unternehmen* gilt das *Montanmitbestimmungsgesetz?*

Damit dieses Gesetz Anwendung findet, müssen folgende **drei Voraussetzungen** erfüllt sein:
1. Das Unternehmen muss zur sogenannten **Montanindustrie** gehören, also ein Bergbauunternehmen oder ein Eisen und Stahl erzeugendes Industrieunternehmen sein.
2. Es muss **mehr als 1 000 Arbeitnehmer** beschäftigen.
3. Das Unternehmen muss die Rechtsform einer **Aktiengesellschaft**, einer **Gesellschaft mit beschränkter Haftung** oder einer **bergrechtlichen Gewerkschaft** mit eigener Rechtspersönlichkeit aufweisen.

WiSo

- **Betriebsrat** und **Gewerkschaften** bestimmen die Arbeitnehmervertreter für den Aufsichtsrat und stellen damit zunächst 50 % der Aufsichtsratsmitglieder (ohne neutrales Mitglied) – die anderen 50 % werden durch die Anteilseigner bestimmt.

- Arbeitnehmervertreter und die Vertreter der Anteilseigner schlagen ein **weiteres Mitglied** (eine neutrale Person) für den Aufsichtsrat vor und wählen dieses gemeinsam mit der Mehrheit der Stimmen.

Welche Rechte **297** hat die Arbeitnehmerseite im *Aufsichtsrat?*

Beide Seiten – Arbeitnehmerschaft und Anteilseigner – bestimmen zunächst **50 %** der Aufsichtsratsmitglieder und danach müssen **beide** Seiten dem weiteren Mitglied ihre Zustimmung geben (Parität, lateinisch, bedeutet Gleichheit).

Warum wird **298** diese Form der Mitbestimmung *paritätische Mitbestimmung* genannt?

Ein **Arbeitsdirektor** als gleichberechtigtes Mitglied des Vorstandes kann nicht ohne die Mehrheit der Arbeitnehmervertreter des Aufsichtsrats bestimmt werden.

Welches Mitbestimmungsrecht hat die Arbeitnehmerseite im *Vorstand?* **299**

3.2.10.7.5 Mitbestimmungsgesetz von 1976 · *Handbuch: LF 1*

Es gilt für alle **Kapitalgesellschaften** mit mehr als **2 000 Arbeitnehmern,** soweit sie nicht dem Montanmitbestimmungsgesetz unterliegen.

Für welche **300** *Unternehmen* gilt das *Mitbestimmungsgesetz von 1976?*

Die Arbeitnehmerseite wählt **50 % der Aufsichtsratsmitglieder.** Allerdings muss der Arbeitnehmerseite im Aufsichtsrat auch ein **leitender Angestellter** angehören, der aufgrund seiner betrieblichen Funktion häufig eher Arbeitgeberinteressen vertritt oder vertreten muss.

Welche Rechte **301** hat die Arbeitnehmerseite im *Aufsichtsrat?*

In der sogenannten **Pattsituation** erhält der Aufsichtsratsvorsitzende **zwei Stimmen.**

Welche besondere Rolle nimmt der *Aufsichtsratsvorsitzende* bei Stimmengleichheit von Arbeitnehmer- und Arbeitgeberseite (Anteilseigner) im Aufsichtsrat ein? **302**

303 *Wie* werden der *Aufsichtsrats-vorsitzende* und sein Stellvertreter *gewählt?*

Der **Aufsichtsratsvorsitzende** wie auch sein **Stellvertreter** werden vom Aufsichtsrat mit **Zweidrittelmehrheit** gewählt. Können sich die Aufsichtsratsmitglieder aufgrund dieser Situation auf die entsprechenden Personen nicht einigen, wählen die Vertreter der Anteilseigner den Vorsitzenden und die Arbeitnehmervertreter den Stellvertreter.

3.2.11 Rechtsformen der Unternehmung

3.2.11.1 Überblick
Handbuch: LF 1

ZP

304 Welche *Be-stimmungsgründe* sind vornehmlich für die *Wahl einer Unter-nehmensrechtsform* maßgeblich?

- **Anzahl der Gründungsmitglieder**
- Möglichkeiten der **Kapitalaufbringung** (Anzahl der Personen, Höhe der Kapitalsumme)
- **Haftungsumfang** (Voll- oder Teilhafter)
- **steuerrechtliche Behandlung** (z. B. des Gewinns)
- **Entscheidungsbefugnisse** (z. B. Geschäftsführung, Vertretung)
- **Gewinn- und Verlustverteilung**
- rechtliche Vorschriften zur **Mitbestimmung** der Arbeitnehmerschaft

ZP

305 In welche *Gruppen* werden die *Rechtsformen von Unternehmen* unterteilt?

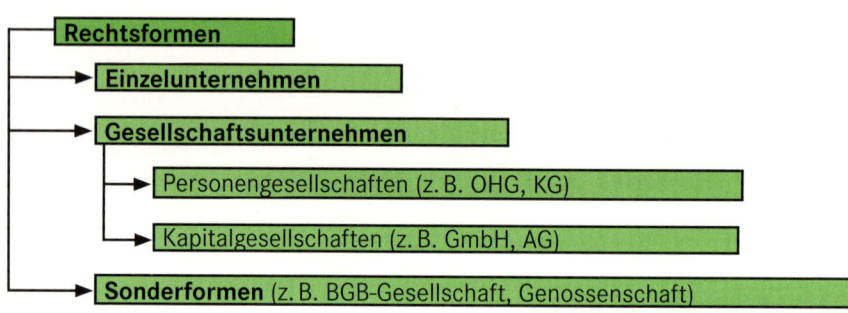

3.2.11.2 Einzelunternehmen
Handbuch: LF 1

ZP

306 Welche *Vorteile* weist ein *Einzelunter-nehmen* auf?

- Der alleinige Eigentümer hat auch die **alleinige Entscheidungsmacht.** Rasche Entscheidungen gerade bei plötzlichen Marktveränderungen sind möglich.
- Es ist **kein Mindestkapital** für die Gründung vorgeschrieben.
- Der Eigentümer kann **allein** über die Verwendung des erwirtschafteten **Gewinns entscheiden.**
- Der Eigentümer hat ein **hohes Interesse** an der **wirtschaftlichen Entwicklung** des Unternehmens.

ZP

307 Welche *Nach-teile* weist das *Einzelunternehmen* auf?

- Der Eigentümer hat das **alleinige wirtschaftliche Risiko,** er **haftet allein** mit seinem **Privat-** und **Geschäftsver-mögen.**
- Die **Finanzierungs-** und **Kreditmög-lichkeiten** sind **eng begrenzt.** Die **Expansionsfähigkeit** des Unterneh-mens ist **folglich begrenzt.**

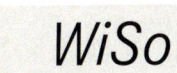

3.2.11.3 Personengesellschaften

3.2.11.3.1 Grundsätzliches   *Handbuch: LF 1*

- Das **wirtschaftliche Risiko** und damit auch die **Haftung** werden auf mehrere Personen **verteilt.**

- Das notwendige **Kapital** wird von **mehreren Personen** aufgebracht, es ergeben sich **bessere Finanzierungs- und Kreditmöglichkeiten** als z. B. bei einer Einzelunternehmung.

- Eine Arbeitsteilung ist möglich, da die **einzelnen Eigentümer** jeweils ihre **persönlichen Kenntnisse und Fähigkeiten** einbringen können.

- Es ist **kein Mindestkapital** für die Gründung vorgeschrieben.

ZP   308
Welche *Vorteile* hat eine *Personengesellschaft?*

- Es kann auf der Eigentümerebene zu **Streitigkeiten** und **langen Entscheidungsprozessen** kommen.

- Der **einzelne Eigentümer** hat unter Umständen **weniger Interesse** an der wirtschaftlichen Entwicklung als

- beispielsweise bei einer Einzelunternehmung.

- Gegenüber der Kapitalgesellschaft sind die **Finanzierungs- und Kreditmöglichkeiten** und damit die **Expansionsfähigkeit eingeschränkt.**

ZP   309
Welche *Nachteile* weist eine *Personengesellschaft* auf?

- **Entscheidung** der Gesellschafter
- **Ablauf** der festgelegten **Zeit**

- **Eröffnung** des **Insolvenzverfahrens**
- Entscheidung durch **Gerichtsurteil**

ZP   310
Durch *welche Umstände* wird eine *Personengesellschaft aufgelöst?*

3.2.11.3.2 Offene Handelsgesellschaft (OHG)   *Handbuch: LF 1*

- Zweck einer OHG ist laut § 105 HGB der **Betrieb eines Handelsgewerbes** unter **gemeinschaftlicher Firma.**

- Zur **Gründung** einer OHG sind mindestens **zwei Personen** notwendig, ein Mindestkapital ist nicht vorgeschrieben.

- Bei keinem der Gesellschafter ist die **Haftung** gegenüber den Gesellschaftsgläubigern eingeschränkt.

- Zur **Führung der Geschäfte** der Gesellschaft sind **alle Gesellschafter berechtigt** und **verpflichtet.**

- Das Rechtsverhältnis der Gesellschafter untereinander wird laut § 109 HGB im **Gesellschaftsvertrag** festgelegt.

ZP   311
Welche *allgemeinen Merkmale* weist eine OHG auf?

- Nach § 121 HGB erhält jeder Gesellschafter vom **Gewinn 4 %** auf seinen **Kapitalanteil.** Übersteigt der Gewinn diesen Betrag, wird der **Rest nach Köpfen** verteilt.

- Der **Verlust** wird **nach Köpfen** verteilt.

- Im **Gesellschaftsvertrag** kann eine **andere Regelung** über die Gewinn- und Verlustverteilung festgelegt werden.

ZP   312
Wie erfolgt die *Verteilung des Gewinns* und *des Verlustes?*

Verteilen Sie den Gewinn einer OHG von 125.000,00 € nach der gesetzlichen Regelung: *Gesellschafter-Kapital von Gesellschafter A: 420.000,00 €, von Gesellschafter B: 380.000,00 €, von Gesellschafter C: 260.000,00 €.*

Gesell-schafter	Kapital 4 %	Gewinnanteil	Restgewinn	Gesamt-gewinn
A	420.000,00 €	16.800,00 €	27.533,34 €	44.333,34 €
B	380.000,00 €	15.200,00 €	27.533,33 €	42.733,33 €
C	260.000,00 €	10.400,00 €	27.533,34 €	37.933,33 €
Gesamt	1.060.000,00 €	42.400,00 €	82.600,00 €	125.000,00 €

Gegenüber Gesellschaftsgläubigern haften die Gesellschafter *unbeschränkt, unmittelbar* und *solidarisch.* Was ist damit gemeint?

- **Unbeschränkte Haftung:** Im Außenverhältnis haften jeweils alle Gesellschafter sowohl mit ihrem **Geschäfts-** als auch mit ihrem **Privatvermögen.**
- **Unmittelbare Haftung:** Die Gesellschaftsgläubiger können ihre Forderungen **direkt** von **jedem einzelnen Gesellschafter** einfordern, sie müssen sich nicht vorher an die OHG allgemein wenden. Jeder Gesellschafter haftet im Außenverhältnis den Gläubigern als **Gesamtschuldner.**
- **Solidarische Haftung:** Fordert ein Gesellschaftsgläubiger von nur einem Gesellschafter im Rahmen dessen gesamtschuldnerischer Haftung seine Forderungen ein, hat der betreffende Gesellschafter das Recht, sich im Innenverhältnis an die anderen Gläubiger zu halten, um eine gleichmäßige **Verteilung der Gläubigerschulden** zu erzielen.

Welche allgemeinen *Rechte* hat ein *Gesellschafter* einer OHG?

- Recht auf **Gewinnanteil** (siehe oben)
- Recht auf **Privatentnahmen**
- Recht auf **Geschäftsführung:** Bei gewöhnlichen Geschäften hat jeder Gesellschafter das Recht auf Einzelentscheidung, bei außergewöhnlichen Geschäften (z. B. Grundstücksverkauf) ist ein Beschluss sämtlicher Gesellschafter erforderlich.
- Recht auf **Vertretungsbefugnis** im Außenverhältnis (Einzelvertretungsbefugnis); der Gesellschaftsvertrag kann eine gemeinsame Gesamtvertretung aller Gesellschafter für alle oder einzelne Geschäfte vorsehen.
- **Informations-** und **Kontrollrecht** (gilt auch bei Einschränkung der Geschäftsführung laut Gesellschaftsvertrag)
- Recht auf **Widerspruch** gegenüber Entscheidungen anderer Gesellschafter
- Recht auf **Kündigung** eines Gesellschafters innerhalb sechs Monaten zum Schluss des Geschäftsjahres
- Recht auf Anteil am **Liquidationserlös**

Welche allgemeinen *Pflichten* hat ein *Gesellschafter* einer OHG?

- **Einlagepflicht** des Kapitalanteils
- **Verzinsungspflicht** z. B. bei verspäteter Einlage
- **Wettbewerbsverbot:** Ein Gesellschafter darf ohne Einwilligung anderer Gesellschafter weder in dem Handelszweig der Gesellschaft Geschäfte machen noch an einer anderen gleichartigen Handelsgesellschaft als persönlich haftender Gesellschafter beteiligt sein.
- Pflicht zur **Geschäftsführung**
- Beteiligung am **Verlust** (siehe oben)
- **Haftungspflicht** (siehe oben)

3.2.11.3.3 Kommanditgesellschaft (KG)

Handbuch: LF 1

- Zweck einer KG ist laut § 161 HGB der **Betrieb eines Handelsgewerbes** unter **gemeinschaftlicher Firma.**

- Zur **Gründung** einer KG sind mindestens **zwei Personen** notwendig, mindestens je ein Voll- und Teilhafter.

- Ein Mindestkapital ist nicht vorgeschrieben.

- Im Hinblick auf den Umfang der **Haftung** gegenüber den Gesellschaftsgläubigern unterscheidet man **Komplementäre** (Vollhafter) und **Kommanditisten** (Teilhafter). Die Komplementäre haften mit ihrem Geschäfts- und Privatvermögen, die Kommanditisten nur mit der Höhe ihrer Einlage. Die Komplementäre haften gegenüber Gesellschaftsgläubigern ebenso wie die Gesellschafter einer OHG unbeschränkt, unmittelbar und solidarisch (siehe Vorseite).

- Hinsichtlich der **Führung der Geschäfte** der Gesellschaft haben die **Komplementäre** dieselben Rechte und Pflichten wie die Gesellschafter einer OHG (siehe Vorseite).

- Die **Kommanditisten** sind von der Führung der Geschäfte der Gesellschaft ausgeschlossen. Sie haben aber ein **Widerspruchsrecht** bei außergewöhnlichen Geschäften, z. B. bei Änderung des Geschäftszweiges. Weiterhin verfügen die Kommanditisten über ein **Kontrollrecht.** Sie haben Einblick in die Bücher und in die Bilanz. Die Kommanditisten sind zur Vertretung der Gesellschaft nach außen nicht ermächtigt, sie unterliegen aber nicht dem Wettbewerbsverbot.

- Nach § 168 HGB erhält jeder Gesellschafter vom **Gewinn 4 %** auf seinen **Kapitalanteil.** Übersteigt der Gewinn diesen Betrag, wird der **Rest im angemessenen Verhältnis** verteilt.

- Der **Verlust** wird im **angemessenen Verhältnis** verteilt.

- Im **Gesellschaftsvertrag** kann eine **andere Regelung** über die Gewinn- und Verlustverteilung festgelegt werden.

Gesellschaft	Kapital 4 %	Gewinnanteil	Restgewinn	Gesamtgewinn
A	420.000,00 €	16.800,00 €	33.040,00 €	49.840,00 €
B	380.000,00 €	15.200,00 €	33.040,00 €	48.240,00 €
C	260.000,00 €	10.400,00 €	16.520,00 €	26.920,00 €
Gesamt	1.060.000,00 €	42.400,00 €	82.600,00 €	125.000,00 €

Die **Komplementäre** haben dieselben Rechte wie die Gesellschafter einer OHG.

ZP 317
Welche *allgemeinen Merkmale* weist eine KG auf?

ZP 318
Wie erfolgt die *Verteilung des Gewinns* und *des Verlustes?*

ZP 319
Verteilen Sie den KG-Gewinn von 125.000,00 € : *je 4 % pro Gesellschafteranteil; Gesellschafter A: 420.000,00 €, Gesellschafter B: 380.000,00 €, Gesellschafter C: 260.000,00 €. Die Komplementäre A und B erhalten vom Restgewinn je 40 %, C 20 %.*

ZP 320
Welche *Rechte* haben die *Komplementäre* einer KG?

3.2.11.4 Kapitalgesellschaften

3.2.11.4.1 Grundsätzliches
Handbuch: LF 1

321 ZP

Welche *Vorteile* hat eine *Kapitalgesellschaft?*

- Das **wirtschaftliche Risiko** und damit auch die **Haftung** werden auf das Gesellschaftsvermögen **beschränkt.**
- Kapitalgesellschaften sind **juristische Personen** mit dem Vorteil der eigenen Rechtspersönlichkeit (z. B. kann dadurch die Haftung der Gesellschafter mit ihrem Privatvermögen ausgeschlossen werden).
- Die **Übertragung von Geschäftsanteilen** ist **einfach möglich,** der Fortbestand des Unternehmens ist dadurch prinzipiell gesichert.
- Die **Finanzierungs-** und **Kreditmöglichkeiten** sind durch die Nutzung des Kapitalmarktes prinzipiell **gut.**

322 ZP

Welche *Nachteile* weist eine *Kapitalgesellschaft* auf?

- Es ist ein **Mindestkapital** zur Gründung der Kapitalgesellschaft **notwendig** (unerheblich nur bei der haftungsbeschränkten Unternehmergesellschaft).
- Es müssen **mehrere Organe** eingerichtet werden, die rasche **Entscheidungen** häufig **erschweren.**
- **Gründungskosten** sind in der Regel **höher** als bei Personengesellschaften.
- Bei großen Kapitalgesellschaften können umfangreiche **Mitbestimmungsrechte** der Arbeitnehmervertreter **Entscheidungsprozesse verzögern.**
- Große Kapitalgesellschaften unterliegen **umfangreichen Offenlegungspflichten** beim Jahresabschluss.

323 ZP

Durch *welche Umstände* wird eine *Kapitalgesellschaft aufgelöst?*

- **Entscheidung** der Gesellschafter (Beschluss mit qualifizierter Mehrheit)
- durch **Ablauf** der in der Satzung festgelegten **Zeit**
- **Eröffnung** des **Insolvenzverfahrens**
- Entscheidung durch **Gerichtsurteil**

3.2.11.4.2 Gesellschaft mit beschränkter Haftung (GmbH)
Handbuch: LF 1

324 ZP

Welche *allgemeinen Merkmale* weist eine *GmbH* auf?

- Nach § 1 des GmbH-Gesetzes kann eine GmbH zu jedem gesetzlich zugelassenen Zweck von **einer** oder **mehreren Personen gegründet** werden.
- Als **Kapitalgesellschaft** ist die GmbH eine **juristische Person,** sie hat als solche selbstständig ihre Rechte und Pflichten. Sie **kann Eigentum erwerben,** vor Gericht **klagen** und **verklagt werden.**
- Der **Gesellschaftsvertrag** einer GmbH bedarf notarieller Form.
- Die **Haftung** der Gesellschaft gegenüber den Gläubigern ist auf das **Gesellschaftsvermögen begrenzt.**
- Als **Mindestkapital** muss das **Stammkapital** der Gesellschaft **25.000,00 €** betragen, als „**Unternehmergesellschaft (haftungsbeschränkt)**" kann eine Gründung mit einem Stamm-

kapital von **einem Euro** erfolgen. Die „UG (haftungsbeschränkt)" darf ihre jährlichen Gewinne allerdings nicht in voller Höhe ausschütten, dadurch soll das Mindeststammkapital einer normalen GmbH von 25.000,00 € nach und nach **angespart** werden.

- Der **Nennbetrag** jedes Geschäftsanteils eines Gesellschafters muss auf **volle Euro** lauten. Ein Gesellschafter kann bei Errichtung der Gesellschaft **mehrere Geschäftsanteile** übernehmen. Die **Summe der Nennbeträge** aller Geschäftsanteile muss **mit dem Stammkapital übereinstimmen.** Es können auch **Sacheinlagen** geleistet werden. Geschäftsanteile sind veräußerlich und vererblich.

- Die Gesellschaft muss einen oder mehrere **Geschäftsführer** haben. Geschäftsführer kann nur eine natürliche, unbeschränkt geschäftsfähige Person sein. Die GmbH wird durch Geschäftsführer gerichtlich und außergerichtlich vertreten.

- die **Firma** und den **Sitz** der Gesellschaft
- den **Gegenstand** des Unternehmens
- den **Betrag** des **Stammkapitals**

- die **Zahl** und die **Nennbeträge der Geschäftsanteile,** die jeder Gesellschafter gegen Einlage auf das Stammkapital (Stammeinlage) übernimmt

ZP 325

Welche *Inhalte* muss der *Gesellschaftsvertrag einer GmbH* mindestens aufweisen?

- **Firma** und **Sitz** der Gesellschaft
- **inländische Geschäftsanschrift**
- **Gegenstand des Unternehmens**
- **Höhe des Stammkapitals**

- **Tag des Abschlusses** des Gesellschaftsvertrages
- **Personen** der Geschäftsführer
- **Umfang der Vertretungsbefugnis** der Geschäftsführer

ZP 326

Welche *Inhalte* umfasst die *Eintragung* der GmbH *in das Handelsregister?*

- Recht auf **Gewinnanteil** im Verhältnis der Geschäftsanteile. Der Gesellschaftsvertrag kann auch eine andere Verteilung vorsehen.
- **Stimmrecht** in der Gesellschafterversammlung, jeder Euro eines Geschäftsanteils gewährt eine Stimme.

- Recht auf **Auskunft** über die Angelegenheiten der Gesellschafter und auf Einsicht der Bücher und Schriften
- Recht auf **Liquidationserlös**

ZP 327

Welche *Rechte* besitzt der *Gesellschafter* einer GmbH?

- **Feststellung des Jahresabschlusses** und **Verwendung** des **Ergebnisses**
- Entscheidung über die **Offenlegung** eines Einzelabschlusses nach internationalen Rechnungslegungsstandards
- **Billigung** eines von den Geschäftsführern aufgestellten **Konzernabschlusses**
- **Einforderung** der **Einlagen**
- **Rückzahlung** von nicht benötigten **Nachschüssen**
- **Teilung, Zusammenlegung** sowie **Einziehung** von **Geschäftsanteilen**

- **Bestellung** und **Abberufung** von **Geschäftsführern** sowie **Entlastung** derselben
- Maßregeln zur **Prüfung** und **Überwachung** der **Geschäftsführung**
- **Bestellung** von **Prokuristen** und von **Handlungsbevollmächtigten zum gesamten Geschäftsbetrieb**
- Geltendmachung von **Einzelansprüchen** sowie **Vertretung der Gesellschaft in Prozessen,** welche sie **gegen die Geschäftsführer** zu führen hat

ZP 328

Welche *Pflichten* besitzt der *Gesellschafter* einer GmbH?

3.2.11.4.3 Aktiengesellschaft (AG) *Handbuch: LF 1*

ZP

329 Welche *allgemeinen Merkmale* weist eine Aktiengesellschaft (AG) auf?

- Die Aktiengesellschaft ist eine Gesellschaft mit **eigener Rechtspersönlichkeit.** Zur Gründung einer AG ist **mindestens eine Person** notwendig.

- Für die Verbindlichkeiten der Gesellschaft **haftet** den Gläubigern **nur das Gesellschaftsvermögen.**

- Die Aktiengesellschaft hat ein **in Aktien zerlegtes Grundkapital,** dieses beträgt **mindestens 50.000,00 €.**

- Die **Aktien** der **Aktionäre** (Anteilseigner) können entweder als **Nennbetragsaktien** (mindestens ein Euro) oder **Stückaktien** herausgegeben werden.

- Jede Aktie gewährt prinzipiell das **Stimmrecht** in der Hauptversammlung, allerdings können auch **Vorzugsaktien** als Aktien ohne Stimmrecht ausgegeben werden.

- Die **Satzung** einer Aktiengesellschaft muss durch **notarielle Beurkundung** festgestellt werden.

- Die Bestimmungen zur Aktiengesellschaft sind im **Aktiengesetz (AktG)** niedergelegt.

ZP

330 Welche *Organe* werden bei der *Aktiengesellschaft* unterschieden und welche *Aufgaben* haben sie?

- Der **Vorstand** gilt als **leitendes** und **ausführendes Organ.** Er vertritt die Aktiengesellschaft nach außen und besteht aus mindestens einer Person. Er stellt den **Jahresabschluss** und **Lagebericht** vor und **beruft** die **Hauptversammlung** ein. Der Vorstand hat umfassende Berichtspflichten gegenüber dem Aufsichtsrat. Der Vorstand wird auf **fünf Jahre** bestellt. Die Vorstandsmitglieder unterliegen dem Wettbewerbsverbot. Sie haben bei ihrer Geschäftsführung die Sorgfalt eines ordentlichen und gewissenhaften Geschäftsleiters anzuwenden.

- Der **Aufsichtsrat** stellt das **überwachende Organ** (Kontrollorgan) dar, er **überwacht** die **Geschäftsführung** und hat das **Recht auf Einsicht** und **Prüfung der Bücher.** Der Aufsichtsrat **bestellt** den Vorstand. Der Aufsichtsrat wird auf **vier Jahre** gewählt und besteht aus mindestens drei Mitgliedern.

- Die **Hauptversammlung** stellt das **beschlussfassende Organ** dar, die Aktionäre üben dort das **Stimmrecht** aus. Die Hauptversammlung entscheidet u. a. über die **Verwendung des Bilanzgewinns.** Die Anteilseigner wählen die **Aktionärsvertreter des Aufsichtsrates.**

ZP

331 Wie erfolgt die *Gewinnausschüttung* bei einer Aktiengesellschaft?

Die Aktionäre haben ein Recht auf einen Gewinnanteil, der **Dividende** genannt wird. Die Dividende wird **in Prozent** angegeben und bezieht sich auf den **Nennbetrag** der Aktie.

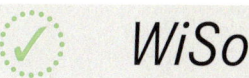

3.3 Das Unternehmen im gesamt- und weltwirtschaftlichen Zusammenhang einordnen – Lernfeld 9

3.3.1 Investitionen und Wirtschaftswachstum

3.3.1.1 Rahmenbedingungen für Investitionen und Wirtschaftswachstum
Handbuch: LF 9

Bei Unternehmensgründungen und/oder -verlagerungen werden in der Fachliteratur in erster Linie die **Standortfaktoren** als wichtigste Entscheidungsgrundlage genannt.

- **positive Standortwahl,** z. B. eine Neuansiedlung
- **negative Standortwahl,** z. B. eine Unternehmensschließung in einer Stadt und/oder einer bestimmten Region bzw. einem Land

ZP

332

Bei welchen *betrieblichen Anlässen* spielen Standortfaktoren eine Rolle?

- **betriebliche Funktionsbereiche**
  - Beschaffungsorientierung, z. B. vorhandenes Fachkräftepotenzial
  - Absatzorientierung, z. B. kaufkräftiger Absatzmarkt
  - Produktionsorientierung, z. B. Umweltschutzauflagen

- **leistungsbezogene** („harte") **Standortfaktoren**
  - Höhe der Arbeitslöhne
  - Höhe der Gebäudemieten
  - Höhe der steuerlichen Abgaben, z. B. Grund- und Gewerbesteuern
- **allgemeine** („weiche") **Standortfaktoren**
  - Vorhandensein kultureller Einrichtungen, z. B. Theater, Schulen
  - Freizeitangebote

333

Nach welchen *Unterscheidungsmerkmalen* können Standortfaktoren eingeteilt werden? Nennen Sie hierzu jeweils *zwei* Beispiele.

- **Abwägung** der **wirtschaftlichen** und **politischen Risiken** im Hinblick auf die alternativen Standorte

- **Abwägung** zwischen der Höhe der **Transportkosten** (z. B. zu einem Auslandslager) und der Höhe der **Investitionskosten** (z. B. Neuaufbau einer wirtschaftlich selbstständigen Tochtergesellschaft im Ausland)

334

Welche *Abwägungsprozesse* sind bei der Auswahl eines möglichst *optimalen Standortes* im Ausland vorzunehmen?

335 Welcher *Zielkonflikt* kann bei *Standortverlagerungen* in *strukturschwache Regionen* auftreten?

- **Nachteile:**
  - höhere Transportkosten
  - Marktferne zu den Beschaffungs- und/oder Absatzmärkten
  - andere kulturelle Mentalitäten

- **Vorteile:**
  - niedrigere Arbeitskosten
  - staatliche Zuschüsse
  - niedrigere Hebesätze bei der Gewerbesteuer

336 Was versteht man im Allgemeinen unter *wirtschaftlichem Wachstum?*

- Wirtschaftliches Wachstum liegt vor, wenn in einer Volkswirtschaft innerhalb eines **vergleichbaren Zeitraumes** (Veränderung zwischen Vor- und Berichtsjahr) **mehr Waren** und **Dienstleistungen** her- bzw. bereitgestellt werden.

- Nach dem 2. Weltkrieg bis Ende der 60er-Jahre wurde das **Wirtschaftswachstum** der Volkswirtschaft in der Bundesrepublik Deutschland mit einer **Wohlstandsvermehrung** und einer Verbesserung des Lebensstandards gleichgesetzt. Die Unterscheidung zwischen quantitativem und qualitativem Wachstum ("Club of Rome") wurde damals noch **nicht** vorgenommen.

337 Welche *betriebswirtschaftlichen Bestimmungsgrößen* und *volkswirtschaftlichen Rahmenbedingungen* haben *Einfluss* auf das wirtschaftliche Wachstum? Zeigen Sie jeweils hierzu eine *Konsequenz* mit einem *Beispiel* auf.

Mögliche **betriebswirtschaftliche Bestimmungsgrößen** und **volkswirtschaftliche Rahmenbedingungen:**

- **Beschaffenheit des Produktionspotenzials**
  Ausstattung einer Volkswirtschaft mit **Produktionsfaktoren** wie **Natur** (in erster Linie Boden/Rohstoffe), **Arbeit** (insbesondere Bildungsstruktur und technische Intelligenz) und **Kapital** (Sach- und Finanzanlagen)

- **Gewinnerwartungen und Investitionsentscheidungen**
  Ein Unternehmen wird bei positiven und längerfristigen **Gewinnerwartungen** eher bereit sein, Investitionen je nach Grad einer **optimistischen Einschätzung** in
  - *Erweiterungsinvestitionen,* z. B. neue Produktionshalle, oder nur in
  - *Ersatzinvestitionen,* z. B. modernere Produktionsanlage,

  vorzunehmen.

- **Höhe des Zinsniveaus**
  - *Niedrigere Zinssätze* führen grundsätzlich verstärkt zu einer *größeren Bereitschaft* zur *Kreditaufnahme* von *Unternehmen* und

  privaten *Haushalten* (Finanzierung von Investitions- und/oder Konsumgütern).
  - Voraussetzung für eine höhere *Investitionsquote* und somit zur *Kapitalbildung* besteht grundsätzlich im *Konsumverzicht* durch private Ersparnisse (Erhöhung der Sparquote).

- **Höhe des privaten Konsums**
  Positive Erwartungen bei der Veränderung des zur **Verfügung** stehenden **Einkommens** können grundsätzlich zu einer verstärkten Nachfrage nach **Konsumgütern** führen und wären dann eher **wachstumsfördernd**, negative **Erwartungen** wären eher **wachstumshemmend**.

- **Verbesserung gesamtwirtschaftlicher (makroökonomischer) Rahmendaten**
  Hohe Standards beim **Arbeits-, Wirtschafts-, Umwelt-** und **Sozialrecht** in Verbindung mit einer funktionierenden und gut ausgebauten **Infrastruktur sind wachstumsfördernd**.

WiSo

- **nominales Wachstum**

  Beim **nominalen** Wachstum wird das Ansteigen des nominalen Bruttoinlandsproduktes (BIP) zu den **Marktpreisen** der jeweiligen Wirtschaftsperiode in einer Volkswirtschaft zugrunde gelegt.

- **reales Wachstum**

  Beim **realen** Wachstum wird vom nominalen BIP die **Preissteigerungsrate,** die innerhalb des Vergleichszeitraumes (Vor- und Berichtsjahr) eingetreten ist, abgezogen.

338 Welcher Unterschied besteht zwischen dem *nominalen* und dem *realen wirtschaftlichen Wachstum?*

BIP nominal	BIP nominal	Preissteigerungsrate	Steigerung BIP real	BIP real
Vorjahr	Berichtsjahr	in v. H.	in v. H.	Berichtsjahr
100 GE	105 GE	3	2	102 GE

- **quantitatives Wachstum**

  Beim quantitativen Wachstum wird nur die **mengenmäßige Erhöhung** der volkswirtschaftlichen Leistungen (nominales BIP) zugrunde gelegt, **strukturelle Veränderungen** z.B. im Umweltbereich werden nicht berücksichtigt.

- **qualitatives Wachstum**

  Beim qualitativen Wachstum werden auch Aspekte berücksichtigt, die die **Lebensqualität** des Menschen verbessern. Zu diesem Zweck soll z.B. durch eine **ressourcenschonendere** Produktion ein möglichst **nachhaltiges** Wachstum erreicht werden.

339 Welcher Unterschied besteht zwischen dem *quantitativen* und dem *qualitativen wirtschaftlichen Wachstum?*

Zunehmende **ökologische Probleme** (Smog, Atemwegserkrankungen, Wasserverschmutzung) **bremsen** die **hohen Wachstumsraten** in diesen Regionen und führen zu erheblichen **Folgekosten** und zu einer Verschlechterung der Lebensqualität.

340 Welche *Grenzen des wirtschaftlichen Wachstums* lassen sich in aufstrebenden Wirtschaftsregionen (China/ Indien) aufzeigen?

3.3.1.2 Chancen und Grenzen staatlicher Wirtschaftsförderung
Handbuch: LF 9

Durch bestimmte **Maßnahmen** versucht der Staat, im Rahmen der Wirtschaftspolitik **Einfluss** auf das Wirtschaftsgeschehen zu nehmen. Zu diesem Zweck kann er u.a. die Förderung des Kaufs schadstoffärmerer Autos, z.B. durch eine „Abwrackprämie", beeinflussen.

341 Was versteht man im Allgemeinen unter *staatlicher Wirtschaftsförderung?*

342 Welche unterschiedlichen *Formen* der *Wirtschaftsförderung* (WF) gibt es?

- **sektorale oder branchenbezogene WF**
Durch staatliche **Subventionen** (direkte Geldleistungen oder steuerliche Ermäßigungen) werden bestimmte **Sektoren** oder **Branchen unterstützt.** Insbesondere durch den **Strukturwandel** zur Dienstleistungsgesellschaft haben **Unterstützungszahlungen Anpassungs- und Integrationsprobleme** abgefedert.

- **regionale WF**
Bestimmte **Regionen** werden z. B. durch **kostengünstige** Gewerbegrundstücke und/oder **niedrige** Hebesätze bei der Gewerbesteuer für eine neue Standortansiedlung **gefördert.**

- **Fördermaßnahmen für bestimmte Unternehmensgruppen**
Existenz- und/oder **Gründungsfördermaßnahmen** für Unternehmen u. a. im Bereich der **erneuerbaren Energien.** Sie erhalten z. B. zinsgünstigere Kredite der Kreditanstalt für Wiederaufbau (KfW), um Strukturveränderungen für eine **nachhaltigere** Entwicklung zu fördern.

343 Welche *Chancen* können sich durch strukturpolitische *Fördermaßnahmen* ergeben?

Staatliche **Fördermaßnamen** (u. a. Infrastrukturverbesserungen) in strukturschwachen Regionen bieten die Möglichkeit, einen Beitrag zum verfassungsrechtlichen Ziel der **Angleichung der Lebensverhältnisse** (Verringerung des Wohlstandsgefälles) zwischen Ost- und Westdeutschland zu leisten.

344 Welche *Risiken* können sich durch staatliche *Fördermaßnahmen* ergeben?

- Staatliche **Fördermaßnamen** (u. a. durch staatliche Subventionen) können dann zu **Risiken** für die gesamte Volkswirtschaft führen, wenn ein gesamtgesellschaftlicher **Strukturwandel nicht** in dem erforderlichen Umfang vollzogen wird.

- Staatliche **Fördermaßnamen** und Beteiligungen können zur **Wettbewerbsverzerrung** und zu einer langfristigen und **hohen Verschuldung** öffentlicher Haushalte führen.

345 Welche *Gefahren* können sich durch einen Strukturwandel für die volkswirtschaftlichen Produktionsfaktoren ergeben, wenn staatliche *Fördermaßnahmen nicht* geleistet werden?

- **Produktionsfaktor (PF) Arbeit**
Für den **PF Arbeit** kann durch den Strukturwandel bei **Werksschließungen** ein hoher **Anpassungsdruck** entstehen. Durch die Schließung z. B. der gesamten Handy-Produktion in Deutschland werden **Arbeitsplätze abgebaut** und es besteht die Gefahr des **Anstiegs** der **Arbeitslosenquote.**

- **Produktionsfaktor (PF) Boden**
Für den **PF Boden** entsteht durch eine **schadstoffhaltige Produktion** die Gefahr der **Bodenverseuchung.**

- **Produktionsfaktor (PF) Kapital**
Für den **PF Kapital** führen negative betriebswirtschaftliche Kennziffern zu Insolvenzen und der **Kapitalstock** der Volkswirtschaft **schrumpft.**

346 Welche *Ziele* umfasst die *Strukturpolitik* der *Europäischen Union (EU)*?

- **Förderung** der **Entwicklung** und der strukturellen **Anpassung** in den **rückständigen Gebieten** der EU (Pro-Kopf-Einkommen unter 75 % des EU-Durchschnitts, dünn besiedelte Gebiete)

- **Unterstützung** der wirtschaftlichen und sozialen Umgebung in **Gebieten** mit Strukturproblemen

- Hilfe zur **Anpassung** und **Modernisierung** der **Bildungs-, Ausbildungs- und Beschäftigungssysteme**

3.3.2 Wirtschaftskreislauf und volkswirtschaftliche Gesamtrechnung

3.3.2.1 Wirtschaftssubjekte im Modell des erweiterten Wirtschaftskreislaufs *Handbuch: LF 9*

Geldströme zwischen den Wirtschaftssubjekten:

vom Wirtschaftssubjekt ╲ zum Wirtschaftssubjekt	Private Haushalte	Unternehmen	Kreditinstitute	Staat (öffentliche Haushalte)	Ausland
Private Haushalte	–	(13)	(5)	(10)	–
Unternehmcn	(12)	–	(6)	(10)	(14)
Kreditinstitute	(4)	(3)	–	(7) (10)	(2)
Staat	(9) (12)	(11)	(8)	–	–
Ausland	–	(15)	(1)	–	–

347

Ordnen Sie im Modell des erweiterten Wirtschaftskreislaufs die unten stehenden 15 *Geldströme den einzelnen Wirtschaftssubjekten* durch Eintragung der entsprechenden *Kennziffer* in die Matrix zu.

(1) *Kapitaleinfuhr*

(2) *Kapitalausfuhr*

(3) *Kredite f. Investitionen*

(4) *Konsumkredite*

(5) *Sparen der private Haushalte*

(6) *Sparen d. Unternehmen*

(7) *Kredite für den Staat*

(8) *Sparen des Staates*

(9) *Sozialleistungen*

(10) *Steuern (3 x)*

(11) *Subventionen, Staatsaufträge*

(12) *Löhne u. Gehälter (2 x)*

(13) *Privater Konsum*

(14) *Zahlungen für Importe*

(15) *Ausfuhrerlöse*

● **Güterstrom** (realer Strom)
Die privaten **Haushalte** stellen den **Unternehmungen** die **Produktionsfaktoren Arbeit, Boden und Kapital** zur Verfügung.

● **Geldstrom** (monetärer Strom)
Die **Unternehmungen** bezahlen als Gegenleistung an die privaten **Haushalte Faktorentgelte** (Gehälter, Löhne, Pacht, Mieten, Zinsen, Dividenden).

348

Was *stellen* die Haushalte den Unternehmungen beim einfachen Wirtschaftskreislauf *zur Verfügung* und was erhalten die Haushalte als *Gegenleistung* von den Unternehmen?

349 Welche *Unterschiede* bestehen zwischen dem *einfachen* und dem *erweiterten Wirtschaftskreislauf?*

- Zusätzlich zu den privaten Haushalten und den Unternehmungen kommen im Modell des erweiterten Wirtschaftskreislaufs drei weitere Sektoren dazu:
  - ○ die **Kreditinstitute** (Kapitalsammelstellen),
  - ○ der **Staat** mit seiner Staatstätigkeit und
  - ○ das **Ausland.**

- Aus der **statischen** Betrachtungsweise beim einfachen Wirtschaftskreislauf (die Wirtschaft kann weder schrumpfen noch wachsen) wird u. a. durch die Einbeziehung der Ersparnisse bei den Kreditinstituten eine **dynamische** Betrachtungsweise berücksichtigt.

350 Welche Rolle bzw. Funktion nimmt der *Staat* im Wirtschaftskreislauf ein?

Von den privaten Haushalten und den Unternehmen erhält der Staat **Einnahmen** und nimmt **Ausgabenzahlungen** vor.

- **Staatseinnahmen**
  Die privaten Haushalte und Unternehmen entrichten an den Staat **Steuern, Gebühren und Abgaben.**

- **Staatsausgaben**
  - ○ Durch **Subventionen** an Unternehmen, um u. a. Standortnachteile auszugleichen, kann die Wettbewerbsfähigkeit beeinflusst werden.
  - ○ Durch **Transferzahlungen,** u. a. durch Wohngeldausgaben an die privaten Haushalte, erhöht sich das zur Verfügung stehende Einkommen.

351 Welche Rolle bzw. Funktion haben die *Kreditinstitute* im erweiterten Wirtschaftskreislauf?

Die Kreditinstitute nehmen eine **Vermittlerrolle** beim **Sparen** und **Investieren** der Wirtschaftssubjekte ein.

- **Sparen**
  Die privaten Haushalte geben ihr Einkommen nicht vollständig für Konsumzwecke aus, sondern **sparen** hiervon einen Teil bei den **Kreditinstituten** (Sparquote in der BRD ca. 10–13 %). Sparen wird durch **Konsumverzicht** erreicht.

- **Investitionen**
  Die Unternehmen sind durch Kreditaufnahmen in der Lage, durch Investitionen, z. B. in neue Maschinen, ihre **Produktionskapazitäten** zu **erweitern.** Dadurch kann sich auch unter Umständen ein **höheres Wirtschaftswachstum** innerhalb einer Volkswirtschaft entwickeln.

352 Welche besondere Rolle nimmt der Sektor *Ausland* im erweiterten Wirtschaftskreislauf ein?

- **Offene Volkswirtschaft**
  Mit dem Sektor Ausland wird aus der geschlossenen eine **offene** Volkswirtschaft im erweiterten Wirtschaftskreislauf. Durch den **grenzüberschreitenden Austausch** von Waren-, Kapital- und Dienstleistungsverkehr mit dem Ausland durch Exporte und/ oder Importe können die **Güter- und Geldmengenströme** einer Volkswirtschaft **zu- oder abnehmen.**

- **Positiver oder negativer Außenbeitrag**
  Wenn die Exporterlöse größer sind als die Importaufwendungen, spricht man von einem **Außenhandelsüberschuss** und es liegt ein **positiver Außenbeitrag** vor.

  Sind die Exporterlöse niedriger als die Importaufwendungen, dann spricht man von einem **Außenhandelsdefizit** und es liegt ein **negativer Außenbeitrag** vor.

- Er hat **Modellcharakter** und stellt gesamtwirtschaftliche Zusammenhänge nur **vereinfacht** dar.

- Er berücksichtigt nur bezahlte Leistungen, **unbezahlte** Leistungen wie z. B. die Hausarbeitstätigkeit werden **nicht erfasst.**

- Ökologische und ökonomische Aktivitäten werden im Hinblick auf **Umweltkosten** überhaupt nicht berücksichtigt. Die **Abnahme** der **Rohstoffvorkommen** oder die Erfassung der sogenannten externen Kosten wird **nicht erfasst.**

353 Welche wirtschaftlichen Zusammenhänge können mithilfe des erweiterten Wirtschaftskreislaufs nur *begrenzt* bzw. gar *nicht* aufgezeigt werden?

3.3.2.2 Volkswirtschaftliche Gesamtrechnung *Handbuch: LF 9*

In der Volkswirtschaftlichen Gesamtrechnung (VGR) werden alle zahlenmäßig erfassbaren **Ergebnisse** der Wirtschaftsprozesse einer Volkswirtschaft, die **innerhalb** des **Wirtschaftskreislaufs** in einer Wirtschaftsperiode (in der Regel ein Jahr) **erzielt** werden, **dargestellt.**

354 Was versteht man unter der *Volkswirtschaftlichen Gesamtrechnung*?

- **Ermittlung** von volkswirtschaftlichen **Kennziffern,** wie z. B. dem Bruttoinlandsprodukt (BIP) oder dem Volkseinkommen
- **Prognoseinstrument** zur Beurteilung der wirtschaftlichen **Lage** bzw. der zu

erwartenden gesamtwirtschaftlichen **Entwicklung**
- **Instrument** bzw. Mittel zur Überprüfung von **Theorien** von **Wirkungszusammenhängen** in einer Volkswirtschaft

355 Welche *Funktion* bzw. *Aufgabe* hat die VGR?

- Entstehungsrechnung
- Verwendungsrechnung
- Verteilungsrechnung

356 Welche *Berechnungsmethoden* zur Ermittlung des BIP und anderer volkswirtschaftlicher Einkommensbegriffe werden im Rahmen der VGR verwendet?

- Nach dem Europäischen System der volkswirtschaftlichen Gesamtrechnung (ESVG 1995) wird das **Bruttoinlandsprodukt** (BIP) in **sechs Wirtschaftszweigen** gebildet und berechnet:

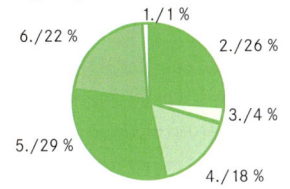

1. Land- und Forstwirtschaften

2. Produzierendes Gewerbe
3. Baugewerbe
4. Handel, Gastgewerbe, Verkehr
5. Finanzierung, Vermietung und Unternehmensdienstleister
6. Öffentliche und private Dienstleister
Quelle: Statistisches Bundesamt, www.destatis.de/basis/dlvgr
Werte der Entstehungsrechnung von 2005

- Die Entstehungsrechnung **stellt** die **Bruttowertschöpfung** (BWS) als Summe der Wertschöpfung aller **sechs Wirtschaftszweige** dar.

357 Was versteht man unter der Entstehungsrechnung?

358 Welche *Merkmale* bzw. Gesichtspunkte enthält die *Verwendungsrechnung*?

Die Verwendungsrechnung berücksichtigt, wofür die Wirtschaftssubjekte das Bruttoinlandsprodukt verwendet bzw. ausgegeben haben:

- private bzw. staatliche **Konsumausgaben,** z. B. für private Zwecke bzw. den Staatsverbrauch
- **Bruttoinvestitionen** (Ausgaben der Unternehmen und des Staates in das Anlage- und Umlaufvermögen)
- **Außenbeitrag** (Exporte minus Importe)

359 Welche *Merkmale* bzw. Gesichtspunkte enthält die *Verteilungsrechnung*?

Die Verteilungsrechnung gibt Auskunft darüber, an welche **sozialen Gruppen** (Arbeitnehmerentgelt oder Unternehmens- und Vermögenseinkommen) das **Volkseinkommen** geflossen ist.

360 Was versteht man unter dem *Bruttoinlandsprodukt* (BIP)?

Unter dem Bruttoinlandsprodukt versteht man die **innerhalb** der **Staatsgrenzen** einer **Volkswirtschaft** erstellten Güter und Dienstleistungen, die dem in einer Periode zu **Marktpreisen** gemessenen Wert entsprechen, unabhängig davon, ob sie von In- oder Ausländern erzeugt wurden **(Inlandskonzept).**

361 Was versteht man unter dem *Bruttonationaleinkommen*?

Unter dem Bruttonationaleinkommen versteht man die von **Staatsbürgern** innerhalb einer **Volkswirtschaft** erstellten Güter und Dienstleistungen, die dem in einer Periode zu **Marktpreisen** gemessenen Wert entsprechen **(Inländerkonzept).** Hierzu zählen auch Einkommen, die **Inländern** aufgrund von Leistungen **aus** dem **Ausland** zufließen.

362 Was versteht man unter dem *Nettonationaleinkommen*?

- Unter dem Nettonationaleinkommen versteht man den Wert des Bruttonationaleinkommens **vermindert** um die **Wertminderung** des Vermögens einer Volkswirtschaft, die von den Unternehmen in den Marktpreis einkalkuliert wird (Abschreibungen).
- Das Nettonationaleinkommen spiegelt die **wirkliche Produktionsleistung** einer Volkswirtschaft innerhalb einer Wirtschaftsperiode wider, weil es den **Wert** der tatsächlich **neu geschaffenen Güter,** bewertet zu Marktpreisen, umfasst.

363 Was versteht man unter dem *Volkseinkommen*?

- Das Volkseinkommen umfasst den **Wert** aller Erwerbs- und Vermögenseinkommen, die in einer Wirtschaftsperiode für die am Produktionsprozess beteiligten **Produktionsfaktoren** Arbeit, Boden und Kapital geflossen sind.
- Die Berechnung des Volkseinkommens erfolgt zu **Faktorpreisen,** d. h. als **Summe** der durch die Produktionsfaktoren verursachten **Kosten.**
- Es ermöglicht eine Beurteilung der **Einkommensverteilung** bzw. **Einkommensumverteilung.**

WiSo

- **Ermittlung:**
  - ○ Lohnquote* in v. H. = $\dfrac{\text{Summe der AN-Entgelte} \cdot 100}{\text{Volkseinkommen}}$
  - ○ Gewinnquote* in v. H. = $\dfrac{\text{Summe d. Unternehmens- und Vermögenseinkommens} \cdot 100}{\text{Volkseinkommen}}$

- **Schlussfolgerungen**
  - ○ Veränderungen der Lohn- und Gewinnquoten werden im Rahmen von **Umverteilungsprozessen** von den Tarifvertragsparteien, aber auch von Parteien und staatlichen Entscheidungsträgern als zusätzliche **Argumentationshilfe** eingesetzt.
  - ○ Im politischen Willensbildungsprozess zur Beeinflussung der öffentlichen Meinung werden von den Beteiligten diese Kennzahlen bei auftretenden **Verteilungskonflikten** verwendet.

*Die sogenannte bereinigte Lohn- bzw. Gewinnquote berücksichtigt die Veränderung der Anzahl von Arbeitnehmern und Arbeitgebern im Zeitablauf.

364 Wie wird die Lohn- und Gewinnquote ermittelt und welche Schlussfolgerungen können daraus gezogen werden?

3.3.3 Soziale Marktwirtschaft und Wettbewerbspolitik

3.3.3.1 Ordnungspolitischer Rahmen der sozialen Marktwirtschaft
Handbuch: LF 9

- **Eigentumsordnung**
  - ○ gesetzlich geschütztes Pirvateigentum
  - ○ freies Vertragsrecht
- **Wettbewerbsordnung**
  - ○ Regeln für einen funktionsfähigen Wettbewerb
  - ○ freies Vertragsrecht

- **Sozialordnung**
  - ○ soziales Sicherungssystem zum Schutz vor sozialer Armut
  - ○ Grundsicherung nach dem Sozialgesetzbuch
- **Geld- und Währungsordnung**
  - ○ unabhängige Zentralbank vom Staat
  - ○ möglichst autonome Geldversorgung und Geldwertstabilität

365 Welche *Merkmale* bilden den *ordnungspolitischen Rahmen* der sozialen Marktwirtschaft?

Grundgesetz:	Merkmale:
○ Artikel 12	○ freie Berufswahl
○ Artikel 14	○ Recht auf Eigentum
○ Artikel 9	○ Tarifautonomie als Teil des Koalitionsrechts

366 Welche *Merkmale* lassen sich für eine Wirtschaftsordnung für Deutschland aus dem *Grundgesetz* ableiten?

- **Marktdemokratie und Freiheitsprinzip durch:**
  - ○ freie Berufs- und Arbeitsplatzwahl
  - ○ Konsumentenfreiheit
  - ○ Beschränkung behördlicher Macht

- **Eigentumsrecht mit sozialer Verpflichtung** (Art. 14, Abs. 2)
- **dezentrale Planung durch Haushalte und Unternehmen**

367 Welche *Ordnungsmerkmale* kennzeichnen die soziale Marktwirtschaft mit Blick auf die Freiheit der Marktteilnehmer?

368 Welche steuernden Eingriffe des Staates sind durch die *Gesetzgebung* zur Erhaltung des ordnungspolitischen Rahmens der sozialen Marktwirtschaft vorgesehen?

- wettbewerbsgesetzliche Regelungen nach dem **Gesetz gegen Wettbewerbsbeschränkungen (GWB)**
- **Mitbestimmungsregelungen,** z. B. Montan-Mitbestimmung von 1951

- **Sozialgesetzbuch** (I–XII), z. B. Grundsicherung oder Schwerbehindertenrecht

3.3.3.2 Staatliche Ordnungspolitik: Ansprüche, Prinzipien und Maßnahmen
Handbuch: LF 9

369 Im Rahmen der staatlichen Ordnungspolitik sollen verschiedene Ziele erreicht werden, unter anderem
– *ein hoher Lebensstandard,*
– *eine gerechte Einkommens- und Vermögensverteilung*
und
– *eine gerechte Arbeits- und Sozialordnung.*
Was versteht man jeweils darunter?

1. hoher Lebensstandard
- Hierunter versteht man zunächst die **Ausstattung** der privaten **Haushalte** mit **Konsumgütern,** von einfachen bis zu luxuriösen.
- Diese rein quantitative Betrachtungsweise eines „hohen" Lebensstandards ist durch den Begriff eines **qualitativen** Lebensstandards Anfang der 70er-Jahre ergänzt bzw. abgelöst worden. Eine lebenswerte Umwelt wird z. B. mithilfe von staatlichen **Investitionsförderungsmaßnahmen** in ressourcenschonendere Produkte, z. B. eine moderne Wärmepumpe, beeinflusst.

2. gerechte Einkommens- und Vermögensverteilung
- Das Ziel einer gerechten Einkommensverteilung soll u. a. mithilfe eines **sozialorientierten Steuersystems** mit gestaffelten Steuersätzen angestrebt werden.
- **Höhere** Einkommen sollen **stärker** und **niedrigere** Einkommen sollen mit **geringeren Steuersätzen** belastet werden. **Niedrigsteinkommen** werden **steuerfrei** gestellt.

3. gerechte Arbeits- und Sozialordnung
- Das Ziel einer gerechten Arbeits- und Sozialordnung soll u. a. durch ein **System sozialer Sicherheit** sowohl im Rahmen des Beschäftigungssystems als auch außerhalb davon erreicht werden.
- Insbesondere sollen diejenigen vor **Verarmung** geschützt werden, die zur Bestreitung des **Lebensunterhaltes** selbst **kein ausreichendes Einkommen** erzielen können.

370 Was versteht man im Rahmen der staatlichen Ordnungspolitik unter
– *Konsumfreiheit,*

- **Konsumfreiheit**
Private Haushalte können über ihr zur Verfügung stehendes **Einkommen** frei verfügen und ihr **Nachfrageverhalten** an ihren einzelnen **Bedürfnissen** ausrichten. Sie haben bei höheren Einkommen auch die **Wahlfreiheit,** einen Teil zu **sparen.**

WiSo

Privateigentum an Produktionsgütern

Die **Eigentumsordnung** garantiert grundsätzlich die Eigentumsnutzung an den **Produktionsmitteln** (Sachkapital). Durch das garantierte **Privateigentum** können die Wirtschaftssubjekte **frei** entscheiden, ob sie die Güter als **Produktions-** oder als **Konsumgüter** verwenden wollen.

Produktions- und Handelsfreiheit

Die Unternehmen und die privaten Haushalte sind im Hinblick auf die Produktion und den Handel bei **Gütern** und **Dienstleistungen** grundsätzlich bei der **Wahl** der **Vertragspartner** und bei der **Vertragsgestaltung frei.**

– Privateigentum an Produktionsgütern (Produktionsmitteln) und

– Produktions- und Handelsfreiheit?

Kartellverbot

Grundsätzlich besteht nach dem Gesetz gegen Wettbewerbsbeschränkungen (GWB) ein Kartellverbot nach § 1:

„Vereinbarungen zwischen Unternehmen, Beschlüsse von Unternehmensvereinigungen und aufeinander abgestimmte Verhaltensweisen, die eine Verhinderung, Einschränkung oder Verfälschung des Wettbewerbs bezwecken oder bewirken, sind verboten."

Missbrauch einer marktbeherrschenden Stellung

Bei einer **marktbeherrschenden Stellung** durch ein oder mehrere Unternehmen ist die **missbräuchliche Ausnutzung** (§ 19 GWB, Abs. 1) **verboten.**

371 Welche *wettbewerbsrechtlichen Regelungen* sieht das Gesetz gegen Wettbewerbsbeschränkungen (GWB) vor?

Freigestellte Vereinbarungen

Wenn Unternehmen mit anderen Unternehmen (wettbewerbsbeschränkende) **Vereinbarungen** treffen, müssen sie **selbst prüfen,** ob diese **erlaubt** sind (freigestellte Vereinbarungen). Die Unternehmen haben durch dieses **Selbstprüfungssystem** eine höhere **Eigenverantwortung.** Bei Verstößen können von staatlichen Institutionen Bußgelder oder Schadensersatzansprüche verhängt werden (vgl. § 2 GWB).

Ausnahmeregelungen für Mittelstandskartelle

Bei mittelständischen Unternehmen hat der Gesetzgeber **Ausnahmeregelungen** (§ 3 GWB) eingeräumt:

„(1) Vereinbarungen zwischen miteinander im Wettbewerb stehenden Unternehmen und Beschlüsse von Unternehmensvereinigungen, die die Rationalisierung wirtschaftlicher Vorgänge durch zwischenbetriebliche Zusammenarbeit zum Gegenstand haben, erfüllen die Voraussetzungen des § 1 Abs. 1, wenn
1. dadurch der Wettbewerb auf dem Markt nicht wesentlich beeinträchtigt wird und
2. die Vereinbarung oder der Beschluss dazu dient, die Wettbewerbsfähigkeit kleiner oder mittlerer Unternehmen zu verbessern."

372 Mit welchen *Maßnahmen* versucht der Gesetzgeber den Wettbewerb zu gewährleisten?

373 Welche Bedingungen müssen vorliegen, damit gemäß § 19 GWB von einer *marktbeherrschenden Stellung* gesprochen werden kann?

Die Bedingungen für das Vorliegen einer marktbeherrschenden Stellung sind in § 19 GWB, Absatz 3 näher erläutert: *„(3) Es wird vermutet, dass ein Unternehmen marktbeherrschend ist, wenn es einen Marktanteil von mindestens einem Drittel hat. Eine Gesamtheit von Unternehmen gilt als marktbeherrschend, wenn sie*
1. *aus **drei** oder **weniger** Unternehmen besteht, die zusammen einen **Marktanteil** von 50 vom Hundert erreichen,*

oder
2. *aus **fünf** oder **weniger** Unternehmen besteht, die zusammen einen **Marktanteil** von **zwei Dritteln** erreichen, es sei denn, die Unternehmen weisen nach, dass die Wettbewerbsbedingungen zwischen ihnen wesentlichen Wettbewerb erwarten lassen oder die Gesamtheit der Unternehmen im Verhältnis zu den übrigen Wettbewerbern keine überragende Marktstellung hat."*

374 Was versteht man unter einer *Fusionskontrolle* und welche Bedeutung hat in diesem Zusammenhang eine sogenannte *Ministergenehmigung* bzw. *-erlaubnis?*

- **Fusionskontrolle**
  Bei Unternehmenszusammenschlüssen kann das Bundeskartellamt **prüfen,** ob durch den Zusammenschluss eine **marktbeherrschende Stellung** entsteht oder verstärkt wird. Das Bundeskartellamt kann durch diese Prüftätigkeit der Fusionskontrolle den **Zusammenschluss untersagen.**

- **Ministererlaubnis**
  Liegt durch einen Unternehmenszusammenschluss eine Wettbewerbsbeschränkung vor, die durch eine Fusionskontrolle vom Bundeskartellamt untersagt werden müsste, kann sie vom zuständigen **Bundeswirtschaftsminister** trotzdem **genehmigt** werden, wenn ihre **gesamtwirtschaftlichen Vorteile** überwiegen.

375 Welches *Ziel* soll mit dem Gesetz gegen den *unlauteren Wettbewerb* (UWG) erreicht werden?

Das UWG hat das Ziel, **alle Marktteilnehmer** (Endverbraucher und Mitbewerber) vor einem unlauteren Wettbewerb zu **schützen.** Durch einen möglichst unverfälschten („fairen") Wettbewerb soll ein Schutz der **Allgemeinheit** (§ 1 UWG) bewirkt werden. Im Idealfall soll dies zu einer verbesserten **Markttransparenz** führen.

376 Was versteht man unter der sogenannten *Generalklausel (§ 3 UWG)?*

Die Generalklausel besagt, dass unlautere **Wettbewerbshandlungen** unzulässig sind, die die Marktteilnehmer **„nicht nur unerheblich beeinträchtigen".**

377 Welche *Handlungen* bzw. *Maßnahmen* sind geeignet (nach § 4 UWG), einen fairen Wettbewerb zu beeinträchtigen? Nennen Sie mindestens vier Beispiele für unlauteren Wettbewerb.

- **Ausnutzung** der geschäftlichen **Unerfahrenheit** von **Kindern** und **Jugendlichen**

- **Beeinträchtigung** der **Entscheidungsfreiheit** der **Endverbraucher** oder anderer **Marktteilnehmer** durch Ausübung von **Druck** oder Ähnlichem

- **Verschleierung** des **Werbecharakters** von Wettbewerbshandlungen

- **Verunglimpfung** oder **Herabsetzung** der Kennzeichen, Waren oder Dienstleistungen eines **Mitbewerbers**

Werbemaßnahmen eines Unternehmens sind **verboten,** wenn es sich um **irreführende** Aussagen handelt über:

- Verfügbarkeit, Art, Ausführung und Zusammensetzung der Ware

- Verwendungsmöglichkeit, Menge, Beschaffenheit oder Herkunft der Ware

- Verfahren und Zeitpunkt der Herstellung der Ware

378 Nennen Sie mindestens *drei Beispiele für* verbotene *irreführende Aussagen* in der Werbung.

Unter irreführender Werbung versteht man die **Preisgestaltung** eines Unternehmens, das mit einer Preisherabsetzung wirbt und sich dadurch einen Wettbewerbsvorteil verschafft, obwohl ein unmittelbar **vorher höherer Preis** nur über einen **relativ kurzen Zeitraum** verlangt wurde.

379 Welche *Rolle* spielen *Mondpreise bei irreführender Werbung* (§ 5 UWG)?

Verbotene vergleichende Werbung liegt u. a. dann vor, wenn bei einem Vergleich

- die Waren oder Dienstleistungen sich nicht auf den gleichen **Bedarf** oder dieselbe **Zweckbestimmung** beziehen,

- die Waren oder Dienstleistungen sich nicht objektiv auf eine oder mehrere wesentliche, relevante, nachprüfbare oder typische **Eigenschaften** oder den **Preis** beziehen oder

- die Waren, Dienstleistungen, Tätigkeiten oder Verhältnisse eines Mitbewerbers **herabgesetzt** oder verunglimpft werden.

380 Welche *Merkmale* liegen bei verbotener *vergleichender Werbung* (§ 6 UWG) vor?

Unter belästigende Werbung fallen unzumutbare Belästigungen zum Beispiel durch **elektronische Werbung** (SMS oder E-Mail) oder **Telefonwerbung** (u. a. durch Callcenter). Vom Endverbraucher als Adressat ist eine **Einwilligung** über die Werbemaßnahme erforderlich.

381 Was versteht man im Einzelnen unter *belästigender Werbung* (§ 7 UWG)?

Alle Maßnahmen, die den Endverbraucher vor **negativen** Geschäftspraktiken der Anbieter (Hersteller/Produzenten usw.) **schützen.**

Man unterscheidet **gesetzlich** geregelten (z. B. Produkthaftungsgesetz) und **nicht gesetzlich** geregelten Verbraucherschutz (z. B. durch Verbraucherzentralen und -beratungsstellen).

382 Was versteht man unter *Verbraucherschutz?*

3.3.4   Einfluss mittelfristiger staatlicher Wirtschaftspolitik

3.3.4.1   Konjunkturentwicklungen als Gründe staatlicher Wirtschaftspolitik

3.3.4.1.1   Ursachen von Wirtschaftsschwankungen   *Handbuch: LF 12*

383

Welche *Ursachen* führen zu *Wirtschaftsschwankungen?*

In einer **Marktwirtschaft** entwickelt sich die Wirtschaft nicht nach einem gesamtgesellschaftlichen Plan, sondern die Wirtschaftssubjekte (z. B. Unternehmen, Konsumenten) können unter Beachtung gesetzlicher Rahmenbedingungen ihre **wirtschaftlichen Entscheidungen frei treffen.** Da sich diese Entscheidungen in der Regel an dem Angebot und an der Nachfrage orientieren, führen **Angebots-** und **Nachfrageveränderungen** der Wirtschaftssubjekte zu Schwankungen in der wirtschaftlichen Entwicklung.

Beispiele für Angebots- und Nachfrageveränderungen:

○ Die Unternehmen verändern ihr Angebot an Waren und Dienstleistungen.

○ Die Unternehmen verändern ihre Preise.

○ Die Unternehmen verändern ihre Investitionspolitik.

○ Die Konsumenten verändern ihr Konsumverhalten, sie geben mehr oder weniger aus oder fragen andere Güter und Dienstleistungen nach.

○ Die Konsumenten erhöhen oder senken ihre Sparquote.

Weitere Ursachen für **Wirtschaftsschwankungen** können sein:

○ *politische Ereignisse*
(z. B. [Bürger]Krieg)

○ *Einflussnahme des Staates* auf die wirtschaftliche Entwicklung (z. B. Zahlung von Subventionen oder Veränderung gesetzlicher Bestimmungen)

○ bahnbrechende *Erfindungen*
(z. B. Nutzung der Brennstoffzelle) bzw. Entwicklung *neuer Technologien* (z. B. Anwendung der Nano-Technologie)

○ *außenwirtschaftliche Ereignisse*
(z. B. internationale Wirtschaftskrise)

384

Welche *Arten* von *wirtschaftlichen Schwankungen* werden in einer Marktwirtschaft grundsätzlich unterschieden?

● **saisonale Schwankungen,** z. B. veränderte Nachfrage durch schlechte Witterungsbedingungen

● **konjunkturelle Schwankungen,** z. B. Anstieg der Arbeitslosigkeit in der Konjunkturphase der Rezession

● **sektorale Schwankungen,** d. h. Veränderungen in der Wirtschaftsstruktur, z. B. Absterben der Textilindustrie in Deutschland durch wirtschaftliche Erfolge der Textilindustrie in Asien

- **Bisherige historische Erfahrungen** haben gezeigt, dass gesamtgesellschaftliche Planvorgaben (z. B. in den ehemaligen Ostblockstaaten) meist nicht zum gewünschten Erfolg geführt haben.

- Die **Starrheit gesellschaftlicher Planvorgaben** führt häufig zu einer **geringen** gesamtwirtschaftlichen **Produktivität,** da die wirtschaftlichen Anpassungsprozesse zu schwerfällig sind.

385 *Warum* lässt man die Wirtschaftssubjekte ihre *wirtschaftlichen Entscheidungen* prinzipiell *frei treffen,* warum verzichtet man auf die Vorgaben eines gesamtgesellschaftlichen Plans der wirtschaftlichen Entwicklung?

Die beiden bekanntesten **wirtschaftlichen Fehlentwicklungen** waren die

- **Weltwirtschaftskrise von 1929** (z. B. durch das Fehlen eines Netzes der sozialen Sicherung und das Fehlen einer nationalen Geldpolitik unter Kontrolle einer unabhängigen Notenbank) und die

- **Bank- und Finanzkrise ab 2008** (z. B. durch das Fehlen einer effektiven Kontrolle der internationalen Kapital- und Finanzströme).

Beide Krisen haben zu massiven **ökonomischen** (z. B. drastischer Anstieg der Arbeitslosigkeit) und **politischen Folgen** (z. B. nach der Weltwirtschaftskrise von 1929 Machtantritt Hitlers 1933 und Ausbruch des 2. Weltkrieges mit ca. 60 Millionen Toten; z. B. zu Beginn der Bank- und Finanzkrise 2008 Sturz der isländischen Regierung) geführt.

386 Zu welchen gravierenden *ökonomischen Fehlentwicklungen* hat die *wirtschaftliche Entscheidungsfreiheit* der Wirtschaftssubjekte bisher geführt?

3.3.4.1.2   Konjunkturzyklus

Handbuch: LF 12

In dem **Konjunkturphasenmodell** der Volkswirtschaftslehre werden idealtypisch folgende **vier Phasen** unterschieden:

- **Aufschwung (Expansion)**
- **Hochkonjunktur (Boom)**
- **Abschwung (Rezession)**
- **Konjunkturtief (Depression)**

387 Welche *Konjunkturphasen* werden grundsätzlich unterschieden?

388 Wodurch wird die *Aufschwung-phase* charakterisiert?

Die **Nachfrage** nach Gütern und Dienstleistungen von privaten Haushalten (Verbrauchern), den Unternehmen, dem Staat und dem Ausland **steigt.** ➔ Als Folge davon werden **mehr Güter produziert** bzw. Dienstleistungen erbracht. ➔ Die höhere Nachfrage führt zu **Preissteigerungen.** ➔ Soweit es notwendig erscheint, werden infolge der erhöhten Produktion **mehr Arbeitskräfte** eingestellt. ➔ Unternehmen **erhöhen** aufgrund optimistischer Erwartungen die **Investitionen.** ➔ Als Folge des erhöhten Verbrauchs und der gestiegenen Investitionen werden **mehr Kredite** nachgefragt, wodurch die **Zinsen steigen.** ➔ Arbeitnehmerorganisationen (Gewerkschaften) können in der Regel **höhere Löhne** und Gehälter im Rahmen von Tarifverhandlungen durchsetzen. ➔ Die **Gewinne** der Unternehmen **nehmen** aufgrund der gestiegenen Kapazitätsauslastung und des erhöhten Umsatzes **zu.**

389 Welche *Merk-male* weist die *Hochkonjunktur-phase* auf?

Die **Kapazitäten** in der Wirtschaft sind aufgrund der sehr hohen Nachfrage **voll ausgelastet.** ➔ Sonderschichten und Überstunden werden in vielen Unternehmen geleistet, es herrscht **Vollbeschäftigung,** zum Teil sogar Arbeitskräftemangel. ➔ Die **Einkommen steigen,** aber auch die **Preise** und **Zinsen** ziehen weiter **an.** ➔ Weiter **zunehmende Investitionen** führen zu einer **fortlaufenden Produktion,** bis es schließlich zu einer **Überhitzung** kommt: Man spricht von einer Überproduktion, die **Marktsättigung** ist erreicht. ➔ An diesem Punkt nimmt das reale Bruttoinlandsprodukt im Gegensatz zum nominalen nicht weiter zu, es **tritt** nun eine **Wende** dieser Entwicklung **ein.**

390 Wodurch wird die *Abschwung-phase* charakterisiert?

Die Marktsättigung führt dazu, dass die **Nachfrage stagniert** und schließlich **sinkt.** ➔ Die Erstellung von Gütern und Dienstleistungen passt sich der abnehmenden Nachfrage an, der **Kapazitätsauslastungsgrad** in den Unternehmen wird **geringer.** ➔ **Arbeitskräfte** werden **entlassen** und die **Löhne** und Gehälter beginnen zu **sinken.** ➔ Geringere Nachfrage führt zu **fallenden Preisen.** ➔ Die Unternehmen nehmen aufgrund **pessimistischer Absatz-** und **Gewinnerwartungen** nur noch die wichtigsten Investitionen vor. ➔ Es werden vornehmlich **Rationalisierungs-** und **Ersatzinvestitionen** statt Erweiterungsinvestitionen getätigt. ➔ Die **Zinsen sinken,** da die Nachfrage nach Krediten rückläufig ist. ➔ Das nominale wie auch das reale **Bruttoinlandsprodukt sinken** als Folge der eingetretenen Entwicklung.

391 Welche *Merk-male* weist die *Konjunkturtiefphase* auf?

Die **Nachfrage** nach Gütern und Dienstleistungen erreicht in der Depression **niedrigstes Niveau.** ➔ Die Kapazitätsauslastung in den Unternehmen ist **gering,** auch **sinkende Preise** können die Gesamtnachfrage kaum steigern. ➔ **Löhne** und Gehälter **sinken** weiter, die **Arbeitslosigkeit** steigt stark an. ➔ Viele Unternehmen müssen **Insolvenz** anmelden, die **Investitionsneigung** befindet sich **auf** einem **Tiefpunkt.** ➔ Die **geringe Kreditnachfrage** führt zu sehr **niedrigen Zinssätzen.** ➔ Die Wirtschaftssubjekte **erhöhen** – soweit möglich – aufgrund pessimistischer Zukunftserwartungen ihre **Spareigung.** ➔ Das **Bruttoinlandsprodukt** ist **stark gesunken.** ➔ Ist die Talsohle (Tiefpunkt) des Konjunkturverlaufs erreicht, zeigen sich wieder **leichte Aufschwunganzeichen.** In Deutschland helfen häufig Nachfrageimpulse aus dem Ausland, die zum großen Teil auf die geringen Preise zurückzuführen sind, aus dem Konjunkturtief herauszukommen.

Zur **Beschreibung** und **Analyse** der einzelnen Phasen des Konjunkturverlaufs werden charakteristische Merkmale der wirtschaftlichen Entwicklung herangezogen, wie z. B. die Höhe der Kapazitätsauslastung in der Industrie oder die Höhe des Bruttoinlandsproduktes. Diese Merkmale haben aber nicht nur beschreibenden Charakter, sie dienen auch der **Konjunkturprognose.** Aussagen über die Zukunft der wirtschaftlichen Entwicklung sind z. B. für Unternehmen wichtig, um Investitionsentscheidungen abzusichern, oder sie dienen dem Staat, um den Konjunkturverlauf rechtzeitig durch **konjunkturpolitische Maßnahmen,** wie z. B. Veränderung des Steuersatzes, zu beeinflussen. Der Konjunkturanalyse und der Konjunkturprognose dienen auch die sogenannten **Konjunkturindikatoren.** Ihre Auswertung dient der Voraussage eines **Konjunkturtrends.**

392 Welchem *Ziel* dient die *Unterteilung* eines Konjunkturverlaufs *in Phasen?*

- **vorlaufende Konjunkturindikatoren (Frühindikatoren)**
  Beispiele:
  - Geschäftserwartungen von Unternehmen
  - Entwicklung der Aktienkurse
  - Auftragseingänge in Unternehmen
- **gleichlaufende Konjunkturindikatoren (Gegenwartsindikatoren)**
  Beispiele:
  - Kapazitätsauslastung in Industrieunternehmen
  - Einzelhandelsumsatz
  - Außenhandelsumsatz

- **nachlaufende Konjunkturindikatoren (Spätindikatoren)**
  Beispiele:
  - Zahl der Beschäftigten
  - Zahl der Arbeitslosen
  - Zahl der Insolvenzen

393 Welche *Arten* von *Konjunkturindikatoren* werden im Allgemeinen unterschieden?

Beispiele für **staatliche Eingriffe:**

- Vor allem in der Abschwungphase gilt es, den **Anstieg der Arbeitslosigkeit zu verhindern.** Dies geschieht z. B. durch die Vergabe staatlicher Aufträge oder durch die verlängerte Zahlung von Kurzarbeitergeld.

- In der Aufschwungphase ist der Staat besonders daran interessiert, die **Steigerung des Preisniveaus zu begrenzen.** Dies wird z. B. dadurch erreicht, dass staatliche Investitionen eher gebremst werden. Die geringere staatliche Nachfrage soll weitere Preiserhöhungen verhindern.

394 Welchen *Zielen* dienen *staatliche Ausgleichseingriffe* im Rahmen der Konjunkturpolitik?

3.3.4.2 Ziele und Zielkonflikte staatlicher Konjunkturpolitik
Handbuch: LF 12

Das **Gesetz zur Förderung der Stabilität und des Wachstums der Wirtschaft** (Stabilitätsgesetz) legt die folgenden **vier wirtschaftspolitischen Ziele** des Staates fest:

- **Stabilität des Preisniveaus**
- **hoher Beschäftigungsstand**
- **außenwirtschaftliches Gleichgewicht**
- **stetiges und angemessenes Wirtschaftswachstum**

395 Welche wirtschaftspolitischen *Ziele* legt das sogenannte *Stabilitätsgesetz von 1967* fest?

Staatliche Wirtschaftspolitik

396 Warum wird die Festlegung dieser vier wirtschaftspolitischen Ziele als *Magisches Viereck* bezeichnet?

Die **gleichzeitige Verfolgung** aller vier wirtschaftspolitischen Ziele ist für den Staat **fast unmöglich** („magisch"), da die Verfolgung eines Zieles häufig die Missachtung eines anderen Zieles zur Folge hat, man spricht von **Zielkonflikten**.
Beispiele:

○ Zur Sicherung eines **stabilen Preisniveaus** wird von der Europäischen Zentralbank meist der EZB-Zins erhöht, die dadurch verteuerten Kredite führen dazu, dass Investitionen von Unternehmen zurückgehen. Die Folge kann eine Erhöhung der **Arbeitslosigkeit** sein.

○ Wird durch eine **Erhöhung der Staatsaufträge** an Unternehmen das **Wirtschaftswachstum angeregt,** besteht die Gefahr, dass das **Preisniveau steigt.**

397 Gibt es auch *Zielharmonie* zwischen einzelnen wirtschaftspolitischen Zielen staatlicher Konjunkturpolitik?

Zielharmonie besteht zwischen der Verfolgung eines **hohen Beschäftigtenstandes,** z. B. durch Ausweitung staatlicher Aufträge, und der Förderung eines **stetigen** und **angemessenen Wirtschaftswachstums.**

398 Was versteht man unter dem *Magischen Fünf-* und *Sechseck?*

Beim **Magischen Fünfeck** wird als fünftes wirtschaftspolitisches Ziel die **gerechte Einkommens- und Vermögensverteilung** festgelegt, beim **Magischen Sechseck** wird als sechstes Ziel die **Verbesserung der Umweltbedingungen** in der Volkswirtschaft definiert.

399 Welche *Zielkonflikte* bzw. *Zielharmonien* entstehen durch diese neuen Ziele des „magischen Sechsecks"?

- Ein **Zielkonflikt** besteht meist zwischen dem rein ökonomisch ausgerichteten **Wachstumsdenken** (angemessenes und stetiges Wirtschaftswachstum) und der **Schonung natürlicher Ressourcen** (ökologisches Ziel). Es muss politisch entschieden werden, ob ein rein **quantitatives** oder ein **qualitatives Wirtschaftswachstum** verfolgt werden soll.

- **Zielharmonie** kann z. B. zwischen der Verfolgung des Ziels einer **gerechten Einkommens-** und **Vermögensverteilung** und dem Ziel des Erreichens eines **außenwirtschaftlichen Gleichgewichts** bestehen. Versucht der Staat durch entsprechende belebende (z. B. Ausweitung der Hermes-Bürgschaften) oder durch bremsende Maßnahmen (z. B. durch Zollerhöhungen) ein außenwirtschaftliches Gleichgewicht zu erreichen, steht diesen Maßnahmen nicht entgegen, im Sinne einer gerechten Einkommens- und Vermögensverteilung die Spitzeneinkommen höher zu besteuern.

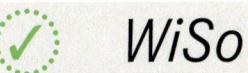

Ziele	Messgrößen (Beispiele)
– Stabilität des Preisniveaus – hoher Beschäftigungsstand – außenwirtschaftl. Gleichgewicht – angemess. Wirtschaftswachstum – gerechte Einkommens- und Vermögensverteilung – Verbesserung der Umweltbedingungen	– Inflationsrate – Arbeitslosenquote – Werte der Zahlungsbilanz – Bruttoinlandsprodukt (BIP) – bereinigte Lohn- bzw. Gewinnquote – Werte der Ökobilanzen

400 Welche *Messgrößen* werden herangezogen, um das Erreichen der *Ziele* des *Magischen Sechsecks* zu überprüfen?

Um Beschäftigte vor den sozialen Folgen der Arbeitslosigkeit abzusichern, wird häufig gefordert, die **Bezugsdauer von Arbeitslosengeld** zu verlängern. Von anderer Seite wird dagegen gefordert, die Bezugsdauer stark zu begrenzen, um die Eigenverantwortung des Beschäftigten (z. B. durch fortlaufende Weiterbildung) bzw. des Arbeitslosen (z. B. durch Zwang zur raschen Bewerbung bei anderen Unternehmen) zu fördern.

401 Politisch diskutiert wird immer das Verhältnis zwischen dem *Denken in sozialstaatlicher Absicherung* und der *individuellen Verantwortung*. Erläutern Sie diesen *Zielkonflikt* anhand eines Beispiels.

3.3.4.3 Geld- und Fiskalpolitik als konjunkturpolitische Maßnahmen

3.3.4.3.1 Preisstabilität, Inflation und Deflation   *Handbuch: LF 12*

Das Bundesbankgesetz legt fest, dass die **Bundesbank** als nationale Notenbank integraler Bestandteil des **Europäischen Systems der Zentralbanken (ESZB)** ist. Das ESZB besteht aus der **Europäischen Zentralbank (EZB)** und den **nationalen Zentralbanken** der EU-Mitgliedsstaaten, die eine einheitliche Währung eingeführt haben.

402 Welches *Verhältnis* besteht zwischen der *Deutschen Bundesbank* und der *Europäischen Zentralbank (EZB)?*

Das vorrangige Ziel des ESZB bzw. der EZB ist vertragsgemäß die **Gewährleistung der Preisstabilität** und damit auch der **Geldwertstabilität**. Soweit es ohne Beeinträchtigung dieses Zieles möglich ist, **unterstützt** die EZB die **allgemeine Wirtschaftspolitik** in der Europäischen Union.

403 Welche *Ziele* verfolgt die *EZB?*

In **wirtschaftlichen Krisenzeiten,** in denen das Bruttoinlandsprodukt sinkt, **verlangen viele Wirtschaftssubjekte, die Zinsen zu senken,** um einen **Anreiz für Investitionen zu schaffen.** Ist allerdings die Inflationsrate relativ hoch, wird die EZB diesem verständlichen Ansinnen nicht sofort folgen. Die EZB ist gesetzlich verpflichtet, an erster Stelle ihrer Entscheidungen die Preis- und Geldwertstabilität zu erhalten.

404 *Warum* wird die *EZB häufig* wegen ihres Festhaltens am Ziel der Preisstabilität *angegriffen?*

405 **Was versteht man unter dem *Preisniveau* in einer Volkswirtschaft?**

- Das sogenannte Preisniveau ist der **Durchschnittswert aller vom Statistischen Bundesamt erfassten Preise von Gütern und Dienstleistungen in einer Zeitperiode** (z. B. in einem Jahr).

  Von einem stabilen Preisniveau wird gesprochen, wenn sich dieser Durchschnittswert im Zeitablauf, z. B. in einem Jahr, nicht verändert.

- Die **Preissteigerungsrate (Inflationsrate)** gibt an, um wie viel Prozent sich die Preise gegenüber einem Vergleichszeitpunkt oder -raum verändert haben. In Deutschland werden die Preissteigerungsraten vom Statistischen Bundesamt monatlich bzw. jährlich ausgewiesen.

- Erhöhen sich die Preise für Güter und Dienstleistungen in einer Volkswirtschaft, verringert sich die Kaufkraft.

406 **Was versteht man unter einem *Warenkorb* im Sinne des Statistischen Bundesamtes?**

Für wirtschaftspolitische Entscheidungen werden von den Statistikern sogenannte Warenkörbe gebildet. Ein Warenkorb ist eine **repräsentative Auswahl von Gütern und Dienstleistungen,** er wird vom Statistischen Bundesamt ca. alle fünf Jahre verändert, um so **veränderte Verbrauchsgewohnheiten** zu berücksichtigen. Der Warenkorb für die Berechnung von Preisindizes in Deutschland umfasst zurzeit ca. 750 Waren und Dienstleistungen.

407 **Was versteht man im Zusammenhang mit dem Warenkorb unter einem *Wägungsschema*?**

- Viel wichtiger als die Auswahl der einzelnen Preisrepräsentanten, also die Festlegung des Warenkorbes, ist die **Bestimmung des Gewichts, mit dem die Preisentwicklung einzelner Preisrepräsentanten in die Gesamtindizes** eingeht.

- Das Wägungsschema quantifiziert, welchen Anteil z. B. die Mietausgaben oder andere Ausgabepositionen an den gesamten Verbrauchsausgaben der privaten Haushalte haben *(vgl.: www.destatis.de).*

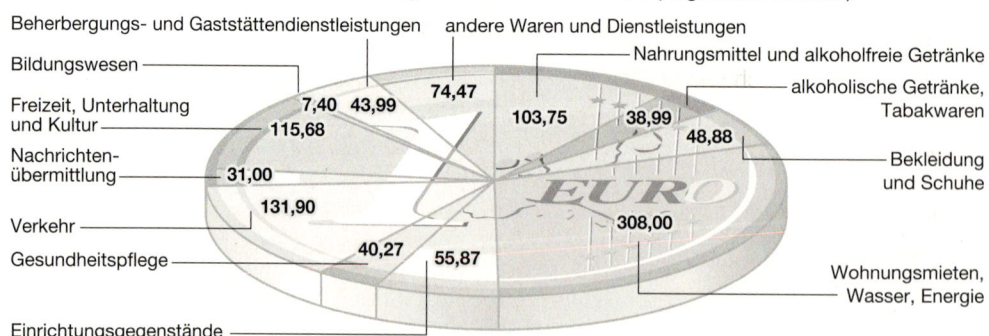

Deutschland – Währungsschema Basis 2005 (Angaben in Promille)

Beherbergungs- und Gaststättendienstleistungen
andere Waren und Dienstleistungen
Bildungswesen
Nahrungsmittel und alkoholfreie Getränke
Freizeit, Unterhaltung und Kultur
alkoholische Getränke, Tabakwaren
7,40 43,99 74,47 103,75 38,99
115,68 48,88
Nachrichtenübermittlung
31,00
Bekleidung und Schuhe
Verkehr
131,90
308,00
Gesundheitspflege
40,27 55,87
Wohnungsmieten, Wasser, Energie
Einrichtungsgegenstände

9714464

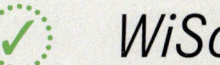

Das **Verhältnis zwischen** der sich in einer Volkswirtschaft befindlichen **Geldmenge** und der **Menge an Gütern und Dienstleistungen** kann sich im Zeitablauf unter Umständen stark verändern:

- Erhöht sich die Geldmenge wesentlich stärker als die Menge an Gütern und Dienstleistungen, führt dies zu einer **Inflation** (Prozess stetig steigender Preise), der Wert des Geldes sinkt.

- Erhöht sich die Menge an Gütern und Dienstleistungen wesentlich stärker als die Geldmenge, führt dies zu einer **Deflation** (Prozess stetig sinkender Preise), der Wert des Geldes steigt.

Die Aufgabe der EZB ist es, diese negativen Entwicklungen für die Wirtschaftssubjekte zu verhindern.

408 Was versteht man unter einer *Inflation* bzw. *Deflation?*

3.3.4.3.2 Geldpolitische Instrumente der Europäischen Zentralbank (EZB)
Handbuch: LF 12

Als Handlungsrahmen stehen der EZB folgende geldpolitischen Instrumente zur Verfügung, deren Nutzung bzw. Ausgestaltung der EZB-Rat jederzeit ändern kann:

- **Offenmarktgeschäfte**
- **Ständige Fazilitäten**[1]
- **Mindestreserven**

[1] Fazilität: Kreditmöglichkeit

409 Welche *geldpolitischen Instrumente der EZB* werden prinzipiell unterschieden?

Bei den sogenannten Offenmarktgeschäften werden **Wertpapiere** von der EZB bzw. von den Nationalen Zentralbanken an die bzw. von den Kreditinstituten **ver- und gekauft** oder entsprechende **Kredite gegen Verpfändung von Sicherheiten** eingeräumt.

410 Was versteht man unter den *Offenmarktgeschäften* der EZB?

- **Hauptrefinanzierungsinstrument**
  - ○ Laufzeit: zwei Wochen
  - ○ Rhythmus: wöchentlich (Mengen- oder Zinstender)
- **Längerfristige Refinanzierungsgeschäfte**
  - ○ Laufzeit: drei Monate
  - ○ Rhythmus: monatlich (Mengen- oder Zinstender)

- **Feinsteuerungsoperationen**
  - ○ Laufzeit: in der Regel nicht standardisiert
  - ○ Rhythmus: unregelmäßig
- **Strukturelle Operationen**
  - ○ Laufzeit: in der Regel nicht standardisiert
  - ○ Rhythmus: in der Regel unregelmäßig

411 Welche *vier Formen von Offenmarktgeschäften* werden unterschieden? Welche *Merkmale* weisen sie auf?

4|2 Erklären Sie den Unterschied zwischen *Mengen*- und *Zinstender* anhand eines *Rechenbeispiels.*

Bei der Durchführung offenmarktpolitischer Geschäfte wird vor allem auf das **Tenderverfahren** – ein Versteigerungsverfahren – zurückgegriffen. Man unterscheidet dabei zwischen **Mengen**- und **Zinstender.** Beim Mengentender gibt die EZB bzw. geben die Nationalen Zentralbanken (NZB) den Zinssatz vor, die Banken nennen die Beträge, für die sie Wertpapiere „in Pension" geben wollen. Die EZB entscheidet dabei über die Zuteilungsquote.

a) Liquiditätszuführende befristete Transaktion über Mengentender

Die EZB beschließt, dem Markt Liquidität über eine befristete Transaktion in Form eines Mengentenders zuzuführen. Die Geschäftspartner geben folgende Gebote ab:

Geschäftspartner	Gebot (Millionen €)
Bank 1	30
Bank 2	40
Bank 3	70
insgesamt	140

Die EZB beschließt, insgesamt 105 Millionen € zuzuteilen.
Der Prozentsatz der Zuteilung errechnet sich wie folgt:

$$\frac{105}{(30 + 40 + 70)} = 75\ \%$$

Geschäftspartner	Gebot (Millionen €)	Zuteilung (Millionen €)
Bank 1	30	22,5
Bank 2	40	30,0
Bank 3	70	52,5
insgesamt	140	105,5

b) Liquiditätszuführende befristete Transaktion über Zinstender

Die EZB beschließt, dem Markt Liquidität über eine befristete Transaktion in Form eines Zinstenders zuzuführen. Die Geschäftspartner geben folgende Gebote ab:

Zinssatz (%)	Beträge in Millionen €				
	Bank 1	Bank 2	Bank 3	Gebote insgesamt	kumulative Gebote
3,15				0	0
3,10		5	5	10	10
3,09		5	5	10	20
3,08		5	5	10	30
3,07	5	5	10	20	50
3,06	5	10	15	30	80
3,05	10	10	15	35	115
3,04	5	5	5	15	130
3,03	5		10	15	145
insgesamt	**30**	**45**	**70**	**145**	

Die EZB beschließt, 94 Millionen € zuzuteilen, sodass sich ein marginaler Zinssatz von 3,05 % ergibt. Alle Gebote über 3,05 % (bis zu einem kumulativen Betrag von 80 Millionen €) werden voll zugeteilt. Bei 3,05 % ergibt sich folgende prozentuale Zuteilung:

WiSo

$$\frac{94 - 80}{35} = 40\,\%$$

Die Zuteilung an Bank 1 zum marginalen Zinssatz beträgt zum Beispiel:

$0{,}4 \cdot 10 = 4$

Insgesamt ergibt sich für Bank 1 folgende Zuteilung:

$5 + 5 + 4 = 14$

aus: Europäische Zentralbank: Die einheitliche Geldpolitik in Stufe 3. Allgemeine Regelungen für die geldpolitischen Instrumente und Verfahren des ESZB. Frankfurt 1998, S. 64 f.

- Bei der **Spitzenrefinanzierungsfazilität** können sich die Banken kurzfristig – praktisch über Nacht – **Geld beschaffen,** zu einem Zinssatz, der unter ökonomischen Gesichtspunkten wahrscheinlich die Obergrenze des Tagesgeldzinssatzes bilden wird.

- Die Banken können außerdem in Form der **Einlagefazilität** bei den nationalen Zentralbanken **Guthaben** bis zum nächsten Geschäftstag **einlegen.** Der Zinssatz für die Einlagefazilität bildet in der Regel die Untergrenze des Tagesgeldzinssatzes.

413 Welche beiden *Arten von Ständigen Fazilitäten* werden unterschieden?

Gemäß § 16 des Bundesbankgesetzes kann die Deutsche Bundesbank von den Kreditinstituten verlangen, dass diese einen bestimmten Prozentsatz ihrer Verbindlichkeiten als Guthaben auf den Konten der Zentralbanken hinterlegen. Man bezeichnet diese Guthaben als **Mindestreserve.** Je höher diese Mindestreserve festgelegt wird, umso stärker werden die Banken bei der Kreditvergabe **eingeschränkt,** was sich in einer **Erhöhung des Kreditzinses** niederschlägt. Der **Geldschöpfungsspielraum der Kreditinstitute kann** somit **beeinflusst werden.**

414 Warum werden *Mindestreserven* als *geldpolitisches Instrument* der EZB eingesetzt?

- Durch die unterschiedlichen Formen der Offenmarktgeschäfte kann die EZB den Kreditinstituten durch Wertpapierkäufe, Pensionsgeschäfte oder durch Devisenswapgeschäfte **Liquidität zur Verfügung stellen.**

- Durch Wertpapierverkäufe, Hereinnahme von Termineinlagen, die Emission von Schuldverschreibungen oder durch Devisenswapgeschäfte kann die EZB **Liquidität abschöpfen.**

415 Die vier Formen der *Offenmarktgeschäfte* können sowohl zur *Liquiditätsbereitstellung* als zur *-abschöpfung* genutzt werden. Erläutern Sie diesen Umstand.

- **Offenmarktgeschäfte:** Wertpapierankauf durch die EZB

- **Mindestreserve:** Senkung durch die EZB

- **Fazilitäten:** Einlagefazilität und Spitzenrefinanzierungsfazilität werden von der EZB gesenkt.

Fazit: Die Kreditinstitute erhalten von der EZB „günstiges Geld", dadurch erhalten sie Spielräume für die Vergabe zinsgünstiger Kredite. Die Wirtschaftssubjekte können Investition und Konsum erhöhen, wodurch die gesamtwirtschaftliche Nachfrage angeregt wird.

416 Welche unterschiedlichen geldpolitischen Maßnahmen der EZB führen zu einem gleichgerichteten Ergebnis, wenn eine Rezession überwunden werden soll?

417 Worin liegen die *Grenzen der Konjunkturbeeinflussung* durch die Geldpolitik der EZB?

Die EZB kann durch ihre geldpolitischen Instrumente die Geldmenge in ihrer Höhe beeinflussen und damit auch auf die Preissteigerungsrate einwirken. Gerade aber die **Banken- und Finanzkrise ab 2008** hat gezeigt, dass die geldpolitischen Instrumente der EZB nicht ausreichen, um große (globale) Wirtschaftskrisen zu verhindern. Diese Aufgaben müssen die **Regierungen durch abgestimmte internationale Maßnahmen** lösen (z. B. durch Auflegung großer Konjunkturprogramme oder gesetzliche Änderungen hinsichtlich der Kontrolle des Geld- und Kapitalverkehrs), die nationalen Notenbanken können diese Aktivitäten nur unterstützen.

3.3.4.3.3 Fiskalpolitische Möglichkeiten der Bundesregierung
Handbuch: LF 12

418 Im Rahmen der staatlichen Wirtschaftspolitik wird prinzipiell zwischen den beiden Grundkonzeptionen der *angebots-* und der *nachfrageorientierten Wirtschaftspolitik* unterschieden. Was ist damit gemeint?

- Bei der **angebotsorientierten Wirtschaftspolitik** geht man von der **Grundannahme** aus, dass die **Verbesserung der gesamtwirtschaftlichen Angebotsbedingungen** (eine effizientere Kostenstruktur z. B. durch Senkung der Lohnnebenkosten) zum **Angebot kostengünstigerer Produkte und Dienstleistungen** der Unternehmen führt. Dies soll die Wettbewerbsfähigkeit im In- und Ausland stärken und damit langfristig das Wirtschaftswachstum erhöhen.

- Die **nachfrageorientierte Wirtschaftspolitik** geht von der **Grundannahme** aus, dass die **Stärkung der gesamtwirtschaftlichen Nachfrage zur Ankurbelung der Produktion** führt und damit das Wirtschaftswachstum erhöht wird.

419 Welche *wirtschaftspolitischen Maßnahmen* resultieren jeweils aus den *beiden Grundannahmen staatlicher Wirtschaftspolitik?*

- **wirtschaftspolitische Maßnahmen im Rahmen angebotsorientierter Wirtschaftspolitik:**
  - Schaffung *rechtlicher Rahmenbedingungen,* die *zu Kosteneinsparungen* in Unternehmen *führen* (z. B. Senkung von Lohnnebenkosten)
  - *Einschränkung* der *staatlichen Nachfrage*
  - *Abbau staatlicher Subventionen* zur Verringerung der Staatsverschuldung
  - *Abbau* des *staatlichen Einflusses* auf die Konjunkturpolitik, um langfristig Marktkräfte zu stärken

- **wirtschaftspolitische Maßnahmen im Rahmen nachfrageorientierter Wirtschaftspolitik:**
  - *Stärkung* der *Massenkaufkraft* durch Erhöhung von Löhnen und Gehältern
  - *Erhöhung* der *staatlichen Nachfrage* (z. B. durch gezielten Einsatz von speziellen Ausgaben- bzw. Beschäftigungsprogrammen)
  - verstärkter Einsatz *staatlicher Subventionen*
  - *antizyklische Konjunkturpolitik,* um die Intensität der einzelnen Konjunkturausschläge abzumildern

WiSo

420

Was versteht man unter der *Fiskalpolitik*?

- Unter der **Fiskalpolitik**[1] werden alle **staatlichen Maßnahmen** verstanden, die mithilfe der Veränderung der **staatlichen Einnahmen** und **Ausgaben** zur Beeinflussung der wirtschaftlichen bzw. konjunkturellen Lage führen.

  [1] Fiskus: Staat, Staatskasse

- Von einer **antizyklischen Fiskalpolitik** wird gesprochen, wenn die vom Staat eingesetzten Maßnahmen antizyklisch wirken, d. h., der Staat versucht z. B. in der Hochkonjunktur dämpfend, in der Rezession konjunkturfördernd einzugreifen (man spricht vom Gegensteuern).

421

Mit welchen *fiskalpolitischen Maßnahmen* kann der Staat in einer *Rezession* gegensteuern?

Beispiele für **fiskalpolitische Maßnahmen** des Staates in der **Rezession:**

- *Senkung* von *Steuern* (z. B. auch durch Erhöhung der Abschreibungssätze) und *Abgaben*

- *Erhöhung* der *Staatsausgaben* (z. B. durch konjunkturelle Sonderprogramme, Zahlung von Subventionen)

- spezielle *Förderung des Exportes* (z. B. durch Steuerbefreiungen)

422

Beschreiben Sie in Form einer beispielhaften *Wirkungskette*, wie die *Erhöhung von Staatsausgaben in einer Rezession wirken* könnte.

Erhöhung der Staatsausgaben (z. B. Bau von Straßen oder Schulen) ➜ **Umsatz- und Gewinnerhöhung** bei den beteiligten Unternehmen und (eventuelle) **Einkommenserhöhung** bei den beteiligten Unternehmern und Arbeitnehmern ➜ Unternehmen **erhöhen** (eventuell) ihre **Investitionen**, Arbeitnehmer ihre **Konsumausgaben** ➜ gesamtwirtschaftliche Nachfrage steigt ➜ **erhöhtes BIP** führt (eventuell) zur **Steigerung** des **Beschäftigungsgrades**

423

Warum sind *fiskalpolitische Maßnahmen*, z. B. in der Rezession, *politisch umstritten*?

- Die entsprechenden fiskalpolitischen Maßnahmen in der Rezession (siehe oben) führen zu einer **erhöhten Staatsverschuldung**, die eventuell nicht durch den erwarteten Wirtschaftsaufschwung wieder abgebaut werden kann („Deficit Spending" kann zur „Schuldenfalle" führen).

- Wirtschaftssubjekte (z. B. Unternehmen, private Haushalte) hätten die **erwarteten Maßnahmen** (z. B. Erhöhung der Investitionen, Kauf von Produkten) **auch ohne die fiskalpolitischen Hilfen** ergriffen (man spricht von „Mitnahmeeffekten").

- Fiskalpolitische Maßnahmen wirken oft **zeitlich verzögert** (Timelags) und „verpuffen nutzlos".

- Die beschlossenen fiskalpolitischen Maßnahmen **bevorzugen** häufig **einseitig** bestimmte Wirtschaftssubjekte bzw. Interessensgruppen (Lobbyisten), z. B. besondere Unterstützung der Automobilindustrie.

- Die fiskalpolitischen Maßnahmen **verhindern** einen **notwendigen Strukturwandel**.

424

Warum kann es *gefährlich für den Staat* sein, in einer *Rezession fiskalpolitische Maßnahmen zu unterlassen*?

- Die wirtschaftlichen **Probleme** könnten zu einer drastischen **Verlängerung und Verschärfung der Rezessionsphase** führen. Denkbar ist auch, dass sich dadurch die **internationale Wettbewerbsfähigkeit** der einheimischen Wirtschaft **verschlechtert**.

- Die wirtschaftlichen Probleme können auch zu **politischen Problemen** (z. B. Radikalisierung von Teilen der Bevölkerung) führen.

3.4 Unternehmensstrategien, -projekte umsetzen – Lernfeld 12   *Handbuch: LF 12*

ZP

425 Was versteht man im Sinne des Projektmanagements unter einem *Projekt?*

Nach DIN 69901 handelt es sich bei einem Projekt um **„ein Vorhaben,** das im Wesentlichen durch die **Einmaligkeit der Bedingungen** in ihrer Gesamtheit gekennzeichnet ist, z. B. Zielvorgabe, zeitliche, finanzielle, personelle und andere Begrenzungen, Abgrenzung gegenüber anderen Vorhaben, projektspezifische Organisation"[1].

Projekte werden in Unternehmen, aber auch in politischen, sozialen und kulturellen Organisationen durchgeführt.

[1]*aus:* DIN 69901. Projektwirtschaft; Projektmanagement; Begriffe. Ausgabe 1987-08. Beuth Verlag, Berlin, Wien, Zürich

ZP

426 Welche *Projektziele* werden in der Fachliteratur unterschieden?

Grundlegende Ziele aller Projekte sind nach Olfert/Steinbuch:

- ○ Einhaltung des ökonomischen Prinzips,
- ○ konsequente Kundenfokussierung,
- ○ systematische Prozessorientierung,
- ○ Schonung der Umwelt.

Die **Projektziele** lassen sich im Einzelnen einteilen nach ...:

- ● der **Zielausrichtung:**
  - ○ *Ergebnisziele* (beziehen sich auf das Projektergebnis),
  - ○ *Arbeitsziele* (beziehen sich auf die Projektdurchführung);
- ● dem **Zielinhalt:**
  - ○ *qualitative Ziele* (nicht in Zahlen vorgebbar),
  - ○ *quantitative Ziele* (zahlenmäßig vorgebbare Ziele);
- ● der **Zielkategorie:**
  - ○ *strategische Ziele* (langfristig),
  - ○ *taktische Ziele* (mittelfristig),
  - ○ *operative Ziele* (kurzfristig).

vgl.: Olfert, Klaus/Steinbuch, Pitter A.: Kompakt-Training Projektmanagement. 3., überarbeitete und aktualisierte Auflage, Kiehl, Ludwigshafen/Rhein, 2002, S. 15 f.

ZP

427 Welche *zeitliche Begrenzung* weist ein Projekt auf?

- ● Ein Projekt hat sowohl einen **Start-** als auch einen **Endtermin.**
- ● Der **zeitliche Umfang** kann sich z. B. auf wenige Wochen, aber auch auf Monate oder sogar Jahre erstrecken (z. B. Bau einer internationalen Pipeline).

- ● Der **Arbeitsfortschritt** im Projektablauf muss stets zielgerichtet **gesteuert** und **überwacht** werden. Eine genaue **Zeitplanung** ist Teil eines ganzheitlichen Projektmanagements.

- Für ein Projekt steht in der Regel ein bestimmtes **Budget** zur Verfügung. Dieses soll die gesamten Projektkosten abdecken, also sowohl **Sach-** als auch **Personalkosten**.

- Der **Projektkostenplan** enthält die geschätzte Höhe der einzelnen Kostenarten (z. B. Softwarekosten für die Projektdauer) und ermittelt somit die Gesamtprojektkosten. Voraussetzung dafür ist, dass die einzelnen Projektaufgaben, das notwendige Personal,

die erforderlichen Sachmittel vorher abgeschätzt werden und eine Terminplanung vorliegt, die die Dauer der Nutzung der einzelnen Ressourcen enthält. **Kostenrisiken** müssen vorher abgeschätzt werden, sogenannte Risikoreserven werden daher einkalkuliert.

- Ein **Projektcontrolling** wird während der Projektdurchführung (z. B. ein permanenter Soll-Ist-Vergleich der einzelnen Kostenarten) und zum Projektabschluss durchgeführt.

ZP

Erläutern Sie die Fachbegriffe *Budget, Projektkostenplan* und *Projektcontrolling* mit eigenen Worten.

428

Um ein Projekt erfolgreich abschließen zu können, wird der Projektmanager (Projektleiter) das sogenannte **magische Viereck des Projekterfolgs** mit seinen Bestandteilen („Ecken") **Lösungsumfang, Qualität, Kosten** und **Termine** permanent ausbalancieren müssen, um den Projektzweck zu erreichen. Dieses Ausbalancieren kann man als „magisch" bezeichnen, da die Verbesserung einer Ecke meist zu einer Verschlechterung einer anderen Ecke führt.

ZP

Was versteht man unter dem *magischen Viereck des Projekterfolgs?*

429

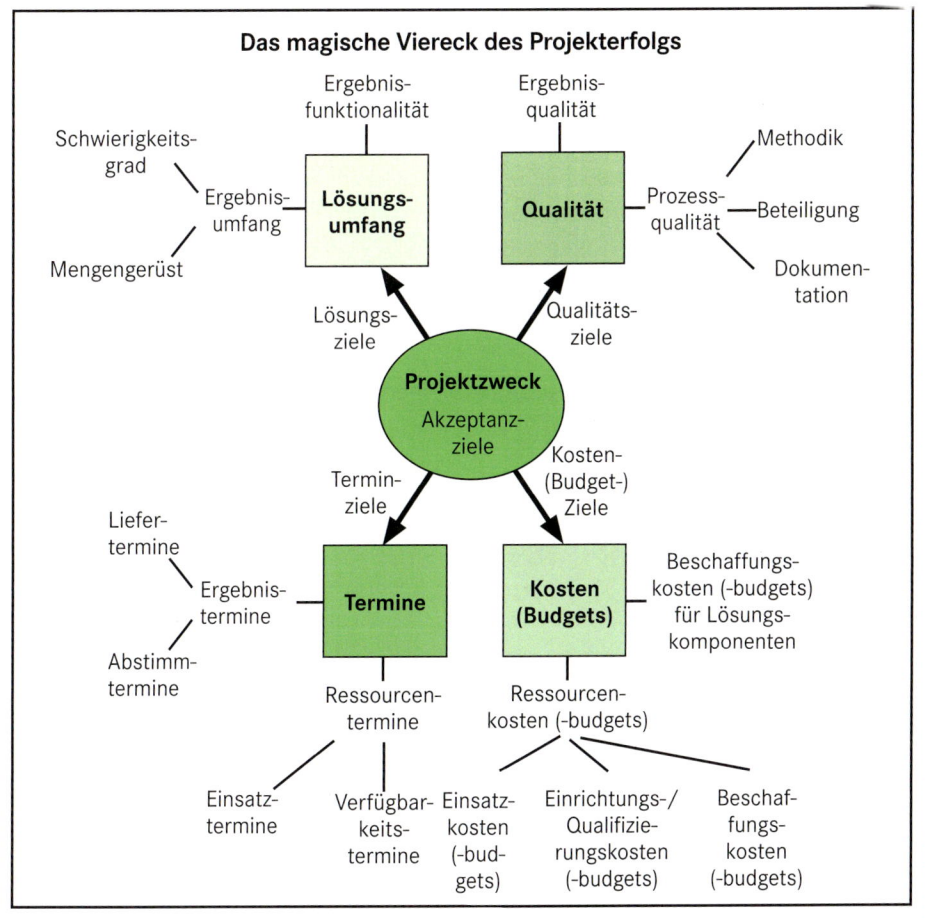

aus: Zöllner, Uwe: Praxisbuch Projektmanagement. Das neue, umfassende Handbuch für Führungskräfte und Projektmitarbeiter. 1. Auflage, Galileo Press, Bonn 2003, S. 65

ZP

430 Welche *Organisations-formen können* Projekte aufweisen?

Da jedes Projekt in seiner Existenz einmalig ist, muss auch bei jedem Projekt neu überlegt werden, welche Organisationsform für dieses Vorhaben angemessen ist.

- In einem Unternehmen wird die **Geschäftsleitung** oder der Bereichsleiter einen **Projektmanager** (Projektleiter) zur Leitung des Projektes **berufen.** Ihm sind die Mitglieder der Projektgruppe unterstellt.

- Bei großen Projekten wird zwischen **Projektmanager** und einem ihm **unterstellten Projektleiter** unterschieden, häufig gibt es zusätzlich noch einen **kaufmännischen Projektleiter.**

- Möglich – wenn auch sehr selten anzutreffen – ist auch ein **Selbstma-**

nagement, bei dem *alle* **Projektmitarbeiter gleichberechtigt** sind.

- Bei einigen Großprojekten wird oberhalb des Projektmanagers noch ein sogenannter **Lenkungsausschuss** eingesetzt, der eher auf der **strategischen Entscheidungsebene** des Unternehmens angesiedelt ist. Er dient als **oberstes Entscheidungs-** und **Kontrollgremium,** Mitglieder der Geschäftsführung eines Unternehmens werden in ihn entsandt.

Wenn bei einer Projektorganisation in der Regel auch hierarchische Strukturen erkennbar sind, ist doch die vorherrschende Arbeitsweise die **Teamarbeit.**

ZP

431 Was versteht man unter einem *Projekthandbuch?*

In einem **Projekthandbuch** werden alle für die Organisation eines Projektes **notwendigen Informationen** festgehalten. Eine permanente Pflege des Projekthandbuches ist notwendig und wird vom **Projektmanager** angewiesen und überwacht. Eine große Hilfe bei der Organisation eines Projektes kann der Einsatz von **Projektmanagementsoftware** (z. B. MS Project) sein.

ZP

432 Was versteht man unter *Projektmanagement?*

Laut DIN 69901 ist das **Projektmanagement** „die Gesamtheit von Führungsaufgaben, Führungsorganisation, Führungstechniken und Führungsmitteln für die Abwicklung eines Projektes". Die Abwicklung eines Projektes geschieht in sogenannten **Projektphasen.**

vgl.: DIN 69901. Projektwirtschaft; Projektmanagement; Begriffe. Ausgabe 1987-08. Beuth Verlag, Berlin, Wien, Zürich

ZP

433 Welche *Projektphasen* werden im Allgemeinen unterschieden?

Es gibt **kein allgemein anerkanntes Begriffssystem** für die Definition von einzelnen Projektphasen. Umstritten ist in der Fachliteratur auch, zu welchem Zeitpunkt ein Projekt als solches beginnt: Soll man schon bei der ersten Projektidee vom Projektbeginn sprechen oder beispielsweise erst bei der Vereinbarung eines Projektauftrages mit unternehmensinternen oder -externen Auftraggebern?

In jedem Fall können folgende **Projektphasen** grob abgegrenzt werden:

1. **Projektvorbereitung**

↓

2. **Projektplanung**

↓

3. **Projektdurchführung**

↓

4. **Projektabschluss**

ZP

434 Was ist Inhalt der *Projektvorbereitungsphase?*

- Am Anfang eines Projektes steht meist eine wenig klar abgegrenzte **Projektidee,** die zu einer eindeutigen **Projektdefinition** fortentwickelt werden muss. Viele Projekte scheitern daran,

dass diese Definition keine klaren Ziele für die Projektarbeit setzt oder den Projektzweck nicht eindeutig von ähnlichen Vorhaben abgrenzt.

- Die Projektdefinition mündet in einen **Projektantrag,** über den ein unternehmensinternes Gremium oder ein externer Kunde entscheidet. Der genehmigte Projektantrag führt zum rechtlich verbindlichen **Projektauftrag.**

- Der schriftlich fixierte **Projektauftrag** enthält zumindest Angaben über:
  - ○ Projektzweck
  - ○ Projektziele
  - ○ Projektbeginn, -ende
  - ○ Auftraggeber
  - ○ Projektmanager
  - ○ Projektzeitplan
  - ○ Projektbudget
  - ○ Projektergebnisse

vgl.: Tiemeyer, Ernst: Projekte erfolgreich managen. Methoden, Instrumente, Erfahrungen. Beltz Verlag, Weinheim, Basel 2002, S. 19

Die Projektplanungsphase ist die entscheidende Grundlage für die anschließende Projektdurchführungsphase. Je genauer geplant wird, umso reibungsloser kann die Realisierung des Projektes erfolgen. Im Rahmen der **Projektplanung** muss über folgende **Planungsgrößen** entschieden werden:

- einzelne Arbeitsschritte bzw. Arbeitspakete
- Ressourcen (Eigen- und Fremdpersonal)
- zeitliche Abfolge der einzelnen Arbeitsschritte bzw. Arbeitspakete
- finanzieller Aufwand

Welche **Teilpläne** die **Projektplanungsphase** umfasst, zeigt folgende Darstellung:

ZP
Was ist Inhalt
der *Projekt-
planungsphase?*
435

Projektplanung im Zusammenhang

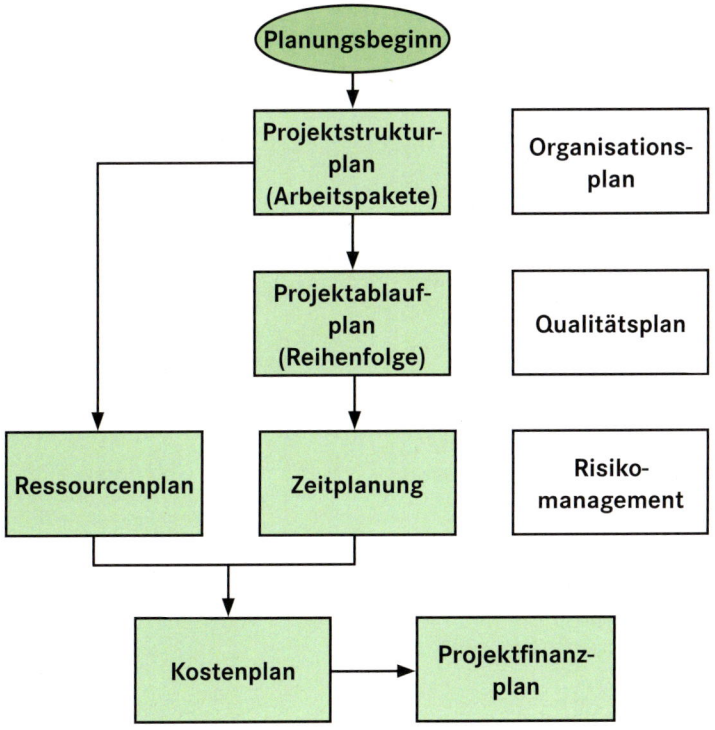

vgl.: Tiemeyer, Ernst: Projekte erfolgreich managen. Methoden, Instrumente, Erfahrungen. Beltz Verlag, Weinheim, Basel 2002, S. 56

436 ZP
Was versteht man unter einem *Arbeitspaket?*

- Ein Projekt wird in **kleinste Teilaufgaben** aufgeteilt, man spricht von sogenannten Arbeitspaketen. Laut DIN 69901 ist ein Arbeitspaket die **nicht mehr sinnvoll zu unterteilende, kleinste Verantwortungseinheit für einen Mitarbeiter.**

- Das **Ziel des Arbeitspaketes** muss eindeutig **definiert** sein und gegenüber anderen Arbeitspaketen klar abgegrenzt sein.

- **Zeit-** und **Kostenrahmen** des Arbeitspaketes werden vorher festgelegt. Bei der Dauer eines Arbeitspaketes spricht man von Personentagen, -wochen oder -monaten.

- Für jedes Arbeitspaket gibt es nur **einen Verantwortlichen.**

- Die **Arbeitspaketplanung** mündet in ihrer Gesamtheit in den **Projektstrukturplan,** in dem alle Projektaktivitäten systematisch erfasst werden.

437 ZP
Was versteht man unter einem *Meilenstein?*

- Laut DIN 69901 sind Meilensteine **Ereignisse besonderer Bedeutung,** sie sind Teil der Terminplanung eines Projektes. In einem Übersichtsterminplan werden häufig die Meilensteine festgehalten.

- Meilensteine dienen dem **Termin-** und **Ablaufcontrolling** (z. B. bei Fertigstellung des Rohbaus eines Verwaltungsgebäudes). Sie werden als Anlass genommen, um eventuelle Störungen im Arbeitsablauf zu besprechen und Lösungsansätze zu finden.

438 ZP
Welche Besonderheiten weist die *Projektdurchführungsphase* auf?

- Ist die Entscheidung über die Durchführung des Projektes getroffen, wird meist mit einem sogenannten **Kick-Off-Meeting** die Projektdurchführungsphase begonnen. Teilnehmer dieses Initiierungstreffens sind:

  - Auftraggeber
  - Projektmanager
  - Projektmitarbeiter
  - weitere Stakeholder (z. B. Lieferanten)

  Das Kick-Off-Meeting soll alle Projektbeteiligten in angemessener Umgebung zusammenführen, um die Motivation aller Beteiligten zu erhöhen und ein **Wir-Gefühl** zu entwickeln. Der geplante Ablauf des gesamten Projektes wird präsentiert und erste Absprachen werden getroffen.

- Im Rahmen der Projektdurchführung ist eine laufende **Projektsteuerung** und **-kontrolle** notwendig. Sie kann durch den Projektmanager, aber auch durch den Lenkungsausschuss oder spezielle **Projektcontroller** erfolgen. Das **Projektcontrolling** vergleicht laufend **Plan-** und **Istdaten** zur Kosten- und Zeitplanung und wertet sie aus; der Projektmanager muss unter Umständen korrigierend eingreifen. Änderungswünsche des Auftraggebers werden durch ein so genanntes **Claim Management** geprüft und entsprechende Korrekturen werden am Projektablauf vorgenommen.

- Um die **Projektdokumentation** für alle Beteiligten transparent zu gestalten, wird spezielle Software eingesetzt, eventuell wird auch das Internet als Systemplattform für alle Dokumente genutzt. Durch ein Passwort geschützt haben alle Projektbeteiligten beim so genannten **Projekt-Hosting** jederzeit Zugriff auf alle Dokumente.

- Das Projektteam wird in der Regel in einer **Abschlusspräsentation** die Ergebnisse des Projektes in ansprechender Art und Weise vorstellen, dies kann als Teil des Projektmarketings verstanden werden.

- Schließlich wird das Projekt durch den Auftraggeber abgenommen und die Projektergebnisse werden übergeben.

Unter Umständen schließt sich eine Einweisung oder sogar Schulung an. Viele Auftraggeber erwarten auch einen förmlichen **Projektabschlussbericht.**

- Unternehmensintern sollte eine **Auswertung** der Projektarbeit erfolgen, z. B. im Hinblick auf die Ursachen von Störungen im Projektablauf.

- Die **Anforderungen des Auftraggebers** an die Lieferungen und Leistungen eines Auftragnehmers werden in ihrer Gesamtheit im **Lastenheft** formuliert.

- Im **Pflichtenheft** werden die vom Auftragnehmer geplanten **Maßnahmen zur Realisierung** des Projektes genau beschrieben.

ZP

Was beinhaltet die *Projektabschlussphase?*

439

ZP

Was versteht man unter einem *Pflichten- bzw. Lastenheft?*

440

4 Fallorientierte Aufgaben und Multiple-Choice-Aufgaben

4.1 Geschäftsprozesse

4.1.1 Leistungserstellungsprozesse

4.1.1.1 Fallorientierte Aufgaben und Lösungen

Ausgangssituation für alle Aufgaben

Da der Absatz der **KHM - Mountainbike e. K.** in Braunschweig in den letzten Jahren stark rückläufig war, wurde der Unternehmensberater Ronald Bergmann beauftragt, eine Unternehmensanalyse zu erstellen und darauf basierend Vorschläge zur Umstrukturierung des Unternehmens zu unterbreiten. Die Analyse des Fertigungsbereichs führte zu folgenden Ergebnissen:

- Der Mountainbike-Hersteller „KHM - Mountainbike e. K." in Braunschweig fertigt und vertreibt Mountainbikes der gehobenen Preisklasse mit den Typenbezeichnungen MB 20 und MB 21 sowie Sonderanfertigungen. Die Kapazität des Betriebes beträgt 1 200 Mountainbikes pro Jahr. Produktions- und Absatzmengen der beiden letzten Jahre:

Jahr	Produktions- und Absatzmengen			Summe
	MB 20	MB 21	Sonder- anfertigungen	
Vorjahr	630	345	110	1 085
Berichtsjahr	532	254	89	875

- Die zurzeit bestehenden Produktionsverhältnisse können wie folgt beschrieben werden: **Werkstättenfertigung** mit zum Teil veralteten Maschinen und außerordentlich viel Handarbeit. Die dadurch bedingte, über dem Branchendurchschnitt liegende Fehlerquote führt dazu, dass häufig nachgearbeitet werden muss. Die Fertigung der Mountainbike-Typen MB 20 und MB 21 und der Sonderanfertigungen erfolgt im dauernden Wechsel gemäß Auftragseingang.

- Die **Kostenstruktur des Unternehmens** stellt sich im **Berichtsjahr** auf der Grundlage von **900** produzierten Mountainbikes (davon wurden 875 Stück verkauft – siehe oben) wie folgt dar:

Kostenarten	Betrag in €	davon fix	davon variabel
Rohstoffaufwendungen	215.800,00	0 %	100 %
Hilfsstoffaufwendungen	36.900,00	0 %	100 %
Betriebsstoffaufwendungen	19.000,00	60 %	40 %
Aufwendungen für Fremdbauteile	305.000,00	0 %	100 %

Kostenarten	Betrag in €	davon fix	davon variabel
Löhne	855.000,00	70 %	30 %
Gehälter	187.000,00	100 %	0 %
Arbeitgeberanteil zur Sozial-versicherung	208.400,00	75 %	25 %
Mietaufwendungen	10.000,00	100 %	0 %
Kalkulatorische Abschreibungen	150.000,00	100 %	0 %
Kalkulatorische Zinsen	36.800,00	100 %	0 %
Summe	2.023.900,00		

Die weitere Untersuchung der Kosten hat ergeben, dass sich die **variablen Kosten proportional zur Produktionsmenge** entwickeln.

Werkstätten-, Reihenfertigung

Vorschlag des Unternehmensberaters:
Der Unternehmensberater Ronald Bergmann schlägt vor, die Werkstättenfertigung durch die Reihenfertigung zu ersetzen. Dabei sollte der Grad der Maschinisierung erhöht und gleichzeitig der Maschinenpark durch Einsatz NC-gesteuerter Maschinen erneuert werden. Diese Maßnahmen sollten einhergehen mit einer entsprechenden Reduzierung der Zahl der Mitarbeiter.

Beschreiben Sie in Stichworten die Unterschiede der beiden Fertigungsverfahren **Werkstättenfertigung** und **Reihenfertigung**.

Lineare Kostenfunktion

Um zu prüfen, ob es sich bei der derzeitigen Absatzmenge von 875 Mountainbikes pro Jahr lohnt, das Produktionsverfahren – wie vorgeschlagen – zu wechseln, ist die **Kostenfunktion** für die **Werkstättenfertigung** zu bestimmen. Dies geschieht auf der Grundlage der Kostenanalyse gemäß Ausgangssituation.

a) Ermitteln Sie zunächst aufgrund der folgenden Tabelle die fixen und variablen Kostenbeträge der angegebenen Kostenarten und bilden Sie deren Summen:

Kostenarten	Betrag in €	davon fix	davon variabel	fix in €	variabel in €
Rohstoffaufwendungen	215.800,00	0 %	100 %		
Hilfsstoffaufwendungen	36.900,00	0 %	100 %		
Betriebsstoff-aufwendungen	19.000,00	60 %	40 %		

Kostenarten	Betrag in €	davon fix	davon variabel	fix in €	variabel in €
Aufwendungen für Fremdbauteile	305.000,00	0 %	100 %		
Löhne	855.000,00	70 %	30 %		
Gehälter	187.000,00	100 %	0 %		
Arbeitgeberanteil zur Sozialversicherung	208.400,00	75 %	25 %		
Mietaufwendungen	10.000,00	100 %	0 %		
Kalkulatorische Abschreibungen	150.000,00	100 %	0 %		
Kalkulatorische Zinsen	36.800,00	100 %	0 %		
Summe	2.023.900,00				

b) Errechnen Sie die variablen Stückkosten.

c) Stellen Sie die lineare Kostenfunktion für die Werkstättenfertigung der KHM - Mountainbike e. K. auf.

3

Optimales Produktionsverfahren

Nach Berechnungen des Unternehmensberaters könnten sich – bei Anwendung der Reihenfertigung und der Berücksichtigung der weiteren Maßnahmen – die Gesamtkosten in Abhängigkeit von der Produktionsmenge wie folgt verhalten: $K_R = 1.330.800 + 745\ x$.

Prüfen Sie jetzt rechnerisch, ob es sich bei der derzeitigen Absatzmenge von 875 Mountainbikes pro Jahr lohnt, das Produktionsverfahren wie vorgeschlagen zu wechseln.

4

Kritische Menge rechnerisch und mithilfe eines Tabellenkalkulationsprogramms

a) Um festzustellen, welches Produktionsverfahren bei welcher Produktionsmenge optimal ist, definieren und berechnen Sie die sogenannte **kritische Menge** mithilfe der vorgegebenen Kostenfunktion für die Reihenfertigung (Aufgabe 3) und der von Ihnen aufgestellten Kostenfunktion für die Werkstättenfertigung (Ergebnis der Aufgabe 2).

b) Ermitteln Sie die kritische Menge mithilfe eines Tabellenkalkulationsprogramms tabellarisch und grafisch und erläutern Sie anschließend das Ergebnis.

5

Optimale Losgröße mithilfe eines Tabellenkalkulationsprogramms

Vorschlag des Unternehmensberaters:
Das Produktionsprogramm sollte dahingehend geändert werden, dass die Sonderanfertigungen zugunsten zweier zusätzlicher Standardmodelle MB 22 und MB 23 zurückgenommen werden. Gleichzeitig sollte die Produktion

nicht länger in der Reihenfolge der Bestelleingänge erfolgen, sondern durch die Produktion in Fertigungslosen abgelöst werden. Die prognostizierte Jahresproduktion von 1 000 Stück kann alternativ nur in 1, 2, 4, 5, 10 oder 20 Fertigungslosen hergestellt werden. Die Rüstkosten bei einem Modell- oder Loswechsel betragen 560 €, die Lagerkosten 2 % vom Wert des durchschnittlichen Lagerbestandes; dabei wird ein gleichmäßiger Lagerabgang der fertigen Mountainbikes unterstellt. Die Herstellkosten pro Mountainbike betragen im Durchschnitt 2.000,00 €.

a) Erläutern Sie die Begriffe Fertigungslos und optimale Losgröße.

b) Errechnen Sie mithilfe eines Tabellenkalkulationsprogramms tabellarisch auf der Grundlage des Vorschlags die **optimale Losgröße** und stellen Sie das Ergebnis grafisch dar.

Lösung zu Aufgabe 1

ausgewählte Merkmale	Werkstättenfertigung	Reihenfertigung
Anordnung der Arbeits- plätze/Maschinen	Verrichtungsprinzip: Zu- sammenfassung gleicher Funktionen (z. B. Sägen oder Schweißen) in ver- schiedenen Werkstätten	Prozess- oder Fließprinzip: Anordnung der Arbeits- plätze/Maschinen gemäß Abfolge der Fertigungs- schritte (Arbeitsgangfolge)
Art der Maschinen	eher umrüstbare Univer- salmaschinen für unter- schiedliche Arbeitsgänge	eher Spezialmaschinen für nur einen bestimm- ten Arbeitsgang
Qualifikation der Mitarbeiter	tendenziell eher Mitar- beiter mit Facharbeiter- ausbildung	tendenziell eher ange- lernte Mitarbeiter
Aufgabe der Arbeits- vorbereitung	laufend neue Festlegung der Arbeitsgangfolgen und damit der optimalen Maschinenbelegung	Festlegung der Arbeits- gangfolge für eine lange Zeit
Marktanpassungsfähigkeit	flexibler als bei Reihen- fertigung wegen der Art der Maschinen und der Qualifikation der Mitar- beiter	weniger flexibel als bei Werkstättenfertigung we- gen der Art der Maschi- nen und der Qualifikation der Mitarbeiter
Durchlaufzeit der Produkte	setzt sich zusammen aus Transport-, Bearbeitungs- und Wartezeiten	kürzer als bei Werkstät- tenfertigung, da sich die Transportzeiten und tendenziell auch die War- tezeiten verkürzen
Kosten	eher höheres Lohnniveau wegen Qualifikation der Mitarbeiter	eher niedrigeres Lohnni- veau wegen Qualifikation der Mitarbeiter
	höhere Lagerkosten wegen der Durchlaufzeit der Produkte	niedrigere Lagerkosten wegen der Durchlaufzeit der Produkte

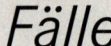
Lösungen zu Aufgabe 2

Lösung zu 2a)
Kostenbeträge der Kostenarten und der Kostensummen

Kostenarten	Betrag in €	davon fix	davon variabel	fix in €	variabel in €
Rohstoffaufwendungen	215.800,00	0 %	100 %	0,00	215.800,00
Hilfsstoffaufwendungen	36.900,00	0 %	100 %	0,00	36.900,00
Betriebsstoffaufwendungen	19.000,00	60 %	40 %	11.400,00	7.600,00
Aufwendungen für Fremdbauteile	305.000,00	0 %	100 %	0,00	305.000,00
Löhne	855.000,00	70 %	30 %	598.500,00	256.500,00
Gehälter	187.000,00	100 %	0 %	187.000,00	0,00
Arbeitgeberanteil zur Sozialversicherung	208.400,00	75 %	25 %	156.300,00	52.100,00
Mietaufwendungen	10.000,00	100 %	0 %	10.000,00	0,00
Kalkulatorische Abschreibungen	150.000,00	100 %	0 %	150.000,00	0,00
Kalkulatorische Zinsen	36.800,00	100 %	0 %	36.800,00	0,00
Summe	2.023.900,00			1.150.000,00	873.900,00

Lösung zu 2b)
Errechnung der variablen Stückkosten (k_v)
Da die Kostenstruktur auf der Basis von 900 Stück pro Jahr ermittelt wurde und sich die variablen Kosten proportional zur Menge verhalten, ist wie folgt zu rechnen:

$$k_v = 873.900,00\ € : 900\ \text{Stück} = \underline{971,00\ €/\text{Stück}}$$

Lösung zu 2 c)
Kostenfunktion für die Werkstättenfertigung

allgemein: $\quad K_W = K_f + k_v \cdot x$
speziell: $\quad \underline{K_W = 1.150.000 + 971\,x}$

Lösung zu Aufgabe 3

Kostenvergleich Reihenfertigung – Werkstättenfertigung
Gesamtkosten der **Reihenfertigung** bei 875 Stück:

$$K_R = 1.330.800 + 745 \cdot 875 = \underline{\underline{1.982.675}}$$

Gesamtkosten **Werkstättenfertigung** bei 875 Stück:

$$K_W = 1.150.000 + 971 \cdot 875 = \underline{\underline{1.999.625}}$$

Die Umstellung würde sich lohnen, da mit der Reihenfertigung 16.950,00 € günstiger produziert werden kann als mit der Werkstättenfertigung.

Lösungen zu Aufgabe 4

Lösung zu 4a)
Definition der kritischen Menge: Die kritische Menge ist die Produktionsmenge, bei der die Kosten zweier Produktionsverfahren gleich hoch sind.

Berechnung der kritischen Menge
Kosten der Werkstättenfertigung = Kosten der Reihenfertigung
$$K_W = K_R$$
$$1.150.000 + 971\,x = 1.330.800 + 745\,x$$
$$226\,x = 180.800$$
$$\underline{\underline{x = 800}}$$

Bei einer Produktionsmenge vom 800 Mountainbikes sind die Kosten der Werkstättenfertigung genauso hoch wie die Kosten der Reihenfertigung.

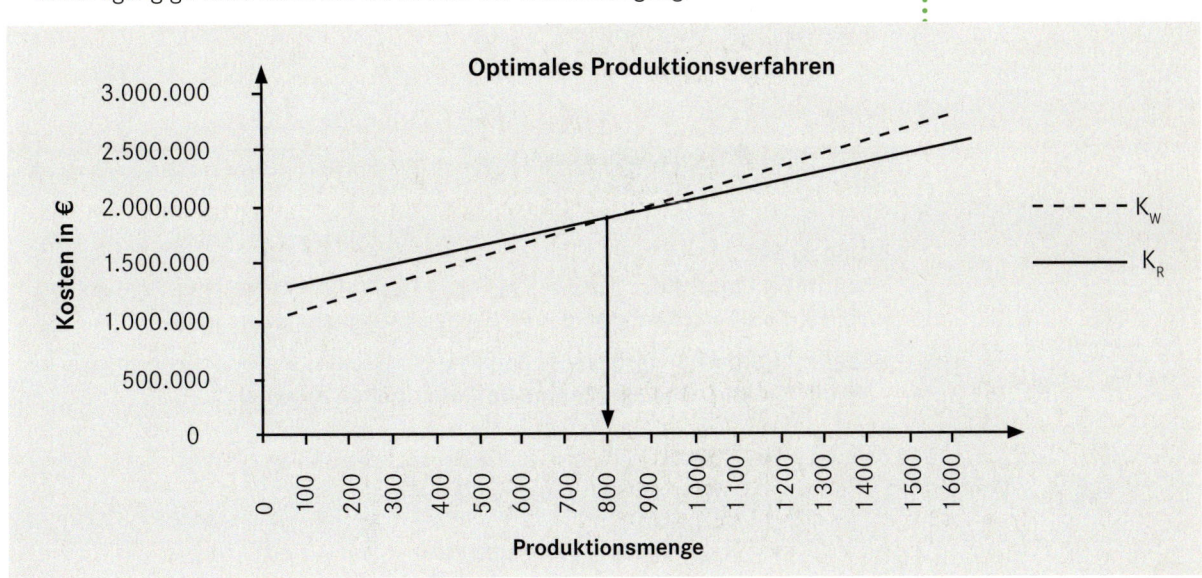

Optimales Produktionsverfahren

Kosten in €

- - - - - K_W
———— K_R

Produktionsmenge

Lösung zu 4b) Werkstättenfertigung: Reihenfertigung Schrittweite:

	Werkstättenfertigung		Reihenfertigung	
K_{fW}	1.150.000	K_{fR}	1.330.800	100
k_{vW}	971	k_{vR}	745	

Menge	K_{fW}	K_{vW}	K_W	K_{fR}	K_{vR}	K_R	
0	1.150.000	0	1.150.000	1.330.800	0	1.330.800	
100	1.150.000	97.100	1.247.100	1.330.800	74.500	1.405.300	
200	1.150.000	194.200	1.344.200	1.330.800	149.000	1.479.800	
300	1.150.000	291.300	1.441.300	1.330.800	223.500	1.554.300	
400	1.150.000	388.400	1.538.400	1.330.800	298.000	1.628.800	
500	1.150.000	485.500	1.635.500	1.330.800	372.500	1.703.300	
600	1.150.000	582.600	1.732.600	1.330.800	447.000	1.777.800	
700	1.150.000	679.700	1.829.700	1.330.800	521.500	1.852.300	
800	1.150.000	776.800	1.926.800	1.330.800	596.000	1.926.800	**kritische Menge**
900	1.150.000	873.900	2.023.900	1.330.800	670.500	2.001.300	
1 000	1.150.000	971.000	2.121.000	1.330.800	745.000	2.075.800	
1 100	1.150.000	1.068.100	2.218.100	1.330.800	819.500	2.150.300	
1 200	1.150.000	1.165.200	2.315.200	1.330.800	894.000	2.224.800	
1 300	1.150.000	1.262.300	2.412.300	1.330.800	968.500	2.299.300	
1 400	1.150.000	1.359.400	2.509.400	1.330.800	1.043.000	2.373.800	
1 500	1.150.000	1.456.500	2.606.500	1.330.800	1.117.500	2.448.300	
1 600	1.150.000	1.553.600	2.703.600	1.330.800	1.192.000	2.522.800	

Da der Wechsel des Produktionsverfahrens mit erheblichen Kosten verbunden ist, handelt es sich um eine **langfristige Entscheidung.**

Bei einer **langfristigen** Produktionsmenge von weniger als 800 Stück ist die Werkstättenfertigung, bei einer langfristigen Produktionsmenge von mehr als 800 Stück ist die Reihenfertigung kostengünstiger.

Lösungen zu Aufgabe 5

Lösung zu 5a)

Begriff Fertigungslos: Unter einem Fertigungslos versteht man die Produktionsmenge, die **ohne Umrüsten** der Fertigungsanlagen produziert wird.

Begriff optimale Losgröße: Die optimale Losgröße ist die Produktionsmenge, bei der die **Summe aus Lagerkosten und Rüstkosten minimal** ist.

Lösung zu 5b)

Bedarf	1 000 Stück
Rüstkosten	560,00 €
Lagerkosten	2 % vom Wert des ø Lagerbestands
HK/Stück	2.000,00 €

Anzahl der Lose	Losgröße	Rüst-kosten	Wert des ø Lager-bestands	Lager-kosten	Gesamt-kosten	
1	1 000	560,00	1.000.000,00	20.000,00	20.560,00	
2	500	1.120,00	500.000,00	10.000,00	11.120,00	
4	250	2.240,00	250.000,00	5.000,00	7.240,00	
5	200	2.800,00	200.000,00	4.000,00	6.800,00	opt. Losgröße
10	100	5.600,00	100.000,00	2.000,00	7.600,00	
20	50	11.200,00	50.000,00	1.000,00	12.200,00	

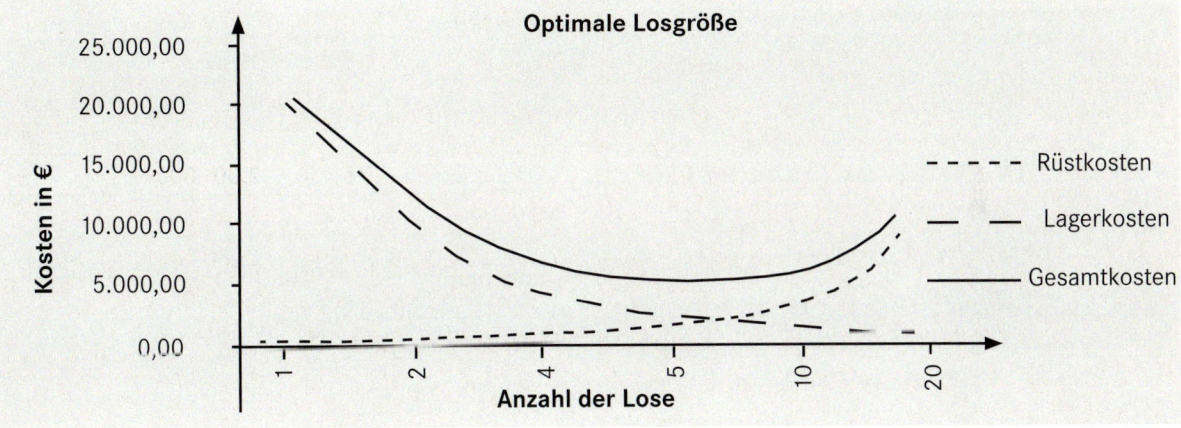

	A	B	C	D	E	F	G
1							
2							
3	Bedarf	1 000	Stück				
4	Rüstkosten	560,00	€				
5	Lagerkosten	0,02	vom Wert des ø Lagerbe-stands				
6	HK/Stück	2.000,00	€				
7							
8	Anzahl der Lose	Losgröße	Rüst-kosten	Wert des ø Lager-bestands	Lager-kosten	Gesamt-kosten	Wenn-dann-Funktion
9							
10							
11	1	=B$3/A11	=B$4*A11	=B11/2*B$6	=D11*B$5	=C11+E11	=WENN(F11=MIN(F$11: F$16);"opt. Losgröße";" ")
12	2	=B$3/A12	=B$4*A12	=B12/2*B$6	=D12*B$5	=C12+E12	=WENN(F12=MIN(F$11: F$16);"opt. Losgröße";" ")
13	4	=B$3/A13	=B$4*A13	=B13/2*B$6	=D13*B$5	=C13+E13	=WENN(F13=MIN(F$11: F$16);"opt. Losgröße";" ")
14	5	=B$3/A14	=B$4*A14	=B14/2*B$6	=D14*B$5	=C14+E14	=WENN(F14=MIN(F$11: F$16);"opt. Losgröße";" ")
15	10	=B$3/A15	=B$4*A15	=B15/2*B$6	=D15*B$5	=C15+E15	=WENN(F15=MIN(F$11: F$16);"opt. Losgröße";" ")
16	20	=B$3/A16	=B$4*A16	=B16/2*B$6	=D16*B$5	=C16+E16	=WENN(F16=MIN(F$11: F$16);"opt. Losgröße";" ")

4.1.1.2   Multiple-Choice-Aufgaben und Lösungen

6

Tätigkeiten der Produktionswirtschaft

Ordnen Sie die unten aufgeführten Tätigkeiten den Abteilungen der Produktionswirtschaft zu, indem Sie die Kennziffern von 3 der insgesamt 9 Tätigkeiten in die Klammern eintragen.

Tätigkeiten

1. Verteilung der Fertigungsgemeinkosten
2. Bestätigung des Kundenauftrags
3. Einkauf von Roh-, Hilfs- und Betriebsstoffen
4. Festlegen der Fertigungstermine
5. Errechnen des Angebotspreises
6. Nachrechnen des fertigen Auftrags
7. Schreiben der Kundenrechnung
8. Herstellen der Produkte
9. Kontrollieren der gefertigten Produkte

Abteilungen der Produktionswirtschaft

Fertigung   ( )

Fertigungsplanung   ( )

Vorkalkulation   ( )

7

Konstruktionszeichnung

Ein Hersteller von Büromaschinen will ein neues Produkt auf den Markt bringen. Welches Dokument enthält eine genaue Darstellung des zukünftigen Produkts?

(1) Der Beschaffungsplan
(2) Die Konstruktionszeichnung
(3) Der Arbeitsplan
(4) Der Investitionsplan
(5) Die Teile-Bereitstellungsliste

8

Stückliste

Was versteht man unter einer Stückliste?

(1) die listenmäßige Zusammenstellung der verschiedenen Produktgruppen für einen Kundenauftrag
(2) die listenmäßige Zusammenstellung aller Lohn- und Materialscheine für einen Auftrag
(3) die listenmäßige Erfassung aller für einen Auftrag benötigten Werkstoffe
(4) eine Übersichtsliste aller zu fertigenden Produkte
(5) die listenmäßige Aufstellung der Teilerzeugnisse, die zu einem Endprodukt montiert werden

Laufkarte 1

Welche Funktion erfüllt das abgebildete Formular einer Laufkarte?

					OfficeCom AG
Werkstück-Benennung	Teile-Nr.: F 8456	Stückzahl: 20			
	Zeichnungs-Nr.: 249	Termin: 31.03.20...			
Abdeckring	Auftrags-Nr.: 711	Ausstellungstag: 20.02.20...			
Nr.	Arbeitsgang	Akkordrichtsatz	Rüstzeit	Stückzeit	Arbeiter
1	Bohrung und 1. Seite formdrehen	7,10	8,0	0,40	D 35
2	Bund und 2. Seite drehen	7,20	3,0	0,50	D 20

(1) Es ist ein Formular, aus dem man ersehen kann, wie lange eine Maschine schon gelaufen ist.

(2) Es ist ein Formular, das den Weg zu den einzelnen Abteilungen des Betriebes beschreibt.

(3) Es ist ein Formular, das alle für die Auftragsdurchführung erforderlichen Tätigkeiten in der richtigen Reihenfolge enthält.

(4) Es ist ein Formular, in dem alle Materialien für einen Auftrag zusammengestellt sind.

(5) Es ist ein Formular, das Kundenaufträge aufschlüsselt.

Laufkarte 2

Bei welchem Fertigungsverfahren spielt die Laufkarte die wichtigste Rolle?

(1) Massenfertigung

(2) Fließfertigung

(3) Einzelfertigung

Begründen Sie Ihre Antwort.

(4) weil der Ablauf des Fertigungsprozesses vorgegeben ist

(5) weil die Anordnung und zeitliche Abstimmung der Arbeitsvorgänge sich nicht automatisch ergibt

(6) weil bei der Höhe der zu fertigenden Stückzahl der Überblick verloren geht

11

Kleinaufträge und Zeitplanung

Welchen Einfluss haben Kleinaufträge für die Zeitplanung im Betrieb?

(1) Kleinaufträge sind günstig, denn sie verursachen nur wenig Fertigungszeit.
(2) Kleinaufträge machen sich bei der Zeitplanung weder günstig noch ungünstig bemerkbar.
(3) Kleinaufträge haben im Verhältnis zu den Stückzeiten geringe Rüstzeiten.
(4) Kleinaufträge haben im Verhältnis zu den Stückzeiten hohe Rüstzeiten.
(5) Kleinaufträge sind günstig, denn sie verursachen nur wenig Rüstzeit.

12

Losgröße

Zwischen der Fertigungsauftragsgröße (Losgröße) und den Herstell- sowie den Lagerkosten der fertigen Erzeugnisse besteht ein Zusammenhang, wenn zunächst auf Lager produziert wird.
Welche Aussage ist richtig?

(1) Je größer das Fertigungslos, desto höher sind die Herstellkosten je Stück.
(2) Je größer das Fertigungslos, desto höher sind die Lagerkosten.
(3) Je größer das Fertigungslos, desto niedriger sind die Lagerkosten.
(4) Je kleiner das Fertigungslos, desto niedriger sind die Herstellkosten je Stück.
(5) Je kleiner das Fertigungslos, desto höher sind die Lagerkosten.

13

Taktzeit

Was versteht man bei der Fließfertigung unter Taktzeit?

(1) die Zeit für das Belegen des Betriebsmittels durch einen Auftrag
(2) die Zeit zwischen dem spätesten Arbeitsbeginn und dem frühesten Arbeitsende bei gleitender Arbeitszeit
(3) die Zeit für das Erholen des Menschen im Produktionsprozess
(4) die Zeit für das Rüsten der Maschinen
(5) die Zeit für die Durchführung einer Arbeitsverrichtung

14

Mehrstufige Divisionskalkulation

Im Rahmen einer mehrstufigen Divisionskalkulation ist zu beachten, dass bei der Fertigung eines Erzeugnisses in der Fertigungsstufe I ein Materialverlust von 20 % der Einsatzmenge entsteht, in der Stufe II ein Verlust von 5 % des bisher hergestellten Zwischenproduktes. Wir erhalten einen Auftrag über 22 800 kg dieses Erzeugnisses.
Wie viel kg müssen wir in die Fertigung geben?

(1) 14 728 kg   (2) 30 400 kg   (3) 29 100 kg   (4) 30 000 kg   (5) 28 248 kg

15

Fertigungsverfahren

Ordnen Sie zu, indem Sie die Kennziffern von 3 der insgesamt 5 Fertigungsverfahren in die Klammern der drei entsprechenden Erklärungen eintragen.

Fertigungsverfahren

1. Massenfertigung
2. Serienfertigung
3. Sortenfertigung
4. Einzelfertigung
5. Kuppelproduktion

Erklärungen

( ) Aus einem bestimmten Ausgangsmaterial werden herstellungs- und rohstoffverwandte Produkte hergestellt.
( ) Die Betriebe stellen ein Produkt in großen Mengen für den anonymen Markt her.
( ) Größere Stückzahlen verschiedener Erzeugnisse werden für den anonymen Markt hergestellt.

16

Maschinenkapazität

Der Vertrieb teilt der Fertigung mit, dass für etwa 3 Monate eine erhöhte Nachfrage nach einem Erzeugnis besteht. Die Maschinenkapazität des Betriebes reicht im gegenwärtigen Zwei-Schicht-Betrieb (2 x 8 Stunden) nicht aus. Welche der nachfolgenden Maßnahmen im Hinblick auf die Produktionssteigerung ist betriebswirtschaftlich richtig?

(1) Neue Maschinen werden angeschafft und neue Arbeitskräfte eingestellt.
(2) Zusätzliche Arbeitskräfte werden eingestellt, die in einer dritten Schicht arbeiten.
(3) Aus Mitarbeitern anderer, nicht voll ausgelasteter Betriebsabteilungen wird eine dritte Schicht zusammengestellt.
(4) Über eine Leasing-Gesellschaft werden Maschinen gemietet und außerdem zusätzliche Arbeitskräfte eingestellt.
(5) Zusätzliche Maschinen werden angeschafft, deren Bedienung dann durch Mitarbeiter erfolgt, die aus anderen Betriebsabteilungen versetzt werden.

17

Vergleich Fertigungsverfahren

Die Kosten von zwei Fertigungsverfahren sollen miteinander verglichen werden. Folgende Werte sind vorgegeben:

Fertigungsverfahren	Verfahren I	Verfahren II
Art und Anzahl der Maschinen	1 Automat	3 hintereinandergeschaltete Werkzeugmaschinen
Fertigungskosten pro Stück	2,25 €	2,78 €
Rüstkosten pro Serie	14,64 €	3,00 €

Welche der folgenden Aussagen ist richtig?
(1) Die Summe der Fertigungs- und Rüstkosten für eine Serie von 80 Stück ist für beide Verfahren gleich.
(2) Die Summe der Fertigungs- und Rüstkosten für eine Serie von 80 Stück ist bei Automatenfertigung günstiger als bei den drei Werkzeugmaschinen.
(3) Die Summe der Fertigungs- und Rüstkosten für eine Serie von 10 Stück ist bei Fertigung durch die drei Werkzeugmaschinen ungünstiger als bei Fertigung durch den Automaten.
(4) Die Fertigungskosten ohne Rüstkosten sind bei den drei Werkzeugmaschinen in jedem Fall günstiger.

18

Werkstättenfertigung

Welche Aussage trifft für Werkstättenfertigung zu?

(1) Die Maschinen werden entsprechend dem Ablauf der Fertigungsschritte aufgestellt.

(2) Für den Arbeiter besteht Zeitzwang.

(3) Zwischenlager sind niemals erforderlich, da die Fertigungsschritte zeitlich exakt aufeinander abgestimmt sind.

(4) Die Werkstücke werden für die einzelnen Fertigungsschritte von Raum zu Raum transportiert, können auch in vorher schon einmal genutzte Räume zur weiteren Bearbeitung zurückkehren.

(5) Ein gleichmäßiger Absatz ist erforderlich.

19

Fertigungsverfahren und Kalkulationsart

Ein Industriebetrieb stellt nach besonderen Kundenwünschen Werkzeugmaschinen her.

Welches Fertigungsverfahren wird angewendet?

(1) Werkstättenfertigung

(2) Fließbandfertigung

(3) automatische Fertigung

Welche zugehörige Kalkulationsart wird gewählt?

(4) einstufige, einfache Divisionskalkulation

(5) Äquivalenzziffernkalkulation

(6) Zuschlagskalkulation

20

Veränderung von Herstellkosten

Mit welcher Maßnahme können die Herstellkosten je Stück (Ist-Kosten) in der Fertigung verringert werden?

(1) Die Zuschlagsätze in der Kalkulation werden gesenkt.

(2) Die Losgrößen werden erhöht.

(3) Die Losgrößen werden verringert.

(4) Die Arbeitszeit wird bei vollem Lohnausgleich verkürzt.

(5) Die Stückzeit wird verlängert.

Begründen Sie Ihre Antwort.

(6) Die Rüstkosten für jedes Fertigungslos erhöhen sich.

(7) Die Rüstkosten für das Fertigungslos verteilen sich auf eine größere Menge.

(8) Die Rüstkosten für jedes Fertigungslos verringern sich.

(9) Die Ausführungszeiten verändern sich.

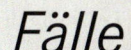

Normung

Durch welche der folgenden Entscheidungen wird in einer Fahrradfabrik die Normung gekennzeichnet?

(1) Es werden nur noch vier verschiedene Modelle hergestellt.
(2) Sämtliche Schrauben werden nur noch von einem Lieferanten bezogen.
(3) Nur die von einem Normungsausschuss festgelegten Reifengrößen werden verwendet.
(4) Die Anzahl der Sonderausführungen wird verringert.
(5) Es werden nur noch Mountainbikes hergestellt.

22

Spezialisierung

Was versteht man unter Spezialisierung?

(1) Für bestimmte Teile eines Gerätes oder für Werkstoffe werden die Angaben über Maße, Festigkeit, Beschaffenheit usw. festgelegt.
(2) Bestimmte Erzeugnisse werden nach festgelegten Herstellungsmustern über längere Zeit in Serie hergestellt.
(3) Ein Betrieb stellt sein Fertigungsprogramm auf ein Erzeugnis oder auf wenige Erzeugnisse ein.
(4) Die Normung ist eine Form der Spezialisierung.
(5) Die Typisierung ist keine Form der Spezialisierung.

Arbeitsproduktivität

Welche Maßnahme erhöht die Arbeitsproduktivität?

(1) Die Wartungszeiten der Maschinen werden verlängert.
(2) Die Stückzeiten werden durch Rationalisierung des Arbeitsablaufes verkürzt.
(3) Die Wochenarbeitszeit wird verringert.
(4) Die Stückzeiten werden erhöht.
(5) Die Anzahl der Schichten wird erhöht.

Lösungen zu Multiple-Choice-Aufgaben 6 bis 23

Aufgabe 6
Fertigung (8), Fertigungsplanung (4), Vorkalkulation (5)

Aufgabe 7
(2)

Aufgabe 8
(3)

Aufgabe 9
(3)

Aufgabe 10
(3), (5)

Aufgabe 11
(4)

Aufgabe 12
(2)

Aufgabe 13
(5)

Aufgabe 14
(4)
Rechnung:
22 800 kg : 95 % x 100 % = 24 000 kg
24 000 kg : 80 % x 100 % = 30 000 kg

Aufgabe 15
(3), (1), (2)

Aufgabe 16
(3)

Aufgabe 17
(1) Rechnung:
2,25 x 80 + 14,64 ≠ 2,78 x 80 + 3 → 194,64 ≠ 225,40 → Die Aussage ist falsch.
(2) 194,64 < 225,40 → Die Aussage ist richtig.
(3) Rechnung:
2,25 x 10 + 14,64 > 2,78 x 10 + 3
→ 37,14 > 30,80 → Die Aussage ist falsch.
(4) 2,25 < 2,78 → Die Aussage ist falsch.

Aufgabe 18
(4)

Aufgabe 19
(1), (6)

Aufgabe 20
(2), (7)

Aufgabe 21
(3)

Aufgabe 22
(3)

Aufgabe 23
(2)

4.1.2 Beschaffungsprozesse

4.1.2.1 Fallorientierte Aufgaben und Lösungen

ABC-Analyse, Eigenfertigung oder Fremdbezug rechnerisch und mithilfe eines Tabellenkalulationsprogramms, optimale Bestellmenge mithilfe eines Tabellenkalkulationsprogramms
Situation I

Zur Herstellung ihres Produktes von monatlich 100 Stück verwendet die Candix GmbH die Werkstoffe W1 bis W4 sowie die Fremdbauteile FB5 bis FB7 in folgenden Mengen:

Werkstoff (W)/Fremdbauteil (FB)		ø Verbrauch pro Monat in Stück	Einkaufspreis pro ME in €
Nr.	Bezeichnung		
W1	Aluminiumblech, 3 m x 2 m x 2 mm	60	165,00
W2	U-Profil aus Edelstahl, 6 m x 3 mm	73	70,00
W3	verzinkte Schlossschraube, M 4 x 60	1 600	3,50
W4	Winkelblech, 2,5 mm	400	4,30
FB5	Scharnier, feuerverzinkt, DIN 55932	200	10,80
FB6	Elektromotor, 0,5 kW, EM 482	100	204,50
FB7	Magnetspule, MS 8703	150	35,70

Arbeitstage/Monat: 20 Tage
Der tägliche Verbrauch der Werkstoffe und Fremdbauteile ist gleichmäßig.

Die Beschaffungsabteilung der Candix GmbH wird als „Profit-making Center" bezeichnet, da dieser Bereich große Möglichkeiten der Kosteneinsparung bietet. Hierzu stehen der Beschaffungsabteilung verschiedene Instrumente zur Verfügung, die eines gemeinsam haben: Die zu treffenden Entscheidungen basieren in erster Linie auf dem Vergleich von Kosten.

a) Die Candix GmbH will die mit der Beschaffung und Lagerung der Werkstoffe und der Fremdbauteile verbundenen Kosten minimieren. Um den hierfür notwendigen Aufwand in einem angemessenen Verhältnis zum daraus resultierenden Nutzen zu halten, ist es zunächst Ihre Aufgabe, eine tabellarische **ABC-Analyse** für sämtliche Werkstoffe und Fremdbauteile auf der Grundlage der oben angegebenen Informationen vorzunehmen und das Ergebnis dieser Analyse kurz zu beschreiben.

Situation II
Bezüglich des Fremdbauteils FB6 steht die Candix GmbH vor der Entscheidung, dieses Bauteil künftig selbst herzustellen oder weiter von dem bisherigen Lieferanten zu beziehen **(Eigenfertigung oder Fremdbezug)**. Die Eigenherstellung würde folgende Kosten verursachen:

fixe Kosten/Monat:	12.881,00 €
Lohnkosten/Stück:	37,40 €
Materialkosten/Stück:	50,00 €

b) Erläutern Sie die Begriffe „fixe Kosten" und „variable Kosten".
c) Stellen Sie die Kostenfunktionen für die Eigenfertigung und den Fremdbezug auf. Gehen Sie dabei davon aus, dass sich die variablen Kosten proportional zur Produktions- bzw. Beschaffungsmenge verhalten.
d) Prüfen Sie rechnerisch, ob sich die Eigenherstellung des Bauteils FB6 lohnt, wenn die Candix GmbH langfristig 100 Stück/Monat davon benötigt.
e) Errechnen Sie die „kritische Menge" und erläutern Sie das Ergebnis.
f) Stellen Sie das Entscheidungsproblem „Eigenherstellung oder Fremdbezug" mithilfe der gegebenen Zahlen für das Bauteil FB6 tabellarisch und grafisch unter Verwendung eines Tabellenkalkulationsprogramms (z. B. Excel) dar.
g) Um wie viele Mengeneinheiten ändert sich die kritische Menge, wenn aufgrund von Wechselkursänderungen die Materialkosten um 10 % steigen?
h) Angenommen, der kostenrechnerische Vergleich führt zu dem Ergebnis, dass die Eigenherstellung des Bauteils FB6 nicht lohnt. Welche anderen Gründe könnten die Candix GmbH veranlassen, das Bauteil dennoch in eigener Regie zu fertigen?

Situation III
Im Anschluss an die ABC-Analyse entscheidet die Beschaffungsabteilung der Candix GmbH, für den Werkstoff W1 die **optimale Bestellmenge** zu ermitteln. Zusätzlich zu den bereits bekannten Informationen (vgl. o. a. Tabelle) liegen der Beschaffungsabteilung folgende Daten vor:

Kosten/Bestellvorgang:	30,00 €

Lagerkosten:
- Kosten der Kapitalbindung,
  berechnet vom Wert des durchschnittlichen Lagerbestandes: 5 %
- sonstige Lagerkosten pro Stück des durchschnittlichen Lagerbestandes: 0,50 €
Auf das Halten eines „eisernen Bestandes" wird verzichtet.

i) Definieren Sie den Begriff „optimale Bestellmenge".
j) Ermitteln Sie mithilfe eines Tabellenkalkulationsprogramms die optimale Bestellmenge für den Werkstoff W1 und stellen Sie das Ergebnis grafisch dar. (Benutzen Sie hierfür den Grafikassistenten des Tabellenkalkulationsprogramms.)
k) Ermitteln Sie mathematisch die optimale Anzahl von Bestellungen und die zugehörige optimale Bestellmenge.

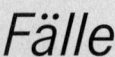
2

Lagerkennzahlen, optimale Bestellmenge

Im Rahmen geplanter Kostensenkungsmaßnahmen soll bei der Maschinenbau KG, Braunschweig, auch die Lagerhaltung überprüft werden. Um sich einen Überblick zu verschaffen, sind zu diesem Zweck auf der Grundlage der folgenden Angaben zunächst einige Lagerkennzahlen zu ermitteln:

In der Maschinenbau KG werden pro Tag durchschnittlich 50 Stahlprofilstäbe mit einem Einstandspreis von 25,00 € pro Stück verbraucht. Das bedeutet, dass der Lagerabgang gleichmäßig erfolgt. Die Lagerkosten pro Stück des durchschnittlichen Lagerbestands betragen im Jahr 0,50 €. Als eiserner Bestand (Mindestbestand) wurden sechs Tagesverbräuche festgelegt. Bei jeder Bestellung fallen Bestellkosten von 20,00 € an. Die Lieferzeit beträgt 14 Tage. Produziert wird an 5 Tagen in der Woche 52 Wochen im Jahr.

a) Erläutern Sie den sogenannten eisernen Bestand und errechnen Sie dessen Höhe für die Maschinenbau KG, Braunschweig.

b) Berechnen und erläutern Sie den sogenannten Meldebestand.

c) Welche Stückzahl ist jeweils zu bestellen, wenn die Maschinenbau KG, Braunschweig die optimale Bestellmenge zugrunde legt? (Lösen Sie die Aufgabe mithilfe eines Tabellenkalkulationsprogramms.) Wie hoch ist folglich der Höchstbestand?

d) Geben Sie an, wie groß – unter den genannten Voraussetzungen Gesamtbedarf, gleichmäßiger Tagesverbrauch, eiserner Bestand und optimale Bestellmenge – der durchschnittliche Lagerbestand, der Umschlagskoeffizient (die Umschlagshäufigkeit) und die durchschnittliche Lagerdauer sind. Erläutern Sie die Kennziffern.

e) Berechnen Sie die durchschnittlichen Lagerkosten, die durchschnittliche Kapitalbindung und den Lagerzinssatz (Marktzinssatz: 12 %) sowie die Zinsen für die Kapitalbindung.

3

Angebotsvergleich mithilfe des Preisspiegels, Nutzwertanalyse, Effektivverzinsung

Situation I

Die OfficeCom AG in Braunschweig will ihr Handelswarensortiment um Folien für die Overhead-Projektion erweitern. Auf der Grundlage einer Marktuntersuchung wurde beschlossen, den Vertrieb mit einer Menge von 280 Packeinheiten (PE) zu beginnen, wobei jede Packeinheit aus 25 Kartons zu je 50 Folien besteht.

Als Ergebnis mehrerer Anfragen bei möglichen Lieferanten liegen die folgenden drei Angebote vor:

A-Folien GmbH, München

Preis je PE:	1.320,00 €
Mengenrabatt:	10 % ab 100 PE Bestellmenge
Lieferbedingungen:	frei Haus
Lieferzeit:	3 Wochen
Zahlungsbedingungen:	10 Tage 2 % Skonto oder 60 Tage netto
Erfüllungsort/Gerichtsstand:	München

B-Folien OHG, Passau

Preis je PE:	1.220,00 €
Mengenrabatt:	5 % ab 50 PE Bestellmenge
Lieferbedingungen:	ab Werk (Transportkosten: 2,00 €/PE)
Lieferzeit:	2 Wochen
Zahlungsbedingungen:	30 Tage 3 % Skonto oder 60 Tage netto
Erfüllungsort/Gerichtsstand:	Passau

C-Folien GmbH, Hamburg

Preis je PE:	1.270,00 €
Mengenrabatt:	8 % ab 300 PE Bestellmenge
Lieferbedingungen:	frei Bahnhof Braunschweig (Rollgeld: 0,50 €/PE)
Lieferzeit:	1 Woche
Zahlungsbedingungen:	14 Tage 1 % Skonto oder 30 Tage netto
Erfüllungsort/Gerichtsstand:	Hamburg

a) Erstellen Sie einen **Preisspiegel,** errechnen Sie unter Berücksichtigung der genannten Konditionen die Einstandspreise mithilfe des angegebenen **Schemas** für die **Bezugskalkulation** und wählen Sie den preisgünstigsten Lieferanten aus. Berücksichtigen Sie dabei, dass die OfficeCom AG grundsätzlich Skonto abzieht.

Kalkulationsschema	Preisspiegel der OfficeCom AG		
	Anbieter 1	**Anbieter 2**	**Anbieter 3**
	A-Folien GmbH	**B-Folien OHG**	**C-Folien GmbH**
Listeneinkaufspreis Einheit			
x Menge			
= Listeneinkaufspreis gesamt			
– Lieferantenrabatt			
= Zieleinkaufspreis			
– Lieferantenskonto			
= Bareinkaufspreis			
+ Bezugskosten			
= Einstandspreis (Bezugspreis)			

Situation II

Neben dem Preis spielen in der OfficeCom AG bei der Auswahl des Lieferanten noch die Produktqualität, die Lieferzeit, die Termintreue und der Kundendienst/Service eine wichtige Rolle, wobei das Gewicht dieser Entscheidungskriterien unterschiedlich sein kann. Die OfficeCom AG vergibt für die Entscheidungskriterien Gewichtungspunkte von 1 „sehr geringe Bedeutung" bis 5 „sehr hohe Bedeutung" (siehe hierzu die Angaben in der Nutzwerttabelle der OfficeCom AG). Für die Erfüllung der fünf genannten Entscheidungskriterien durch die Lieferanten (Ausprägung) vergibt die OfficeCom AG bis zu 3 Punkte:

1 Punkt:	„Lieferant erfüllt das Kriterium nur mäßig"
2 Punkte:	„Lieferant erfüllt das Kriterium gut"
3 Punkte:	„Lieferant erfüllt das Kriterium sehr gut"

Die jeweiligen Ausprägungen der Entscheidungskriterien (Punkte in Klammern) bei den drei Lieferanten ist den folgenden, zum Teil zusätzlichen Informationen zu entnehmen:

A-Folien GmbH: Bereits bekannter Anbieter, der früher schon andere Produkte geliefert hat, dann jedoch preislich von Mitbewerbern unterboten wurde. Die Qualität der Produkte war einwandfrei (2), die vereinbarten Lieferzeiten wurden immer eingehalten (3), allerdings ist die Lieferzeit von drei Wochen im Vergleich zu den anderen Lieferanten sehr lang (1). Bezüglich des Angebotspreises liegt die A-Folien GmbH im mittleren Bereich (2). Wartung und Service waren bisher immer einwandfrei (3).

B-Folien OHG: Die Produktqualität soll erstklassig sein (3). Die Lieferzeit von 2 Wochen ist akzeptabel (2). Gemäß Preisspiegel hat die B-Folien OHG das günstigste Angebot unterbreitet (3). Da der Anbieter neu auf dem Markt ist, liegen noch keine Informationen über sein Geschäftsgebaren vor. Daher wird bezüglich Termintreue sowie Wartung und Kundendienst zunächst von einer mittleren Ausprägung (2) ausgegangen.

C-Folien GmbH: Der Lieferant soll nach Angaben von Geschäftsfreunden Probleme mit der Termintreue haben. Besonders bei kurzfristigen Lieferungen soll es öfter zu Verspätungen gekommen sein (1). Die Produktqualität ist gut (2). Kundendienst und Service sollen ziemlich unflexibel sein (1). Für den Lieferanten spricht die kurze Lieferzeit von einer Woche (3). Gemäß Preisspiegel schnitt die C-Folien GmbH am schlechtesten ab (1).

b) Nehmen Sie als Mitarbeiter der OfficeCom AG eine **Nutzwertanalyse** vor. Berücksichtigen Sie dazu:
- den von Ihnen erstellen Preisspiegel,
- die externen Lieferanteninformationen,
- die Entscheidungsbewertungsmaßstäbe der OfficeCom AG.

Nutzwertanalyse der OfficeCom AG

Entschei-dungs-kriterien	Gewich-tung der Kriterien	Anbieter 1 A-Folien GmbH		Anbieter 2 B-Folien OHG		Anbieter 3 C-Folien GmbH	
		Ausprä-gungs-punkte	gewichtete Punkte	Ausprä-gungs-punkte	gewichtete Punkte	Ausprä-gungs-punkte	gewichtete Punkte
Preis	4						
Produkt-qualität	5						
Lieferzeit	2						
Termintreue	4						
Kunden-dienst/Ser-vice	3						
Summe							

Situation III

Sowohl der Preisspiegel als auch die Nutzwertanalyse weisen die B-Folien OHG als den günstigsten Anbieter aus, sodass sich die OfficeCom AG für das Angebot der B-Folien OHG in Passau entscheidet.

Um den Skonto in Anspruch nehmen zu können, müsste die OfficeCom AG allerdings bei ihrer Hausbank einen Kontokorrentkredit zu 15 % p. a. (pro Jahr) aufnehmen.

c) Prüfen Sie, ob die Kreditaufnahme lohnt, und errechnen Sie den Finanzierungserfolg.

4

Ereignisgesteuerte Prozesskette Wareneingang

Um den Ablauf des Wareneingangs der Handelswaren in der OfficeCom AG zu optimieren, ist auf der Grundlage einer Ist-Analyse und der folgenden Beschreibung eine ereignisgesteuerte Prozesskette zu erstellen:
Zunächst ist anhand des Liefer- und des Bestellscheins zu prüfen, ob die gelieferte Ware bestellt wurde oder nicht. Die Annahme wird verweigert, wenn die Ware nicht bestellt wurde. Liegt eine Bestellung für die gelieferte Ware vor, werden Liefer- und Bestellmengen miteinander verglichen und gleichzeitig erfolgt die Qualitätskontrolle. Fehlmengen werden im Lieferschein vermerkt. Falsch gelieferte bzw. mangelhafte Ware wird an den Lieferanten zurückgeschickt. Einwandfreie Waren – auch wenn Fehlmengen vorliegen – werden im Warenwirtschaftssystem eingebucht und anschließend eingelagert.
Vervollständigen Sie die folgende ereignisgesteuerte Prozesskette:

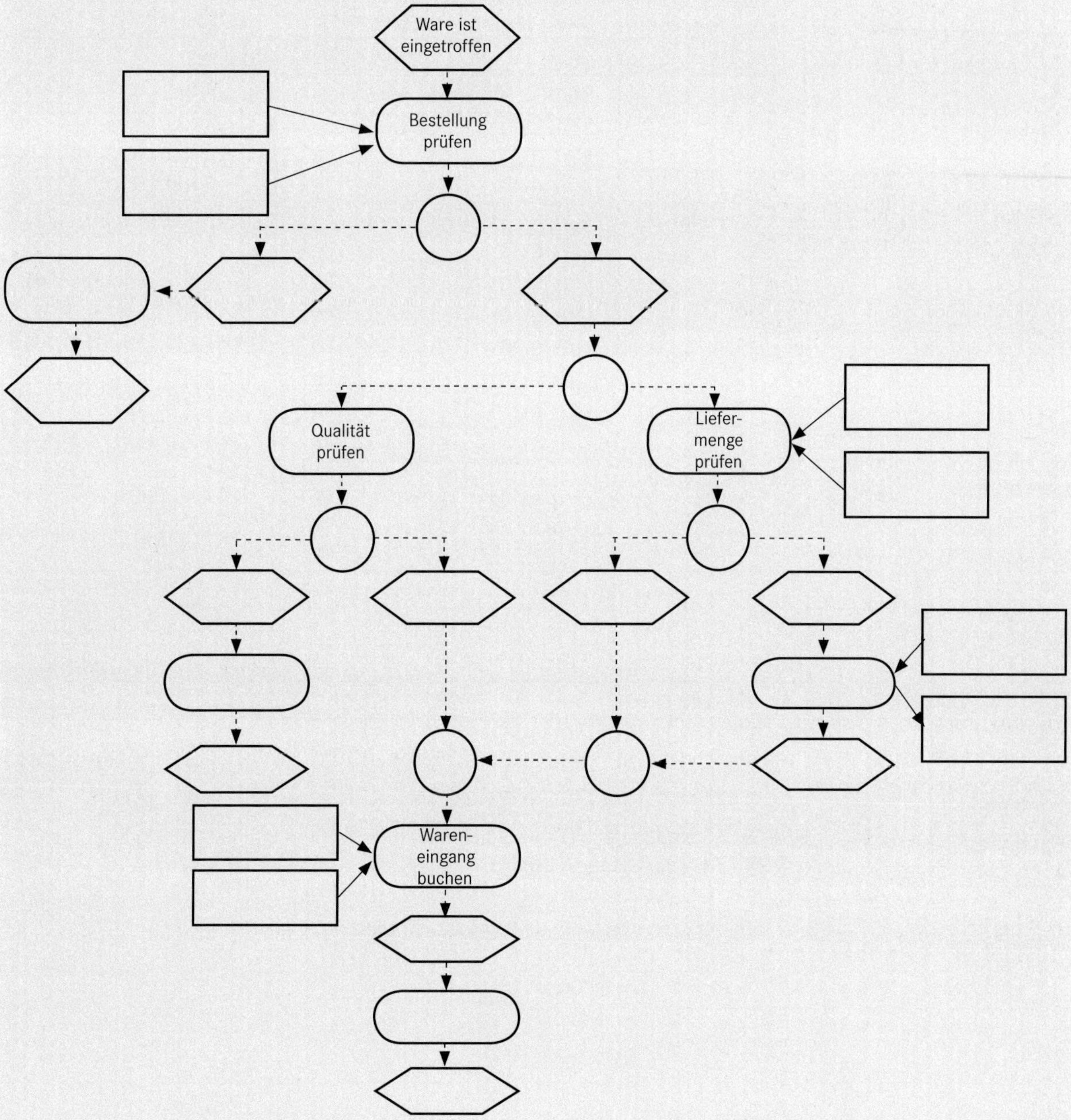

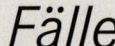
Lösungen zu Aufgabe 1

Lösung zu 1a)
ABC-Analyse

W-/FB-Nr.	Menge	Preis	Gesamtwert	Rang
W1	60	165,00 €	9.900,00 €	2
W2	73	70,00 €	5.110,00 €	5
W3	1 600	3,50 €	5.600,00 €	3
W4	400	4,30 €	1.720,00 €	7
FB5	200	10,80 €	2.160,00 €	6
FB6	100	204,50 €	20.450,00 €	1
FB7	150	35,70 €	5.355,00 €	4

W-/FB-Nr.	Menge	Preis	Gesamtwert	Rang	Menge %	kumu-liert	Wert %	kumu-liert	Teile
FB6	100	204,50 €	20.450,00 €	1	3,87		40,66		A
W1	60	165,00 €	9.900,00 €	2	2,32		19,68		A
					6,19	6,19	60,34	60,34	
W3	1 600	3, 50 €	5.600,00 €	3	61,94		11,13		B
FB7	150	35,70 €	5.355,00 €	4	5,81		10,65		B
W2	73	70,00 €	5.110,00 €	5	2,83		10,16		B
					70,58	76,77	31,94	92,29	
FB5	200	10,80 €	2.160,00 €	6	7,74		4,29		C
W4	400	4,30 €	1.720,00 €	7	15,49		3,42		C
	2 583		50.295,00 €		23,23	100,00	7,71	100,00	

- Das Fremdbauteil FB 6 und der Werkstoff W1 bilden die A-Produkte. Sie machen zusammen nur 6,19 % der Menge, aber 60,34 % des Gesamtwertes aus.

- Das Fremdbauteil FB 7 und die Werkstoffe W2 und W3 machen als B-Produkte 70,58 % der Menge, aber nur 31,94 % des Gesamtwertes aus.

- Das Fremdbauteil FB 5 und der Werkstoff W4 repräsentieren 23,23 % der Menge, aber nur 7,71 % des Wertes. Beide Produkte sind den C-Produkten zuzurechnen.

Lösung zu 1b)

- **Fixe Kosten** sind Kosten, die unabhängig von der Produktionsmenge in jeder Abrechnungsperiode in gleicher Höhe anfallen, also auch, wenn die Produktionsmenge gleich null ist. Sie werden daher auch als Kosten der Betriebsbereitschaft bezeichnet.

- **Variable Kosten** ändern sich in Abhängigkeit von der Produktionsmenge. Sie können sich proportional, über- oder unterproportional zur Produktionsmenge entwickeln.

Lösung zu 1c)

Kostenfunktion für die Eigenfertigung

$K_E = 12.881 + 87{,}40x$

Kostenfunktion für den Fremdbezug

$K_F = 204{,}50x$

Lösung zu 1d)

$K_E = 12.881 + 87{,}40 \cdot 100 = \underline{21.621}$
$K_F = 204{,}50 \cdot 100 = \underline{20.450}$

Bei einem langfristigen Verbrauch von 100 Stück pro Monat würde die Eigenfertigung (21.621,00 €) nicht lohnen, da sie 1.171,00 € mehr Kosten verursachen würde als der Fremdbezug (20.450,00 €).

Lösung zu 1e)

Die kritische Menge ist die Menge, bei der die Kosten von Eigenfertigung und Fremdbezug gleich hoch sind. Sie wird errechnet, indem die beiden Kostenfunktionen gleichgesetzt und nach x (der Menge) aufgelöst werden:

$K_E = K_F$
$12.881 + 87{,}40 \, x = 204{,}50 \, x$
$117{,}10 \, x = 12.881$
$\underline{\underline{x = 110}}$

Bei einem langfristigen Verbrauch von über 110 Stück pro Monat würde die Eigenfertigung lohnen, bei einem langfristigen Verbrauch von unter 110 Stück pro Monat der Fremdbezug (siehe auch die Grafik zu Aufgabe 1f).

Lösung zu 1f)

fixe Kosten pro Monat	12.881,00
Lohnkosten pro Stück	37,40
Materialkosten pro Stück	50,00
Preis pro Stück	204,50
Schrittweite	10

Menge	Kosten Eigenherstellung	Kosten Fremdbezug	
0	12.881	0	
10	13.755	2.045	
20	14.629	4.090	
30	15.503	6.135	
40	16.377	8.180	
50	17.251	10.225	
60	18.125	12.270	
70	18.999	14.315	
80	19.873	16.360	
90	20.747	18.405	
100	21.621	20.450	
110	22.495	22.495	kritische Menge
120	23.369	24.540	
130	24.243	26.585	
140	25.117	28.630	
150	25.991	30.675	

	A	B	C	D
1				
2				
3	fixe Kosten pro Monat		12.881	
4	Lohnkosten pro Stück		37,4	
5	Materialkosten pro Stück		50	
6	Preis pro Stück		204,5	
7	Schrittweite		10	
8				
9	Menge	Kosten	Kosten	Wenn-dann-Funktion
10		Eigenherstellung	Fremdbezug	
11	0	=C$3+(C$4+C$5)*A11	=C$6*A11	=WENN(B11=C11;"kritische Menge";" ")
12	=A11+C$7	=C$3+(C$4+C$5)*A12	=C$6*A12	=WENN(B12=C12;"kritische Menge";" ")
13	=A12+C$7	=C$3+(C$4+C$5)*A13	=C$6*A13	=WENN(B13=C13;"kritische Menge";" ")
14	=A13+C$7	=C$3+(C$4+C$5)*A14	=C$6*A14	=WENN(B14=C14;"kritische Menge";" ")
15	=A14+C$7	=C$3+(C$4+C$5)*A15	=C$6*A15	=WENN(B15=C15;"kritische Menge";" ")
16	=A15+C$7	=C$3+(C$4+C$5)*A16	=C$6*A16	=WENN(B16=C16;"kritische Menge";" ")
17	=A16+C$7	=C$3+(C$4+C$5)*A17	=C$6*A17	=WENN(B17=C17;"kritische Menge";" ")
18	=A17+C$7	=C$3+(C$4+C$5)*A18	=C$6*A18	=WENN(B18=C18;"kritische Menge";" ")
19	=A18+C$7	=C$3+(C$4+C$5)*A19	=C$6*A19	=WENN(B19=C19;"kritische Menge";" ")
20	=A19+C$7	=C$3+(C$4+C$5)*A20	=C$6*A20	=WENN(B20=C20;"kritische Menge";" ")
21	=A20+C$7	=C$3+(C$4+C$5)*A21	=C$6*A21	=WENN(B21=C21;"kritische Menge";" ")
22	=A21+C$7	=C$3+(C$4+C$5)*A22	=C$6*A22	=WENN(B22=C22;"kritische Menge";" ")
23	=A22+C$7	=C$3+(C$4+C$5)*A23	=C$6*A23	=WENN(B23=C23;"kritische Menge";" ")
24	=A23+C$7	=C$3+(C$4+C$5)*A24	=C$6*A24	=WENN(B24=C24;"kritische Menge";" ")
25	=A24+C$7	=C$3+(C$4+C$5)*A25	=C$6*A25	=WENN(B25=C25;"kritische Menge";" ")
26	=A25+C$7	=C$3+(C$4+C$5)*A26	=C$6*A26	=WENN(B26=C26;"kritische Menge";" ")

9714498

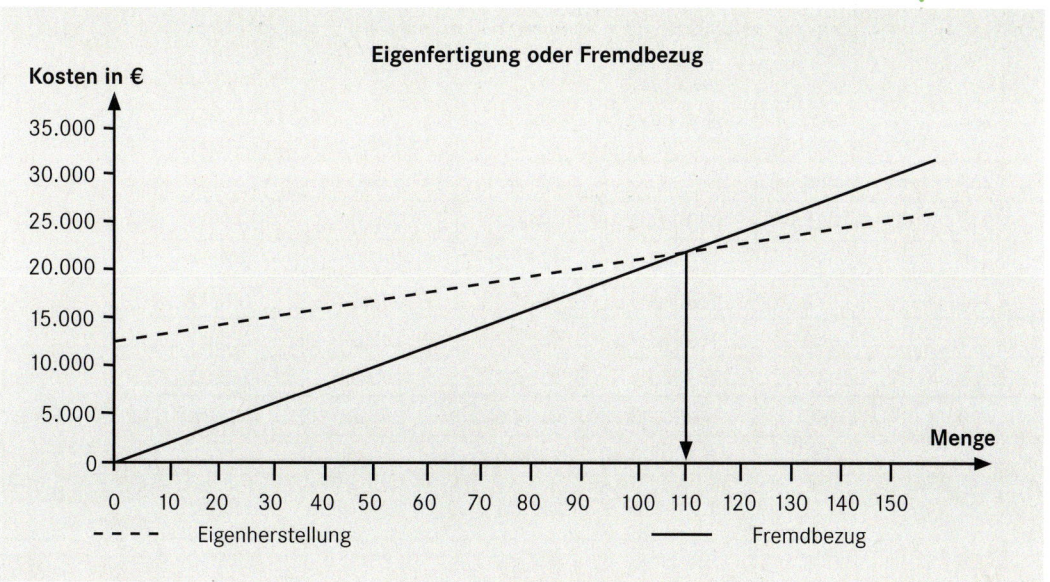

Eigenfertigung oder Fremdbezug

- - - - Eigenherstellung   ——— Fremdbezug

Lösung zu 1g)

Erhöhen sich die Materialkosten um 10 %, steigen die variablen Kosten pro Stück auf 92,40 €.

$K_E - K_F$

12.881 + 92,40 x = 204,50 x

112,10 x = 12.881

<u>x = 114,9 ≈ 115</u>   Die kritische Menge erhöht sich um 5 Stück.

Lösung zu 1h)

Beispiele kostenunabhängiger Gründe für die Eigenfertigung

- Unabhängigkeit vom Lieferanten
- Unpünktlichkeit/Unzuverlässigkeit des Lieferanten
- Produktqualität kann vom Lieferanten nicht gewährleistet werden
- Prognose künftig steigender Stückzahlen
- gegenwärtige Auslastung vorhandener Kapazitäten
- Erhaltung des Facharbeiterstamms

Lösung zu 1i)

Die **optimale Bestellmenge** ist die Menge, bei der die **Summe aus Bestellkosten und Lagerkosten minimal** ist. Bei gegebenem Jahresverbrauch einer bestimmten Werkstoffart entspricht die optimale Bestellmenge gleichzeitig einer **optimalen Anzahl von Bestellungen** im Jahr.

Lösung zu 1j)

Jahresverbrauch in Stück:	720 (60 Stück/Monat · 12 Monate)
Preis/Stück in €:	165,00
Kosten/Bestellvorg. in €:	30,00
Kosten der Kapitalbindung:	5 % (vom Wert des ø Lagerbestands)
sonstige Lagerkosten/Stück in €:	0,50

Anzahl Bestellungen	Bestellmenge	ø Lagerbestand	Wert des ø Lagerbestands	Bestellkosten	Lagerkosten	Gesamtkosten	
1	720	360	59.400,00	30,00	3.150,00	3.180,00	
2	360	180	29.700,00	60,00	1.575,00	1.635,00	
3	240	120	19.800,00	90,00	1.050,00	1.140,00	
4	180	90	14.850,00	120,00	787,50	907,50	
5	144	72	11.880,00	150,00	630,00	780,00	
6	120	60	9.900,00	180,00	525,00	705,00	
7	103	51,43	8.485,71	210,00	450,00	660,00	
8	90	45	7.425,00	240,00	393,75	633,75	
9	80	40	6.600,00	270,00	350,00	620,00	
10	**72**	**36**	**5.940,00**	**300,00**	**315,00**	**615,00**	optimale Bestellmenge
11	65	32,73	5.400,00	330,00	286,36	616,36	
12	60	30	4.950,00	360,00	262,50	622,50	
13	55	27,69	4.569,23	390,00	242,31	632,31	
14	51	25,71	4.242,86	420,00	225,00	645,00	
15	48	24	3.960,00	450,00	210,00	660,00	
16	45	22,50	3.712,50	480,00	196,88	676,88	
17	42	21,18	3.494,12	510,00	185,29	695,29	

	A	B	C	D	E	F	G	H
1								
2								
3								
4	Jahresverbrauch		720					
5	Preis/Stück		165					
6	Kosten/Bestellvorgang		30					
7	Kosten der Kapitalbindung		0,05					
8	sonstige Lagerkosten/Stück		0,5					
9								

	A	B	C	D	E	F	G	H
10	Anzahl Bestellungen	Bestellmenge	ø Lagerbestand	Wert des ø Lagerbestands	Bestellkosten	Lagerkosten	Gesamtkosten	Wenn-dann-Funktion
11								
12	1	=C$4/A12	=B12/2	=C$5*C12	=C$6*A12	=D12*C$7+C12*C$8	=E12+F12	=WENN(G12=MIN(G$12:G$31);"Optimale Bestellmenge";" ")
13	=A12+1	=C$4/A13	=B13/2	=C$5*C13	=C$6*A13	=D13*C$7+C13*C$8	=E13+F13	=WENN(G13=MIN(G$12:G$31);"Optimale Bestellmenge";" ")
14	=A13+1	=C$4/A14	=B14/2	=C$5*C14	=C$6*A14	=D14*C$7+C14*C$8	=E14+F14	=WENN(G14=MIN(G$12:G$31);"Optimale Bestellmenge";" ")
15	=A14+1	=C$4/A15	=B15/2	=C$5*C15	=C$6*A15	=D15*C$7+C15*C$8	=E15+F15	=WENN(G15=MIN(G$12:G$31);"Optimale Bestellmenge";" ")
16	=A15+1	=C$4/A16	=B16/"	=C$5*C16	=C$6*A16	=D16*C$7+C16*C$8	=E16+F16	=WENN(G16=MIN(G$12:G$31);"Optimale Bestellmenge";" ")
17	=A16+1	=C$4/A17	=B17/2	=C$5*C17	=C$6*A17	=D17*C$7+C17*C$8	=E17+F17	=WENN(G17=MIN(G$12:G$31);"Optimale Bestellmenge";" ")
18	=A17+1	=C$4/A18	=B18/2	=C$5*C18	=C$6*A18	=D18*C$7+C18*C$8	=E18+F18	=WENN(G18=MIN(G$12:G$31);"Optimale Bestellmenge";" ")
19	=A18+1	=C$4/A19	=B19/2	=C$5*C19	=C$6*A19	=D19*C$7+C19*C$8	=E19+F19	=WENN(G19=MIN(G$12:G$31);"Optimale Bestellmenge";" ")
20	=A19+1	=C$4/A20	=B20/2	=C$5*C20	=C$6*A20	=D20*C$7+C20*C$8	=E20+F20	=WENN(G20=MIN(G$12:G$31);"Optimale Bestellmenge";" ")
21	=A20+1	=C$4/A21	=B21/2	=C$5*C21	=C$6*A21	=D21*C$7+C21*C$8	=E21+F21	=WENN(G21=MIN(G$12:G$31);"Optimale Bestellmenge";" ")
22	=A21+1	=C$4/A22	=B22/2	=C$5*C22	=C$6*A22	=D22*C$7+C22*C$8	=E22+F22	=WENN(G22=MIN(G$12:G$31);"Optimale Bestellmenge";" ")
23	=A22+1	=C$4/A23	=B23/2	=C$5*C23	=C$6*A23	=D23*C$7+C23*C$8	=E23+F23	=WENN(G23=MIN(G$12:G$31);"Optimale Bestellmenge";" ")
24	=A23+1	=C$4/A24	=B24/2	=C$5*C24	=C$6*A24	=D24*C$7+C24*C$8	=E24+F24	=WENN(G24=MIN(G$12:G$31);"Optimale Bestellmenge";" ")
25	=A24+1	=C$4/A25	=B25/2	=C$5*C25	=C$6*A25	=D25*C$7+C25*C$8	=E25+F25	=WENN(G25=MIN(G$12:G$31);"Optimale Bestellmenge";" ")
26	=A25+1	=C$4/A26	=B26/2	=C$5*C26	=C$6*A26	=D26*C$7+C26*C$8	=E26+F26	=WENN(G26=MIN(G$12:G$31);"Optimale Bestellmenge";" ")
27	=A26+1	=C$4/A27	=B27/2	=C$5*C27	=C$6*A27	=D27*C$7+C27*C$8	=E27+F27	=WENN(G27=MIN(G$12:G$31);"Optimale Bestellmenge";" ")
28	=A27+1	=C$4/A28	=B28/2	=C$5*C28	=C$6*A28	=D28*C$7+C28*C$8	=E28+F28	=WENN(G28=MIN(G$12:G$31);"Optimale Bestellmenge";" ")
29	=A28+1	=C$4/A29	=B29/2	=C$5*C29	=C$6*A29	=D29*C$7+C29*C$8	=E29+F29	=WENN(G29=MIN(G$12:G$31);"Optimale Bestellmenge";" ")
30	=A29+1	=C$4/A30	=B30/2	=C$5*C30	=C$6*A30	=D30*C$7+C30*C$8	=E30+F30	=WENN(G30=MIN(G$12:G$31);"Optimale Bestellmenge";" ")
31	=A30+1	=C$4/A31	=B31/2	=C$5*C31	=C$6*A31	=D31*C$7+C31*C$8	=E31+F31	=WENN(G31=MIN(G$12:G$31);"Optimale Bestellmenge";" ")

Lösung zu 1k)

mathematische Ermittlung der optimalen Anzahl von Bestellungen (x)

Gesamtkosten = Bestellkosten + Lagerkosten → Minimum!

$K_G = K_B + K_L$ → Minimum!

$K_B = 30x$

$$K_L = \frac{720 \cdot 165 \cdot 0,05}{2 \cdot x} + \frac{720 \cdot 0,5}{2 \cdot x}$$

$$K_G = 30 \cdot x + \frac{2970}{x} + \frac{180}{x} \rightarrow \text{Minimum!}$$

$$K'_G = 30 - \frac{2970}{x^2} - \frac{180}{x^2} = 0 \qquad \text{(1. Ableitung)}$$

$$\frac{3150}{x^2} = 30$$

$$x^2 = 105$$

$x = 10,246 \approx 10$

Die optimale Anzahl von Bestellungen beträgt <u>10</u>.

Ermittlung der optimalen Bestellmenge bei gegebenem Gesamtbedarf

optimale Bestellmenge = Gesamtbedarf : optimale Anzahl an Bestellungen

optimale Bestellmenge = 720 Stück : 10 = <u>72 Stück</u>

Lösungen zu Aufgabe 2

Lösung zu 2a)

Der eiserne Bestand ist der Mindestbestand, der grundsätzlich nicht unterschritten werden soll. Er stellt eine „Notreserve" dar, die nur angegriffen werden soll,

- um die Produktion zu sichern, wenn es auf der Beschaffungsseite zu Lieferschwierigkeiten kommt,
- um die Absatzbereitschaft aufrechtzuerhalten, wenn es bei der Produktion Probleme gibt.

eiserner Bestand = 6 · 50 Stück = <u>300 Stück</u>

Lösung zu 2b)

Der Meldebestand ist der Bestand, bei dessen Erreichen eine neue Bestellung ausgelöst wird.

Meldebestand = eiserner Bestand + Tagesverbrauch · Lieferzeit

Meldebestand = 300 + 50 · 14 = <u>1 000</u>

Der Meldebestand beträgt <u>1 000 Stück</u>

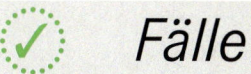
Lösung zu 2c)

optimale Bestellmenge

Jahresbedarf in Stück	13 000
eiserner Bestand in Stück	300
Kosten/Bestellvorgang in €	20,00
Lagerkosten vom durchschnittlicher Lagerbestand in €/Stück	0,50

Zahl der Bestellungen	Bestell-menge	Bestell-kosten	durchschn. Lager-bestand	Lagerkosten	Gesamt-kosten	
1	13 000	20,00	6 800	3.400,00	3.420,00	
2	6 500	40,00	3 550	1.775,00	1.815,00	
3	4 333	60,00	2 467	1.233,33	1.293,33	
4	3 250	80,00	1 925	962,50	1.042,50	
5	2 600	100,00	1 600	800,00	900,00	
6	2 167	120,00	1 383	691,67	811,67	
7	1 857	140,00	1 229	614,29	754,29	
8	1 625	160,00	1 113	556,25	716,25	
9	1 444	180,00	1 022	511,11	691,11	
10	1 300	200,00	950	475,00	675,00	
11	1 182	220,00	891	445,45	665,45	
12	1 083	240,00	842	420,83	660,83	
13	**1 000**	**260,00**	**800**	**400,00**	**660,00**	**optimale Bestellmenge**
14	929	280,00	764	382,14	662,14	
15	867	300,00	733	366,67	666,67	
16	813	320,00	706	353,13	673,13	
17	765	340,00	682	341,18	681,18	
18	722	360,00	661	330,56	690,56	
19	684	380,00	642	321,05	701,05	
20	650	400,00	625	312,50	712,50	

Höchstbestand = eiserner Bestand + optimale Bestellmenge
= 300 Stück + 1 000 Stück = 1 300 Stück
Bedingungen: Der Tagesverbrauch beträgt konstant 50 Stück; die Lieferzeit wird eingehalten.

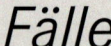
	A	B	C	D	E	F	G
1							
2							
3							
4				Formeln für die Spalten …			
5	Jahresbedarf		13 000	B: Jahresbedarf : Zahl der Bestellungen			
6	eiserner Bestand		300	C: Zahl der Bestellungen * Kosten/Bestellvorgang			
7				D: Bestellmenge : 2 + eiserner Bestand			
8	Kosten/Be-stellvorgang		20	E: durchschn. Lagerbestand * Lagerkosten/Stück			
9				F: Bestellkosten + Lagerkosten			
10	Lagerkosten vom ø Lager-bestand		0,5				
11							
12	Anzahl d. Bestellungen	Bestell-menge	Bestell-kosten	ø Lager-bestand	Lagerkosten	Gesamtkosten	Wenn-dann-Funktion
13	1	=C$5/A13	=C$8*A13	=B13/2+C$6	=D13*C$10	=C13+E13	=WENN(F13=MIN(F$13:F$28);"Optimale Bestellmenge";" ")
14	=A13+1	=C$5/A14	=C$8*A14	=B14/2+C$6	=D14*C$10	=C14+E14	=WENN(F14=MIN(F$13:F$28);"Optimale Bestellmenge";" ")
15	=A14+1	=C$5/A15	=C$8*A15	=B15/2+C$6	=D15*C$10	=C15+E15	=WENN(F15=MIN(F$13:F$28);"Optimale Bestellmenge";" ")
16	=A15+1	=C$5/A16	=C$8*A16	=B16/2+C$6	=D16*C$10	=C16+E16	=WENN(F16=MIN(F$13:F$28);"Optimale Bestellmenge";" ")
17	=A16+1	=C$5/A17	=C$8*A17	=B17/2+C$6	=D17*C$10	=C17+E17	=WENN(F17=MIN(F$13:F$28);"Optimale Bestellmenge";" ")
18	=A17+1	=C$5/A18	=C$8*A18	=B18/2+C$6	=D18*C$10	=C18+E18	=WENN(F18=MIN(F$13:F$28);"Optimale Bestellmenge";" ")
19	=A18+1	=C$5/A19	=C$8*A19	=B19/2+C$6	=D19*C$10	=C19+E19	=WENN(F19=MIN(F$13:F$28);"Optimale Bestellmenge";" ")
20	=A19+1	=C$5/A20	=C$8*A20	=B20/2+C$6	=D20*C$10	=C20+E20	=WENN(F20=MIN(F$13:F$28);"Optimale Bestellmenge";" ")
21	=A20+1	=C$5/A21	=C$8*A21	=B21/2+C$6	=D21*C$10	=C21+E21	=WENN(F21=MIN(F$13:F$28);"Optimale Bestellmenge";" ")
22	=A21+1	=C$5/A22	=C$8*A22	=B22/2+C$6	=B22/2+C$6	=C22+E22	=WENN(F22=MIN(F$13:F$28);"Optimale Bestellmenge";" ")
23	=A22+1	=C$5/A23	=C$8*A23	=B23/2+C$6	=B23/2+C$6	=C23+E23	=WENN(F23=MIN(F$13:F$28);"Optimale Bestellmenge";" ")
24	=A23+1	=C$5/A24	=C$8*A24	=B24/2+C$6	=B24/2+C$6	=C24+E24	=WENN(F24=MIN(F$13:F$28);"Optimale Bestellmenge";" ")
25	=A24+1	=C$5/A25	=C$8*A25	=B25/2+C$6	=B25/2+C$6	=C25+E25	=WENN(F25=MIN(F$13:F$28);"Optimale Bestellmenge";" ")
26	=A25+1	=C$5/A26	=C$8*A26	=B26/2+C$6	=B26/2+C$6	=C26+E26	=WENN(F26=MIN(F$13:F$28);"Optimale Bestellmenge";" ")
27	=A26+1	=C$5/A27	=C$8*A27	=B27/2+C$6	=B27/2+C$6	=C27+E27	=WENN(F27=MIN(F$13:F$28);"Optimale Bestellmenge";" ")
28	=A27+1	=C$5/A28	=C$8*A28	=B28/2+C$6	=B28/2+C$6	=C28+E28	=WENN(F28=MIN(F$13:F$28);"Optimale Bestellmenge";" ")

 *Fälle*

Lösung zu 2d)

durchschnittlicher Lagerbestand = Bestellmenge : 2 + eiserner Bestand

durchschnittlicher Lagerbestand = 1 000 Stück : 2 + 300 Stück = <u>800 Stück</u>

➜ Während des Jahres wurden durchschnittlich 800 Stahlprofilstäbe gelagert.

Umschlagskoeffizient (Lagerumschlagshäufigkeit) = Jahresverbrauch : durchschnittlicher Lagerbestand

Umschlagskoeffizient = 13 000 Stück : 800 Stück = <u>16,25</u>

➜ Der durchschnittliche Lagerbestand wird gut 16-mal im Jahr umgeschlagen.

durchschnittliche Lagerdauer = 365 Tage : Umschlagskoeffizient

durchschnittliche Lagerdauer = 365 Tage : 16,25 = 22,46 Tage

➜ Die durchschnittliche Lagerdauer des durchschnittlichen Lagerbestands beträgt knapp 22,5 Tage.

Lösung zu 2e)

durchschnittliche Lagerkosten = durchschnittlicher Lagerbestand · Lagerkostensatz

durchschnittliche Lagerkosten = 800 Stück · 0,50 €/Stück = <u>400,00 €</u>

durchschnittliche Kapitalbindung = durchschnittlicher Lagerbestand · Einstandspreis/Stück

durchschnittliche Kapitalbindung = 800 Stück · 25,00 €/Stück = <u>20.000,00 €</u>

Lagerzinssatz = Marktzinssatz : 365 Tage · durchschnittliche Lagerdauer

Lagerzinssatz = 12 % : 365 Tage · 22,46 Tage = <u>0,74 %</u>

Zinskosten der Kapitalbindung = durchschnittliche Kapitalbindung • Lagerzinssatz

Zinskosten der Kapitalbindung = 20.000,00 € · 0,74 % = <u>148,00 €</u>

Lösungen zu Aufgabe 3

Lösung zu 3a)
Angebotsvergleich

Kalkulationsschema	Preisspiegel der OfficeCom AG					
	Anbieter 1		Anbieter 2		Anbieter 3	
	A-Folien GmbH		B-Folien OHG		C-Folien GmbH	
Listeneinkaufspreis pro Einheit		1.320,00		1.220,00		1.270,00
· Menge (in PE)		280		280		280
= Listeneinkaufspreis gesamt		369.600,00		341.600,00		355.600,00
– Lieferantenrabatt	10 %	36.960,00	5 %	17.080,00	0 %	0,00
= Zieleinkaufspreis		332.640,00		324.520,00		355.600,00
– Lieferantenskonto	2 %	6.652,80	3 %	9.735,60	1 %	3.556,00
= Bareinkaufspreis		325.987,20		314.784,40		352.044,00
+ Bezugskosten		0,00	2,00	560,00	0,50	140,00
= Einstandspreis (Bezugspreis)		325.987,20		315.344,40		352.184,00

Ergebnis: Die B-Folien GmbH hat das preisgünstigste Angebot vorgelegt.

Lösung zu 3b)
Nutzwertanalyse der OfficeCom AG

Entscheidungs-kriterien	Gewichtung der Kriterien	Anbieter 1		Anbieter 2		Anbieter 3	
		A-Folien GmbH		B-Folien OHG		C-Folien GmbH	
		Ausprä-gungs-punkte	gewichtete Punkte	Ausprä-gungspunkte	gewichtete Punkte	Ausprä-gungspunkte	gewichtete Punkte
Preis	4	2	8	3	12	1	4
Produktqualität	5	2	10	3	15	2	10
Lieferzeit	2	1	2	2	4	3	6
Termintreue	4	3	12	2	8	1	4
Kundendienst/ Service	3	3	9	2	6	1	3
Summe			41		45		27

Ergebnis: Auch unter Berücksichtigung der weiteren Entscheidungskriterien erweist sich die B-Folien OHG als günstigster Anbieter, da sie die höchste Punktzahl aufweist.

Lösung zu 3c)

Faustregel:

Vergleich des Jahreszinssatzes für den Kontokorrentkredit mit dem auf das Jahr hochgerechneten Skontosatz (Skonto = Zinsen für den kostenpflichtigen Zinszeitraum)

kostenpflichtiger Zinszeitraum: 30 Tage
Skontosatz: 3 %
Das Jahr wird mit 360 Tagen gerechnet.

$$\text{Jahresskontosatz} = \frac{3\ \%\ \cdot\ 360\ \text{Tage}}{30\ \text{Tage}} = 36\ \%$$

Effektivzinssatzvergleich:

Vergleich des Jahreszinssatzes für den Kontokorrentkredit mit dem effektiven Jahresskontosatz

Skontobetrag: 315.344,40 € · 3 % = 9.460,33 €
benötigter Kontokorrentkredit: 315.344,40 € – 9.460,33 € = 305.884,07 €

$$\text{effektiver Jahresskontosatz} = \frac{9.460,33\ €\ \cdot\ 100\ \%\ \cdot\ 360\ \text{Tage}}{305.884,07\ €\ \cdot\ 30\ \text{Tage}} = 37,11\ \%$$

Da der effektive Jahresskontosatz höher ist als der Zinssatz für den Kontokorrentkredit, lohnt die Kreditaufnahme, um den Skontoabzug bei Begleichung der Rechnung in Anspruch nehmen zu können.

Finanzierungserfolg:

$$\text{Kreditzinsen für 30 Tage} = \frac{305.884,07\ €\ \cdot\ 15\ \cdot\ 30\ \text{Tage}}{100\ \cdot\ 360\ \text{Tage}} = 3.823,55\ €$$

	Skontoertrag	9.460,33 €
–	Kreditzinsen	3.823,55 €
=	**Finanzierungsgewinn**	5.636,78 €

Fälle

Lösung zu Aufgabe 4

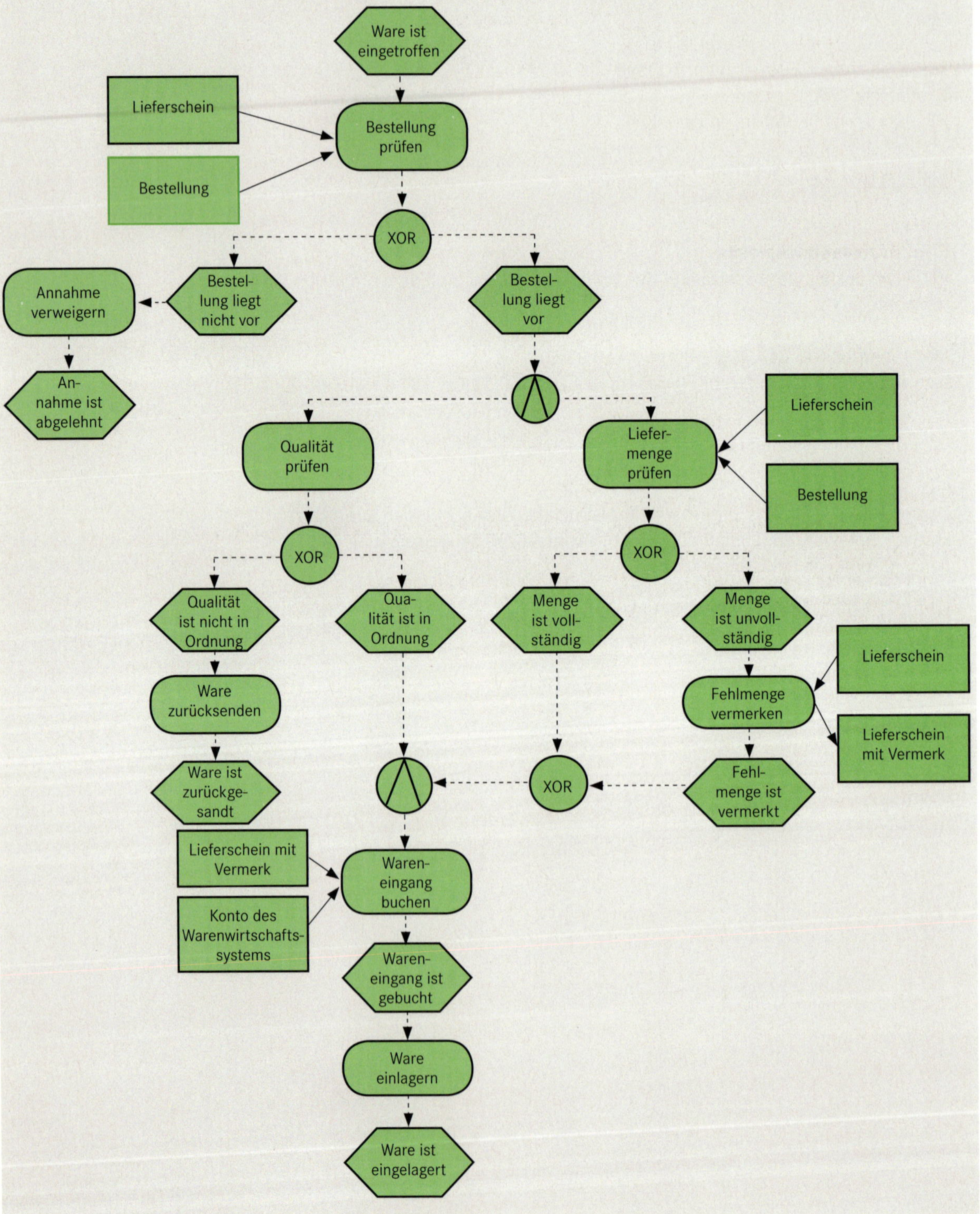

Ware ist eingetroffen

Lieferschein

Bestellung

Bestellung prüfen

XOR

Bestellung liegt nicht vor

Bestellung liegt vor

Annahme verweigern

Annahme ist abgelehnt

Qualität prüfen

Liefermenge prüfen

Lieferschein

Bestellung

XOR

XOR

Qualität ist nicht in Ordnung

Qualität ist in Ordnung

Menge ist vollständig

Menge ist unvollständig

Lieferschein

Ware zurücksenden

Fehlmenge vermerken

Lieferschein mit Vermerk

Ware ist zurückgesandt

Fehlmenge ist vermerkt

XOR

Lieferschein mit Vermerk

Konto des Warenwirtschaftssystems

Wareneingang buchen

Wareneingang ist gebucht

Ware einlagern

Ware ist eingelagert

Fälle

4.1.2.2 Multiple-Choice-Aufgaben und Lösungen

5

Bezugskalkulation

Bringen Sie die folgenden Positionen der Bezugskalkulation in die richtige Reihenfolge:

( ) = Zieleinkaufspreis
( ) + Verpackungskosten
( )   Listeneinkaufspreis
( ) = Bareinkaufspreis
( ) + Transportkosten
( ) – Lieferantenrabatt
( ) = Einstandspreis
( ) – Lieferantenskonto

6

Lieferungsbedingungen

Ordnen Sie den beiden Lieferungsbedingungen die jeweils richtige Erklärung zu:
Lieferungsbedingungen: unfrei ( ); ab Werk ( ).

Erklärungen:
1. Der Käufer trägt alle Beförderungskosten.
2. Der Käufer trägt die Beförderungskosten ab Versandstation einschließlich Beladekosten.
3. Der Käufer trägt die Beförderungskosten ab Versandstation ohne Beladekosten.
4. Der Käufer trägt die Beförderungskosten ab Empfangsstation.
5. Der Verkäufer trägt alle Beförderungskosten.

7

Kaufvertragsarten

Ordnen Sie die Kaufvertragsarten jeweils der richtigen Erklärung zu:

Kaufvertragsarten:

1. Kauf auf Probe
2. Kauf nach Probe
3. Kauf zur Probe
4. Gattungskauf
5. Stückkauf
6. Spezifikationskauf
7. Ramschkauf
8. Zielkauf
9. Ratenkauf
10. Kauf auf Vorauszahlung
11. Bürgerlicher Kauf
12. Verbrauchsgüterkauf

Erklärungen:

( ) Die Qualität der kostenlosen Probe ist auch für die Folgemengen verbindlich.

( ) Vertretbare Ware, nur der Gattung nach bestimmbare Ware, die sich nach Maß, Zahl oder Gewicht bestimmen lässt, ist Kaufgegenstand.

( ) Es wird eine nicht vertretbare Ware gekauft, die nur einmalig vorhanden ist, z. B. ein Gemälde.

( ) Es besteht ein Rückgaberecht der Sache innerhalb einer vereinbarten Frist (z. B. Rückgabe innerhalb einer Woche).

( ) Bei Vertragsabschluss werden nur Art und Menge der Ware bestimmt, die nähere Bestimmung der Ware (z. B. der Farbe) erfolgt innerhalb einer vereinbarten Frist.

( ) Ein Endverbraucher kauft die Ware von einem Unternehmen.

( ) Der Käufer bezahlt die Ware vor der Lieferung (z. B. bei einer Sonderanfertigung).

( ) Es wird zunächst zu Testzwecken eine kleine Menge gekauft.

( ) Der Käufer zahlt in mehreren Raten.

( ) Der Käufer bezahlt nach der Lieferung zu einem vereinbarten Zahlungsziel (z. B. nach vier Wochen).

( ) Die gesamte Warenmenge wird zu einem Pauschalpreis (z. B. bei einer Geschäftsaufgabe) gekauft.

( ) Beide Vertragspartner sind Privatpersonen.

8

Zahlschein

Welche der folgenden Aussagen zum Zahlschein ist richtig?

(1) Mit dem Zahlschein können schnell Geldbeträge vom Konto des Zahlungsschuldners zum Zahlungsempfänger überwiesen werden.

(2) Mit dem Zahlschein können Geldbeträge auf ein Konto eines Geldinstitutes bar eingezahlt werden.

(3) Der Zahlschein wird zur bargeldlosen Zahlung benutzt.

(4) Mit dem Zahlschein erhält der Zahlungsempfänger die Ermächtigung, fällige Forderungen vom Konto des Zahlungsschuldners einzuziehen.

(5) Der Zahlungspflichtige erteilt mit dem Zahlschein seinem Kreditinstitut den Auftrag, fällige Forderungen bestimmter Unternehmen von seinem Konto abzubuchen.

9

Kreditkarte

Welche der folgenden Aussagen zur Kreditkarte ist richtig?

(1) Die Nutzung einer Kreditkarte ist für den Karteninhaber prinzipiell kostenlos.

(2) Jeder Bürger erhält auf Wunsch eine Kreditkarte.

(3) Durch die Nutzung der Kreditkarte muss der Karteninhaber den Zahlungsbetrag nicht sofort entrichten.

(4) Die Kreditkarte erhöht für den Karteninhaber in jedem Fall den Kaufpreis einer mit der Karte bezahlten Ware.

(5) Einem Unternehmen entstehen durch den Einsatz der Kreditkarte durch den Kunden in keinem Fall Kosten.

10

Beschaffungsplanung

Ordnen Sie den folgenden Fachbegriffen der Beschaffungsplanung jeweils die richtige Frage zu.

Fachbegriffe:
( ) Bezugsquellenplanung
( ) Materialplanung
( ) Preisplanung
( ) Zeitplanung
( ) Mengenplanung

Fragen:
(1) Was soll bestellt werden?
(2) Wie viel soll bestellt werden?
(3) Wann soll bestellt werden?
(4) Wie hoch darf der maximal akzeptierbare Einkaufspreis sein?
(5) Wo soll bestellt werden?

Lösungen zu Multiple-Choice-Aufgaben 5 bis 10

Aufgabe 5

(3) = Zieleinkaufspreis

(6) + Verpackungskosten

(1)   Listeneinkaufspreis

(5) = Bareinkaufspreis

(7) + Transportkosten

(2) – Lieferantenrabatt

(8) = Einstandspreis

(4) – Lieferantenskonto

Aufgabe 6

Lieferungsbedingungen: unfrei (2),
ab Werk (1)

Aufgabe 7

(2) Die Qualität der kostenlosen Probe
ist auch für die Folgemengen verbindlich.

(4) Vertretbare Ware, nur der Gattung
nach bestimmbare Ware, die sich
nach Maß, Zahl oder Gewicht bestimmen lässt, ist Kaufgegenstand.

(5) Es wird eine nicht vertretbare Ware
gekauft, die nur einmalig vorhanden
ist, z. B. ein Gemälde.

(1) Es besteht ein Rückgaberecht der
Sache innerhalb einer vereinbarten
Frist (z. B. Rückgabe innerhalb einer
Woche).

(6) Bei Vertragsabschluss werden nur
Art und Menge der Ware bestimmt,
die nähere Bestimmung der Ware

(z. B. der Farbe) erfolgt innerhalb
einer vereinbarten Frist.

(12) Ein Endverbraucher kauft die Ware
von einem Unternehmen.

(10) Der Käufer bezahlt die Ware vor der
Lieferung (z. B. bei einer Sonderanfertigung).

(3) Es wird zunächst zu Testzwecken
eine kleine Menge gekauft.

(9) Der Käufer zahlt in mehreren Raten.

(8) Der Käufer bezahlt nach der Lieferung zu einem vereinbarten Zahlungsziel (z. B. nach vier Wochen).

(7) Die gesamte Warenmenge wird zu
einem Pauschalpreis (z. B. bei einer
Geschäftsaufgabe) gekauft.

(11) Beide Vertragspartner sind Privatpersonen.

Aufgabe 8

(2)

Aufgabe 9

(3)

Aufgabe 10

(5)

(1)

(4)

(3)

(2)

4.1.3   Personalprozesse

4.1.3.1   Fallorientierte Aufgaben und Lösungen

Arbeitsbewertung mithilfe des Rangfolgeverfahrens, Stufenwertzahlverfahren

In einer Leistungsgesellschaft wird die Lohnhöhe eines Mitarbeiters in einem Betrieb maßgeblich durch die Anforderungen des Arbeitsplatzes bestimmt. Es ist Aufgabe der Arbeitsplatzbewertung, die Arbeitsplätze hinsichtlich unterschiedlicher Leistungsanforderungen zu untersuchen und zu bewerten.

a) Die Arbeiten der folgenden Beschäftigten sind nach dem **Rangfolgeverfahren** zu bewerten. Benutzen Sie dazu die folgende Tabelle:

Beschäftigte(r) \ lfd. Nr. der Beschäftigten	1.	2.	3.	4.	5.	6.	Rang
1. Telefonistin							
2. Schreibkraft							
3. Verkäufer							
4. Kaufmännischer Leiter							
5. Sekretärin							
6. Wachmann							

b) Erläutern Sie den Inhalt Ihrer Tabelle am Beispiel des Verkäufers.
c) Vergleichen Sie das Rangfolgeverfahren mit dem **Stufenwertzahlverfahren.**

2

Vorgabezeit

An einer Drehbank ist für einen Auftrag eine bestimmte Anzahl gleicher Werkstücke zu bearbeiten. Folgende Daten sind gegeben:

Auftragsgröße: 20 Werkstücke	Ausführungserholungszeit je Werkstück: 1 Minute
Rüstgrundzeit: 15 Minuten	Rüstverteilzeit: 10 %
Rüsterholungszeit: 5 Minuten	Ausführungsverteilzeit: 5 %
Ausführungsgrundzeit je Werkstück: 12 Minuten	

a) Erläutern Sie den Begriff Rüstzeit. Wodurch unterscheidet sie sich von der Ausführungszeit?
b) Wodurch unterscheiden sich die Grundzeiten von den Verteilzeiten?
c) Ermitteln Sie nach „REFA" die Vorgabezeit für den gesamten Auftrag.
d) Ermitteln Sie nach „REFA" die Vorgabezeit für ein Werkstück.

3

Normalleistung

In einer Maschinenfabrik soll das Schweißen von Trommeln für Strohpressen im Akkord vergeben werden. Ein Zeitnehmer schätzt für diese Tätigkeit, die von sechs Arbeitnehmern durchgeführt werden soll, deren jeweiligen Leistungsgrad und misst deren Ist-Leistung:

Arbeitnehmer	Leistungsgrad in %	Ist-Leistung in Stück/Stunde
Adams	90	50
Berthold	100	55
Claus	125	60
Dittmar	80	45
Ewald	110	58
Friedrichs	60	30

a) Welche Bedingungen müssen erfüllt sein, damit eine Tätigkeit im Akkord ausgeführt werden kann?

b) Worin liegen Ihrer Meinung nach die Vor- und Nachteile der Akkordarbeit für den Arbeitnehmer und für den Betrieb (begründen Sie Ihre Aussagen)?

c) Definieren Sie den Begriff Normalleistung.

d) Ermitteln Sie die Normalleistung und die Vorgabezeit pro Stück.

4

Stückzeitakkord, Stückgeldakkord

Die Normalleistung (aus Aufgabe 3) beträgt 53 Stück/Stunde, der durch Tarifvertrag festgelegte Grundlohn (Ecklohn) 15,40 €/Std., der Akkordzuschlagssatz 20 %.
Schweißer Adams erbringt eine Ist-Leistung von 60 Stück/Std.,
Schweißer Berthold erbringt eine Ist-Leistung von 52 Stück/Std.

a) Berechnen Sie den Akkordrichtsatz.

b) Berechnen Sie für den Schweißer Adams den Akkordstundenlohn mithilfe der Formel für den Stückzeitakkord, wobei Sie die einzelnen Glieder dieser Formel zunächst definieren.

c) Ermitteln Sie den zu zahlenden Stundenlohn für den Schweißer Berthold mithilfe der Stückgeldakkordformel.

5

Personalwirtschaft

Momentan sind Sie in der Personalabteilung der OfficeCom AG eingesetzt, deren Leiterin Frauke Riemann ist. Einmal pro Woche vermittelt Ihnen Frau Riemann in einem Unterweisungsgespräch die Grundlagen der **Personalwirtschaft.** Sie sollen wichtige Inhalte der Unterweisungsgespräche für Ihr Ausbildungsnachweisheft bezüglich der nachfolgenden Schwerpunkte zusammenfassen.

a) Nennen Sie mögliche Aufgabenfelder der Personalwirtschaft.

b) Was versteht man im Rahmen der Personalwirtschaft unter dem Begriff Outsourcing und welche Gesichtspunkte sind dabei zu berücksichtigen?

c) Definieren Sie den Begriff Personalakte und nennen Sie drei Aufgaben der Personalakte.

d) Nennen Sie mindestens jeweils drei wirtschaftliche und soziale Ziele der Personalwirtschaft.

e) Was versteht man unter Personalinformationssystemen?

6

Organigramm, Weisungsbefugnisse

Der organisatorische Aufbau der Personalabteilung der OfficeCom AG kann mit den entsprechenden Weisungs-befugnissen dem folgenden Organigramm entnommen werden:

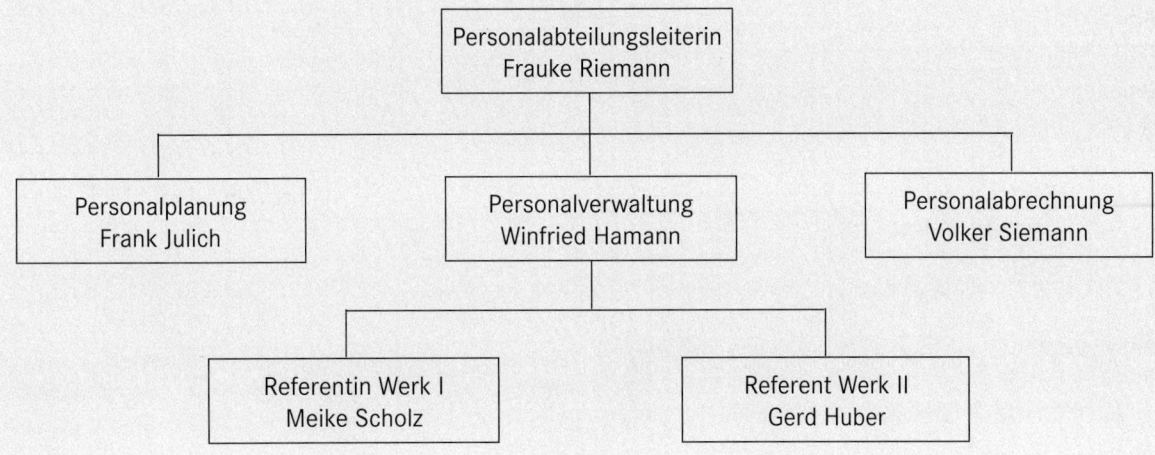

a) Welches Weisungssystem ist abgebildet?

b) Nennen Sie Vor- und Nachteile des abgebildeten Weisungssystems.

c) Nach welchen Prinzipien ist die Personalabteilung auf der zweiten und dritten Ebene gegliedert?

d) Die Abteilungsleiterin Frauke Riemann soll hinsichtlich ihrer Aufgaben entlastet werden. Es wird eine Stelle eingerichtet, die keine Weisungsbefugnis haben soll. Ordnen Sie die Stelle in das Organigramm ein. Wie nennt man eine derartige Stelle?

e) Unterscheiden Sie externe und interne Personalbeschaffung und geben Sie mögliche Vor- und Nachteile an.

7

Personalstatistik

Das Personalinformationssystem der OfficeCom AG liefert Ihnen folgende **Personalstatistik,** die Sie auswerten sollen.

Mitarbeiterkostenstruktur der OfficeCom AG im Monat November				
Mitarbeiter-struktur	männliche Mitarbeiter	weibliche Mitarbeiter	Bruttolohn- und Gehaltssumme	Lohnneben-kosten
Angestellte	28	32	216.000,00 €	216.000,00 €
Facharbeiter	75	120	585.000,00 €	515.708,00 €
Ungelernte, Angelernte	20	27	91.650,00 €	87.600,00 €

a) Unterscheiden Sie ungelernte, angelernte und gelernte Mitarbeiter, indem Sie Ihre Erläuterungen zusätzlich mit jeweils einem Beispiel verbinden.

b) Werten Sie das obige Zahlenmaterial der OfficeCom AG aus (Genauigkeit für Prozentangaben: eine Dezimalstelle; Genauigkeit für Geldbeträge: zwei Dezimalstellen), indem Sie sowohl für die Gruppe der Un- und Angelernten als auch für die Gruppe der Facharbeiter:

b1) den Anteil an der Belegschaft in Prozent,
b2) den Anteil der gesamten Lohnkosten an den gesamten Personalkosten,
b3) den durchschnittlichen Bruttoverdienst,
b4) die durchschnittlichen Personalkosten und
b5) den Anteil der Mitarbeiterinnen an der Gesamtbelegschaft
 berechnen.

c) Das Gutachten einer externen Unternehmensberatung beinhaltet den Vorschlag, die Anzahl der Facharbeiter zugunsten der Anzahl von Un- und Angelernten zu verringern. Zeigen Sie mögliche Konsequenzen für das Unternehmen auf.

8

Personalbedarfsplanung

Lösen Sie die folgenden Aufgaben zur **Personalbedarfsplanung.**

a) Welche personalwirtschaftlichen Maßnahmen sind für das kommende Jahr aufgrund der nachfolgenden Situation zu ergreifen?

Die OfficeCom AG beschäftigt im Profitcenter Schreibtische derzeit 30 Tischler, 20 Schlosser und 15 Einrichter. Wegen Umstrukturierungen benötigt die OfficeCom AG im kommenden Jahr 34 Tischler, 15 Schlosser und 12 Einrichter und zusätzlich zwei Feinmechaniker.

Im nächsten Jahr verlassen altersbedingt drei Tischler und zwei Schlosser das Unternehmen, ein Einrichter hat per 31.12. des Jahres gekündigt, ein Feinmechaniker nimmt am 01.01. des folgenden Jahres seine Tätigkeit als Einrichter auf. Zwei Einrichter haben einen Antrag auf Altersteilzeit (Reduzierung ihrer Arbeitszeit um 50 %) gestellt, der per 01.01. des nächsten Jahres auch umgesetzt wird.

b) Berechnen Sie den Personalbedarf für eine monatlich geplante Produktionsmenge von 1 200 Schreibtischen S-60, wenn aus den Planungsunterlagen hervorgeht, dass die Fertigungszeit pro Schreibtisch zwei Stunden und die durchschnittliche monatliche Arbeitszeit pro Facharbeiter 150 Stunden beträgt. Es wird mit einer Verteilzeit von 10 % gerechnet.

9

Kündigung

Herr Salcher, 43 Jahre alt, alleinerziehender Vater von zwei Kindern, ist seit zehn Jahren bei der OfficeCom AG in der Verkaufsabteilung als Sachbearbeiter beschäftigt. Am 22. Juni 20.. erhält er die unten abgebildete **Kündigung.**

Sehr geehrter Herr Salcher,

wir bedauern, Ihnen mitteilen zu müssen, dass wir Ihr Arbeitsverhältnis zum 31. Oktober 20.. beenden müssen.

Leider sind wir aufgrund der gegenwärtigen wirtschaftlichen Situation und des kontinuierlichen Umsatzrückgangs der vergangenen Jahre gezwungen, die Verkaufsabteilung zu verringern.

Der Betriebsrat ist am 18. Juni 20.. von diesem bedauerlichen Schritt unterrichtet worden.

Für Ihren weiteren Lebensweg wünschen wir Ihnen alles Gute.

Mit freundlichen Grüßen

i. V. Gräbert

Herr Salcher fühlt sich ungerecht behandelt. Als Vater von zwei Kindern hat er entsprechende Belastungen zu tragen. Zudem ist die Einkaufsabteilung erst in diesem Jahr durch Jens Herrmann (26 Jahre, verheiratet, keine Kinder, Ehepartner arbeitslos) und Luisa Richter (31 Jahre, ledig, keine Kinder) verstärkt worden. Da die Arbeitsabläufe in der Verkaufsabteilung denen der Einkaufsabteilung ähneln, könnte sich Herr Salcher eine Weiterbeschäftigung in der Einkaufsabteilung gut vorstellen.

Fortsetzung Aufgabe 9

Eine Rückfrage beim Betriebsrat ergab, dass der Betriebsrat der Kündigung widersprochen hat, da bei der Auswahl der zu kündigenden Arbeitnehmer soziale Gründe nicht ausreichend berücksichtigt worden sind.

Daraufhin erhebt Herr Salcher am 27. Juli Klage beim Arbeitsgericht gegen seine Kündigung.

a) Was versteht man rechtlich unter einer Kündigung?

b) Ist das Kündigungsschreiben an Herrn Salcher als Kündigung im rechtlichen Sinn zu werten?

c) Prüfen Sie anhand des § 622 BGB, ob die OfficeCom AG die gesetzliche Kündigungsfrist eingehalten hat.

---

§ 622 Ordentliche Kündigung von Arbeitsverhältnissen

(1) Das Arbeitsverhältnis eines Arbeiters oder eines Angestellten (Arbeitnehmers) kann mit einer Frist von vier Wochen zum Fünfzehnten oder zum Ende eines Kalendermonats gekündigt werden.

(2) Für eine Kündigung durch den Arbeitgeber beträgt die Kündigungsfrist, wenn das Arbeitsverhältnis in dem Bereich oder Unternehmen

1. zwei Jahre bestanden hat, einen Monat zum Ende eines Kalendermonats,
2. fünf Jahre bestanden hat, zwei Monate zum Ende des Kalendermonats,
3. acht Jahre bestanden hat, drei Monate zum Ende des Kalendermonats,
4. zehn Jahre bestanden hat, vier Monate zum Ende des Kalendermonats,
5. zwölf Jahre bestanden hat, fünf Monate zum Ende des Kalendermonats,
6. fünfzehn Jahre bestanden hat, sechs Monate zum Ende des Kalendermonats,
7. zwanzig Jahre bestanden hat, sieben Monate zum Ende des Kalendermonats.

Bei der Berechnung der Beschäftigungsdauer werden Zeiten, die vor der Vollendung des 25. Lebensjahrs des Arbeitnehmers liegen, nicht berücksichtigt.

---

d) Zu welchem Termin müsste Herr Salcher unter den o. a. Bedingungen bezüglich der Betriebszugehörigkeit kündigen, wenn er die Unternehmung freiwillig und möglichst schnell verlassen möchte?

e) Können die gesetzlich geregelten Kündigungsfristen einzelvertraglich geändert werden?

f) Unterscheiden Sie den allgemeinen Kündigungsschutz und den besonderen Kündigungsschutz.

g) Welche rechtliche Konsequenz ergibt sich für das Arbeitsverhältnis von Herrn Salcher, wenn der Betriebsrat der Kündigung widersprochen und Herr Salcher rechtzeitig eine Klage beim Arbeitsgericht eingereicht hat?

h) Prüfen Sie, ob Herr Salcher fristgerecht Kündigungsschutzklage erhebt.

i) Prüfen Sie unter Berücksichtigung der folgenden Materialien, ob eine Kündigung nach § 1 KSchG sozial gerechtfertigt ist.

Fortsetzung Aufgabe 9

Auszug aus dem Kündigungsschutzgesetz (KSchG)

ERSTER ABSCHNITT
Allgemeiner Kündigungsschutz

§ 1 Sozial ungerechtfertigte Kündigungen

(1) Die Kündigung des Arbeitsverhältnisses gegenüber einem Arbeitnehmer, dessen Arbeitsverhältnis in demselben Betrieb oder Unternehmen ohne Unterbrechung länger als sechs Monate bestanden hat, ist rechtsunwirksam, wenn sie sozial ungerechtfertigt ist.

(2) Sozial ungerechtfertigt ist die Kündigung, wenn sie nicht durch Gründe, die in der Person oder in dem Verhalten des Arbeitnehmers liegen, oder durch dringende betriebliche Erfordernisse, die einer Weiterbeschäftigung des Arbeitnehmers in diesem Betrieb entgegenstehen, bedingt ist.

[...]

(3 Ist einem Arbeitnehmer aus dringenden betrieblichen Erfordernissen im Sinne des Absatzes 2 gekündigt worden, so ist die Kündigung trotzdem sozial ungerechtfertigt, wenn der Arbeitgeber bei der Auswahl des Arbeitnehmers die Dauer der Betriebszugehörigkeit, das Lebensalter, die Unterhaltspflichten und die Schwerbehinderung des Arbeitnehmers nicht oder nicht ausreichend berücksichtigt hat; [...].
Der Arbeitnehmer hat die Tatsachen zu beweisen, die die Kündigung als sozial ungerechtfertigt im Sinne des Satzes I erscheinen lassen.

[...]

Punktesystem nach Landesarbeitsgericht (LAG) Hamm 07.07.1981, BB 1981, 1770:

1.	Lebensalter bis zu 20 Jahren	0 Punkte
	bis zu 30 Jahren	1 Punkt
	bis zu 40 Jahren	2 Punkte
	bis zu 50 Jahren	3 Punkte
	über 50 Jahre	5 Punkte
2.	für jedes Jahr der Betriebszugehörigkeit	4 Punkte
3.	für jedes unterhaltsberechtigte Kind	5 Punkte
4.	für Schwerbehinderte und ähnliche Fälle	10 Punkte
	verdient der Ehepartner ebenfalls, werden Punkte abgezogen	-10 Punkte

j) Was ist ein Aufhebungsvertrag?

k) Aus welchen Gründen könnten sowohl die OfficeCom AG als auch Herr Salcher einen Aufhebungsvertrag anstreben?

l) Grenzen Sie die interne Personalfreisetzung von der externen Personalfreisetzung ab.

10

Prämienlohn

Heidwig Klum arbeitet als Tischlerin in der OfficeCom AG. Ihr Tätigkeitsbereich ist der Lohngruppe 4 mit 12,00 € je Stunde zugeordnet. Die OfficeCom AG beschließt, für den Arbeitsbereich von Frau Klum einen Prämienlohn einzuführen. Es wird eine Unfallverhütungsprämie von 7 % gezahlt, wenn es in den entsprechenden Abrechnungszeiträumen zu keinen Unfällen in der Abteilung kommt.

Um wie viel € erhöht sich der Bruttolohn von Frau Klum im Monat Mai,
- wenn sich im Mai keine Unfälle in der Abteilung ereignen,
- der Monat Mai mit 25 Arbeitstagen abgerechnet wird und
- Frau Klum täglich vier Stunden arbeitet?

11

Einkommensteuererklärung I

Frau Riemann, die Leiterin der Abteilung Personalwesen in der OfficeCom AG, legt Ihnen zur Übung Belege einer **Einkommensteuererklärung** für einen fiktiven Abteilungsleiter der EDV-Abteilung vor, die Sie ordnen sollen. Kennzeichnen Sie die Belege mit einer
①, wenn sie zu den Werbungskosten gehören,
②, wenn sie Sonderausgaben darstellen,
③, wenn sie zu den außergewöhnlichen Belastungen zählen, und
④, wenn sie nicht abzugsfähig sind:

( ) Quittung über monatlich 200,00 €: Unterstützung eines bedürftigen Verwandten

( ) Bank-Einzahlungsbeleg: Kraftfahrzeugsteuer

( ) Durchschrift der Banküberweisung: private Lebensversicherungsprämie

( ) Quittung für den Kauf von Fachbüchern

( ) Banküberweisung und Prämienrechnung: private Haftpflichtversicherung

( ) Kassenzettel über den Kauf von Berufsbekleidung

( ) Rechnung über Kauf eines Pkw (auch für Fahrten zur Arbeitsstätte)

( ) Quittung über Beitragszahlung an Gewerkschaft

( ) Spendennachweis für das Rote Kreuz

( ) Beleg über 200,00 € für den Bezug einer Tageszeitung

( ) Hotelrechnung, Fahrkarte und Eintrittskarte zur CeBIT Hannover

Einkommensteuererklärung II

Frau Riemann, die Leiterin der Abteilung Personalwesen in der OfficeCom AG, hat folgende Belege für die **Einkommensteuererklärung** eines alleinstehenden Arbeitnehmers zusammengetragen:

Fahrten mit dem Pkw zur Arbeit: 210 Tage, einfache Entfernung: 40 km
Fachliteratur: 423,00 €
Arbeitnehmeranteil zur gesetzlichen Sozialversicherung: 4.800,00 €
Arbeitgeberanteil zur gesetzlichen Sozialversicherung: 4.600,00 €
Lebensversicherung: 80,00 € pro Monat
Gewerkschaftsbeitrag: 240,00 € pro Jahr
Spenden an das Rote Kreuz: 200,00 €
Braunschweiger Zeitung: 124,00 € pro Jahr
Manager Magazin: 72,00 € pro Jahr
Persönliche Unfallversicherung: 230,00 € pro Jahr
Jahresgebühr für die Parkgarage neben der Arbeitsstätte: 320,00 €

a) Ermitteln Sie die Höhe der Werbungskosten.

b) Errechnen Sie aus der beigefügten Einkommensteuer- und Splittingtabelle die Steuerschuld für den Arbeitnehmer mit einem Jahresbrutto-Einkommen von 22.421,00 € bei steuerrechtlich relevanten Sonderausgaben in Höhe von 1.007,00 € (es sind keine weiteren Angaben zu berücksichtigen).

c) Wie viel Steuern sind noch zu zahlen bzw. mit welcher Rückerstattung ist zu rechnen, wenn der Arbeitgeber für das betreffende Jahr schon 12.805,00 € an Lohnsteuer abgeführt hat?

zu versteuerndes Einkommen €	Einkommensteuer Grundtabelle €	Splittingtabelle €	zu versteuerndes Einkommen €	Einkommensteuer Grundtabelle €	Splittingtabelle €	zu versteuerndes Einkommen €	Einkommensteuer Grundtabelle €	Splittingtabelle €
59 900	17 244	11 584	61 150	17 769	11 982	62 400	18 294	12 386
59 925	17 254	11 590	61 175	17 779	11 990	62 425	18 304	12 394
59 950	17 265	11 600	61 200	17 790	11 998	62 450	18 315	12 402
59 975	17 275	11 606	61 225	17 800	12 006	62 475	18 325	12 410
60 000	17 286	11 614	61 250	17 811	12 016	62 500	18 336	12 418
60 025	17 296	11 622	61 275	17 821	12 022	62 525	18 346	12 426
60 050	17 307	11 630	61 300	17 832	12 032	62 550	18 357	12 434
60 075	17 317	11 638	61 325	17 842	12 038	62 575	18 367	12 442
60 100	17 328	11 646	61 350	17 853	12 048	62 600	18 378	12 452
60 125	17 338	11 654	61 375	17 863	12 054	62 625	18 388	12 460
60 150	17 349	11 662	61 400	17 874	12 064	62 650	18 399	12 468
60 175	17 359	11 670	61 425	17 884	12 072	62 675	18 409	12 476
60 200	17 370	11 678	61 450	17 895	12 080	62 700	18 420	12 484
60 225	17 380	11 686	61 475	17 905	12 088	62 725	18 430	12 492
60 250	17 391	11 694	61 500	17 916	12 096	62 750	18 441	12 500
60 275	17 401	11 702	61 525	17 926	12 104	62 775	18 451	12 508
60 300	17 412	11 710	61 550	17 937	12 112	62 800	18 462	12 516
60 325	17 422	11 718	61 575	17 947	12 120	62 825	18 472	12 524
60 350	17 433	11 726	61 600	17 958	12 128	62 850	18 483	12 532
60 375	17 443	11 734	61 625	17 968	12 136	62 875	18 493	12 540
60 400	17 454	11 742	61 650	17 979	12 144	62 900	18 504	12 548
60 425	17 464	11 750	61 675	17 989	12 152	62 925	18 514	12 556
60 450	17 475	11 758	61 700	18 000	12 160	62 950	18 525	12 564
60 475	17 485	11 766	61 725	18 010	12 168	62 975	18 535	12 572
60 500	17 496	11 774	61 750	18 021	12 176	63 000	18 546	12 582
60 525	17 506	11 782	61 775	18 031	12 184	63 025	18 556	12 590
60 550	17 517	11 790	61 800	18 042	12 192	63 050	18 567	12 598
60 575	17 527	11 798	61 825	18 052	12 200	63 075	18 577	12 606
60 600	17 538	11 806	61 850	18 063	12 208	63 100	18 588	12 614
60 625	17 548	11 814	61 875	18 073	12 216	63 125	18 598	12 622
60 650	17 559	11 822	61 900	18 084	12 224	63 150	18 609	12 630
60 675	17 569	11 830	61 925	18 094	12 232	63 175	18 619	12 638
60 700	17 580	11 838	61 950	18 105	12 240	63 200	18 630	12 646
60 725	17 590	11 846	61 975	18 115	12 248	63 225	18 640	12 654
60 750	17 601	11 854	62 000	18 126	12 256	63 250	18 651	12 662
60 775	17 611	11 862	62 025	18 136	12 264	63 275	18 661	12 670
60 800	17 622	11 870	62 050	18 147	12 274	63 300	18 672	12 680
60 825	17 632	11 878	62 075	18 157	12 280	63 325	18 682	12 686
60 850	17 643	11 886	62 100	18 168	12 290	63 350	18 693	12 696
60 875	17 653	11 894	62 125	18 178	12 296	63 375	18 703	12 704
60 900	17 664	11 902	62 150	18 189	12 306	63 400	18 714	12 712
60 925	17 674	11 910	62 175	18 199	12 314	63 425	18 724	12 720
60 950	17 685	11 918	62 200	18 210	12 322	63 450	18 735	12 728
60 975	17 695	11 926	62 225	18 220	12 330	63 475	18 745	12 736
61 000	17 706	11 934	62 250	18 231	12 338	63 500	18 756	12 744
61 025	17 716	11 942	62 275	18 241	12 346	63 525	18 766	12 752
61 050	17 727	11 950	62 300	18 252	12 354	63 550	18 777	12 760
61 075	17 737	11 958	62 325	18 262	12 362	63 575	18 787	12 768
61 100	17 748	11 966	62 350	18 273	12 370	63 600	18 798	12 776
61 125	17 758	11 974	62 375	18 283	12 378	63 625	18 808	12 784

 *Fälle*

Lösungen zu Aufgabe 1

Lösungsvorschlag zu 1a)

(Mögliche Schülerlösungen können, je nach Einschätzung der Schwierigkeit der verschiedenen Tätigkeiten der Arbeitnehmer, vom Lösungsvorschlag abweichen.)

Beschäftigte(r) / lfd. Nr. der Beschäftigten	1.	2.	3.	4.	5.	6.	Rang
1. Telefonistin	X	2	0	0	0	6	IV
2. Schreibkraft	0	X	0	0	0	6	V
3. Verkäufer	1	2	X	0	5	6	II
4. Kaufmännischer Leiter	1	2	3	X	5	6	I
5. Sekretärin	1	2	0	0	X	6	III
6. Wachmann	0	0	0	0	0	X	VI

Lösung zu 1b)

Erläuterung des Lösungsvorschlags am Beispiel des Verkäufers:

- Die Arbeit des Verkäufers wird schwieriger eingeschätzt als die der Telefonistin, der Schreibkraft, der Sekretärin und des Wachmannes, daher in der Zeile Verkäufer die Ziffern 1, 2, 5 und 6.

- Die Arbeit des Verkäufers wird leichter eingeschätzt als die des kaufmännischen Leiters, daher die Ziffer 0.

- Der Verkäufer wird nicht mit sich selbst verglichen, daher der Buchstabe X.

Lösung zu 1c)

Rangfolgeverfahren	Stufenwertzahlverfahren
○ summarisches Verfahren ○ einfach und kostengünstig, da keine Abstufung der Anforderungsarten ○ Da alle Arbeitsplätze untereinander verglichen werden, ist dieses Verfahren nur bei kleinen Belegschaften sinnvoll durchführbar. ○ Die mögliche Subjektivität des Bewerters kann zu „ungerechter" Beurteilung des Schwierigkeitsgrades von Tätigkeiten führen. ○ Über die Lohn- und Gehaltsabstufung entsprechend der ermittelten Rangfolge ist noch keine Aussage gemacht.	○ analytisches Verfahren ○ aufwendig, da die Anforderungsarten differenziert berücksichtigt werden ○ Berücksichtigt wird auch die zeitliche Inanspruchnahme des Arbeitnehmers durch die jeweilige Anforderungsart. ○ Wegen der differenzierten Berücksichtigung der Anforderungsarten ist die Ermittlung des Arbeitswertes und damit die Entgelthöhe gerechter.

Lösungen zu Aufgabe 2

Lösung zu 2a)

- **Rüstzeit**
  Zeit für die Einrichtung einer Maschine/eines Arbeitsplatzes, z. B. Programmieren der Maschine, Werkzeuge beschaffen und bereitstellen, Material beschaffen, Arbeitsanweisungen und Konstruktionspläne lesen

  „einmalige" Zeit

- **Ausführungszeit**
  Zeit für die eigentliche Bearbeitung, zum Beispiel Bohren, Fräsen der Werkstücke

  „sich laufend wiederholende" Zeit

Lösung zu 2b)

- **Grundzeiten** sind messbar, da sie regelmäßig anfallen.
- **Verteilzeiten** sind nicht messbar, da sie unregelmäßig anfallen; sie werden als prozentualer Zuschlag (Erfahrungswerte) den Grundzeiten zugerechnet.

Lösung zu 2c)
Vorgabezeit für den Gesamtauftrag

lfd. Nr.	Zeitbegriffe	Berechnung	Minuten
(1)	Rüstgrundzeit	einmalig	15,0
(2)	+ Rüstverteilzeit	10 % von 15,0	1,5
(3)	+ Rüsterholungszeit	einmalig	5,0
(4)	= Rüstzeit	(1) + (2) + (3)	21,5
(5)	Ausführungsgrundzeit	12,0 · 20	240,0
(6)	+ Ausführungsverteilzeit	5 % von 240,0	12,0
(7)	+ Ausführungserholungszeit	1,0 · 20	20,0
(8)	= Ausführungszeit	(5) + (6) + (7)	272,0
(9)	**Auftrags- oder Vorgabezeit**	(4) + (8)	**293,5**

Lösung zu 2d)
Vorgabezeit für ein Werkstück = 293,5 Minuten : 20 Werkstücke = 14,675 Min./Werkst.

 *Fälle*

Lösungen zu Aufgabe 3

Lösung zu 3a)

Bedingungen für die Arbeit im Akkord und damit für die Anwendung des Akkordlohns:

- **Akkordfähigkeit**
  - ○ Der Ablauf der zu entlohnenden Arbeitsverrichtung oder Tätigkeit muss im Voraus bekannt sein.
  - ○ Die Tätigkeit darf nicht komplex, sondern muss einfach sein.
  - ○ Die Tätigkeit muss sich zeitlich und mengenmäßig regelmäßig wiederholen.
  - ○ Das Ergebnis der Tätigkeit muss messbar sein.

- **Akkordreife**
  - ○ Der Prozess der zu entlohnenden Tätigkeit ist optimal gestaltet.
  - ○ Die Tätigkeit wird – nach Übung und Einarbeitung – vom Arbeitnehmer beherrscht.

- **Die Arbeitnehmer können ihre Leistung unmittelbar beeinflussen,**
  das heißt, sie können das Arbeitstempo (in Grenzen) selbst bestimmen.

Lösung zu 3b)

Bedeutung des Akkordlohnes

- **für den Arbeitnehmer**
  - ○ *Vorteile:*
    - – leistungsgerechte Entlohnung
    - – höhere Leistung bewirkt höheres Einkommen
    - – Risiko der Minderleistung trägt der Betrieb wegen garantiertem Mindestlohn
  - ○ *Nachteile:*
    - – physische, psychische Schäden
    - – Monotonie der Arbeit

- **für den Betrieb**
  - ○ *Vorteile:*
    - – feste Kalkulationsgrundlage, da die Lohnstückkosten konstant sind (Ausnahme: Die Lohnstückkosten steigen, wenn die Ist-Leistung des Arbeitnehmers so gering ist, dass der garantierte Mindestlohn – tariflicher Mindestlohn – gezahlt werden muss.)
    - – höhere Leistung
    - – geringere Kosten durch sinkende Durchlaufzeit
  - ○ *Nachteile:*
    - – höherer Krankenstand
    - – Produktqualität kann leiden

Lösung zu 3c)

Unter **Normalleistung** versteht man diejenige menschliche Arbeitsleistung, die
- ein ausreichend geeigneter Arbeitnehmer
- bei voller Übung und Einarbeitung
- ohne Gesundheitsschäden auf Dauer erreichen kann,
- wenn er die in der Vorgabezeit enthaltenen Verteilzeiten einschließlich den Erholungszeiten einhält.

Lösung zu 3d)

$$\text{Normalleistung} = \frac{\left(\frac{50}{90} + \frac{55}{100} + \frac{60}{125} + \frac{45}{80} + \frac{58}{110} + \frac{30}{60}\right) \cdot 100}{6} = 52,9 \rightarrow \underline{53 \text{ (Stück)}}$$

Vorgabezeit/Stück = 60 Minuten : 53 Stück = <u>1,13 Minuten/Stück</u>

Lösungen zu Aufgabe 4

Lösung zu 4a)

Ermittlung des Akkordrichtsatzes (Akkordstundenlohn)

	Grund- oder Tariflohn	15,40 €
+	Akkordzuschlag 20 %	3,08 €
=	Akkordrichtsatz	18,48 €

Lösung zu 4b)

Formel für Stückzeitakkord:

Effektivlohn = Stückzahl · Zeitakkordsatz · Geldsatz/Minute
                          (Vorgabezeit)   (Minutenfaktor)

Definitionen:

$$\text{Zeitakkordsatz} = \frac{60 \text{ Minuten}}{\text{Normalleistung/Stunde}} \qquad \text{Minutenfaktor} = \frac{\text{Akkordrichtsatz}}{60 \text{ Minuten}}$$

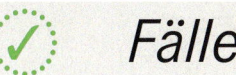

effektiver Akkordstundenlohn Schweißer Adams:

$$\text{Effektivlohn} = 60 \text{ Stück} \cdot \frac{60 \text{ Minuten}}{53 \text{ Stück/Stunde}} \cdot \frac{18{,}48 \text{ €}}{60 \text{ Minuten}}$$

$$= 60 \text{ Stück} \cdot 1{,}13 \text{ Minuten/Stück} \cdot 0{,}308 \text{ €/Minute} = \underline{\underline{20{,}88 \text{ €}}}$$

Lösung zu 4c)

Formel für Stückgeldakkord:

Effektivlohn = Akkordsatz/Stück · Stück

effektiver Akkordstundenlohn Schweißer Berthold:

$$\text{Effektivlohn} = \frac{18{,}48 \text{ €/Stunde}}{53 \text{ Stück/Stunden}} \cdot 52 \text{ Stück} = 18{,}13$$

zu zahlender Mindestlohn: $\underline{\underline{18{,}48 \text{ €}}}$

Lösungen zu Aufgabe 5

Lösung zu 5a)
Personalplanung, Personalbeschaffung, Personaleinsatz, Personalentwicklung, Aus- und Fortbildung, Personalverwaltung, Personalabrechnung, Sozialwesen, Personalleasing, Personalabbau, Arbeitsrecht

Lösung zu 5b)
Unter Outsourcing im Personalbereich versteht man das Verlagern von Aufgaben, die bisher selbst erfüllt worden sind, auf externe Personaldienstleister.

Gesichtspunkte:
- Können die Leistungen auf Dauer extern günstiger erbracht werden?
- Werden Abhängigkeiten zum externen Dienstleister geschaffen?
- Welche negativen Effekte treten für die Unternehmung durch die Verlagerung von personellen Teilbereichen auf?

Lösung zu 5c)
Die Personalakte ist eine Sammlung von Dokumenten, die über einen Mitarbeiter von der Einstellung bis zu seinem Ausscheiden aus der Unternehmung Auskunft gibt.

Aufgaben:
- Aufbewahrung und Dokumentation der Unterlagen
- Informationsgrundlage für andere Stellen/Abteilungen des Unternehmens
- Kontrolle von Fehl-, Gleitzeit- und Urlaubszeiten
- zeitnahe Aktualität der Daten

Lösung zu 5d)

zum Beispiel:

wirtschaftliche Ziele (Beispiele)
- Senkung der Personalkosten
- Erhöhung der Arbeitsleistung der Mitarbeiter
- Abbau von überflüssigen Stellen
- Einsatz der „richtigen" Mitarbeiter am „richtigen" Ort
- Nutzung von Fach- und Methodenkompetenz der Mitarbeiter

soziale Ziele (Beispiele)
- Verringerung der Arbeitszeit
- ergonomische Arbeitsplatzgestaltung
- Aus- und Fortbildung während der Arbeitszeit
- betriebliche Altersversorgung
- soziale Einrichtungen

Lösung zu 5e)

Personalinformationssysteme bestehen aus Datenbanken, die nach verschiedenen Kriterien geordnet und nach unterschiedlichen Anforderungen auswertbar sind.

Lösungen zu Aufgabe 6

Lösung zu 6a)

Einliniensystem

Lösung zu 6b)

Einliniensystem	
mögliche Vorteile	**mögliche Nachteile**
○ eindeutige Instanzenwege ○ abgegrenzte Kompetenzbereiche ○ klare Verantwortlichkeiten ○ übersichtliche Betreuung und Kontrolle der Mitarbeiter ○ eindeutiger Informationsfluss durch Einhaltung des Instanzenweges	○ lange Weisungswege bei großen Unternehmen ○ Überlastung von Führungskräften durch Routine- und Koordinationsaufgaben ○ Gefahr der Bürokratisierung, da der „Dienstweg" einzuhalten ist ○ ggf. lange Entscheidungswege für kurzfristig zu treffende Entscheidungen ○ ggf. Informationsfilterung entlang des Instanzenweges („stille Post") ○ Zusammenarbeit und Teamwork müssen organisatorisch gesondert umgesetzt werden.

Lösung zu 6c)

Die Personalabteilung der OfficeCom AG ist auf der zweiten Unternehmensebene nach Aufgaben bzw. Funktionen und auf der dritten Ebene nach dem Referentensystem gegliedert.

Lösung zu 6d)

Stabsstelle

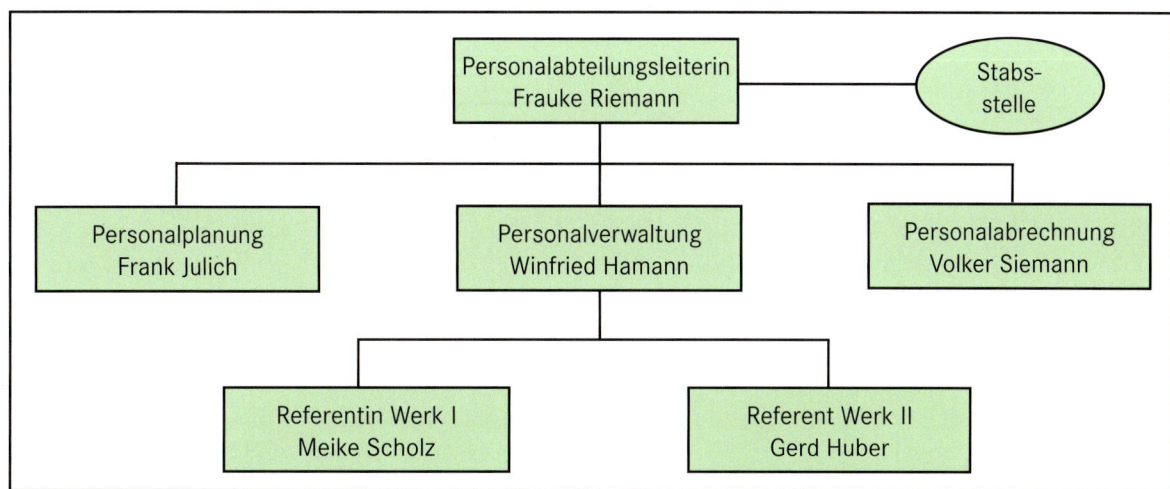

Lösung zu 6e)

Personalbeschaffung	
interne Personalbeschaffung	**externe Personalbeschaffung**
Die Besetzung einer freien Stelle erfolgt durch Mitarbeiter der eigenen Unternehmung.	Die offene Stelle wird mit einem betriebsfremden Bewerber besetzt.
Vorteile (entsprechen mit den nötigen Änderungen den Nachteilen der externen Personalbeschaffung)	Vorteile (entsprechen mit den nötigen Änderungen den Nachteilen der internen Personalbeschaffung)
○ Stärken und Schwächen des Mitarbeiters sind bekannt ○ Mitarbeiter kennt die Unternehmung ○ unter Umständen kürzere Einarbeitungszeiten ○ erhöhte Motivation des Mitarbeiters durch Aufstieg in eigener Unternehmung ○ erhöhte Motivation anderer Mitarbeiter, wenn sie sehen, dass Aufstieg im eigenen Unternehmen möglich ist ○ Gehaltsniveau wird eingehalten	○ größere Auswahl ○ neue Ideen und Erfahrungen aus anderen Unternehmen ○ ggf. Reduzierung von Konflikten, da kein „Karrriereneid" der Kollegen

Lösungen zu Aufgabe 7

Lösung zu 7a)

Mitarbeiter	Erläuterung	Beispiele
ungelernte Mitarbeiter	○ Als ungelernte Mitarbeiter werden Mitarbeiter bezeichnet, die keine abgeschlossene Berufsausbildung haben und einfache Arbeiten erledigen. ○ Die Arbeiten sind überwiegend schematisch auszuführen.	○ Botengänge ○ Reinigungsarbeiten ○ Regalservice ○ Küchenhilfe
angelernte Mitarbeiter	○ Angelernte Mitarbeiter haben keine abgeschlossene Berufsausbildung, sind aber für einen bestimmten Arbeitsbereich ausgebildet worden. ○ Der Arbeitsbereich ist in der Regel einfach strukturiert und erfordert keine komplexen Bearbeitungen.	○ Kassieren ○ Telefonannahme ○ Erfassen von Kundendaten ○ Belegbuchungen nach vorbereiteten Unterlagen
gelernte Mitarbeiter	○ Gelernte Mitarbeiter können eine abgeschlossene Ausbildung in einem staatlich anerkannten Beruf (z. B. Industriekaufmann/Industriekauffrau) vorweisen. ○ Die Tätigkeiten werden in der Regel selbstständig in einem vorgegebenen Tätigkeitsprofil ausgeübt.	○ Sachbearbeitung im Einkauf ○ Personalverwaltung ○ Ausarbeitung von Schichtplänen

Lösung zu 7b)
7b1) Anteil an der Belegschaft (302 Mitarbeiter) in Prozent:

Facharbeiter	$(195 : 302) \cdot 100 = 64,6 \%$
Ungelernte, Angelernte	$(47 : 302) \cdot 100 = 15,6 \%$

9714530

7b2) den Anteil der gesamten Lohnkosten an den gesamten Personalkosten (1.711.958,00 €):

Facharbeiter	[(585.000 + 515.708) : 1.711.958] · 100 = 64,3 %
Ungelernte, Angelernte	[(91.650 + 87.600) : 1.711.958] · 100 = 10,5 %

7b3) durchschnittlicher Bruttoverdienst:

Facharbeiter	585.000 : 195 = 3.000
Ungelernte, Angelernte	91.650 : 47 = 1.950

7b4) durchschnittliche Personalkosten:

Facharbeiter	(585.000 + 515.708) : 195 = 5.644,66
Ungelernte, Angelernte	(91.650 + 87.600) : 47 = 3.813,83

7b5) Anteil der weiblichen Mitarbeiter an der Gesamtbelegschaft:

Facharbeiter	(120 : 302) · 100 = 39,7
Ungelernte, Angelernte	(27 : 302) · 100 = 8,9

Lösung zu 7c)

mögliche Vorteile	○ Die Bruttolohnsumme wird verringert. Bei sonst gleichen Bedingungen führt eine Verringerung der Bruttolohnsumme zu einer Senkung der Lohnstückkosten. Das erhöht die Wettbewerbsfähigkeit.
	○ Wenn die ungleiche Entlohnung von Facharbeitern und Ungelernten/Angelernten als ungerecht empfunden wird, könnte auf dem Wege der Verringerung der Facharbeiteranzahl das Gerechtigkeitsempfinden der Belegschaft – und damit das Betriebsklima – verbessert werden.
mögliche Nachteile	○ Es ist zu untersuchen, ob die Aufgaben, die bisher die Facharbeiter übernommen haben, auch von Ungelernten/Angelernten ausgeführt werden können. Sicherlich sind Kosten für Schulungsmaßnahmen und organisatorische Umstrukturierungen zu berücksichtigen.
	○ Die Auswirkungen auf die Unternehmensziele (z. B. Null-Fehler-Konzept, flexibler Personaleinsatz) sind abzuwägen.

Lösungen zu Aufgabe 8

Lösung zu 8a)

	Tischler	Schlosser	Einrichter
Bedarf (im neuen Jahr)	34	15	12
Ist (im alten Jahr)	30	20	15
Zugänge			1
Abgänge	3	2	1
vorläufige Anzahl im neuen Jahr	27	18	15
Überdeckung/ Unterdeckung	– 7	+ 3	+ 3

- Es ist zu prüfen, ob die Schlosser und Einrichter als Tischler eingesetzt werden können. Das beinhaltet Schulungsmaßnahmen bzw. Investitionen in die Infrastruktur (z. B. Anschaffung von Komplettmaschinen). Bei dieser Variante muss noch ein Tischler eingestellt werden.

- Wenn die Schlosser und Einrichter nicht die Tätigkeiten eines Tischlers ausüben können, sind Umsetzungsmaßnahmen oder Entlassungen einzuleiten. Dann müssen 7 Tischler eingestellt werden.

Lösung zu 8b)

1 200 Schreibtische · 2 Std./Schreibtisch : 150 Stunden/Facharbeiter = 16 Facharbeiter
16 Facharbeiter · 1,1 = 17,6 Facharbeiter
Der Personalbedarf beträgt: 18 Facharbeiter

Lösungen zu Aufgabe 9

Lösung zu 9a)

Unter einer Kündigung versteht man eine einseitige, empfangsbedürftige Willenserklärung, die ein Arbeitsverhältnis – auch gegen den Willen eines anderen – beendet.

Lösung zu 9b)

Gemäß § 623 BGB muss eine Kündigung schriftlich erfolgen. Die Kündigung muss unmissverständlich und eindeutig den Beendigungswillen zum Ausdruck bringen. Das Wort „Kündigung" muss nicht unbedingt erscheinen, es sollte jedoch aus Gründen der Rechtssicherheit verwendet werden.
Fazit: Das Kündigungsschreiben in der Aufgabenstellung ist korrekt.

Lösung zu 9c)

Herr Salcher ist seit 10 Jahren bei der OfficeCom AG beschäftigt. Daher gilt die verlängerte Kündigungsfrist von vier Monaten zum Monatsende (s. § 622 BGB Abs. 2 Nr. 4).
Fazit: Die Kündigung zum 31. Oktober ist fristgerecht.

Lösung zu 9d)

Die verlängerten Kündigungsfristen des § 622 BGB Abs. 2 gelten nur für eine Kündigung durch den Arbeitgeber, für die Kündigungen durch den Arbeitnehmer ist der § 622 BGB Abs. 1 maßgeblich (wenn keine anderen, z. B. tarifvertraglich festgelegten Kündigungsfristen gelten).

Daher: Herr Salcher kann per 22.06.20.. (Zugangsdatum der Kündigung) zum 31.07.20.. kündigen.

Lösung zu 9e)

Einzelvertraglich geregelte Kündigungsfristen sind möglich, sie dürfen aber die gesetzlichen Mindestfristen in der Regel nicht unterschreiten.

Lösung zu 9f)

Kündigungsschutz	
allgemeiner Kündigungsschutz	**besonderer Kündigungsschutz**

○ gilt für alle Arbeitnehmer
○ Gemäß § 1 KSchG ist eine Kündigung unwirksam, wenn der Arbeitnehmer länger als 6 Monate im Betrieb und die Kündigung sozial ungerechtfertigt ist.
	○ gilt für besondere Arbeitnehmergruppen:
	  - Auszubildende
	  - Betriebsratsmitglieder
	  - Schwerbehinderte
	  - werdende Mütter
	  - Wehrdienst-/Zivildienstleistende
	  - Eltern in Elternzeit

Lösung zu 9g)

Die OfficeCom AG muss Herrn Salcher bis zum Ende des Arbeitsprozesses beschäftigen.

Lösung zu 9h)

Herr Salcher muss gemäß § 4 KSchG innerhalb dreier Wochen (= 21 Tage) nach Zugang der Kündigung Klage beim Arbeitsgericht erheben. Da ihm am 22.06. das Kündigungsschreiben zugegangen ist, muss spätestens am 13.07. (22.06. + 21 Tage) die Klage eingereicht werden.

Fazit: Die Klage wurde zu spät eingereicht. Daher ist die Kündigung rechtswirksam

Lösung zu 9i)

Punktesystem nach LAG Hamm 07.07.1981, BB 1981, 1770:			Salcher	Hermann	Richter
1.	Lebensalter bis zu 20 Jahren	0 Punkte			
	bis zu 30 Jahren	1 Punkt		1	
	bis zu 40 Jahren	2 Punkte			2
	bis zu 50 Jahren	3 Punkte	3		
	über 50 Jahre	5 Punkte			
2.	für jedes Jahr der Betriebszugehörigkeit	4 Punkte	40	–	–
3.	für jedes unterhaltsberechtigte Kind	5 Punkte	10	–	–
4.	für Schwerbehinderte und ähnliche Fälle	10 Punkte			
	verdient der Ehepartner ebenfalls, werden Punkte abgezogen	– 10 Punkte			
			53	1	2

Fazit: Die OfficeCom AG macht dringende betriebliche Gründe geltend. Aber bei der Kündigung werden soziale Gesichtspunkte vernachlässigt.

Wenn keine weiteren Gesichtspunkte zur Bewertung herangezogen werden, sind Jens Herrmann und Luisa Richter als weniger schutzwürdig als Herr Salcher anzusehen.

Lösung zu 9j)

Arbeitgeber und Arbeitnehmer können jederzeit ihren geschlossenen Vertrag durch einen Aufhebungsvertrag beenden (Vertragsfreiheit).

Lösung zu 9k)

mögliche Gründe für das Eingehen eines Aufhebungsvertrages:
- Arbeitgeber und Arbeitnehmer wollen keine gerichtliche Auseinandersetzung und vereinbaren zur Zufriedenheit beider Seiten eine Abfindungssumme.
- Arbeitnehmer will möglichst früh die Unternehmung verlassen, z. B. weil er ein anderes (besseres) Arbeitsangebot vorliegen hat.

Lösung zu 9l)

Personalfreisetzung	
intern	**extern**

○ Personalfreisetzung ohne Beendigung bestehender Arbeitsverhältnisse
 	
○ Beispiele:
  – Teilzeitarbeit
  – Kurzarbeit
  – gleitender Übergang in den Ruhestand
  – Teilung von Arbeitsplätzen
	○ Personalfreisetzung mit Beendigung bestehender Arbeitsverhältnisse
	
	○ Beispiele:
	  – Aufhebungsverträge
	  – Kündigung
	  – vorzeitiger Ruhestand

Lösung zu Aufgabe 10

4 Std./Tag · 25 Arbeitstage/Monat · 12 €/Std.   = 1.200,00 €/Monat

Prämie (7 %)   =   84,00 €

Das Arbeitsentgelt erhöht sich um 84,00 €.

Lösung zu Aufgabe 11

(3) Quittung über monatlich 200,00 €: Unterstützung eines bedürftigen Verwandten

(9) Bank-Einzahlungsbeleg: Kraftfahrzeugsteuer

(2) Durchschrift der Banküberweisung: private Lebensversicherungsprämie

(1) Quittung für den Kauf von Fachbüchern

(2) Banküberweisung und Prämienrechnung: private Haftpflichtversicherung

(1) Kassenzettel über den Kauf von Berufsbekleidung

(9) Rechnung über Kauf eines Pkw (auch für Fahrten zur Arbeitsstätte)

(1) Quittung über Beitragszahlung an Gewerkschaft

(2) Spendennachweis für das Rote Kreuz

(9) Beleg über 200,00 € für den Bezug einer Tageszeitung

(1) Hotelrechnung, Fahrkarte und Eintrittskarte zur CeBIT Hannover

Lösungen zu Aufgabe 12

Lösung zu 12a)

Werbungskosten (Stand 2009):

Fahrten mit dem Pkw zur Arbeit:	
40 km/Tag · 210 Tage · 0,30 €/km	2.520,00 €
Fachliteratur:	423,00 €
Gewerkschaftsbeitrag:	240,00 €
	3.183,00 €

Lösungshinweise:
Die Jahresgebühr für die Parkgarage ist mit der Entfernungspauschale abgedeckt. Zeitschriften werden nur als Fachliteratur anerkannt, wenn sie rein berufsbezogene Informationen enthalten. Das ist bei den angegebenen Zeitschriften nicht der Fall. Die restlichen Angaben sind bei der Berechnung der anrechenbaren Sonderausgaben zu berücksichtigen.

Lösung zu 12b)

Steuerschuld

	steuerpflichtiges Jahresbrutto	22.421,00 €
–	Werbungskosten	3.183,00 €
–	Sonderausgaben	1.007,00 €
–	außergewöhnliche Belastungen	– €
=	zu versteuerndes Einkommen	18.231,00 €

Lösung zu 12c)

Steuerrückerstattung

	zu zahlende Steuer lt. Tabelle (Grundtabelle)	12.338,00 €
–	bereits gezahlte Steuer	12.805,00 €
=	Steuerrückerstattung	467,00 €

(Hinweis: Auswirkungen auf die Kirchensteuer und den Solidaritätszuschlag werden in dieser Aufgabe nicht berücksichtigt.)

4.1.3.2 Multiple-Choice-Aufgaben und Lösungen

13

Qualifiziertes Arbeitszeugnis

Was versteht man unter einem qualifizierten Arbeitszeugnis?

(1) ein Arbeitszeugnis von hochqualifizierten Arbeitnehmern
(2) ein Arbeitszeugnis, das nur Angaben über die Art der Beschäftigung und die Dauer des Arbeitsverhältnisses enthält
(3) ein Arbeitszeugnis, das überwiegend positive Beurteilungen enthält
(4) ein Arbeitszeugnis, das zusätzlich zu den Inhalten des einfachen Arbeitszeugnisses Angaben über die Leistungen und das Verhalten des Arbeitsnehmers enthält
(5) ein Arbeitszeugnis, das nur Angaben von Arbeitnehmern mit abgeschlossener Berufsausbildung enthält

14

Probezeit von Auszubildenden

Welche der folgenden Aussagen des Berufsbildungsgesetzes (BBiG) zur Probezeit von Auszubildenden trifft zu?

(1) Das BBiG macht keine Angaben zur Probezeit von Auszubildenden.
(2) Laut BBiG beträgt die Probezeit von Auszubildenden einen Monat.
(3) Laut BBiG beträgt die Probezeit von Auszubildenden drei Monate.
(4) Das BBiG sieht vor, dass die Probezeit von Auszubildenden frei zwischen den Vertragsparteien des Ausbildungsvertrages ausgehandelt werden kann.
(5) Laut BBiG muss die Probezeit von Auszubildenden mindestens einen Monat und darf höchstens vier Monate betragen.

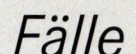

15

Arbeitsgerichtsbarkeit

Welche der folgenden Aussagen zur Arbeitsgerichtsbarkeit trifft zu?

(1) Die Arbeitsgerichtsbarkeit verfügt insgesamt über zwei Instanzen.
(2) Die gegnerischen Parteien können sich von Verbänden oder einem Anwalt vor Gericht vertreten lassen.
(3) Das Arbeitsgericht ist nur zuständig für Streitfälle zwischen Arbeitnehmern.
(4) In jeder Instanz der Arbeitsgerichtsbarkeit sind fünf Richter anwesend.
(5) Das Bundesarbeitsgericht hat seinen Sitz in Kassel.

16

Beitragsbemessungsgrenze in der Sozialversicherung

Welche Aussage zu den Beitragsbemessungsgrenzen in der Sozialversicherung trifft zu?

(1) Die Beitragsbemessungsgrenze wird alle zwei Jahre angehoben.
(2) Die Beitragsbemessungsgrenze in der Krankenversicherung ist höher als diejenige in der Rentenversicherung.
(3) Die Beitragsbemessungsgrenze gilt nur für Beamte.
(4) Die Beitragsbemessungsgrenze ist eine Einkommensgrenze, bis zu deren Höhe die Beiträge der jeweiligen Sozialversicherung des Versicherten prozentual berechnet werden.
(5) Die Beitragsbemessungsgrenze bestimmt den Höchststeuersatz in der Einkommensteuer.

17

Buchung Arbeitgeberanteil SV

Buchen Sie den Arbeitgeberanteil zur Sozialversicherung am Ende des Abrechnungsmonats.

(1) Bankguthaben (2800)
(2) FB-Verbindlichkeiten (4830)
(3) Gehälter und Zulagen (6300)
(4) Arbeitgeberanteil zur Sozialversicherung (6410)
(5) SV-Vorauszahlung (2640)
(6) Forderungen an Mitarbeiter (2650)

Soll			Haben		

Lösungen zu Multiple-Choice-Aufgaben 13 bis 17

Aufgabe 13
(4)

Aufgabe 14
(5)

Aufgabe 15
(2)

Aufgabe 16
(4)

Aufgabe 17

Soll			Haben		
4			5		

4.1.4   Absatzprozesse

4.1.4.1   Fallorientierte Aufgaben und Lösungen

Ereignisgesteuerte Prozesskette Beschwerdemanagement

Erstellen Sie aus den folgenden Angaben eine ereignisgesteuerte Prozesskette (EPK) zum **Beschwerdemanagement** der OfficeCom AG:

- Der Kunde Kai Matern teilt in einem Reklamationsschreiben mit, dass die Höhenverstellung seines Schreibtischsessels nicht mehr funktioniert.
- Die Reklamation wird in der Kundendatenbank erfasst.
- Anschließend wird geprüft, ob die Reklamation dem Grunde nach gerechtfertigt ist. Ist sie nicht gerechtfertigt, wird der Anspruch zurückgewiesen.
- Ist die Reklamation dem Grunde nach gerechtfertigt, wird geprüft, ob die Gewährleistungsfrist eingehalten wurde.
- Wurde die Gewährleistungsfrist eingehalten, ist darüber zu entscheiden, ob der Sessel repariert, zurückgenommen oder umgetauscht wird. Über das Ergebnis dieser Prüfung wird der Kunde benachrichtigt.
- Wurde die Gewährleistungsfrist nicht eingehalten, wird geprüft, ob dem Kunden im Kulanzweg geholfen werden kann; dazu wird die Höhe der Kostenübernahme berechnet.
- Kann dem Kunden auf dem Kulanzweg nicht geholfen werden, wird der Anspruch zurückgewiesen.
- Zusätzlich zur Benachrichtigung des Kunden wird die Reklamation in der Kundendatenbank dokumentiert und gespeichert.

Ausgangssituation für die Aufgaben 2 bis 6

Auf der Abteilungsleiterkonferenz Marketing der OfficeCom AG werden die Absatzzahlen der drei Produktgruppen des aktuellen Quartals mit Vergleichszahlen aus den beiden letzten Vorjahren verglichen:

Absatz der OfficeCom AG in Tausend Stück in Deutschland							
	vorletztes Jahr	Vorjahr					aktuelles Jahr
Produkt-gruppe	gesamt	Quartal I	Quartal II	Quartal III	Quartal IV	gesamt	Quartal I
Schreib-tische	42 900	8 000	9 000	7 000	12 900	36 900	5 500
Akten-schränke	10 500	2 000	2 500	2 000	3 000	9 500	1 500
Schreib-tisch-sessel	19 000	4 200	4 000	3 700	4 100	16 000	3 800
gesamt	72 400	14 200	15 500	12 700	20 000	52 400	10 800

Die OfficeCom AG liefert an 88 Großhändler und 4 Einzelhändler im Inland, ein Export der Büromöbel durch die OfficeCom AG findet nicht statt.

Der Industriebranchenverband Büromöbel geht von den folgenden Gesamtabsatzzahlen aller 12 Büromöbelhersteller im Inland aus:

Absatz aller Büromöbel-Hersteller in Tausend Stück in Deutschland							
Produkt-gruppe	vorletztes Jahr	Vorjahr					aktuelles Jahr
	gesamt	Quartal I	Quartal II	Quartal III	Quartal IV	gesamt	Quartal I
Schreib-tische	320 000	76 000	84 000	74 000	94 000	328 000	80 500
Akten-schränke	65 000	15 500	16 500	14 000	18 500	64 500	16 500
Schreib-tischsessel	52 000	14 500	12 000	11 500	15 500	53 500	15 000
gesamt	437 000	106 000	112 500	99 500	128 000	446 000	112 000

2

Absatzstatistik, Marktanteil

Beantworten Sie folgende Fragen, indem Sie die entsprechenden Werte berechnen:

a) Um wie viel Prozentpunkte **veränderte** sich die **Gesamtabsatzmenge** an Büromöbeln der OfficeCom AG im Vorjahr gegenüber dem vorletzten Jahr?

b) Um wie viel Prozentpunkte **veränderte** sich die **Absatzmenge** an Schreibtischen der OfficeCom AG im 1. Quartal des aktuellen Jahres gegenüber dem 1. Quartal des Vorjahres?

c) Welchen **Marktanteil** hatte die OfficeCom AG bei Schreibtischen im Vorjahr?

d) Welchen **Marktanteil** hat die OfficeCom AG bei Schreibtischen im 1. Quartal des aktuellen Jahres?

3

Gründe für Absatzänderungen

Welche **Gründe** könnten die **Veränderungen im Absatz** der OfficeCom AG verursacht haben? Nennen Sie zwei denkbare Ursachen.

4

Absatzpolitische Instrumente

Die Marketingabteilung möchte der Geschäftsleitung für die einzelnen **absatzpolitischen Instrumente** Produkt-, Preis-, Kommunikations- und Distributionspolitik Vorschläge unterbreiten, um den Absatz an Büromöbeln zukünftig steigern zu können. Entwickeln Sie entsprechende Vorschläge. Gehen Sie dabei davon aus, dass es sich bei der OfficeCom AG um ein prinzipiell gesundes Industrieunternehmen handelt, das auch kreditfähig ist.

a) Vorschlag für die Produktpolitik

b) Vorschlag für die Preispolitik

c) Vorschlag für die Kommunikationspolitik

d) Vorschlag für die Distributionspolitik

5

Marktforschung

Welche Aufgabe könnte die **Marktforschung** übernehmen, damit Vorschläge für die absatzpolitischen Instrumente abgesichert ausgearbeitet werden können? Verdeutlichen Sie diese Aufgabe an einem Beispiel.

6

Marketing-Mix

Erläutern Sie, was bei der Ausarbeitung von Vorschlägen für die absatzpolitischen Instrumente unter einem **Marketing-Mix** zu verstehen ist.

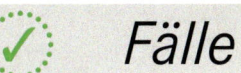

Lösung zu Aufgabe 1

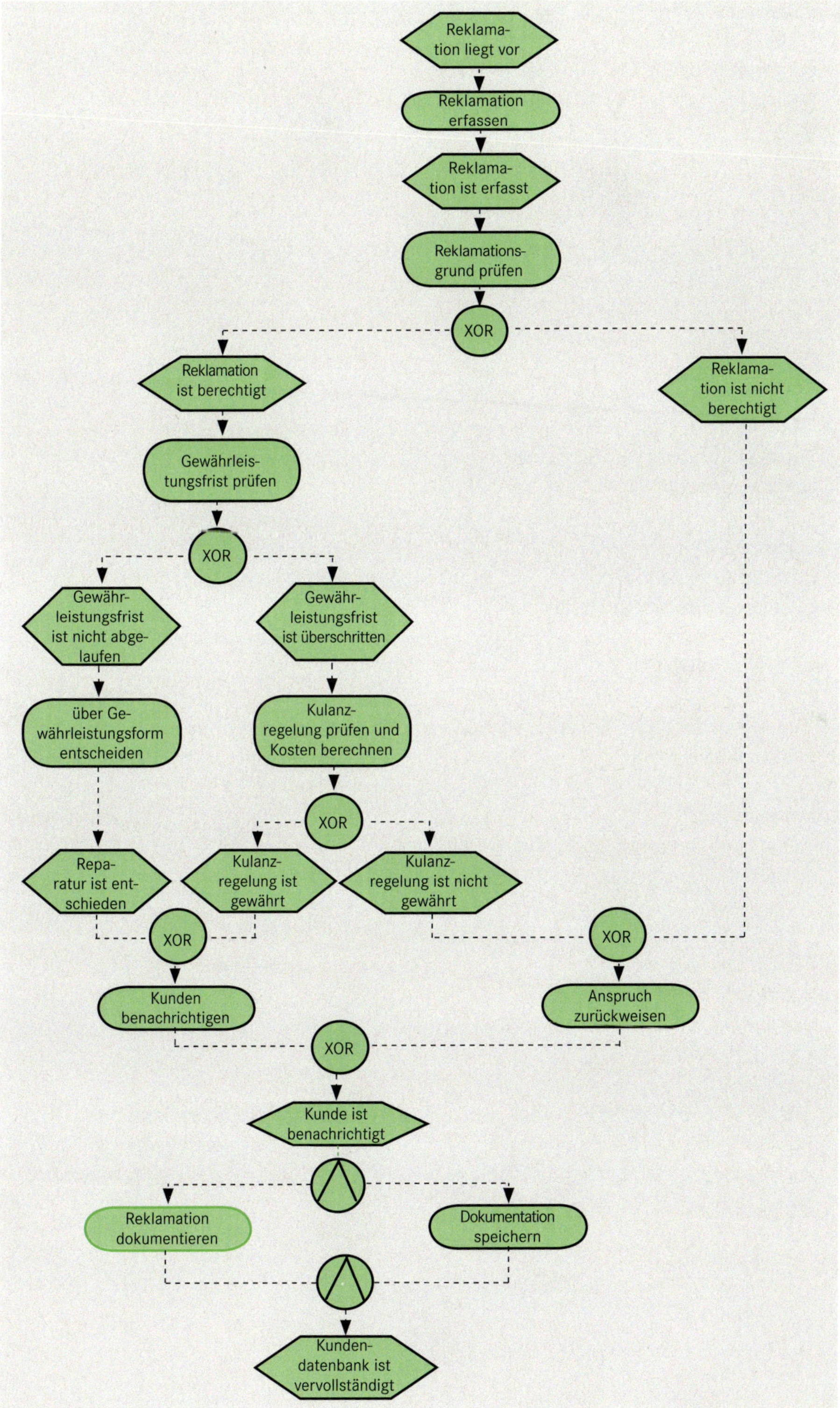

Reklamation liegt vor
→ Reklamation erfassen
→ Reklamation ist erfasst
→ Reklamationsgrund prüfen
→ XOR

- Reklamation ist berechtigt
- Reklamation ist nicht berechtigt

Reklamation ist berechtigt
→ Gewährleistungsfrist prüfen
→ XOR

- Gewährleistungsfrist ist nicht abgelaufen
- Gewährleistungsfrist ist überschritten

Gewährleistungsfrist ist nicht abgelaufen
→ über Gewährleistungsform entscheiden
→ Reparatur ist entschieden

Gewährleistungsfrist ist überschritten
→ Kulanzregelung prüfen und Kosten berechnen
→ XOR

- Kulanzregelung ist gewährt
- Kulanzregelung ist nicht gewährt

XOR
→ Kunden benachrichtigen

Reklamation ist nicht berechtigt / Kulanzregelung ist nicht gewährt
→ XOR
→ Anspruch zurückweisen

XOR
→ Kunde ist benachrichtigt
→ ∧

- Reklamation dokumentieren
- Dokumentation speichern

→ ∧
→ Kundendatenbank ist vervollständigt

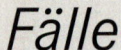
Lösungen zu Aufgabe 2

Lösungen zu 2a)

vorvorletztes Jahr: 72 400 Stück = 100 %
Vorjahr: 52 400 Stück =   x %

$$x = \frac{100 \cdot 52\,400}{72\,400} = 72,38 \qquad 100,00 - 72,38 = 27,62$$

oder: Differenz: 20 000 Stück

72 400 Stück = 100 %
20 000 Stück =   x %

$$x = \frac{100 \cdot 20\,000}{72\,400} \qquad x = 27,62$$

Der Gesamtabsatz an Büromöbeln ging bei der OfficeCom AG um 27,62 Prozentpunkte zurück.

Lösung zu 2b)

1. Quartal des Vorjahres: 8 000 Stück = 100 %
1. Quartal des aktuellen Jahres: 5 500 Stück =   x %

$$x = \frac{100 \cdot 5\,500}{8\,000} \qquad x = 68,75 \qquad 100,00 - 68,75 = 31,25$$

Der Absatz an Schreibtischen verringerte sich in diesem Zeitraum um 31,25 Prozentpunkte.

Lösung zu 2c)

Absatz von Schreibtischen aller Hersteller im Vorjahr: 328 000 = 100 %
Absatz von Schreibtischen der OfficeCom AG im Vorjahr: 36 900 =   x %

$$x = \frac{36\,900 \cdot 100}{328\,000} \qquad x = 11,25$$

Die OfficeCom AG hatte einen Marktanteil von 11,25 %.

Lösung zu 2d)

Absatz von Schreibtischen aller Hersteller im 1. Quartal des aktuellen Jahres:
80 500 = 100 %
Absatz von Schreibtischen der OfficeCom AG im 1. Quartal des aktuellen Jahres:
5 500 =   x %

$$x = \frac{5\,500 \cdot 100}{80\,500} \qquad x = 6,83$$

Die OfficeCom AG hat einen Marktanteil von 6,83 %.

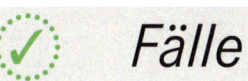

Lösung zu Aufgabe 3

mögliche Gründe: Produkte zu hochpreisig, Produkte entsprechen nicht den Kundenwünschen

Lösungen zu Aufgabe 4

Lösung zu 4a)

Vorschlag für die Produktpolitik: den Kundenwünschen entsprechende Produkte
entwickeln, z. B. neues Design, neue Materialien

Lösung zu 4b)

Vorschlag für die Preispolitik: Aktionspreise z. B. im Vorweihnachtsgeschäft, prinzipiell Preissenkungen

Lösung zu 4c)

Vorschlag für die Kommunikationspolitik: intensive Werbekampagnen z. B. in Zeitungen, Zeitschriften, im Internet

Lösung zu 4d)

Vorschlag für die Distributionspolitik: neue Vertriebswege eröffnen, z. B. Verkauf im
Internet oder Verkauf im Ausland

Lösung zu Aufgabe 5

Die Marktforschung könnte z. B. die Kundenwünsche im Hinblick auf die Produktpolitik herausarbeiten, z. B. gewünschte Materialien, gewünschtes Design.

Lösung zu Aufgabe 6

Ein Marketing-Mix bedeutet, dass die neu ausgearbeiteten absatzpolitischen Instrumente in optimaler Weise aufeinander abgestimmt sind, z. B. muss eine neue Produktpolitik auch zu der neuen Preis- und Kommunikationspolitik passen.

7

Fachbegriffe der Marktanalyse

Ordnen Sie die Fachbegriffe der Marktanalyse jeweils der richtigen Erklärung zu:

Fachbegriffe der Marktanalyse:

1. Marktpotenzial   2. Marktanteil   3. Marktvolumen

Erklärungen:

( ) der erzielte Umsatz (wertmäßig) oder Absatz (mengenmäßig) eines Unternehmens, ausgedrückt als Prozentsatz des Marktvolumens
( ) der erzielte Umsatz oder Absatz aller betreffenden Unternehmen in einem Zielmarkt
( ) die mögliche Aufnahmefähigkeit eines Marktes für ein Produkt

8

Marktbeobachtung

Welche der folgenden Aussagen zur Marktbeobachtung trifft zu?

(1) Sie ist eine zeitpunktbezogene Analyse des Marktes eines Unternehmens.
(2) Sie ist eine betriebsinterne, unsystematische Informationssammlung durch Einzelbeobachtungen und Gespräche.
(3) Sie ist eine zeitraumbezogene Analyse des Marktes eines Unternehmens.
(4) Sie ist stets eine regelmäßige Befragung einer bestimmten Personengruppe über einen längeren Zeitraum.
(5) Sie wertet vorhandenes Datenmaterial aus betriebsinternen und -externen Quellen aus.

9

Fachbegriffe der Kundendienstleistung

Ordnen Sie die Fachbegriffe der Kundendienstleistungen jeweils den richtigen Beispielen zu:

Fachbegriffe der Kundendienstleistungen:

1. Pre-Sales-Leistungen   2. During-Sales-Leistungen   3. After-Sales-Leistungen

Beispiele:

( ) Beratung während der Verkaufsverhandlungen
( ) Lieferung von Ersatzteilen
( ) Versenden von Programmkatalogen zur Angebotsprüfung

10

Laterale Diversifikation

Welche der folgenden Aussagen zur lateralen Diversifikation trifft zu?

(1) Angebot von weiteren Produkten vor- und nachgelagerter Produktionsstufen
(2) Angebot von weiteren Produkten ohne jeden Zusammenhang mit bisherigem Produktionsprogramm
(3) Angebot von weiteren Produkten der gleichen Wirtschaftsstufen
(4) Angebot des bisherigen Produktionsprogramms mit deutlich gesenkten Verkaufspreisen
(5) Angebot des bisherigen Produktionsprogramms bei einer Veränderung der Distributionspolitik

11

Verwendungsbezogene Preisdiffenzierung

Welche der folgenden Aussagen zur verwendungsbezogenen Preisdifferenzierung trifft zu?

(1) Es wird ein Mengenrabatt eingeräumt.
(2) Die Kunden in Großstädten erhalten andere Preise als die Kunden in ländlichen Gebieten.
(3) Die Mietpreise für private und gewerbliche Nutzung sind unterschiedlich hoch.
(4) In der Hochsaison erhalten die Kunden besondere Preisnachlässe.
(5) Kunden, die jünger als 18 Jahre alt sind, erhalten Vorzugspreise.

12

Gemeinschaftswerbung

Welche der folgenden Aussagen zur Gemeinschaftswerbung trifft zu?

(1) Ein Süßwarenhersteller wirbt zusammen mit einem Getränkehersteller.
(2) Ein Unternehmerverband wirbt für die Leistungen und Produkte der Branche.
(3) Ein Automobilunternehmen wirbt für seine unterschiedlichen Pkws.
(4) Ein Unternehmen wirbt mit mehreren Werbemedien.
(5) Ein Unternehmen stellt mehrere Produkte her und vertreibt sie über verschiedene Absatzkanäle.

13

Werbegewinn

Wie berechnet man den Werbegewinn?

(1) Umsatz + Werbekosten
(2) Werbekosten – werbebedingter Mehrumsatz
(3) Werbekosten - Umsatz
(4) werbebedingter Mehrumsatz – Werbekosten
(5) Werbekosten · Anzahl der Umworbenen

Lösungen zu Multiple-Choice-Aufgaben 7 bis 13

Aufgabe 7
(2)
(3)
(1)

Aufgabe 8
(3)

Aufgabe 9
(2)
(3)
(1)

Aufgabe 10
(2)

Aufgabe 11
(3)

Aufgabe 12
(2)

Aufgabe 13
(4)

4.1.5   Investitions- und Finanzierungsprozesse

4.1.5.1   Fallorientierte Aufgaben und Lösungen

Ausgangssituation für die Aufgaben 1 bis 4

Die Sound GmbH ist ein Tochterunternehmen der OfficeCom AG mit Sitz in Hannover. Sie beabsichtigt, künftig neben CDs auch DVDs für einen ständig wachsenden Markt zu produzieren. Dafür benötigt sie eine neue Maschinenstraße. Zwei Angebote namhafter Hersteller stehen zur Auswahl; die sich daraus ergebenden Daten für die Investitionsentscheidung sind in der folgenden Übersicht zusammengefasst:

Daten	Alternative I	Alternative II
Anschaffungskosten in €	2.150.000,00	2.800.000,00
voraussichtliche Wiederbeschaffungskosten in €	2.400.000,00	3.000.000,00
Nutzungsdauer in Jahren	5	5
Kalkulationszinssatz in % pro Jahr	5	5
fixe Kosten (ohne Abschreibungen und Zinsen) pro Jahr in €	150.000,00	195.000,00
Kapazität in Stück pro Jahr	500 000	600 000
geplante Kapazitätsauslastung in Stück pro Jahr	400 000	400 000
Fertigungslöhne bei geplanter Kapazitätsauslastung in € pro Jahr	580.000,00	320.000,00
Fertigungsmaterial bei geplanter Kapazitätsauslastung in € pro Jahr	300.000,00	260.000,00
Erlös pro DVD in €	6,20	6,20

Fälle

Kostenvergleichsrechnung, kritische Menge

a) Nehmen Sie eine **Kostenvergleichsrechnung** der beiden angebotenen Maschinenstraßen vor und treffen Sie eine Entscheidung.

b) Ermitteln Sie die sogenannte **kritische Menge** und erläutern Sie das Ergebnis.

Amortisationsvergleichsrechnung

Um zu prüfen, welche Investitionsalternative günstiger ist, kann außer einer Kostenvergleichsrechnung auch zum Beispiel eine Amortisationsvergleichsrechnung durchgeführt werden.

a) Erläutern Sie den Begriff Amortisation.

b) Nehmen Sie die **Amortisationsvergleichsrechnung** der beiden Maschinenstraßen vor und entscheiden Sie.

c) Erläutern Sie, warum die Amortisationsvergleichsrechnung der Kostenvergleichsrechnung als Entscheidungsgrundlage für Investitionen vorzuziehen ist.

Ratenkredit, Annuitätenkredit

Unabhängig von den Ergebnissen der Aufgaben 1 und 2 entscheidet sich die Geschäftsleitung der Sound GmbH für die Alternative I. Zur Finanzierung der Investition benötigt sie einen Kredit. Folgendes Angebot der Hausbank liegt vor:

Kreditsumme: 2.150.000,00 €
Laufzeit: 5 Jahre
Zinssatz: 5 % pro Jahr
Tilgung: in fünf gleichen Jahresraten jeweils am Jahresende

a) Stellen Sie für den **Ratenkredit** den Tilgungsplan auf und ermitteln Sie die Kreditkosten.

b) Alternativ bietet die Hausbank den Kredit als **Annuitätenkredit** (bei gleicher Kreditsumme mit gleichem Zinssatz und gleicher Laufzeit) an. Die Annuität *(lat. annus – Jahr)* bezeichnet eine jährlich in gleicher Höhe fließende Zahlung, die sich aus abnehmendem Zinsanteil und steigender Tilgungsrate zusammensetzt. Sie wird mithilfe finanzmathematischer Tabellen errechnet und beläuft sich in dieser Aufgabe auf 496.596,25 €. Stellen Sie den Tilgungsplan für den Annuitätenkredit auf und ermitteln Sie die Kreditkosten.

c) Zeigen Sie die wesentlichen Unterschiede zwischen Ratenkredit und Annuitätenkredit auf.

Leasing, Vergleich mit Kreditkauf

Der Hersteller der Alternative I bietet der Sound GmbH anstelle des Kaufs an, die Maschinenstraße unter folgenden Bedingungen zu leasen:

Anzahlung:	20 % des Kaufpreises von 2.150.000,00 € zu Beginn der Leasingzeit
Grundmietzeit:	4 Jahre
Leasingrate:	410.000,00 € pro Jahr gleichbleibend, jeweils am Ende des Jahres
Kaufoption:	Ende der Leasingdauer für 450.000,00 €

a) Ermitteln Sie die Liquiditätsbelastung der Sound GmbH für insgesamt 5 Jahre durch das Leasing, wenn die Kaufoption wahrgenommen wird.

b) Vergleichen Sie die Liquiditätsbelastung der Sound GmbH durch Leasing mit der jeweiligen Belastung durch Aufnahme des Ratenkredits bzw. des Annuitätenkredits.

Lösungen zu Aufgabe 1

Lösung zu 1a)

Kostenart	Alternative I	Alternative II
Kalkulatorische Abschreibung pro Jahr (Grundlage: Wiederbeschaffungswert)	480.000,00 €	600.000,00 €
Kalkulatorische Zinsen pro Jahr (Grundlage: Anschaffungskosten : 2)	53.750,00 €	70.000,00 €
Sonstige fixe Kosten pro Jahr	150.000,00 €	195.000,00 €
Summe der fixen Kosten pro Jahr	683.750,00 €	865.000,00 €
Fertigungslöhne pro Jahr	580.000,00 €	320.000,00 €
Fertigungsmaterial pro Jahr	300.000,00 €	260.000,00 €
Summe der variablen Kosten pro Jahr	880.000,00 €	580.000,00 €
Gesamtkosten pro Jahr	1.563.750,00 €	1.445.000,00 €
Stückkosten (Grundlage: 400 000 Stück)	3,91 €	3,61 €
Variable Stückkosten (Grundlage: 400 000 Stück)	2,20 €	1,45 €

Alternative II ist kostengünstiger als Alternative I.

 *Fälle*

Lösung zu 1b)

Die kritische Menge ist die Menge, bei der die Kosten beider Maschinenstraßen gleich hoch sind.

KI = KII
683.750 + 2,20 x = 865.000 + 1,45 x
x = (865.000 – 683.750) : (2,20 – 1,45)
x = 241 666,67 Stück

Ist die Produktionsmenge geringer als die kritische Menge, kann mit der Maschinenstraße mit den geringeren Fixkosten und den höheren variablen Stückkosten (Alternative I) kostengünstiger produziert werden.

Ist die Produktionsmenge höher als die kritische Menge, kann mit der Maschinenstraße mit den höheren Fixkosten und den geringeren variablen Stückkosten (Alternative II) kostengünstiger produziert werden.

Lösungen zu Aufgabe 2

Lösung zu 2a)

Unter **Amortisation** *(von französisch: amortir = tilgen)* versteht man den Rückfluss des investierten Kapitals aus dem Umsatzprozess. Die hierfür notwendige Zeitdauer wird als **Amortisationszeit** bezeichnet. Beispiel zur Berechnung:

$$\text{Amortisationszeit} = \frac{\text{Anschaffungskosten*}}{\text{jährlicher Gewinn + jährliche Abschreibung}}$$

*ohne Berücksichtigung eines möglichen Restwertes

Lösung zu 2b)

Gewinn Alternative I = 6,20 €/St. · 400 000 St. – 1.563.750,00 € = 916.250,00 €
Gewinn Alternative II = 6,20 €/St. · 400 000 St. – 1.445.000,00 € = 1.035.000,00 €

$$\text{Amortisationszeit Alternative I} = \frac{2.150.000,00\ €}{916.250,00\ € + 480.000,00\ €} = 1,54 \text{ (Jahre)}$$

$$\text{Amortisationszeit Alternative II} = \frac{2.800.000,00\ €}{1.035.000,00\ € + 600.000,00\ €} = 1,71 \text{ (Jahre)}$$

Entscheidend für die Auswahl des Investitionsobjektes ist die Amortisationszeit, also fällt die Wahl auf die Alternative I. Je kürzer die Amortisationszeit ist, desto geringer ist das Risiko des Kapitalrückflusses für den Investor.

Lösung zu 2c)

Die Amortisationsvergleichsrechnung ist deshalb vorzuziehen, weil sie zum einen neben der Kostenseite auch die Ertragsseite mit in die Betrachtung einbezieht. Zum anderen berücksichtigt sie den zeitlichen Aspekt und gibt damit Antwort auf die Frage, innerhalb welcher Zeit die Investitionsausgaben wieder in das Unternehmen zurückgeflossen sind.

Lösungen zu Aufgabe 3

Lösung zu 3a)
Tilgungsplan für Ratenkredit

Jahr	Restkapital	Tilgung	Zinsen	Liquiditäts-belastung
1	2.150.000,00 €	430.000,00 €	107.500,00 €	537.500,00 €
2	1.720.000,00 €	430.000,00 €	86.000,00 €	516.000,00 €
3	1.290.000,00 €	430.000,00 €	64.500,00 €	494.500,00 €
4	860.000,00 €	430.000,00 €	43.000,00 €	473.000,00 €
5	430.000,00 €	430.000,00 €	21.500,00 €	451.500,00 €
Gesamt			322.500,00 €	2.472.500,00 €

Die Kreditkosten des Ratenkredits betragen über die Laufzeit des Kredites 322.500,00 €.

Lösung zu 3b)
Tilgungsplan für Annuitätenkredit

Jahr	Restkapital	Tilgung *	Zinsen	Annuität
1	2.150.000,00 €	389.096,25 €	107.500,00 €	496.596,25 €
2	1.760.903,75 €	408.551,06 €	88.045,19 €	496.596,25 €
3	1.352.352,69 €	428.978,62 €	67.617,63 €	496.596,25 €
4	923.374,07 €	450.427,55 €	46.168,70 €	496.596,25 €
5	472.946,53 €	472.946,53 €	23.647,33 €	496.593,85 € **
Gesamt			332.978,85 €	2.482.978,85 €

*   Der Tilgungsbetrag ergibt sich immer aus der Differenz von Annuität minus Zinsen.
** Rundungsabweichung

Die Kreditkosten des Annuitätenkredits betragen über die Laufzeit des Kredites 332.978,85 €.

Lösung zu 3c)

Kreditart \ Merkmale	Ratenkredit	Annuitätenkredit
Höhe des jährlichen Tilgungsbetrages	bleibt gleich	nimmt zu
Höhe des jährlichen Zinsbetrages	nimmt ab	nimmt ab
Höhe der jährlichen Liquiditätsbelastung bzw. der Annuität	nimmt ab, ist jedoch zunächst höher, später geringer als beim Annuitätenkredit.	bleibt gleich

9714550

 *Fälle*

Lösungen zu Aufgabe 4

Lösung zu 4a)
Liquiditätsbelastung bei Leasing

Jahr	Anzahlung	Leasingrate	Kaufoption	Liquiditäts- belastung
1	430.000,00 €	410.000,00 €		840.000,00 €
2		410.000,00 €		410.000,00 €
3		410.000,00 €		410.000,00 €
4		410.000,00 €		410.000,00 €
5			450.000,00 €	450.000,00 €
Gesamt				2.502.000,00 €

Die Liquidität der Sound GmbH würde insgesamt mit 2.502.000,00 € belastet.

Lösung zu 4b)
Vergleich der Liquiditätsbelastungen durch:

Ratenkredit: 2.472.500,00 €
Annuitätenkredit: 2.482.978,85 €
Leasing: 2.502.000,00 €

Über die Nutzungsdauer der Anlage wäre die Liquiditätsbelastung durch Leasing am höchsten, bedingt durch die Anzahlung im ersten Jahr. In den Folgejahren wäre die Liquiditätsbelastung im Falle des Leasings allerdings geringer als bei einer Finanzierung sowohl mithilfe eines Raten- als auch eines Annuitätenkredits.

4.1.5.2 Multiple-Choice-Aufgaben und Lösungen

5

Beschaffung von Eigenkapital
Auf welche Weise kann sich die OfficeCom AG Eigenkapital zur Finanzierung von Investitionen beschaffen?

(1) durch Ausgabe von Schuldverschreibungen
(2) durch Ausgabe junger Aktien
(3) durch Erhöhung langfristiger Rückstellungen
(4) durch Verkauf eines nicht mehr benötigten Grundstücks zum Buchwert
(5) durch Erhöhung der bilanziellen Abschreibungen auf Sachanlagen

6

Grundkapital I

Der Kurs der OfficeCom-AG-Aktien ist in den letzten Tagen von 180,00 € auf 168,00 € gesunken. Welche Feststellung trifft zu?

(1) Die Beteiligung der Aktionäre am Grundkapital der AG ist gesunken.
(2) Die Beteiligung der Aktionäre am Grundkapital der AG ist gestiegen.
(3) Der Nennwert der Aktien ist gesunken.
(4) Der Nennwert der Aktien bleibt unberührt.
(5) Das Grundkapital der AG hat abgenommen.

7

Finanzierungslücke

Für das Geschäftsjahr 20.. ist abzusehen, dass der Finanzplan der OfficeCom AG wegen eines kurzfristigen Umsatzeinbruchs eine Finanzierungslücke aufweisen wird.
Durch welche richtige Maßnahme könnte die Finanzierungslücke vermieden werden?

(1) Erhöhung der Lagerdauer der Roh-, Hilfs- und Betriebsstoffe
(2) Verlängerung der Zahlungsziele für die Kunden
(3) Vereinbarungen mit Lieferanten, die Zahlungsziele zu verringern
(4) Vereinbarungen mit Lieferanten, die Zahlungsziele zu verlängern
(5) Einbeziehung auch der Verwaltungsgemeinkosten in die Bewertung der Vorräte an unfertigen und fertigen Erzeugnissen
(6) Ausgabe junger Aktien

8

Grundkapital II

Die Hauptversammlung der OfficeCom AG beschließt, den Bilanzgewinn in Höhe von 1.665.000,00 € als Dividende auszuschütten – das sind 9,25 € auf je 50,00 € Aktienwert oder 18,5 % auf das Grundkapital.

Wie hoch ist das Grundkapital?

9

Finanzierungsarten I

Ordnen Sie drei der folgenden Finanzierungsvorgänge den Finanzierungsarten richtig zu:

Finanzierungsvorgänge	Finanzierungsarten
1. Verkauf einer Lagerhalle	( ) Selbstfinanzierung
2. Verringerung der Lagerumschlagshäufigkeit	( ) Außenfinanzierung
3. Ausgabe junger Aktien	( ) Finanzierung durch Kapitalfreisetzung
4. Zuführung zu den Pensionsrückstellungen	
5. Finanzierung aus Gewinnen	

10

Information Finanzmittel

Welche Information benötigen Sie, um festzustellen, ob für eine Investition ausreichende Finanzmittel zur Verfügung stehen?

(1) Kassenbestand
(2) Gewinn- und Verlustrechnung
(3) Bilanz
(4) Finanzplan
(5) kurzfristige Erfolgsrechnung
(6) Kontostand des Girokontos
(7) Betriebsabrechnungsbogen

11

Kapitalbedarf

Welche Maßnahme wirkt sich langfristig erhöhend auf den Kapitalbedarf einer Unternehmung aus?

(1) Die Durchlaufzeit eines Stückes wird durch organisatorische Maßnahmen vermindert.
(2) Umstellung der Lohnzahlung von Wochen- auf Monatslohn
(3) Umgründung einer Einzelunternehmung in eine stille Gesellschaft
(4) Mechanisierung der Fertigung
(5) Die Lagerumschlagshäufigkeit wird von 3 auf 4 erhöht.

12

Wert des Anlagevermögens

Das Eigenkapital einer Unternehmung ist in der Bilanz mit 153.450,00 € ausgewiesen. Dieser Betrag entspricht 42,5 % aller Passiva. Das Umlaufvermögen der Unternehmung macht 37 % der Bilanzsumme aus. Welcher der folgenden Lösungsansätze ist richtig, wenn der Wert des Anlagevermögens der Unternehmung ermittelt werden soll?

(1)   42,5 % = 153.450,00 €
      100 % =   x €

(3) 142,5 % = 153.450,00 €
     5,5 % =   x €

(5)   57,5 % = 153.450,00 €
     63 % =   x €

(2) 142,5 % = 153.450,00 €
      37 % =   x €

(4)   42,5% = 153.450,00 €
     63 % =   x €

13

Sicherungsübereignung

Welche Aussage über die Sicherungsübereignung ist richtig?

(1) Bei der Sicherungsübereignung gehen Besitz und Eigentum an dem Sicherungsgegenstand auf den Kreditgeber über.
(2) Bei der Sicherungsübereignung geht das Eigentum am Sicherungsgegenstand auf den Kreditgeber über, der Kreditnehmer bleibt aber im Besitz des Gegenstandes.
(3) Über die zur Sicherung übereigneten Gegenstände kann der Kreditnehmer weiterhin voll und frei verfügen.
(4) Wenn der Vertrag vom Kreditnehmer nicht erfüllt wird, benötigt der Kreditgeber einen vollstreckbaren Titel, um über die übereigneten Gegenstände verfügen zu können.
(5) Für den Gläubiger entsteht das Problem, die übereigneten Gegenstände bis zur Rückzahlung des Kredits sachgerecht zu lagern.

14

Einfacher Eigentumsvorbehalt

Die OfficeCom AG hat einem Großhändler unter einfachem Eigentumsvorbehalt Schreibtische geliefert, die von ihm weiterverkauft wurden. Mit den vereinnahmten Beträgen hat er anderweitig Schulden bezahlt. Die Rechnung der OfficeCom AG ist dagegen noch nicht bezahlt.

Welche Aussage ist richtig?

(1) Der Eigentumsvorbehalt gibt der OfficeCom AG ein Pfandrecht, das sich auch auf alle anderen Warenvorräte im Lager des Großhändlers erstreckt.

(2) Die Schreibtische sind zwar Eigentum des Kunden des Großhändlers geworden, doch kann die OfficeCom AG nochmalig Zahlung von ihm verlangen.

(3) Die OfficeCom AG kann sich nur an den Großhändler halten.

(4) Da die OfficeCom AG noch Eigentümer ist, kann sie die Schreibtische von dem Kunden des Großhändlers zurückverlangen.

(5) Da Eigentumsvorbehalt vorliegt, kann sich die OfficeCom AG wahlweise an den Großhändler oder dessen Kunden halten.

15

Verzinsung des Eigenkapitals

Ein Lagergebäude kostet 105.000,00 €. Die Reparaturen betragen monatlich 97,50 € und an Steuern sind jährlich 1.650,00 € zu bezahlen. Das Gebäude ist mit einer 1. Hypothek von 35.000,00 € zu 7 % und einer 2. Hypothek von 21.000,00 € zu 8 % belastet. Die Hypotheken wurden zur Finanzierung des Lagergebäudes aufgenommen.

Wie verzinst sich das eingesetzte Eigenkapital, wenn die monatlichen Mieteinnahmen 830,00 € betragen?

16

Finanzierungsarten II

Die OfficeCom AG plant, zur Finanzierung künftiger Investitionen die Ausgabe junger Aktien, die einen Erlös von 5 Mio. € bringen sollen.

Um welche Finanzierungsarten handelt es sich dabei?

(1) Außen- und Fremdfinanzierung
(2) Selbst- und Außenfinanzierung
(3) Eigen- und Außenfinanzierung
(4) Selbst- und Innenfinanzierung
(5) Selbst- und Eigenfinanzierung
(6) Innen- und Außenfinanzierung

Lösungen zu Multiple-Choice-Aufgaben 5 bis 16

Aufgabe 5
(2)

Aufgabe 6
(4)

Aufgabe 7
(4)

Aufgabe 8
$$\frac{1.665.000 \cdot 100}{18,5} = 9.000.000 \ (€)$$

Aufgabe 9
(5) Selbstfinanzierung
(3) Außenfinanzierung
(1) Finanzierung durch Kapitalfreisetzung

Aufgabe 10
(4)

Aufgabe 11
(2)

Aufgabe 12
(4)

Aufgabe 13
(2)

Aufgabe 14
(3)

Aufgabe 15

Einnahmen pro Jahr
Miete: 830,00 € · 12 =   9.660,00 €

Ausgaben pro Jahr
Reparaturen: 97,50 € · 12 =   1.170,00 €
Steuern: 1.650,00 €
Zinsen: 35.000,00 € · 7 % =   2.450,00 €
        21.000,00 € · 8 % =   1.680,00 €
Summe der Ausgaben: 6.950,00 €

Gewinn pro Jahr: 2.710,00 €

Eigenkapital:
105.000,00 € – 56.000,00 € = 49.000,00 €

Verzinsung des Eigenkapitals:
$$\frac{2.710 \cdot 100}{49.000} \approx \underline{\underline{5,53 \ (\%)}}$$

Aufgabe 16
(3)

4.2   Kaufmännische Steuerung und Kontrolle

4.2.1   Werteströme und Werte erfassen und dokumentieren

4.2.1.1   Fallorientierte Aufgaben und Lösungen

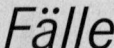

Beleggeschäftsgang

Bilden Sie im Grundbuch für das Modellunternehmen OfficeCom AG auf der Grundlage des Kontenrahmens die Buchungssätze für die folgenden Belege.

Anmerkung zu den Zahlungsbedingungen:
Sofern die Lieferanten Skonto einräumen, wird dieser von der OfficeCom AG beim Rechnungsausgleich abgezogen. Sofern die OfficeCom AG Skonto gewährt, wird dieser von den Kunden ebenfalls beim Rechnungsausgleich abgezogen.

Das Modellunternehmen – The model company

Officecom **AG**

Name	OfficeCom AG
Sitz	Hansestraße 120,
	38112 Braunschweig
Amtsgericht	Braunschweig
Handelsregister Nr.	HRB 126
Telefon	0531 3648941
Telefax	0531 4766083
Aufsichtsratsvorsitzender	Dr. Frank Richter
Vorstand	Herbert Hauser, Frauke Schönau,
	Dr. Carla Seltig
Gegenstand	Herstellung und Vertrieb von
	Büromöbeln und Zubehör
Geschäftsjahr	1. Januar bis 31. Dezember

Bankverbindung	Hartbank Braunschweig Konto-Nr. 21 345 839 BLZ 270 500 08
USt-IDNr.	DE 328 495 331
Steuernummer	13/203/08753
Produkte (Fertigerzeugnisse)	Schreibtische Aktenschränke Schreibtischsessel

Werkstoffe
  Rohstoffe
  Hilfsstoffe
  Betriebsstoffe
 	
  Fremdbauteile
	
	Holz, Edelstahlrohre
	Schrauben, Kleinteile, Lacke
	Strom, Gas, Wasser, Heizöl,
	Schmierstoffe
	Gasdruckfedern, Stuhlrollen,
	Hängeregister

Handelswaren	Schreibtischlampen, Schreibtischsets, Faxgeräte, Drucker, Telefonapparate
Mitarbeiter/-innen	195 Facharbeiter/-innen 47 Ungelernte und Angelernte 60 Angestellte
Maschinen	NC-gesteuerte Maschinen Roboter Montagebänder

Industrie-Kontenrahmen (IKR) für Aus- und Fortbildung*
1987 herausgegeben vom Bundesverband der Deutschen Industrie

Kontenklassen

AKTIVA		PASSIVA	

0 Immaterielle Vermögensgegenstände u. Sachanlagen

00 Ausstehende Einlagen
0000 Ausstehende Einlagen
01 Frei
Immaterielle Vermögensgegenstände
02 Konzessionen, gewerbliche Schutzrechte u. ähnliche Rechte und Werte sowie Lizenzen an solchen Rechten und Werten
0200 Konzessionen
03 Geschäfts- oder Firmenwert
0300 Geschäfts- oder Firmenwert
04 Frei
Sachanlagen
05 Grundstücke, grundstücksgleiche Rechte und Bauten einschließlich der Bauten auf fremden Grundstücken
0500 Unbebaute Grundstücke
0510 Bebaute Grundstücke
0520 Gebäude (Sammelkonto)
0530 Betriebsgebäude
0540 Verwaltungsgebäude
0550 Andere Bauten
0560 Grundstückseinrichtungen
0570 Gebäudeeinrichtungen
0590 Wohngebäude
06 Frei
07 Technische Anlagen und Maschinen[1]
0700 Anlagen und Maschinen der Energieversorgung
0710 Anlagen der Materiallagerung und -bereitstellung
0720 Anlagen und Maschinen der mechanischen Materialbearbeitung, -verarbeitung und -umwandlung
0730 Anlagen für Wärme-, Kälte- und chemische Prozesse sowie ähnliche Anlagen
0740 Anlagen für Arbeitssicherheit und Umweltschutz
0750 Transportanlagen und ähnliche Betriebsvorrichtungen
0760 Verpackungsanlagen und -maschinen
0770 Sonstige Anlagen und Maschinen
0780 Reservemaschinen und -anlagenteile
0790 Geringwertige Anlagen und Maschinen
08 Andere Anlagen, Betriebs- und Geschäftsausstattung[1]
0800 Andere Anlagen
0810 Werkstätteneinrichtung
0820 Werkzeuge, Werksgeräte und Modelle, Prüf- und Messmittel
0830 Lager- und Transporteinrichtungen
0840 Fuhrpark
0850 Sonstige Betriebsausstattung
0860 Büromaschinen, Organisationsmittel und Kommunikationsanlagen
0870 Büromöbel und sonstige Geschäftsausstattung
0880 Reserveteile für Betriebs- und Geschäftsausstattung
0890 Geringwertige Vermögensgegenstände der Betriebs- und Geschäftsausstattung
0891 GWG-Sammelposten
09 Geleistete Anzahlungen und Anlagen in Bau
0900 Geleistete Anzahlungen auf Sachanlagen
0950 Anlagen im Bau

1 Finanzanlagen

10 bis 12 frei
13 Beteiligungen
14 Frei
15 Wertpapiere des Anlagevermögens
1500 Wertpapiere des Anlagevermögens
16 Sonstige Finanzanlagen
1600 Sonstige Finanzanlagen
17 bis 19 Frei

2 Umlaufvermögen und aktive Rechnungsabgrenzung

Vorräte
20 Roh-, Hilfs- und Betriebsstoffe[4]
2000 Rohstoffe/Fertigungsmaterial
2001 Bezugskosten
2002 Nachlässe
2010 Vorprodukte/Fremdbauteile
2011 Bezugskosten
2012 Nachlässe
2020 Hilfsstoffe
2021 Bezugskosten
2022 Nachlässe
2030 Betriebsstoffe
2031 Bezugskosten
2032 Nachlässe
2070 Sonstiges Material
2071 Bezugskosten
2072 Nachlässe
21 Unfertige Erzeugnisse, unfertige Leistungen
2100 Unfertige Erzeugnisse
2190 Unfertige Leistungen
22 Fertige Erzeugnisse und Waren
2200 Fertige Erzeugnisse
2280 Waren (Handelswaren)[4]
2281 Bezugskosten
2282 Nachlässe
23 Geleistete Anzahlungen auf Vorräte
2300 Geleistete Anzahlungen auf Vorräte
Forderungen und sonstige Vermögensgegenstände (24 – 26)
24 Forderungen aus Lieferungen und Leistungen
2400 Forderungen a. LL
2420 Kaufpreisforderungen
2421 Umsatzsteuerforderungen
2450 Wechselforderungen a. LL (Besitzerwechsel)
2470 Zweifelhafte Forderungen
2480 Protestwechsel
25 Innergemeinschaftlicher Erwerb/Einfuhr
2500 Innergemeinschaftlicher Erwerb
2501 Bezugskosten
2502 Nachlässe
2510 Gütereinfuhr
2511 Bezugskosten
2512 Nachlässe
26 Sonstige Vermögensgegenstände
2600 Vorsteuer
2602 Vorsteuer (19 %) i. E.
2604 Einfuhrumsatzsteuer
2630 Sonstige Ford. an Finanzbehörden
2640 SV-Vorauszahlung
2650 Forderungen an Mitarbeiter
2690 Übrige sonstige Forderungen
27 Wertpapiere des Umlaufvermögens
2700 Wertpapiere des Umlaufvermögens
28 Flüssige Mittel
2800-2842 Guthaben bei Kreditinst. (Bank)
2850 Postgiro
2860 Schecks
2870 Bundesbank
2890 Nebenkassen
29 Aktive Rechnungsabgrenzung (und Bilanzfehlbetrag)
2900 Aktive Jahresabgrenzung
2920 Umsatzsteuer auf erhalt. Anzahlung
2930 Disagio
2990 (nicht durch Eigenkapital gedeckter Fehlbetrag)

3 Eigenkapital und Rückstellungen

Eigenkapital
30 Eigenkapital/Gezeichnetes Kapital
Bei Einzelkaufleuten:
3000 Eigenkapital
3001 Privatkonto
Bei Personengesellschaften:
3000 Kapital Gesellschafter A
3001 Privatkonto A
3010 Kapital Gesellschafter B
3011 Privatkonto B
3070 Kommanditkapital Gesellschafter C
3080 Kommanditkapital Gesellschafter D
Bei Kapitalgesellschaften:
3000 Gezeichnetes Kapital (Grundkapital/Stammkapital)
31 Kapitalrücklage
3100 Kapitalrücklage
32 Gewinnrücklagen
3210 Gesetzliche Rücklagen
3230 Satzungsmäßige Rücklagen
3240 Andere Gewinnrücklagen
33 Ergebnisverwendung
3310 Jahresergebnis des Vorjahres
3320 Ergebnisvortrag aus früheren Perioden
3340 Veränderungen der Gewinnrücklagen vor Bilanzergebnis
3350 Bilanzgewinn/Bilanzverlust
3360 Ergebnisausschüttung
3390 Ergebnisvortrag auf neue Rechnung
34 Jahresüberschuss/Jahresfehlbetrag
3400 Jahresüberschuss/Jahresfehlbetrag
35 Sonderposten mit Rücklageanteil
3500 Sonderposten mit Rücklageanteil
36 Wertberichtigungen
(Bei Kapitalgesellschaften als Passivposten der Bilanz nicht mehr zulässig)
3610 – zu Sachanlagen
3650 – zu Finanzanlagen
3670 Einzelwertberichtigung zu Forderungen
3680 Pauschalwertberichtigung zu Forderungen
Rückstellungen
37 Rückstellungen für Pensionen und ähnliche Verpflichtungen
3700 Rückstellungen für Pensionen und ähnliche Verpflichtungen
38 Steuerrückstellungen
3800 Steuerrückstellungen
39 Sonstige Rückstellungen[2]
3910 – für Gewährleistung
3930 – für andere ungewisse Verbindlichkeiten
3970 – für drohende Verluste aus schwebenden Geschäften
3990 – für Aufwendungen

4 Verbindlichkeiten u. passive Rechnungsabgrenzung

40 Frei
41 Anleihen
4100 Anleihen
42 Verbindlichkeiten gegenüber Kreditinstituten
4210 Kurzfristige Bankverbindlichkeiten
4230 Mittelfristige Bankverbindlichkeiten
4250 Langfristige Bankverbindlichkeiten
43 Erhaltene Anzahlungen auf Bestellungen
4300 Erhaltene Anzahlungen
44 Verbindlichkeiten aus Lieferungen und Leistungen
4400 Verbindlichkeiten aus Lieferungen und Leistungen
4420 Kaufpreisverbindlichkeiten
45 Wechselverbindlichkeiten
4500 Schuldwechsel
46 und 47 Frei
48 Sonstige Verbindlichkeiten
4800 Umsatzsteuer
4802 Umsatzsteuer (19 %) für i. E.
4820 Zollverbindlichkeiten
4830 Sonstige Verbindlichkeiten gegenüber Finanzbehörden
4850 Verbindlichkeiten gegenüber Mitarbeitern
4860 Verbindlichkeiten aus vermögenswirksamen Leistungen
4870 Verbindlichkeiten gegenüber Gesellschaftern (Dividende)
4890 Übrige sonstige Verbindlichkeiten
49 Passive Rechnungsabgrenzung
4900 Passive Jahresabgrenzung

Anmerkungen:
1) Die Konten der Kontengruppen 07 und 08 werden als Sammelkonten 0700 Technische Anlagen und Maschinen bzw. 0800 Andere Anlagen/Betriebs- und Geschäftsausstattung geführt.
2) Die Konten der Kontengruppe 39 werden als Sammelkonto 3900 Sonstige Rückstellungen geführt.
3) Die Konten 6400 und 6410 werden als Sammelkonto 6400 Arbeitgeberanteil zur Sozialversicherung geführt.
4) Werden die Material- und Wareneinkäufe nicht bestandsorientiert in der Kontengruppe 20 (RHB) bzw. im Konto 2280 Waren (Handelswaren) gebucht, sondern aufwandsorientiert in der Kontengruppe 60, sind auch die Unterkonten „Bezugskosten" und „Nachlässe" in der Kontengruppe 60 statt in der Kontengruppe 20 zu buchen.

*Aus EDV-Gründen sind die Kontenziffern vierstellig.

nach: Schmolke/Deitermann: Industrielles Rechnungswesen – IKR, 37. durchgesehene Auflage, Bildungshaus Schulbuchverlage Westermann, Braunschweig 2009

Industrie-Kontenrahmen (IKR) für Aus- und Fortbildung*
1987 herausgegeben vom Bundesverband der Deutschen Industrie

Kontenklassen

Erträge	Aufwendungen	Ergebnisrechnungen

5 Erträge

6 Betriebliche Aufwendungen

8 Ergebnisrechnungen

50 Umsatzerlöse für eigene Erzeugnisse und andere Leistungen
- 5000 Umsatzerlöse für eigene Erzeugnisse
- 5001 Erlösberichtigungen
- 5050 Umsatzerlöse für andere eigene Leistungen
- 5051 Erlösberichtigungen
- 5060 Erlöse aus innergemeinschaftlicher Lieferung (i. L.)
- 5061 Erlösberichtigungen
- 5070 Erlöse aus Güterausfuhr
- 5071 Erlösberichtigungen

51 Umsatzerlöse für Waren und sonstige Umsatzerlöse
- 5100 Umsatzerlöse für Waren
- 5101 Erlösberichtigungen
- 5190 Sonstige Umsatzerlöse
- 5191 Erlösberichtigungen

52 Erhöhung oder Verminderung des Bestandes an unfertigen und fertigen Erzeugnissen
- 5200 Bestandsveränderungen
- 5201 Bestandsveränderungen an unfertigen Erzeugnissen und nicht abgerechneten Leistungen
- 5202 Bestandsveränderungen an fertigen Erzeugnissen

53 Andere aktivierte Eigenleistungen
- 5300 Aktivierte Eigenleistungen

54 Sonstige betriebliche Erträge
- 5400 Mieterträge
- 5401 Leasingerträge
- 5410 Sonstige Erlöse (z. B. aus Provisionen oder Anlageabgängen)
- 5420 Entnahme von Gegenständen und sonstigen Leistungen
- 5430 Andere sonstige betriebliche Erträge
- 5440 Erträge aus Werterhöhungen von Gegenständen des Anlagevermögens (Zuschreibungen)
- 5450 Erträge aus der Auflösung oder Herabsetzung von Wertberichtigungen auf Forderungen
- 5460 Erträge aus dem Abgang von Vermögensgegenständen
- 5480 Erträge aus der Herabsetzung von Rückstellungen
- 5490 Periodenfremde Erträge

55 Erträge aus Beteiligungen
- 5500 Erträge aus Beteiligungen

56 Erträge aus anderen Wertpapieren und Ausleihungen des Finanzanlagevermögens
- 5600 Erträge aus anderen Finanzanlagen

57 Sonstige Zinsen und ähnliche Erträge
- 5710 Zinserträge
- 5730 Diskonterträge
- 5780 Erträge aus Wertpapieren des Umlaufvermögens
- 5790 Sonstige zinsähnliche Erträge

58 Außerordentliche Erträge
- 5800 Außerordentliche Erträge

59 Frei

Materialaufwand

60 Aufwendungen für Roh-, Hilfs- und Betriebsstoffe und für bezogene Waren[4)]
- 6000 Aufwendungen für Rohstoffe/Fertigungsmaterial
- 6001 Bezugskosten
- 6002 Nachlässe
- 6010 Aufwendungen für Vorprodukte/Fremdbauteile[4)]
- 6020 Aufwendungen für Hilfsstoffe[4)]
- 6030 Aufwendungen für Betriebsstoffe/Verbrauchswerkzeuge[4)]
- 6040 Aufwendungen für Verpackungsmat.
- 6050 Aufwendungen für Energie
- 6060 Aufwendungen für Reparaturmat.
- 6070 Aufwendungen für sonstiges Material
- 6080 Aufwendungen für Waren[4)]

61 Aufwendungen für bezogene Leistungen
- 6100 Fremdleistungen für Erzeugnisse und andere Umsatzleistungen
- 6140 Frachten und Nebenkosten
- 6150 Vertriebsprovisionen
- 6160 Fremdinstandhaltung
- 6170 Sonstige Aufwendungen für bezogene Leistungen

Personalaufwand

62 Löhne
- 6200 Löhne einschl. tariflicher, vertraglicher oder arbeitsbedingter Zulagen
- 6210 Urlaubs- u. Weihnachtsgeld
- 6220 Sonstige tarifliche oder vertragliche Aufwendungen für Lohnempfänger
- 6230 Freiwillige Zuwendungen
- 6250 Sachbezüge
- 6260 Vergütungen an gewerbliche Auszubildende

63 Gehälter
- 6300 Gehälter und Zulagen
- 6310 Urlaubs- u. Weihnachtsgeld
- 6320 Sonstige tarifliche oder vertragliche Aufwendungen
- 6330 Freiwillige Zuwendungen
- 6350 Sachbezüge
- 6360 Vergütung. an Auszubildende

64 Sonstige Abgaben und Aufwendungen für Altersversorgung und für Unterstützung
- 6400 Arbeitgeberanteil zur Sozialversicherung (Lohnbereich)[3)]
- 6410 Arbeitgeberanteil zur Sozialversicherung (Gehaltsbereich)[3)]
- 6420 Beiträge zur Berufsgenossenschaft
- 6440 Aufwend. für Altersversorgung
- 6450 Aufwendungen für Unterstützung

65 Abschreibungen

Abschreibungen auf Anlagevermögen
- 6510 Abschreibungen auf immaterielle Vermögensgegenstände des Anlagevermögens
- 6520 Abschreib. auf Sachanlagen
- 6540 Abschreibungen auf geringwertige Wirtschaftsgüter
- 6550 Außerplanmäßige Abschreibungen auf Sachanlagen
- 6570 Unüblich hohe Abschreibungen auf Umlaufvermögen

66 Sonstig. Personalaufwendungen
- 6600 Aufwendungen für Personaleinstellung
- 6610 Aufwendungen für übernommene Fahrtkosten
- 6620 Aufwendungen für Werksarzt und Arbeitssicherheit
- 6630 Personenbezogene Versicherungen
- 6640 Aufwendungen für Fort- und Weiterbildung

- 6650 Aufwendg. für Dienstjubiläen
- 6660 Aufwendungen für Belegschaftsveranstaltungen
- 6670 Aufwendungen für Werksküche und Sozialeinrichtungen
- 6680 Ausgleichsabgabe nach dem Schwerbehindertengesetz
- 6690 Übrige sonstige Personalaufwendungen

67 Aufwendung. für die Inanspruchnahme von Rechten und Diensten
- 6700 Mieten, Pachten
- 6710 Leasingaufwendungen
- 6720 Lizenzen und Konzessionen
- 6730 Gebühren
- 6750 Kosten des Geldverkehrs
- 6760 Provisionsaufwendungen (außer Vertriebsprovisionen)
- 6770 Rechts- und Beratungskosten

68 Aufwendungen für Kommunikation (Dokumentation, Information, Reisen, Werbung)
- 6800 Büromaterial
- 6810 Zeitungen und Fachliteratur
- 6820 Portokosten
- 6830 Kosten der Telekommunikation
- 6850 Reisekosten
- 6860 Bewirtung und Präsentation
- 6870 Werbung
- 6880 Spenden

69 Aufwendungen für Beiträge und Sonstiges sowie Wertkorrekturen und periodenfremde Aufwendungen
- 6900 Versicherungsbeiträge
- 6920 Beiträge zu Wirtschaftsverbänden u. Berufsvertretungen
- 6930 Verluste aus Schadensfällen
- 6940 Sonstige Aufwendungen
- 6950 Abschreibung. auf Forderungen
- 6960 Verluste aus d. Abgang von Vermögensgegenständen
- 6979 Anlagenabgänge
- 6980 Zuführung zu Rückstellungen für Gewährleistung
- 6990 Periodenfremde Aufwendungen

7 Weitere Aufwendungen

70 Betriebliche Steuern
- 7020 Grundsteuer
- 7030 Kraftfahrzeugsteuer
- 7070 Ausfuhrzölle
- 7080 Verbrauchsteuern
- 7090 Sonstig. betriebliche Steuern

71 bis 73 Frei

74 Abschreibungen auf Finanzanlagen und auf Wertpapiere des Umlaufvermögens und Verluste aus entsprechenden Abgängen
- 7400 Abschreibg. auf Finanzanlag.
- 7420 Abschreibung. auf Wertpapiere des Umlaufvermögens
- 7450 Verluste aus dem Abgang von Finanzanlagen
- 7460 Verluste aus d. Abgang von Wertpapieren d. Umlaufverm.

75 Zinsen u. ähnliche Aufwendungen
- 7510 Zinsaufwendungen
- 7530 Diskontaufwendungen
- 7590 Sonst. zinsähnlich. Aufwendg.

76 Außerordentliche Aufwendungen
- 7600 Außerordentliche Aufwendg.

77 Steuern. v. Einkommen u. Ertrag
- 7700 Gewerbesteuer
- 7710 Körperschaftsteuer
- 7720 Kapitalertragsteuer

78 Diverse Aufwendungen
- 7800 Diverse Aufwendungen

79 Frei

80 Eröffnung/Abschluss
- 8000 Eröffnungsbilanzkonto
- 8010 Schlussbilanzkonto
- 8020 GuV-Konto Gesamtkostenverfahren
- 8030 GuV-Konto Umsatzkostenverfahren
- 8050 Saldenvorträge (Sammelkonto)

Konten der Kostenbereiche für die GuV im Umsatzkostenverfahren
- **81 Herstellungskosten**
- **82 Vertriebskosten**
- **83 Allgemeine Verwaltungskosten**
- **84 Sonstige betriebliche Aufwendungen**

Konten der kurzfristigen Erfolgsrechnung (KER) für innerjährige Rechnungsperioden (Monat, Quartal oder Halbjahr)

85 Korrekturkonten zu d. Erträgen der Kontenklasse 5

86 Korrekturkonten zu den Aufwendungen der Kontenklasse 6

87 Korrekturkonten zu den Aufwendungen der Kontenklasse 7

88 Kurzfristige Erfolgsrechnung (KER)
- 8800 Gesamtkostenverfahren
- 8810 Umsatzkostenverfahren

89 Innerjährige Rechnungsabgrenzung
- 8900 aktive Rechnungsabgrenzung
- 8950 passive Rechnungsabgrenzung

Kosten- und Leistungsrechnung

9 Weitere Aufwendungen

90 Unternehmensbezogene Abgrenzung (neutrale Aufwendungen und Erträge)

91 Kostenrechnerische Korrekturen

92 Kostenarten u. Leistungsarten

93 Kostenstellen

94 Kostenträger

95 Fertige Erzeugnisse

96 Interne Lieferungen und Leistungen sowie deren Kosten

97 Umsatzkosten

98 Umsatzleistungen

99 Ergebnisausweise

(In der Praxis wird die KLR gewöhnlich tabellarisch durchgeführt.)

Beleg 1

KNABER OHG

Knaber OHG • Dreieichweg 8 • 21029 Hamburg

Ihr Zeichen:	shf
Ihre Nachricht vom:	..-02-07
Unser Zeichen:	beck
Unsere Nachricht vom:	..-02-08

OfficeCom AG
Hansestraße 120
38112 Braunschweig

Telefon: 040 7342856
Telefax: 040 7342858
E-Mail: knaber-aber-wvb@t-online.de
Internet: www.knaber-aber-wvb.de

Datum: ..-03-01

Kunden-Nr.	Auftrags-Nr.	Liefertermin
18-09-1943	123/13	..-03-01

Lieferanschrift
OfficeCom AG
Hansestraße 120
38112 Braunschweig

Rechnung-Nr. 2338/M

Menge	Artikelbezeichnung	Einzelpreis	Gesamtpreis
800 St.	Edelstahlrohr, 710 mm lang, Ø 80 mm	102,00 €	81.600,00 €
	Rabatt: 8 %		6.528,00 €
			75.072,00 €
	19 % Umsatzsteuer		14.263,68 €
			89.335,68 €

Konto	Soll	Haben

Gebucht:

Zahlungsbedingungen:
2 % Skonto, zahlbar innerhalb 14 Tagen nach Lieferung;
netto Kasse, zahlbar innerhalb 6 Wochen nach Lieferung.

Bankverbindung:
Hamburger Sparkasse, Konto 15 264 869, BLZ 200 505 50
BIC: HASPDEHH, IBAN: DE88 2005 0550 0015 2648 69

Knaber OHG, Sitz Hamburg,
Amtsgericht Hamburg,
Handelsregister Nr. HRA 967
USt-IdNr. DE 450 432 629

*vgl.:*Scharf, Dirk: Praxis der Buchführung. Beschaffung, Absatz und Finanzierung,
Gabler, Wiesbaden 1997, S. 5

Beleg 2

Transfahrt AG

Transfahrt AG • Siemensstr. 110 • 21029 Hamburg

Ihr Zeichen:	shf
Ihre Nachricht vom:	..-02-25
Unser Zeichen:	kb
Unsere Nachricht vom:	..-02-26

OfficeCom AG
Hansestraße 120
38112 Braunschweig

Telefon: 040 334455
Telefax: 040 234518
E-Mail: transf-ag-wvb@t-online.de
Internet: www.transf-ag-wvb.de

Datum: ..-03-01

Kunden-Nr.	Auftrags-Nr.	Liefertermin
1389	8765	..-03-01

Lieferanschrift
OfficeCom AG
Hansestraße 120
38112 Braunschweig

Rechnung Nr. 4498/5

Gemäß Frachttabelle berechnen wir für o. a. Auftrag

Lieferung	800 St. Edelstahlrohre	
von	Hamburg	
nach	Braunschweig	2.120,33 €
	19 % Umsatzsteuer	402,86 €
		2.523,19 €

Konto	Soll	Haben

Gebucht:

Zahlung: sofort ohne Abzug

Bär-Bank Hamburg, Konto 34 759 265, BLZ 270 100 49,
BIC: BBHBR233, IBAN: DE53 2701 0049 0034 7592 65
USt-IdNr. DE 456 741 443

Transfahrt AG, Sitz Hamburg,
Amtsgericht Hamburg,
Handelsregister Nr. HRB 639

vgl.: Scharf, Dirk: Praxis der Buchführung. Beschaffung, Absatz und Finanzierung,
Gabler, Wiesbaden 1997, S. 7

Beleg 3

KNABER OHG

Knaber OHG • Dreieichweg 8 • 21029 Hamburg

OfficeCom AG
Hansestraße 120
38112 Braunschweig

Ihr Zeichen:
Ihre Nachricht vom: ..-03-02
Unser Zeichen: hef
Unsere Nachricht vom:

Telefon: 040 7342856
Telefax: 040 7342858
E-Mail: knaber-aber-wvb@t-online.de
Internet: www.knaber-aber-wvb.de

Datum: ..-03-03

Gutschriftanzeige – Auftrags-Nr.: 123/13 vom 7. Febr. ..

Sehr geehrte Damen und Herren,

aufgrund der von Ihnen an uns gemäß telefonischer Vereinbarung
vom 2. März .. zurückgesandten mangelhaften 2 Edelstahlrohre
aus Auftrag 123/13 vom 7. Februar .. (Einzelpreis 102,00 € abzüglich
8 % Rabatt) im Gesamtwert von 187,68 € zuzüglich 19 % Umsatzsteuer erhalten Sie eine Gutschrift in gleicher Höhe.

Wir bitten um gleich lautende Buchung.

Mit freundlichen Grüßen

Knaber OHG

i. A. Heffemann

Konto	Soll	Haben
Gebucht:		

Bankverbindung:
Hamburger Sparkasse, Konto 15 264 869, BLZ 200 505 50
BIC: HASPDEHH, IBAN: DE88 2005 0550 0015 2648 69

Knaber OHG, Sitz Hamburg,
Amtsgericht Hamburg,
Handelsregister Nr. HRA 967
USt-IdNr. DE 450 432 629

vgl.: Scharf, Dirk: Praxis der Buchführung. Beschaffung, Absatz und Finanzierung,
Gabler, Wiesbaden 1997, S. 10

Beleg 4

Hartbank Braunschweig

KONTOAUSZUG

Bankleitzahl	Datum	Auszug Nr.	Blatt Nr.	für Konto-Nr.
250 500 08	..-03-30	162	1	21 345 839

Buchungstext	Buchungstag	Valuta	Umsatz Soll = –
Transfahrt AG, Hamburg Rechnung Nr. 4498/5 vom ..-03-01	..-03-05	..-03-05	2.523,19 € –
Knaber OHG, Hamburg Rechnung Nr. 2338/M vom ..-03-01	..-03-14	..-03-14	87.330,09 € –
Brake AG, Braunschweig Miete für Lagerhalle (Dauerauftrag)	..-03-30	..-03-30	4.500,00 € –

Herrn/Frau/Firma

Soll	Alter Saldo	Haben
		175.417,60 €

OfficeCom AG
Hansestraße 120
38112 Braunschweig

Soll	Neuer Saldo	Haben
		81.064,32 €

BIC: HABABR2
IBAN: DE66 2505 0008 0021 3458 39

vgl.: Bentin, Margit u. a.: Handlungsorientierte Materialien in Wirtschaft und Verwaltung, Absatz/Marketing,
4., aktualisierte Auflage, Bildungshaus Schulbuchverlage Westermann Schroedel Diesterweg Schöningh
Winklers GmbH, Braunschweig 2009, S.39

Beleg 5

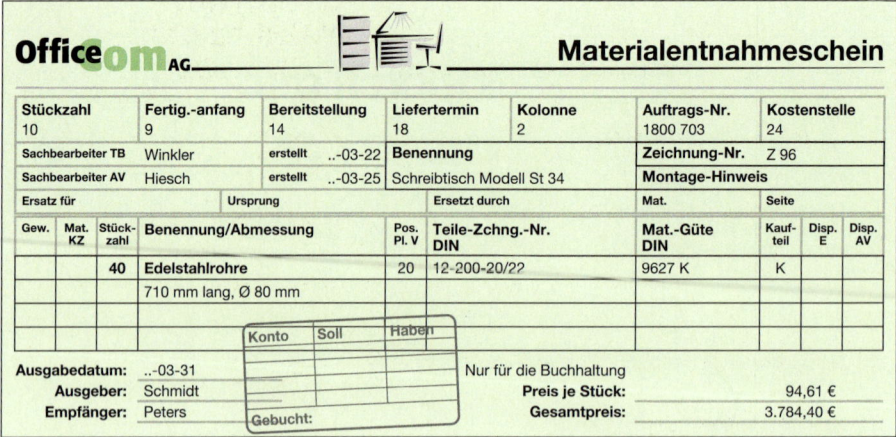

OfficeCom AG						Materialentnahmeschein	

Stückzahl	Fertig.-anfang	Bereitstellung	Liefertermin	Kolonne		Auftrags-Nr.	Kostenstelle
10	9	14	18	2		1800 703	24

Sachbearbeiter TB	Winkler	erstellt	..-03-22	Benennung		Zeichnung-Nr.	Z 96
Sachbearbeiter AV	Hiesch	erstellt	..-03-25	Schreibtisch Modell St 34		Montage-Hinweis	
Ersatz für		Ursprung		Ersetzt durch		Mat.	Seite

Gew.	Mat. KZ	Stück- zahl	Benennung/Abmessung	Pos. Pl. V	Teile-Zchng.-Nr. DIN	Mat.-Güte DIN	Kauf- teil	Disp. E	Disp. AV
		40	Edelstahlrohre	20	12-200-20/22	9627 K	K		
			710 mm lang, Ø 80 mm						

Konto | Soll | Haben

Ausgabedatum:	..-03-31		Nur für die Buchhaltung	
Ausgeber:	Schmidt		Preis je Stück:	94,61 €
Empfänger:	Peters	Gebucht:	Gesamtpreis:	3.784,40 €

vgl.: Scharf, Dirk: Praxis der Buchführung. Beschaffung, Absatz und Finanzierung, Gabler, Wiesbaden 1997, S. 12

Beleg 6

OfficeCom AG

OfficeCom AG • Hansestr. 120 • 38112 Braunschweig

Ihr Zeichen:	kr
Ihre Nachricht vom:	..-01-15
Unser Zeichen:	shf
Unsere Nachricht vom:	..-02-08

Telefon AG
Elektronstraße 12
65933 Frankfurt/Main

Telefon: 0531 3688941
Telefax: 0531 4766083
E-Mail: info.officecom-wvb@t-online.de
Internet: www.officecomag-wvb.de

Datum: ..-03-01

Rechnung-Nr. 3269/BT

Kunden-Nr.	Auftrags-Nr.	Liefertermin
16-6-55	124/11	..-03-31

Lieferanschrift	Lieferung
Telefon AG Elektronstraße 12 65933 Frankfurt/Main	frei Haus durch Spedition

Menge	Artikelbezeichnung	Einzelpreis	Gesamtpreis
200 St.	Schreibtische, Typ ST 34	2.350,00 €	470.000,00 €
	Rabatt: 5 %		23.500,00 €
			446.500,00 €
	19 % Umsatzsteuer		84.835,00 €
			531.335,00 €

Konto | Soll | Haben

Gebucht:

Zahlungsbedingungen:
2 % Skonto, zahlbar innerhalb 10 Tagen nach Rechnungsdatum;
netto Kasse, zahlbar innerhalb 4 Wochen nach Rechnungsdatum.

Bankverbindung:
Hartbank Braunschweig, Konto 21 345 839, BLZ 250 500 08
BIC: HABABR2, IBAN: DE66 2505 0008 0021 3458 39

Amtsgericht Braunschweig,
Handelsregister Nr. HRB 126
USt-IdNr. DE 328 495 331

vgl.: Scharf, Dirk: Praxis der Buchführung. Beschaffung, Absatz und Finanzierung, Gabler, Wiesbaden 1997, S. 14

Beleg 7

Wohlfahrt e. K. · H.-Büssing-Ring 8 · 38102 Braunschweig

SPEDITION
WOHLfahrt

OfficeCom AG
Hansestraße 120
38112 Braunschweig

Ihr Zeichen:	shf
Ihre Nachricht vom:	..-03-26
Unser Zeichen:	hi
Unsere Nachricht vom:	

Telefon: 0531 663478
Telefax: 0531 256889
E-Mail: wohlfahrt-sped-wvb@t-online
Internet: www.sped-wohlfahrt-wvb.de

Rechnung   Nr. 3372/8   Datum: ..-03-31

Kunden-Nr.	Auftrags-Nr.	Lieferanschrift	Liefertermin
1586	1675	Telefon AG	..-03-31
		Elektronstraße 12	
		65933 Frankfurt/Main	

Für den Transport aus o. a. Auftrag berechnen wir gemäß Frachttabelle

Lieferung   200 Stück Schreibtische
von   Braunschweig
nach   Frankfurt/Main   4.360,00 €
                         19 % Umsatzsteuer   828,40 €
                                                                            5.188,40 €

Konto	Soll	Haben
Gebucht:		

Zahlung: sofort ohne Abzug

Wohlfahrt e. K., Sitz Braunschweig, Amtsgericht   Euro-Bank Braunschweig,
Braunschweig, Handelsregister Nr. HRA 3024   Konto 145 623, BLZ 250 500 80
USt-IdNr. DE 305 793 098   BIC: EURAR34
                                                                                  IBAN: DE73 2505 0080 0000 1456 23

vgl.: Scharf, Dirk: Praxis der Buchführung. Beschaffung, Absatz und Finanzierung, Gabler, Wiesbaden 1997, S. 15

Beleg 8

OfficeCom AG · Hansestr. 120 · 38112 Braunschweig

Telefon AG
Elektronstraße 12
65933 Frankfurt/Main

Ihr Zeichen:	kr
Ihre Nachricht vom:	..-04-01
Unser Zeichen:	we
Unsere Nachricht vom:	

Telefon: 0531 3688941
Telefax: 0531 4766083
E-Mail: info.officecom-wvb@t-online.de
Internet: www.officecomag-wvb.de

Datum: ..-04-01

Gutschriftanzeige – Auftrags-Nr. 124/11 vom 8. Febr. ..

Sehr geehrte Damen und Herren,

aufgrund telefonischer Vereinbarung vom 1. April .. haben Sie uns einen
beschädigten Schreibtisch, Typ ST 34, zurückgesandt. Hierfür erhalten Sie
eine Gutschrift in Höhe von 2.232,50 € zuzüglich 19 % Umsatzsteuer.
Wir bitten um gleich lautende Buchung.

Mit freundlichen Grüßen

OfficeCom AG

ppa. *Wegener*

Wegener

Konto	Soll	Haben
Gebucht:		

Bankverbindung: Amtsgericht Braunschweig,
Hartbank Braunschweig, Konto 21 345 839, BLZ 250 500 08   Handelsregister Nr. HRB 126
BIC: HABABR2, IBAN: DE66 2505 0008 0021 3458 39   USt-IdNr. DE 328 495 331

Beleg 9

Hartbank Braunschweig

KONTOAUSZUG
für Konto-Nr.

Bankleitzahl	Datum	Auszug Nr.	Blatt Nr.	Konto-Nr.
250 500 08	..-04-15	163	1	21 345 839

Buchungstext	Buchungstag	Valuta	Umsatz	Soll = –
Hartbank Braunschweig Zinsen für ..-03, Festgeldkonto Nr. 180943	..-04-01	..-04-01	1.600,00 €	
Wohlfahrt e. K., Braunschweig Rechnung Nr. 3372/8 vom ..-03-31	..-04-02	..-04-02	5.188,40 € –	
Telefon AG, Frankfurt/Main Rechnung Nr. 3269/BT vom ..-03-31	..-04-12	..-04-13	518.104,75 €	

Herrn/Frau/Firma

Konto	Soll	Haben
Gebucht:		

OfficeCom AG
Hansestraße 120
38112 Braunschweig

Soll	Alter Saldo	Haben
		81.064,32 €

Soll	Neuer Saldo	Haben
		595.580,67 €

BIC: HABABR2
IBAN: DE66 2505 0008 0021 3458 39

vgl.: Bentin, Margit u. a.: Handlungsorientierte Materialien in Wirtschaft und Verwaltung, Absatz/Marketing, 4., aktualisierte Auflage, Bildungshaus Schulbuchverlage Westermann Schroedel Diesterweg Schöningh Winklers GmbH, Braunschweig 2009, S.39

Beleg 10

vgl.: Scharf, Dirk: Praxis der Buchführung. Beschaffung, Absatz und Finanzierung, Gabler, Wiesbaden 1997, S. 37 ff.

Beleg 11

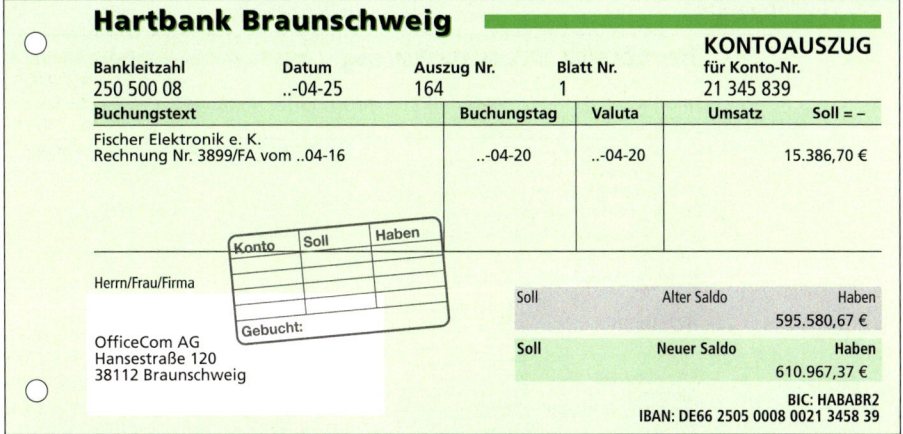

Hartbank Braunschweig

KONTOAUSZUG
für Konto-Nr.

Bankleitzahl	Datum	Auszug Nr.	Blatt Nr.	
250 500 08	..-04-25	164	1	21 345 839

Buchungstext	Buchungstag	Valuta	Umsatz	Soll = –
Fischer Elektronik e. K. Rechnung Nr. 3899/FA vom ..04-16	..-04-20	..-04-20		15.386,70 €

Konto	Soll	Haben

Gebucht:

Herrn/Frau/Firma

OfficeCom AG
Hansestraße 120
38112 Braunschweig

Soll	Alter Saldo	Haben
		595.580,67 €

Soll	Neuer Saldo	Haben
		610.967,37 €

BIC: HABABR2
IBAN: DE66 2505 0008 0021 3458 39

vgl.: Bentin, Margit u. a.: Handlungsorientierte Materialien in Wirtschaft und Verwaltung, Absatz / Marketing, 4., aktualisierte Auflage, Bildungshaus Schulbuchverlage Westermann Schroedel Diesterweg Schöningh Winklers GmbH, Braunschweig 2009, S.39

Beleg 12

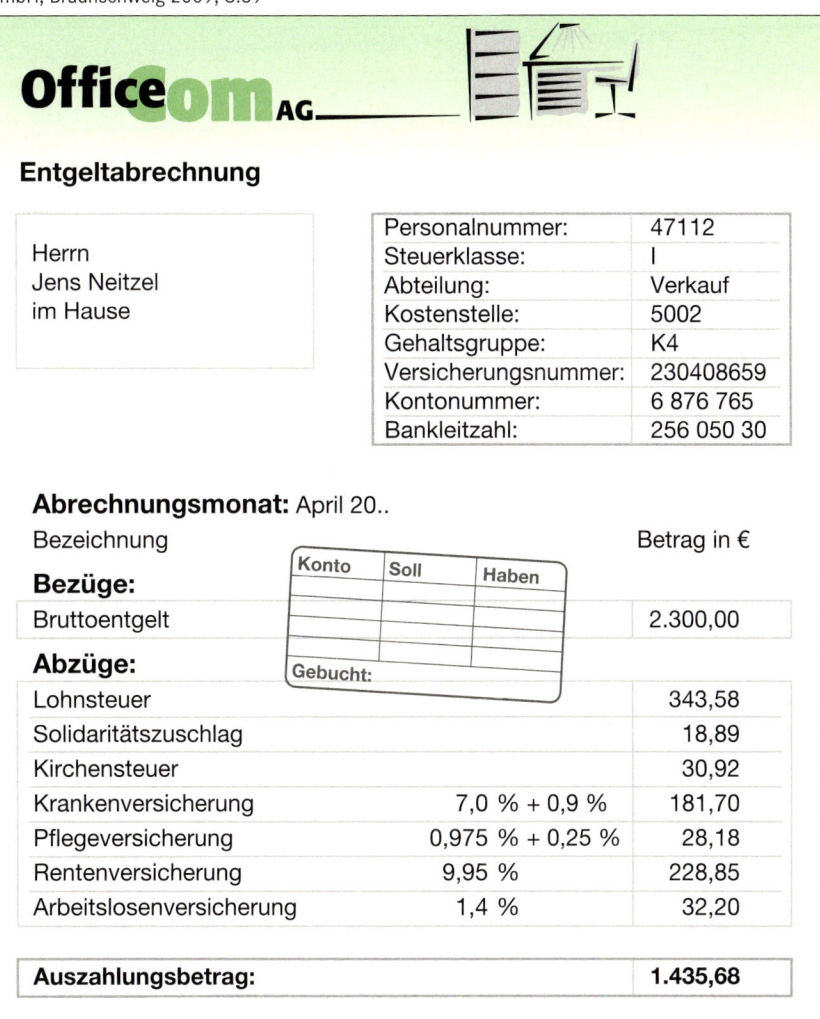

OfficeCom AG

Entgeltabrechnung

Herrn
Jens Neitzel
im Hause

Personalnummer:	47112
Steuerklasse:	I
Abteilung:	Verkauf
Kostenstelle:	5002
Gehaltsgruppe:	K4
Versicherungsnummer:	230408659
Kontonummer:	6 876 765
Bankleitzahl:	256 050 30

Abrechnungsmonat: April 20..

Bezeichnung			Betrag in €

Bezüge:

Konto	Soll	Haben

Gebucht:

Bruttoentgelt			2.300,00

Abzüge:

Lohnsteuer		343,58
Solidaritätszuschlag		18,89
Kirchensteuer		30,92
Krankenversicherung	7,0 % + 0,9 %	181,70
Pflegeversicherung	0,975 % + 0,25 %	28,18
Rentenversicherung	9,95 %	228,85
Arbeitslosenversicherung	1,4 %	32,20

Auszahlungsbetrag:	**1.435,68**

Stand: 01.07.2009;
zu aktuellen Beitrags-
sätzen der gesetz-
lichen Sozialversiche-
rung siehe z. B.:
www.morche-
fuerth.de/soz-vers/
soz-vers.htm

Beleg 13

Hartbank Braunschweig

KONTOAUSZUG
für Konto-Nr.

Bankleitzahl	Datum	Auszug Nr.	Blatt Nr.	für Konto-Nr.
250 500 08	..-04-30	165	1	21 345 839

Buchungstext	Buchungstag	Valuta	Umsatz	Soll = –
Krankenkasse XY Abbuchung SV-Vorauszahlung für Gehaltsabrechnung Neitzel ..-04-30	..-04-30	..-04-30		915,41 € –
Gehaltsabrechnung Neitzel ..-04-30	..-04-30	..-04-30		1.435,68 € –
Bärbank, Hamburg, Zinsen für Darlehen, Konto Nr. 409 346, für ..-01 bis ..-04	..-04-30	..-04-30		4.250,00 € –
Hartbank BS, Grundschuld, Konto Nr. 235 951	..-04-30	..-04-30		500.000,00 €

Herrn/Frau/Firma

Konto	Soll	Haben

Gebucht:

OfficeCom AG
Hansestraße 120
38112 Braunschweig

Soll	Alter Saldo	Haben
		610.967,37 €
Soll	**Neuer Saldo**	**Haben**
		1.104.366,28 €

BIC: HABABR2
IBAN: DE66 2505 0008 0021 3458 39

vgl.: Bentin, Margit u. a.: Handlungsorientierte Materialien in Wirtschaft und Verwaltung, Absatz/Marketing, 4., aktualisierte Auflage, Bildungshaus Schulbuchverlage Westermann, Braunschweig 2009, S.39

Beleg 14

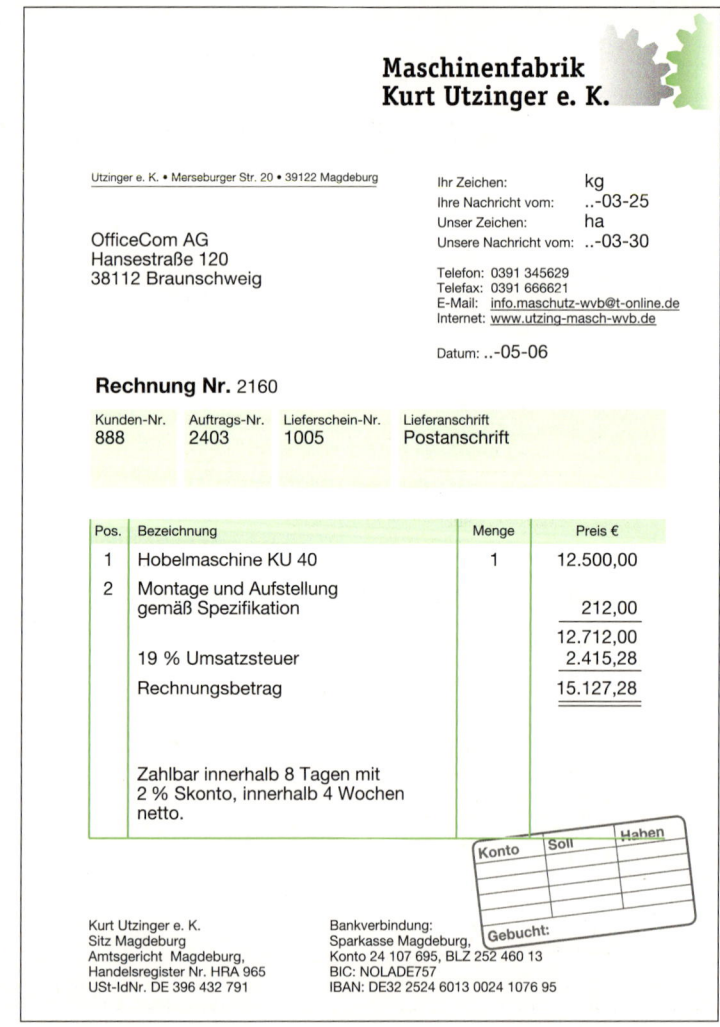

Maschinenfabrik Kurt Utzinger e. K.

Utzinger e. K. • Merseburger Str. 20 • 39122 Magdeburg

Ihr Zeichen:	kg
Ihre Nachricht vom:	..-03-25
Unser Zeichen:	ha
Unsere Nachricht vom:	..-03-30

OfficeCom AG
Hansestraße 120
38112 Braunschweig

Telefon: 0391 345629
Telefax: 0391 666621
E-Mail: info.maschutz-wvb@t-online.de
Internet: www.utzing-masch-wvb.de

Datum: ..-05-06

Rechnung Nr. 2160

Kunden-Nr.	Auftrags-Nr.	Lieferschein-Nr.	Lieferanschrift
888	2403	1005	Postanschrift

Pos.	Bezeichnung	Menge	Preis €
1	Hobelmaschine KU 40	1	12.500,00
2	Montage und Aufstellung gemäß Spezifikation		212,00
			12.712,00
	19 % Umsatzsteuer		2.415,28
	Rechnungsbetrag		15.127,28

Zahlbar innerhalb 8 Tagen mit 2 % Skonto, innerhalb 4 Wochen netto.

Konto	Soll	Haben

Gebucht:

Kurt Utzinger e. K.
Sitz Magdeburg
Amtsgericht Magdeburg,
Handelsregister Nr. HRA 965
USt-IdNr. DE 396 432 791

Bankverbindung:
Sparkasse Magdeburg,
Konto 24 107 695, BLZ 252 460 13
BIC: NOLADE757
IBAN: DE32 2524 6013 0024 1076 95

vgl.: Scharf, Dirk: Praxis der Buchführung. Personal- und Anlagenwirtschaft, Gabler, Wiesbaden 1997, S. 17

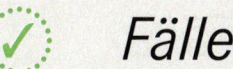

Beleg 15

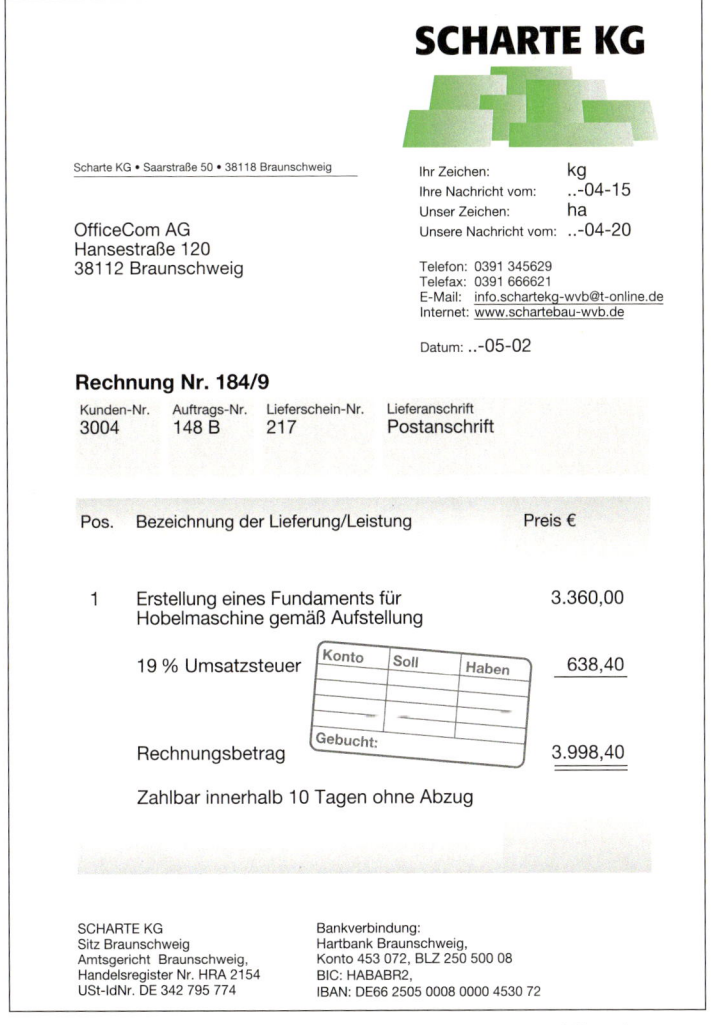

Scharte KG • Saarstraße 50 • 38118 Braunschweig

OfficeCom AG
Hansestraße 120
38112 Braunschweig

Ihr Zeichen:	kg
Ihre Nachricht vom:	..-04-15
Unser Zeichen:	ha
Unsere Nachricht vom:	..-04-20

Telefon: 0391 345629
Telefax: 0391 666621
E-Mail: info.schartekg-wvb@t-online.de
Internet: www.schartebau-wvb.de

Datum: ..-05-02

Rechnung Nr. 184/9

Kunden-Nr.	Auftrags-Nr.	Lieferschein-Nr.	Lieferanschrift
3004	148 B	217	Postanschrift

Pos.	Bezeichnung der Lieferung/Leistung	Preis €
1	Erstellung eines Fundaments für Hobelmaschine gemäß Aufstellung	3.360,00
	19 % Umsatzsteuer	638,40
	Rechnungsbetrag	3.998,40
	Zahlbar innerhalb 10 Tagen ohne Abzug	

Konto	Soll	Haben
Gebucht:		

SCHARTE KG
Sitz Braunschweig
Amtsgericht Braunschweig,
Handelsregister Nr. HRA 2154
USt-IdNr. DE 342 795 774

Bankverbindung:
Hartbank Braunschweig,
Konto 453 072, BLZ 250 500 08
BIC: HABABR2,
IBAN: DE66 2505 0008 0000 4530 72

vgl.: Scharf, Dirk: Praxis der Buchführung. Beschaffung, Absatz und Finanzierung, Gabler, Wiesbaden 1997, S. 37 ff.

Beleg 16

Hartbank Braunschweig

KONTOAUSZUG
für Konto-Nr.

Bankleitzahl	Datum	Auszug Nr.	Blatt Nr.	für Konto-Nr.
250 500 08	..-05-15	166	1	21 345 839

Buchungstext	Buchungstag	Valuta	Umsatz	Soll = −
Miete Jäger OHG für ..-05	..-04-30	..-05-01		3.480,00 €
Finanzamt Braunschweig Lohnsteuer/Solidaritätszuschlag ..-04 Neitzel	..-05-09	..-05-01		393,39 € −
Scharte KG, Rechnung Nr. 184/9 vom ..-05-02	..-05-11	..-05-12		3.998,40 € −
Maschinenfabrik Kurt Utzinger e. K. Rechnung Nr. 2160 vom ..-05-06	..-05-12	..-05-13		14.824,73 € −

Herrn/Frau/Firma

OfficeCom AG
Hansestraße 120
38112 Braunschweig

Konto	Soll	Haben
Gebucht:		

Soll		Alter Saldo	Haben
			1.104.366,28 €

Soll		Neuer Saldo	Haben
			1.088.629,76 €

BIC: HABABR2
IBAN: DE66 2505 0008 0021 3458 39

vgl.: Bentin, Margit u. a.: Handlungsorientierte Materialien in Wirtschaft und Verwaltung, Absatz/Marketing, 4., aktualisierte Auflage, Bildungshaus Schulbuchverlage Westermann, Braunschweig 2009, S.39

Beleg 17

Carl B. Fischer GmbH

Ihr Holzpartner

Carl B. Fischer GmbH • Hansestr. 128 • 38112 Braunschweig

OfficeComAG
Hansestraße 120
38112 Braunschweig

Ihr Zeichen:	ba
Ihre Nachricht vom:	..-06-01
Unser Zeichen:	bert
Unsere Nachricht vom:	..-06-02

Telefon: 0531 183256-00
Telefax: 0531 183256-99
E-Mail: info@cbfischer-wvb.de
Internet: www.cbfischer-wvb.com

Datum: ..-06-05

Rechnung Nr. 256/21

Kunden-Nr.	Auftrags-Nr.	Lieferung	Lieferanschrift
43	256/21	frei Haus	Postanschrift

Menge/Einh.	Artikelbezeichnung	Einzelpreis	Gesamtpreis
50 St.	Ahornfurnierte Holzplatte gemäß Spezifikation	648,00 €	32.400,00 €
	19 % USt		6.156,00 €
			38.556,00 €

Konto	Soll	Haben
Gebucht:		

Zahlungsbedingung:
zahlbar innerhalb 8 Tagen nach Rechnungsdatum ohne Abzug

Beleg 18

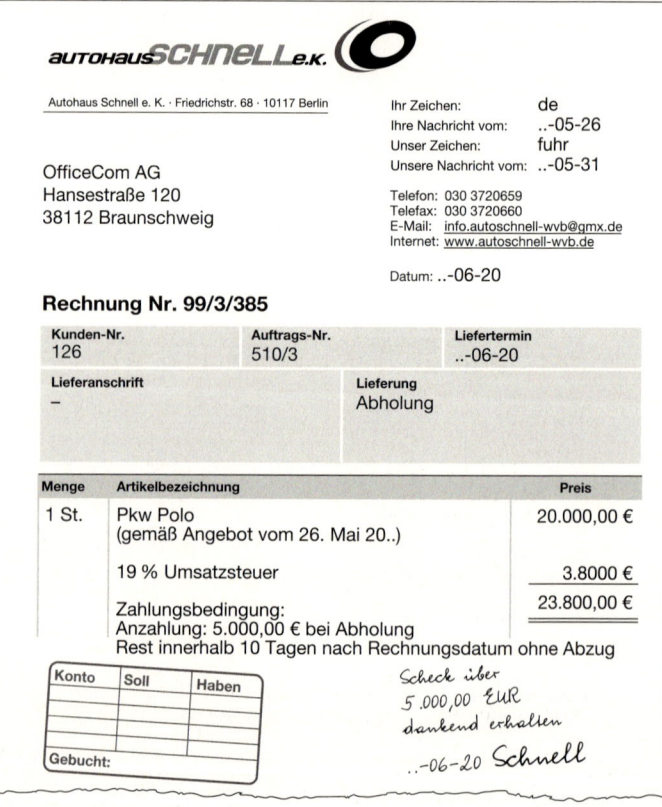

autohaus SCHNELL e.K.

Autohaus Schnell e. K. · Friedrichstr. 68 · 10117 Berlin

OfficeCom AG
Hansestraße 120
38112 Braunschweig

Ihr Zeichen:	de
Ihre Nachricht vom:	..-05-26
Unser Zeichen:	fuhr
Unsere Nachricht vom:	..-05-31

Telefon: 030 3720659
Telefax: 030 3720660
E-Mail: info.autoschnell-wvb@gmx.de
Internet: www.autoschnell-wvb.de

Datum: ..-06-20

Rechnung Nr. 99/3/385

Kunden-Nr.	Auftrags-Nr.	Liefertermin
126	510/3	..-06-20
Lieferanschrift –		Lieferung Abholung

Menge	Artikelbezeichnung	Preis
1 St.	Pkw Polo (gemäß Angebot vom 26. Mai 20..)	20.000,00 €
	19 % Umsatzsteuer	3.8000 €
		23.800,00 €
	Zahlungsbedingung: Anzahlung: 5.000,00 € bei Abholung Rest innerhalb 10 Tagen nach Rechnungsdatum ohne Abzug	

Konto	Soll	Haben
Gebucht:		

Scheck über 5.000,00 EUR dankend erhalten

..-06-20 Schnell

Beleg 19

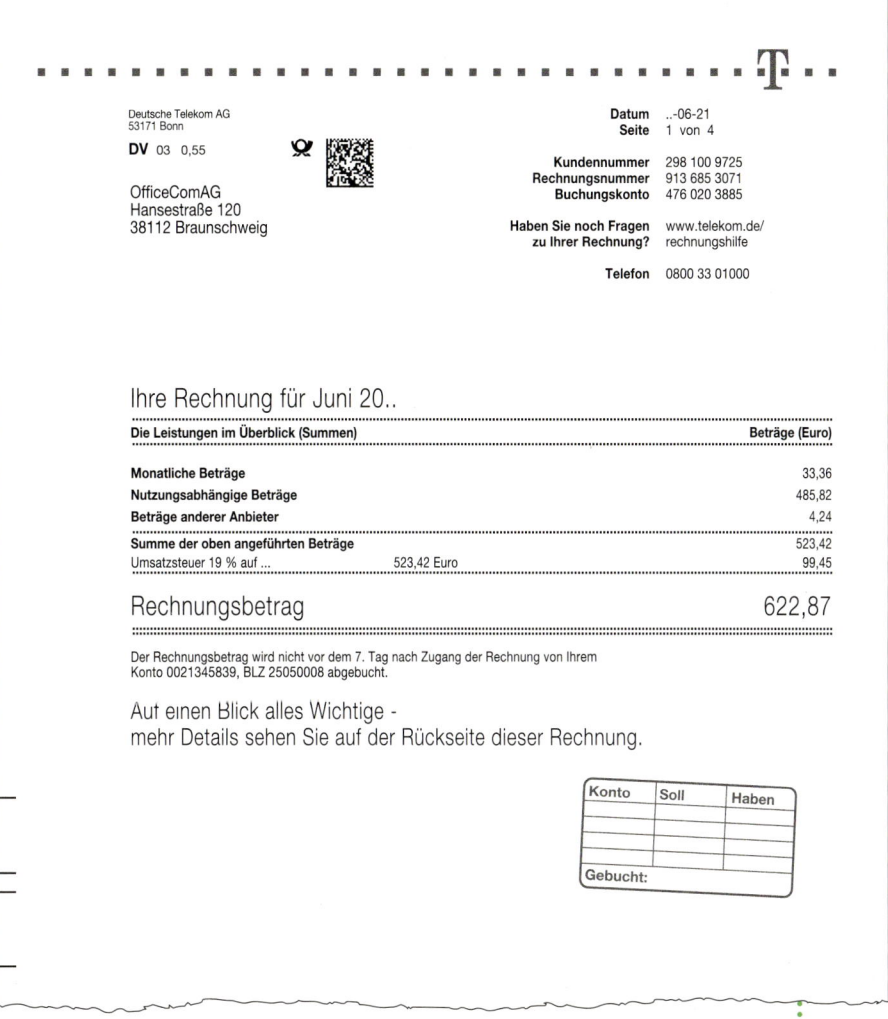

Deutsche Telekom AG
53171 Bonn

DV 03 0,55

OfficeComAG
Hansestraße 120
38112 Braunschweig

Datum	..-06-21
Seite	1 von 4

Kundennummer	298 100 9725
Rechnungsnummer	913 685 3071
Buchungskonto	476 020 3885

Haben Sie noch Fragen zu Ihrer Rechnung? www.telekom.de/rechnungshilfe

Telefon 0800 33 01000

Ihre Rechnung für Juni 20..

Die Leistungen im Überblick (Summen)	Beträge (Euro)
Monatliche Beträge	33,36
Nutzungsabhängige Beträge	485,82
Beträge anderer Anbieter	4,24
Summe der oben angeführten Beträge	523,42
Umsatzsteuer 19 % auf ... 523,42 Euro	99,45

Rechnungsbetrag   622,87

Der Rechnungsbetrag wird nicht vor dem 7. Tag nach Zugang der Rechnung von Ihrem
Konto 0021345839, BLZ 25050008 abgebucht.

Auf einen Blick alles Wichtige -
mehr Details sehen Sie auf der Rückseite dieser Rechnung.

Konto	Soll	Haben
Gebucht:		

Beleg 20

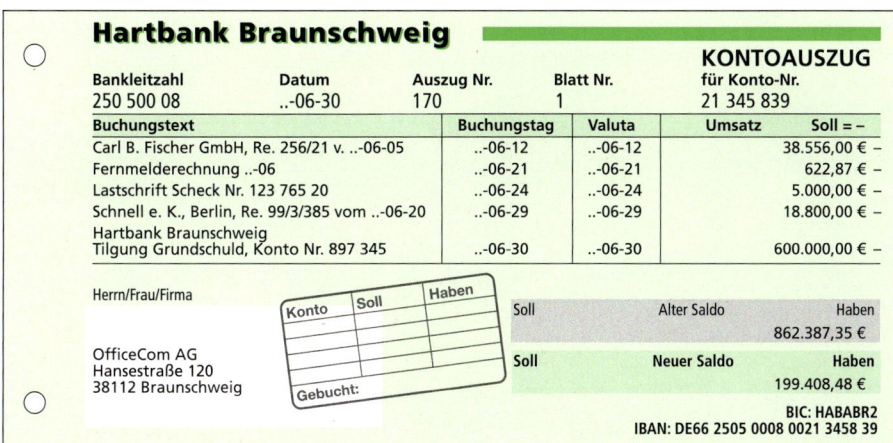

Hartbank Braunschweig

KONTOAUSZUG
für Konto-Nr.

Bankleitzahl	Datum	Auszug Nr.	Blatt Nr.	
250 500 08	..-06-30	170	1	21 345 839

Buchungstext	Buchungstag	Valuta	Umsatz	Soll = –
Carl B. Fischer GmbH, Re. 256/21 v. ..-06-05	..-06-12	..-06-12		38.556,00 € –
Fernmelderechnung ..-06	..-06-21	..-06-21		622,87 € –
Lastschrift Scheck Nr. 123 765 20	..-06-24	..-06-24		5.000,00 € –
Schnell e. K., Berlin, Re. 99/3/385 vom ..-06-20	..-06-29	..-06-29		18.800,00 € –
Hartbank Braunschweig Tilgung Grundschuld, Konto Nr. 897 345	..-06-30	..-06-30		600.000,00 € –

Herrn/Frau/Firma

OfficeCom AG
Hansestraße 120
38112 Braunschweig

Konto	Soll	Haben
Gebucht:		

Soll	Alter Saldo	Haben
		862.387,35 €

Soll	Neuer Saldo	Haben
		199.408,48 €

BIC: HABABR2
IBAN: DE66 2505 0008 0021 3458 39

vgl.: Bentin, Margit u. a.: Handlungsorientierte Materialien in Wirtschaft und Verwaltung, Absatz/Marketing, 4., aktualisierte Auflage, Bildungshaus Schulbuchverlage Westermann, Braunschweig 2009, S.39

Beleg 21

```
Deutsche Post AG
38100 Braunschweig        Konto   Soll    Haben
81042020 ..-08-08



9881                    Gebucht:
Postwertzeichen ohne Zuschlag
*7,00 EUR                              A

Bruttoumsatz              *7,00 EUR
umsatzsteuerbefreit nach §4 UStG A
Nettoumsatz A             *7,00 EUR
Steuernummer der Deutschen Post AG:
5205/5777/1510

Vielen Dank für Ihren Besuch.
Ihre Deutsche Post AG
```

Beleg 22

Inventar-/Bilanzposition: Technische Anlagen und Maschinen		Menge: 1	Anlagenkarte Nr. 136
Bezeichnung: Hobelmaschine KU 40			**OfficeCom** AG
Standort: Fertigung	Kostenstelle: 110	Lieferant: Kurt Utzinger e. K.	Hansestraße 120 38112 Braunschweig
Anschaffungs-datum: ..-05-06	Anschaffungskosten: 15.817,76 €*		
Nutzungsdauer: 10 Jahre	Voraussichtlicher Schrottwert: –		Abschreibungsmethode: linear Abschreibungssatz: 10 %

Buchungsdatum	Beleg-Nr.	Buchungstext	Betrag in €	Buchwert
..-05-06	ER 324	Lieferung	15.817,76	
..-12-31		Abschreibung		

Vorbereitende Jahresabschlussbuchungen

Am Ende des Geschäftsjahres müssen in der OfficeCom AG im Hinblick auf den Jahresabschluss noch einige sogenannte vorbereitende Abschlussbuchungen vorgenommen werden. Dabei sind die Angaben zum Modellunternehmen der Aufgabe 1 sowie der dort angegebene Kontenrahmen zu beachten.

a) Das Konto „Bezugskosten für Rohstoffe" weist auf der Sollseite einen Betrag von 16.845,00 € aus, das Konto „Nachlässe für Rohstoffe" auf der Habenseite 14.327,00 €. Beide Konten sind mithilfe der entsprechenden Buchungssätze abzuschließen. Die Beschaffung der Rohstoffe wurde aufwandsorientiert gebucht.

b) Anfang des Jahres betrug der Bestand an Heizöl 9.800,00 €. Im laufenden Jahr wurde Heizöl im Wert von 74.000,00 € netto eingekauft und bestandsorientiert gebucht. Der Endbestand zum Bilanzstichtag beträgt 6.750,00 €. Ermitteln und buchen Sie den Jahresverbrauch.

c) Der Buchbestand für Lacke ergibt einen Wert von 3.580,00 €. Aufgrund der Inventur waren aber zum Bilanzstichtag nur noch Lacke im Wert von 2.640,00 € auf Lager. Buchen Sie die Inventurdifferenz.

d) Die Portokasse weist gegenüber dem Buchbestand einen ungeklärten Mehrbestand von 18,45 € auf. Buchen Sie die Inventurdifferenz.

e) Die Konten „Vorsteuer" und „Umsatzsteuer" weisen für den Monat Dezember folgende Beträge auf:

Soll	Vorsteuer	Haben	Soll	Umsatzsteuer	Haben
Verbindlichkeiten 28.000,00		Verbindlichkeiten 3.580,00	Forderungen 13.000,00	Forderungen	41.000,00
Kasse 13.000,00				Bankguthaben	16.300,00
Bankguthaben 6.000,00				Bankguthaben	7.650,00
Verbindlichkeiten 7.400,00				Forderungen	24.360,00

Ermitteln und passivieren Sie die Zahllast.

f) Der Anfangsbestand des Kontos „Unfertige Erzeugnisse" betrug 9.784,00 €, der Endbestand lt. Inventur wird mit 16.930,00 € angegeben. Buchen Sie die Bestandsveränderung.

Der Anfangsbestand des Kontos „Fertige Erzeugnisse" betrug 19.650,00 €, der Endbestand lt. Inventur wird mit 6.840,00 € angegeben. Buchen Sie die Bestandsveränderung.

Schließen Sie anschließend das Konto „Bestandsveränderungen" ab.

g) Folgende Aufwendungen bzw. Erträge sind zum Ende des laufenden Geschäftsjahres der OfficeCom AG noch zu buchen bzw. zeitlich abzugrenzen:
- Für zwei Werkswohnungen gingen am 20.12. die Mieterträge für Januar des folgenden Jahres in Höhe von 2.630,00 € auf dem Bankkonto ein.
- Die Provision für den Handelsvertreter für Monat Dezember von 2.200,00 € netto wird von uns erst im Januar des Folgejahres mit Bankscheck beglichen. Die Rechnung des Vertreters liegt bereits vor; der Umsatzsteuersatz beträgt 19 %.
- Die halbjährlich, nachträglich fälligen Darlehenszinsen für die Zeit vom 01.11. des Jahres bis 30.04. des Folgejahres von 600,00 € werden von der OfficeCom AG am 30.04. des Folgejahres durch Banküberweisung bezahlt.

- Die OfficeCom AG hat die vierteljährlich fällig werdende Miete für eine vermietete Lagerhalle von 504,00 € für die Zeit vom 01.12. des laufenden Jahres bis 28.02. des folgenden Jahres bereits am 05.12. des laufenden Jahres erhalten (Bankgutschrift).
- Die Kfz-Steuer über 1.200,00 € für die Zeit vom 01.11. des laufenden Jahres bis 31.10. des Folgejahres wurde von der OfficeCom AG am 01.11. des laufenden Jahres durch Banküberweisung an das Finanzamt bezahlt.
- Zinsen von 120,00 € für den Zeitraum 01.12. des laufenden Jahres bis Ende Februar des folgenden Jahres für ein gegebenes Darlehen sind nachträglich, also erst Ende Februar des Folgejahres, fällig.

h) Für das eigene Archiv wurden zwei Aktenschrankwände in den Werkstätten der OfficeCom AG hergestellt. Fertigstellungstermin war der 17.10. dieses Geschäftsjahres. Dabei entstanden folgende Kosten:

Fertigungsmaterial:	11.000,00 €
Materialgemeinkosten:	2.300,00 €
Fertigungslöhne:	16.380,00 €
Fertigungsgemeinkosten:	15.420,00 €
Verwaltungsgemeinkosten:	3.450,00 €

Bei der Beschaffung der Werkstoffe fielen 3.410,00 € Umsatzsteuer an. Die Nutzungsdauer wird auf 10 Jahre geschätzt. Die Aktenschrankwände werden linear abgeschrieben.

Die Aktenschrankwände sind zunächst noch zu aktivieren; dabei ist zu berücksichtigen, dass der Gewinn des Geschäftsjahres so gering wie möglich ausgewiesen werden soll. Anschließend ist die Abschreibung zu ermitteln und zu buchen.

Lösungen zu Aufgabe 1

\multicolumn{6}{c}{Grundbuch ..}

Beleg-datum	Beleg Nr.	Buchungssatz/-text	Soll	Haben
..-03-01	1	Rohstoffe	75.072,00	
		Vorsteuer	14.263,68	
		an Verbindlichkeiten a. LL		89.335,68
		Einkauf von Edelstahlrohren von Knaber OHG, Hamburg, Rechnung Nr. 2338/M		

Anmerkungen/Nebenrechnungen zu Beleg 1

bestandsorientierter Buchungssatz

Grundbuch ..				
Beleg-datum	Beleg Nr.	Buchungssatz/-text	Soll	Haben
..-03-01	2	Bezugskosten für Rohstoffe	2.120,33	
		Vorsteuer	402,86	
		an Verbindlichkeiten a. LL		2.523,19
		Fracht für Edelstahlrohre, Trans-fahrt AG, Hamburg, Rechnung Nr. 4498/5		
..-03-03	3	Verbindlichkeiten a. LL	223,34	
		an Rohstoffe		187,68
		an Vorsteuer		35,66
		Rücksendung mangelhafter Edelstahlrohre an Knaber OHG, Hamburg, gemäß Gutschriftan-zeige vom ..-03-03		
..-03-30	4 (2)	Verbindlichkeiten a. LL	2.513,19	
		an Bankguthaben		2.513,19
		Rechnungsausgleich Transfahrt AG, Hamburg, Rechnung Nr. 4498/5		
..-03-30	4 (1, 3)	Verbindlichkeiten a. LL	89.112,34	
		an Nachlässe für Rohstoffe		1.497,69
		an Vorsteuer		284,56
		an Bankguthaben		87.330,09
		Rechnungsausgleich Knaber OHG, Hamburg, abzüglich Gut-schrift, abzüglich 2 % Skonto, Rechnung Nr. 2338/M		

Grundbuch ..				
Beleg-datum	**Beleg Nr.**	**Buchungssatz/-text**	**Soll**	**Haben**
		Anmerkungen/Nebenrechnungen zu Beleg 4 (1, 3)		
		Rechnungsbetrag Knaber OHG	89.335,68 €	
		– Gutschrift von Knaber OHG	223,34 €	
		= Restschuld der OfficeCom AG	89.112,34 €	
		– 2 % Skonto (brutto)	1.782,25 €	
		= Überweisungsbetrag der OfficeCom AG	87.330,09 €	

$$2\ \%\ \text{Skonto (netto)} = \frac{1.782,25\ €}{119} \cdot 100 = 1.497,69\ €$$

$$\text{Vorsteuerkorrektur} = 1.782,25\ € - 1.497,69\ € = 284,56\ €$$

Beleg-datum	Beleg Nr.	Buchungssatz/-text	Soll	Haben
..-03-30	4	Mieten, Pachten	4.500,00	
		an Bankguthaben		4.500,00
		Banküberweisung für gemietete Lagerhalle an Brake AG, Braunschweig, für ..-04		
..-03-31	5	Aufwendungen für Rohstoffe	3.784,40	
		an Rohstoffe		3.784,40
		Entnahme und Verbrauch von Edelstahlrohren		
..-03-31	6	Forderungen a. LL	531.335,00	
		an Umsatzerlöse für eigene Erzeugnisse		446.500,00
		an Umsatzsteuer		84.835,00
		Verkauf von Schreibtischen an Telefon AG, Frankfurt/Main, Rechnung Nr. 124/11		
..-03-31	7	Frachten und Nebenkosten	4.360,00	
		Vorsteuer	828,40	
		an Verbindlichkeiten a. LL		5.188,40
		Frachtkosten an Wohlfahrt e.K., Braunschweig, Re. Nr. 3372/8		

9714574

Grundbuch ..				
Beleg-datum	**Beleg Nr.**	**Buchungssatz/-text**	**Soll**	**Haben**
..-04-01	8	Umsatzerlöse	2.232,50	
		Umsatzsteuer	424,18	
		an Forderungen a. LL		2.656,68
		Rücksendung eines mangel-haften Schreibtisches von Te-lefon AG, Frankfurt/Main, Gut-schriftanzeige vom ..-04-01		
..-04-15	9	Bankguthaben	1.600,00	
		an Zinserträge		1.600,00
		Zinsgutschrift der Hartbank, Braunschweig, für ..-03 für Fest-geldkonto Nr. 180943		
..-04-15	9 (7)	Frachten und Nebenkosten	5.188,40	
		an Bankguthaben		5.188,40
		Frachtkosten Wohlfahrt e. K., Braunschweig, Rechnung Nr. 3372/8		
..-04-15	9 (6, 8)	Bankguthaben	518.104,75	
		Erlösberichtigungen	8.885,35	
		Umsatzsteuer	1.688,22	
		an Forderungen a. LL		528.678,32
		Rechnungsausgleich durch Telefon AG, Frankfurt/Main, ab-züglich Gutschrift, abzüglich 2 % Skonto, Rechnung Nr. 3268/BT		

Anmerkungen/Nebenrechnungen zu Beleg 9 (6, 8)

	Rechnungsbetrag OfficeCom AG	531.335,00 €
−	Gutschrift an Telefon AG	2.656,68 €
=	Restforderung der OfficeCom AG	528.678,32 €
−	2 % Skonto (brutto)	10.573,57 €
=	Gutschrift auf Bankkonto	518.104,75 €

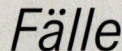
Grundbuch ..				
Beleg-datum	**Beleg Nr.**	**Buchungssatz/-text**	**Soll**	**Haben**
		2 % Skonto (netto) = $\dfrac{10.573,57\ €}{119} \cdot 100 = 8.885,35\ €$		
		Umsatzsteuerkorrektur = 10.573,57 € – 8.885,35 € = 1.688,22 €		
..-04-16	10	Forderungen a. LL	15.386,70	
		an Umsatzerlöse für Waren		12.930,00
		an Umsatzsteuer		2.456,70
		Verkauf von Faxgeräten an Fischer Elektronik e. K., Hannover, Rechnung Nr. 3899/FA		
..-04-25	11	Bankguthaben	15.386,70	
		an Forderungen a. LL		15.386,70
		Rechnungsausgleich durch Fischer Elektronik e. K., Hannover, Rechnung Nr. 3899/FA		
..-04-30	13 (12)	SV-Vorauszahlung	915,41	
		an Bankguthaben		915,41
		Bankeinzug der SV-Beiträge (AN- und AG-Anteil) durch Krankenversicherung für ..-04		

Anmerkungen/Nebenrechnungen zu Beleg 12, 13

	KV	PV	RV	AV	Gesamt
Arbeitnehmeranteil SV	181,70 €	28,18 €	228,85 €	32,20 €	470,93 €
+ Arbeitgeberanteil SV	161,00 €	22,43 €	228,85 €	32,20 €	444,48 €
= Vorauszahlung SV					915,41 €

Grundbuch ..				
Beleg-datum	**Beleg Nr.**	**Buchungssatz/-text**	**Soll**	**Haben**
..-04-30	13 (12)	Gehälter	2.300,00	
		an SV-Vorauszahlung		470,93
		an FB-Verbindlichkeiten		393,39
		an Bankguthaben		1.435,68
		Banküberw. Nettogehalt ..-04		
..-04-30	12	Arbeitgeberanteil zur SV	444,48	
		an SV-Vorauszahlung		444,48
		Verrechnung des AG-Anteils zur SV ..-04		
..-04-30	13	Zinsaufwendungen	4.250,00	
		an Bankguthaben		4.250,00
		Darlehenszinsen an Bärbank, Hamburg, für Konto Nr. 409 346, für ..-01 bis ..-04		
..-04-30	13	Bankguthaben	500.000,00	
		an langfristige Bankverbindlich-keiten		500.000,00
		Aufnahme einer Grundschuld bei Hartbank, Braunschweig, Konto Nr. 235 951		
..-05-06	14	Technische Anlagen/Maschinen	12.712,00	
		Vorsteuer	2.415,28	
		an Verbindlichkeiten a. LL		15.127,28
		Kauf einer Hobelmaschine, Maschinenfabrik Kurt Utzinger, Magdeburg, Rechnung Nr. 2160		

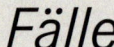
Grundbuch ..				
Beleg-datum	**Beleg Nr.**	**Buchungssatz/-text**	**Soll**	**Haben**
..-05-02	15	Technische Anlagen/Maschinen	3.360,00	
		Vorsteuer	638,40	
		an Verbindlichkeiten a. LL		3.998,40
		Fundament für Hobelmaschine, Scharte KG, Braunschweig, Rechnung Nr. 184/9		
..-05-15	16	Bankguthaben	3.480,00	
		an Mieterträge		3.480,00
		Miete für vermietete Geschäfts-räume von Jäger OHG für ..-05		
..-05-15	16 (12)	Verbindlichkeiten gegenüber Finanzbehörden	393,39	
		an Bankguthaben		393,39
		Überweisung von Lohnsteuer, Solidaritätszuschlag und Kir-chensteuer Neitzel für ..-04		
..-05-15	16 (15)	Verbindlichkeiten a. LL	3.998,40	
		an Bankguthaben		3998,40
		Rechnungsausgleich an Scharte KG, Braunschweig, Rechnung Nr. 184/9		
..-05-15	16 (14)	Verbindlichkeiten a. LL	15.127,28	
		an Technische Anlagen/Maschinen		254,24
		an Vorsteuer		48,31
		an Bankguthaben		14.824,73
		Rechnungsausgleich an Maschi-nenfabrik Kurt Utzinger e. K., Magdeburg, Rechnung Nr. 2160		

9714578

Grundbuch ..				
Beleg-datum	**Beleg Nr.**	**Buchungssatz/-text**	**Soll**	**Haben**
		Anmerkungen/Nebenrechnungen zu Beleg 16		
		Rechnungsbetrag Kurt Utzinger	15.127,28 €	
		– 2 % Skonto (brutto)	302,55 €	
		= Überweisungsbetrag	14.824,73 €	
		$2\% \text{ Skonto (netto)} = \dfrac{302{,}55 \text{ €}}{119} \cdot 100 = \underline{254{,}24 \text{ €}}$		
		Vorsteuerkorrektur = 302,55 € – 254,24 € = $\underline{48{,}31 \text{ €}}$		
..-05-06	17	Aufwendungen für Rohstoffe	32.400.00	
		Vorsteuer	6.156,00	
		an Verbindlichkeiten a. LL		38.556,00
		Einkauf furnierter Holzplatten von C. B. Fischer, Braun-schweig, Rechnung Nr. 256/21		
		Anmerkungen/Nebenrechnungen zu Beleg 17		
		Aufwandsorientierte Buchung		
..-06-20	18	Fuhrpark	20.000,00	
		Vorsteuer	3.800,00	
		an Bankguthaben		5.000,00
		an Verbindlichkeiten a. LL		18.800,00
		Kauf eines Pkw gegen Bank-scheck (5.000,00 €), Rest auf Ziel, von Autohaus Schnell e. K., Berlin, Rechnung Nr. 99/3/385		
..-06-30	20 (19)	Porto, Telefon, Telefax	523,42	
		Vorsteuer	99,45	
		an Bankguthaben		622,87
		Abbuchung Fernmeldegebühren für ..-06		

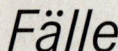

Grundbuch ..				
Beleg-datum	**Beleg Nr.**	**Buchungssatz/-text**	**Soll**	**Haben**
..-06-30	20 (17)	Verbindlichkeiten a. LL	38.556,00	
		an Bankguthaben		38.556,00
		Rechnungsausgleich an C. B. Fischer GmbH, Braunschweig, Rechnung Nr. 256/21		
..-06-30	20 (18)	Verbindlichkeiten a. LL	18.800,00	
		an Bankguthaben		18.800,00
		Rechnungsausgleich an Auto-haus Schnell e. K., Berlin, Rech-nung Nr. 99/3/385		
..-06-30	20	Langfristige Bankverbindlich-keiten	600.000,00	
		an Bankguthaben		600.000,00
		Tilgung Grundschuld an Hart-bank Braunschweig, Konto Nr. 897 345		
..-08-11	20 (21)	Porto, Telefon, Telefax	7,00	
		an Kasse		7,00
		Postwertzeichen bar		
..-12-31	22	Abschreibungen auf Sachanlagen	1.054,52	
		an Technische Anlagen/Maschinen		1.054,52
		planmäßige Abschreibung der Hobelmaschine KU 40		

Anmerkungen/Nebenrechnungen zu Beleg 22

Anschaffungspreis	12.500,00 €
+ Montage/Aufstellung	212,00 €
+ Fundament	3.360,00 €
− Skonto (2 % von 12.712,00 €)	254,24 €
= Anschaffungskosten (Basis der planmäßigen Abschreibung)	15.817,76 €

bilanzielle Abschreibung im Jahr der Anschaffung:

Abschreibungsbetrag pro Jahr: 15.817,76 € · 10 % = 1.581,78 €

zeitanteilige Abschreibung = $\dfrac{1.581,78\ €}{12} \cdot 8 = \underline{\underline{1.054,52\ €}}$

Lösungen zu Aufgabe 2

	Buchungssatz	Soll	Haben
a)	Aufwendungen für Rohstoffe/Fertigungsmaterial an Bezugskosten für Rohstoffe/Fertigungsmaterial	16.845,00 €	16.845,00 €
	Nachlässe für Rohstoffe/Fertigungsmaterial an Aufwendungen für Rohstoffe/Fertigungsmaterial	14.327,00 €	14.327,00 €
b)	**Ermittlung des Verbrauchs:** Anfangsbestand: 9.800,00 € + Einkäufe: 74.000,00 € – Endbestand: 6.750,00 € = Verbrauch: 77.050,00 € **Buchung des Verbrauchs:** Aufwendungen für Betriebsstoffe an Betriebsstoffe	77.050,00 €	77.050,00 €
c)	Aufwendungen für Hilfsstoffe an Hilfsstoffe	940,00 €	940,00 €
d)	Kasse an Periodenfremde Erträge	18,45 €	18,45 €
e)	**Saldo des Kontos Vorsteuer:** 50.820,00 € **Abschluss des Kontos „Vorsteuer" über das Konto „Umsatzsteuer":** Umsatzsteuer an Vorsteuer	50.820,00 €	50.820,00 €
	Ermittlung der Zahllast: Umsatzsteuer 83.960,00 € – Vorsteuer 50.820,00 € = Zahllast 33.140,00 € **Passivierung der Zahllast:** Umsatzsteuer an Schlussbilanzkonto	33.140,00 €	33.140,00 €
f)	**Buchung der Bestandsmehrung unfertiger Erzeugnisse:** Unfertige Erzeugnisse an Bestandsveränderungen	7.146,00 €	7.146,00 €
	Buchung der Bestandsminderung fertiger Erzeugnisse: Bestandsveränderungen an Fertige Erzeugnisse	12.810,00 €	12.810,00 €

	Buchungssatz	Soll	Haben
f)	**Abschlussbuchung des Kontos „Bestandsveränderungen":** Gewinn- und Verlustkonto an Bestandsveränderungen	5.664,00 €	5.664,00 €
g)	**– Miete für Werkswohnungen** Da zeitnah zum Bilanzstichtag, kann gebucht werden: Bankguthaben an Passive Rechnungsabgrenzung	2.630,00 €	2.630,00 €
	– Vertreterprovision Vertriebsprovisionen Vorsteuer an Sonstige Verbindlichkeiten	2.200,00 € 418,00 €	2.618,00 €
	– Zinsen für erhaltenes Darlehen Zinsaufwendungen an Sonstige Verbindlichkeiten	200,00 €	200,00 €
	– Miete für vermietete Lagerhalle Mieterträge an Passive Rechnungsabgrenzung	336,00 €	336,00 €
	– Kfz-Steuer Aktive Rechnungsabgrenzung an Kraftfahrzeugsteuer	1.000,00 €	1.000,00 €
	– Zinsen für gegebenes Darlehen Sonstige Forderungen an Zinserträge	40,00 €	40,00 €
h)	**Ermittlung der Herstellungskosten:** Die Umsatzsteuer zählt nicht zu den Kosten. Da der Gewinn so gering wie möglich auszuweisen ist, werden die Verwaltungsgemeinkosten nicht aktiviert:		

Fertigungsmaterial 11.000,00 €
\+ Materialgemeinkosten 2.300,00 €
\+ Fertigungslöhne 16.380,00 €
\+ Fertigungsgemeinkosten 15.420,00 €
\= zu aktivierende HK 45.100,00 €

Ermittlung der zeitanteiligen Abschreibung:

$$\text{Abschreibungsbetrag} = \frac{45.100\ € \cdot 3\ \text{Monate}}{10\ \text{Jahre} \cdot 12\ \text{Monate}} = 1.127{,}50\ €/\text{Jahr}$$

| | **Buchung der zeitanteiligen Abschreibung:**
Abschreibungen auf Sachanlagen
an Betriebs- und Geschäftsausstattung | 1.127,50 € | 1.127,50 € |

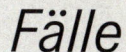
4.2.1.2 Multiple-Choice-Aufgaben und Lösungen

Situation zu den Aufgaben 3 bis 5:

Sie sind Mitarbeiterin/Mitarbeiter in der Finanzbuchhaltung der OfficeCom AG (siehe Modellunternehmen) und haben die folgenden drei Aufgaben zu bearbeiten, indem Sie die Kennziffern der richtigen Konten (nicht die in Klammern angegebenen Kontennummern) in die T-Konten eintragen.

3

Aufwandsorientierte Beschaffungsbuchung

Die OfficeCom AG hat am 01.03.20.. (Rechnungsdatum) Schrauben im Wert von 2.500,00 € zuzüglich 19 % Umsatzsteuer gekauft, Zahlungsbedingungen: bei Zahlung innerhalb 10 Tagen ab Rechnungsdatum 2 % Skonto, innerhalb 30 Tagen netto.
Buchen Sie die Rechnung aufwandsorientiert.

(1) Umsatzsteuer (4800)
(2) Verbindlichkeiten a. LL (4400)
(3) Rohstoffe/Fertigungsmaterial   (2000)
(4) Vorsteuer (2600)
(5) Bezugskosten für Hilfsstoffe (2021)
(6) Aufwendungen für Hilfsstoffe (6020)
(7) Forderungen a. LL (2400)

Soll			Haben		

4

Nettoverfahren beim Rechnungsausgleich mit Skontoabzug

Buchen Sie den durch Banküberweisung erfolgten Rechnungsausgleich der Teilaufgabe (a) nach dem Nettoverfahren, wobei die OfficeCom AG Skonto abzieht.

(1) Umsatzsteuer (4800)
(2) Verbindlichkeiten a. LL (4400)
(3) Rohstoffe/Fertigungsmaterial   (2000)
(4) Vorsteuer (2600)
(5) Bezugskosten für Hilfsstoffe(2021)
(6) Aufwendungen für Hilfsstoffe (6020)
(7) Forderungen a. LL (2400)
(8) Bankguthaben (2800)
(9) Nachlässe für Hilfsstoffe (6022)

Soll			Haben		

5

Zahlungsbedingungen

Welche Aussage trifft auf die in Teilaufgabe (a) angegebenen Zahlungsbedingungen zu?

(1) Die OfficeCom AG muss spätestens am 12.03.20.. zahlen, um den Skonto abziehen zu können.

(2) Wenn die OfficeCom AG das Zahlungsziel ausnutzt, muss sie zusätzlich an den Schraubenlieferanten effektiv 36 % Zinsen zahlen.

(3) Der Schraubenlieferant gewährt der OfficeCom AG einen zinspflichtigen Kredit über 10 Tage.

(4) Wenn die OfficeCom AG das Zahlungsziel ausnutzt, erzielt der Schraubenlieferant einen effektiven Zinsertrag von rund 36 %.

(5) Um den Skonto ausnutzen zu können, müsste die OfficeCom AG einen Kontokorrentkredit für 18 % (Zinsen einschließlich Nebenkosten) aufnehmen. Das würde sich für die OfficeCom AG nicht lohnen.

6

Inventurdifferenz

Der Inventurbestand der Schrauben beträgt zum 31.12.20.. 350 Stück, der Sollbestand gemäß Lagerbuchhaltung 290 Stück. Worin kann der Grund für diese Inventurdifferenz liegen?

(1) Die 60 Stück Schrauben wurden gestohlen.

(2) Der Verbrauch von 60 Stück Schrauben am 15. April wurde nicht erfasst.

(3) Der Zugang von 60 Stück Stahlrohren wurde nicht gebucht.

(4) Im September wurden 6 760 Stück Schrauben gekauft, als Lagereingang aber 6 700 Stück als Zugang gebucht.

7

Buchung Anschaffungskosten

Die OfficeCom AG kauft eine Fräsmaschine für 136.000,00 € Listenpreis zuzüglich Montage für 4.500,00 € netto, Umsatzsteuer 19 %, Lieferung frei Haus; Zahlungsbedingungen: bei Zahlung innerhalb 10 Tagen ab Rechnungsdatum 2 % Skonto, innerhalb 30 Tagen ohne Abzug.
Buchen Sie die Anschaffung bzw. Anschaffungskosten der Maschine.

(1) Umsatzsteuer (4800)
(2) Verbindlichkeiten a. LL (4400)
(3) Fremdinstandhaltung (6160)
(4) Vorsteuer (2600)
(5) Fremdleistungen für Erzeugnisse und andere Umsatzleistungen (6100)
(6) Technische Anlagen/Maschinen (0700)
(7) Forderungen a. LL (2400)
(8) Frachten und Nebenkosten (6140)

Soll			Haben	

Fälle

8

Anschaffungsnebenkosten

Welche der folgenden Kosten gehören nicht zu den Anschaffungsnebenkosten?

(1) Montagekosten

(2) Frachtkosten

(3) Finanzierungskosten (Zinskosten und Gebühren)

(4) Vermessungskosten bei Grundstücken

(5) Überführungskosten bei Automobilen

(6) Grunderwerbsteuer

9

(Geometrisch) degressive Abschreibung

Die OfficeCom AG beschließt, die neue Fräsmaschine für die Handelsbilanz degressiv abzuschreiben. Welche Aussage zur (geometrisch) degressiven Abschreibung ist richtig?

(1) Der jährliche Abschreibungsbetrag wird immer von den Anschaffungskosten berechnet.

(2) Der jährliche Abschreibungsbetrag wird von Jahr zu Jahr höher.

(3) Der jährliche Abschreibungsbetrag wird immer geringer, da vom Wiederbeschaffungswert der Maschine abgeschrieben wird.

(4) Am Ende der Nutzungsdauer hat die Maschine einen Wert von null €.

(5) Die jährlichen Abschreibungsbeträge werden von Jahr zu Jahr geringer, da im ersten Nutzungsjahr von den Anschaffungskosten, in den Folgejahren immer vom jeweiligen Buchwert abgeschrieben wird.

10

Aufgaben Finanzbuchhaltung

Welche Tätigkeit ist nicht Gegenstand der Finanzbuchhaltung?

(1) Erfassen der Geschäftsfälle aufgrund von Belegen

(2) Aufstellen der Jahresbilanz

(3) Kontieren von Belegen

(4) Kalkulation des Selbstkostenpreises

(5) Abschließen der Aufwands- und Ertragskonten über das Gewinn- und Verlustkonto

(6) Eröffnen der Bestandskonten

11

Bestandsorientierte Buchung einer Werkstoffrücksendung

Die OfficeCom AG hat beschädigte Edelstahlrohre an den Lieferanten zurückgeschickt. Wie ist diese Werkstoffrücksendung zu buchen, wenn der Einkauf bestandsorientiert gebucht wurde?

(1) Umsatzsteuer (4800)

(2) Verbindlichkeiten a. LL (4400)

(3) Rohstoffe/Fertigungsmaterial (2000)

(4) Vorsteuer (2600)

(5) Erlösberichtigungen (5001)

(6) Nachlässe für Rohstoffe (2002)

(7) Forderungen a. LL (2400)

Soll			Haben		

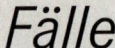
Lösungen zu Multiple-Choice-Aufgaben 3 bis 11

Aufgabe 3

Soll			Haben		
6	4		2		

Aufgabe 4

Soll			Haben		
2			9	8	4

Aufgabe 5

(4)

Aufgabe 6

(4)

Aufgabe 7

Soll			Haben		
6	4		2		

Aufgabe 8

(3)

Aufgabe 9

(5)

Aufgabe 10

(4)

Aufgabe 11

Soll			Haben		
2			3	4	

4.2.2 Jahresabschluss analysieren und bewerten

4.2.2.1 Fallorientierte Aufgaben und Lösungen

Ausgangssituation zu den Aufgaben 1 bis 3:

Die OKIA Aktiengesellschaft in Braunschweig ist ein Industrieunternehmen, das sich an der OfficeCom AG, ebenfalls mit Sitz in Braunschweig, beteiligt hat. Um die wirtschaftliche Entwicklung der OKIA Aktiengesellschaft beurteilen zu können, sind die jeweiligen Jahresabschlüsse mithilfe verschiedener Bilanz- und Erfolgskennzahlen zu analysieren (siehe auch Kapitel 2.2.9). Für das Berichtsjahr und das Vorjahr liegen die Bilanzen und die Gewinn- und Verlustrechnungen der OKIA Aktiengesellschaft vor:

Bilanzen der OKIA Aktiengesellschaft in Braunschweig zum 31.12.20.. in €

Aktiva	Berichtsjahr	Vorjahr	Passiva	Berichtsjahr	Vorjahr
A. Anlagevermögen			**A. Eigenkapital**		
I. Sachanlagen			**I. Gezeichnetes**		
1. Bebaute Grundstücke	6.450.000,00	6.500.000,00	**Kapital**	4.500.000,00	4.500.000,00
2. Technische Anlagen/			**II. Kapitalrücklage**	1.000.000,00	1.000.000,00
Maschinen	4.710.000,00	4.650.000,00	**III. Gewinnrücklagen**		
3. Fuhrpark	248.000,00	310.000,00	1. Gesetzliche		
4. Betriebs- und Ge-			Rücklage	360.000,00	360.000,00
schäftsausstattung	212.000,00	265.000,00	2. Andere Gewinn-		
II. Finanzanlagen			rücklagen	892.500,00	390.000,00
1. Beteiligungen	1.200.000,00	1.000.000,00	**IV. Gewinnvortrag/**		
2. Wertpapiere des Anla-			**Verlustvortrag**	0,00	2.500,00
gevermögens	330.000,00	330.000,00	**V. Jahresüber-**		
			schuss/Jahres-		
B. Umlaufvermögen			**schuss/Jahres-**		
I. Vorräte			**fehlbetrag**	355.800,00	500.000,00
1. Roh-, Hilfs-, Betriebs-					
stoffe	1.260.000,00	845.000,00	**B. Rückstellungen**		
2. Fremdbauteile	370.000,00	315.000,00	1. Rückstellungen		
3. Unfertige Erzeugnisse	560.000,00	567.000,00	für Pensionen	1.220.000,00	1.200.000,00
4. Fertige Erzeugnisse	6.120.000,00	5.380.000,00	2. Steuerrückstel-		
5. Waren	4.620.800,00	3.040.000,00	lungen	290.000,00	350.000,00
II. Forderungen und sons-			**C. Verbindlichkeiten**		
tige Vermögensgegen-			1. Verbindlichkeiten		
stände			gegenüber		
1. Forderungen a. LL	1.410.000,00	1.667.000,00	Kreditinstituten	18.500.000,00	17.000.000,00
2. Sonstige Vermögens-			2. Verbindlichkeiten		
gegenstände	25.200,00	93.800,00	a. LL	1.920.000,00	1.640.000,00
III. Wertpapiere			3. Sonstige Verbind-		
1. Wertpapiere des Um-			lichkeiten	200.000,00	210.000,00
laufvermögens	325.000,00	625.000,00			
			D. Rechnungsab-		
IV. Liquide Mittel			**grenzungsposten**	9.800,00	9.600,00
1. Kassenbestand	42.300,00	9.800,00			
2. Bankguthaben	1.358.800,00	1.560.000,00			
C. Rechnungsabgren-					
zungsposten	6.000,00	4.500,00			
	29.248.100,00	27.162.100,00		29.248.100,00	27.162.100,00

Gewinn- und Verlustrechnungen der OKIA Aktiengesellschaft in Braunschweig zum 31.12.20.... in €

Soll	Berichtsjahr	Vorjahr	Haben	Berichtsjahr	Vorjahr
Aufwend. für Rohstoffe	2.430.000,00	2.500.000,00	Umsatzerlöse für eigene Erzeugnisse	7.593.800,00	7.907.300,00
Aufwendungen für Fremdbauteile	615.000,00	630.000,00	Umsatzerlöse für Waren	2.645.000,00	2.880.000,00
Aufwend. für Hilfsstoffe	34.000,00	35.000,00	Bestandsveränderungen an unfertigen Erzeugnissen	0,00	120.000,00
Aufwend. für Betriebsstoffe/Verbrauchswerkzeuge	5.500,00	5.600,00			
Bestandsveränderungen an unfertigen Erzeugnissen	7.000,00	0,00	Bestandsveränderungen an fertigen Erzeugnissen	740.000,00	190.000,00
Bestandsveränderungen an fertigen Erzeugnissen	0,00	0,00	Aktivierte Eigenleistungen	310.000,00	384.000,00
Aufwend. für Energie	25.000,00	24.000,00	Mieterträge	45.300,00	34.500,00
Aufwend. für Waren	1.720.000,00	1.600.000,00	Erträge aus dem Abgang von Vermögensgegenständen	536.000,00	65.200,00
Fremdinstandhaltung	85.000,00	36.000,00			
Löhne	3.810.000,00	3.690.000,00			
Gehälter	854.000,00	584.000,00	Periodenfremde Erträge	6.500,00	7.000,00
Arbeitgeberanteil zur Sozialversicherung	839.500,00	769.300,00	Erträge aus Beteiligungen	120.000,00	100.000,00
Beiträge zur Berufsgenossenschaft	21.000,00	20.000,00	Erträge aus anderen Finanzanlagen	148.000,00	90.000,00
Sonstige soziale Aufwendungen	5.600,00	4.000,00	Zinserträge	25.800,00	34.000,00
Aufwendungen für Altersversorgung	20.000,00	20.000,00	Außerordentliche Erträge	260.000,00	200.000,00
Grundsteuer	3.000,00	3.000,00			
Kraftfahrzeugsteuer	3.400,00	3.400,00			
Abschreibungen auf Sachanlagen	165.000,00	164.000,00			
Abschreibungen auf geringwertige Wirtschaftsgüter	6.300,00	10.800,00			
Mietaufwendungen	96.000,00	96.000,00			
Büromaterial	25.000,00	22.300,00			
Porto, Telefon, Telefax	10.300,00	9.600,00			
Werbung	184.000,00	265.000,00			
Zinsaufwendungen	1.100.000,00	1.000.000,00			
Diverse Aufwendungen	10.000,00	20.000,00			
Jahresüberschuss/ Jahresfehlbetrag	355.800,00	500.000,00			
	12.430.400,00	12.012.000,00		12.430.400,00	12.012.000,00

Erstellen Sie eine Strukturbilanz nach folgendem Muster:

Strukturbilanzen der OKIA Aktiengesellschaft in Braunschweig zum 31.12.20..

Aktiva	Berichtsjahr		Vorjahr		Passiva	Berichtsjahr		Vorjahr	
	Tsd. €	%	Tsd. €	%		Tsd. €	%	Tsd. €	%
Anlagevermögen					**Eigenkapital**				
Sachanlagen					gezeichnetes				
Finanzanlagen					Kapital				
					Rücklagen				
Umlaufvermögen									
Forderungen					**Fremdkapital**				
Vorräte					langfristiges				
flüssige Mittel					Fremdkapital				
					kurzfristiges				
					Fremdkapital				

Bei der Erstellung der Strukturbilanz sind die folgenden zusätzlichen Informationen zu den Jahresabschlüssen zu berucksichtigen:

Informationen zu verschiedenen Bilanzpositionen:
- 10 % sämtlicher Vorräte sind eiserne Bestände; sie sind daher dem Anlagevermögen zuzurechnen.
- Die Wertpapiere des Umlaufvermögens dienen der Liquiditätssicherung des Unternehmens.
- Der aktive Rechnungsabgrenzungsposten ist den Forderungen zuzurechnen.
- Pensionsrückstellungen stellen langfristiges Fremdkapital dar, Steuerrückstellungen sind dagegen kurzfristige Verbindlichkeiten.
- 80 % der Verbindlichkeiten gegenüber Kreditinstituten sind langfristiger Natur, die sonstigen Verbindlichkeiten sowie der passive Rechnungsabgrenzungsposten sind den kurzfristigen Verbindlichkeiten zuzurechnen.

Informationen zur Verwendung des Jahresüberschusses:
- Der **Jahresüberschuss des Vorjahres** von 500.000,00 € wurde zusammen mit dem Gewinnvortrag von 2.500,00 € den anderen Gewinnrücklagen zugeführt, sodass beide Beträge zusammen Eigenkapital im Berichtsjahr darstellten.
- Der **Jahresüberschuss des Berichtsjahres** von 355.800,00 € soll wie folgt verwendet werden:

  200.000,00 € werden den anderen Gewinnrücklagen zugeführt,

  155.000,00 € sollen als Dividende ausgeschüttet werden; bis zu diesem Zeitpunkt stellen sie kurzfristige Verbindlichkeiten dar, 800,00 € werden auf das folgende Jahr vorgetragen, sind also Eigenkapital.

2

Bilanzkennzahlen

Errechnen Sie auf der Grundlage der beiden Bilanzen und Gewinn- und Verlustrechnungen der Ausgangssituation sowie der Strukturbilanz der Aufgabe 1 für die beiden Geschäftsjahre folgende ausgewählte **Bilanzkennzahlen** und beurteilen Sie anhand der Ergebnisse die Entwicklung der OKIA Aktiengesellschaft:

1. Bilanzkennzahlen der Aktivseite der Bilanz (Investierung)
- Konstitution oder Vermögensstruktur
- Anlagenintensität und Umlaufvermögensintensität
- Vorratsquote
- Forderungsquote

2. Bilanzkennzahlen der Passivseite der Bilanz (Finanzierung)
- Kapitalstruktur
- Verschuldungskoeffizient
- Grad der finanziellen Unabhängigkeit
- Grad der Selbstfinanzierung

3. Bilanzkennzahlen der Aktivseite in Verbindung mit der Passivseite der Bilanz
- Deckungsgrad I
- Deckungsgrad II
- Liquidität 1. Grades (Barliquidität)
- Liquidität 2. Grades (einzugsbedingte Liquidität)
- Liquidität 3. Grades (umsatzbedingte Liquidität)

3

Erfolgskennzahlen

Errechnen Sie auf der Grundlage der beiden Bilanzen und Gewinn- und Verlustrechnungen der Ausgangssituation sowie der Strukturbilanz der Aufgabe 1 für die beiden Geschäftsjahre folgende ausgewählte **Erfolgskennzahlen** und beurteilen Sie anhand der Ergebnisse die Entwicklung der OKIA Aktiengesellschaft.

1. Erfolgskennzahlen der Gewinn- und Verlustrechnung
- Lohnkostenanteil
- Materialkostenanteil
- Wirtschaftlichkeit
- Cashflow
- Cashflow-Umsatzverdienstrate

2. Erfolgskennzahlen der Gewinn- und Verlustrechung in Verbindung mit der Bilanz
- Rentabilität des Eigenkapitals
- Rentabilität des Gesamtkapitals
- Rentabilität des Umsatzes
- Umschlagshäufigkeit der Forderungen
- durchschnittliche Kreditdauer
- Umschlagshäufigkeit des Eigenkapitals
- Return on Investment (RoI)

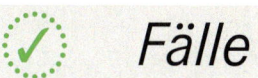

Lösung zu Aufgabe 1

Strukturbilanzen der OKIA Aktiengesellschaft in Braunschweig zum 31.12.20..

Aktiva	Berichtsjahr		Vorjahr		Passiva	Berichtsjahr		Vorjahr	
	Tsd. €	%	Tsd. €	%		Tsd. €	%	Tsd. €	%
Anlage-vermögen					**Eigenkapital**				
Sachanlagen	12.913,08	44,15	12.739,70	46,90	gezeichnetes Kapital	4.500,00	15,39	4.500,00	16,57
Finanzanlagen	1.530,00	5,23	1.330,00	4,90	Rücklagen	2.453,30	8,39	2.252,50	8,29
Summe Anlage-vermögen	14.443,08	49,38	14.069,70	51,80	Summe Eigenkapital	6.953,30	23,77	6.752,50	24,86
Umlauf-vermögen					**Fremd-kapital**				
Forderungen	1.441,20	4,93	1.765,30	6,50	langfristiges Fremdkapital	16.020,00	54,77	14.800,00	54,49
Vorräte	11.637,72	39,79	9.132,30	33,62	kurzfristiges Fremdkapital	6.274,80	21,45	5.609,60	20,65
flüssige Mittel	1.726,10	5,90	2.194,80	8,08	Summe Fremdkapital	22.294,80	76,23	20.409,60	75,14
Summe Umlauf-vermögen	14.805,02	50,62	13.092,40	48,20					
Summe Vermögen	29.248,10	100,00	27.162,10	100,00	Summe Kapital	29.248,10	100,00	27.162,10	100,00

Lösung zu Aufgabe 2

Bilanzkennzahlen der Aktivseite der Bilanz:

Kennzahlen	Berichtsjahr	Vorjahr
Konstitution oder Vermögensstruktur: $\dfrac{\text{Anlagevermögen}}{\text{Umlaufvermögen}} \cdot 100\,\%$	$\dfrac{14.443,08\ \text{Tsd.€}}{14.805,02\ \text{Tsd.€}} \cdot 100\,\% = 97,56\,\%$	$\dfrac{14.069,70\ \text{Tsd.€}}{13.092,40\ \text{Tsd.€}} \cdot 100\,\% = 107,47\,\%$
Anlagenintensität: $\dfrac{\text{Anlagevermögen}}{\text{Gesamtvermögen}} \cdot 100\,\%$	ablesbar aus der Strukturbilanz: 49,38 %	ablesbar aus der Strukturbilanz: 51,80 %
Umlaufvermögensintensität: $\dfrac{\text{Umlaufvermögen}}{\text{Gesamtvermögen}} \cdot 100\,\%$	ablesbar aus der Strukturbilanz: 50,62 %	ablesbar aus der Strukturbilanz: 48,20 %
Vorratsquote: $\dfrac{\text{Vorräte}}{\text{Gesamtvermögen}} \cdot 100\,\%$	ablesbar aus der Strukturbilanz: 39,79 %	ablesbar aus der Strukturbilanz: 33,62 %
Forderungsquote: $\dfrac{\text{Forderungen}}{\text{Gesamtvermögen}} \cdot 100\,\%$	ablesbar aus der Strukturbilanz: 4,93 %	ablesbar aus der Strukturbilanz: 6,50 %

Beurteilung der Entwicklung:

- Großes **Anlagevermögen** bedeutet hohe Fixkosten wie Abschreibungen, Zinsen für gebundenes Kapital und Instandhaltungskosten, die das Unternehmen zu einer möglichst hohen Kapazitätsauslastung zwingen (Fixkostendegression). Außerdem gilt: Je höher das Anlagevermögen ist, desto geringer ist tendenziell die Anpassungsfähigkeit des Unternehmens an Marktveränderungen.
- Die Kennzahlen **Konstitution, Anlagenintensität** und **Umlaufvermögensintensität** zeigen, dass das Anlagevermögen und das Umlaufvermögen bei der OKIA Aktiengesellschaft ungefähr gleich groß sind. Eine allgemeingültige Regel über das Verhältnis von Anlage- zu Umlaufvermögen gibt es nicht, das Verhältnis ist branchenabhängig. Daher sind zur Beurteilung der OKIA Aktiengesellschaft **Durchschnittszahlen der Branche** nötig (diese Informationen sind zum Beispiel von der Industrie- und Handelskammer zu erfahren).
- Die Erhöhung der **Vorratsquote** korrespondiert mit dem Rückgang der Umsatzerlöse und dem Anstieg des Bestandes der fertigen Erzeugnisse. Gleichzeitig verringert sich – vermutlich ebenfalls hauptsächlich durch den Absatzrückgang – die **Forderungsquote.**

9714592

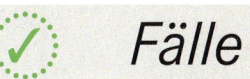
Bilanzkennzahlen der Passivseite der Bilanz:

Kennzahlen	Berichtsjahr	Vorjahr
Kapitalstruktur: $\dfrac{\text{Eigenkapital}}{\text{Fremdkapital}} \cdot 100\,\%$	$\dfrac{6.953,30 \text{ Tsd. €}}{22.294,80 \text{ Tsd. €}} \cdot 100\,\% = 31,19\,\%$	$\dfrac{6.752,50 \text{ Tsd. €}}{20.409,60 \text{ Tsd. €}} \cdot 100\,\% = 33,09\,\%$
Verschuldungskoeffizient: $\dfrac{\text{Fremdkapital}}{\text{Eigenkapital}}$	$\dfrac{22.294,80 \text{ Tsd. €}}{6.953,30 \text{ Tsd. €}} = 3,21$	$\dfrac{20.409,60 \text{ Tsd. €}}{6.752,50 \text{ Tsd. €}} = 3,02$
Grad der finanziellen Unabhängigkeit: $\dfrac{\text{Eigenkapital}}{\text{Gesamtkapital}} \cdot 100\,\%$	ablesbar aus der Strukturbilanz: 23,78 %	ablesbar aus der Strukturbilanz: 24,86 %
Grad der Selbstfinanzierung: $\dfrac{\text{Gewinnrücklagen}}{\text{Gesamtkapital}} \cdot 100\,\%$	$\dfrac{1.453,30 \text{ Tsd. €}}{29.248,10 \text{ Tsd. €}} \cdot 100\,\% = 4,97\,\%$	$\dfrac{1.252,50 \text{ Tsd. €}}{27.162,10 \text{ Tsd. €}} \cdot 100\,\% = 4,61\,\%$

Beurteilung der Entwicklung:

- Die **Kapitalausstattung** oder **Finanzierung** eines Unternehmens gibt Auskunft über die Haftungs- bzw. Garantiesituation und die Kreditwürdigkeit (Eigenkapital) sowie über den Umfang der Selbstständigkeit bzw. der Abhängigkeit von Gläubigern (Fremdkapital). Wie bei der Vermögensstruktur gibt es auch bei der Kapitalstruktur keine Regel über das Verhältnis von Eigen- zu Fremdkapital. Allgemein lässt sich sagen: Je höher der Eigenkapitalanteil ist, desto größer ist die wirtschaftliche und finanzielle Stabilität des Unternehmens, dies insbesondere in Krisenzeiten.
- Der Anteil des Eigenkapitals am Gesamtkapital ist im Berichtsjahr gegenüber dem Vorjahr, wie die Kennzahlen **Kapitalstruktur, Verschuldungskoeffizient und Grad der finanziellen Unabhängigkeit** zeigen, leicht gesunken. Verglichen mit dem Bundesdurchschnitt von ca. 18 bis 20 % Eigenkapital steht die OKIA Aktiengesellschaft gut da. Aussagekräftiger wären auch hier Zahlen des Branchendurchschnitts, zu erfragen beispielsweise bei der Industrie- und Handelskammer.
- Andererseits hat sich die Finanzierung aus der Bildung von Gewinnrücklagen **(Grad der Selbstfinanzierung)** leicht erhöht; dadurch hat sich die Eigenkapitalbasis verbessert.

Bilanzkennzahlen der Aktivseite in Verbindung mit der Passivseite der Bilanz:

Kennzahlen	Berichtsjahr	Vorjahr
Deckungsgrad I: $\dfrac{\text{Eigenkapital}}{\text{Anlagevermögen}} \cdot 100\,\%$	$\dfrac{6.953,30 \text{ Tsd. €}}{14.443,08 \text{ Tsd. €}} \cdot 100\,\% = 48,14\,\%$	$\dfrac{6.752,50 \text{ Tsd. €}}{14.069,70 \text{ Tsd. €}} \cdot 100\,\% = 47,99\,\%$
Deckungsgrad II: $\dfrac{\text{Eigenkapital +}\atop \text{langfrist. Fremdkapital}}{\text{Anlagevermögen}} \cdot 100\,\%$	$\dfrac{22.973,30 \text{ Tsd. €}}{14.443,08 \text{ Tsd. €}} \cdot 100\,\% = 159,06\,\%$	$\dfrac{21.552,50 \text{ Tsd. €}}{14.069,70 \text{ Tsd. €}} \cdot 100\,\% = 153,18\,\%$
Liquidität 1. Grades: $\dfrac{\text{flüssige Mittel}}{\text{kurzfristige Verbind-} \atop \text{lichkeiten}} \cdot 100\,\%$	$\dfrac{1.726,10 \text{ Tsd. €}}{6.274,80 \text{ Tsd. €}} \cdot 100\,\% = 27,51\,\%$	$\dfrac{2.194,80 \text{ Tsd. €}}{5.609,60 \text{ Tsd. €}} \cdot 100\,\% = 39,13\,\%$
Liquidität 2. Grades: $\dfrac{\text{flüssige Mittel + Vorräte}}{\text{kurzfristige Verbind-} \atop \text{lichkeiten}} \cdot 100\,\%$	$\dfrac{13.363,82 \text{ Tsd. €}}{6.274,80 \text{ Tsd. €}} \cdot 100\,\% = 212,98\,\%$	$\dfrac{11.327,10 \text{ Tsd. €}}{5.609,60 \text{ Tsd. €}} \cdot 100\,\% = 201,92\,\%$
Liquidität 3. Grades: $\dfrac{\text{flüssige Mittel + Vor-}\atop \text{räte + Forderungen}}{\text{kurzfristige Verbind-} \atop \text{lichkeiten}} \cdot 100\,\%$	$\dfrac{14.805,02 \text{ Tsd. €}}{6.274,80 \text{ Tsd. €}} \cdot 100\,\% = 235,94\,\%$	$\dfrac{13.092,40 \text{ Tsd. €}}{5.609,60 \text{ Tsd. €}} \cdot 100\,\% = 233,39\,\%$

Beurteilung der Entwicklung:

- Die **goldene Finanzregel** besagt, dass langfristiges Vermögen mit langfristigem Kapital finanziert werden soll (Prinzip der **Fristenkongruenz**). Die **goldene Bilanzregel** besagt, dass das Anlagevermögen (möglichst einschließlich der eisernen Bestände der Vorräte, die den Charakter von Anlagevermögen haben) durch Eigenkapital gedeckt sein sollte (Deckungsgrad I) – dann sei die Anlagendeckung als ausgezeichnet zu bezeichnen. Reicht das Eigenkapital nicht aus, darf zur Deckung des Anlagevermögens zusätzlich nur langfristiges Fremdkapital herangezogen werden. (Deckungsgrad II). Eigen- und Fremdkapital sollten das Anlagevermögen dann aber mindestens zu 100 % decken. Ist das Anlagevermögen z. B. zum Teil kurzfristig finanziert (Anlagendeckungsgrad II unter 100 %), könnte das Unternehmen bei Fälligkeit kurzfristiger Verbindlichkeiten in Zahlungsschwierigkeiten geraten, da das Umlaufvermögen zur Deckung nicht ausreicht und das Anlagevermögen nicht so schnell liquidierbar ist.
- Der **Deckungsgrad I** hat sich bei der OKIA Aktiengesellschaft im Berichtsjahr leicht erhöht, allerdings deckt das Eigenkapital nur zu knapp 50 % das Anlagevermögen. Der **Deckungsgrad II,** der schon im Vorjahr sehr günstig aussah, hat sich im Berichtsjahr weiter erhöht. Das langfristige Kapital deckt nicht nur das Anlagevermögen einschließlich der eisernen Bestände der Vorräte; auch große Teile des Umlaufvermögens wurden langfristig finanziert.

- Die Sicherung der **Liquidität** oder Zahlungsfähigkeit ist für ein Unternehmen insofern von Bedeutung, als Zahlungsunfähigkeit die Einleitung eines **Insolvenzverfahrens** bedeutet, das zur Auflösung des Unternehmens führen kann. Andererseits ist Überliquidität zu vermeiden, da sie zum Zielkonflikt mit der Rentabilität führt.
- Der **Liquiditätsgrad 1. Grades** (Barliquidität) hat sich zwar im Berichtsjahr gegenüber dem Vorjahr verschlechtert, liegt aber immer noch über dem Wert der Faustregel, die besagt, dass die kurzfristigen Verbindlichkeiten zu mindestens 20 % durch flüssige Mittel gedeckt sein sollen. Die Faustregel „Deckung der kurzfristigen Verbindlichkeiten zu mehr als 100 %" wird bei der **Liquidität 2. Grades** übererfüllt, sie hat sich auch gegenüber dem Vorjahr verbessert. Allerdings ist dieses Ergebnis insbesondere auf die hohen Bestände fertiger Erzeugnisse und Handelswaren zurückzuführen, die ihre Ursache im Absatzrückgang haben. Die **Liquidität 3. Grades** ist in etwa gleichgeblieben; das Ergebnis erfüllt die Faustregel „Deckung der kurzfristigen Verbindlichkeiten zu mindestens 200 %".

Lösung zu Aufgabe 3

Erfolgskennzahlen der Gewinn- und Verlustrechnung:

Kennzahlen	Berichtsjahr	Vorjahr
Lohnkostenanteil: $\dfrac{\text{Löhne}}{\text{gesamte Aufwendungen}} \cdot 100\,\%$	$\dfrac{3.810,00 \text{ Tsd. €}}{12.074,60 \text{ Tsd. €}} \cdot 100\,\% = 31,55\,\%$	$\dfrac{3.690,00 \text{ Tsd. €}}{11.512,00 \text{ Tsd. €}} \cdot 100\,\% = 32,05\,\%$
Materialkostenanteil: $\dfrac{\substack{\text{Roh-, Hilfs- und Betriebsstoffaufw.} \\ + \text{ Aufwendungen für Fremdbauteile}}}{\text{gesamte Aufwendungen}} \cdot 100\,\%$	$\dfrac{3.084,50 \text{ Tsd. €}}{12.074,60 \text{ Tsd. €}} \cdot 100\,\% = 25,55\,\%$	$\dfrac{3.170,60 \text{ Tsd. €}}{11.512,00 \text{ Tsd. €}} \cdot 100\,\% = 27,54\,\%$
Wirtschaftlichkeit (Ertragsergiebigkeit): $\dfrac{\text{Erträge}}{\text{Aufwendungen}}$	$\dfrac{12.430,40 \text{ Tsd. €}}{12.074,60 \text{ Tsd. €}} = 1,03$	$\dfrac{12.012,00 \text{ Tsd. €}}{11.512,00 \text{ Tsd. €}} = 1,04$
Cashflow: Jahresüberschuss + Abschreibungen auf Sachanlagen + Zuführungen zu den langfristigen Rückstellungen = Cashflow	$\begin{aligned}&\ 355,80 \text{ Tsd. €}\\ &+\ 165,00 \text{ Tsd. €}\\ &+\ 20,00 \text{ Tsd. €}\\ \hline &=\ 540,80 \text{ Tsd. €}\end{aligned}$	$\begin{aligned}&\ 500,00 \text{ Tsd. €}\\ &+\ 164,00 \text{ Tsd. €}\\ &+\ 20,00 \text{ Tsd. €}\\ \hline &=\ 684,00 \text{ Tsd. €}\end{aligned}$
Cashflow-Umsatzverdienstrate: $\dfrac{\text{Cashflow}}{\text{Umsatzerlöse}} \cdot 100\,\%$	$\dfrac{540,80 \text{ Tsd. €}}{10.238,80 \text{ Tsd. €}} \cdot 100\,\% = 5,28\,\%$	$\dfrac{684,00 \text{ Tsd. €}}{10.787,30 \text{ Tsd. €}} \cdot 100\,\% = 6,34\,\%$

Beurteilung der Entwicklung:

- **Lohn- und Materialkostenanteil** an den gesamten Aufwendungen sind im Berichtsjahr gegenüber dem Vorjahr leicht gesunken. Dies ist insbesondere auf den starken Anstieg der Gehälter in Verbindung mit dem Arbeitgeberanteil zur Sozialversicherung zurückzuführen. Ein Branchenvergleich wäre hier wieder sinnvoll.
- Die **Wirtschaftlichkeit** ist leicht rückläufig. Wurde im Vorjahr mit einem Aufwand von 1 € noch ein Ertrag von 1,04 € erzielt, beträgt der Ertrag im Berichtsjahr nur noch 1,03 €.
- Der **Cashflow** als Kennzahl selbst erwirtschafteter Mittel zeigt, dass der OKIA Aktiengesellschaft im Berichtsjahr weniger Mittel für Investitionen, Schuldentilgung und Gewinnausschüttung zur Verfügung stehen als im Vorjahr. Ursache hierfür ist der starke Gewinnrückgang.
- Die **Cashflow-Umsatzverdienstrate** zeigt, wie viel Prozent des Umsatzes für Investitionen, Schuldentilgung und Gewinnausschüttung zur Verfügung stehen. Im Berichtsjahr können für diese Zwecke von 100,00 € Umsatz 5,28 € verwendet werden, während es im Vorjahr noch 6,34 € waren.

Erfolgskennzahlen der Gewinn- und Verlustrechnung in Verbindung mit der Bilanz:

Kennzahlen	Berichtsjahr	Vorjahr
Rentabilität des Eigenkapitals*: $\dfrac{\text{Jahresüberschuss}}{\text{Eigenkapital **}} \cdot 100\,\%$	$\dfrac{355{,}80 \text{ Tsd. €}}{6.752{,}50 \text{ Tsd. €}} \cdot 100\,\% = 5{,}27\,\%$	$\dfrac{500{,}00 \text{ Tsd. €}}{6.252{,}50 \text{ Tsd. €}} \cdot 100\,\% = 8{,}00\,\%$
Rentabilität des Gesamtkapitals*: $\dfrac{\text{Jahresüberschuss} + \text{Fremdkapitalzinsen}}{\text{Gesamtkapital ***}} \cdot 100\,\%$	$\dfrac{\begin{array}{r}355{,}80 \text{ Tsd. €} \\ + \ 1.100{,}00 \text{ Tsd. €}\end{array}}{28.892{,}30 \text{ Tsd. €}} \cdot 100\,\% = 5{,}04\,\%$	$\dfrac{\begin{array}{r}500{,}00 \text{ Tsd. €} \\ + \ 1.000{,}00 \text{ Tsd. €}\end{array}}{26.662{,}10 \text{ Tsd. €}} \cdot 100\,\% = 5{,}63\,\%$
Rentabilität des Umsatzes*: $\dfrac{\text{Jahresüberschuss}}{\text{Umsatzerlöse}} \cdot 100\,\%$	$\dfrac{355{,}80 \text{ Tsd. €}}{10.238{,}80 \text{ Tsd. €}} \cdot 100\,\% = 3{,}48\,\%$	$\dfrac{500{,}00 \text{ Tsd. €}}{10.787{,}30 \text{ Tsd. €}} \cdot 100\,\% = 4{,}64\,\%$

* Neben den hier verwendeten Rentabilitätskennzahlen werden in Theorie und Praxis auch andere Rentabilitätskennzahlen bzw. Berechnungsmethoden angeboten.

** Vom Eigenkapital lt. Strukturbilanz sind für das Berichtsjahr 200,80 Tsd. €, für das Vorjahr 500,00 Tsd. € abzuziehen.

*** Vom Gesamtkapital lt. Strukturbilanz sind für das Berichtsjahr 355,80 Tsd. €, für das Vorjahr 500,00 Tsd. € abzuziehen.

9714596

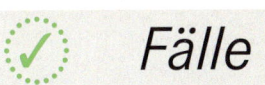

Erfolgskennzahlen der Gewinn- und Verlustrechnung in Verbindung mit der Bilanz:

Kennzahlen	Berichtsjahr	Vorjahr
Umschlagshäufigkeit der Forderungen: Umsatzerlöse Forderungen	$\dfrac{10.238,80 \text{ Tsd. €}}{1.441,20 \text{ Tsd. €}} = 7,1$	$\dfrac{10.787,30 \text{ Tsd. €}}{1.765,30 \text{ Tsd. €}} = 6,1$
durchschnittliche Kreditdauer: $\dfrac{360 \text{ Tage}}{\text{Umschlagshäufigkeit der Forderungen}}$	$\dfrac{360 \text{ Tage}}{7,1} = 50,7 \text{ Tage}$	$\dfrac{360 \text{ Tage}}{6,1} = 59,01 \text{ Tage}$
Umschlagshäufigkeit des Eigenkapitals: Umsatzerlöse Eigenkapital	$\dfrac{10.238,80 \text{ Tsd. €}}{6.752,50 \text{ Tsd. €}} = 1,52$	$\dfrac{10.787,30 \text{ Tsd. €}}{6.252,50 \text{ Tsd. €}} = 1,73$
Return on Investment (RoI): Umsatzrentabilität · Kapitalumschlags- häufigkeit	$3,48 \text{ %} \cdot 1,52 = 5,29 \text{ %}$	$4,64 \text{ %} \cdot 1,73 = 8,02 \text{ %}$

Beurteilung der Entwicklung:

- Die **Rentabilität des Eigenkapitals** gibt die innerbetriebliche Verzinsung des eingesetzten Eigenkapitals an. Sie ist bei der OKIA Aktiengesellschaft im Berichtsjahr gegenüber dem Vorjahr stark gesunken. Nimmt man eine Kapitalmarktverzinsung (landesüblicher Zinssatz für langfristig angelegte Gelder) von 4,5 % an, wurde das Unternehmerwagnis im Vorjahr mit einer Risikoprämie von 3,5 % (8 % – 4,5 %), im Berichtsjahr jedoch nur noch von 0,77 % (5,27 % – 4,5 %) „belohnt". Dieses Ergebnis konnte im Berichtsjahr nur erzielt werden durch die außerordentlich hohen Erträge aus dem Abgang von Vermögensgegenständen.
- Ebenso ist die **Rentabilität des Gesamtkapitals** rückläufig, auch bedingt durch die Verringerung der Umsätze.
- Die **Rentabilität des Umsatzes** zeigt folgende Entwicklung: Wurden im Vorjahr mit 100,00 € Umsatz noch 4,64 € Gewinn erzielt, sind es im Berichtsjahr nur noch 3,48 €.
- Die **Umschlagshäufigkeit der Forderungen** hat sich erhöht, was gleichbedeutend mit einer Verringerung der durchschnittlichen Kreditdauer ist. Diese Tatsache wirkt sich positiv auf die Liquidität der OKIA Aktiengesellschaft aus, da sich die Dauer der Kapitalbindung verringert hat.
- Die **Umschlagshäufigkeit des Eigenkapitals** hat sich im Berichtsjahr gegenüber dem Vorjahr verringert. Zusammen mit dem Rückgang der Umsatzrentabilität beeinflusst dies den **RoI** negativ.

4

Aktienkurs

Der Kurs der OfficeCom-AG-Aktien ist von 134,00 € auf 169,00 € gestiegen.
Was bedeutet das für die OfficeCom AG?

(1) Der Nennwert der Aktien ist gestiegen.
(2) Das gezeichnete Kapital muss entsprechend erhöht werden.
(3) Der Marktwert der OfficeCom AG ist entsprechend gestiegen.
(4) Die Fremdkapitalquote ist gesunken.
(5) Der Stimmrechtsanteil der Aktionäre ist gestiegen.

5

Bestandteile des Jahresabschlusses

Aus welchen Bestandteilen besteht der Jahresabschluss der OfficeCom AG?

(1) Bilanz, Gewinn- und Verlustrechnung
(2) Lagebericht, Bilanz, Gewinn- und Verlustrechnung
(3) Anlagenspiegel, Bilanz, Gewinn- und Verlustrechnung
(4) Bilanz, Gewinn- und Verlustrechnung, Abgrenzungsrechnung
(5) Bilanz, Gewinn- und Verlustrechnung, Anhang
(6) Geschäftsbericht, Bilanz, Gewinn- und Verlustrechnung,
(7) Bilanz, Lagebericht, Geschäftsbericht

6

Gesamtrentabilität

Folgende Daten der OfficeCom AG liegen für das abgelaufene Geschäftsjahr vor: Eigenkapital: 4 Mio. €, Fremdkapital: 9 Mio. €, Erträge: 55 Mio. € (davon Umsatzerlöse: 50 Mio. €), Aufwendungen: 48 Mio. € (davon Zinsaufwendungen: 1 Mio. €).
Welcher der folgenden Ansätze führt zur Errechnung der Gesamtkapitalrentabilität?

(1) $\dfrac{50 \cdot 100}{13}$

(2) $\dfrac{7 \cdot 100}{13}$

(3) $\dfrac{(7 + 1) \cdot 100}{9}$

(4) $\dfrac{(7 + 1) \cdot 100}{13}$

(5) $\dfrac{7 \cdot 100}{50}$

(6) $\dfrac{(7 - 1) \cdot 100}{13}$

Deckungsgrad I

Durch welche Maßnahme kann der Deckungsgrad I erhöht werden?

(1) Der Bestand an fertigen Erzeugnissen sollte vermindert werden.
(2) Eine Lagerhalle sollte verkauft und anschließend gemietet werden.
(3) Eine Ersatzmaschine sollte bar gekauft werden.
(4) Der Bestand der Büroausstattung sollte erhöht werden.
(5) Ein Darlehen über 2 Mio. € sollte vorzeitig getilgt werden.

Geringwertige Wirtschaftsgüter

Zu Beginn des Geschäftsjahres wurde für das Rechenzentrum der OfficeCom AG eine externe Festplatte für 900,00 € zuzüglich 19 % USt (Rechnungsbetrag: 1.071,00 €) gekauft. Für die Bilanz ist zu klären, ob die Festplatte als Geringwertiges Wirtschaftsgut (GWG) ausgewiesen werden kann.
Welche Aussage trifft zu?

(1) Die externe Festplatte ist kein GWG, da die Anschaffungskosten über 1.000,00 € liegen.
(2) Die externe Festplatte hätte sofort als Aufwand gebucht werden müssen.
(3) Die externe Festplatte ist als GWG über die Jahre der Nutzung planmäßig einzeln abzuschreiben.
(4) Die externe Festplatte ist kein GWG, da sie nicht die Bedingung der selbstständigen Nutzung erfüllt.
(5) Die externe Festplatte ist kein GWG, da sie nicht einzeln bewertbar ist.
(6) Die externe Festplatte erfüllt alle Bedingungen zur Anerkennung als GWG.

Auswirkungen von Bilanzierungswahlrechten

Durch die Wahrnehmung von Bilanzierungswahlrechten wurde in der Bilanz der OfficeCom AG das Umlaufvermögen mit 6,5 Mio. € ausgewiesen; bei anderen Bewertungsentscheidungen hätte das Umlaufvermögen 6,8 Mio. € betragen.
Welche zwei Auswirkungen hatte der niedrigere Bilanzausweis?

(1) Die Steuerzahlung war vergleichsweise geringer.
(2) Der Gewinn wurde zu hoch ausgewiesen.
(3) Die Dividende wurde vergleichsweise niedriger bemessen.
(4) Die Dividende wurde vergleichsweise höher bemessen.
(5) Die Steuerzahlung war vergleichsweise höher.

10

Cashflow

Wie errechnet sich der Cashflow?

(1)   Betriebsgewinn
    + neutraler Gewinn
    + Abschreibungen auf Anlagen

(2)   Jahresüberschuss (Gewinn)
    + Abschreibungen auf Anlagen
    + Bestand der langfristigen Rückstellungen

(3)   Jahresüberschuss
    + Abschreibungen auf Anlagen
    + Zuführungen zu den langfristigen
      Rückstellungen

(4)   Jahresüberschuss
    + Abschreibungen auf Forderungen
    + Abschreibungen auf Anlagen

(5)   Betriebsgewinn
    + Abschreibungen auf Anlagen
    + Zuführungen zu den langfristigen
      Rückstellungen

11

Stille Reserven

Auf welche Weise können stille Reserven in der Bilanz der OfficeCom AG entstanden sein?

(1) durch Bildung zu hoher Rückstellungen für Prozesskosten
(2) durch Anwendung des Niederstwertprinzips bei der Bewertung der Schulden
(3) durch Bildung von Sparguthaben auf dem Geschäftskonto
(4) durch Anwendung des Höchstwertprinzips bei der Bewertung des Umlaufvermögens
(5) durch Nichtausschüttung realisierter Gewinne

Lösungen zu Multiple-Choice-Aufgaben 4 bis 11

Aufgabe 4
(3)

Aufgabe 5
(5)

Aufgabe 6
(4) $\dfrac{(\text{Gewinn} + \text{Zinsaufwendungen}) \cdot 100}{\text{Eigenkapital} + \text{Fremdkapital}}$

Aufgabe 7
(2)

Aufgabe 8
(4)

Aufgabe 9
(1), (3)

Aufgabe 10
(3)

Aufgabe 11
(1)

4.2.3 Wertschöpfungsprozesse analysieren und beurteilen

4.2.3.1 Fallorientierte Aufgaben und Lösungen

Abgrenzung Kosten – Neutrale Aufwendungen sowie Leistungen – Neutrale Erträge

Ordnen Sie die Ziffern (1) für neutrale Aufwendungen, (2) für Kosten, (3) für neutrale Erträge bzw. (4) für Leistungen den folgenden Aufwandsarten und Ertragsarten (a) bis (x) der OfficeCom AG entsprechend dem folgenden Muster zu und begründen Sie kurz die jeweilige Zuordnung.

Teilaufgabe	Lösungsziffer	Begründung
z)	1	betriebsbezogen, aber periodenfremd

a) Erträge aus der Vermietung einer Werkshalle
b) Leasingrate für die Datenverarbeitungsanlage
c) Gewerbesteuernachzahlung für das vergangene Geschäftsjahr
d) Erträge aus der Herstellung eigener Werkzeuge
e) Verbrauch von Stahlrohren für die Produktion
f) Forderungsausfall durch Konkurs eines Großkunden
g) Grundsteuer für Werkswohnungen
h) Inventurverluste an Hilfs- und Betriebsstoffen (Fehlbestand)
i) Telefongebühren für die Einkaufsabteilung
j) Lohnfortzahlung für erkrankten Arbeiter
k) Erhöhung des Bestandes an unfertigen Erzeugnissen
l) Überschuss durch Verkauf eines Lkws über dem Buchwert
m) Fahrtspesen für Kraftfahrer der werkseigenen Lkws
n) Erträge aus dem Verkauf von Abfällen, die bei der Produktion anfielen
o) Gewerbesteuervorauszahlung
p) Aufwendungen für die Reparatur einer NC-Fräse durch den Lieferanten
q) Kfz-Steuer für den Pkw der Geschäftsleitung
r) Verringerung des Bestandes an unfertigen Erzeugnissen
s) Erträge aus der Auflösung von Rückstellungen
t) Arbeitgeberanteil zur Sozialversicherung
u) Stromverbrauch für die Produktion
v) Abschreibungen auf nicht betriebsnotwendige Anlagegüter
w) Beiträge zur Unfallversicherung
x) Verlust aus dem Verkauf von Wertpapieren

2

Gesamt- und Stückkostenkurven

Skizzieren Sie zu den folgenden Gesamtkostenkurven (a) bis (c) grafisch die entsprechenden Stückkosten-
kurven. (Verwenden Sie neue Diagramme und benennen Sie die Achsen.)

a)

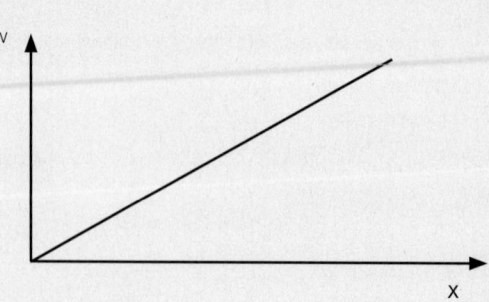

b)

c)

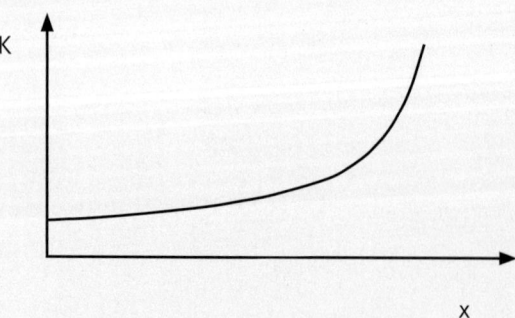

Bilanzielle und kalkulatorische Abschreibungen

Berechnen Sie die bilanzielle und die kalkulatorische Abschreibung für eine NC-gesteuerte Hobelmaschine der **OfficeCom AG** für das dritte Jahr der Nutzung, wenn die nachstehenden Werte gegeben sind:

Anschaffungswert am 02.01.20..:   144.000,00 €
Preisindex im Anschaffungsjahr: 100 %
Wiederbeschaffungsindex: 124 %

Abschreibung	Nutzungsdauer	Methode
bilanziell	6 Jahre	linear
kalkulatorisch	10 Jahre	linear

Kalkulatorische Zinsen, Ergebnistabelle

Zur Berechnung der kalkulatorischen Zinsen stellt die Abteilung „Kostenrechnung" der **OfficeCom AG** die folgenden Zahlen zur Verfügung:

betriebsnotwendiges Grundvermögen: 200.000,00 €
betriebsnotwendiges abnutzbares Anlagevermögen: 1.000.000,00 € (Anschaffungswerte)
betriebsnotwendiges Umlaufvermögen: 4.200.000,00 € (Durchschnittswerte)
Kundenanzahlungen: 45.000,00 €
Verbindlichkeiten a. LL   320.000,00 €
– davon nicht skontierfähige Verbindlichkeiten   15.000,00 €

Fremdkapital
(Darlehensschulden, Hypothekenschulden):   3.600.000,00 €

durchschnittlicher Marktzinssatz für Fremdkapital: 11 %
kalkulatorischer Zinssatz: 8 %

a) Berechnen Sie die tatsächlichen und die kalkulatorischen Zinsen, wenn die oben stehenden Werte gegeben sind.

b) Geben Sie an, in welche Spalten des Rechnungskreises II der Ergebnistabelle die tatsächlichen Zinsen und die kalkulatorischen Zinsen einzutragen sind.

Ergebnistabelle in €							
Finanzbuchhaltung (Rechnungskreis I)			Kosten- und Leistungsrechnung (Rechnungskreis II)				
Gesamtergebnisrechnung (GuV) der Finanzbuchhaltung			Abgrenzungsrechnung				Betriebsergebnis-rechnung
			Unternehmensbezo-gene Abgrenzungen		Kostenrechnerische Korrekturen		
Konto	Aufwen-dungen	Erträge	neutrale Aufwen-dungen	Neutrale Erträge	Betrieb-liche Auf-wendun-gen	Ver-rechnete Kosten	Kosten	Leistun-gen

c) Welche Wirkung haben die kalkulatorischen Zinsen (wie auch die übrigen kalkulatorischen Kosten) auf das Betriebsergebnis, das neutrale Ergebnis und das Unternehmens- oder Gesamtergebnis?

5

Angebotspreis mithilfe der Zuschlagskalkulation, BAB, Gemeinkostenzuschlagssätze, Kostenüber-, Kostenunterdeckung

Aufgrund der Anfrage eines Kunden über Herstellung und Lieferung einer Sonderanfertigung eines Schreibtisches will das Zweigwerk der **OfficeCom AG** ein Angebot ausarbeiten. Neben der Festlegung des Liefertermins (voraussichtlich Anfang Oktober 20..) ist unter anderem der Angebotspreis zu ermitteln.

Hierfür liegen aus der Abteilung „Kosten- und Leistungsrechnung" folgende Daten vor:

Fertigungsmaterial (Materialeinzelkosten):	950,00 €
Fertigungslöhne (Fertigungseinzelkosten)	500,00 €
Gewinnzuschlagssatz:	15 %
Kundenrabatt	20 %
Kundenskonto	2 %

Außerdem rechnet die OfficeCom AG mit folgenden Normalgemeinkostenzuschlagssätzen:

für den Materialbereich:	23,5 %
für den Fertigungsbereich:	630,3 %
für den Verwaltungsbereich:	12,0 %
für den Vertriebsbereich:	6,2 %

a) Erläutern Sie den Begriff Normalgemeinkostenzuschlagssatz.
b) Berechnen Sie mithilfe der Zuschlagskalkulation den Angebotspreis.

Der Kunde bestellt zu den Konditionen der OfficeCom AG. Die Fertigung des Schreibtisches erfolgt zusammen mit weiteren Büromöbeln im September 20... Zum Monatsende ist der BAB zu erstellen.

Für das Zweigwerk der OfficeCom AG liegt der folgende komprimierte, noch nicht fertig gestellte BAB vor, bei dem noch einige Gemeinkostenarten verteilt werden müssen:

BAB des Zweigwerks der OfficeCom AG für Monat September 20..						
Gemeinkosten-arten	Zahlen der KLR in €	Verteilungs-grundlagen	Kosten der Kostenstellen in €			
			I Material	II Fertigung	III Verwaltung	IV Vertrieb
Diverse Ge-meinkosten-arten	185.000,00	Diverse Ver-teilungsgrund-lagen	35.400,00	106.000,00	19.700,00	23.900,00
Betriebsstoffe (Gas)	16.200,00	Verbrauch nach Zählerstand in m³				
Mietaufwen-dungen	10.000,00	Fläche in m²				
Kalkulatorische Abschrei-bungen	520.000,00	Anlagendatei				
Kalkulatorische Zinsen	24.000,00	Kalkulatorische Restwerte in €				
Telefonkosten	5.800,00	Zahl der Mitarbeiter				
Summe	761.000,00					
		Zuschlags-grundlagen	Fertigungs-material	Fertigungs-löhne	Herdstellkosten des Umsatzes	
		Gemeinkosten-zuschlagssätze:				

Die folgende Tabelle der **OfficeCom AG** zeigt die **Verteilungsschlüssel** für die noch zu verteilenden Gemeinkostenarten auf die Kostenbereiche bzw. -stellen des BAB für den Monat September 20..:

Gemein-kostenarten	Zahlen der KLR in €	Verteilungs-schlüssel	Material	Fertigung	Verwaltung	Vertrieb
Betriebsstoffe (Gas)	16.200,00	Verbrauch nach Zählerstand in m³ AB/EB*	1.420/ 1.670	5.900/ 8.700	2.345/ 2.745	1.240/ 1.490
Mietaufwen-dungen	10.000,00	Fläche in m²	1 000	23 000	3 500	2.500
Kalkulatorische Abschrei-bungen	520.000,00	Anlagendatei	1	15	3	1
Kalkulatorische Zinsen	24.000,00	Kalkulatorische Restwerte in €	140.000,00	600.000,00	250.000,00	120.000,00
Telefonkosten	5.800,00	Zahl der Mitar-beiter	4	12	8	6

*AB = Anfangsbestand   EB = Endbestand

Zusätzlich werden noch die folgenden Informationen für September 20.. benötigt:

Verbrauch an Fertigungsmaterial:	260.000,00 €
gezahlte Fertigungslöhne:	84.000,00 €
Bestandsminderung an unfertigen Erzeugnissen:	6.000,00 €
Bestandsmehrung an fertigen Erzeugnissen:	2.000,00 €

c) Erstellen und vervollständigen Sie den BAB.

d) Begründen Sie, warum bei dieser speziellen Aufgabenstellung die Betriebsstoffe (Gas) Kostenstelleneinzelkosten, die Telefonkosten dagegen Kostenstellengemeinkosten sind.

e) Ermitteln Sie die Istgemeinkostenzuschlagssätze für den Monat September 20.., wobei die Verwaltungs- und Vertriebsgemeinkostenzuschlagssätze von den Herstellkosten des Umsatzes zu berechnen sind.

f) Errechnen Sie auf der Grundlage der vorgegebenen Normalgemeinkostenzuschlagssätze und der errechneten Istgemeinkostenzuschlagssätze die Kostenüberdeckungen bzw. Kostenunterdeckungen in den einzelnen Kostenstellen bzw. -bereichen und insgesamt.

g) Wie wirken sich Kostenüber- bzw. -unterdeckungen gegenüber der Vorkalkulation auf das Betriebsergebnis aus?

h) Führen Sie die Nachkalkulation des Angebotspreises für die Sonderanfertigung des Schreibtisches auf der Grundlage der errechneten Istgemeinkostenzuschlagssätze durch.

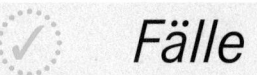
Maschinenstundensatzrechnung

In der **OfficeCom AG** existiert u. a. die Fertigungshauptstelle „Stanzerei", in der drei Stanzen arbeiten, für die die folgenden maschinenabhängigen Gemeinkosten und die Laufstunden für den Monat November 20.. ermittelt wurden:

	Stanze I	Stanze II	Stanze III
maschinenabhängige Gemeinkosten für Monat November 20..	2.551,66 €	4.032,84 €	5.890,00 €
Laufstunden für Monat November 20..	150	120	100

Für die gesamte Stanzerei wurden darüber hinaus noch die folgenden **maschinenunabhängigen** Gemeinkosten (Restgemeinkosten) ermittelt:

Hilfslöhne: 8.000,00 €
soziale Abgaben: 3.500,00 €
allgemeine Betriebskosten: 2.000,00 €

An Fertigungslöhnen fallen in der Stanzerei für den Monat November 20.. insgesamt 7.500,00 € an.

a) Nennen Sie mindestens vier maschinenabhängige Fertigungsgemeinkostenarten.

b) Errechnen Sie die Maschinenstundensätze der drei Stanzen.

c) Errechnen Sie den Restgemeinkostenzuschlagssatz für die Stanzerei und erläutern Sie dessen Bedeutung.

d) Welche Gründe können für eine Umstellung von der Zuschlagskalkulation mit Fertigungsgemeinkostenzu-schlagssätzen auf die Kalkulation mit Maschinenstundensätzen maßgebend sein?

7

Zuschlags- und Äquivalenzziffernkalkulation

Aufgrund einer Bestellung der OfficeCom AG über fünf verschiedene Sorten von Eckverbindungen A bis E will der Lieferant im Zuge der Nachkalkulation die Selbstkosten pro Stück dieser Eckverbindungen ermitteln. Dazu setzt er eine Kombination aus Zuschlags- und Äquivalenzziffernkalkulation ein.

Das Fertigungsmaterial wird den Sorten direkt zugerechnet. Die Materialgemeinkosten betragen 5 % des Fertigungsmaterials. Die mithilfe von Äquivalenzziffern zu verrechnenden Fertigungskosten fallen in den Fertigungskostenstellen 1 und 2 in Höhe von 40.800,00 € bzw. 26.250,00 € an. Die Verwaltungs- und Vertriebsgemeinkosten betragen zusammen 10 % der Herstellkosten.

Im Übrigen gelten die in der Tabelle ausgewiesenen Daten:

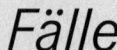
Sorte	Fertigungs-material pro Stück in €	Produktions-mengen in Stück	Äquivalenzziffern	
			Fertigungskosten-stelle 1	Fertigungskosten-stelle 2
A	2,60	3 000	0,70	0,60
B	3,20	3 900	1,00	0,80
C	3,40	6 000	1,20	1,00
D	4,20	2 000	1,25	1,40
E	5,00	1 000	1,30	1,45

8

Mehrstufige Divisionskalkulation

Die Zementwerke AG in Goslar/Harz fördern Kalkstein, der zu Rohmehl verarbeitet wird. Daraus werden Klinker gebrannt, die anschließend gemahlen und mit Gips vermischt werden. Der daraus entstehende fertige Zement wird dann verpackt und verladen.

In der letzten Abrechnungsperiode ergaben sich folgende Daten, die bei der Kalkulation der Herstellkosten zu berücksichtigen sind:

Produktionsstufe		Materialeinsatz	Ausbringung	Herstellkosten
1	Förderung		16 200 t Kalk	129.600,00 €
2	Aufbereitung	16 200 t Kalk	15 000 t Rohmehl	150.000,00 €
3	Brennen	11 250 t Rohmehl	7 500 t Klinker	450.000,00 €
4	Mahlen	8 550 t Klinker		180.000,00 €
		450 t Gips	9 000 t Zement	56.250,00 € (Materialkosten)
5	Verpacken/ Verladen	8 000 t Zement	160 000 Zement-säcke zu je 50 kg	96.000,00 €

a) Berechnen Sie mithilfe der **mehrstufigen Divisionskalkulation** die Herstellkosten für einen Sack verladenen Zement (1 t = 1 000 kg).

b) Berechnen Sie den Gesamtwert der Bestandsveränderung an unfertigen Erzeugnissen.

c) Berechnen Sie den Wert der Bestandsveränderung des fertigen Erzeugnisses.

Break-even-Analyse mithilfe der Voll- und der Teilkostenrechnung, rechnerisch und grafisch mithilfe eines Tabellenkalkulationsprogramms

Die Centaur-AG ist ein Lieferant der OfficeCom AG, der unter anderem Schrankscharniere auch für die Office-Com AG herstellt. Die Kostenrechnung der Centaur AG weist für das abgelaufene Geschäftsjahr folgende Kosten aus, die bei Herstellung und Vertrieb der Scharniere entstanden sind:

Materialkosten	80.000,00 €
Löhne	140.000,00 €
Gehälter	60.000,00 €
Arbeitgeberanteil zur Sozialversicherung (17,5 % auf Löhne und Gehälter)	35.000,00 €
Reparatur- und Wartungskosten	20.000,00 €
kalkulatorische Abschreibungen	15.125,00 €
verschiedene Kosten	10.000,00 €
	360.125,00 €

Für das kommende Jahr ist eine Produktions- und Absatzmenge von 30 000 Stück zu einem Absatzpreis von 23,84 €/Stück geplant. Auf der Grundlage dieser Menge ergeben sich für das kommende Jahr gegenüber dem abgelaufenen Jahr folgende Kostenänderungen:

- Die Löhne erhöhen sich aufgrund von neuen Tarifvereinbarungen um 5 %.
- Die Gehälter steigen – durch die Übernahme von zwei Auszubildenden in das Angestelltenverhältnis – um 3.000,00 €.
- Zu Beginn des neuen Jahres wird eine zusätzliche Maschine angeschafft; Wiederbeschaffungswert: 40.000,00 €; Nutzungsdauer: 10 Jahre; kalkulatorische Abschreibung linear.
- Die Reparatur- und Wartungskosten sinken wegen neuer Wartungsverträge voraussichtlich um 6.000,00 €.
- Die Materialkosten und die verschiedenen Kosten bleiben unverändert.

Verhalten der Kosten:
- Material- und Lohnkosten sind variabel.
- Gehälter, Abschreibungen und verschiedene Kosten sind fix.
- 5.600,00 € der Reparatur- und Wartungskosten sind fix.
- Die variablen Kosten entwickeln sich proportional zur Ausbringungsmenge.

a) Ermitteln Sie zunächst die für das kommende Jahr geplanten fixen und variablen Kosten.

b) Stellen Sie die für das kommende Jahr geltende Umsatz- und die Kostenfunktion auf.

c) Errechnen Sie im Wege der Vollkosten- und der Teilkostenrechnung die Break-even-Menge.

d) Stellen Sie die Ermittlung der Break-even-Menge mithilfe eines Tabellenkalkulationsprogramms (z. B. Excel oder NeoOffice) und dem dazugehörigen Grafikassistenten tabellarisch und grafisch dar. Außerdem soll in der Tabelle mithilfe der WENN-Funktion (SYNTAX: WENN(Prüfung;Dann_Wert;Sonst_Wert)) ausgewiesen werden, bei welcher Menge die Bedingung der Break-even-Menge erfüllt ist.

10

Deckungsbeitragsrechnung und Sortimentspolitik, Preisuntergrenzen, absoluter und relativer Deckungsbeitrag, optimales Produktionsprogramm

Situation I

Für den Monat Mai 20.. liegt Ihnen das folgende Kostenträgerblatt der OfficeCom AG vor. Es zeigt auf der Grundlage der Vollkostenrechnung, dass die OfficeCom AG mit ihren drei Produktgruppen im Monat Mai 20.. einen Betriebsgewinn von etwas über 2 Mio. € erzielt hat. Allerdings wird auch ersichtlich, dass die Produktgruppe Schreibtische ST 04 im Mai 20.. einen Betriebsverlust von 463.295,44 € verursacht hat. Der Geschäftsleitung stellt sich daher die Frage, ob die Schreibtische eventuell aus dem Produktions- und Absatzprogramm genommen werden sollen.

Kostenträgerblatt der OfficeCom AG für Mai 20.. auf Istkostenbasis

Nr.	Kalkulations-schema	Zuschlags-sätze gemäß BAB	Istkosten gesamt in €	Kosten der Kostenträger in €		
				Schreibtisch-sessel STS 04	Akten-schränke AS 04	Schreib-tische ST 04
1	Fertigungs-material		3.480.000,00	383.500,00	2.678.000,00	418.500,00
2	Materialgemein-kosten	22,46 %	781.761,45	86.151,01	601.596,89	94.013,55
3	Materialkosten		4.261.761,45	469.651,01	3.279.596,89	512.513,55
4	Fertigungslöhne		933.502,20	76.600,00	751.400,00	105.502,20
5	Fertigungsge-meinkosten	387,23 %	3.614.825,32	296.620,21	2.909.666,14	408.538,97
6	Fertigungskosten		4.548.327,52	373.220,21	3.661.066,14	514.041,17
7	Herstellkosten der Erzeugung		8.810.088,97	842.871,22	6.940.663,03	1.026.554,72
8	Mehrbestand unfertiger Erzeugnisse		0,00	0,00	0,00	0,00
9	Minderbestand fertiger Erzeugnisse		0,00	0,00	0,00	0,00
10	Herstellkosten des Umsatzes		8.810.088,97	842.871,22	6.940.663,03	1.026.554,72
11	Verwaltungs-gemeinkosten	9,22 %	808.395,61	77.340,13	636.860,94	94.194,55
12	Vertriebs-gemeinkosten	4,16 %	365.139,42	34.933,30	287.659,94	42.546,18
13	Selbstkosten des Umsatzes		9.983.624,00	955.144,65	7.865.183,91	1.163.295,44
14	Umsatzerlöse		12.000.000,00	1.300.000,00	10.000.000,00	700.000,00
15	Betriebsergebnis		2.016.376,00	344.855,35	2.134.816,09	-463.295,44

a) Weisen Sie mithilfe der Deckungsbeitragsrechnung in einer tabellarischen Übersicht nach, dass es für die OfficeCom AG im Hinblick auf das Betriebsergebnis unter sonst gleichen Umständen besser ist, die Schreibtische weiter zu produzieren, als sie aus dem Produktionsprogramm zu nehmen. Dabei ist zu berücksichtigen, dass die im Kostenträgerblatt aufgeführten Selbstkosten des Umsatzes zu 55 % variabel bzw. zu 45 % fix sind. Erläutern Sie das Ergebnis.

b) Führen Sie auf der Grundlage der folgenden Ist-Gemeinkostenzuschlagssätze und der zusätzlichen Angaben eine kostenorientierte Nachkalkulation des Selbstkostenpreises für einen Schreibtisch Modell ST 04 durch.

- Materialgemeinkostenzuschlagssatz: 22,0 %
- Fertigungsgemeinkostenzuschlagssatz: 355,0 %
- Verwaltungsgemeinkostenzuschlagssatz: 9,5 %
- Vertriebsgemeinkostenzuschlagssatz: 4,0 %
- Fertigungsmaterial gemäß Stückliste: 280,00 €
- Fertigungslöhne gemäß Lohnscheinen: 310,00 €

c) Wie hoch muss der Angebotspreis für den Schreibtisch ST 04 (siehe Aufgabe b) im Hinblick auf das Betriebsergebnis mindestens sein, damit der Schreibtisch nicht aus dem Produktionsprogramm genommen wird? Berechnen Sie den Preis und erläutern Sie das Ergebnis.

d) Mit welchen Argumenten könnte ein Leiter der Absatzabteilung fordern, ein Produkt im Produktions- und Absatzprogramm zu belassen, auch wenn die kurzfristige Preisuntergrenze unterschritten wird?

Situation II

Für die OfficeCom AG liegen für den Monat Juni 20.. die folgenden Plandaten vor:

Produkt	Schreibtischsessel STS 04	Aktenschrank AS 04	Schreibtisch ST 04
Nachfragemenge in Stück	600	3 500	400
Bearbeitungszeit an der Bohrmaschine in Minuten/Stück	4,1	3,8	6,5
Absatzpreis/Stück in €	2.600,00	2.890,00	2.170,00
variable Kosten/Stück in €	1.050,00	1.250,00	1.600,00

Alle Produkte werden u. a. an einer Bohrmaschine bearbeitet, die den Engpass des Unternehmens darstellt. Bei jeder Produkteinheit müssen mehrere Bohrungen vorgenommen werden. In der OfficeCom AG wird in der Fertigung in 2 Schichten pro Tag mit 8 Std. pro Schicht an 5 Tagen pro Woche 4 Wochen pro Monat gearbeitet.

e) Berechnen Sie die monatliche Kapazität der Bohrmaschine in Minuten.

f) Prüfen Sie, ob die Kapazität der Bohrmaschine im Juni 20.. ausreicht, um die nachgefragten Mengen des bisherigen Produktionsprogramms (Schreibtischsessel, Aktenschränke und Schreibtische) zu bearbeiten.

g) In welcher Reihenfolge würden Sie die Produkte des bisherigen Produktionsprogramms bearbeiten? Begründen Sie Ihre Antwort mithilfe der Deckungsbeitragsrechnung.

Situation III

Die OfficeCom AG plant, ab Monat Juni 20.. **zusätzlich** Bürostühle in das Produktionsprogramm aufzunehmen. Hierfür liegen die folgenden Plandaten für Juni 20.. vor:

Produkt	Bürostuhl BS 04
Nachfragemenge in Stück	2 000
Bearbeitungszeit an der Bohrmaschine in Minuten/Stück	2,5
Absatzpreis/Stück in €	500,00
variable Kosten/Stück in €	85,00

h) Prüfen Sie, ob die Kapazität der Bohrmaschine im Juni 20.. ausreicht, die nachgefragten Mengen des gesamten, um die Bürostühle erweiterten, Produktionsprogramms zu bearbeiten.

i) In welcher Reihenfolge würden Sie die Produkte des um die Bürostühle erweiterten Produktionsprogramms bearbeiten? Begründen Sie Ihre Antwort.

j) Erstellen Sie das Produktionsprogramm für Juni 20.. im Hinblick auf das bestmögliche Betriebsergebnis und berechnen Sie anschließend das Betriebsergebnis. Die fixen Kosten betragen im Juni 20.. 4.492.630,80 €.

II

Plankostenrechnung – Abweichungsanalyse

Für die Herstellung von Bürostühlen des Typs Classic setzt die OfficeCom AG eine bestimmte Maschine ein, deren Kapazität 2 000 Stück pro Abrechnungsperiode beträgt. Bei einer Auslastung von 85 % würden 202.500,00 € Gesamtkosten und bei einer Fertigung von 1 870 Stück 220.350,00 € Gesamtkosten entstehen. Die variablen Kosten entwickeln sich proportional.
Zur Kontrolle der Kosten bedient sich die OfficeCom AG der flexiblen Plankostenrechnung.

a) Errechnen Sie zunächst mithilfe des mathematischen Kostenauflösungsverfahrens die variablen Stückkosten sowie die Fixkosten.
   Für die nächste Rechnungsperiode wird eine Kapazitätsauslastung von 80 % geplant (Planbeschäftigung). Tatsächlich wurden dann 1 720 Stück zu Gesamtkosten (Istkosten) in Höhe von 207.000,00 € gefertigt.

b) Ermitteln Sie:
   * die Plankosten der Planbeschäftigung,
   * den Plankostenverrechnungssatz,
   * die verrechneten Plankosten,
   * die Beschäftigungsabweichung,
   * die Verbrauchsabweichung,
   * die Gesamtabweichung.

   (Geben Sie bei den Kostenabweichungen jeweils an, ob sich diese positiv oder negativ auf das Ist-Betriebsergebnis gegenüber dem geplanten Betriebsergebnis auswirken.)

Fälle

Plankostenrechnung grafisch

Erläutern Sie, was die zu den Grafen bzw. Streckenabschnitten zugehörigen Ziffern angeben.

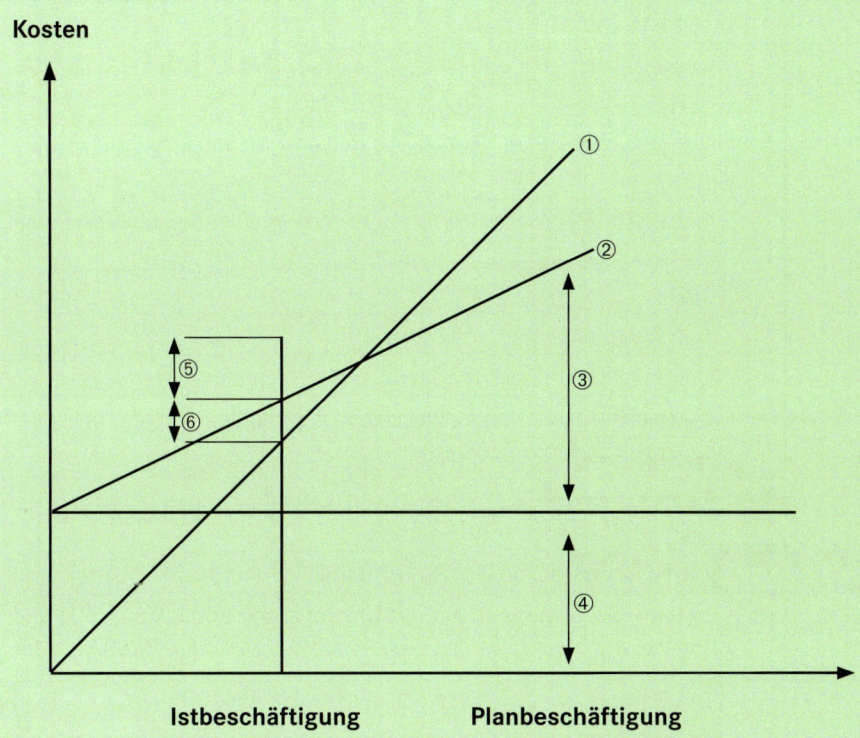

① _____

② _____

③ _____

④ _____

⑤ _____

⑥ _____

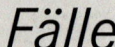
Lösung zu Aufgabe 1

Teilauf-gabe	Lösungs-ziffer	Begründung
a	3	betriebsfremd
b	2	betriebsbezogen, periodenbezogen, regelmäßig
c	1	betriebsbezogen, periodenfremd
d	4	betriebsbezogen, periodenbezogen; Leistung, nicht für den Markt bestimmt
e	2	betriebsbezogen, periodenbezogen, regelmäßig; Rohstoffverbrauch
f	1	betriebsbezogen, aber außerordentlich; nicht regelmäßig in der Höhe
g	1	betriebsfremd
h	2	betriebsbezogen, periodenbezogen; i. d. R. relativ regelmäßig
i	2	betriebsbezogen, periodenbezogen, regelmäßig
j	2	betriebsbezogen, periodenbezogen; relativ regelmäßig
k	4	betriebsbezogen, periodenbezogen; Leistung für den Markt be-stimmt, aber noch nicht verkauft
l	3	betriebsbezogen, aber außerordentlich
m	2	betriebsbezogen, periodenbezogen, regelmäßig
n	4	betriebsbezogen, periodenbezogen, regelmäßig; Kuppelprodukt
o	2	betriebsbezogen, periodenbezogen, regelmäßig
p	2	betriebsbezogen, periodenbezogen; regelmäßig fallen Fremdinstand-haltungen an
q	2	betriebsbezogen, periodenbezogen; regelmäßig
r	2	betriebsbezogen, periodenbezogen; werden den entsprechenden Umsatzerlösen gegenübergestellt
s	3	betriebsbedingt; aber nicht regelmäßig, eher außergewöhnlich
t	2	betriebsbezogen, periodenbezogen; regelmäßig
u	2	betriebsbezogen, periodenbezogen; regelmäßig; Betriebsstoffver-brauch
v	1	betriebsfremd
w	2	betriebsbezogen, periodenbezogen; regelmäßig
x	1	betriebsfremd

Fälle

Lösung zu Aufgabe 2

a)

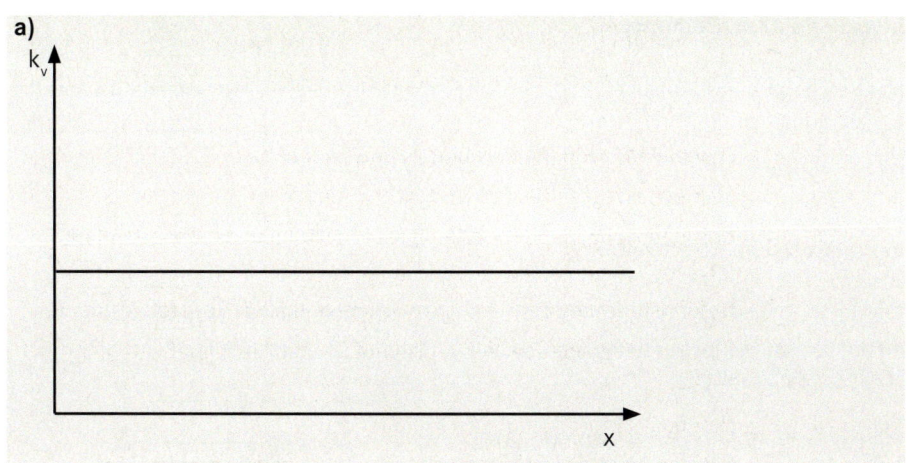

b)

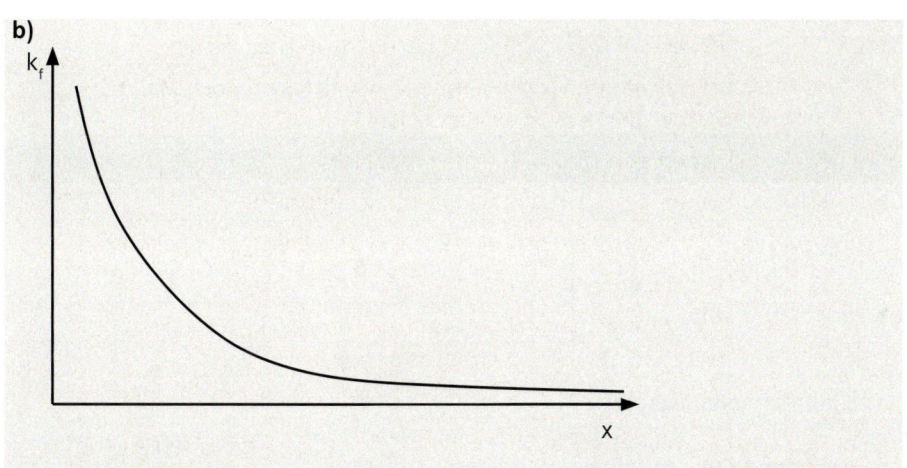

c)

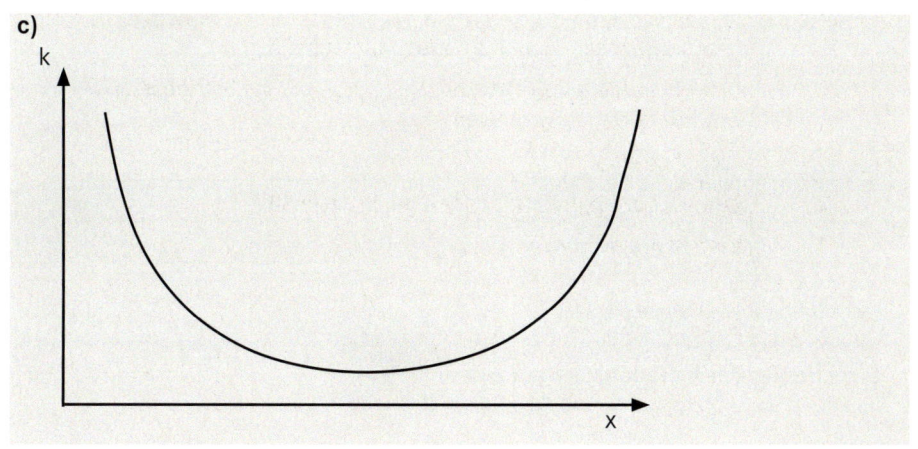

Lösung zu Aufgabe 3

bilanzielle Abschreibung:

Nach HGB wird vom Anschaffungswert abgeschrieben. Ziel ist die nominelle Kapitalerhaltung.

Abschreibungsbetrag: $= \dfrac{144.000,00\ €}{6\ \text{Jahre}} = 24.000,00\ €/\text{Jahr}$

kalkulatorische Abschreibung:

Für die KLR wird vom Wiederbeschaffungswert, der sich aus der Multiplikation von Anschaffungswert und Wiederbeschaffungsindex ergibt, abgeschrieben. Ziel ist die reale Kapitalerhaltung.

Wiederbeschaffungswert = 144.000,00 € · 124 % = 178.560,00 €

Abschreibungsbetrag $= \dfrac{178.560,00\ €}{10\ \text{Jahre}} = 17.856,00\ €/\text{Jahr}$

Lösungen zu Aufgabe 4

Lösung zu 4a)

Zinsaufwendungen (tatsächlich gezahlte Zinsen):
Zinsen = 3.600.000,00 € · 11 % = <u>396.000,00 €</u>

kalkulatorische Zinsen:

Errechnung des betriebsnotwendigen Kapitals:

	betriebsnotwendiges Grundvermögen	200.000,00 €
+	betriebsnotwendiges abnutzbares Anlagevermögen	1.000.000,00 €
=	betriebsnotwendiges Anlagevermögen	1.200.000,00 €
+	betriebsnotwendiges Umlaufvermögen	4.200.000,00 €
=	betriebsnotwendiges Vermögen	5.400.000,00 €
–	Abzugskapital (zinslos überlassen) (Kundenanzahlungen, nicht skontierbare Verbindlichkeiten)	60.000,00 €
=	betriebsnotwendiges Kapital	5.340.000,00 €

Errechnung der kalkulatorischen Zinsen:
kalkulatorische Zinsen = 5.340.000,00 € · 8 % = <u>427.200,00 €</u>

Lösung zu 4b) und c)

Behandlung der Zinsaufwendungen und der kalkulatorischen Zinsen in der Ergebnistabelle:

Ergebnistabelle in €							
Finanzbuchhaltung (Rechnungskreis I)			Kosten- und Leistungsrechnung (Rechnungskreis II)				
Gesamtergebnisrechnung (GuV) der Finanzbuchhaltung			Abgrenzungsrechnung			Betriebsergebnis-rechnung	
			Unternehmensbezo-gene Abgrenzungen		Kostenrechnerische Korrekturen		
Konto	Aufwen-dungen	Erträge	Neutrale Aufwen-dungen	Neutrale Erträge	Betriebliche Aufwen-dungen	Ver-rechnete Kosten	Kosten	Leistun-gen
Zinsauf-wen-dungen	396.000,00				396.000,00	427.200,00	427.200,00	

Erläuterung:

- Die **Zinsaufwendungen** (tatsächlich gezahlte Zinsen) des Jahres 20.. in Höhe von 396.000,00 € gemäß Gewinn- und Verlustkonto werden in der Abgrenzungsrechnung unter „Kostenrechnerische Korrekturen" in der Spalte „Betriebliche Aufwendungen" ausgewiesen.

- Die **kalkulatorischen Zinsen** in Höhe von 427.200,00 € werden in der Spalte „Kosten" der Betriebsergebnisrechnung erfasst und als „Ertrag" in der Spalte „Kostenrechnerische Korrekturen" unter „Verrechnete Kosten" gegengebucht. Dadurch beeinflussen sie nur das **Betriebsergebnis,** nicht aber das Gesamtergebnis.

- Das **Neutrale Ergebnis** verbessert sich in Höhe der Differenz von 427.200,00 € minus 396.000,00 € gleich 31.200,00 €.

- Da das Gesamtergebnis die Summe aus Betriebsergebnis und Neutralem Ergebnis ist, wird das **Gesamtergebnis nur in Höhe der tatsächlich gezahlten Zinsen** von 396.000,00 € **belastet.**

Lösungen zu Aufgabe 5

Lösung zu 5a)

- Ein Normalgemeinkostenzuschlagssatz, z. B. der Kostenstelle Material, ist der Durchschnittswert von Istgemeinkostenzuschlagssätzen mehrerer vergangener Perioden.

- Normalgemeinkostenzuschlagssätze werden für die Vor- oder Angebotskalkulation benötigt.

Lösung zu 5b}

Angebotskalkulation mithilfe der Normalgemeinkostenzuschlagssätze		
(1) Fertigungsmaterial		950,00 €
(2) + Materialgemeinkosten	23,50 %	223,25 €
(3) + Fertigungslöhne		500,00 €
(4) + Fertigungsgemeinkosten	630,30 %	3.151,50 €
(5) = Herstellkosten		4.824,75 €
(6) + Verwaltungsgemeinkosten	12,00 %	578,97 €
(7) + Vertriebsgemeinkosten	6,20 %	299,13 €
(8) = Selbstkosten		5.702,85 €
(9) + Gewinn	15,00 %	855,43 €
(10) = Barverkaufspreis		6.558,28 €
(11) + Kundenskonto	2,00 %	133,84 €
(12) = Zielverkaufspreis		6.692,13 €
(13) + Kundenrabatt	20,00 %	1.673,03 €
(14) = Angebotspreis netto		8.365,16 €

9714618

 *Fälle*

Lösung zu 5c)

BAB des Zweigwerks der OfficeCom AG für Monat September 20..						
Gemein-kosten-arten	Zahlen der KLR in €	Verteilungs-grundlagen	Kosten der Kostenstellen in €			
			I Material	II Fertigung	III Verwaltung	IV Vertrieb
diverse Gemeinkos-tenarten	185.000,00	Diverse Ver-teilungsgrund-lagen	35.400,00	106.000,00	19.700,00	23.900,00
Betriebs-stoffe (Gas)	16.200,00	Verbrauch nach Zählerstand in m³	1.094,59	12.259,46	1.751,35	1.094,59
Mietauf-wendungen	10.000,00	Fläche in m²	333,33	7.666,67	1.166,67	833,33
Kalkula-torische Abschrei-bungen	520.000,00	Anlagendatei	26.000,00	390.000,00	78.000,00	26.000,00
Kalkula-torische Zinsen	24.000,00	Kalkulatorische Restwerte in €	3.027,03	12.972,97	5.405,41	2.594,59
Telefon-kosten	5.800,00	Zahl der Mitarbeiter	773,33	2.320,00	1.546,67	1.160,00
Summe	761.000,00		66.628,29	531.219,10	107.570,09	55.582,52
		Zuschlags-grundlagen	Fertigungs-material 260.000,00	Fertigungs-löhne 84.000,00	Herstellkosten des Umsatzes 945.847,39	
		Gemeinkosten-zuschlagssätze:	25,63 %	632,40 %	11,37 %	5,88 %

Verteilung der Gemeinkosten auf die Kostenstellen am Beispiel Betriebs-stoffe (Gas):

- Zunächst ist der Gasverbrauch je Kostenstelle wie folgt zu ermitteln:
  Endbestand – Anfangsbestand.
  Für den Materialbereich gilt:
  Gasverbrauch = 1 670 m³ – 1 420 m³ = 250 m³.
- Gesamtverbrauch aller Kostenstellen: 3 700 m³
- Im Wege der Verteilungs- bzw. Dreisatzrechnung sind die Gemeinkostenarten auf die Kostenstellen zu verteilen.
- Anteil der Stelle Material an den Betriebsstoffkosten $= \dfrac{16.200,00\ € \cdot 250\ m^3}{3\,700\ m^3} = 1.094,59\ €$
- Analog ist mit den anderen Gemeinkostenarten zu verfahren.

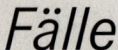
Lösung zu 5d)

- Da in jeder Kostenstelle ein Gaszähler montiert ist, kann der mengenmäßige Gasverbrauch für jede Kostenstelle unmittelbar, das heißt verursachungsgerecht, abgelesen und in Euro bewertet werden. Daher werden in diesem konkreten Fall die **Betriebsstoffe** als Kostenstelleneinzelkosten angesehen.

- Die **Telefonkosten** werden nach der Zahl der Mitarbeiter auf die Kostenstellen verteilt. Das unterstellt gleich hohe Telefonkosten je Mitarbeiter. Da die Telefonkosten je Mitarbeiter und damit je Kostenstelle jedoch in der Regel unterschiedlich hoch sind, dient die Mitarbeiterzahl lediglich als Verteilungsschlüssel; daher gelten die Telefonkosten in diesem Fall als Kostenstellengemeinkosten.

Lösung zu 5e)

Fertigungsmaterial	260.000,00 €	
+ Materialgemeinkosten	66.628,29 €	
= Materialkosten		326.628,29 €
Fertigungslöhne	84.000,00 €	
+ Fertigungsgemeinkosten	531.219,10 €	
= Fertigungskosten		615.219,10 €
= Herstellkosten der Erzeugung		941.847,39 €
+ Minderbestand unfertiger Erzeugnisse		6.000,00 €
– Mehrbestand fertiger Erzeugnisse		2.000,00 €
= Herstellkosten des Umsatzes		945.847,39 €

$$\text{MGKZ (in v. H.)} = \frac{66.628,29 \cdot 100}{260.000,00} = 25,63\ \%$$

$$\text{VwGKZ (in v. H.)} = \frac{107.570,09 \cdot 100}{945.847,39} = 11,37\ \%$$

$$\text{FGKZ (in v. H.)} = \frac{531.219,10 \cdot 100}{84.000,00} = 632,40\ \%$$

$$\text{VtrGKZ (in v. H.)} = \frac{55.582,52 \cdot 100}{945.847,39} = 5,88\ \%$$

Lösung zu 5f)

		Normalkosten		Istkosten lt. BAB in €	Kostenüber-, (+) -unterdeckung (-) in €
		in %	in €	in €	in €
(1)	Fertigungsmaterial		260.000,00	260.000,00	
(2)	+ Materialgemeinkosten	23,50 %	61.100,00	66.628,29	–5.528,29
(3)	+ Fertigungslöhne		84.000,00	84.000,00	
(4)	+ Fertigungsgemeinkosten	630,30 %	529.452,00	531.219,10	–1.767,10
(5)	= Herstellkosten der Erzeugung		934.552,00	941.847,39	
(6)	+ Minderbestand UE		6.000,00	6.000,00	
(7)	– Mehrbestand FE		2.000,00	2.000,00	
(8)	= Herstellkosten des Umsatzes		930.552,00	937.847,39	
(9)	+ Verwaltungsgemeinkosten	12,00 %	111.666,24	107.570,09	4.096,15
(10)	+ Vertriebsgemeinkosten	6,20 %	57.694,22	55.582,52	2.111,70
(11)	= Selbstkosten des Umsatzes		1.099.912,46	1.101.000,00	–1.087,54

- Der Vergleich der Normalkostenrechnung mit der Istkostenrechnung zeigt, dass die tatsächlich angefallenen Gemeinkosten in der **Materialstelle** wie in der **Fertigungsstelle** (Istkosten) höher sind als die in den Angeboten kalkulierten Gemeinkosten, das heißt, sie werden nicht durch die kalkulierten oder geplanten Kosten gedeckt.

- In den Stellen **Verwaltung** und **Vertrieb** sind die kalkulierten oder geplanten Kosten dagegen höher als die tatsächlich entstandenen Kosten (Istkosten).

- **Insgesamt** werden die Istkosten von den geplanten Kosten knapp nicht gedeckt.

Lösung zu 5g)

- **Kostenüberdeckung:**
  Normalkosten (kalkulierte Kosten) > Istkosten (tatsächlich entstandene Kosten). Gegenüber der Vorkalkulation verbessert sich das Betriebsergebnis.

- **Kostenunterdeckung:**
  Normalkosten (kalkulierte Kosten) < Istkosten (tatsächlich entstandene Kosten). Gegenüber der Vorkalkulation verschlechtert sich das Betriebsergebnis.

Lösung zu 5h)

Nachkalkulation mithilfe der Istgemeinkostenzuschlagssätze		
(1) Fertigungsmaterial		950,00 €
(2) + Materialgemeinkosten	25,63 %	243,49 €
(3) + Fertigungslöhne		500,00 €
(4) + Fertigungsgemeinkosten	632,40 %	3.162,00 €
(5) = Herstellkosten		4.855,49 €
(6) + Verwaltungsgemeinkosten	11,37 %	552,07 €
(7) + Vertriebgemeinkosten	5,88 %	285,50 €
(8) = Selbstkosten		5.693,06 €
(9) + Gewinn	15,00 %	853,96 €
(10) = Barverkaufspreis		6.547,02 €
(11) + Kundenskonto	2,00 %	133,61 €
(12) = Zielverkaufspreis		6.680,63 €
(13) + Kundenrabatt	20,00 %	1.670,16 €
(14) = Angebotspreis netto		8.350,79 €

Der Vergleich des Angebotspreises von 8.365,16 € (siehe 5b) mit dem Preis der Nachkalkulation von 8.350,79 € zeigt, dass die OfficeCom AG mit ihrem Angebotspreis weitgehend richtig lag.

Lösungen zu Aufgabe 6

Lösung zu 6a)

Maschinenabhängige Fertigungsgemeinkosten sind zum Beispiel:

- kalkulatorische Abschreibungen auf technische Anlagen und Maschinen

- kalkulatorische Zinsen auf das in den technischen Anlagen und Maschinen gebundene Kapital

- Betriebsstoffkosten

- Platzkosten (anteilige Gebäudeabschreibung, anteilige Reparaturkosten für das Gebäude sowie anteilige kalkulatorische Zinskosten auf das im Gebäude gebundene Kapital)

- Kosten für Wartung und Instandhaltung

- Werkzeugkosten

Lösung zu 6b)

Maschinenstundensätze für ...

- Stanze I: 2.551,66 € : 150 Std. = 17,01 €/Maschinenstunde
- Stanze II: 4.032,84 € : 120 Std. = 33,61 €/Maschinenstunde
- Stanze III: 5.890,00 € : 100 Std. = 58,90 €/Maschinenstunde

Lösung zu 6c)

Restgemeinkostenzuschlagssatz $= \dfrac{13.500,00 \ € \ \cdot \ 100}{7.500,00 \ €} = 180 \ \%$
(in v. H.)

Während die maschinenabhängigen Fertigungsgemeinkosten mithilfe der Maschinenstundensätze den Produkten zugerechnet werden, müssen die restlichen, nicht maschinenabhängigen Fertigungsgemeinkosten weiterhin mithilfe eines Fertigungsgemeinkostenzuschlagssatzes, der jetzt Restgemeinkostenzuschlagssatz heißt, auf die Produkte verteilt werden.

Lösung zu 6d)

- Der **Fertigungsgemeinkostenzuschlagssatz** unterstellt eine enge, **proportionale Beziehung** zwischen den Fertigungsgemeinkosten und den Fertigungslöhnen, da die Fertigungslöhne als Zuschlagsgrundlage für die Fertigungsgemeinkosten dienen. Das bedeutet, dass die Entwicklung der Fertigungsgemeinkosten ursächlich von der Entwicklung der Fertigungslöhne abhängt. Warum aber sollen z. B. die Abschreibungen auf Maschinen steigen, wenn aufgrund von Tarifverhandlungen die Fertigungslöhne steigen?

- Mit zunehmender **Maschinisierung** bzw. **Automatisierung** der Fertigung werden die Fertigungsgemeinkosten immer weniger von den Fertigungslöhnen bestimmt als vielmehr vom Einsatz der Maschinen verursacht. Damit werden jedoch die **Fertigungslöhne als Zuschlagsgrundlage** für die Fertigungsgemeinkosten immer **ungeeigneter.**

Lösung zu Aufgabe 7

Kalkulationsschema	Zuschlagssätze	Sorten				
		A	**B**	**C**	**D**	**E**
Fertigungsmaterial + Materialgemeinkosten	5 %	2,60 € 0,13 €	3,20 € 0,16 €	3,40 € 0,17 €	4,20 € 0,21 €	5,00 € 0,25 €
= Materialkosten		2,73 €	3,36 €	3,57 €	4,41 €	5,25 €
Fertigungskosten 1 + Fertigungskosten 2		1,68 € 1,04 €	2,40 € 1,38 €	2,88 € 1,73 €	3,00 € 2,42 €	3,12 € 2,51 €
= Fertigungskosten		2,72 €	3,78 €	4,61 €	5,42 €	5,63 €
= Herstellkosten + Verwaltungs- und Vertriebsgemeinkosten	10 %	5,45 € 0,54 €	7,14 € 0,71 €	8,18 € 0,82 €	9,83 € 0,98 €	10,88 € 1,09 €
= Selbstkosten		5,99 €	7,85 €	9,00 €	10,81 €	11,97 €

Kaufmännische Steuerung und Kontrolle

Die Errechnung der Materialkosten und der Verwaltungs- und Vertriebsgemeinkosten erfolgt mithilfe der Zuschlagskalkulation.

Zur Aufteilung der Fertigungskosten 1 und 2 auf die fünf Sorten wird die Äquivalenz-ziffernkalkulation eingesetzt. Die beiden folgenden Tabellen sowie die zugehörigen Rechnungen zeigen die Ermittlung der Fertigungskosten 1 und 2 pro Stück der Sorte A. Die Berechnungen für die Sorten B bis E erfolgen analog.

Fertigungskosten 1	Sorten	ÄZ* ·	Menge	= RE
	A	0,70	3 000	2 100
	B	1,00	3 900	3 900
	C	1,20	6 000	7 200
	D	1,25	2 000	2 500
	E	1,30	1 000	1 300
	Summe Recheneinheiten			17 000

Fertigungskosten 1 pro Recheneinheit (RE)
= 40.800,00 € : 17 000 RE = 2,40 €/RE

Fertigungskosten 1 pro Stück
= 2,40 €/RE · 0,70 (ÄZ von A)
= 1,68 €/Stück

Fertigungskosten 2	Sorten	ÄZ* ·	Menge	= RE
	A	0,60	3 000	1 800
	B	0,80	3 900	3 120
	C	1,00	6 000	6 000
	D	1,40	2 000	2 800
	E	1,45	1 000	1 450
	Summe Recheneinheiten			15 170

Fertigungskosten 2 pro Recheneinheit (RE)
= 26.250,00 € : 15 170 RE = 1,73 €/RE

Fertigungskosten 2 pro Stück
= 1,73 €/RE · 0,60 (ÄZ von A)
= 1,04 €/Stück

*ÄZ = Äquivalenzziffer

Lösungen zu Aufgabe 8

Lösung zu 8a)

Stufe	eingesetzte Menge in t	ausgebrachte Menge in t	zusätzliche Kosten der Stufe in €	Herstellkosten pro t der Stufe (kumuliert) in €
1		16 200	129.600,00	8,00
2	16 200	15 000	150.000,00	18,64
3	11 250	7 500	450.000,00	87,96
4	8 550		180.000,00	
	450	9 000	56.250,00	109,81
5	8 000	8 000	46.000,00	121,81

Errechnung der Herstellkosten pro t (k_i) der jeweiligen Stufe i:

$$k_1 = \frac{126.600,00 \, €}{16\,200 \, t} = 8,00 \, €/t$$

$$k_2 = \frac{8,00 \, €/t \cdot 16\,200 \, t + 150.000,00 \, €}{15\,000 \, t} = 18,64 \, €/t$$

$$k_3 = \frac{18,64 \ \text{€/t} \cdot 11\,250 \ \text{t} + 450.000,00 \ \text{€}}{7\,500 \ \text{t}} = 87,96 \ \text{€/t}$$

$$k_4 = \frac{87,96 \ \text{€/t} \cdot 8\,550 \ \text{t} + 180.000,00 \ \text{€} + 56.250,00 \ \text{€}}{9\,000 \ \text{t}} = 109,81 \ \text{€/t}$$

$$k_5 = \frac{109,81 \ \text{€/t} \cdot 8\,000 \ \text{t} + 96.000,00 \ \text{€}}{8\,000 \ \text{t}} = 121,81 \ \text{€/t}$$

Herstellkosten pro ein Sack Zement zu 50 kg $= \dfrac{121,81 \ \text{€} \cdot 50 \ \text{kg}}{1\,000 \ \text{kg}} = \underline{\underline{6,09 \ \text{€}}}$

Lösung zu 8b)

    ausgebrachte Menge der Stufe i

– eingebrachte Menge in die Folgestufe j

= Bestandsveränderung der Stufe i

Bestandsveränderungen an unfertigen Erzeugnissen ...

der Stufe 2: (15 000 t – 11 250 t) · 18,64 €/t = 69.900,00 € ➜ Bestandsmehrung

der Stufe 3: (7 500 t – 8 550 t) · 87,96 €/t = - 92.358,00 € ➜ Bestandsminderung

Gesamtwert der Bestandsveränderungen an unfertigen Erzeugnissen:

69.900,00 € + (–92.358,00 €) = –22.458,00 € ➜ Bestandsminderung

Lösung zu 8c)

Bestandsveränderung an fertigen Erzeugnissen ...

der Stufe 4: (9 000 t – 8 000 t) · 109,81 €/t = 109.810,00 € ➜ Bestandsmehrung

Lösungen zu Aufgabe 9

Lösung 9a)
Kosten im neuen Jahr:

Kostenart	Gesamt	fixe Kosten	variable Kosten
Materialkosten	84.000,00		84.000,00
Löhne	147.000,00		147.000,00
Gehälter	63.000,00	63.000,00	
Arbeitgeberanteil SV	36.750,00	11.025,00	25.725,00
Reparaturen	14.000,00	5.600,00	8.400,00
Abschreibungen	19.125,00	19.125,00	
verschiedene Kosten	10.000,00	10.000,00	
Summe	373.875,00	108.750,00	265.125,00

variable Stückkosten = 265.125,00 € : 30 000 Stück = 8,84 €/Stück

Lösung zu 9b)

Umsatz- oder Erlösfunktion und Kostenfunktion
U (oder E) = 23,84 x
K = 108.750 + 8,84 x

Lösung zu 9c)

Break-even-Menge nach Vollkostenrechnung

Bedingung: Umsatz (oder Erlös) = Kosten

23,84 x = 108.750 + 8,84 x
15 x = 108.750
x = 7.250

Break-even-Menge nach Teilkostenrechung
Stückdeckungsbeitrag = Preis – variable Stückkosten
db = 23,84 € – 8,84 € = 15,00 €

Bedingung: Summe der Stückdeckungsbeiträge = Fixkosten

15 x = 108.750
x = 7.250

Lösung zu 9d)

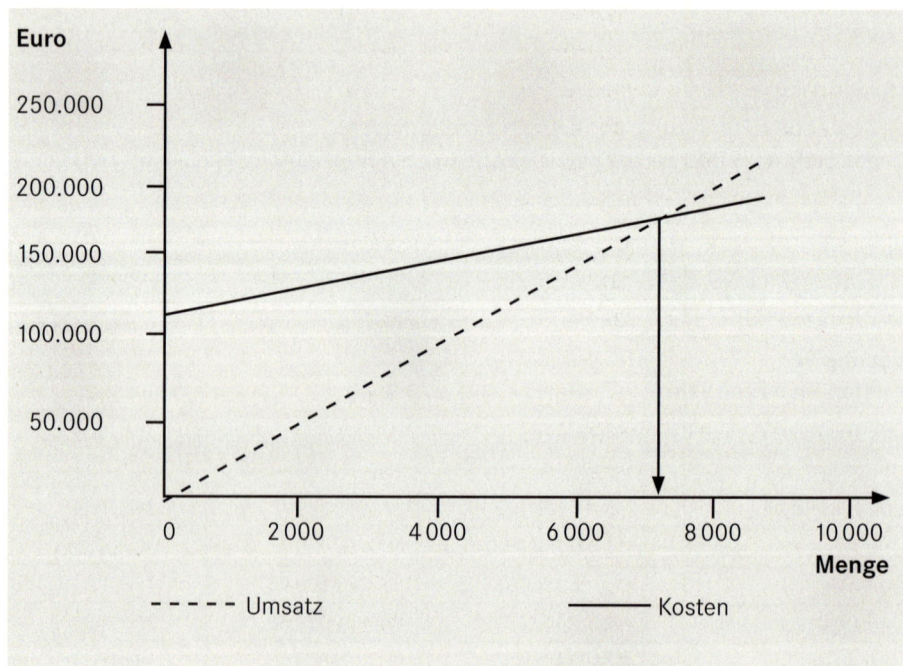

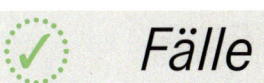

p	23,84
k_v	8,84
K_f	108.750
Schrittweite	250

Menge	Umsatz in €	Kosten in €	
0	0	108.750	
250	5.960	110.960	
500	11.920	113.170	
750	17.880	115.380	
1 000	23.840	117.590	
1 250	29.800	119.800	
1 500	35.760	122.010	
1 750	41.720	124.220	
2 000	47.680	126.430	
2 250	53.640	128.640	
2 500	59.600	130.850	
2 750	65.560	133.060	
3 000	71.520	135.270	
3 250	77.480	137.480	
3 500	83.440	139.690	
3 750	89.400	141.900	
4 000	95.360	144.110	
4 250	101.320	146.320	
4 500	107.280	148.530	
4 750	113.240	150.740	
5 000	119.200	152.950	
5 250	125.160	155.160	
5 500	131.120	157.370	
5 750	137.080	159.580	
6 000	143.040	161.790	
6 250	149.000	164.000	
6 500	154.960	166.210	
6 750	160.920	168.420	
7 000	166.880	170.630	
7 250	172.840	172.840	Break-even-Menge
7 500	178.800	175.050	
7 750	184.760	177.260	
8 000	190.720	179.470	
8 250	196.680	181.680	
8 500	202.640	183.890	
8 750	208.600	186.100	

	A	B	C	D
2				
3	p	23,84		
4	kv	8,84		
5	Kf	108.750		
6	Schrittweite	250		
7				
8	**Menge**	**Umsatz**	**Kosten**	**Wenn-dann-Funktion**
9	0	=A9*B$3	=A9*B$4+B$5	=WENN(B9-C9=0;"Break-even-Menge";" ")
10	=A9+B$6	=A10*B$3	=A10*B$4+B$5	=WENN(B10-C10=0;"Break-even-Menge";" ")
11	=A10+B$6	=A11*B$3	=A11*B$4+B$5	=WENN(B11-C11=0;"Break-even-Menge";" ")
12	=A11+B$6	=A12*B$3	=A12*B$4+B$5	=WENN(B12-C12=0;"Break-even-Menge";" ")
13	=A12+B$6	=A13*B$3	=A13*B$4+B$5	=WENN(B13-C13=0;"Break-even-Menge";" ")
14	=A13+B$6	=A14*B$3	=A14*B$4+B$5	=WENN(B14-C14=0;"Break-even-Menge";" ")
15	=A14+B$6	=A15*B$3	=A15*B$4+B$5	=WENN(B15-C15=0;"Break-even-Menge";" ")
16	=A15+B$6	=A16*B$3	=A16*B$4+B$5	=WENN(B16-C16=0;"Break-even-Menge";" ")
17	=A16+B$6	=A17*B$3	=A17*B$4+B$5	=WENN(B17-C17=0;"Break-even-Menge";" ")
18	=A17+B$6	=A18*B$3	=A18*B$4+B$5	=WENN(B18-C18=0;"Break-even-Menge";" ")
19	=A18+B$6	=A19*B$3	=A19*B$4+B$5	=WENN(B19-C19=0;"Break-even-Menge";" ")
20	=A19+B$6	=A20*B$3	=A20*B$4+B$5	=WENN(B20-C20=0;"Break-even-Menge";" ")
21	=A20+B$6	=A21*B$3	=A21*B$4+B$5	=WENN(B21-C21=0;"Break-even-Menge";" ")
22	=A21+B$6	=A22*B$3	=A22*B$4+B$5	=WENN(B22-C22=0;"Break-even-Menge";" ")
23	=A22+B$6	=A23*B$3	=A23*B$4+B$5	=WENN(B23-C23=0;"Break-even-Menge";" ")
24	=A23+B$6	=A24*B$3	=A24*B$4+B$5	=WENN(B24-C24=0;"Break-even-Menge";" ")
25	=A24+B$6	=A25*B$3	=A25*B$4+B$5	=WENN(B25-C25=0;"Break-even-Menge";" ")
26	=A25+B$6	=A26*B$3	=A26*B$4+B$5	=WENN(B26-C26=0;"Break-even-Menge";" ")
27	=A26+B$6	=A27*B$3	=A27*B$4+B$5	=WENN(B27-C27=0;"Break-even-Menge";" ")
28	=A27+B$6	=A28*B$3	=A28*B$4+B$5	=WENN(B28-C28=0;"Break-even-Menge";" ")
29	=A28+B$6	=A29*B$3	=A29*B$4+B$5	=WENN(B29-C29=0;"Break-even-Menge";" ")
30	=A29+B$6	=A30*B$3	=A30*B$4+B$5	=WENN(B30-C30=0;"Break-even-Menge";" ")
31	=A30+B$6	=A31*B$3	=A31*B$4+B$5	=WENN(B31-C31=0;"Break-even-Menge";" ")
32	=A31+B$6	=A32*B$3	=A32*B$4+B$5	=WENN(B32-C32=0;"Break-even-Menge";" ")
33	=A32+B$6	=A33*B$3	=A33*B$4+B$5	=WENN(B33-C33=0;"Break-even-Menge";" ")
34	=A33+B$6	=A34*B$3	=A34*B$4+B$5	=WENN(B34-C34=0;"Break-even-Menge";" ")
35	=A34+B$6	=A35*B$3	=A35*B$4+B$5	=WENN(B35-C35=0;"Break-even-Menge";" ")
36	=A35+B$6	=A36*B$3	=A36*B$4+B$5	=WENN(B36-C36=0;"Break-even-Menge";" ")
37	=A36+B$6	=A37*B$3	=A37*B$4+B$5	=WENN(B37-C37=0;"Break-even-Menge";" ")
38	=A37+B$6	=A38*B$3	=A38*B$4+B$5	=WENN(B38-C38=0;"Break-even-Menge";" ")
39	=A38+B$6	=A39*B$3	=A39*B$4+B$5	=WENN(B39-C39=0;"Break-even-Menge";" ")
40	=A39+B$6	=A40*B$3	=A40*B$4+B$5	=WENN(B40-C40=0;"Break-even-Menge";" ")
41	=A40+B$6	=A41*B$3	=A41*B$4+B$5	=WENN(B41-C41=0;"Break-even-Menge";" ")
42	=A41+B$6	=A42*B$3	=A42*B$4+B$5	=WENN(B42-C42=0;"Break-even-Menge";" ")
43	=A42+B$6	=A43*B$3	=A43*B$4+B$5	=WENN(B43-C43=0;"Break-even-Menge";" ")
44	=A43+B$6	=A44*B$3	=A44*B$4+B$5	=WENN(B44-C44=0;"Break-even-Menge";" ")
45	=A44+B$6	=A45*B$3	=A45*B$4+B$5	=WENN(B45-C45=0;"Break-even-Menge";" ")

Lösungen zu Aufgabe 10

Lösung zu 10a)

Betriebsergebnis mit Schreibtischen in €				
	Schreibtisch-sessel	Akten-schränke	Schreibtische	Summe
Selbstkosten des Umsatzes	955.144,65	7.865.183,91	1.163.295,44	9.983.624,00
Umsatzerlöse	1.300.000,00	10.000.000,00	700.000,00	
– variable Kosten	*525.329,56	4.325.851,15	639.812,49	
= Deckungsbeitrag	774.670,44	5.674.148,85	60.187,51	6.509.006,80
– fixe Kosten				4.492.630,80
= Betriebsergebnis				2.016.376,00

* Die variablen Kosten der Schreibtischsessel ergeben sich aus den Selbstkosten des Umsatzes von 955.144,65 € · 55 %, analog die der Aktenschränke und der Schreibtische.

Betriebsergebnis ohne Schreibtische in €				
	Schreibtisch-sessel	Akten-schränke	Schreibtische	Summe
Umsatzerlöse	1.300.000,00	10.000.000,00	0,00	
– variable Kosten	525.329,56	4.325.851,15	0,00	
= Deckungsbeitrag	774.670,44	5.674.148,85	0,00	6.448.819,29
– fixe Kosten				4.492.630,80
= Betriebsergebnis				1.956.188,49

Werden die Schreibtische aus dem Produktionsprogramm genommen, entfallen die bisher für die Schreibtische anfallenden variablen Kosten, gleichzeitig aber auch die entsprechenden Umsatzerlöse.

Der Betriebsgewinn von bisher 2.016.376,00 € verringert sich um 60.187,51 €, also um den bisherigen Deckungsbeitrag der Schreibtische, auf 1.956.188,49 €.

Lösung zu 10b)
Nachkalkulation des Selbstkostenpreises für einen Schreibtisch ST 04:

Fertigungsmaterial		280,00 €
+ Materialgemeinkosten	22,00 %	61,60 €
+ Fertigungslöhne		310,00 €
+ Fertigungsgemeinkosten	355,00 %	1.100,50 €
= Herstellkosten		1.752,10 €
+ Verwaltungsgemeinkosten	9,50 %	166,45 €
+ Vertriebsgemeinkosten	4,00 %	70,08 €
= Selbstkosten		1.988,63 €

Lösung zu 10c)

- Der Stückdeckungsbeitrag ist definiert als Differenz zwischen Preis und variablen Stückkosten. So lange der Stückdeckungsbeitrag des Schreibtisches positiv ist, im Grenzfall also 1 Cent, trägt das Produkt dazu bei, Fixkosten zu decken, und wird im Hinblick auf das Betriebsergebnis nicht aus dem Programm genommen.

- Der Preis sollte mindestens so hoch sein wie die kurzfristige Preisuntergrenze, bei der der Preis den variablen Stückkosten entspricht, der Stückdeckungsbeitrag folglich gleich null ist.

- Da die Selbstkosten des Schreibtisches ST 04 von 1.988,63 € zu 55 % variabel sind, beträgt die kurzfristige Preisuntergrenze 1.093,75 €. Bei diesem Preis ist es im Hinblick auf das Betriebsergebnis egal, ob das Produkt aus dem Programm genommen wird oder nicht.

Lösung zu 10d)

- Die Kunden wünschen Produkte „aus einer Hand".
- Das Produkt ergänzt das Sortiment.
- Das Produkt ist ein komplementäres Produkt, das heißt, ohne ein weiteres Produkt ist es nicht funktionsfähig.

Lösung zu 10e)

Kapazität der Bohrmaschine = 2 · 8 · 5 · 4 = 320 Stunden oder 19 200 Minuten

Tabelle zu den Lösungen zu 10f, g, h, i

Produkt	Schreibtisch-sessel	Akten-schrank	Schreibtisch	Bürostuhl
Nachfrage in Stück	600	3 500	400	2 000
Bearbeitungszeit in Minuten/Stück	4,1	3,8	6,5	2,5
Bearbeitungszeit gesamt in Minuten	2 460	13 300	2 600	5 000
Absatzpreis in €	2.600,00	2.890,00	2.170,00	500,00
variable Stückkosten in €	1.050,00	1.250,00	1.600,00	85,00
Deckungsbeitrag pro Stück in €	1.550,00	1.640,00	570,00	415,00
Rangfolge zu 10g)	II	I	III	
Deckungsbeitrag pro Minute in €	378,05	431,58	87,69	166,00
Rangfolge zu 10i)	II	I	IV	III

Lösung zu 10f)

Die Kapazität der Bohrmaschine reicht aus, um die nachgefragten Mengen des bisherigen Produktionsprogramms zu fertigen; als Bearbeitungszeit werden 18 360 Minuten oder 306 Stunden benötigt.

Lösung zu 10g)

Da kein Engpass besteht, also alle nachgefragten Mengen der Produkte gefertigt werden können, werden die Produkte in der absteigenden Reihenfolge ihrer Deckungsbeiträge pro Stück (ihrer **absoluten Deckungsbeiträge**) bearbeitet: zunächst die Aktenschränke, dann die Schreibtischsessel und schließlich die Schreibtische.

 *Fälle*

Lösung zu 10h)

Die Kapazität der Bohrmaschine reicht nicht aus, die zusätzliche Nachfrage nach Bürostühlen zu befriedigen; benötigt würden 23 360 Minuten oder 389,33 Stunden.

Lösung zu 10i)

Im Falle einer betrieblichen Engpasssituation (Bohrmaschine) ist nicht mehr die Höhe der absoluten Deckungsbeiträge, sondern die Höhe der **relativen Deckungsbeiträge** (Deckungsbeiträge pro Engpasseinheit, hier Deckungsbeiträge pro Fertigungsminute) entscheidend für die Reihenfolge der Produktbearbeitung. Also würden zunächst die Aktenschränke, dann die Schreibtischsessel, anschließend die Bürostühle und zum Schluss die Schreibtische produziert werden.

Lösung zu 10j)

Produkt	Menge in Stück	Kapazität in Minuten	verbrauchte Kapazität in Minuten	Restkapazität in Minuten	Deckungsbeitrag in €	fixe Kosten in €	Betriebsergebnis in €
Aktenschränke	3 500	19 200	13 300	5 900	5.740.000,00		
Schreibtischsessel	600		2 460	3 440	930.000,00		
Bürostühle	1 376		3 440	0	571.040,00		
					7.241.040,00	4.492.630,80	2.748.409,20

Die Tabelle zeigt, dass die nachgefragten Mengen nach Aktenschränken und Schreibtischsesseln voll befriedigt werden können, während die Nachfrage nach Bürostühlen (Restkapazität 3 440 Minuten : 2,5 Minuten = 1 376 Stück) nur teilweise gedeckt werden kann. Schreibtische hingegen können überhaupt nicht produziert werden.

Das auf der Grundlage der relativen Deckungsbeiträge optimierte Produktionsprogramm führt zu einem Betriebsergebnis von 2.748.409,20 €.

Lösungen zu Aufgabe 11

Lösung zu 11a)

Ermittlung der variablen Stückkosten und der Fixkosten mithilfe des Kostenauflösungsverfahrens:

	Produktionsmenge	Gesamtkosten
	1 870 Stück	220.350,00 €
	1 700 Stück (2 000 · 85 %)	202.500,00 €
Differenz	170 Stück	17.850,00 €

Kaufmännische Steuerung und Kontrolle

Da die zusätzliche Produktion von 170 Stück zusätzliche Kosten von 17.850,00 € verursacht, haben diese zusätzlichen Kosten variablen Charakter. Damit ergeben sich die variablen Stückkosten wie folgt:

k_v = 17.850,00 € : 170 Stück = 105,00 €/Stück

Der Anteil der Fixkosten an den Gesamtkosten errechnet sich folgendermaßen:

K_f = 220.350,00 € – 1870 Stück · 105,00 €/Stück
= 220.350,00 € – 196.350,00 € = 24.000,00 €

Lösung zu 11b)

- **Plankosten bei Planbeschäftigung**
  Planbeschäftigung = 2 000 Stück · 80 % = 1 600 Stück
  Plankosten = 24.000,00 € + 105 €/Stück · 1 600 Stück = 192.000,00 €

- **Plankostenverrechnungssatz** (PVS)
  PVS = 192.000,00 € : 1 600 Stück = 120,00 €/Stück

- **Verrechnete Plankosten** (bei Istbeschäftigung)
  Verrechnete Plankosten = 1 720 Stück · 120,00 €/Stück = 206.400,00 €

- **Sollkosten (= Plankosten bei Istbeschäftigung)**
  $K_{soll} = K_{f\ plan} + k_{v\ plan} \cdot x_{ist}$
  K_{soll} = 224.000,00 € + 105,00 €/Stück · 1 720 Stück = 204.600,00 €

- **Beschäftigungsabweichung**

	verrechnete Plankosten (bei Istbeschäftigung)
–	Sollkosten (bei Istbeschäftigung)
=	Beschäftigungsabweichung (BA)

  BA = 206.400,00 € – 204.600,00 € = 1.800,00 €

  Gegenüber dem geplanten Betriebsergebnis wirkt sich die Beschäftigungsabweichung auf das Ist-Betriebsergebnis **positiv** aus, da ein zu hoher Fixkostenanteil verrechnet (einkalkuliert) wurde.

- **Verbrauchsabweichung**

	Istkosten (bei Istbeschäftigung)
–	Sollkosten (bei Istbeschäftigung)
=	Verbrauchsabweichung (VA)

  VA = 207.000,00 € – 204.600,00 € = 2.400,00 €

  Da der Istverbrauch an Produktionsfaktoren höher ist als der geplante Verbrauch, wirkt sich die Verbrauchsabweichung negativ auf das Ist-Betriebsergebnis aus.
- **Gesamtabweichung**

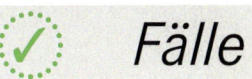

Beschäftigungsabweichung (BA)

+ Verbrauchsabweichung (VA)

─────────────────────────

= Gesamtabweichung (GA)

GA = 1.800,00 € + (– 2.400,00 €) = – ~~600,00 €~~

Die Entwicklung der Istkosten wirkt sich gegenüber den geplanten Kosten insgesamt negativ auf das Ist-Betriebsergebnis aus.

Lösung zu Aufgabe 12

① verrechnete Plankosten
② Sollkosten (Plankosten bei Istbeschäftigung)
③ variable Plankosten bei Istbeschäftigung
④ fixe Kosten
⑤ Verbrauchsabweichung
⑥ Beschäftigungsabweichung

4.2.3.2 Multiple-Choice-Aufgaben und Lösungen

Ausgangssituation

Sie sind Mitarbeiterin/Mitarbeiter in der Abteilung Kosten- und Leistungsrechnung der **OfficeCom AG** (siehe Modellunternehmen) und haben die folgenden Aufgaben zu bearbeiten.

Kosten – Aufwendungen

Welche der folgenden Aufwendungen sind Kosten?

(1) bilanzielle Abschreibungen auf Maschinen
(2) Fertigungslöhne
(3) Gewerbesteuernachzahlung aufgrund des Gewerbesteuerbescheids für das Vorjahr
(4) Spende an das Kinderhilfswerk
(5) Kosten für einen verlorenen Prozess, für die im vergangenen Jahr schon teilweise eine Rückstellung gebildet wurde

I3

14

Leistungen – Erträge

Welche der folgenden Erträge sind keine Leistungen?

(1) Umsatzerlöse eigener Erzeugnisse
(2) Mehrbestand an fertigen Erzeugnissen
(3) Zinserträge
(4) aktivierte Eigenleistungen (selbst erstellte Anlagen)

15

Aufgabe der Kosten- und Leistungsrechnung

Welche Aufgabe gehört zur Kosten- und Leistungsrechnung?

(1) Sie ermittelt als Differenz von Leistungen und Kosten das Gesamtergebnis der Unternehmung einer Rechnungsperiode
(2) Im Rahmen der Entscheidung über Annahme oder Ablehnung eines Zusatzauftrages errechnet sie relative Deckungsbeiträge.
(3) Sie ermittelt den Cashflow einer Abrechnungsperiode.
(4) Sie beachtet bei der Erstellung des Jahresabschlusses die gesetzlichen Vorschriften des HGB.
(5) Sie zeichnet alle Geschäftsfälle zeitlich bzw. sachlich geordnet aufgrund von Belegen auf.

16

Kosten und Beschäftigungsgrad

Wie wirkt sich ein steigender Beschäftigungsgrad auf die Kosten aus, wenn eine lineare Kostenfunktion zugrunde gelegt wird?

(1) Die fixen Gesamtkosten nehmen zu.
(2) Die variablen Gesamtkosten nehmen ab.
(3) Die Stückkosten nehmen ab, weil die variablen Stückkosten sinken.
(4) Die fixen Stückkosten nehmen ab.
(5) Die variablen Stückkosten steigen und die fixen Stückkosten sinken.
(6) Die Gesamtkosten sinken, weil die fixen Stückkosten sinken.

17

Aufgabe der Abgrenzungsrechnung

Welcher Zweck wird mit der Abgrenzungsrechnung (Ergebnistabelle) verfolgt?

(1) Einteilung der Kosten in fixe und variable Kosten
(2) Durchführung eines Probeabschlusses der Konten, um nach der Inventur Inventurdifferenzen buchen zu können
(3) Ermittlung des periodengerechten Erfolgs durch wirtschaftliche Zuordnung von Ein- und Auszahlungen auf die richtigen Perioden (zeitliche Abgrenzung)
(4) Herausfiltern der Kosten und Leistungen aus der Gewinn- und Verlustrechnung der Finanzbuchhaltung
(5) Trennung von Einzel- und Gemeinkosten
(6) Errechnung der Selbstkosten des Umsatzes der Produkte einer Rechnungsperiode

18

Erweiterter, mehrstufiger BAB

Bringen Sie die folgenden Tätigkeiten in Verbindung mit dem erweiterten, mehrstufigen Betriebsabrechnungsbogen in die richtige Reihenfolge, indem Sie den Tätigkeiten die Ziffern 1 bis 8 zuordnen:

( ) Errechnung der Gemeinkostenzuschlagssätze der Hauptkostenstellen

( ) Untersuchung sämtlicher Kostenarten im Hinblick darauf, ob es sich um Einzelkosten oder Gemeinkosten handelt

( ) Umlage der Gemeinkosten der allgemeinen Kostenstellen auf die Hauptkosten- und die Fertigungshilfskostenstellen

( ) Erstellung des Formblattes „Betriebsabrechnungsbogen" und Eintragung der Gemeinkostenarten mit ihren jeweiligen Gesamtbeträgen.

( ) Bildung der vorläufigen Gemeinkostensummen in sämtlichen Kostenstellen nach Verteilung der Gemeinkosten

( ) Verteilung der Gemeinkosten auf die Kostenstellen

( ) Umlage der Gemeinkosten der Fertigungshilfskostenstellen auf die Fertigungshauptkostenstellen

( ) Ermittlung der endgültigen Gemeinkostensummen der Hauptkostenstellen

19

Deckungsbeitrag

Wie wird der Deckungsbeitrag errechnet?

(1) Preis – variable Gesamtkosten

(2) Umsatz – fixe Kosten

(3) variable Kosten – fixe Kosten

(4) Umsatz – variable Kosten

(5) Menge · Preis

(6) Preis – fixe Stückkosten

20

Flexible Plankostenrechnung

Welche Aussage zur flexiblen Plankostenrechnung ist richtig?

(1) Beschäftigungsabweichung = Istkosten – Sollkosten

(2) Verbrauchsabweichung = Sollkosten bei Istbeschäftigung – verrechnete Plankosten bei Istbeschäftigung

(3) Sollkosten sind die Plankosten bei Istbeschäftigung.

(4) Für die flexible Plankostenrechnung müssen die Plankosten nicht in fixe und variable Plankosten aufgespalten werden.

(5) Verbrauchsabweichungen sind von den Kostenstellenverantwortlichen nicht zu vertreten.

21

Maschinenstundensatz

Wie wirkt sich eine Senkung der tatsächlichen jährlichen Maschinenlaufzeit um 5 % auf den Maschinenstundensatz aus?

(1) Der Maschinenstundensatz erhöht sich um 5 %.
(2) Die variablen Maschinenkosten bewirken eine Senkung des Maschinenstundensatzes.
(3) Die variablen Maschinenkosten bewirken eine Erhöhung des Maschinenstundensatzes.
(4) Wegen der fixen Maschinenkosten erhöht sich der Maschinenstundensatz.
(5) Der Maschinenstundensatz bleibt gleich.

22

Normalkostenrechnung

Welche Aussage zur Normalkostenrechnung ist richtig?

(1) Sind die Istkosten geringer als die Normalkosten, liegt eine Kostenunterdeckung vor.
(2) Die Kostenüberdeckung führt zu einer Verbesserung des tatsächlichen Betriebsergebnisses gegenüber dem geplanten.
(3) Sind die Normalkosten geringer als die Istkosten, liegt eine Kostenüberdeckung vor.
(4) Normalkosten sind Kosten, die auf der Grundlage technischer Daten geplant werden.
(5) Normalkosten spiegeln nicht die Kostensituation vergangener Rechnungsperioden wider.
(6) Normalgemeinkostenzuschlagssätze dienen der Nachkalkulation des Selbstkostenpreises.

Lösungen zu Multiple-Choice-Aufgaben 13 bis 22

Aufgabe 13
(2)

Aufgabe 14
(3)

Aufgabe 15
(2)

Aufgabe 16
(4)

Aufgabe 17
(4)

Aufgabe 18
(8), (2), (5), (1), (4), (3), (6), (7)

Aufgabe 19
(4)

Aufgabe 20
(3)

Aufgabe 21
(4)

Aufgabe 22
(2)

9714636

Fälle

4.2.4   Controlling und Statistik

4.2.4.1   Fallorientierte Aufgaben und Lösungen

I–5

Ausgangssituation und Aufgaben

Sie sind Mitarbeiter der Abteilung Kosten- und Leistungsrechnung der OfficeCom AG. Der Vorstand bittet die Abteilung für eine Sitzung der absatzpolitischen Planungsgruppe um statistisch aufbereitete Daten über die monatliche Umsatzentwicklung der drei Produktgruppen Schreibtischsessel, Aktenschränke und Schreibtische im Jahr 20..

Die folgenden Daten stehen der Abteilung Kosten- und Leistungsrechnung zur Verfügung:

Umsatzentwicklung Schreibtischsessel/Aktenschränke/Schreibtische: Januar: 1,80 Mio. €/9,00 Mio. €/0,60 Mio. €, Februar: 1,95 Mio. €/9,50 Mio. €/0,80 Mio. €, März: 1,90 Mio. €/11,00 Mio. €/0,50 Mio. €, April: 1,75 Mio. €/10,20 Mio. €/0,40 Mio. €, Mai: 1,30 Mio. €/10,00 Mio. €/0,70 Mio. €, Juni: 1,40 Mio. €/13,00 Mio. €/0,65 Mio. €, Juli: 1,33 Mio. €/8,00 Mio. €/0,84 Mio. €, August: 1,54 Mio. €/9,70 Mio. €/0,72 Mio. €, September: 2,09 Mio. €/14,10 Mio. €/0,54 Mio. €, Oktober: 1,48 Mio. €/12,90 Mio. €/0,60 Mio. €, November: 1,67 Mio. €/11,10 Mio. €/ 0,72 Mio. €, Dezember: 1,99 Mio. €/10,20 Mio. €/0,80 Mio. €.

Tabelle mithilfe eines Tabellenkalkulationsprogramms

Erstellen Sie mithilfe eines Tabellenkalkulationsprogramms eine Tabelle über die Umsatzentwicklung der drei Produktgruppen, aus der auch die Gesamtumsätze je Monat, die einzelnen Jahresumsätze der drei Produktgruppen und der Gesamtumsatz aller drei Produktgruppen im Jahr 20.. ersichtlich sind. Verwenden Sie entsprechende Formeln.

Liniendiagramm

Erstellen Sie mithilfe des Grafikassistenten ein Liniendiagramm, das die monatliche Umsatzentwicklung der drei Produktgruppen im Jahr 20.. zeigt.

Säulendiagramm

Erstellen Sie ein Säulendiagramm, das die monatliche Entwicklung der Produktgruppe Schreibtischsessel im Jahr 20.. zeigt.

Dreidimensionales Kreisdiagramm

Erstellen Sie ein dreidimensionales Kreisdiagramm, das die prozentualen Umsatzanteile der drei Produktgruppen am Gesamtumsatz des Jahres 20.. zeigt.

Zweidimensionales Kreisdiagramm

Erstellen Sie ein zweidimensionales Kreisdiagramm, das die prozentualen Anteile der monatlichen Umsätze der Produktgruppe Schreibtische am Jahresumsatz Schreibtische zeigt.

Lösung zu Aufgabe 1

Umsatzentwicklung der drei Produktgruppen Schreibtischsessel, Aktenschränke und Schreibtische für das Jahr 20.. in Mio. €

Monat	Schreibtisch-sessel	Aktenschränke	Schreibtische	gesamt	*Lösung Aufgabe 5*
Januar	1,80	9,00	0,60	11,40	7,62 %
Februar	1,95	9,50	0,80	12,25	10,17 %
März	1,90	11,00	0,50	13,40	6,35 %
April	1,75	10,20	0,40	12,35	5,08 %
Mai	1,30	10,00	0,70	12,00	8,89 %
Juni	1,40	13,00	0,65	15,05	8,26 %
Juli	1,33	8,00	0,84	10,17	10,67 %
August	1,54	9,70	0,72	11,96	9,15 %
September	2,09	14,10	0,54	16,73	6,86 %
Oktober	1,48	12,90	0,60	14,98	7,62 %
November	1,67	11,10	0,72	13,49	9,15 %
Dezember	1,99	10,20	0,80	12,99	10,17 %
Summe	**20,20**	**128,70**	**7,87**	**156,77**	
Lösung Aufgabe 4	12,89 %	82,09 %	5,02 %		

Lösung zu Aufgabe 2

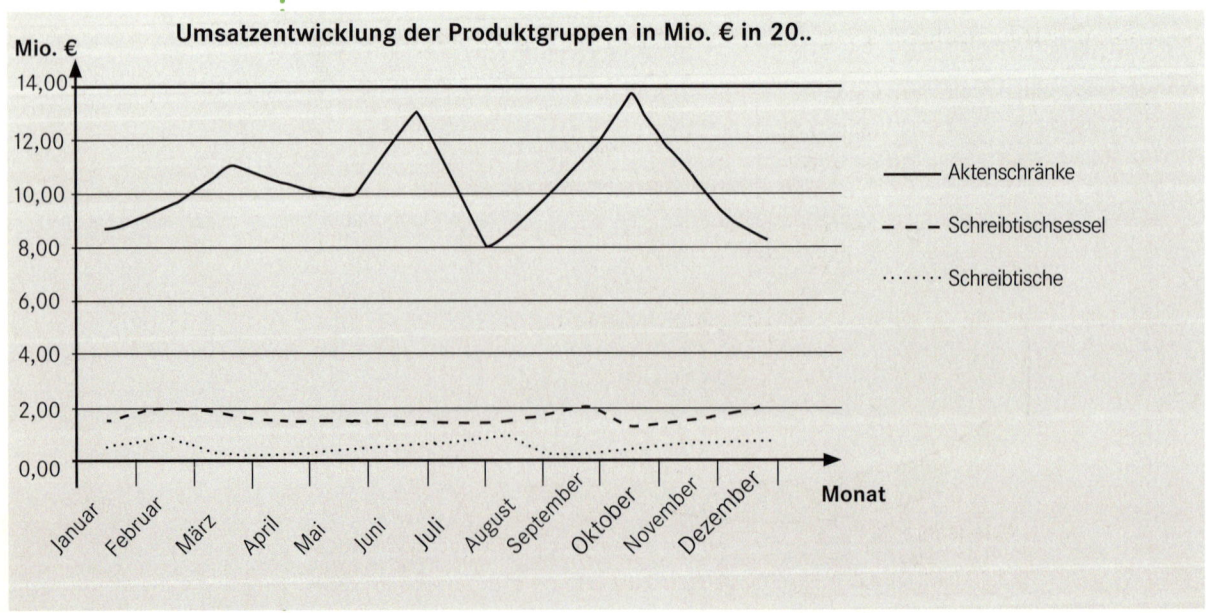

Umsatzentwicklung der Produktgruppen in Mio. € in 20..

Aktenschränke

Schreibtischsessel

Schreibtische

Lösung zu Aufgabe 3

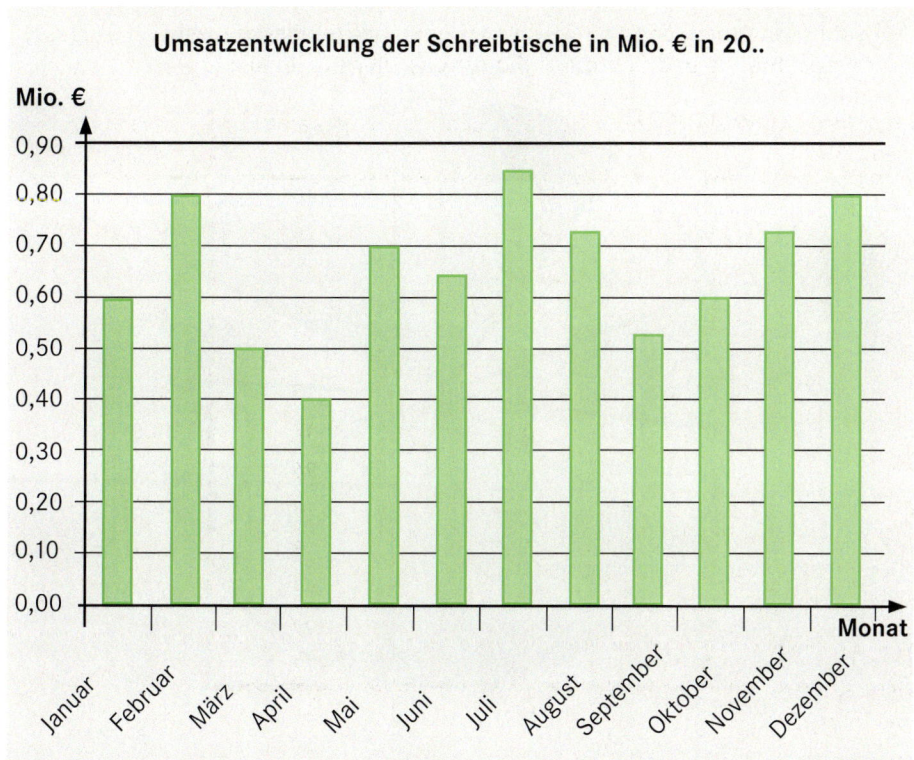

Umsatzentwicklung der Schreibtische in Mio. € in 20..

Lösung zu Aufgabe 4

Prozentualer Umsatzanteil der drei Produktgruppen am Gesamtumsatz in 20..

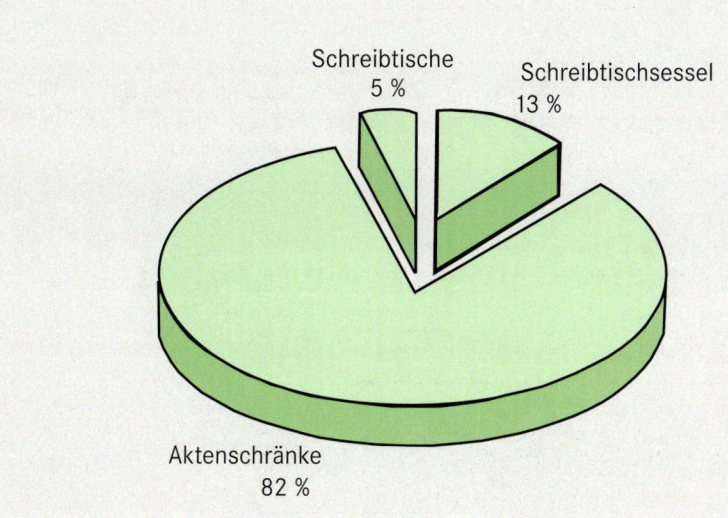

Lösung zu Aufgabe 5

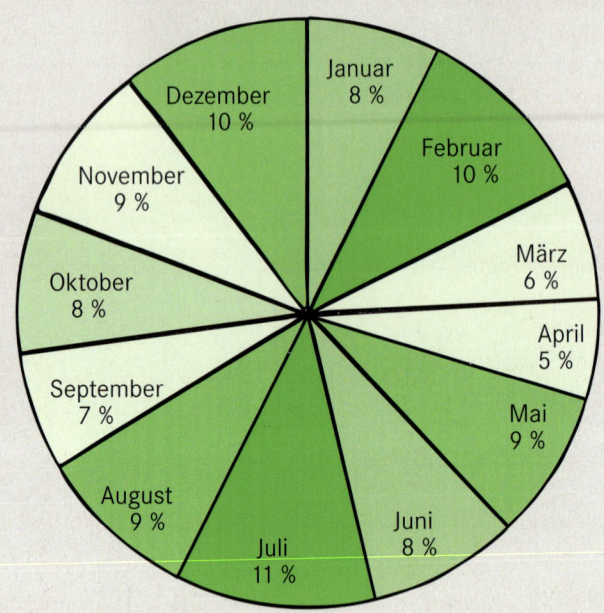

Prozentuale Anteile der Monatsumsätze der Schreibtische am Gesamtumsatz der Schreibtische in 20..

4.2.4.2 Multiple-Choice-Aufgaben und Lösungen

6

Begriff Controlling

Welche Aussage zum Controlling trifft zu?

(1) Strategisches Controlling bezieht sich auf einen eher längerfristigen Zeitraum; Instrumente, wie z. B. Stärken-Schwächen-Analyse, sind zumeist quantitativ geprägt.

(2) Unter Controlling versteht man lediglich die Analyse der Bilanz.

(3) Controlling ist heute ein ergebnisorientiert ausgerichtetes Informations-, Entscheidungs- und Führungsinstrument der Unternehmung.

(4) Operatives Controlling bezieht sich auf einen eher längerfristigen Zeitraum; Instrumente, wie Lageranalyse mithilfe von Lagerkennziffern, sind eher quantitativ geprägt.

(5) Unter Controlling versteht man heute lediglich die Kontrolle von Kosten.

Operatives Controlling

Welches der folgenden Instrumente gehört <u>nicht</u> in den Bereich des operativen Controllings?

(1) Break-even-Analyse
(2) Deckungsbeitragsrechnung
(3) Portfolio-Analyse
(4) Kostenvergleichsrechnung
(5) Berechnung der optimalen Bestellmenge

Strategisches Controlling

Welches der folgenden Instrumente gehört <u>nicht</u> in den Bereich des strategischen Controllings?

(1) SWOT-Analysen
(2) Szenario-Analysen
(3) Produktlebenszyklus-Analysen
(4) Rentabilitätsvergleichsrechnungen

Organisatorische Einbindung des Controllings

Welche der folgenden Aussagen zur organisatorischen Einbindung des Controllings ist richtig?

Die Abteilung Controlling ist …
(1) eine Stabsabteilung mit Weisungsbefugnis gegenüber den Linienabteilungen.
(2) wegen ihrer Bedeutung häufig der Geschäftsleitung als Stabsabteilung zugeordnet.
(3) immer auf die verschiedenen Unternehmensbereiche aufgeteilt (Bereichscontroller).
(4) immer eine Linienabteilung.

Nutzwertanalyse

Die Nutzwertanalyse wird zum Beispiel im Rahmen der Beschaffung beim Angebotsvergleich durchgeführt. Welche der folgenden Aussagen ist richtig?

Die Nutzwertanalyse ist …
(1) ein Instrument des strategischen Controllings.
(2) ein Verfahren zur nichtmonetären Beurteilung von Lieferanten, das ergänzend zur monetären Bewertung (mithilfe des Preisspiegels) angewandt wird.
(3) eine Möglichkeit, die Qualität der eingekauften Produkte nach DIN zu bestimmen.
(4) ein Verfahren, in dem nur objektiv messbare Tatbestände zur Entscheidung über die Lieferantenauswahl herangezogen werden.

Lösungen zu Multiple-Choice-Aufgaben 6 bis 10

Aufgabe 6
(3)

Aufgabe 7
(3), da langfristig und mit relativ hoher Unsicherheit bezüglich Marktentwicklung versehen; eher qualitativ

Aufgabe 8
(4), da eher kurzfristig und auf zumeist quantitativen, gesicherten Daten basierend

Aufgabe 9
(2)

Aufgabe 10
(2)

4.3 Multiple-Choice-Aufgaben und Lösungen zu Wirtschafts- und Sozialkunde

4.3.1 In Ausbildung und Beruf orientieren

1

Bedürfnis

Welche der folgenden Aussagen zum Fachausdruck Bedürfnis ist richtig?

(1) Unter Bedürfnis wird der Teil der Nachfrage verstanden, der durch Kaufkraft (Einkommen) befriedigt werden kann.
(2) Ein Bedürfnis stellt ein Mangelempfinden des Menschen dar, das im Menschen den Wunsch auslöst, diesen Mangel zu beheben.
(3) Bedürfnisse sind nur durch die Gemeinschaft zu befriedigen.
(4) Bedürfnisse sind in ihrer Anzahl und in ihrem Umfang grundsätzlich begrenzt.
(5) Bedürfnisse müssen dem Menschen prinzipiell bewusst sein.

2

Verbrauchsgüter

Bei welcher der folgenden Aufzählungen handelt es sich nur um Verbrauchsgüter?

(1) Tee, Baumaschine, Benzin
(2) Betriebsstoffe, Rohstoffe, Rasenmäher
(3) Schreibpapier, Tinte, Mineralwasser
(4) Pkw, Lkw, Flugzeug
(5) Maschinen, Rohstoffe, Betriebsmittel

3

Minimalprinzip des ökonomischen Prinzips

Welche der folgenden Aussagen zum Minimalprinzip als Teil des ökonomischen Prinzips ist richtig?

(1) Mit gegebenen Mitteln soll die größtmögliche Leistung erbracht werden.
(2) Mit geringsten Mitteln soll die größtmögliche Leistung erbracht werden.
(3) Eine vorbestimmte Leistung soll mit möglichst geringen Mitteln erbracht werden.
(4) Mit geringsten Mitteln soll eine möglichst minimale Leistung erbracht werden.
(5) Eine vorbestimmte Leistung soll mit möglichst hohem Mitteleinsatz erbracht werden.

4

Substitution von Produktionsfaktoren

Welche der folgenden Aussagen erklärt die Substitution von Produktionsfaktoren?

(1) Die Produktionsfaktoren werden so kombiniert, dass sie für den Unternehmer einen ständig gleichmäßigen Nutzen ergeben.
(2) Ein Produktionsvorgang wird in möglichst viele Teilprozesse zerlegt.
(3) Die Elementarfaktoren werden mit dem dispositiven Faktor zusammengeführt.
(4) Produktionsfaktoren werden durch andere Produktionsfaktoren ersetzt, um den größtmöglichen Nutzen zu erzielen.
(5) Ein Produktionsfaktor soll nur einmal im Produktionsprozess eingesetzt werden.

5

Tertiärer Sektor einer Volkswirtschaft

Welche der folgenden Aussagen zum tertiären Sektor einer Volkswirtschaft ist richtig?

(1) Er beinhaltet die Be- und Verarbeitung von Rohstoffen in Handwerks- und Industriebetrieben.
(2) Er bezeichnet die Urproduktion.
(3) Er beinhaltet alle Industriebetriebe einer Volkswirtschaft.
(4) Er umfasst alle Betriebe der Rohstoffgewinnung einer Volkswirtschaft.
(5) Er umfasst den Dienstleistungssektor einer Volkswirtschaft.

6

Pausenzeiten laut JArbSchG

Welche der folgenden Aussagen zu Pausenzeiten laut JArbSchG ist richtig?

(1) Die Pausenzeiten gelten grundsätzlich als Arbeitszeit.
(2) Die Pausenzeiten können völlig individuell vom betreffenden Unternehmen in Abstimmung mit dem Betriebsrat festgelegt werden, das Gesetz macht dazu keinerlei Angaben.
(3) Als Arbeitspause gilt nur eine Arbeitsunterbrechung von mindestens 30 Minuten.
(4) Als Arbeitspause gilt nur eine Arbeitsunterbrechung von mindestens 15 Minuten.
(5) Die Pausenzeiten dürfen insgesamt höchstens 30 Minuten bei einer Arbeitszeit von mehr als viereinhalb Stunden betragen.

Lösungen zu Multiple-Choice-Aufgaben 1 bis 6

Aufgabe 1
(2)

Aufgabe 4
(4)

Aufgabe 2
(3)

Aufgabe 5
(5)

Aufgabe 3
(3)

Aufgabe 6
(4)

4.3.2   Rechtliche Rahmenbedingungen des Wirtschaftens

1

Rechtsbegriffe

Ordnen Sie den unteren fünf Aussagen die nachfolgend aufgeführten Rechtsbegriffe zu:

Gewohnheitsrecht (1)

Rechtsordnung (2)

Gesetze (3)

Rechtsverordnung (4)

Satzungen (5)

Bei diesem Rechtsbegriff handelt es sich um ...

( ) die Summe aller Rechtsnormen, die in einem Staat gelten.

( ) schriftlich formulierte Rechtsvorschriften einer Körperschaft des öffentlichen bzw. privaten Rechts, z. B. Erhebung von Prüfungsgebühren.

( ) ungeschriebene Normen, z. B. Wegerecht.

( ) eine ausdrückliche gesetzliche Ermächtigung über die Durchführung eines bestimmten Gesetzes.

( ) eine Rechtsvorschrift, die in einem Parlament mit einer einfachen bzw. qualifizierten Mehrheit beschlossen werden muss.

2

Öffentliches Recht – privates Recht

Prüfen Sie die unten stehenden sechs Aussagen, ob es sich um öffentliches Recht (1) oder um privates Recht (2) handelt.

( ) Einem Industriebetrieb wird ein Gewerbesteuerbescheid zugestellt.

( ) Ein Prokurist eröffnet für sein Unternehmen ein Kontokorrentkonto.

( ) Regelung der Rechtsbeziehungen zwischen dem Staat und einer Privatperson nach dem Grundsatz der Über- und Unterordnung

( ) Nach dem Prinzip der Vertragsfreiheit können die Rechtsbeziehungen frei vereinbart werden.

( ) Regelung der Rechtsbeziehungen zwischen den Beteiligten nach dem Prinzip der Gleichordnung

( ) Das Strafrecht und Teilbereiche des Arbeitsrechts sind Anwendungsbeispiele.

3

Rechtsfähigkeit natürlicher und juristischer Personen

Welche Aussagen sind zutreffend bei einer natürlichen Person (1) oder einer juristischen Person (2)?
Setzen Sie eine (3) ein, wenn die Aussage für beide Personen zutreffend ist.

Diese Rechtspersönlichkeit …

( ) erlangt ihre Rechtsfähigkeit erst mit der Handelsregistereintragung.

( ) erwirbt ihre Rechtsfähigkeit mit Vollendung der Geburt.

( ) kann im Rahmen der Rechtsordnung rechtswirksame Erklärungen gegenüber anderen Rechtssubjekten abgeben.

( ) kann nur durch Organe, z. B. den Vorstand einer AG, handeln.

( ) verliert ihre Rechtsfähigkeit mit dem Tod.

( ) verliert ihre Rechtsfähigkeit mit der Registerlöschung.

4

Geschäftsfähigkeit (Stufen)

Ordnen Sie die entsprechende Stufe der Geschäftsfähigkeit zu:
Geschäftsunfähigkeit (1), beschränkte Geschäftsfähigkeit (2), unbeschränkte Geschäftsfähigkeit (3), alle drei Stufen der Geschäftsfähigkeit (4).

Diese Geschäftsfähigkeit …

( ) beginnt mit der Vollendung des 7. und endet mit Vollendung des 17. Lebensjahres.

( ) führt dazu, dass diese Rechtsgeschäfte grundsätzlich nichtig sind.

( ) kann durch einen bestellten Betreuer dazu führen, dass die rechtliche Handlungsfähigkeit durch eine Pflegschaft eingeschränkt wird

( ) führt dazu, dass alle abgeschlossenen Rechtsgeschäfte durch eine beauftragte Botentätigkeit gültig sind.

( ) führt dazu, dass im Rahmen der Vertragsfreiheit alle Rechtsgeschäfte grundsätzlich voll gültig sind.

( ) ermöglicht den rechtswirksamen Abschluss von Rechtsgeschäften im Rahmen eines Ausbildungsvertrages.

5

Geschäftsfähigkeit beschränkt Geschäftsfähiger

Entscheiden Sie in den nachfolgenden Fällen zum Abschluss von Rechtsgeschäften bei beschränkt Geschäftsfähigen, ob es sich um eine richtige Aussage (1) oder um eine falsche Aussage (2) handelt.

Das Rechtsgeschäft eines beschränkt Geschäftsfähigen ist …

( ) gültig, wenn z. B. über den Kauf einer Stereoanlage vor Abschluss des Kaufvertrages die Einwilligung des gesetzlichen Vertreters vorlag.

( ) gültig, wenn er es im Rahmen seines zukünftigen Taschengeldes, z. B. bei einem Ratenkauf, abschließt.

( ) ungültig, weil nach Anschaffung eines Motorrollers keine Genehmigung der Erziehungsberechtigten vorlag.

( ) auch ohne Zustimmung der Eltern gültig, wenn mit dem Vertragsabschluss rechtliche Nachteile, z. B. Folgekosten, verbunden sind.

( ) dann gültig, wenn mit Genehmigung des Vormundschaftsgerichts selbstständig ein Erwerbsgeschäft betrieben wird.

( ) ungültig, wenn es im Rahmen eines Dienst- oder Arbeitsverhältnisses, z. B. bei Kündigung des Ausbildungsverhältnisses, abgeschlossen wird.

6

Rechtsobjekte

Ordnen Sie den unterschiedlichen Rechtsobjekten (Sachen bzw. Rechte) die entsprechende Kennziffer zu: unbewegliche Sache (1), vertretbare Sache (2), nicht vertretbare Sache (3), Schuldrecht (4), Sachenrecht (5)

Es handelt sich bei diesem Rechtsobjekt um …
( ) eine Sache, die im Verkehr nach Zahl, Maß oder Gewicht bestimmt werden kann und austauschbar ist.
( ) einen nicht körperlichen Gegenstand, wie z. B. Darlehensschulden.
( ) ein erworbenes Firmengrundstück, das ins Grundbuch eingetragen werden muss.
( ) ein Einzelstück (z. B. Ölgemälde).
( ) ein Recht des Patentinhabers, von seinem Lizenznehmer ein Nutzungsentgelt zu verlangen.

7

Eigentum – Besitz

Entscheiden Sie in den nachfolgenden Aussagen zu Besitz und Eigentum, ob es sich um eine richtige Aussage (1) oder um eine falsche Aussage (2) handelt.

( ) Man unterscheidet bei den Rechten an Sachen zwischen Besitz und Eigentum.
( ) Bei unbeweglichen Sachen erfolgt grundsätzlich die Eigentumsübertragung durch Einigung und Übergabe.
( ) Unter Eigentum versteht man die tatsächliche Herrschaft und unter Besitz die rechtliche Herrschaft über eine Sache.
( ) Bei beweglichen Sachen sind für die Eigentumsübertragung grundsätzlich keine Formvorschriften zu beachten.
( ) Unter Sozialbindung des Eigentums versteht man, dass sein Gebrauch auch dem Wohle der Allgemeinheit dienen soll.
( ) Ein Grundstückskauf wird notariell durch Auflassung und Eintragung ins Grundbuch beurkundet.

8

Willenserklärungen bei einseitigen und mehrseitigen Rechtsgeschäften

Handelt es sich bei den folgenden Fällen um ein …
Rechtsgeschäft (RG) mit einer einseitigen, nicht empfangsbedürftigen Willenserklärung (1),
Rechtsgeschäft (RG) mit einer einseitigen, empfangsbedürftigen Willenserklärung (2),
mehrseitiges RG mit einer einseitigen Verpflichtung (3),
mehrseitiges RG mit einer mehrseitigen Verpflichtung (4)?

( ) Veräußerung von gebrauchten Winterreifen und Bezahlung des vereinbarten Kaufpreises
( ) persönlich angefertigtes handschriftliches Testament mit Hinterlegung in einem Kuvert in einer Vitrine
( ) Schenkung eines Sparbuches von der Großmutter an ihren Enkel zur bestandenen Prüfung
( ) Kündigung eines Berufsausbildungsvertrages innerhalb der Probezeit

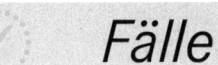

Formen von Rechtsgeschäften

Ordnen Sie die folgende Form von Rechtsgeschäften (RG) den Beispielen zu:
formfreies RG (1),
gesetzliche Schriftform (2),
öffentl. Beglaubigung (3),
notarielle Beurkundung (4).

Es handelt sich hierbei um ...
( ) das Bürgschaftsversprechen einer Privatperson.
( ) die Handelsregistereintragung einer neu gegründeten GmbH.
( ) ein erworbenes Grundstück eines Industrieunternehmens.
( ) das Bürgschaftsversprechen eines Vollkaufmanns.
( ) den Kaufvertragsabschluss für einen Schreibtisch.

Zustandekommen mehrseitiger Rechtsgeschäfte

Überprüfen Sie die nachfolgenden Aussagen über die Voraussetzungen zum Zustandekommen von mehrseitigen Rechtsgeschäften.
Setzen Sie für eine richtige Aussage (1) und für eine falsche Aussage (2) ein.

( ) Die Annahme des Antrages wird nicht abgeändert, z. B. erfolgt die Bestellung zu den angebotenen Bedingungen.
( ) Der Widerruf eines Antrages muss nicht vorher bzw. gleichzeitig erfolgen.
( ) Die Antragsannahme unter Anwesenden muss nicht sofort, z. B. während der Unterredung, erfolgen.
( ) Die zu späte oder abgeänderte Annahme eines Antrages stellt einen neuen Antrag dar.
( ) Die Antragsannahme unter Abwesenden muss nicht innerhalb einer angemessenen Frist vorgenommen werden.
( ) Der Antrag kann befristet oder durch eine Freizeichnungsklausel eingeschränkt werden.

Nichtigkeit und Anfechtbarkeit von Rechtsgeschäften

Entscheiden Sie in den nachfolgenden Situationen, ob es sich um ein **nichtiges** oder **anfechtbares Rechtsgeschäft (RG)** handelt (nichtiges RG = 1, anfechtbares RG = 2).

( ) Um Notar- und Gerichtsgebühren zu sparen, wird im Grundstückskaufvertrag ein niedrigerer Verkaufspreis als der tatsächlich vereinbarte eingetragen.
( ) Dem Autokäufer wird auch bei mehrmaliger Nachfrage vom Autoverkäufer nicht mitgeteilt, dass es sich um einen Unfallwagen handelt.
( ) Das verbindliche schriftliche Angebot enthält einen Zahlendreher, statt 510 € 150 €.
( ) Um die Überschuldung abzubauen, wird in einem in Deutschland geschlossenen Kreditvertrag ein monatlicher Zinssatz von 3 % vereinbart.

12

Grundsatz der Vertragsfreiheit

Überprüfen Sie die nachfolgend aufgeführten Aussagen, was man unter dem Grundsatz der Vertragsfreiheit versteht. Setzen Sie für eine richtige Aussage eine 1 und für eine falsche Aussage eine 2 ein.

( ) Die Gestaltung von Verträgen kann im Rahmen der Rechtsordnung nach dem freien Willen der Vertragspartner geregelt werden.
( ) Die Vertragsfreiheit beinhaltet nicht die freie Entscheidung, ein Rechtsgeschäft abzuschließen oder abzulehnen.
( ) Die Vertragsfreiheit gilt nicht für Privatleute, sondern nur für Kaufleute.
( ) Es gilt der Grundsatz: Einmal abgeschlossene Verträge sind einzuhalten.
( ) Die Vertragsfreiheit gilt nur für unbeschränkt Geschäftsfähige.
( ) Der Vertragsinhalt kann frei gestaltet werden, wenn kein Verstoß gegen gesetzliche Vorschriften vorliegt.

13

Vertragsarten

Ordnen Sie den folgenden Vertragsarten den jeweiligen Vertragsinhalt zu: Kaufvertrag (1), Leihvertrag (2), Mietvertrag (3), Pachtvertrag (4), Werkvertrag (5), Dienstvertrag (6), Darlehensvertrag (7).

Bei diesem Vertrag handelt es sich um die ...
( ) unentgeltliche Überlassung von Sachen zum Gebrauch.
( ) entgeltliche Überlassung eines Geldbetrages.
( ) entgeltliche Veräußerung von Sachen.
( ) entgeltliche Leistung von Diensten.
( ) entgeltliche Überlassung der Sache zum Gebrauch sowie Genuss der Erträge.
( ) entgeltliche Überlassung der Sache zum Gebrauch.
( ) Herstellung eines versprochenen Werks gegen Entgelt.

14

Individuelles und kollektives Arbeitsrecht

Ordnen Sie die nachfolgend aufgeführten Rechtsbereiche dem individuellen (1) bzw. dem kollektiven (2) Arbeitsrecht zu.

( ) Betriebsverfassungsgesetz
( ) Arbeitsschutzrecht
( ) Tarifvertragsgesetz
( ) Arbeitsvertragsrecht
( ) Koalitionsrecht gemäß Artikel 9 Absatz 3 GG

Fälle

Abschluss des Arbeitsvertrages

Für den Abschluss eines gültigen Arbeitsvertrages müssen bestimmte Voraussetzungen erfüllt sein. Setzen Sie für eine richtige Aussage eine 1 und für eine falsche Aussage eine 2 ein.

( ) Ein Arbeitgeber muss aufgrund des Nachweisgesetzes spätestens einen Monat nach Beginn des Arbeitsverhältnisses die wesentlichen Vertragsinhalte schriftlich bestätigen.
( ) Die Vertragsbeteiligten müssen grundsätzlich beschränkt geschäftsfähig sein.
( ) Für ausländische Arbeitnehmer muss eine gültige Arbeitserlaubnis vorliegen.
( ) Bei Betrieben mit mehr als 20 Arbeitnehmern muss der Betriebsrat zustimmen.
( ) Geschlechtsbezogene Benachteiligungen sind verboten, sie führen aber in keinem Fall zu Entschädigungsansprüchen des benachteiligten Bewerbers.

16

Pflichten aus dem Arbeitsvertrag I

Aus dem Arbeitsvertrag heraus ergeben sich für Arbeitgeber (AG) und Arbeitnehmer (AN) verschiedene Pflichten. Setzen Sie bei einer Pflicht für den Arbeitgeber eine 1 bzw. für den Arbeitnehmer eine 2 ein.

Pflichten des AG bzw. AN:
( ) Fürsorgepflicht
( ) Wettbewerbsverbot
( ) Zeugnispflicht
( ) Dienstleistungspflicht
( ) Vergütungspflicht
( ) Treuepflicht
( ) Verschwiegenheitspflicht

Pflichten aus dem Arbeitsvertrag II

Welche der nachfolgenden Aussagen zu den Pflichten aus dem Arbeitsvertrag sind richtig (1) oder falsch (2)?

( ) Nur der Arbeitgeber ist für die Einhaltung und Beachtung der Unfallverhütungsvorschriften verantwortlich.
( ) In einer anderen Branche darf ein Handelsgewerbe betrieben werden.
( ) Es ist auf Verlangen ein qualifiziertes Zeugnis anzufertigen.
( ) Die vereinbarte Dienstleistung ist nicht immer persönlich zu erbringen.
( ) Die Gehaltszahlungen sind immer zum Monatsbeginn vorzunehmen.
( ) Man muss sich mit der ganzen Arbeitskraft für die Interessen des Unternehmens einsetzen.
( ) Stillschweigen über Betriebsgeheimnisse wahren

18

Besonderer Kündigungsschutz

Für bestimmte Arbeitnehmergruppen gibt es bei Kündigungen durch den Arbeitgeber einen besonderen Kündigungsschutz. Ordnen Sie diese Arbeitnehmergruppen den entsprechenden Beispielen zu:

Betriebsratsmitglieder (1)
werdende Mütter (2)
Auszubildende (3)
Wehr- und Zivildienstleistende (4)
Schwerbehinderte (5)

Ein besonderer Kündigungsschutz besteht ...
( ) für diese Person und ist nur nach einer Kündigungsfrist von mindestens 4 Wochen und behördlicher Zustimmung möglich.
( ) während der Dienstzeit und zusätzlicher Übungen.
( ) u. a. während der Elternzeit.
( ) während der Ausbildung und nach der Probezeit.
( ) während der Amtszeit und ein Jahr danach.

19

Kündigung des Arbeitsvertrages

Welche der Aussagen zur Kündigung eines Arbeitsvertrages sind richtig (1) und welche falsch (2)?

( ) Eine Kündigung, die im Rahmen des allgemeinen Kündigungsschutzes ausgesprochen wird, muss grundsätzlich soziale Gesichtspunkte berücksichtigen.
( ) Einer Kündigung, die aufgrund einer erheblichen Pflichtverletzung vorgenommen wurde, z. B. wegen einer strafbaren Handlung, muss immer eine Abmahnung vorausgehen.
( ) Wenn eine Kündigung mit erheblichem Auftrags- und Umsatzrückgang begründet wird, muss sich vorher die Arbeitsmenge des gekündigten Arbeitnehmers deutlich verringert haben.
( ) Eine Kündigung, die aufgrund einer ersten Abmahnung ausgesprochen wurde, weil eine Mitarbeiterin das Personalgespräch nicht wahrgenommen hat, in dem sie zum Gehaltsverzicht aufgefordert werden sollte, ist gültig.
( ) Eine Kündigung, die nach einer dritten Abmahnung ausgesprochen wurde, weil ein Mitarbeiter das Personalgespräch wegen seines Verhaltens (häufiges Zuspätkommen) nicht wahrgenommen hat, ist gültig.

20

Leistungen der Sozialversicherungsträger

Ordnen Sie den Aussagen zu den Leistungen die entsprechenden Sozialversicherungsträger zu:

gesetzliche Krankenkassen (1)   Bundesagentur für rbeit (4)
Pflegekassen (2)   Berufgenossenschaften (5)
Deutsche Rentenversicherung (3)

Leistungen zur ...
( ) Teilhabe am Arbeitsleben nach einem Arbeitsunfall
( ) Berufsberatung
( ) Früherkennung von Krankheiten
( ) häuslichen Pflege
( ) Altersrente

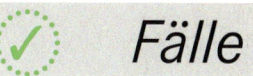

Beiträge an die Sozialversicherungsträger

Welche Aussagen über die Beiträge der einzelnen Sozialversicherungsträger sind richtig (1) und welche falsch (2)?

Die Beiträge ...

( ) an die Sozialversicherungsträger werden mit Ausnahme der Beiträge zur Berufsgenossenschaft je zur Hälfte vom Arbeitgeber und Arbeitnehmer aufgebracht.

( ) der deutschen Rentenversicherungsträger werden wahrscheinlich steigen, weil der Generationenvertrag nicht mehr ohne Weiteres funktioniert.

( ) für die Bundesagentur für Arbeit werden automatisch gesenkt werden, wenn die Arbeitslosenquote rückläufig ist.

( ) für die Pflegeversicherung werden mit großer Wahrscheinlichkeit wegen der demografischen Entwicklung in Deutschland zukünftig steigen.

( ) an alle Sozialversicherungsträger müssen durch einen Bundeszuschuss aus dem Bundeshaushalt finanziert werden.

Sozialgerichtsbarkeit

Welche Aussagen über das Sozialgericht (Zuständigkeit und Instanzen) sind richtig (1), welche falsch (2)?

Beim Sozialgericht ...

( ) werden u. a. Ablehnungsbescheide zur Rentenversicherung und zur Grundsicherung für Arbeitssuchende verhandelt.

( ) kann nicht gegen gewährte Leistungen nach dem Schwerbehindertenrecht Widerspruch eingelegt werden.

( ) kann gegen einen Sozialversicherungsträgerbescheid Widerspruch eingelegt werden.

( ) kann als Berufungsinstanz das zuständige Landesarbeitsgericht angerufen werden.

( ) wird eine Klage in erster Instanz und beim Bundessozialgericht eine Revision in dritter Instanz verhandelt.

Lösungen zu Multiple-Choice-Aufgaben 1 bis 22

Aufgabe 1
(2), (5), (1), (4),)3)

Aufgabe 2
(1), (2), (1), (2), (2), (1)

Aufgabe 3
(2), (1), (3), (2), (1), (2)

Aufgabe 4
(2), (1), (3), (4), (3), (2)

Aufgabe 5
(1), (2), (1), (2), (1), (2)

Aufgabe 6
(2), (4), (1), (3), (5)

Aufgabe 7
(1), (2), (2), (1), (1), (1)

Aufgabe 8
(4), (1), (3), (2)

Aufgabe 9
(2), (3), (4), (1), (1)

Aufgabe 10
(1), (2), (2), (1), (2), (1)

Aufgabe 11
(1), (2), (2), (1)

Aufgabe 17
(2), (2), (1), (2), (2), (1), (1)

Aufgabe 12
(1), (2), (2), (1), (2), (1)

Aufgabe 18
(5), (4), (2), (3), (1)

Aufgabe 13
(2), (7), (1), (6), (4), (3), (5)

Aufgabe 19
(1), (2), (1), (2), (1)

Aufgabe 14
(2), (1), (2), (1), (2)

Aufgabe 20
(5), (4), (1), (2), (3)

Aufgabe 15
(1), (2), (2), (1), (2)

Aufgabe 21
(2), (1), (2), (1), (2)

Aufgabe 16
(1), (2), (1), ()2, (1), (2), (2)

Aufgabe 22
(1), (2), (1), (2), (1)

4.3.3 Das Unternehmen im gesamt- und weltwirtschaftlichen Zusammenhang einordnen

1

Standortfaktoren

Eine häufig gewählte Unterscheidung bei Standortfaktoren ist die Aufteilung in leistungsbezogene („harte") (1), allgemeine („weiche") (2) und betriebliche Funktionsbereiche (u. a. Absatz-, Produktions- oder Beschaffungsorientierung) (3). Ordnen Sie die entsprechende Kennziffer (1, 2 oder 3) den sechs Beispielen zu.

( ) Höhe der steuerlichen Abgaben
( ) Vorhandensein kultureller Einrichtungen
( ) vorhandenes Fachkräftepotenzial
( ) Freizeitangebote
( ) emissionsabhängige Umweltschutzabgabe
( ) Höhe der Stromkosten

2

Wirtschaftswachstum

Welche der folgenden Maßnahmen führen unmittelbar zu einem Wirtschaftswachstum (Erhöhung des Bruttoinlandsprodukts)?

( ) Ersatzinvestitionen eines Industrieunternehmens
( ) Investitionen in die Infrastruktur
( ) Einkommensteuersenkungen
( ) Gewinnerwartungen aller Industrieunternehmen in Deutschland
( ) Erweiterungsinvestitionen eines Industrieunternehmens

Wachstumsbegriffe

Ordnen Sie den jeweils am ehesten zutreffenden Wachstumsbegriff zu:

quantitatives Wachstum (1),
qualitatives Wachstum (2),
nominales Wachstum (3),
reales Wachstum (4).

( ) nachhaltiges Wachstum, das zu einer Erhöhung der Lebensqualität führt
( ) die mengenmäßige Erhöhung der volkswirtschaftlichen Leistungen ohne Berücksichtigung von Faktorpreisen
( ) Wertmäßige Erhöhung der volkswirtschaftlichen Leistungen in einer Wirtschaftsperiode ohne Berücksichtigung der Preissteigerungsrate
( ) Es wird die Preissteigerungsrate abgezogen, die innerhalb eines Vergleichszeitraumes (Vor- und Berichtsjahr) eingetreten ist.

Wirkung staatlicher Fördermaßnahmen

Welche Aussage zu staatlichen Fördermaßnahmen trifft zu?

Staatliche Fördermaßnahmen ...
(1) können zu einer Verringerung des Wohlstandsgefälles und zu einer Angleichung der Lebensverhältnisse führen.
(2) führen stets zu Werksschließungen und zu einer Zunahme der Arbeitslosenquote.
(3) führen nie zu einer Schrumpfung des Kapitalstocks durch Unternehmensinsolvenzen.
(4) führen immer zu einer Wettbewerbsverzerrung und Verschuldung öffentlicher Haushalte.
(5) führen in strukturschwachen Regionen zu einer Verschlechterung der Infrastruktur.

Ausgangssituation zu den Aufgaben 5 bis 8

Die folgende Grafik zeigt das Modell eines **erweiterten Wirtschaftskreislaufs** mit seinen, zum Teil noch unvollständigen, Geldströmen in Geldeinheiten (GE):

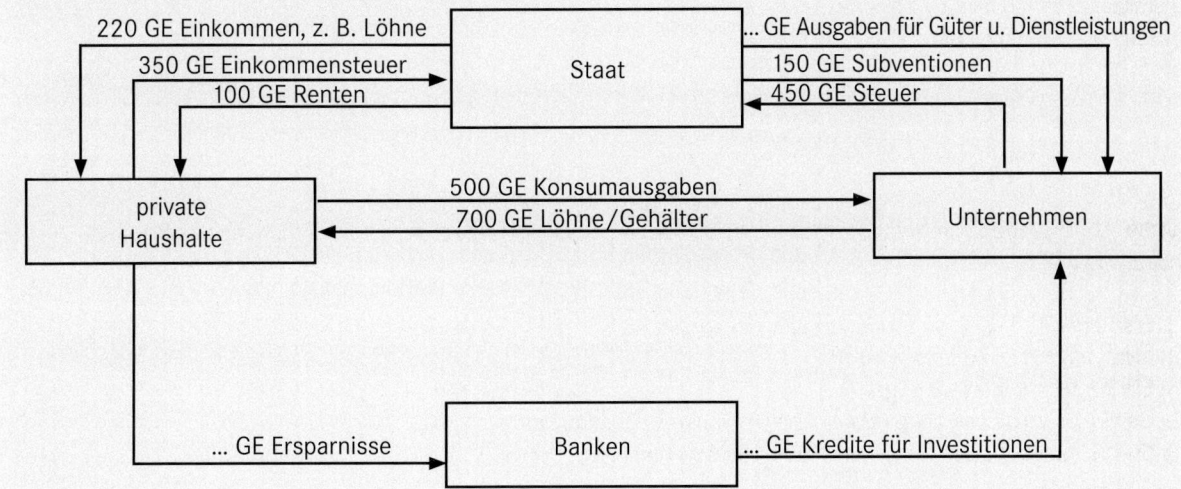

5

Erweiterter Wirtschaftskreislauf – Ersparnisse

Wie hoch sind die Ersparnisse der privaten Haushalte?

(1) 100 GE   (2) 170 GE   (3) 220 GE   (4) 500 GE

6

Erweiterter Wirtschaftskreislauf – Kreditsumme

Wie hoch ist die Kreditsumme, die der Bankensektor den Unternehmen für Investitionen zur Verfügung stellt?

(1) 150 GE   (2) 700 GE   (3) 170 GE   (4) 220 GE

7

Erweiterter Wirtschaftskreislauf – Staatsausgaben

Wie hoch sind die Ausgaben des Staates für Güter und Dienstleistungen, die er vom Unternehmenssektor bezieht?

(1) 350 GE   (2) 150 GE   (3) 220 GE   (4) 330 GE   (5) 450 GE

8

Volkswirtschaftliche Auswirkung geänderter Sparleistung

Nehmen Sie an, dass in dem gegebenen Modell des erweiterten Wirtschaftskreislaufs die Sparleistung deutlich zurückgeht. Welche Auswirkung hätte diese Entwicklung unter sonst gleichen Umständen?

(1) Die Güternachfrage wird sinken.
(2) Die Banken werden, um die Sparneigung zu fördern, die Zinssätze für Geldanlagen senken.
(3) Die durch Banken finanzierten Investitionsmöglichkeiten der Unternehmen werden sinken.
(4) Die Unternehmen werden die an die privaten Haushalte zu zahlenden Löhne und Gehälter erhöhen, um die Ersparnisbildung anzuregen.
(5) Der Staat wird höhere Steuereinnahmen aus der Kapitalertragsteuer erzielen.

9

Finanz- und Wirtschaftskrise – Konsequenzen

Aufgrund der Finanz- und Wirtschaftskrise seit 2007/08 haben sich für alle Wirtschaftssubjekte Konsequenzen ergeben. Entscheiden Sie, ob es sich jeweils um eine richtige Aussage (1) oder eine falsche Aussage (2) handelt.

( ) drohender Staatsbankrott wegen Überschuldung einzelner Länder in der Euro-Zone (z. B. Island oder Griechenland)
( ) sinkender Abschreibungsbedarf der Banken für Kredite infolge der Finanzkrise
( ) Rückläufige Auftragseingänge in den Unternehmen führen immer zu Arbeitsplatzverlusten.
( ) Erhebliche Kapitalabflüsse, wie z. B. in Polen (Zloty) oder in Ungarn (Forint), führen nicht zu Abwertungen der Währungen.
( ) Eine niedrige Eigenkapitalquote der Banken bedeutet ein geringeres eigenes unternehmerisches Risiko der Banken.

Finanz- und Wirtschaftskrise – Maßnahmen

Welche sinnvollen Maßnahmen sollten aufgrund der Finanz- und Wirtschaftskrise (seit 2007/08) ergriffen werden? Für eine sinnvolle Maßnahme steht eine 1, für eine nicht sinnvolle Maßnahme eine 2.

( ) Erhöhung der Eigenkapitalquote der Banken für die Kapitalunterlegung bei der Kreditvergabe
( ) Verbot von „Wetten" auf Preis- und Kursentwicklungen bei Derivaten
( ) Einführung von Kapitalverkehrskontrollen beim Zahlungsverkehr mit Steueroasen, wie z. B. den Cayman Island.
( ) kein weiterer Ausbau des „Einlagensicherungsfonds" der Privatbanken

Lösungen zu Multiple-Choice-Aufgaben 1 bis 10

Aufgabe 1
(1), (2), (3), (2), (1), (1)

Aufgabe 3
(2), (1), (3), (4)

Aufgabe 2
(1), (2), (5)

Aufgabe 4
(1)

Aufgabe 5
(2)

Einnahmen der Haushalte	GE	Ausgaben der Haushalte	GE
Löhne, Gehälter von den Unternehmen	700	Konsum	500
Renten vom Staat	100	Einkommensteuer	350
Einkommen, z. B. Löhne, vom Staat	220	Ersparnis (Saldo)	170
Summe	1.020	Summe	1.020

Aufgabe 6
(3)
Der Bankensektor kann den Unternehmen Kredite in Höhe der Ersparnisse der privaten Haushalte für Investitionen zur Verfügung stellen, also 170 GE.

Aufgabe 7
(4)

Einnahmen des Staates	GE	Ausgaben des Staates	GE
Steuern der privaten Haushalte	350	Subventionen	150
Steuern der Unternehmen	450	Renten	100
		Einkommen, z. B. Löhne, an Haushalte	220
		Güter/Dienstleistungen (Saldo)	330
Summe	800	Summe	800

Aufgabe 8
(3)

Aufgabe 9
(1), (2), (2), (2), (2)

Aufgabe 10
(1), (2), (1), (2)

4.3.4   Unternehmensstrategien, -projekte umsetzen

1

Magisches Viereck des Projekterfolgs

Welche der folgenden Begriffe sind <u>nicht</u> Bestandteil („Ecken") des magischen Vierecks des Projekterfolgs?

(1) Lösungsumfang
(2) Projektmanager
(3) Qualität
(4) Kosten
(5) Termine

2

Fachbegriffe des Projektmanagements

Ordnen Sie den beiden Fachbegriffen des Projektmanagements die jeweils richtige Erklärung zu:

Fachbegriffe des Projektmanagements: „Arbeitspaket" ( ) ; „Meilenstein" ( )
Erklärungen:
1. ein Ereignis von besonderer Bedeutung, das Teil der Terminplanung eines Projektes ist
2. Umfang einer Projektidee
3. Häufigkeit der Kick-Off-Meetings in einem Projekt
4. Nicht mehr sinnvoll zu unterteilende, kleinste Verantwortungseinheit für einen Mitarbeiter in einem Projekt
5. Anzahl der Phasen eines Projektes

3

Planungsgrößen der Projektplanung

Welche der folgenden Begrifflichkeiten stellen <u>keine</u> Planungsgrößen der Projektplanung dar?

(1) Ressourcen (Eigen- und Fremdpersonal)
(2) Projektauftraggeber
(3) einzelne Arbeitsschritte bzw. Arbeitspakete
(4) finanzieller Aufwand
(5) zeitliche Abfolge der einzelnen Arbeitsschritte bzw. Arbeitspakete

9714656

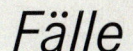
4

Projektcontrolling

Welche der folgenden Aussagen zum Projektcontrolling ist richtig?

(1) Das Projektcontrolling addiert laufend Plan- und Istdaten zur Kosten- und Zeitplanung und wertet sie aus.
(2) Das Projektcontrolling subtrahiert laufend Plan- und Istdaten zur Kosten- und Zeitplanung und wertet sie aus.
(3) Das Projektcontrolling vergleicht laufend Plan- und Istdaten zur Kosten- und Zeitplanung und wertet sie aus.
(4) Das Projektcontrolling legt die Anzahl der Projektphasen fest.
(5) Das Projektcontrolling definiert den Umfang der Projektidee.

5

Lastenheft

Welche der folgenden Aussagen zum Lastenheft im Rahmen des Projektmanagements ist richtig?

(1) In ihm werden die vom Auftraggeber zu tragenden Kosten des Projektes festgehalten.
(2) In ihm werden die vom Auftraggeber zu tragenden Aufwendungen des Projektes festgehalten.
(3) In ihm werden die vom Projektmanager geplanten Maßnahmen zur Realisierung des Projektes genau beschrieben.
(4) In ihm werden die Anforderungen des Auftraggebers an die Lieferungen und Leistungen eines Auftragnehmers in ihrer Gesamtheit definiert.
(5) In ihm werden die Rechte und Pflichten von Projektmanagern festgehalten.

Lösungen zu Multiple-Choice-Aufgaben 1 bis 5

Aufgabe 1
(2)

Aufgabe 2
„Arbeitspaket" (4); „Meilenstein" (1)

Aufgabe 3
(2)

Aufgabe 4
(3)

Aufgabe 5
(4)

Register

Register